心儿在歌唱

THE SINGING CONTINUES

周小燕的精彩人生

The Beautiful Life of Madame Zhou

主编：史寅

上海音乐学院出版社
SHANGHAI CONSERVATORY OF MUSIC PRESS

我是幸运的

周⼴仁

编 委 会

主 编

史 寅

名誉主编

林在勇 廖昌永

执行主编

陈 琛

编 者

张 本 张 文 张彩玉

甘棠遗爱念初心：
回忆我的老师周小燕先生

廖昌永

周小燕先生是改变了我的人生并且影响我一辈子的恩师。从我成为她的学生，到她离开我们，三十年一瞬，如白驹过隙，许多点点滴滴，填满了我生命的空隙。如今，也像这清明时节的雨滴和落花，不时飘过心头。

记得我刚进声乐系时，还不认识先生，但是对她的大名早已如雷贯耳。对于我们声乐系的学生，周老师是很神圣崇高的；而像我这样从乡下来的孩子，从来没敢想过会和周老师面对面地交流。说来有趣，第一次看到周先生时，我害怕得连话都说不出来。那是有一回我从罗魏老师家上课出来，正好看见周先生

也下课回家。我当时不知道该怎么办：是打招呼吧，她肯定不认识我；不打招呼吧，这学生也太没礼貌了，老师来了，连招呼都不打。真是把自己憋得没办法，只好一下子跳到街对面，躲了起来。当时，真是做梦也想不到会成为她的学生。

可生活真是奇妙。这之后不久，我竟然真正成为周先生言传身教的学生。这是在1989年底，原来教我的罗老师要去美国，因此得给我找一位新的老师。罗老师也是周先生的学生，思来想去，还是觉得交到自己老师手里比较放心。于是罗老师带着我上周先生家，希望先生把这个学生接过去。罗老师对先生说：这个学生资质很不错，又聪明，又刻苦，希望您接着教他。又让我唱给先生听。当时把我紧张得真是无法形容：这是第一次面对面地唱给周老师听啊，生怕唱得不好她不要。没想到一唱完，先生满口称赞："罗魏，你教得不错啊，这孩子很好。"不仅马上答应把我接过去继续教，还打趣地说："我好福气，儿子教完教孙子。"周先生总是这么亲切与随和，我就这样成了她的学生。

去了周老师班上后，我开始渐渐了解先生的为人、从艺与治学，触动很深。

周先生平时从不特别严厉地批评谁，对后辈总是讲道理，用自己的实际行动来启发和感悟年轻人。当时有个同学特别调皮捣蛋，逃学、打麻将、喝酒、谈恋爱，简直无所不为，连桑桐老院长也被惊动了。可周先生还是语重心长地对他做思想工作，循循善诱，后来这个同学也确实改正了不少。我刚跟周先生学习时，才本科二年级，程度还很浅，而先生的学生中不乏已经小有成就者，但她对我一视同仁、真心付出。周先生总是因材施教，根据学生的情况来制定教学方法。

先生对我在艺术上的帮助是极为巨大的。有一个例子，是她特别注意歌词语调的发音清晰，这让我终身受用。先生要求我们每次上课前，都要字正腔圆地朗诵歌词，做不到就不能开始唱。一开始我还很不理解，觉得声乐是音乐的艺术，在语言语调上下这样的苦功夫，有必要吗？直到有一次，我唱《假面舞会》里的一首咏叹调，总是觉得别扭，腔和词就是不顺，但却不明白为什么。先生让我回去反复练习朗读，最后发现是意大利语的重音没掌握好所致。我这才意识到声乐

演唱中语言语音的重要性。

除了教我们演唱技巧和表演艺术外，周先生还教我做人。她总是说："做人和做事是一样的。人做不好，艺术也不行。"有一回，那是我已经获奖成名之后了，我去湖州参加一个小型的演出。之前每次上音乐会，我都要唱给她听，让她把把关。这一回却没有，因为我心里想：杀鸡焉用牛刀，就不烦劳先生了。临走前去跟她请假，说明天不上课了，要去演出。她一听就急了，说："怎么不告诉我呢？"我说："这不是什么重要演出，就算了吧。"她为此相当严肃地批评了我。我记得很清楚，她当时说："作为一个艺术家在舞台上，哪怕100次都顺利成功，也是应该的，可是如果有一次出了问题，那观众就会说你骄傲自满了，你的艺术人格就会受到质疑。对于一位歌唱家而言，每一次上台的状态都应该是最好的，不仅要对观众和主办方负责，还要对得起老师、学校对你的培养，对得起自己平日的辛苦付出。"这件小事对我影响很深，后来，我的每一次演出，

无论大小轻重，都从未懈怠过。

周老师也是一位潜心治学的人。我每次到国外去演出，结束后都打电话给她："周老师，您要买点什么东西？"她总是说："我现在年纪大了，身体不好，没法出去，你帮我带最新出版的乐谱和声乐理论的书籍吧，我要知道现在世界声乐艺术的最前沿的状况。"这种强烈的求知欲和严谨的学习精神，她保持了一生。后来，学校里的对外交流活动多了起来，只要有外国专家来讲学交流，她是场场必到（许多青年教师都做不到这一点）。每次听完讲座后，回家必定做笔记，分析思考：人家好，好在哪里；不好，又不好在哪里。怎样取长补短，提高和改进自己的教学。这对于我们，是一种很生动的启示。不仅周先生，上海音乐学院的老一辈教师都有这种做人和治学的精神，我想，这就是我们上海音乐学院的立校之本，是永远都需要珍惜和铭记的宝贵遗产。

作为一位深受传统文化熏陶，并经历了中国在20世纪沧桑巨变的知识分子和音乐家，周先生一直十分关心中国原

创的声乐作品的表演与推广。在她的提倡下，上海音乐学院的声乐系非常重视中国艺术歌曲和歌剧的教学、研究与排演。力图借鉴西方声乐艺术的经验和成就，用于中国新音乐文化的建设与发展。直到暮年，她对于中国原创歌剧还一直念兹在兹，不能忘怀。她曾说："我一生最大的愿望，一是要多培养几个像廖昌永那样的学生，二就是希望多鼓励和推广承载中国文化的优秀歌剧。"上海音乐学院近年来制作推出了多部广受好评的原创歌剧，这是与她老人家的鼓励分不开的。而我，也一直希望接过她的梦想，在这方面多做些事情，并作为自己毕生的志业来加以坚持。当然，这是一个宏大的事业，光靠我们两代人还是不够的，还需要我们的下一辈甚至再下一辈不断地传承、坚持。

在平素的生活中，周先生是一个谦虚和坦荡的人。记得她被评选为全国优秀共产党员后，我们声乐系的老师去她家开系学术委员会会议。一进门，看见她老人家在读有她事迹的报纸。我们就开玩

笑："周先生，您在看什么啊？"她回答道："我正在学习报纸上的周小燕。我没有这上面讲得这么好，可我会不断以这个标准要求我自己，不断照这个典型去努力。"还有一回，有些报纸道听途说、捕风捉影，恶意中伤周先生，甚至诽谤她是学阀。我们这些做学生的知道了都很担心。张建一还心急火燎地从北京打电话给我，说："你有没有看到这篇文章？太不像话了！先生要是看到了该怎么办？不要把身体气坏了。"我嘴上说"先生不会在意的"，但心里还是有些忐忑。后来，我到她家去。一进门，她就对我说："这个（指造谣的事）我看过了。"我说："大家都很害怕，怕您生气，身子受不了。您一生勤勤恳恳地教书，到头来却遭到这样的污蔑，真是太不应该了！"周先生说："第一，如果有人觉得这样可以使自己开心，那就让他开心好了。第二，我没有做过的事，随他怎么说，也丝毫影响不了我。我的精力还是得放在教学和育人上。"先生之所以这样毫不在意，当然是因为她一生清清白白，无愧于心；同时，她面

对流言蜚语时这种全不置气，只是专心做事业的气度，也使我深受教益。

先生的这些风采和事迹，桃李不言，都雕刻在我心头。"中心藏之，何日忘之"。清明时节雨纷纷，先生已经不在了。回忆起和她在一起的岁月，真是像和亲人一样其乐融融。而她的精神与坚持，每每在悲伤之际激励着我。我记得，她在最后进医院前还在上课，而直到弥留之际，还惦记着学生。先生临终前，我去看她。她神志还清醒，就让我告诉她学校和声乐系的情况，她心里只有公家的事，虽一言不及私。我既难过，又感动。作为一名声乐教师和上音人，她将自己对艺术的执着和对学校的眷恋，保持到了生命的最后一息。

先生离世之际，我在北京参加全国人大会议，有幸向习总书记汇报了先生的事迹。周先生生前一直对我讲，她欣赏习总书记的胆魄、正直和博学，期待在他的领导下，复兴祖国的文化，在新的历史条件下，使中华传统焕发新生。党的十八大以来，她一直在学习总书记

治国理政的思想；文艺座谈会后，她更是不胜欢喜，深入认真地学习了总书记的讲话。在许多公开场合，她谈话时常常引用习总书记的话语与理念，这正是她把自己作为一个真正的优秀共产党员来严格要求的具体表现。总书记听完我的汇报后，深情地说："周老师是我和我爱人崇敬的人，是教书育人的楷模，值得我们所有人学习。"总书记的话一定可以告慰九泉之下的先生。我想，先生也是怀着对国家未来前景的无限期待，含笑离开人世的。

周小燕老师是中国古典文化在受到西学影响并经历了时代历练后结出的晶莹璀璨之英。她一身的用舍行藏、道德文章，印证了"天行健，君子以自强不息"的古训。在我们的传统中，老师不仅传授知识和技能，更是理想和信念的引领者，是人格的光辉典范。借着对先生的追忆，我也不断鼓励自己努力前进，"志于道、据于德、依于仁、游于艺"，为祖国和人民的文艺事业奋斗终生，尽己微薄之力。

周年祭
怀念母亲周小燕

张 本

到三月四日，妈妈离开我们整整一年了。每当晚上睡不着觉的时候我总是会想起她，从我小时候到最后握着她的手和她分别，所有的往事，一件件一桩桩，有甜的也有酸的，点点滴滴犹如涓涓细流，汇集在一起就成了无比的思念。

我从小到大，真正和妈妈在一起的时间并不多，她太忙了。在我记忆中，小时候每天从幼儿园回来，就是在保姆房间里，无聊地趴在床上翻看保姆看图识字的扫盲课本，等着天黑妈妈从学校回来。回家进门第一句话，我总是问她"晚上还出不出去"，最怕听到的就是"晚

上有学生演唱会"，或者是"要去过组织生活"。如果能听到"今天没事情了"，那就像得到了什么奖赏一样。那时候妈妈既负责学校声乐系的教学，自己还有演出任务。即使在家，不是上课就是自己练唱，根本没有时间陪我。我小时候，妈妈没有像现在的家长那样来管我的学习，但是她一直注意观察我和哪些同学在一起，她说她只要知道我交的是什么样的朋友，就知道我成长的情况。

"文革"开始没多久，爸爸被隔离审查，音信全无，连被关在哪里都不知道。不久妈妈也被审查不准回家了。我当时刚11岁，同姐姐一起跟着保姆生活。妈妈后来回忆说，她那时候在学校非常想念我们，每次劳动都尽量争取去干那些靠近学校围墙栏杆边的活，一面干活一面看栏杆外面的马路，希望这时候我和我姐姐会正巧走过那里，可是每次都让她失望。过了一段时间，审查稍微松懈了一些，每月发完工资，可以允许妈妈回家几小时送生活费。记得有一次我送妈妈回学校，分别时，妈妈往我手里塞了一块钱，对我说："你在长身体，妈妈不能照顾你，想吃什么自己去买点。"妈妈那时候拿的是基本生活费，那一块钱

是她从自己伙食费里省出来的。我手心里攥着妈妈给的钱，看着她渐渐离去的背影，那一幕我至今难忘。

"文革"结束后，我去了美国念书。刚到美国时，生活非常艰苦，一面读书，一面要自己打工挣学费生活费，在美国六年没有回家。我从来不跟家里说我的生活情况。有一年妈妈因为工作来纽约，她执意要去看我居住的地方。我那时候住在一间人都站不直的小阁楼里，房间里仅够放一张小书桌和一张行军床，没有空调，夏天房间里又闷又热。妈妈看了之后没有说任何可怜我的话，只是故作轻松地说："还不错，收拾得很干净。"她心里知道，我这时候需要的不是同情和怜悯，而是信心和鼓励。独立自强，靠自己努力去争取未来，这是她的父亲教给她的，她也要这样传给我。在我成长的道路上，妈妈会为我创造条件，指明方向，但是她绝不会扶着我走，替我去做任何事，自己的路必须自己去走，这是她的原则。看完我的房间，妈妈回去了，没有对我多说什么，只是悄悄地把别人送她的两瓶维他命留在了我桌上。

在我记忆中，和妈妈单独在一起的时间很少，一生中最长的一次也许就是

1998年在欧洲的那十几天了。那次妈妈有机会去法国和意大利旅行，我从美国过去同她会合。在意大利南部的卡布里，我们坐着当地人划的小舢板游览著名的蓝洞。在微波荡漾的地中海上，划船的意大利船夫唱起了当地的民歌《重归索兰托》，妈妈兴奋地用意大利语同他一起唱了起来，边上的游客都吃惊地看着我们。

妈妈因为排练歌剧《弄臣》时在南京不慎摔断腿做过手术，那次去欧洲旅行带了轮椅。在我们乘坐轻轨从法国凡尔赛宫回巴黎市区的时候，正赶上下班高峰。到了巴黎，我先把她的轮椅从车上搬下来，当我正准备回过身去扶她下车时，列车竟不等关上车门就开动了。就在我不知所措的一刹那，妈妈突然纵身一跃，跳下了已经开始逐渐加速的火车，车上的乘客都惊叫了起来。妈妈若无其事地往轮椅上一坐，得意地说："这点算什么，我小时候从高得多的树上都敢往下跳。"她忘记了她当年跳树的时候

还不到18岁，而现在已经81岁了。当时边上的其他乘客一定在想，这位老太太火车都能跳，还要轮椅干什么？

在巴黎，妈妈本想去看看她早年念书的巴黎音乐师范学院，我当时觉得我们日程太紧，就没有去，只到巴黎埃菲尔铁塔附近她60年前开过独唱音乐会的剧场门前拍了几张照片。后来我一直后悔当时没有满足她的愿望，妈妈心里一定很记挂她当年学习过的地方，想去看看那里的变化，重温一下她的恩师给她上课的感觉。妈妈临终前，我在她耳边轻轻地答应她，等她痊愈后，一定陪她去那里，去看看她的学校，去听一场歌剧。

在妈妈最后的几年，我基本上每年都争取休假两星期回来看看她，希望能陪她说说话。可是能和她单独在一起的机会实在太少了，她每天不是给学生上课就是接待来客，或者没完没了地接电话。在美国每星期跟她通电话基本上都是听她说，说她的工作，她的学生。其

实她后期的学生我大部分都不认识，我只是从她不停的述说中，知道她最近身体不错，精神很好，知道她又取得了新的成绩，还在计划做更多的事情。她谈话的内容对我来说其实并不重要，我只是想听她说话。从她的声音里，我可以感受到一种安慰，一种母爱。在同她通电话的时候，我会感觉到在遥远的另一头，有我的精神支柱，有我温暖的家。我多么希望能永远听到她的声音，看到她的欢笑。一年了，我没有能够再见到她，但是我知道，就是相隔再远，妈妈的手也还是和我握在一起，她时时刻刻都在关心着我的思想，我的工作，我的生活和健康。

妈妈把她的毕生精力都献给了她追求的艺术，她的大部分时间都用在了学生身上，我能够理解她。从她的身上，我看到了人生的意义和价值，我学到了自立和自强。我会永远在心灵上同她交流，她永远是我做人的榜样。

目 录

童年时代

1917年8月28日，周小燕诞生于上海，祖籍湖北武昌。父亲周苍柏早年留学美国，就读于纽约大学，主修金融，是一个具有强烈爱国思想的银行家。

▲ 父亲周苍柏、母亲董燕樑

◀ 周小燕的父亲、母亲
摄于海光农圃

▲▶ 景色迷人的东湖海光农圃

　　被后人尊称为"东湖之父"的周苍柏在家乡武汉东湖创建了"海光农圃"，周小燕的童年就是在那里度过的。据她回忆，海光农圃三面环水，湖光山色，景色迷人，是当地民众喜爱的"城市公园"。不过父亲很早就告诉子女："这地方将来不是你们的，我把它建设好了要献给人民。"

周小燕的父亲酷爱音乐，非常重视对子女的音乐培养。周小燕从小生活在一个充满音乐的环境之中，钢琴、吉他、曼陀林，什么乐器都可以摆弄几下。作为大家庭中的长女，周小燕生性顽皮好动，游泳、骑马、爬树、翻单杠样样在行，是众多弟妹和表亲中的孩子王。她带领大家学唱的电影歌曲、自编自排自演的文明戏，总是家庭聚会中最受欢迎的节目。

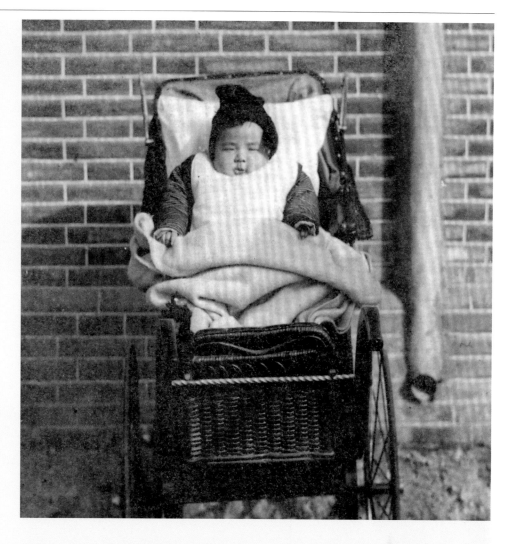

▶ 出生两个月的周小燕，
　1917年摄于上海

▼ 1918年，未满周岁时的周小燕

▼ 1925年，周小燕与大弟周天佑（左）、二弟周德佑（右）在汉口家中读书

▲ 周小燕（左二）和兄弟姐妹

▲ 1933年，周小燕（后排左三）与弟妹等在家中演戏后的合影

▲ 女扮男装的周小燕和男扮女装的弟弟周德佑

▲ 快乐的童年　　　　　　　　▲ 手持吉他的周小燕,摄于1934年　　　　▲ 童年生活充满了音乐,右一为周小燕

父母早年在音乐教育方面给周小燕提供了良好的学习条件,为她后来成为一名杰出的音乐家打下了扎实的基础。在思想品德上他们也教育她要独立自强,乐于助人,热爱祖国。

◀ 1933年,周小燕在汉口家中

竝年春攝于汉口

▶ 1935年春,兄弟姐妹六人的合照,摄于汉口。前排左起:周宝佑、周彬佑、周激佑;后排左起:周德佑、周小燕、周天佑

1935年10月，18岁的周小燕随母亲回到她的出生地上海，考入国立音乐专科学校，成为当年被录取的46名新生中的一员（据《音》第五十六期"本校二十四年度上学期各科学生一览表"），师从皮利必可华主修钢琴，副修声乐。

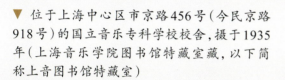

▲ 1936年2月4日下午四点，周小燕在学校举行的第35次学生音乐会上演唱歌曲，载于《音》第五十八期（民国二十五年三月至四月合刊）（上音图书馆特藏室藏）

◀ 学籍照片
1935年10月入国立音乐专科学校选科至1937年6月（上音图书馆特藏室藏）

▼ 位于上海中心区市京路456号（今民京路918号）的国立音乐专科学校校舍，摄于1935年（上海音乐学院图书馆特藏室藏，以下简称上音图书馆特藏室）

▲ 1935年10月1日,1935年度国立音乐专科学校开学典礼在市京路新校舍举行(上音图书馆特藏室藏)
前排左起:4韦瀚章、5欧萨可夫、6富华、7皮利必可华;右起:3李惟宁、4陈能方、5黄自、6萧友梅、7查哈罗夫
二排左起:5夏承瑜、8夏国琼、9洪达琦
三排左起:5汪启璋;右起:2吴乐懿、4周小燕
四排右起:1陈又新、2易开基、3胡投
五排左起:1梁雪儿、6巫一舟、7朱崇志、8陈恭则;右起:1刘雪庵、2张隽伟、3章彦、5梁定佳、6朱咏葵
六排右起:1于世流、2杨体烈、3谭小麟、4陈传熙、7钱仁康
七排右起:1贺绿汀、2胡然

民國二十五年十月　國立音樂專科學校慶祝創辦人蔡院長七十正壽攝影紀念

▲ 1936年4月，国立音乐专科学校庆祝创办人蔡元培院长七十正寿摄影纪念。三排左八为周小燕（上音图书馆特藏室藏）

▲ 周小燕和二弟周德佑宣传抗日活动时的合影

▲ 留学前在汉口老家

　　卢沟桥事变后，抗日战争全面爆发。当时在国立音专学习音乐的周小燕回到家乡武汉，与好友夏之秋组织起了"武汉合唱团"。她与弟弟一起活跃在武汉三镇的街头巷尾，号召民众团结抗日。在此期间，她首唱了《长城谣》，深受大众的喜爱。她还演唱了《歌八百壮士》《流亡三部曲》等多首抗日歌曲。

留学法国

▲ 出国护照上的照片

▲ 恩师布朗热教授［法］

▼ 在去法国的船上

随着战事的进一步加剧，1938年武汉会战打响，要求非战人员撤离。父亲周苍柏原打算让周小燕与大弟周天佑结伴赴西洋歌剧发源地意大利学习声乐，由于意大利在战争中沦为法西斯国家，他们决定改变计划，坐海轮绕道至法国。在巴黎，周小燕开始了长达九年的留学之旅。

在法国，周小燕先后就读于巴黎音乐师范学院和巴黎俄罗斯音乐学院，师从布朗热教授学习钢琴和视唱练耳，随意大利籍男中音歌唱家、声乐教育家贝纳尔迪教授学习声乐。毕业后，又随法国歌唱家、艺术指导佩鲁贾夫人和玛尼夫人悉心钻研法国艺术歌曲和西洋歌剧。从恩师那里，周小燕不仅学到声乐表现的技巧，也学会了对作品内涵风格准确的诠释。

▲ 初到巴黎

▲ 在法国乡村农舍

▲ 在法国乡村水井旁

▲ 1939年暑假，和郎毓秀（前排右一）在巴黎近郊朗日摩（Longemeau）。后排右二为周小燕，前排左一为弟弟周天佑（上音图书馆特藏室藏）

▶ 周小燕与郎毓秀

▲ 周小燕（左一）与一起逃难的犹太朋友妮娜一家

　　当时欧洲正处于战乱时期，生活很不稳定，周小燕不得不中断学习，同一位犹太朋友全家一起逃往法国南部，打算经由西班牙回国，不料还是被德军抓回巴黎，回到俄罗斯音乐学院继续学习。

　　由于逃难时受到惊吓以及途中历经劳顿，弟弟天佑回到巴黎后不幸染病身亡。

1940年代，通过在巴黎的朋友介绍，周小燕认识了画家潘玉良。潘玉良以周小燕为模特，作了一幅油画。

▶ 潘玉良笔下身穿旗袍的周小燕
《XIAO-YAN ZHOU》(90 cm×90 cm)
(现藏于中国美术馆)

◀ 1946年3月，周小燕与李献敏
在伦敦白宫剧场演出前的合影

◀ 周小燕和李献敏，1946年
摄于伦敦

▼ 周小燕与作曲家齐尔品先生
及其夫人李献敏

　　在巴黎，周小燕结识了著名的俄罗斯作曲家齐尔品及其夫人李献敏，并成为好朋友。齐尔品很赏识周小燕的才华，专门为她量身定做了一部用西方语言演唱的清唱剧《蚌壳》(后更名为《农夫与仙女》)。这部清唱剧由萧瑜作词，以中国神话蚌壳仙女与青年农夫为蓝本进行改编，带有浓郁的东方色彩。1945年10月，周小燕在巴黎国家大剧院首次登台演唱了这部作品，引起了巴黎公众的注意。翌年3月，她与齐尔品、李献敏等被邀请至伦敦白宫剧场参加为援华募捐而举办的"中国作品专场音乐会"。同年7月31日，周小燕在卢森堡的卡西诺剧场举行首次独唱音乐会。周小燕以东方女性的温润演绎这些作品，犹如一颗破壳而出的珍珠，散发出典雅的光芒。第二天，卢森堡的报纸、电台纷纷发表评论和报道，赞扬她"嗓音纯净，像水晶般坚实，如钻石般光彩"。

随着战争硝烟的散去，和平重新降临。这时的周小燕已学有所成，开始了她在欧洲各地的巡回演唱，备受音乐界的好评。在演出中，周小燕除了演唱西洋歌剧咏叹调外，也坚持传播中国文化，穿着中国服装，演唱中国歌曲。1946年10月，周小燕应邀来到德国柏林举办了两场独唱音乐会。德国报纸赞美道："……最充分地表现了舒伯特的情趣，花腔技巧高超……"德国电台还特意把她请到电台为她录音。1947年2月25日，周小燕在巴黎加伏大厅演出的成功，标志着她进入世界一流歌唱家的行列。《巴黎周刊》评论道："音乐会能使听众如此兴奋，是由于艺术家完美的歌唱能力和修养，以及对作品的表现……特别要指出她完美无瑕的声乐技巧，连音、跳音、轻音、半强音和强音，都很明亮，给人以不寻常的感受。"

▼ 1947年3月4日的上海《申报》上刊登了
周小燕在巴黎演出的报道，被称为"中国之莺"

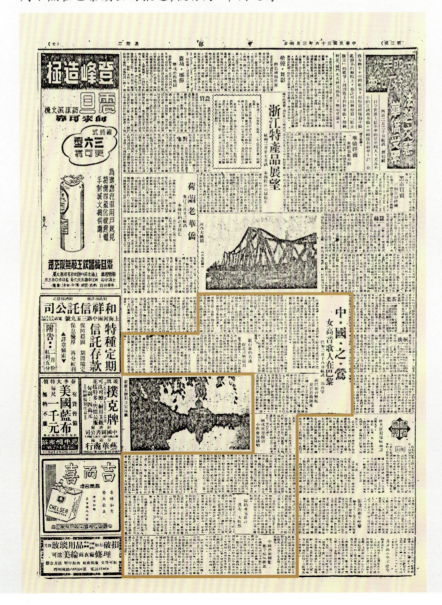

▲ 1946年10月，在德国柏林的演出剧照

▼ 演出剧照

▲ 1947年5月，周小燕参加首届"布拉格之春"国际
音乐节并演唱，著名音乐家梅纽因、肖斯塔科维奇、
伯恩斯坦等在座，国际俱乐部门外挤满了观众

　　1947年5月，首届"布拉格之春"国际音乐节在捷克斯洛伐克成功举办。这是战后一次盛大的音乐庆典，云集了当时全世界许多顶尖音乐家，有英国小提琴演奏家家梅纽因、苏联小提琴家奥伊斯特拉赫、作曲家肖斯塔科维奇、美国钢琴家和指挥家伯恩斯坦等。齐尔品接到了邀请，他带领周小燕和李献敏参加了音乐节，所贡献的音乐会标题为"中国现代音乐会"。这是整个"布拉格之春"国际音乐节上的大热门，票子在预售两周内便告罄。周小燕演唱的曲目有江文也的《Love Song》(恋慕之歌)、《In a Field》(在田野边)，贺绿汀的《神女》，刘雪庵的《红豆词》《长城谣》，齐尔品的中国唐诗《春晓》《将进酒》以及《蚌壳》片断等，为周小燕伴奏的是捷克斯洛伐克著名钢琴家阿尔佛莱德·荷米克。演出获得了巨大成功，周小燕和李献敏成为"布拉格之春"国际音乐节上最美丽的鲜花，她们到处被乐迷包围，要求签名和合影。"中国的夜莺"这个伴随了周小燕一生的美誉也在此时不胫而走，她成为了欧洲艺林一颗冉冉升起的新星。

▼ 由齐尔品编目并亲自撰写的清唱剧《蚌壳》(即《农夫与仙女》)
及艺术歌曲《七首中国诗》的作品介绍(上音图书馆特藏室藏)

▲ 1947年5月首届"布拉格之春"
国际音乐节上周小燕和李献敏的
"中国现代音乐会"节目单

▲▶ 在1984年9月29日及30日(民国七十三年九
月二十九日、三十日)的《中国时报》(台湾)上,连载
了题为《一盏前导的灯——齐尔品与中国的现代音
乐》的文章,介绍了齐尔品夫妇对于中国近现代音乐
的贡献,在文中也提及了周小燕与二人的往来,并配
有三人的合照

燕子归来

1947年10月27日,在欧洲完成学业的周小燕遵照父亲的嘱咐,回到祖国。

▲ 1947年10月27日,周小燕(右二)回国时在上海龙华机场与家人合影

◀ 周小燕从法国带回的行李箱,上面写着父母亲的名字(现藏于上海历史博物馆)

怀着一颗报国之心的周小燕，回国后看到的是贫穷落后，满目疮痍。她迫切地希望能把自己在国外学到的知识奉献给正在经历苦难的人民。这时的周小燕，一面忙于在各地举办独唱音乐会，一面在育才学校义务教学，同时也经常应进步学生的邀请，去各大学义务为大学生们演唱。

▶ 1947年冬，周小燕在上海大中华唱片厂录制唱片《牧羊恋歌》（王云阶曲）
钢琴：裘复生；小提琴：陈又新；长笛：韩中杰；后排：王云阶、李士钊，前排演唱者为周小燕（《大公报》记者魏精忠摄）

▶ 1948年初，在南京金陵女子大学演唱亨德尔清唱剧《弥赛亚》中的选段，周小燕担任女高音领唱，洪达琦（周小燕左后女士）担任女低音领唱

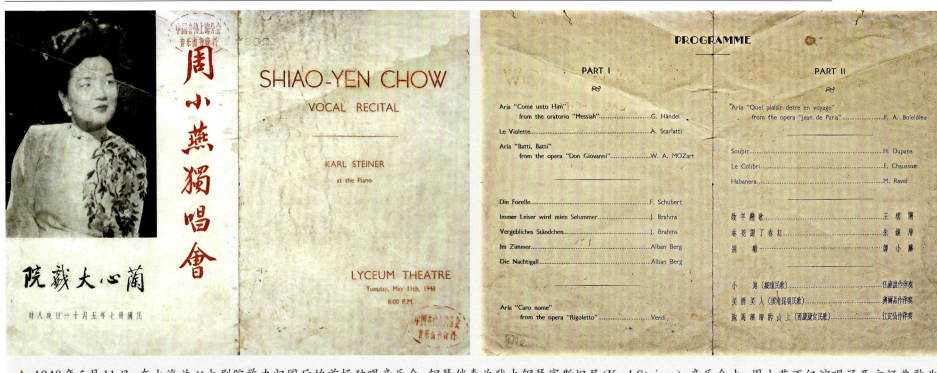

SHIAO-YEN CHOW
VOCAL RECITAL

KARL STEINER
at the Piano

LYCEUM THEATRE
Tuesday, May 11th, 1948
8:00 P.M.

PROGRAMME

PART I	
Aria "Come unto Him" from the oratorio "Messiah"	G. Händel
Le Violette	A. Scarlatti
Aria "Batti, Batti" from the opera "Don Giovanni"	W. A. MOZart
Die Forelle	F. Schubert
Immer Leiser wird mien Selummer	J. Brahms
Vergebliches Ständchen	J. Brahms
Im Zimmer	Alban Berg
Die Nachtigall	Alban Berg
Aria "Caro nome" from the opera "Rigoletto"	Verdi

PART II	
Aria "Quel plaisir detre en voyage" from the opera "Jean de Paris"	F. A. Boïeldieu
Soupir	H. Dupare
Le Colibri	E. Chausson
Habanera	M. Ravel
牧羊戀歌	王雲階
林花謝了春紅	朱鏡清
別離	譚小麟
小調（綏遠民歌）	伍雍誼伴奏
美酒美人（雲南昆明民歌）	齊爾品伴奏
跑馬溜溜的山上（西康康定民歌）	江定仙伴奏

▲ 1948年5月11日，在上海兰心大剧院举办归国后的首场独唱音乐会，钢琴伴奏为犹太钢琴家斯坦尼(Karl Steiner)。音乐会上，周小燕不仅演唱了西方经典歌曲，还演唱了最新的中国作品，如桑桐（朱镜清）的《林花谢了春红》，最后三首中文歌曲特邀伍雍谊、齐尔品、江定仙为其伴奏。(由吴龙烽提供)

▶ 在香港举办独唱音乐会，钢琴伴奏魏秀娥

▲ 周小燕与挚友吴乐懿在
上海家中，摄于1948年

交通大学的学生赠送了一面
锦旗，上面写着"献给周小燕小
姐：唱破这阴湿的天！国立交通
大学学生自治会敬赠"，周小燕
高兴地把它挂在了家里客厅的
墙上。

▼ 为大学生募粮义演

▶ 1948年，上海交通大学学生
自治会敬赠给周小燕的锦旗

国立上海音乐专科学校三十六年度年学业毕典礼摄影 民国三十七年七月二日摄

▲ 1948年7月2日，国立音乐专科学校毕业典礼合影，已被聘为教师的周小燕（一排右七）参加典礼（上音图书馆特藏室藏）

随着中华人民共和国的建立，周小燕兴奋地开始了她新的生活。

1949年，周小燕被邀请去北京出席了全国第一届文艺工作者代表大会。第一次参加这种全国性重大会议的周小燕，对一切都感到新奇和激动。在会上，她见到了仰慕已久的周恩来总理。

周总理鼓励周小燕要向为抗战牺牲的弟弟学习，永远站在人民一边，并在她的笔记本上题辞："为建设人民音乐而努力。"

周小燕后来多次说起，这次文代会是她生命中的一个转折。"做一个像周总理那样的共产党员"成为她一生追求的目标。从那以后，她的生活就有了方向，懂得了要为谁服务，为谁歌唱。

▲ 1949年7月2日至19日，第一次文代会代表证

▲ 周小燕与赵育申(中国台湾文化大学教授)，参加第一次文代会时第一次穿上了列宁装

▼ 1949年7月，参加于北平召开的第一次全国文艺工作者大会。二排左六为周小燕

从北京回来后，周小燕在继续自己演唱生涯的同时，受聘为国立音乐院上海分院的教授，并担任了声乐系第一届系主任。

▲ 1949年11月27日，国立音乐院上海分院校庆纪念。二排中间为周小燕

▲ 1950年,在苏联纪录片《中国人民的胜利》拍摄中的一个镜头:周小燕在《黄河大合唱》中独唱《黄河怨》,合唱团为上海音乐学院师生

全国解放后，周小燕的父亲如他早先所说，将武汉东湖的土地无偿捐献给了国家，交给了人民。周小燕完全理解和支持父亲的所言所行。作为银行家的父亲，一生同金钱打交道，可是从来不为钱财所动。父亲给她作出了榜样，潜移默化地影响着她，教导着她。

◀ 1950年，周小燕与父亲周苍柏在武昌东湖老家

▶ 1951年，周小燕与父母在武汉东湖

印度之行

1951年，周小燕参加了新中国成立后的第一个文化代表团——中国访印文化代表团，出访印度、缅甸，团长为丁西林。

代表团此行汇集了当时国内文艺科技界的各路精英，如文学界的刘白羽、社科界的冯友兰、汉学界的季羡林、美术界的吴作人、电影界的张骏祥等。

▼ 1951年，中国访印文化代表团团员合影。一排右起：2周小燕、3吴作人、4张骏祥、5刘白羽；左起：3季羡林、5冯友兰、7丁西林

代表团从北京出发，经广州走海路前往印度和缅甸。

▶ 中国访印文化代表团路过东湖合影。一排左三为周小燕，二排右四为周小燕的父亲周苍柏

▲ 在新德里机场

▲ 周小燕与丁西林（中间）、吴作人（右）在船上

▲ 在船上

在印度，代表团受到隆重的接待。他们参观了印度的名胜古迹，在总统府受到总统和尼赫鲁总理的接见，尼赫鲁的女儿英甘地全程陪同。

◀ 代表团与印度总理尼赫鲁（前排左三）及甘地夫人（前排右一）合影。一排右三为周小燕

▼ 访印代表团成员合影。一排左五为周小燕

▶ 在印度

▲ 在印度泰姬陵

▲ 参观仰光大金字塔

▲ 出访印度

在长达一个多月的访问旅途中，周小燕结识了著名导演张骏祥。张骏祥外表严肃冷峻，实际上内心却有着艺术家的热忱。经过相互了解，二人最终结为终身伴侣。

▲ 周小燕与张骏祥在暨南大学

▼ 周小燕与张骏祥在印度泰姬陵

▶ 周小燕与张骏祥在缅甸

▲ 周小燕与张骏祥在印度总统府

▲ 在缅甸

一九五二冬写双象以志天竺行 吴作人

在印度,周小燕和张骏祥收集了很多大象的纪念品,摆放于家中。中国驻印度大使袁仲贤赠送了刻有大象的木雕盒。同为代表团成员的著名画家吴作人后来专门为他们创作了一幅《双象图》赠送给他们作为结婚礼物。画家以一对严肃沉稳和活泼欢快的大象,生动体现出两人的性格特征。

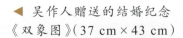

◀ 吴作人赠送的结婚纪念《双象图》(37 cm×43 cm)

▲ 周小燕和张骏祥从印度带回的皮夹子

◀ 周小燕和张骏祥在印度收集的大象纪念品和中国驻印度大使袁仲贤赠送的大象木雕盒

结婚之后

结婚以后的周小燕,和当时众多要求进步的知识分子一样,满腔热情地投入到国家社会主义建设之中。

▲ 1952年5月5日,周小燕和张骏祥的结婚证书

▲ 结婚证上的照片

▲ 结婚合影

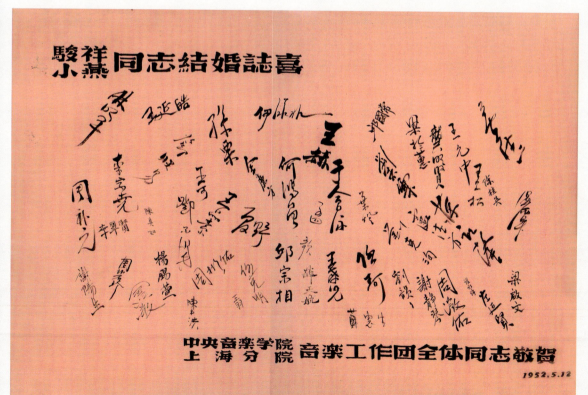

◀ 1952年5月12日,中央音乐学院上海分院音乐工作团全体同志赠送给新婚夫妇的签名纪念

在学校担任教学演出任务的同时，周小燕积极参加各项社会活动。抗美援朝时期，她参加慰问团，赴朝鲜慰问志愿军。她带领师生深入基层，走近群众，热情地为广大民众演出。从工厂、农村到边防海岛，处处都留下了她美妙的歌声。

▲ 1950年代，周小燕（中间）与安娥（右）访问上海青浦农村

▲ 1952年，在安徽六安佛子岭水库工地演唱

▲ 1953年，抗美援朝时期，赴朝鲜慰问志愿军。左二为周小燕，左四为喻宜萱

◀ 1951年抗美援朝时期，周小燕（中间）第一次参加群众游行，左一为向隅（上音图书馆特藏室藏）

▲ 1957年，在上海江南造船厂为工人演唱《歌唱毛主席，歌唱共产党》

▲ 1958年，随上音"六边"活动队慰问浙江大陈岛海军，中间为周小燕

▲ 到部队慰问演出，一排左二为周小燕

婚后一年,周小燕有女儿了。两年以后,有了儿子。幸福美满的家庭,更增添了她工作的热情。

▲ 女儿会笑了

▲ 朝鲜慰问志愿军归来

▲ 教女儿"弹"钢琴

▲ 在上海西郊公园

▲ 在人民公园

▲ 与儿子在家里

◀ 快乐的母与子

▶ 与一双儿女

1950年代，周小燕作为新中国的文化使者，频繁出访苏联及东欧各国，促进与友好国家之间的文化交流。

▲ 1953年，与陈伯华、陈友舫在苏联红场庆祝"五一"国际劳动节

▼ 1954年，在克里姆林宫，周小燕与莫斯科音乐学院院长交谈

▼ 1954年，与张光年等参观克里姆林宫

▲ 1954年，在莫斯科苏联大剧院
演出后谢幕

◀ 1954年，在波兰华沙千人
大会舞台上演唱

▶ 1954年，在苏联当地的万人广场，周小燕与
阿塞拜疆的人民演员、男高音歌唱家贝布托夫演
唱了中国歌曲《在那遥远的地方》和苏联民歌

▲ 1956年,"中国民间歌舞团"在团长欧阳山的率领下赴港澳演出,欧阳山(左二)、袁世海(左一)先后签名留念,周小燕后面的两位是黄虹(左)、黎瑄(右)

▲ 赴南斯拉夫访问演出时的剧照,摄于1957年

▲ 1957年,赴南斯拉夫演出时与伍修权大使(中间)合影。左二周小燕,右一李瑞星,右二吴乐懿

在完成繁忙的出访和演出任务的同时，作为学校声乐系主任，周小燕一方面负责系里的教学工作，一方面接待来访的外国专家。她尝试着把国外的先进经验结合到自己的教学之中，努力走一条"土洋结合"的道路。

◀ 1955年，苏联著名花腔女高音阿列妮琴科(前排右二)访沪留影。一排右一夏国琼，右三周小燕，二排左一蔡绍序

▶ 1956年，巴基斯坦总理苏拉瓦底(左二)来上音参观，周小燕(左一)、贺绿汀(右二)、丁善德(右一)陪同(上音图书馆特藏室藏)

▲ 1956年8月23日，参加第一届全国音乐周活动的国立音专1927—1937届部分师生校友相聚在北京"全聚德"并合影留念。一排左五为周小燕
（上音图书馆特藏室藏）

▲ 1957年11月20日，上海音乐学院声乐系1957年度暑假毕业生结业留影。一排左六为周小燕

◀ 1956年，保加利亚声乐专家契尔金教授来上音讲学。左二为周小燕（上音图书馆特藏室藏）

▶ 1958年6月6日，苏联国家交响乐团来沪演出，二排中间为周小燕。一排左二为贺绿汀（上音图书馆特藏室藏）

▲ 电影拍摄中的镜头：国庆十周年演唱《夜莺》

▲ 电影拍摄中的镜头：领唱者为周小燕（摄于上海）

▲ 参加1963年上海音乐学院院务委员会，与会院领导有贺绿汀、钟望阳等（上音图书馆特藏室藏）

▲ 1959年，周小燕（左二）与上音民族班学生，右二为藏族的才旦卓玛、右四为维吾尔族的热比亚

▲ 央沪两院声乐教师与布伦巴洛夫教授，前排右三为周小燕，1964年摄于中央音乐学院（倪瑞霖教授提供）

◀ 抗美援越时期，周小燕（右一）参加群众游行，右二为贺绿汀，左一为卫仲乐（上音图书馆特藏室藏）

▼ 1964年，周小燕（右）与贫农促膝谈心

▲ 全家在杭州

▲ 夫妇俩在音乐学院教学楼前

　　周小燕和丈夫张骏祥,在生活上互相关心,事业上互相支持,一起努力为国家建设作贡献。1956年,周小燕和张骏祥先后加入了中国共产党。

▶ 周小燕与父亲周苍柏

▲▶ 去人代会报到，周小燕与全家合影

▶ 1965年，全家在上海衡山公园

◀ 儿女成双

动乱岁月

"文革"期间，周小燕一家不可避免地受到了冲击。丈夫被隔离审查，音信全无，女儿去了东北农村插队落户，儿子到工厂当工人，她自己也被迫停止了教学，被送至海边干校学农。

▲ "文革"前期的周小燕和张骏祥

▼ 周小燕（左一）在奉贤五七干校

▲ 在奉贤五七干校养鸡厂打扫鸡舍，左为周小燕

▲ 在奉贤五七干校养鸡，左为周小燕

▲ 从干校回来，女儿也从黑龙江返沪探亲，难得相聚的一家人在中山公园

　　尽管对运动中的种种倒行逆施不能理解，但是她始终保持乐观，对生活充满信心。只要有渴望学习的学生来求教，她总是想方设法尽可能地把自己的知识传授给他们。

云开雾散

浩劫过后,雨过天晴,重回教坛的周小燕迎来了
她艺术生命的第二个春天。

▼ 回到钢琴前

1977年，周小燕随中国音乐家代表团赴西德考察。赵沨为代表团团长，同行的还有刘诗昆、郭淑珍、袁雪芬等。 第二年6月至7月，作为中美建交之前的文化使者，周小燕又亲率阵容庞大的中国艺术团赴美国演出。

▶ 1977年，周小燕（左三）赴西德考察

▲ 周小燕亲率中国艺术团出访美国

▶ 1978年7月20日，周小燕在白宫玫瑰园受到时任美国总统卡特的接见（张甫柏摄）

▶ 1986年访美，周小燕在纽约卡内基音乐厅的后台见到老友斯义桂

▶ 周小燕与李献敏在纽约卡内基音乐厅重逢

1979年1月，周小燕被任命为上海音乐学院副院长。在繁忙的行政工作之余，她始终没有离开教学第一线，教学经验和方法也越来越丰富和成熟。

◀ 副院长周小燕在备课（张甫柏摄）

▶ 1980年,周小燕(二排左一)
陪同柬埔寨西哈努克亲王参
观上海音乐学院

▲ 恢复工作后,与老师们共同欢庆,中间为周小燕

▲ 1985年,周小燕接待来沪讲学的著名钢琴家傅聪

◀ 参加全国文代会

▶ 1982年11月，周小燕
在校庆55周年大会上
（张甫柏摄）

▲ 1982年4月4日，在"贺绿汀、丁善德声乐作品专场音乐会"上，前排左5贺绿汀、6丁善德、8周小燕（张甫柏摄）

教书育人

▲ 周小燕与高曼华探讨教学难题

1977年以后，步入花甲之年的周小燕专心致志地把全部精力都投入到教学之中，希望用自己的经验和学识为国家多培养些人才。

通过出国考察和对外交流，周小燕深切感受到当时国内声乐发展和国际最新潮流之间的差距。经过分析对比，她相信只要努力学习，中国人完全有能力赶上去，好学而又不服输的她决心接受使命。每次学校请专家讲学，她都专心去听讲，认真作笔记。她没有门第观念，即使是晚辈的授课她也虚心去学习，吸取别人的先进经验，结合自己教学中遇到的问题，因材施教，循序渐进，试着摸索出一套解决方法。

▶ 周小燕（右二）及葛朝祉教授（左二）与意大利歌唱家雷曼尼夫妇，摄于1987年

▶ 1979年7月至12月，美籍华裔声乐专家斯义桂上公开课，周小燕认真听讲并作笔记（张甫柏摄）

▼ 1979年12月，斯义桂与夫人李惠芳来院教学后举办师生汇报音乐会（张甫柏摄）

当时已经六十多岁的周小燕每天日程排得满满。她不分寒暑假，一大早骑着自行车来到学校，一个接一个地给学生上公开课，直到下午一两点钟才匆匆忙忙地回家吃点东西，再去处理其他事务。教学成了她生活的全部。在她的日历上，没有休息日。

▲ 1982年，周小燕与来沪讲学的美国著名指挥家库尔特·爱德勒共同商讨歌剧排练计划

▲ 1983年，在上音小礼堂祝贺意大利著名歌剧演员、声乐教授吉诺·贝基七十寿诞

▼ 1983年，贝基教授与周小燕及上音学子合影

针对当时声乐教学中的薄弱环节，声乐系专门成立了"男高音攻关小组"，由周小燕担任组长。她和几位志同道合的教师一起反复研究摸索，终于在教学上攻克难关，取得了可喜的成绩。

▲ 在国际声乐比赛中陆续获奖的学生，左起：1 张建一、2 高曼华、3 周小燕、4 彭雪琼（钢琴伴奏）、5 罗魏、6 刘捷，摄于 1984 年

改革开放以后，周小燕的学生频频在国内外比赛中获奖，全国各地的音乐院校都纷纷前来邀请她去讲学辅导，她自己也希望能借此机会提高地方的师资力量，发现并培养更多的音乐人才。这一时期，她频繁地带领学生到各地示范教学演唱，普及音乐知识，培训地方音乐教师。

◀ 周小燕（左）和郭淑珍、张权在全国音乐艺术学校声乐学生歌唱比赛中担任评委

▲ 1986年10月，周小燕（左五）应邀在巴黎第16届国际歌唱比赛中担任评委（张甫柏摄）

▲ 1983年12月，周小燕（中间）应中国音协四川分会邀请率学生赴四川、贵州、云南等地讲学并举行示范教学音乐会，历时两个月（张甫柏摄）

▲ 备课中的周小燕

▲ 周小燕（左）在台湾讲学

▲ 1985年4月，周小燕应山东省歌舞团的邀请，与黄晓同、张国勇及学生张建一等赴济南演出、训练乐队、讲学辅导（张甫柏摄）

▲ 周小燕（左）在浙江讲学

▲ 周小燕（中间）和学生们一起在家过年

周小燕教学上认真严谨，对学生要求严格、一丝不苟；在思想和生活上以身作则，身体力行，对学生关心爱护，尽自己力量为他们解决困难。她说，每一个学生都是国家的财富，她不愿意看到任何一个有才华的青年因为经济上的原因而被埋没。

▶ 周小燕（左）教少数民族学生包饺子

在教学上，她从来没有停止过思考。她因材施教，对不同的学生摸索着用不同的解决方法。她说她不会有"关门弟子"，任何时候只要学生肯学，她就愿意教。在众多的头衔中，她最在意的就是"终身教授"。她希望自己能够终身执教，把一个个学生培养成为国家的有用之材是她最大的乐趣。

▲ 1950年代，周小燕为维吾尔族学生热比亚授课

▲ 1980年代，周小燕为刘捷授课

▲ 1990年代，周小燕给歌剧中心学员上课，靠近钢琴的女生为李秀英，钢琴伴奏为彭雪琼（张甫柏摄）

◀ 进入21世纪，周小燕为刘芳瑛授课

▶ 1995年6月，廖昌永硕士毕业音乐会，周小燕在旁（张甫柏摄）

◀ 1995年7月2日，张建一独唱音乐会，陈燮阳指挥（张甫柏摄）

桃李满园

从1940年代直到她生命的最后，周小燕从教近七十年，就像一个辛勤耕耘的园丁，培养出的学生一批又一批，一代接一代，遍布世界各地。

▲ 与鞠秀芳

▲ 与学生罗魏

▲ 与刘捷、高曼华

▲ 与顾平（周小燕大师工作室提供）

周小燕勤于学习、善于思考。她认真总结了之前声乐界"土洋之争"的经验教训，提出要吸纳西方音乐技艺，传承并发扬民族音乐特色，把百家之长用于教学实践之中。1980年代，周小燕的学生开始在世界舞台崭露头角，频频在国际歌剧比赛中取得好成绩。

1984年，周小燕带领学生赴维也纳参加第三届国际歌剧歌唱家声乐比赛。在这次比赛中，周小燕的学生张建一获得了第一名。

◀ 1984年，张建一、詹曼华维也纳国际歌剧歌唱家比赛凯旋归来

1990年，万山红在第四届全国青年歌手电视大奖赛获民族唱法专业组第一名。

▶ 与万山红

1994年，杨小勇在第45届意大利维奥蒂国际歌剧比赛中获优胜奖；1996年，在中国文化部首届声乐比赛中获第二名。

◀ 与杨小勇，摄于2006年1月13日
"杨小勇独唱音乐会"

1996年，方琼获第七届全国青年歌手电视大奖赛民族唱法专业组第一名。

▶ 与方琼，"龙年穿新衣"

1996年至1997年，廖昌永在一年之内连续夺得第41届图卢兹国际声乐比赛、多明戈世界歌剧大赛和挪威宋雅王后国际声乐大赛的第一名，在世界乐坛引起强烈反响。当主持比赛的多明戈听说廖昌永是中国教师培养出来的，不禁称赞道"你有一位了不起的老师"。

学生们纷纷在比赛中得奖，周小燕在欣慰之余却依然保持着冷静。她认为得奖不是学习的目的，也不认为学生得奖是自己的功劳。在廖昌永凯旋归来的庆功会上，她说，学生成功，老师只占三分之一功劳，学生自己努力占另外三分之一，还有三分之一是客观环境和机遇。她认为音乐教育不应该仅局限在专业院校之内，应该走出学校，面向社会，做好音乐普及工作，培养高雅音乐的知音，提高全民文化素质。

 与廖昌永商讨曲目

◀ 1997年9月，周小燕为廖昌永授课，钢琴伴奏彭雪琼（张甫柏摄）

1998年，李秀英获第四届国际布达佩斯歌剧比赛二等奖、意大利维奥蒂国际声乐比赛银奖。

▶ 与李秀英

2008年，于冠群获维也纳汉斯加伯尔国际声乐大赛金奖，2012年获多明戈世界歌剧声乐大赛二等奖。

▶ 与于冠群

▲ 辅导少年宫合唱队

▲ 1995年，为"小燕合唱团"的孩子们指导歌唱

▲ 在东海舰队给海军讲课

◀ 周小燕与学生们准备演出曲目，左起：魏松、李秀英、杨小勇、周小燕、吕嘉

周小燕把全部精力都用在了学生身上，她希望在自己的晚年能尽可能地多为国家培养些人才。她曾经回忆起早年看过的一部电影，女主角年轻时在世界各地演唱，晚年时满头白发，坐在台下看着学生演出。周小燕希望自己也能如此，从学生身上看到自己艺术生命的延续。在她88岁生日的时候，她的学生们从世界各地来到她的身边，为老师举办了一场优秀学生音乐会。学生们用美妙的歌声向老师展示了自己取得的成绩。音乐会的最后，学生们献上了88朵红玫瑰，并一起深情地唱起了《老师，我总是想起您》，用歌声表达了对老师的感谢。

▶ 与魏松讨论排练细节

▲ 2005年6月18日，上海大剧院举办周小燕优秀学生音乐会，正好临近周小燕88岁生日。音乐会上，她和学生激动地唱起了《长城谣》。左起：张峰、孙健、万山红、李秀英、廖昌永、周小燕、魏松、高曼华、指挥吕嘉；右起：张建鲁、朱秋玲、易思衡、李棠、杨小勇、郭森、王作欣、顾平、李建林（韩适摄，周小燕歌剧中心提供）

2013年，周小燕同廖昌永、张建一一起参加了全国文联举办的"百花迎春"春节联欢。

◀ 与廖昌永、张建一在春节联欢晚会上

▶ 廖昌永、张建一演唱歌剧《采珠人》中的二重唱

2013年春，由上海歌剧院制作的原创歌剧《燕子之歌》在上海文化广场隆重上演。

《燕子之歌》以著名歌唱家、音乐教育家周小燕教授为原型，选取了周小燕艺术人生的几个片段，塑造了她可爱可敬的生动形象。周小燕教授说："《燕子之歌》讲的不是我一个人的事，而是反映了老师们'爱祖国、爱事业、爱学生'的共同情怀。"

◀ 原创歌剧《燕子之歌》节目单　　　　▼《燕子之歌》主创及演员谢幕合影

亲情友情

周小燕总说她自己是幸运的。她有一个好父亲,为她进入音乐殿堂铺平了道路。他有一个好丈夫,在生活上关心照顾,在事业上支持理解。她有一个好家庭,让她工作时没有后顾之忧。

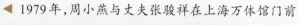

◀ 1979年,周小燕与丈夫张骏祥在上海万体馆门前

▲ 周小燕与丈夫张骏祥同游庐山

▲ 在北京北海

她很庆幸遇到了好领导，为她指明前进的方向。她也庆幸遇到一群好同事，工作上志同道合，相互配合，使她的艺术才能得到发挥。

▶ 1997年11月27日上音建校70周年，周小燕与老院长贺绿汀

▲ 1981年11月，西藏歌舞团首次来沪演出，贺绿汀院长（中间）、周小燕副院长（左）与回到母校的歌舞团团长才旦卓玛欢叙

▲ 1987年，在上海音乐学院，周小燕与老同学们合影，左起：江定仙、丁善德、姜瑞芝、巫一舟、周小燕、任虹、吴乐懿、李士钊

▲ 1980年代,周小燕与丁善德、桑桐、谭冰若、常受宗、陈铭志、葛顺中、倪瑞霖等

▲ 周小燕与老友钢琴家吴乐懿(右)、作曲家江定仙(中间),摄于1992年

▲ 三位老院长,左起:周小燕、贺绿汀、丁善德,摄于1993年

▲ 周小燕与老搭档王品素

▲ 周小燕与老友董爱琳夫妇

▲ 周小燕与老友黄友葵

▲ 1995年，周小燕与老乡——著名指挥家严良堃

▲ 周小燕与指挥家吕嘉

周小燕性格开朗，热情好客，家里经常高朋满座，欢声笑语，其中既有音乐界的同行，也有电影界的朋友。

▲ 1960年代，周小燕（左二）与赵丹、张瑞芳、余红仙等

▲ 周小燕与好莱坞影星卢燕

▲ 周小燕与香港歌唱家费明仪（右）和印尼华侨学生林祥园（左）

◀ 周小燕与著名电影导演谢晋

▼ 周小燕夫妇与剧作家黄宗江

▶ 周小燕夫妇与剧作家吴祖光

▲ 周小燕夫妇与著名剧作家夏衍,摄于1985年

▲ 1986年访美,周小燕与孙道临

▶ 周小燕与秦怡、张瑞芳

▲ 赴京演出歌剧《原野》时到北京医院探望原著作者曹禺,摄于1990年

▲ 周小燕与香港影星周润发,摄于1992年

▲ 周小燕与印尼朋友黄海燕

▲ 周小燕与日本友人崛内纪良

▲ 周小燕与多明戈、廖英华，摄于2002年

▲ 赴武汉时去医院探望汉剧大师陈伯华，摄于2007年（《长江日报》记者梁超摄）

▶ 周小燕与周小燕歌剧中心主任韩莉平及周天平律师

▲ 周小燕七十寿辰

▲ 丈夫张骏祥八十寿辰时，夫妇俩笑逐颜开

在近五十年的婚姻生活中，周小燕与丈夫张骏祥感情真挚、相濡以沫，在艺术追求的道路上携手共进、相互支持。虽然他们的婚姻由于各自忙碌，缺少了花前月下的甜言蜜语，但在平淡中却充满了幸福和关爱。剧作家黄宗江感叹地说："周小燕夫妇不是最浪漫的，但是浪漫总是跟随着他们。"

▶ 老来乐

张骏祥工作严谨，知识渊博，每当周小燕在工作学习上遇到困难向他求教时，他都会用他丰富的经验和学识，热情地给予帮助和解答。

▲ 妇唱夫随

▶ 良师益友

▲▶ 周小燕赴纽约参加儿子的硕士毕业典礼

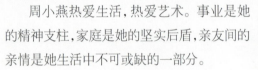

周小燕热爱生活，热爱艺术。事业是她的精神支柱，家庭是她的坚实后盾，亲友间的亲情是她生活中不可或缺的一部分。

▲ 周小燕与外孙在美国

▲ 周小燕与外孙在加拿大魁北克，摄于1997年5月

▶ 2005年8月，周小燕与女儿、女婿及两个外孙在杭州

▶ 与女儿在上海

▼ 在儿子家中

▲ 与女儿在上海家中

▶ 与外孙在上海

▲ 周小燕与丈夫、儿子、儿媳在家中，
摄于1995年

▼ 周家四姐妹，左起：彬佑、澂佑、宝佑、小燕

1990年代和2007年，周小燕先后三次回到家乡武汉，再次踏上她度过童年的这片土地。这里有她太多的记忆，这里的一草一木，都留给她美好的回忆。

▶ 同妹妹夫妇一起重回武汉老家

▶ ▲ 周小燕坐在童年居住过的老房子门前，不禁回想起小时候与弟弟一起排演文明戏的情景

◀ 周小燕（左一）与妹妹宝佑、澂佑在八宝山给父母扫墓

▶ 三姐妹在东湖父亲的纪念像前，中间为周小燕

1998年，周小燕再次来到巴黎，和儿子一起重游了这座六十年前求学的城市，两人还一起游览了意大利的名胜古迹。由于平时教学工作繁忙，周小燕很少有时间能够和家人在一起，儿子后来回忆说，这次十多天朝夕相处的游程，是他印象中和妈妈单独在一起时间最长的一次。

◀ 1998年，周小燕与儿子重游巴黎

▶ 周小燕与儿子在巴黎凡尔赛宫

在巴黎歌剧院

在巴黎60年前演出过的剧场门前

◀ 周小燕与儿子在罗马斗兽场

▲ 参观比萨斜塔

◀ 在意大利卡布里

几十年来，周小燕的生活道路并非一直平坦，艺术之路也不总是风平浪静，但是她始终积极向上，以乐观的心态面对，充满了正能量。

▶ 参观上海世博会

◀ 96岁游杭州

▲ 2010年12月22日，上海电影家协会在上海文艺会堂举办了纪念张骏祥先生100周年诞辰的座谈会，周小燕与家人参加

▲ 70岁寿辰纪念　　▲ 80岁寿辰纪念

◀ 94岁寿辰纪念

◀ 95岁寿辰纪念

▲ 98岁寿辰纪念

▲ 2015年，回到复兴西路住了半个世纪的旧居

老枝新花

　　1980年代，鉴于当时国内西洋歌剧的演出环境氛围，学生学成后纷纷到国外寻找演出机会。周小燕看到人才流失的状况，心里非常不安。她觉得歌剧是国家物质文明和精神文明的重要标志，她希望能用自己的力量留住人才，帮助中国歌剧走出低谷。已经步入古稀之年的周小燕同几个志同道合的教师一起商量，决定成立一个以她为艺术总监的歌剧中心，把有志于歌剧事业的青年聚集在一起，培养并训练高水平的歌剧人才，振兴中国的歌剧事业，为更多青年创造实践和演出的机会。就在同龄人已经安享晚年的时候，周小燕又重新站到了起跑线上，在她生命的最后三十年，用歌剧中心这个平台，为中国的声乐教育和歌剧事业再铸辉煌。

▲ 周小燕70岁时与张光华（右）一起筹建周小燕歌剧中心

周小燕歌剧中心于1988年5月正式成立。中心自筹资金，在教学方面大胆改革。初期，在既没有固定的演员团队，又没有排练场地的情况下，歌剧中心克服种种困难，与地方合作，演出了多部中外歌剧，为全国各地培训了一大批演员。

同江苏省合作排练歌剧《弄臣》时，周小燕在南京不慎摔断了腿。手术后，对艺术一丝不苟的周小燕在病床上坚持指导排练，严格把关演出质量，并坐着轮椅到现场观看了演出。

▲ 1989年10月13日于南京，周小燕歌剧中心与江苏省歌舞团合作演出《弄臣》（张甫柏摄）

▶ 1990年5月，周小燕歌剧中心演出《唐·帕斯夸勒》（又名《骗婚记》），中间为贺绿汀夫妇

▲ 1990年10月，周小燕歌剧中心与山东省合作演出《原野》

▲ 1992年5月，周小燕歌剧中心演出《乡村骑士》

周小燕在歌剧教育工作中坚持"走出去、请进来"的指导思想，不但带领学生同国外歌剧院合作演出，也请国外专家来授课讲学。

◀ 1991年12月，周小燕歌剧中心应香港太古集团邀请赴香港举办中外歌剧音乐会，一排左4周小燕、6贺绿汀、8丁善德

◀ 1992年7月，周小燕（二排左三）率学生赴新加坡举行《中国歌唱家之夜》音乐会

无论是教学或是演讲，周小燕只要一工作就劲头十足，满腔热情，不觉疲倦。她忘记了自己的年龄，在她娇小的身躯里，似乎总有着取不尽用不竭的能量。

▲ 1987年，周小燕七十寿辰暨从事演唱教学40周年纪念会上，才旦卓玛献上哈达

▶ 1987年，在周小燕教学40周年回顾展上

◀ 1992年，周小燕在香港作学术演讲

▲ 1996年4月17日，周小燕在上声乐系教师示范教学课（张甫柏摄）

▲ 2007年，周小燕出席第三届全国民族声乐研讨会并作学术报告

▲ 2001年国际歌剧大师班期间，周小燕与田浩江、廖英华

▲ 主办2002年国际歌剧大师班

▲ 主办2005年国际歌剧大师班

▲ 2007年国际歌剧大师班结业演出

▲ 2009年国际歌剧大师班汇报演出

▲ 2010年国际歌剧大师班汇报演出

▲ 2011年国际歌剧大师班结业音乐会

▲ 周小燕与2011年国际歌剧大师班专家

▲ 在2012年国际歌剧大师班讲课

▲ 2013年,周小燕与大师班专家

▲ 第十届国际歌剧大师班,周先生生日会签名(周小燕歌剧中心提供)

▶ 2013年8月28日,第十届国际歌剧大师班周小燕生日会(周小燕歌剧中心提供)

为纪念抗日战争胜利五十周年，周小燕和学生一起登上万里长城，再次唱起《长城谣》。回想首唱此曲时，中国大地内忧外患，百姓生活在水深火热之中，如今祖国一片繁荣，社会和谐，人民安居乐业，目睹了这翻天覆地的变化，周小燕非常激动。她动情地说："父亲和弟弟都期待着这一天，可惜他们没有看到，我看到了……"

▲ 1995年，在长城上演唱《长城谣》

2007年，上海市教委为充分发挥上海艺术类高校中国内外公认的文化坐标人物的引领作用，决定组建几个上海市一级的、由专家牵头的大师工作室，"周小燕大师工作室"作为第一个工作室于11月27日成立，专门从事科研和艺术实践。

▲▶ 2013年9月16日，"周小燕大师工作室"授牌仪式

（本页照片由周小燕大师工作室提供）

九十多岁的周小燕心里始终有一个愿望。一直致力于中国歌剧事业发展的她希望以中国培养出来的演员来演一部中国自己的原创西洋歌剧。她把这个心愿比喻为她人生足球的下半场，她要在下半场里再进一球。凭着坚强的毅力和不懈的努力，在各方的协作配合下，周小燕终于把她执着追求的艺术理想变成了现实。2014年10月17日，歌剧《一江春水》作为第十六届上海国际艺术节开幕式的剧目，于上海大剧院成功首演。

▲ 2014年10月，周小燕与廖昌永在《一江春水》新闻发布会上

▲《一江春水》剧照及花絮（周小燕歌剧中心提供）

98岁的周小燕没有就此止步,她的人生字典里没有停止,只有向前,永无止境地攀登一个又一个高峰。功成名就的她依然坚守在教学第一线,一如既往地以年轻人的节奏和工作量,兢兢业业、热情饱满地工作,直到生命的最后。

▲ 享受课堂上的每一分钟

▲ 青春在歌声中延续　　　　　　　　　　　　　　　（本页照片由林秉亮拍摄）

她工作日历的最后一页清楚地记录了她直到入院手术之前还坚持每天给学生上课。她是在上完最后一课才住进医院的。从日历上可以看到，做完手术，她仍在关心学生的演出音乐会。

05

2015. MAY

SUN	MON	TUE	WED	THU	FRI	SAT
				1 劳动节		2 十四
3 十五	4 青年节	5 十三	6 立夏	7	8 二十 右天	9 廿一
10 母亲节	11 廿三	12 廿四	13 廿五	14 廿六	15	16 廿八
17 廿九	18 四月	19 初二	20 初三	21 小满	初五	23 初六
24 初七	25 初八	26 初九	27 初十	28 十一	29 十二	30 十三
31 十四						

▲ 2015年5月，工作日历的最后一页

◀ 住院时使用的通讯录

卓越殊荣

作为中国现代声乐教育的奠基人之一，周小燕倾注了她毕生的精力，作出了不可磨灭的贡献。她一生获奖无数，多次受到党和国家的表彰。

改革开放以来，周小燕曾获国家有突出贡献声乐艺术家、全国优秀共产党员、当代中国杰出女性、国家教育功臣、全国三八红旗手、法国国家荣誉军团勋章等荣誉和称号。

▲ 2005年，获"全国优秀共产党员"称号

▶ 2011年，获"全国教书育人楷模"荣誉称号

▼ 2013年，获中华艺文奖（谢荣生摄）

▲ 2001年，获法国国家荣誉军团勋章

▲ 2003年，获"上海市教育功臣"荣誉称号

▶ 2004年，获第15届白玉兰戏剧奖

周小燕所获部分荣誉证书及奖杯

荣誉证书

授予 周小燕 同志：

2005-2006年度上海市"三八红旗手"

标兵称号

周小燕 同志

光荣被评为

"三八"红旗手。

上海市教学成果奖
获奖证书

荣誉证书

授予 周小燕 同志：

第六届中国十大女杰
荣誉称号。

全 国 妇 联（代章）
2007年2月

周小燕同志：

在1997~2001年度，荣获第五届
上海文学艺术 杰出贡献 奖。
特发此证。

上海文学艺术奖评审委员会

主任（签名）

副主任（签名）

上海文学艺术奖评审委员会

国家级教学成果奖
获奖证书

获奖成果：声乐教学改革创新成果

获奖者：周小燕 廖昌永 顾平
张仁清 刘若娥 宋波

获奖等级：二等奖

证书号：2009284

中华人民共和国
教育部部长

二〇〇九年九月

▲ 国家级教学成果奖（2009）

获奖证书

周小燕 先生/女士

中华艺文奖
CHINA ARTS AWARD
终身成就奖

2013年12月19日

▲ 中华艺文奖（终身成就奖）（2013第二届）

▲ 全国教书育人楷模奖（2011）

▲ 上海市白玉兰戏剧育人奖奖杯
（2004 第十五届）

▲ 中国音乐金钟奖终身荣誉奖（2001 首届）

▲ 上海市教育功臣奖（2003 第二届）

▲ 上海市优秀共产党员奖杯（2001）　▲ 法国国家骑士勋章（2001）　　▲ 国家级教学名师奖（2006 第二届）

周小燕在接受电台电视台采访时多次表示,她是一名教师,把自己的知识传授给学生,把他们培养成才是自己的职责,她只是做了自己应该做的事。她说,她内心总有一种歉疚感,国家给予她的太多,而自己为国家做得太少。她说唯有加倍努力地工作,做出成绩来报答国家。

▶ 2001年,接受杨澜采访

◀ 与《大家》摄制组在东湖拍摄

▲ 2015年，设立"祥燕基金"资助贫困地区

周小燕晚年设立了以她和丈夫张骏祥名字命名的"祥燕公益基金"，用于帮助边远贫困地区的师生，给他们提供进修深造的机会。

荣誉證書

[HONOR CERTIFICATE]

周小燕 教授：

衷心感谢您支持上海市侨联、上海华侨基金会的艺术教育公益项目并捐资设立上海华侨基金会祥燕艺术教育公益基金。

特发此证，谨表敬意。

上海市归国华侨联合会
上海市华侨事业发展基金会
2015年4月22日

◀ 上海市归国华侨联合会等授予的荣誉证书

青春永驻

周小燕以她对艺术精益求精、锲而不舍的追求以及对生活热情开朗、乐观向上的人格魅力赢得了大家的尊敬和爱戴。

她气质高雅，幽默率真，永远保持一颗年轻的心。"90多岁了，衣着装饰还是那么精致"，这是学生对她的评价。每次外出会客，她都会精心打扮一番。她的高贵优雅，表现出她的自信。她的端庄得体，显示出她对别人的尊重。

　　她曾经对记者说："我所做的一切，不是要去做什么伟大的事情，我也没有什么伟大的思想。从小，父亲教我这样做人，这样做事。回国后，认可党，认可新中国，党叫我这样做，我就这样做。所有的一切，基本的东西就是人性，做一个善良的、对别人有用的人。"

有外国记者问她："你'文革'中吃了不少苦，你对从法国回来后悔过吗？"她理直气壮地回答："不后悔。这是我的祖国，我为她出力了，我不后悔。如果没出力，我才会后悔。"

▶ 周小燕身后的版画为张嵩祖2004年7月所作并赠送给周先生留念（林秉亮摄）

　　周小燕爱工作，爱学生。和学生在一起，是她生活的一部分，没有学生她会感到寂寞。她视学生为子女和亲人，她不仅教他们怎样唱歌，也教他们怎样做人。学生遇到困难她着急，学生取得成绩她高兴。她享受课堂上的每一分钟，上课使她变得年轻。

▲ 交流

▲ 讲解

▲ 启发

▲ 指导

▲ 示范

▲ 再攀高峰

（本页照片由林秉亮拍摄）

周小燕的一生，始终活在激情和梦想之中。在百年的人生道路上，她经历过无数的挫折和痛苦，但是她从来没有被困难击倒过。在她的脸上，总能看到灿烂的笑容。她不喜欢回头看过去，只希望仰头望未来。她是一位生命力旺盛的艺术大师，用她美丽的心灵，永远为人民而歌唱。

▲ 生命在琴边

◀ 永远在歌唱

（本页照片由林秉亮拍摄）

她是一只热爱祖国的中国之莺,歌唱在四季;她是一只辛勤劳作的快乐之燕,哺育满天下。周小燕的一生,活得精彩,活得潇洒。她以她的百年人生,谱写了一曲优美的旋律。她的人生,演绎着真、善、美的人格品质。作为一名艺术家,周小燕把她百年人生凝聚的精华奉献给社会大众。作为一名教育家,周小燕把她爱党、爱国、爱人民的大爱情怀传承给学生。她的人生旋律将永远荡漾在人们心中。她的人格品质,她的大爱情怀,她的艺术精华,她的为人师表将永远留在人间。

▲ 武汉东湖周小燕和父亲、二弟的纪念像

▲ 上海福寿园周小燕、张骏祥纪念像

▲ 周小燕生卒

▲ 周小燕、张骏祥墓志铭

沉痛悼念周小燕先生

▲ 周小燕追悼会

周小燕逝世后，党和国家各级领导纷纷送来花圈表示哀悼。习近平总书记听完廖昌永的汇报后深情地说："周老师是我和我爱人所崇敬的人，是教书育人的楷模，值得我们所有人学习。"

▶ 中央领导敬献的花圈

美国大都会歌剧院的著名女高音歌唱家芮妮·弗莱明也发来了唁函。学生和亲友们都用各自不同的方式表达了对她的怀念。权威的美国格莱美音乐奖在年度颁奖典礼时，在向上一年度逝去的世界杰出音乐家致敬名单中，将周小燕列入其中，称她为"中国歌剧第一夫人"。

RENÉE FLEMING

March 8, 2016

Dear Family and Loved Ones of Madame Zhou Xiaoyan,

Please accept my heartfelt condolences on the loss of Madame Zhou, whose life was a gift to lovers of vocal music across China and the entire world.

I had the extraordinary honor of meeting Madame Zhou at the Shanghai Conservatory, as well as the pleasure of singing with one of her many illustrious students, C. Y. Liao.

I hope in this time of loss you will be consoled by the knowledge that Madame Zhou's legacy will live on, through the singing of her students, her great work building the opera program at the Shanghai Conservatory, and the example of her beautiful singing,

Respectfully,

▶ 2016年3月8日，芮妮·弗莱明的唁函

2017年8月31日，为纪念周小燕诞辰100周年，几代学生聚集在周小燕的家乡武汉，举办了一场题为"永远的周小燕——纪念'中国之莺'周小燕诞辰100周年"音乐会，共同怀念敬爱的老师。

音乐会
節目單

1. "Si puo? ...Si puo?" PAGLIACCI Leoncavallo
   "原谅，原谅" 选自歌剧《丑角》 列昂卡瓦洛 曲
   演唱：杨小勇
   钢琴：韦福根

2. 我爱你中国 郑秋枫 曲
   演唱：殷桂兰
   钢琴：韦福根

3. "Dormiro sol nel manto mio regal" DON CARLO Verdi
   "我只愿瞄在我的龙床上" 选自歌剧《唐卡洛》 威尔第 曲
   演唱：李大新
   钢琴：韦福根

4. 想亲娘 云南民歌 丁善德改编
   演唱：陈剑波
   钢琴：冯佳音

5. "一朵鲜花鲜又鲜" 选自电影《阿诗玛》 罗宗贤、葛炎 曲
   演唱：方琼 陈剑波
   钢琴：冯佳音

6. Dicitencello vuie/Mamma/O sole mio 意大利民歌联唱
   演唱：陈建彬 郁华 程刘龙天
   钢琴：冯佳音

7. "啊，我的虎子哥" 选自歌剧《原野》 金湘 曲
   演唱：万山红
   钢琴：冯佳音

8. "你是我，我是你" 选自歌剧《原野》 金湘 曲
   演唱：万山红 雷岩
   钢琴：冯佳音

9. "Un bel di, vedremo" MADAM BUTTERFLY Puccini
   "晴朗的一天" 选自歌剧《蝴蝶夫人》 普契尼 曲
   演唱：李秀英
   钢琴：韦福根

10. 送上我心头的思念 施万春 曲
    演唱：杨岩
    钢琴：冯佳音

11. "Corigiani, vil razza" RIGOLETTO Verdi
    "你们这些狗强盗" 选自歌剧《弄臣》 威尔第 曲
    演唱：雷岩
    钢琴：冯佳音

12. "No...mi lasciate... Tu al cui sguardo onnipossente" Verdi
    "放开我，我要去跟他谈......慈悲的上主..." 威尔第 曲
    演唱：于冠群
    钢琴：韦福根

13. 祖国，慈祥的母亲 陆在易 曲
    演唱：顾平
    钢琴：冯佳音

14. 关雎 赵季平 曲
    演唱：方琼
    钢琴：冯佳音 古筝：刘乐（特邀）

15. 大江东去 青主 曲
    演唱：魏松
    钢琴：韦福根

16. "Au fond du temple saint" LES PECHEURS DE PERLES Bizet
    "在神圣的殿堂深处" 选自歌剧《采珠人》 比才 曲
    演唱：张建一 廖昌永
    钢琴：韦福根

17. "Recondita armonia" TOSCA Puccini
    "奇妙的和谐" 选自歌剧《托斯卡》 普契尼 曲
    演唱：张建一
    钢琴：韦福根

18. "Largo al factotum della citta" IL BARBIERE DI SIVIGLIA Rossini
    "快给大忙人让路" 选自歌剧《塞尔维亚的理发师》 罗西尼 曲
    演唱：廖昌永

19. 今夜无人入睡
    演唱：廖昌永等

20. 长城谣
    演唱：鞠秀芳、爱乐合唱团、武汉市青少年宫少儿合唱团
    钢琴：韦福根

▼ 参加当晚演出的学生一排左起：郁华、李大新、冯佳音（钢伴）、陈建彬、方琼、李秀英、殷桂兰、杨岩；二排左起：陈剑波、韦福根（钢伴）、雷岩、张建一、罗魏、廖昌永、魏松、鞠秀芳、张文、万山红、顾平、杨小勇、于冠群、程刘龙天

▶ "永远的周小燕"音乐会节目单

周小燕以她无私的奉献在中国音乐史上留下了光辉的一页。她以对国家对事业的热爱，教育培养了几代人。让我们怀念她，因为她给我们留下了一笔精神财富。让我们记住她，因为她代表了一个时代。

人间因其生辉，
天堂因其欢乐。

◀ 画家汤沐黎为周小燕所作油画

跋

史　寅

2017年3月4日是周小燕先生离开我们一周年的日子。那一天，在整理按先生生前遗愿捐献给上海音乐学院图书馆的数百册图书资料和唱片时，我突然产生了一个要在校庆90周年时举办一个纪念先生的活动的强烈愿望，并且得到了身边同志的一致呼应。今天，眼前的这一本《心儿在歌唱——周小燕的精彩人生》图片专辑就是凝聚我们大家情感和辛勤工作的成果。尽管由于时间关系，感觉非常仓促，甚至略显粗糙，但却能呼应周先生生前许许多多朋友以及社会的广泛需求，并且将这些珍贵的资料通过编撰图册的过程进行原件整理和数字化保存，使我感到非常高兴与欣慰。因为，出版这本图册原本就没有"学术成果"的预期和要求，只要能够让大家看到许多没有见过的珍贵照片以寄托我们的情感，进而学习先生的精神，作为主编的我已经十分满足了。

在编撰图册的过程中，虽然从学院图书馆获得了不少珍贵资料，但更多的内容却是由周小燕先生的儿子张本先生和女儿张文女士倾力提供的。在整个编撰的过程中，我和助手陈琛与身在美国的他们也反复沟通、修改，彼此结下了深厚的友谊。其实，对照片资料本身，我们并非十分满意，因为虽然数量有上千张之多，可是与著说内容难以一一对应，大部分照片的质量也难尽如人意，况且相隔万里、照存数处，其搜集和挑选的难度可想而知，而扫描和信传工作也是非常繁重的，加上只有三个月的编撰时间，真是匆匆忙忙、惴惴不安，只能请读者念我之初衷，多多见谅了！

说起周小燕先生，我认识她也有三十余年。她是伟大的歌唱家和教育家，是众所周知的，可是她是一位和蔼的老师和敬业的女性，确是我的亲身感受。记得第一次见她，是在学校大门口，她迎面走来，当我忙于避让时，她却点头微笑着说"同学你好"，一下子颠覆了我"上海的大教授们都是很高傲的"固有认知，以至于我以后再遭受各种歧视时，在心里会说："哼！再牛气你能比得上周小燕吗？"很多外地来的师生在上音日常的学生汇报演唱会上看到已逾九十高龄的周小燕老师安静地坐在那儿写评语，她们都惊异得张大了嘴巴。这就是视工作为生命的周小燕，举凡种种的工作相遇和愉快经历，我想她的学生会比我体会更深，无须赘述。总之，"我为人人"是她的境界，人人爱她却是不争的事实。

2017年11月27日是上海音乐学院90周年校庆日，我们将在新落成的我院校史馆举行先生的纪念仪式，届时这本画册和周先生的捐赠书目就将面世。除了对莘莘学子、音乐人士和社会爱好者能有诸多帮助外，权以此作为我们对周小燕先生永久的怀念！

图书在版编目(CIP)数据

心儿在歌唱：周小燕的精彩人生 / 史寅主编.——
上海：上海音乐学院出版社, 2017.11
ISBN 978-7-5566-0175-2

Ⅰ.①心… Ⅱ.①史… Ⅲ.①周小燕（1917-2016）-
传记-画册 Ⅳ.①K825.76-64

中国版本图书馆CIP数据核字(2017)第252402号

书　　名：心儿在歌唱——周小燕的精彩人生
主　　编：史　寅

责任编辑：李　绚
封面设计：孙洁涵
出版发行：上海音乐学院出版社
地　　址：上海市汾阳路20号
印　　刷：上海中华商务联合印刷有限公司
开　　本：889×1194　1/12
印　　张：13$\frac{1}{3}$
版　　次：2017年11月第1版　2017年11月第1次印刷
书　　号：ISBN 978-7-5566-0175-2/J.1226
定　　价：220.00元
出 品 人：洛　秦

"十三五"国家重点图书出版规划

中 国 地 震

李善邦 著

地震出版社

图书在版编目（CIP）数据

中国地震 / 李善邦著 . -- 2 版 . -- 北京：地震出版社，2018.5

ISBN 978-7-5028-4956-6

Ⅰ . ①中 …　Ⅱ . ①李 …　Ⅲ . ①地震 — 中国　Ⅳ . ① P315

中国版本图书馆 CIP 数据核字（2018）第 046595 号

地震版　XM4143

中国地震

李善邦　著

责任编辑：董　青

责任校对：凌　樱

出版发行　**地 震 出 版 社**

北京市海淀区民族大学南路 9 号　　　　　邮编：100081

发行部：68423031　68467993　　　　　传真：88421706

门市部：68467991　　　　　　　　　　传真：68467991

总编室：68462709　68423029　　　　　传真：68455221

http://www.dzpress.com.cn

经销：全国各地新华书店

印刷：北京地大彩印有限公司

版（印）次：2018 年 5 月第二版　2018 年 5 月第一次印刷

开本：787 × 1092　1/16

字数：568 千字

印张：41.75

书号：ISBN 978-7-5028-4956-6/P (5659)

定价：158.00 元

写在《中国地震》再版时

陈远泰

我国地震学、地球物理学的先驱者之一李善邦先生1902年出生于广东兴宁一户普通农家（在李先生1962年撰写的回忆录《地震研究话当年》中曾不无自豪地写道"我本农家子……"），1921年考入东南大学（今南京大学）物理系，1926年大学毕业后回家乡任中学教师及校长。

1918年2月13日广东南澳发生7.3级大地震。此前一年，1917年1月24日安徽霍山发生过6¼级地震。1920年12月16日宁夏海原发生8½级大地震，死人20余万，朝野震惊。时任农商部地质调查所所长的翁文灏先生亲自率队到地震现场考察，撰写地震调查报告，开创我国地震地质研究的先河。翁文灏先生是我国地质学界一代宗师，也是我国地震学的第一位先驱者。他高瞻远瞩，认为地震研究不但要亲赴现场考察，从事宏观研究，还需要建立地震台站，运用现代地震仪进行微观观测研究。遂请时任清华大学教授的叶企孙先生推荐一位学物理的学生到地质调查所做地震观测与研究工作。叶企孙先生是我国物理学界一代宗师。1929年，正当李善邦先生厌倦所任教的中学复杂纷繁人际关系的环境、意欲脱身之时，由于叶企孙先生慧眼识才、鼎力推荐，翁文灏先生一纸邀请电文，便来到了南京地质调查所，在翁文灏先生的领导下，开始了他的地震生涯。李善邦先生到南京后旋即被派往北平（今北京）郊区的鹫峰地震台（地质调查所鹫峰地震研究室的简称），独立开展地震台创建、地震观测与研究工作。现代地震学是物理学与地质学以及天文学、大地测量学等学科的一门交叉学科，李善邦先生在我国物理学宗师叶企孙先生与地质学宗师翁文灏先生两位恩师的举荐与指导下，白手起家，自学成才，建成了中国人第一个自己安装、管理运作的地震台。鹫峰地震台地处北京远郊，交通、供电均极为不便。为维持地震仪器的不间断运作，李善邦先生隔三差五地要骑着毛驴来往于鹫峰山上与山下的清华大学，为电瓶充电。李先生数年如一日，其艰苦卓绝的精神令人敬仰。经过几年不懈的努力，鹫峰地震台在20世纪30年代已经发展成为亚洲著名的地震台，成绩斐然。到1937年7月7日"卢沟桥事变"前，所出的地震报告也跻身国际上不可或缺的地震报告之列,迄今仍是宝贵的历史地震史料。李善邦先生自此也在国内、国际地震学界声名鹊起。

"卢沟桥事变"发生后,李善邦先生奉地质调查所之命,撤往大后方。即使在逃难途中和到了重庆北碚,李先生也不放弃工作。没有了地震台、地震仪,无法开展地震工作了,他便改做地球物理勘探工作。在撤往大后方的途中,他与又是叶企孙先生推荐到鹫峰地震台工作的、清华大学物理系 1937 年毕业生、"大弟子"秦馨菱先生在湖南水口山用地球物理方法勘测铅锌矿;到了重庆之后,又赴攀枝花勘测铁矿。他与秦馨菱院士是我国最早对攀枝花铁矿进行地球物理勘探的专家,他们的具有开拓性的先驱工作值得后人永远铭记。

抗战期间,李善邦先生没有地震仪,便自行设计、制作地震仪——霓式地震仪,建成北碚地震台,继续开展地震观测研究工作。抗战胜利后,李善邦先生作为中央地质调查所的代表被派往台湾,接收一台维歇特地震仪,安装在南京水晶台地震台。1949 年,在中国人民解放军百万大军过大江前夕,李善邦先生不惧个人安危,与调查所的广大职工一道,对要求调查所迁往台湾的指令虚与委蛇,保护了调查所的财产,一直坚持到南京解放。

1949 年后,李善邦先生焕发了青春,精神饱满地投入社会主义建设中。中国历史地震资料的搜集、整理,中国地震目录的编撰,中国地震危险区划,全国地震台网的建设,新丰江水库诱发地震的监测研究,三峡水库地震的监测与地震危险性评估……都可以看到李善邦先生孱弱的身影,留下了他的足迹。

1966 年 3 月,河北邢台发生大地震,死亡近万。不久"文化大革命"开始。李先生被打成"反动学术权威",关进"牛棚",并被押往邢台地震现场批斗,历尽磨难。在万人大会上,造反派声嘶力竭,以两个编造的、截然矛盾的谎言诬告李善邦先生及其他同时被批斗的"反动学术权威"、"走资派",造谣说"他们知道邢台要发生大地震,但是故意不让你们知道"、"他们反对搞地震预报"!刚刚因地震痛失亲人的灾区人民听了这些极具挑动性的谣言之后,反应可想而知,顿时人声鼎沸。据李先生以及在场的其他几位"反动学术权威"、"走资派"事后说,倘若不是当时背着枪的民兵认真执行"要文斗,不要武斗"的规定,由于造反派编造的谣言的蛊惑,早就被当场打死了。

1972 年,距离"文化大革命"结束尚有 4 年,李先生在人身稍获自由之时,便开始了《中国地震》一书的撰写工作。彼时,我作为"文化大革命"开始那年(1966 年)应届毕业的研究生,刚从天津南郊解放军农场劳动锻炼后回到研究所不久,有时也上李先生家请教。李先生生活极节俭,常年穿着一件经自家改造的、原为长袖的白色衬衫。

衬衫袖子被剪下，夏天作为短袖衬衫，其他季节时再把袖子缝上作为长袖衬衫，颇有创意。每次到他家中，看到的都是在伏案写作的镜头，桌上堆满了中、英、德、俄等国文字的参考书和资料，以及誊写后的文稿。每当写完一部分，李先生便用在当时也是质量相当粗劣的圆珠笔亲手誊写数份。我得以读了其中的部分手迹。他的文稿，字迹工整，力透纸背，堪为青年学子的楷模。

李善邦先生学识渊博，学贯中西，文理兼通。《中国地震》是李善邦先生从事地震工作50年全部心血的结晶，它全面反映了地震学的历史发展和中国地震科学技术的研究成果及水平，是一本纵横古今、涉猎渊博、深入浅出、驰名中外的学术专著。《中国地震》一书共5篇16章，涵盖宏观地震、微观地震、中国地震、地震成因、地震预报等5个大方面的专题。自1981年《中国地震》出版，近40年来，国际、国内的地震观测与研究发展很快，力平衡式地震仪的出现，数字观测技术引进地震学，地方性、区域性、全球性数字地震台网的密布，数字地震成像技术的发展……极大地增进了对地震、地球的认识，需要有更多的类似《中国地震》的论著予以总结介绍，但《中国地震》一书以其基础性与经典性直到今天仍不失为有关中国地震的重要参考书。

李善邦先生于1980年逝世，享年78岁。他未能目睹《中国地震》这部传世之作问世，令人扼腕。现在，地震出版社再版《中国地震》，使更多的学习、研究地震的读者、学者得以研读和参考，是一件极有益的事情，我想李善邦先生在天之灵当可欣慰。

人的一生其实很短暂，这一生怎么度过才算值得呢？

爱因斯坦说，不要试图去做一个成功的人，而要想办法做一个有价值的人。

那什么是价值呢？

我的爸爸李善邦一生只有 78 年，他做了自己该做的、有价值的事情。

一个人的价值不是他自己拥有的，而是他奉献给别人的，所有人的。

——题记

我的爸爸李善邦

李建荣

最近中国地震局地球物理研究所陈运泰院士、欧阳飚副所长找我，于是我去见了他们，那天地震出版社的张宏社长和编辑董青也来了。原来是地震出版社要再版我爸爸李善邦三十多年前出版的《中国地震》，希望我能做一个关于我爸爸的生平放在新版《中国地震》里。于是我这些天就开始整理老爸的东西。在整理的过程中，发现了很多我过去不知道的关于自己爸爸的事情。

我是在爸爸 51 岁的时候才出生的，家里最小的儿子，我 27 岁爸爸就离开了。爸爸和我一样，大半辈子体重不超过 50 公斤，因为小时候爸爸几乎每个星期天都会带我到海淀六郎庄一带去访问农村，所以在我的印象里，爸爸就是一个瘦弱的，但又是充满活力的一个老人家。

比我还差一些的是，爸爸年轻时还得过肺病，岁数大以后变成肺心病，呼吸很困难。他生命的最后几年一直在写《中国地震》。书写完把稿子交给出版社以后，他就病倒住院了。当时他住在北医三院一间有几十人的大病房里。我每天晚上都去病房陪爸爸。有一天研究所的同事拿来了书的清样，爸爸很高兴。但是病情也迅速恶化，也许是研究所跟医院说了啥，后来爸爸搬进一间只有三个人的病房……但是他再也没有从那里走出来。

我见到的老爸的日记本有两本，一本是从民国 28 年（1939 年）3 月 13 日到民国 32 年（1943 年）2 月 27 日。这本日记本由于时间比较长了，到今天已经过去了近 80 年的时间，所以已经很破烂。更早的日记本估计也是出于同样的原因没法保留了。于是爸爸从 20 世纪 40 年代到 60 年代，以不同的主题，另外用一个日记本记下很多事情，这本就不是逐日记的了。

老爸的日记本我早就翻过，但是以前觉得看不太懂爸爸手写的字，这次不知为啥，似乎都能看懂了。于是爸爸的一段人生经历就像电影一样在我眼前展开了。

（一）

在这本日记的第一页，老爸写了一个篇首小序：

自民国十九年（1930 年）*作地震研究生活以来，即有日记。只因研究事项不会逐日而异，日记遂常因无事可记而停顿。名为日记而实非按日有记。此本新拟，以（与）其说是日记，勿（毋）宁说为笔记，因名记事，取有可记之事时便记也。

日记是从 1934 年 3 月 25 日爸爸和妈妈从鹫峰地震台搬进城里以后开始的。

自三月二十五由鹫峰搬家进城，研究事均在所里进行（"所"是指地质调查所，当时在兵马司 9 号）。深感工作效能比山上为低。惟因海昭（我妈妈）将分娩，不能不在城里等候，亦不得已也。

大哥出生以后，爸爸得到一笔庚子赔款的资助，去美国做访问学者一年，然后绕道德国，在德国耶拿（Jena）地震研究所学习：

所长 [李善邦日记、"李善邦自传"中译作"泗北格"，今译西尔伯格（A. Sieberg）] 他当即允许我在此所研习，并指定一个办公室给我专用。又给我大门钥匙，待我很诚恳。初跟 Meißer 学重力测量。彼很认真教我，学会了测量的全套，并做了总结文章。他亦给我很好的修改。彼又

---

*括号内文字系本篇作者注，下同。

与 Gerrick 做扭秤测量试验，没有完全做完，接到国内来电，谓华北风云日紧，鹫峰地震室须迁走。叫我即回国。余便伤伤（匆匆）结束学习，准备归国。

回国不久，抗战爆发：

"七七事变"时余在城内，初以为小冲突，后见情形不对，乃与（秦）馨菱率家人于七月十五日离平（北京），尚购得二等卧车厢，惟已日本车装饰矣。一家独占一间。旋有二日人来，形似浪人，但尚遵规矩，问允而后入。至天津车站时，满是日军，已不啻被日军占领。火车上载着甚多大炮，日军人雄赳赳不可一世。在此等候甚久，始得换车南下。

从这段看似平静的日记，可想当时一家人不知吓成什么样子。

到南京后日子也不好过：

抵京（南京）后见气象仍然太平无事。即迁入月前已租定之珠江路旁之楼房。自后风云日紧，迨八月十三日沪战起，十五日敌机开始轰炸南京。家人十分恐惧……当晚不敢在寓所住宿，迁于庆瑄家中（庆瑄可能是一个朋友）。即商议设法送春（爸爸对妈妈的爱称）回粤。二十五日，购得汉口轮船票，由庆瑄觅得刘万九为伴与庆瑄之家眷起（启）程，经汉口返粤。

家人返粤后，余不久偕（秦）馨菱再赴水口山探矿。工作至二十七年（1938 年）夏，即得黄汲清自长沙来电，其时地质调查所已迁长沙，自南京失陷后，战事渐近武汉，调查所不得不再向西迁，电报嘱余设法赴渝。得讯即收拾行装至衡阳候车……

1937 年 8 月妈妈回广东以后，爸爸和秦馨菱伯伯在湖南探矿，一直工作到 1938 年的夏天！他们有啥发现呢？他们就是用爸爸在德国没有学完的扭秤测量方法发现了水口山的有色金属铅锌矿。

爸爸于 1938 年到达重庆，与地质调查所会合。1939 年他在德国订购的一批探矿仪器到达香港，趁此机会爸爸从广东老家把妈妈和两个姐姐、两个哥哥带回了重庆北碚。1940 年，他又一次出发了，这次他与秦馨菱伯伯去了云贵川，还是用扭秤测量的方法在攀枝花发现了大型铁矿。

前几天我推送了一篇去青海湖边寻找胡兀鹫的故事，很多小读者就说，你胆子够肥的，敢一个人跑到一个藏族牧民的藏包里，和他们一起骑马钻山沟。对这些夸奖，当时我还挺得意的。可是今天，当读到爸爸这些日记时，我很惭愧，惭愧得无地自容！

让我们也像前辈那样，踏踏实实地用自己的一生，去做一件有价值的事情吧！

（二）

继续读爸爸的日记。今天是关于他们制造中国人自己造的第一台地震仪以及造皮草鞋和鸡笼的故事。

关于老爸他们制造中国第一台地震仪的事情，在这两本日记本里都可以看到。第一本里提到地震仪的日记很多，我只选择了两篇有代表性的日记。

其中 6 月 13 日的日记老爸这样写道：

> 每日忙得手脑无停，而毫无可见之成绩。总之杂事太多。地震仪一切调整至最后阶段。现仅 damping（阻尼）尚在改造中。拟于本星期完成之。"地球年龄"文，亦拟于本星期三完成之。地转对地质构造影响一文，必须于本星期改完。

> 本日有 Beltz 者美国石油地质家，与翁文灏同来所，初谈其有新见解，不意所谈亦甚普通。……

> 本日为儿辈制皮草鞋一双，及鸡笼一个。整日未得暇散步。

这一天老爸过得可真是"手脑无停"，造地震仪的事儿且不说，他还为儿辈造了一双皮草鞋，以及鸡笼不知是个啥样子。另外这么繁忙的老爸似乎还有每日散步的习惯。

接着读 8 月 20 日的日记：

地震仪各部设置已至于不能再调整之程度，情形尚好。七月半科学社年会时，大公报记者徐盈来参观。后在大公报发表一段消息，颇赞美。

老爸说的科学社年会，就像现在中国科学技术协会开学术大会。大公报记者徐盈的一段"颇赞美"的消息，感觉如此轻描淡写，殊不知这台地震仪是公元 132 年张衡造了"候风地动仪"以后，中国人自己造的第一台现代地震仪也。

以上是 1943 年的日记，在老爸的新拟的笔记里，也发现了对这件事的一些描述。先来看 1946 年写的《告别陪都》里的一段：

二十九年后，物价日长，生活趋于艰苦。余以一身兼营炊、缝、泥、水、木匠，无所不为。看情势战争非一时可了。乃渐渐按下心情，与环境作奋斗。就可能获得之材料中，进行部分研究工作。贾连亨不安于位，在最艰难的时候辞去，颇为伤心。余自西康回来后，发觉搞探矿，政府并不稀罕，乃从事于恢复地震观察，力图设计自制仪器。此时电力自来水均无，车床用人力摇动，晚间一灯如荳，或写或读，每至午夜以后，渐至身体不能支持。三十三年（1944 年）又复频频吐血，身体几乎崩溃。……

老爸有肺病，读到这里我潸然泪下，还能说什么呢？

在《重庆杂记》老爸又一次提到过地震仪，不过这次没那么伤感了：

三十四年九月十一日，应罗士培（Prof. P. Roxby）之约，赴重庆胜利新村一号，为英国文化协会赠我一名教授游历名义到英国游历与研究之事进行商议。罗氏是该协会的驻华代表。缘两年前英国派李约瑟（J. Needham）先生来华，办中英文化合作馆，曾数度来北碚参观余手制之地震仪。当余告以余如何艰苦做成，彼甚感动，见余之地震仪甚为灵敏，更表难能可贵，曾作文章在 Nature（《自然》杂志）上为余吹嘘。彼遂自动向伦敦请求，邀余赴英国观光……

这里所谓"教授游历"就是现在说的访问教授、访问学者。英国的邀请老爸没有马上去，因为当时抗战刚刚胜利，要安排复原南京的事情。后来老爸去剑桥大学访问了一年。

日记里还有很多描述日本飞机轰炸重庆的惨烈景象，有一次差一点就炸了我们家，不过似乎幸运之神总是护佑着这一家人。有一件事情比日本飞机轰炸的可怕程度一点不低，那就是抗战胜利复原回南京的路上。老爸安排完所里复原的事情，他就去英国了。于是妈妈带着当时我的六个哥哥姐姐从重庆坐船回南京。从重庆到武汉没有大船，只有很小的船，那时候我的小哥哥刚出生不久，妈妈抱着婴儿在船舱里，其他五个哥哥姐姐就在那条小船上疯狂地玩闹，一会爬到高处，一会又飞跑下来，一路上大概走了三四天。当船到达武汉，要换大船继续去南京，妈妈带着孩子们上岸去酒店休整一晚上，一个朋友的太太这时才跟我妈妈说，你啊，上辈子肯定是积了大德的人，你可不知道，这一路你的几个孩子在小船上上下翻飞，居然一个个都安全到了武汉，肯定是老天爷护佑着你们这家人，要不怎么也得从船上掉下去一个！当然这只是笑话而已。

无论幸运之神是否会降临在我们头上，踏踏实实做该做的、有价值的事情都是必须的。

李善邦先生为中国地震事业鞠躬尽瘁（李建荣摄于 1978 年）

注：图中右下角的书是著名地震学家里克特（Charles F. Richter,1900—1985）的名
　　著 *Elementary Seismology*（《基础地震学》）。

为地震研究事业付出一生时间的李善邦

李善邦（1902—1980），1902 年出生在广东省兴宁县一个农民家庭。

1926

1926 年李善邦毕业于南京国立东南大学（今南京大学）物理系，期间受教于恩师叶企孙先生。

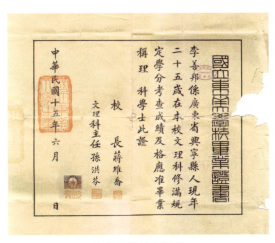

东南大学毕业证书

李善邦在东南大学（今南京大学）毕业

1929 年，在家乡中学教书的李善邦新婚燕尔。秋天妻子已经怀有身孕。突然有一天，收到恩师叶企孙的电报，北京要建立一个地震台，希望他去北京工作。李善邦当时还不知地震为何物，问新婚妻子如何是好，新婚妻子说，你去吧！于是李善邦收拾行囊离开家乡奔赴北平（今北京）。从此李善邦投身于为之奋斗一生的"寻找烛龙秘密"的地震研究事业。

1929 年李善邦离开老家时与新婚妻子的合影

12

1930 年，中国自行建设的第一个地震台——鹫峰地震台在北平（今北京）建成。同年 9 月 20 日国际标准时间 13 时 02 分 02 秒，鹫峰地震台记录到发生在土耳其的一次地震，这是中国科学工作者第一次用现代地震仪器记录到的地震。中国人自己的地震科学研究事业开始了。

李善邦在刚建好的鹫峰地震台，牌匾由大律师林行规题字

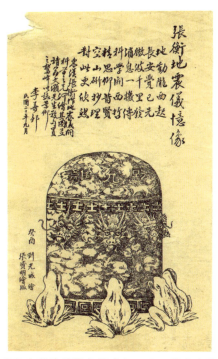

为纪念鹫峰地震台的建立，1931 年翁文灏赋诗，由李善邦书写，并配刘光城绘"张衡地震仪忆像"图，悬挂于地震台内

翁文灏、章鸿钊、谢家荣等在鹫峰地震台参观，右一为李善邦

1931年，李善邦东渡日本，进入日本帝国大学地震学研究室学习，不久"九一八"事变爆发，李善邦愤然回国。

在日本学习时的李善邦

李善邦离开日本前与日本地震学家合影

前排（自左至右）：岸上东彦，金咏深，
松泽武雄，李善邦，今村明恒，福富孝治；
后排（自左至右）：河角广，小平孝雄，铃木武夫，
波江野清藏，石本巳四雄，那须信治

"……东北是他们的消息传到东京，市民欢喜若狂，我则心痛万端。整日坐在家里呆若木鸡。房东劝我不要出去，诚恐不逞之徒，横加污辱。左右邻知我心情不快，携牌来和我解闷。稍定后到市内打听，留学生纷纷回国。至于地震学教室，一位年老事务员给我一纸条，其上写了四句诗：为弟为兄松柏心，本华同胞寄情深，如今风雨妒何急，徒使友交内外侵。意在表示不同意日本军人的行为。中日应当友好。金咏深君已决定回去，我亦接到调查所电报，要我回国，日本留学就这样半途而毁。决定回国后，到帝大地震学教室辞行，遇松泽武雄，彼已从德国回来一些时候，他亦主张我快回去，后又到中央气象台找冈田，请他介绍。因我过神户时，想参观神户海岸气象台，他答应了我的要求。于是准备行装，所有装箱工作都是右邻小石川君代劳。他是一个养鸡的小职业者，平日对我很好，杀鸡时常送（一）碟给我吃……"

中日人民之间发自内心的友谊之情跃然纸上

14

1934

1934 年，李善邦得到中华教育基金会（即当时庚子赔款的管理机构）的资助，以访问学者的身份赴美国帕萨迪纳（Pasadena）加州理工学院（California Institute of Technology）地震实验室学习访问。期间加入美国地震学会，成为美国地震学会第一位中国会员。

李善邦在美国学习

李善邦为国际著名地球物理学家、地震学家古登堡夫妇留影

1935

1935 年，经国际著名地球物理学家、地震学家古登堡（Beno Gutenberg，1899—1960）推荐，李善邦赴德国地球物理研究所学习物理探矿和地磁知识。

1935 年李善邦（左）离开美国前在科罗拉多与正在国际著名的科罗拉多矿业学院（Colorado School of Mines）学习的顾功叙（1908—1991）会面

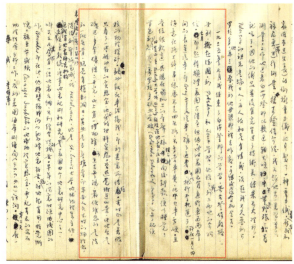

1935 年与顾功叙会面的日记

德国耶拿（Jena）地震研究所

从美国去德国

在德国学习工作

在德国野外学习物探

1937 年"七七"事变爆发，8 月 1 日正在记录地震的
鹫峰地震台被迫停止工作。李善邦和家人与地质调查
所一起撤往南京。不久南京遭到日本飞机轰炸，不得已
李善邦想办法将家人送回广东老家。

1931—1937 年，鹫峰地震台共记录了地震 2472 次，
编印出版了 60 多期和 10 余期与全世界地震台网交流的
《鹫峰地震月报》、《鹫峰地震专报》，成绩斐然，受
到世界各地地震学家的重视和好评，鹫峰地震台成为当
时世界一流的地震台。

1937—1938 年，李善邦与 1937 年"七七事变"前
数周才来到地质调查所的助手、李先生的第一个学生、
后来一生的挚友秦馨菱 [1981 年当选中国科学院学部委
员（院士）]，赴湖南水口山做地质调查。如今湖南水口
山是一处有色金属矿。

水口山调查报告

水口山地质考察中的李善邦

1939 年，李善邦和秦馨菱在湖南得知地质调查所已经撤退到重庆北碚，于是转道来到重庆。

在重庆北碚的全家福（1941 年）

1940 年 11 月到 1941 年 6 月，李善邦与秦馨菱，刘庆龄等赴云贵川做地质考察，获得攀枝花铁矿地磁探矿资料。

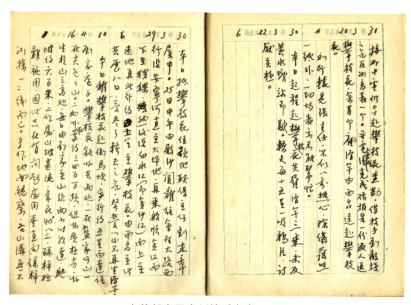

李善邦在云贵川地质考察日记

李善邦（持拐杖者）等在云贵川地质考察

结束地质考察以后，李善邦希望在已有的条件下尽量恢复地震研究，从 1942 年开始自行研制地震仪。

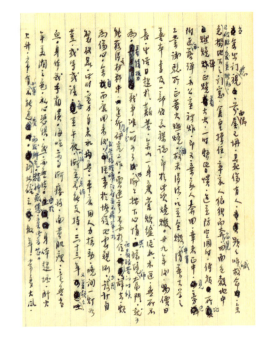

李善邦关于研制地震仪的日记：

"余自西康回来后，发觉搞探矿，政府并不稀罕，乃从事于恢复地震观察，力图设计自制仪器。此时电力自来水均无，车床用人力摇动，晚间一灯如茵，或写或读，每至午夜以后，渐至身体不能支持。三十三年又复频频吐血，身体几乎崩溃……"

1943 年水平向地震仪——霓式地震仪研制成功。

这是继公元 132 年东汉张衡发明地动仪之后，中国人自己研制成功的第一台现代地震仪，标志着我国地震仪器的研制和地震学的研究跨入了全新时代。

刊登在 1945 年 3 月号《地球物理专刊》上的李善邦撰写的《霓式地震仪——原理及设计制造经过》

中国科学家研制的第一台水平向地震仪
——霓式地震仪

在研制地震仪的过程中，英国学者李约瑟几次来到重庆北碚地质调查所，观看研制工作，并给予高度评价。李约瑟回英国以后，在英国著名科学杂志《自然》（*Nature*）撰文赞扬了李善邦以及中国科学家的科学精神。同时李约瑟为李善邦争取到一笔去英国做访问学者的资助，李善邦于1946年赴英国剑桥大学访问学习。

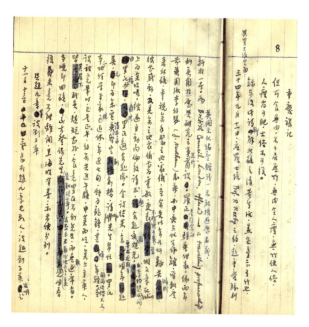

李善邦日记中关于李约瑟的记述：

"三十四年九月十一日，应罗士培（Prof. P. Roxby）之约，赴重庆胜利新村一号，为英国文化协会赠我一名教授游历名义到英国游历与研究之事进行商议。罗氏是该协会的驻华代表。缘两年前英国派李约瑟（J. Needham）先生来华，办中英文化合作馆，曾数度来北碚参观余手制之地震仪。当余告以余如何艰苦做成，彼甚感动，见余之地震仪甚为灵敏，更表难能可贵，曾作文章在 *Nature*（《自然》杂志）上为余吹嘘。彼遂自动向伦敦请求，邀余赴英国观光……"

（教授游历名义，即今天的访问教授、访问学者）

李善邦在剑桥大学凯文迪什实验室
（凯文迪什，Henry Cavendish，1731—1810，著名英国化学家、物理学家）

1947 年秋天，李善邦从英国经美国回到南京。

李善邦离开美国回国前，在加州再次与国际著名地球物理学家、
地震学家古登堡（右一）相见

为恢复开展地震观测，1948 年 5 月李善邦赴台湾，从台湾取回一台地震仪。在南京开始了地震观测工作。

李善邦在 1964 年撰写的《我的履历》一文中对关于 1948 年 5 月赴台取地震仪事的记录：

"先到台湾气象局洽取日本制地震仪器（去年中国地质学会在台湾开年会时，石源汉联系好的）。同时积极修复从北京找回的、原装在鹫峰的加－卫式（即伽利津－卫立普）地震仪。并在珠江路地质调查所内，利用废油池改建为仪器室，恢复了地震观测。"

台湾气象台台长关于李善邦于 1948 年 5 月运送台湾新竹所维歇特
（Emil Wiechert，1961—1928）地震仪往南京的记录

1949

1949 年 4 月 29 日南京解放。

1949 年 7 月 3 日在南京珠江路地
质调查所，李善邦夫妇参加"大
弟子"秦馨菱、吕式媛的婚礼
1. 程裕淇，2. 秦馨菱，3. 吕式媛，
4. 罗海昭（李善邦太太），
5. 李善邦，6. 李春昱，7. 郭宗山

1950年4月，中国科学院地球物理研究所在南京成立。赵九章任所长，李善邦任研究员、地震研究室主任，兼任代理所长，在北京主持研究所在北京的工作。

中国科学院地球物理研究所赵九章所长（前排左一）、顾功叙副所长（二排左二）及傅承义（二排左一）、李善邦（前排右一）与第一届、第二届地震培训班的学员们合影

中国科学院聘书

郭沫若院长聘任李善邦为中国科学院专门委员，参加了1950年在北京召开的中国科学院第一次院务扩大会议。

1951

1951 年，李善邦被聘任为中国科学院地球物理研究所研究员。

1952

李善邦在南京主持地震研究工作之后，首先把南京水晶台地震台和鸡鸣寺地震台分散设置的地震仪集中在一起建立了鸡鸣寺地震台，于 1952 年 5 月 31 日开始观测记录。新中国的地震观测研究事业就此起步。

工作中的李善邦

研制成功大型和小型两种 51 式水平向地震仪。从 1953 年底开始，在 3 年内建成兰州、包头、太原、北京、官厅、银川、西宁等第一批 11 个临时地震台。以后又相继研制成 513 型中强地震仪，增设了潼关等一批区域地震台，为我国地震研究工作发挥了重要作用。

李善邦（左三）指导青年地震工作者许绍燮（左二）、叶世元（右三）、张奕麟（右二）、王跃文（右一）、杨太城（左一）研制地震仪

李善邦率领中科院地球物理研究所年轻的地震工作者夜以继日地投入到编制《中国地震历史资料年表》巨著中，使其成为研究中国历史地震最权威的基础资料。接着又编辑了《中国地震目录》第一集、第二集，使我国丰富的历史地震资料得到充分利用。

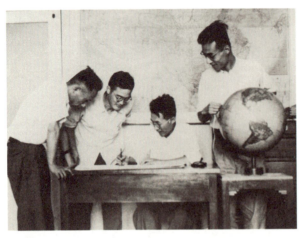

李善邦（右二）与秦馨菱（左二）、谢毓寿（右一）、孙庆烜（左一）等研究历史地震问题

1955 年，李善邦主持引进苏联制造的基尔诺斯式和哈林式电磁式照相记录地震仪，充实了区域地震台网仪器设备，又新建上海佘山等 12 个达到当时世界先进水平的全国基准地震台。

李善邦在宁夏贺兰山考察

1955 年，李善邦（站立者）在中国科学院地球物理研究所欢迎苏联地震专家的会议上讲话

在参考苏联编制的地震区划图的基础上，结合中国的地震地质特点，采用普通地震地质方法编制完成我国第一幅《中国地震区域划分图》（1∶500 万），于 1957 年出版，在我国经济建设和规划工作中发挥了重要的作用。

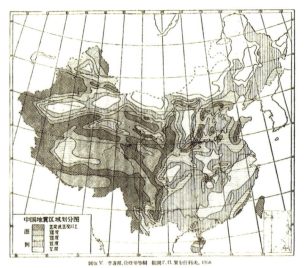

1957 年发表在《地球物理学报》上的
《中国地震区域划分图》（1 ∶ 500 万）

李善邦主编的中国地震目录、地震区
域划分和地震活动特征获 1982 年国
家科委颁发的自然科学三等奖

1959

新 丰江库坝区发生小地震，周恩来
总理指示中国科学院立即组织力
量调查研究。中国科学院地球物理研
究所接受任务后，决定由李善邦主管
这项工作。李善邦作为我国水库地震
研究工作的开创者，功不可没。

李善邦（左）与中国科学院地球物理研究所副
所长、党委书记卫一清研究水库地震问题

1965

1 965 年，李善邦当选为第三届全国人大代表。

1979

年逾七旬，病魔缠身，李善邦仍坚持每天凌晨三点半就在病榻上著书立说，认真总结一生从事地震科技工作的主要成就和对中国地震问题的认识及见解。1979年7月1日，撰写完成50万字的传世之作——《中国地震》。

李善邦伏案撰写《中国地震》

1981

1981年，《中国地震》由地震出版社出版。遗憾的是，李善邦先生未能看到他辛勤创作的成果出版。

专著《中国地震》是李善邦从事地震工作50年全部心血的结晶，它全面反映了地震学的历史发展和中国地震科学技术的研究成果及水平，是一本纵横古今、涉猎渊博、深入浅出、驰名中外的学术专著，具有很高的学术价值。

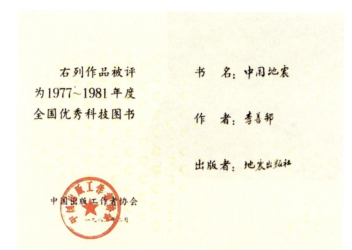

李善邦撰写的《中国地震》被评为1977—1981年度全国优秀科技图书

为纪念李善邦先生诞辰 100 周年制作的铜像，
现立于北京鹫峰地震台

写 在 前 面

　　初，科学普及出版社约我写一本小册子《中国地震》，我答应了。每有空闲时间，则进行选择和整理有关资料，正要动笔之时，文化大革命开始，便将此事耽搁了。1969年，有些好心人又提及此事，但当时精神困顿，情绪低落，且旧日稿件也已散失，便无从谈起了。后来，又找到一部分，遂又决心再作冯妇。经过一段时间准备后，出版社的同志要求不要只写中国地震，扩大一点，其他方面的问题，也要写。当时我还想不出怎样写才最有利于读者，若写成一般教科书的形式，则大可不必了。最后决定分专题来写，尽我生平所学到的，所能理解的，用专题形式系统地写了出来，尽可能做到"始中近皆举之"，借以帮助愿为人民研究地震问题的科学工作者作为入门的参考。全书共分五篇：（1）宏观地震，（2）微观地震，（3）中国地震，（4）地震成因，（5）地震预报；实际上是一部"地震集解"。从1972年写起，在"四人帮"专横的日子里，匹马单枪，利用每日三点半至九点的时间进行写作。如此，一直坚持到1975年，基本上写完了。接着又慢慢地清稿。1976年粉碎了"四人帮"，举国上下，气象一新。忽然觉得，我尚有余勇可贾，遂决定将清稿工作做得更好些，前所清的不算，从后往前再清起，务求前后平衡一致。为此，基本上重写了。当清完后面三篇之后，已觉精神不继，不得不暂停一时。在地球所众多同志，特别是陈海通同志协助之下，今幸全部完稿，全书约五十万言，不当之处，请读者多多指教。

李善邦

1979年7月2日

自　序
——忆我国早期地震工作发展概况

　　作者从事地震问题的科学研究，于兹四十有九了。犹记得有一次路过美国 St.Louis 大学，会见 J.B.Macelwane，谈及我国地球物理科学的研究状况，后为 B.S.S.A. 写了文章[*]，概括地叙述了解放前的一些情况，最后不禁感慨地说：读者未免奇怪，时间如此之长，何以成就如此其少，须知道我们国家里进行科学研究，困难很多，满地荆棘，不似他人在康庄大道上奔驰，冀将来有一天，能够作第二次报道时，或有可观者奉告。今又再次执笔，希望读者不吝赐教。

　　现代地球科学，在我国发展较晚，到了清末，北京京师大学堂（即后来的北京大学）才设有地质学科。民国成立后，1911 年南京中央政府（后迁北京）实业部设立地质科，迁北京后，又创办了地质讲习班，以培养人才。1916 年有了毕业生，遂将中央实业部地质科扩大为地质调查所，并将讲习班归还北京大学，继续其地质教学任务。至此，我国现代地学教育和调查研究，才算正式开始。调查工作是开始于调查正太铁路沿线的地质矿产，随后及于云、川、黔等地，历时两年，一直由丁文江领队。初步奠定了我国地质调查的科学基础。据说，当初丁在英国学了地质，回国时，英国同行给他临别赠言："中华人研究其他文、理、哲学，不致落人之后，对于搞地质这门科学，须穷山越岭，恐非文弱书生所能。"现在来看，天下无难事，只要敢攀登，中华人还不是照样能行吗？！

---

　　[*] B. S. S. A., Vol.38（No.2），1948。

1918 年广东南澳发生大地震，前一年安徽腹地霍山，也发生过地震，启发了我国年轻的地学界，不能忘记我国也有地震问题。及 1920 年冬，西北地区海原大地震，死人二十万，震惊了全国上下。地质调查所，责无旁贷，所长翁文灏亲自率队到地震区调查。这是我国地质学家第一次科学地进行地震调查，与历史上大地震发生后，朝廷派遣钦差大臣到现场抚慰，不可同日而语。从此，地质调查所的工作，便兼顾起我国地震地质方面的问题。

首先接触到的是：我国的地震活动与地质构造特征的关系问题。从历史记载，可以知道我国是多地震的国家，自夏代以来，有文字可据的，大小地震不下三千余次，其发生地点，显然与新生代构造运动有密切联系，特别是沿着主要的断裂系统，地震密布成带。例如汾渭地堑，太行山、燕山断裂，滇东、滇西湖地断裂等等，都是地震活动带。综合起来，可以了解我国地震分布的基本概况。这是最早论述我国地震区域划分的文献[*]，曾在 1922 年比利时首都布鲁塞尔召开的国际地质学会议上宣读，引起与会者极大兴趣。

1923 年秋，日本关东大地震，毁灭了两个现代大城市——东京和横滨的大半部，使欧美先进国家对地震灾害都有戒心，地震科学研究，乃得在世界范围内逐渐开展起来。我国此时在川西炉霍、云南大理、甘肃古浪等地，也发生灾难性地震，坏屋伤人。地质调查所迫于形势，也筹备用现代科学方法研究我国地震。由于需要有一笔购置仪器的费用，直至 1930 年才得以实现。先在北京西山郊区，建造鹫峰地震观测台，又在地质调查所内设立地震研究室，由本文作者任其事。这是我国第一个自办的、用现代仪器观测的地震台。

上海在旧中国是帝国主义者角逐的场所，早在沪南徐家汇天主教堂，就有为海船进出航行安全服务的气象警报站，亦带有地

---

[*] 中国地质学报，卷 II (No.3-4)，1923。

震观测。当时，我从学校出来，对于地震仪器一无所知，曾在此见习一段时间，希望得到一些基础知识，但事与愿违，遂因北京新台已经建成，当即遄返北京安置。最先购到的是德制维歇尔小型机械记录地震仪，垂直分向和水平分向各一套。由于没有经验，边学边安装。困难在于，百般设法不能使地震仪架设平正，后来才知道，这种仪器的制作精度并不很高，在水准尺上测得的平衡，不能作为标准，必须从反复实践中，才能得到真正的平衡。这一教训，后来很得其用。

仪器安装好后，试行观测，每月可以收录地震十余次，便按国际规定的格式，印发地震观测报告，与世界各地地震台交换。

我国幅员广大，地震到处都有，设备低级的地震台，记录不到远距离的地震，必须扩大观测，才能满足需要。日本地震很多，1923 年遭受地震灾难之后，测震学发展很快，地质调查所遂派我到东京地震研究所求教。未几，九一八事变发生，仓皇归国，便改从欧洲国家进口最新的伽利津–卫立蒲照相记录地震仪。1932年，装置完成后，观测结果良好，记录多而准确，鹫峰地震台遂一跃而成世界第一流的地震观测台。经过数年的惨淡经营，一切从无到有，添置了许多图书仪器，方期以此为基地，逐渐扩大研究，不料 1937 年七七事变爆发，鹫峰地震台随之灭亡。可惜一番努力，尽赴东流。

芦沟桥战事扩大很快，不久北京沦陷，鹫峰地震台仪器正在记录山东菏泽大地震时，"寿终正寝"；计自 1930 冬有记录以来，共收录地震为 2472 次。当时我正在城里办公室有事，事态发展很快到了郊区，旋即与台上失却联系，地震记录图及其他一切，均留在台上。当我仓皇逃离北京时，已是妙手空空，一无所有了。后来知道，敌人终于未能占领鹫峰，相持于温泉一带，据说由于鹫峰地震台建筑坚固，曾一度为游击战指挥所，荣莫大焉。

地质调查所，已于两年前迁于南京。这时，北极阁气象研究所也兼做地震观测，装有巨型维歇尔和伽利津–卫立蒲地震仪。

我从北京转移到南京后不久，上海战事又起，敌机轰炸南京，政府西迁。当时举国上下，同仇敌忾，莘莘学子都怀着火热的心情，无不愿为国效劳。地震观测研究一时无法继续，我和秦馨菱便决定，暂时做地球物理探矿工作，从南京出湖南。值国事日非，南京失守，敌军侵入腹地，不久武汉三镇又相继沦陷，不得已离开湘南，经桂、黔向西转移。至 1939 年秋，辗转到达重庆，与从南京逃出的地质调查所人员汇合。这时重庆称为陪都，旋被敌机追来，一轰再轰，可怜焦土；遂又急急忙忙疏散到乡间，溯嘉陵江而上，直至北碚才驻脚。

在这些日子里，科学工作者辗转流离，席不暇暖，星散于西南、西北及川中各地，以待河清。不久，大家就清醒过来，看到抗日战争将旷日持久，地质调查所乃决定在北碚建造房屋，有计划地继续以往工作。因地震工作一时难于恢复，我只好和秦馨菱仍暂时赓续探矿工作。最难忘的是在攀枝花的探测。我们从棉花地深入到群山之中，在山下农家安置好行李后，上山一望，尽是大片大片的矿石露头。当即树起标竿，布置测线，进行普测，兼测绘地形。山上无人家，遍地是狼粪，村民力戒要小心，只得朝出晚归，将主要矿藏分布的基本轮廓测绘完毕后，便出了山。行至山口小憩，发现一处似是炼炉遗址，近视之果然，才知道我们不是第一次矿山测绘者，我们的老祖先，早已查勘明白，已经开采且冶炼过，可能因为杂质太多而放弃了。离山到金沙江边，约有二十公里距离，沿路还见到很多类似的矿石，相信是与攀枝花相连的。不特如此，且到了金沙江边，举首望见对岸岸边岩石，其颜色亦很相似，遂尽一日之长，找到渡口，过江去察看，果然是一样的东西。深觉这个矿山很大，人民之福，值得全面探勘清楚，杂质不足怕，是在分析技术，也许还是很有价值之东西。今日在渡口建立的攀枝花钢铁公司，便证明了这一切。

1941 年珍珠港事变后，我国完全与海外隔绝，国势日促，探测工作也无法继续下去，我乃决定重整旧业。但要恢复地震研究，须有观测仪器，地质调查所是当时最穷的机关，从国外进口仪器是完全不可能的了，唯一的办法是自制。想当初在鹫峰时，曾整形和设法改修过地震仪的好些部件，自行制造地震仪未尝不可一试。但当时人心不定，不能提出完整图纸，托厂家制造，惟有就力所能举，勉力设计一种最简单易作的水平向机械记录地震仪，坚持自力更生，点滴拼凑，逐件试作。历尽艰难，卒于1943年夏，基本上制作完成，就在试行记录的时候，居然记录了1943年6月22日清晨发生于成都附近的地震。经过仔细检查，地震记录图还很像样。从而增强了自制地震仪的信心，鼓励我们更好地继续进行恢复工作。

1945年8月，日本兵败投降，1946年地质调查所迁回南京旧址，八年战乱，百废待举，一时很难恢复工作，且喜北极阁山顶的巨型维歇尔地震仪还在那里，同时也托人在北京设法搜寻当年在鹫峰的仪器（前闻人说，某教会学校曾收留了一些），果然找到一部分。遂将这些残存的破旧部件，集中到地质调查所，设法进行修理。又看到九年前地质调查所撤退时，遗留下来的两个地下蓄油池，还可利用，经过修理，可作临时观测室，以安置地震仪器。未几，国共合作终于破裂，内战爆发，南京生活日恶，物价一日数变，科学工作者救死唯恐不及，科学研究很难进展，因此，地震仪器修理工作或断或续，直到1948年后期，才部分地恢复了观测。淮海战役后，日子越来越不好过，南京荒乱，人人自危，幸而几个月后，解放军渡江，一个早晨，起来一看，呀！南京已换了人间，又惊又喜！

*　　　　*　　　　*

解放军接收了地质调查所，科学工作者方得安心继续工作。值得庆喜的是，地震仪器照常运转，未尝因此而一天间断，殊属难得。秩序渐次恢复，至1950年新中国科学院成立后，将地震、地磁等固体地球物理研究与气象研究合并，成立地球物理研究所，从而地震科学开始了新生。

作者继续担任地震研究工作。解放后，心情舒畅，特别是听到地震科学研究，也要为社会主义建设服务时，尤其令人鼓舞。在第一个五年计划开始之前，已有许多建设部门提出要求：凡是将来作为工矿建设基地的，都须查明该地区在最近的将来，有无遭受地震破坏的危险。在这方面，我们毫无准备。从旧中国遗留下来的地震研究事业，如上所述，最早的是洋人办的徐家汇观象台，曾搜集过一些历史地震记载，但其目的是为帝国主义者服务的，用法文编写，遗误很多；我国自办的北极阁地震台已扼杀于摇篮之中，坚持下来的，惟有前地质调查所的一部分，人员三名，台一个，还不完全，如此而已。新中国科学院地球物理研究所的地震研究室就在这样薄弱的基础上成立，由于任务紧急，责无旁贷，亦惟有尽力承担起来。

首先我们需要用地震观测仪器，为了临时应急，将前在北碚试制成功的水平摆，重新设计，取名为"51式地震仪"，托厂家制造。拟制成之后，就在地震比较活动的地区，设台观测，以监视其在最近期间的活动情况。其次需要工作人员，遂又招来中学生，开办短期训练班，授予一般测震学知识和地震仪维护和管理方法。先后举办三期，陆续在兰州、西宁、成都、昆明、西安、银川、包头、大同、太原、临汾以及长春等地建立临时地震台进行长期观测。

第一个五年计划一开始，要求提供建设基地有无地震危险情况的单位日多，这不是从临时地震台短时间积累的记录资料所能推测的，必须参考其全部以往活动历史，才可能比较正确地提出意见。我国历史地震资料，诚然很丰富，但未经全面的系统整理，都散见在各种文献之中，有关书籍之多，汗牛充栋，非少数人所能为力的。于是科学院又成立地震工作委员会，召集有关方面共同努力，并以历史第三所为主，查摘各种文献中的地震记载，由地球物理所负责分析地震情况，提出各地区的地震危险意见。因时间很急迫，需要边搜查边提供，积两年多的时间，查遍八千余种文献，从中摘录有关地震的记载凡一万五千余条，包含自夏代以来大小地震约一万次，汇编成《中国地震资料年表》，刊作上下两巨册。这一重大成果，在短时间内突击完成，在解放之前是不可思议的。

有了这部资料，我们便可进一步分析研究我国各地的地震危险性。首先将危害人民生命财产的破坏地震记载挑选在一边，一般是地震愈大，记载愈多。例如清康熙年间，山东郯城大地震，除史书上的综合报道外，尚有附近四百余县的县志，记载了当时受到地震的影响情况。破坏性地震记载挑出后，经过综合分析，将记载分别归并到每个地震之下，尽可能理出其主要参数（即地震发生时间、地点和强度），然后再将整理的结果和近期仪器地震观测资料合在一起，计自公元前1177年至公元1955年，可以测定主要参数的破坏性地震（不包括大余震）共有1180次，编成大地震目录，即《中国地震目录（第一集）》。其中所有地震，都一一标明了主要参数，虽准确度还有不同，但若将各次地震的地理位置及其强度绘制在地图上，人们对于我国危险地震的活动情况，也就有了一点具体概念。

另一方面，我们又将全部历史地震记载，按地方分编，以县为单位分别归并到全国二千余县的名下，将每一个县属的所有地震记载，包括近代仪器观测和实际调查访问资料，不论其为本县发生或外来影响，都按时间顺序排在一起。然后，分析各条记载所讲的地震情况，结合本地区的具体条件，综合起来，提出地震危险的参考意见。最后亦汇编为分县地震目录，即《中国地震目录（第二集）》。若将目录中各县所提示的地震危险意见，标绘在全国地图上，结合上述据第一集数据绘成的危险地震分布情况，加以调理齐整，顺强弱分别划分出来，人们便能看到我国地震危险地区分布的基本轮廓。这也就是我国社会主义经济建设，在制定全国规划时，所需要参考的资料。

地震目录编制工作，今后还须陆续补充。现在已有了比较完善的全国地震资料，我们便有条件开展我国地震问题的研究。这时，科学院地球物理所的地震研究室业务扩大，人员亦已逐渐增加，首先一个任务是，研究我国地震活动的特征，包括空间和时间分布特征，后者的难度更大。

我国地震的主要活动区，不在世界两地震带内，其活动有它自己的特征。对已有的资料进行总结，可看到各地区的活动情况很不相同，我们在这方面做的工作也还很少。这一时期我国与国外的交往只有苏联，先后来了一些地震及地质科学工作者。他们根据本国经验，提出了一些设想，我们曾试用其设想，结合我国地震地质条件，研究了我国地震区域划分问题，并将结果试编了一幅全国地震危险区域划分图*，作为现阶段参考之用。事实上，这个图与根据地震目录第一集和第二集直接编制的，没有多大区别，只是在资料少的地区，添了一些推测的结果而已；最不能令人满意的是，图上同样也没有时间概念。

随着研究问题日益深入，我们感到许多基础工作必须迎头赶上。我们现在只是掌握了部分历史地震资料，虽说很丰富，但存在着问题。历史资料最大缺憾是无论在地区分布上和时间分布上，都很不均匀。譬如说时间，虽有三千多年的记载，但前两千年，地震记载很少，地方记载情况，各地亦很不同，在东部文化发展较早的地区多，在西部边远的地区则很少。对时空分布如此不齐整的地震资料，显然不可能从中得出任何形式的活动规律。过去的缺失已无法补救，今后的资料必须是累积条件一律的，从现在始，就须急起直追。首先是测震技术的现代化。

第一步是规划全国的地震观测台网。根据地震区域划分图所示，为了有效地长期监视各地震区的危险地震活动，约需有 15 至 20 个装备如当年鹫峰那样的第一流的基准台；其次是在地震比较活动的地区，以当地基准台为中心，设立区域地震观测台网，配

---

* 地球物理学报Ⅵ（No.2），1957。

置现代高灵敏度地震仪。此外，为研究地区地震活动特征，还需备有临时地震考察队，以三个以上的观测台组成，配以灵敏度很高的轻便地震仪。首先是建好北京基准台。决定不恢复鹫峰旧址，另在白家疃建造新台。在现代仪器地震观测方面，我们基础很差，形势不允许我们慢慢地自行设计试制，必须迎头赶上。当时中苏合作关系尚好，来了仪器专家基尔诺斯和哈林，并带来他们自己设计的仪器，就在北京台试用。从而，决定基准台采用基尔式地震仪，区域台采用哈林式地震仪，都是电流计照相记录的精密仪器。随后商定借用他们的图纸，托厂家仿制。不久，陆续在长春、南京、上海、广州、昆明、拉萨、兰州、西安、包头、太原等地设立基准台十余处；又在黄河刘家峡、长江三峡工地试办区域地震台网，拟肯定其性能后，推广及于西北、西南各地震频繁地区。同时，也筹备建立地震考察队。青年地震科学工作者大胆地试用苏式维吉克摆，引入电子放大技术，成功地制成万倍级高灵敏度地震仪，为考察队装备使用。1962年广东新丰江出现水库地震，当地人心惶惶，我们派出专门考察队，前往研究该地区的地震活动特征。这是我国第一次派出现代装备的地震考察队。

六十年代一开始，国家遭受自然灾害，加上国际问题，经济上有些暂时困难，也影响到科学研究的进展。不料1966年春，河北省人烟稠密的平原邢台地区发生大地震，损伤惨重。这里约在七百多年前，发生过类似的地震，祖先只留下记录，未曾有预防的办法，举国上下都希望地震科学工作者，对地震预防和预报问题作出贡献。为适应时代的要求，设立了全国地震领导机构，统一领导全国地震工作，以地震预报为总课题，扩大地震研究，大规模敷设观测台网，大力开展各种前兆研究，并大胆试报。"文化大革命"中，在林彪、"四人帮"的干扰破坏下，将学术界抛入深渊，对地震科学的发展，也损害极大。1976年，粉碎了"四人帮"的帮派体系，才得拨乱反正，然已元气大伤，百废待举。

十年混乱，革命的损失无法估量，尽管如此，由于同志们的奋斗，也还取得一些成绩，约可概括如次。

（1）研究队伍扩大，人员激增，地震科学知识得到广泛宣传，深入到群众之中；区域地震观测台网普遍得到发展，论台数已超过三百。虽然按新的标准，还需调整提纯，但与解放初期相比，不可以道里计矣。

（2）艰苦地维持连续性工作，如大地震目录的续编和补充修正，地震危险区域划分图的修改定型；主要基准台的观测记录，以及大地震调查等工作，没有被砍掉，不时还有新的成果发表。

（3）自行设计制造的地震仪，各种类型都有发展，型号增多，灵敏度提高，有了长足进步。

（4）地震预报值得赞赏。预报不易，是世界性大难题，还须做很多工作，但我们采用与群众密切结合的正确方针，成效卓著，1975年海城地震的预报成功，就是其突出的例子。但我们对于预报方法及其理论，尚未能突破，凡前兆反应不典型的地震，还不能预报。1976年唐山地震的预报，从科学技术方面来看，就是由于没有前震，且其他前兆反应也不典型而失败了。失败乃成功之母，我们并不因此而气馁，踏踏实实向前努力，地震预报终有成功的一天。

*　　　　*　　　　*

往事不去说了！今者形势大好，全国一致向前看，万众一心，为实现四个现代化而努力，作者虽老病，也将鞠躬尽瘁，善用其余年。事在人为，我国地震科学研究赶上世界水平，已指日可待也。

李善邦

1979.7.1

目　　录

第一篇　宏 观 地 震

第二篇　微　观　地　震

第三篇 中国地震

第四篇　地震成因

第一篇 宏观地震

绪　言

在我国历史上，人们可以查到距今千多年前已有能够指示地震方向的地动仪，欧洲在二百年前亦有类似的仪器，但现代地震科学研究乃是最近数十年间的事，实际上，是从十九世纪末，有了自动记录观测仪器之后，才发展起来的。约在上世纪末、本世纪初的二十余年间，才奠定了地震观测仪器、地震波传播、地球内部构造和地震成因等方面的理论基础。从二十年代至三十年代，地震仪器观测技术日益发展，对于地震发生时间和强度，有了更多更精确的测定数据。人们认识到地震地理分布是与大地构造运动体系有密切关系的，地震学的研究乃渐渐扩大，将其已得的成熟理论，应用于地球物理科学各项问题的研究，获得了良好效果，其中最显著的是利用地震产生的弹性波透过地球研究地球内部构造的方法。四十年代以来，地震学大踏步前进，成为地球科学研究的生长点。

以上所言，说明地震学的发展，有赖于近代科学技术的成就。实际上，地震学的研究领域，虽然有所拓大，包含许多双方或多边的课题，但对地震本身的研究，如地震的现象、成因和后果，仍然是占主要地位。从近年来对地震危险的研究及其预防和预报问题的重视，就可以知道了。

地震事变自古有之，人们企图了解地震，远在有仪器观测之前。就像天文学一样，早在望远镜发明之前，已经有各种天象的概念。我国历史有文字记载的约为四千年，据书典所载，地震记事，最早是《竹书纪年》所保存的记录：公元前 1831 年"夏帝发七年陡*泰山震"。按现在说，这条记载已经三千八百余年了，足证我国人民对于地震现象的注意已很早。古人遭到地震灾害，无可奈何，托诸天意，但总想知其究竟，以求避祸。于是，开始将人的器官所能接触和理解的各种宏观现象，累积并记录下来。这与仪器地震观测意义相同。用仪器可观察及于至微，宏观只限于粗略，但多方面的、长期大量的地震现象累积，是非常可贵的，人们加以选择并善为利用，则可以发挥很大的作用。

　　一般以不借重仪器取来的地震资料研究地震，谓之宏观地震学，有其自己的一套题材和方法，且远在仪器地震（即微观地震）学开始之前，已经发展起来了。我们研究一个地区的地震问题，首先需要知道的，是该地区的地震活动历史。如上所述现代仪器地震观测为时尚短，必须借重历史地震记载，才能摸索其在长时间内的活动特征。尽管历史地震资料的内容是各种宏观现象，文字描述又有这样或那样的缺点，不如仪器观测结果那么客观那么准确，但究竟是当时的记事，用者可以分析，并设法考核，去伪存真，仍不失其重要性。此所以在全面讨论地震科学研究时，无不以宏观地震为先。

　　我国情况尤为突出，因幅员广大，危险地震很多，且南北东西自然环境各异，地震问题极为复杂。近百年来国家多事，现代科学发展较晚，仪器地震观测，实际上到本世纪三十年代才开始，一点点记录，无济于事，幸祖先留下丰富的历史地震记载，供后人参考，这是十分可贵的，所以本书亦从宏观地震谈起。

---

* 陡，可作突然解。

第一章 地震现象

1. 历史地震

1-1 历史上地震记载举例

（一）周幽王二年（公元前 780 年），西周三川皆震，是岁也，三川（泾、渭、洛）竭，岐山崩。（十一年幽王被灭，周室东迁。）

（二）汉文帝元年（公元 179 年），四月，齐楚地震，二十九山同日崩，大水溃出。

（三）辽道宗清宁三年（公元 1057 年），幽州（辽南京）地大震，大坏城郭，复压死者数万人。

（四）元成宗大德七年（公元 1303 年），八月辛卯，夕大震，太原、平阳（今临汾）尤甚，坏官民庐舍十万计，赵城村堡徙十余里，孝义、平遥等县地裂成渠，泉涌黑沙，汾州北城陷，长约一里，东城陷七十余步。

（五）明世宗嘉靖三十四年十二月（公元 1556 年）丙寅，山西、陕西、河南同日震，声如雷，鸡犬鸣吠。地裂涌泉，中有鱼物，或城郭房屋陷入地中，或平地突成山阜。一日数震，或累日震不止。河渭泛涨，水清数日。华岳终南山鸣，或移数里。压死奏报有名者八十三万有奇，其不知名，未经奏报者，复不可数计。

类似记载，在我国史书及各种典籍所保存者，数以万计，其中涉及的项目繁多，下文将分别谈到。

1-2 如何看待历史地震记载

地动始于何时，无从晓得，很可能自地壳形成以来，在未有人类岁月之前，早已很普遍，且可能比现在凶猛。如此说来，任何文字记载，与天地存在历史相比，都是很短的。人类与自然界作斗争，由来已久；最初，为了了解自然，须先认识自然；乃将自然界的各种宏观现象，收集起来，加以分类考核，又将物体运动的前因后果，多方观察，累积起来，进行总结，以期达到控制自然的目的。人们见到，一切现象都发生于天地之间，显然是紧密地联系着，因此，人类对于天文和地震的研究，一般都是很早的。在我国，史称："黄帝立占天官，使羲、和占日，常仪占月，……大挠作甲子……"。黄帝的事迹是我国史前传说，未必可信，但司马迁在其《史记·天官书》，以及《周髀算经》*中，也是这样说的，可知我国人民研究天文，已在史前就开始了。人生活在天地之间，总觉得一切事物的变化都与人联系，因此天地与人一体，构成一个最早的玄学体系，成为研究自然，解释自然的理论基础。故老子说："人法地，地法天"。地震是地变事件中最突出的表现，很早就引起古代人民的注意，所以文字记载亦很早，有如上述。

在科学未兴之前，古人对于不能理解的自然现象，往往托为是出于超人之神的意志，因此在描述各种现象时，文字中夹杂着这方面的思想感情是不可避免的。现在当然无人相信有超人之神了，但如何正确对待古代地震记载则是值得考虑的。从前面的举例可以见到，古代地震记载，对于后人在地震方面的见解，影响是很大的。

周幽王二年的地震，灾及面积很广，泾、渭、洛三条河的水源受到影响，岐山山崩。其时，王室朝廷里设有专职记录各地方灾异吉祥（亦即天地人的关系），以备征询的"史官"（亦称柱下史）。幽王本是无道之君，不信地震与他有何关系，但柱下史伯阳父**说是亡国之兆。他认为：地震是阳失其所而镇阴也。今三川皆震，川源塞，塞必竭，川竭山必崩。夫国必依山川，山崩、川竭，亡之征也；昔伊、洛竭而夏亡，河竭而商亡。天之所弃，不过其纪***，若周

---

* 《周髀算经》约在公元前一世纪成书，为我国现存最早的天文数学方面的著作。
** 伯阳父，从《国语》原文，他亦书作伯阳甫，实即太史伯阳。又因老子姓李名耳字伯阳，曾作过周柱下史，有误作老子者。
*** 古代以十二年为纪。

亡不过十年，数之纪也。这段话说得分明，极尽天地人关系之玄，使人不敢加以可否。不幸的是十一年幽王果被犬戎杀掉，史官伯阳的地震天诫说，得到证实，被后人利用，直到现代，流传数千年之久。

很显然，地震与周亡是偶然的巧合，更多的例证是不相合的。若不相合而情况变好的，就可借重另一种记载，如："汉文帝元年，齐楚地震"。这次地震影响亦殊不小，以致二十九处发生山崩，大水溃出成灾。由于汉文帝是有道之君，情况不同，人们对此次地震的观感便大不相同。当时是周末七国纷争之后，继之秦皇暴虐，数百年来，民不聊生，汉高祖开国未久，人心厌乱，都想过太平日子，且汉文帝不比周幽王，他以慈惠爱民见称，地震发生，不能说是天谴，而是"天地之不足，人定可以胜天，天亦悔祸，此人所以与天地参也"。于是后世议论地震者，便谓："汉文之世，同日山崩者二十有九，日食、地震，频年有之"，地震不过是客观存在的自然现象，不足为奇。针对太史伯阳的地震论述，唐代的柳宗元曾提出非议："山川者，特天地之物也；阴与阳者，气而游于其间也。自动自休，自峙自流，是恶乎与我谋？自斗自竭，自崩自缺，是恶乎为我设？彼固有所避引，而认之者不塞则惑。……"

以上两种说法，在我国历史上，谈及地震原因时，常可见到，尤以伯阳父之说，入人最深，用者最多，其实是欺人之谈，那有同是地震山崩，在周幽王时导致亡国，在汉文帝时，走上至治，显然是当事者为其主观愿望杜撰出来的，不是科学论断，读者是容易识别的。历史地震记载的重要并不在此，主要在于各种现象的具体描述，从上面所举的例中，便可看到其内容是包括多方面的，下文分别来谈。

2. 宏观现象特征

地震带来许多异象，有些是瞬时的，有些是留存成为永久的，情况尤其复杂的是非人的观感所能觉察的微观现象，这里要谈的是人所能觉察的宏观现象。人们研究地震，首先是从分析宏观现象开始的。

2-1 极震区现场

地震是在原来宁静的地区，突然发生的。在场的人们，首先听到有声如雷（或轻或重），继觉地动，轻者令人惊骇，重者使人逃逸，再重可摧倒地上各物，破坏建筑，甚至山崩地裂，河流阻塞。这一切只要几分钟的时间，就可以使人民的生命财产遭受很大的损害，难怪人们将地震看成是不祥的事变，历史上也把地震当作灾异记录下来。地震之后，人们为了了解地震，就到现场进行调查，首先看到的是，震动影响的范围是有限的，震动的强弱，各处也不是相同的。经过仔细调查或测量，还能找出一块占地面极小而震动最强的地方，谓之极震区（Meizoseismal area）。地震强度，从极震区向外拓展，距离愈大，震动亦愈弱，终至消逝。因此人们推测，它是地震发动的中心，所以后来被称作震中区。

地动现象集中表现在面积有限的极震区，往往由于调查不善，报告不实，或时间耽误，而迷失了。还有许多地震，其极震区被海水、森林或冰川所掩盖，或道远为人迹所不能及的地方，则得不到主要情况；这在古代更为困难，因此，历史地震资料得于保存到今天，是难能可贵的了。

在极震区出现的地震动象如何？当视地震大小而有所不同。地震小者，有声亦甚微，震动很轻，常瞬息即逝，若无其事；大者则在极震区留下许多迹象，其情况按地震大小，亦大有程度的差别。总的来说，诸般现象，都是由于地动，因此，动是根源。古人不理解地震是地质现象，关于地震发生的根源，一无所知，都认为是超人的意识所使，因此在这方面的叙述，不免夹杂着迷信文字，已如上述；但在写具体现象时，古人也是就事论事的。例如，最常见到的记载："地震有声如雷"一类的文字是很现实的写法。现在知道，当地震发生时，有纵波从震源辐射，沿地面传播，使空气振动发声，由于纵波速度较大但势弱，人们只闻其声，而不觉地动，须横波到后才有动的感觉。实际上，听到声时，地已震，并非先声后震。人们听到的地声原是地震发出的弹性波，引起地面空气振动，造成的声波，再向空间扩散，在高处不免遇到复杂的反射，便形成隆隆之声，似是雷鸣，"声如雷"之说，不过是文人的修辞，亦不算错。类似的写法，在我国记事文中是屡见不鲜的。

地震大的其声可闻很远，且可使闻声者能分辨其来自的方向，但从多数记载复案，所言方向，往往是不一致的。事实也是如此，人们所闻见的是声波，在空中传播，遇到障碍，方向发生变化，已无一定了，以至人言人殊。这是可以理解的。另一方面，当人们感到地动时，摇动方向是比较分明的。

历史地震记载，常有记着震动方向的，如明朝万历年间北京感到地震，《万历实录》记作："二十三年五月丁酉，京师地震，自西北乾方，徐往东南，连震二次。"这写法似是根据闻声的走向，但又未说有声。至于地震时震动是否有优势方向，则久已为人们所注意。英国人马利特（R.Mallet）曾详细调查了著名的1857年意大利那不勒斯（Naples）大地震。他曾翻山越岭，走遍被地震破坏的山区各村庄，成为系统地调查地震现场的第一人。他的调查结果可归纳为以下两条：Ⅰ）根据破坏情况，最为严重的极震区或称震中区，约可画成偏心圆，并可粗略地看出两条大致互为正交的长短轴；Ⅱ）再根据破坏方向，即从墙壁倾倒、松动物抛掷及裂缝等方向概括，偏心圆长短轴的走向，就是震动的优势方向。

当强烈地震发生时，确有人感觉初来的震动是一个方向，随后震动强大时又是一个方向，优势方向是存在的。须要注意的是这时地面运动非常复杂，不能认为就是地震的纵波和横波的主动方向。马利特是个物理学家，曾根据其调查结果，作了多方面的计算，其中最有意义的是上述两条结论，给予后来研究者很多启发。如地震之有震中，震摇强度随震中距离加大而递减，等震线的概念以及断层错动方向设想等，后来的研究，都与他的结论有关系。

极震区有一定的范围，一般说，地震愈大，其面积亦愈大，但由于受地区地质（或土质）条件的影响，具体情况则很不一样，常随地区特性而异。按定义，极震区是受地震影响最大的地区，其标志须由现场研究者来定。例如，经过调查，认为这次地震招来的最大震害，是属于墙壁倾倒一类的情况，则在地震现场，凡是有房屋倒坏，和类似的地点，都可划在一块，作为极震区。从宏观的观点来说，这里是地震最重的中心，故亦称震中区，即所谓宏观震中，它与用仪器观测数据测得的微观震中，不完全相同。前者是地面破坏最重的中心地区，而后者是最大地震波能量辐射的出发地点，二者概念不同，其地理位置亦不相同。仪器震中常常不是地面破坏最大的地方，一般偏于极震区的一边，也有超出极震区的（下面还要谈到）。

2-2　地震现场分析（一）

在地震发生后，一般须在最短时间内赶到地震现场，以便抓住那些瞬时现象而不致失掉。调查的地震，可大可小，小而至于无感，这不是没有地震，而是属于微观世界，须用仪器来研究，不在此列；宏观地震则小至有感为最低限。地震现场调查者，将地震大小分作有感、破坏和重破坏三个等级，以为极震区找到鉴定的标志。需要注意的是地震现场的表象很复杂，地面事物，不论其为人工的或天然的，均受到轻重不同的影响。到地震现场调查的人，首先要做的是查明地震影响最大的地方，综合起来，划出极震区，也就是宏观震中区。但如何确定那个地点是受地震影响最大的，还是很不简单的问题，首先要有客观的统一标准。开始是根据在场人的器官感受和地面的物质破坏来认识。实际上，人们到了现场，问人，则众说纷纭，看地面物事，则有破坏有不破坏，有这样破坏，也有那样破坏，呈现出一片杂乱景象，使人不易分辨。这是因为震害轻重，不是单纯决定于地震力的强弱，还为许多其他因素所左右，须得全盘考虑，分别作具体分析后，综合起来，研究比较，才能作出正确的判断。

地震现场出现的各种现象，因其都是地动产生的，地震科学工作者，首先将地震，按其震动强弱分成甲、乙两大类，以其对人民生命财产，是否起了破坏作用为界限。前者轻些，称为有感地震，其影响大小由人直接所感受的震动强度来判断；后者重些，称为破坏性地震，其破坏程度，当以人在现场所见，破坏事象的严重性而定。需要指出的是，不论地震是轻是重，单凭人的观感是不能得到正确结论的。很明显，人有敏感与不敏感之分，例如当轻震发生时，同在室内坐着多人，有的感觉到，有的就感觉不到，这是不奇怪的。因此，必须在现场寻找客观存在的、不同情状的具体事象，作为判据，才能更好地确定地震影响的轻重程度。小地震的影响比较简单，先从有感地震谈起。

甲类地震，在世界上为数最多，分布最广，几乎随时随地都可以有。由于不至造成震害，只是有感，人们对之没有戒心。其小者不过使人微有感觉，有时还未识其真假，大者使人惊慌失措。人们常以下列情况为判据，来比照地动的大小。

（一）感觉与声响

轻度地震，只使人感觉短促的震摇，得不到确切的印象，常可因其声响轰隆，如重车通过，以及铃响钟响或门窗房屋等震响，才能得到肯定的认识。

（二）感觉环境与人数

人对于地震的感觉不是同样敏锐的，往往其说不一，难求一致。若归纳起来，将感受时的环境和条件，分作几种不同情况来处理，如情况可分在楼上或楼下，睡着还是醒着，在室内闲着还是在外边走着，骑车还是走路等等，然后按在同一情况下，感到地震的人数是少数、半数还是多数或全部，再将其综合起来估计地震大小，显然是要好得多。

（三）感觉与物象

地动突如其来，常使人一时颠倒，认识不清，有赖旁近物象作为参考。主要有下列一些：悬挂物的摆动，桌或架上物的动摇或倒下，大小家具迁移或翻覆，门窗震响，铃唥钟响，鸡鸣狗吠，动物惊扰，房屋震摇，树木晃动，池水荡漾等。有这些现象伴随，人们便容易认识地震动态及其特征。

2-3 地震现场分析（二）

这里专论乙类地震即破坏性地震造成的破坏，通过分析总结，作成判据，以为进一步研究地震力与震害关系等科学问题的依据。破坏有轻有重，如何选择适当标志作为鉴别破坏的判据，是个复杂的问题。破坏性地震常使城乡遭受生命和经济的损失，人们将震害分作以下三大方面来考虑。

（Ⅰ）生命损失

这是震害中的最大问题，我国地震往往招来很大伤亡。历史上很多如"地震死人无算"一类的记载，这样的笼统语气，实际上，也可能还不严重，但有些确实是十分严重的。最著名的是：明嘉靖三十四年（公元 1556 年），陕西关中地震，秦川八百里，自西安至潼关一带，震害尤大，死人八十三万，还是奏报有名的，其不知名者尚不计其数；又如 1920 年六盘山地震，死人二十万。因这是在旧社会，也可能直接死于地震者不多，而更多的是在事后，因缺乏救济和医疗死于伤病和饥寒的人。然证诸近年情况，亦未尽然。例如 1966 年河北邢台地震和 1976 年唐山地震，死伤人数很大，都可肯定是直接遇害的。我国幅员广大，危险地震不少，分布在不同地区；若破坏性大地震，突然发生在人烟稠密的繁盛城乡，则很难避免造成大量伤亡，所以我国地震科学工作者，特别注意地震预报的研究。

地震害及人民生命，主要是房屋震倒及土地崩陷造成的，但死人多寡有许多因素控制，例如极震区若在山区与在平原不同，同样地震，死伤人数可以减少很多。因此，在估计地震强弱时，死亡人数，一般不作为鉴定判据，备作参考而已。

（Ⅱ）人工设施的破坏

强烈地震可使地面上的人工设施和自然环境都遭受破坏，其中以人工设施的破坏情况最为复杂多样。所谓人工设施就是人类社会的各种建筑物，包括寮棚民舍，公署寺庙，作坊工厂，道路沟堤，桥梁涵洞，坟堂碑塔，牌坊台榭等，名目繁多，式样万千。由于各项建筑，各有各的规模（高低宽窄）和结构特征，以及施工等方面各有差别，对于地震的反响或耐震性能有所不同，其结果，往往在同一地区，所遭受的震害，轻重之间很有差别；加以建筑物的座落方向，及各种具体条件的不同，更使破坏情况非常复杂。但要研究地震动象、探索地震理论，这是第一手资料，必须从杂乱中找出秩序，以便理解它，使用它。我们知道，造成破坏现象是地震力作用于建筑物时引起的反响，二者有密切关系，是很显然的。但使建筑物产生何种破坏及破坏规模，则受建筑物本身存在的许多因素控制。因此，若根据地震对地面物质的破坏情况来研究地震或地震力的作用，就须先理解建筑物也有不同的抗拒地震的性能，须根据其特征，按性质分类，用同类建筑物作相互比较，才能真正认识地震力与物质破坏情况的关系。

建筑物的破坏，一般认为主要是由于侧压力的作用。地震时，地面运动很复杂，其因震摇产生的水平侧压力，使建筑物在其侧向由原来的维护力形成的相互制约系统，失去平衡，而发生不同形式的破坏，这是可以理解的。但另一方面，垂直分向的震动，则可使建筑物的基底及其周围发生不均匀的升降，而加重其破坏，也是很显然的。最重要是建筑物在地震力作用下所起的反响，对于不同的建筑物各不相同，须分别看待，才便于分别研究。一般建筑物的类别，概括起来约可分为以下四类。

甲类：普通民用建筑。在地震现场见到最多最普遍就是这类建筑。式样繁多：最简陋的是棚栈，如牛棚、马围、堆栈、茅房等；其次是民居，有大有小，有高有矮，有新有旧，有好有坏，不一而足，较为整齐的是公所、学校、庙宇、剧场等建筑。我国幅员广大，风土人情南北不同，民用建筑各有特点。总的来说，以平房、二层楼房的形式为最多，但结构体裁很复杂，主要可归纳为 A、B、C 三种如下：

（A）土搁梁结构房屋：在北方的乡村住宅，多采用这种结构，即拌土（或做成坯）夯墙，墙上搁梁，泥封屋顶，做成居室，因西北风紧，泥顶平坦且厚重。在西北黄土高原的乡村，还有掘穴入土，以窑洞为居室的，洞口修成门窗，抗震力大为减弱。南方的乡村房屋则多采用干晒土坯砌墙，山墙上搁梁，斜形瓦顶。间有内柱，是比较好的土搁梁结构。

（B）砖木结构房屋：旧日寺庙，及公所、学校、剧场等公用建筑，一般采用砖木结构。其法是先平场地，夯实基础，再按设计要求竖立必要的木柱，柱上架接檩梁，檩上铺设顶架，搭成未来建筑物体形的木框架。然后，在框内实以砖墙，安上门窗，加以装修而完成。接合方式，一般是梁柱之间，以榫接，墙柱之间（或墙与墙之间），用咬接，用料施工亦很注重，务求竖向和横向的承压力得到均匀平衡，使建筑物各部分，相互连接，构成一个整体，以增强巩固性。墙的建筑一般是以熟砖用石灰浆砌成，较好的有用石块水泥浆砌成的，差的有用碎石或土坯泥浆砌的，后者的抵抗力很弱。

如上所述，木构架形式结构的房屋是我国古代人民创造和发展起来的，已有悠久的历史。在我国城乡，凡属正规房屋，如富庶之家，庙宇、衙署、学校、戏台等，一般都采用这一形式建造。若使用材料和施工得宜，这种建筑物是很能抗震的。

（C）骨架结构房屋：这与木结构相似，只是构架建造用钢筋水泥浇注成，也是现代各种正式楼房建筑所采用的结构方式。其外墙较厚，一般用熟砖或人造石块，石灰或水泥浆砌成；室内隔墙较薄，多是板条夹心的敷粉墙，以减轻建筑物的负荷。骨架结构，由于用钢筋构结成的框架，再用水泥浇注，具有很好的整体性，这样的建筑物不容易破坏，又因内部多用木格空心墙使重心维持相当低，也不容易倾倒。

概括起来，上述甲类建筑，从抗震角度来说，以 C 型结构房屋为最好，B 型次之，A 型最差。

乙类：企业专用建筑。在地震现场除见到普通民用建筑之外，还有如各种企业专用的建筑，遭受不同程度的破坏。最主要的有以下三类设施，即工矿、水利和交通，包括工厂车间、矿井坑道、沟渠堤坝、桥梁涵洞等建筑。需要指出的是这些大都是新的现代建筑，一般在设计、用料、施工上都作了考虑，是比较坚固耐震的，但也有不少旧时的老物，则须将具体情况，经过具体分析，才能作出正确的结论。另一方面，即使是现代化建筑，如果在结构、用料、施工等方面不合乎要求，也要另当别论，作为特殊情况处理。

丙类：高层建筑。在地震现场也有些高层建筑遭到不同程度的破坏。近代建的高楼大厦、工厂烟囱、自来水塔等，均属于这一类，我国各地，还有旧时修建的各种碑、塔、牌、坊等以及城垣、边墙一类建筑。其形态是多种多样的，由于本身是贵重的建筑，一般要求坚固耐久，在设计、用料、施工等方面都是特别讲究的，在体形结构上，又有好的整体性，因此这类建筑是比较耐震的。但也有原生弱点，主要是重心高，接合不牢的部件容易摇脱，失去平衡后，多在中腰折损；若高楼和塔一类的建筑，更因装配窗户很多，外墙强度大为减弱，在顺窗户一溜儿尤弱，容易开裂，例如西安市小雁塔的塔身西北两面沿券洞开裂，就是明朝时一次地震造成的。

以上论的是遭受地震破坏的建筑物的类别。在地震现场，分散在各处的建筑物所遭到的破坏是各色各样的，情况很复杂，还须经过详细分析才可能理解地震力所起的作用，因为一方面破坏程度有轻重不同；另一方面，破坏发生在建筑物的哪一部位，也还有分别。为此，首先要有个统一的破坏性质的概念，然后才能分析破坏情况。

人们到了极震区的现场，立刻就会感到，需要有一个分别破坏轻重的概念，一般分作如下三个等级：

轻破坏：一般规定为不经修缮，尚可继续使用的；

重破坏：一般规定为必须经过修缮，才能继续使用的；

大破坏：一般规定为无法修复，至少须经过彻底修理，才能使用的。

建筑物的破坏机制亦可归纳为以下三种形式：

(1) 结构受害：即建筑物主要部件的接合机构上受了伤害。轻的是拔榫或墙角间出现裂纹，重的是脱榫或墙角间裂大缝，再重则榫头脱落，墙角崩坏。人们很注意结构破坏，因其对建筑物的整体性很有害，若整体性受到破坏，后果是十分严重的。

(2) 墙壁受害：房屋建筑主要是墙所构成的，其中以外墙最为重要，是建筑物的支撑，但因开了窗户强度已被削弱。遭受轻度破坏时，在内墙壁上，出现裂缝；在外墙，则除泥活粉面层上发生裂纹，特别是近窗户口的边缘角落处以外，一般不见。破坏重时，外墙发生裂缝或开裂，内墙多脱框掉扇，或倒下；若更重，内墙折裂倾倒，外墙开裂，或崩颓。若建筑物的整体性被损害，则建筑物随之倾圮。

(3) 基础受害：立于地面上的墙是从其地下部分的墙基砌上来的。墙基的宽度比墙大，入地数尺不等，一般用碎石和灰土夯筑而成，以承荷墙身。墙基很牢固，一般不易破坏，只有在情况严重时，墙裂缝与开裂可以伸透到墙基，或者接合面上发生相对错移；最坏的情况是建筑物基底不良，发生不均匀的沉降，使墙基变形甚至损坏，影响了建筑的整体性，从而使建筑物部分倒塌或者全部坍塌。

(Ⅲ) 自然环境的破坏

一般在较大地震时才会有。强烈地震使地面上的人工设施遭受破坏，同时自然环境亦遭到破坏，所谓自然环境是相对于人工设施而言，实则是在地貌上因地面动摇造成的一些异象，分布与情况都比较单纯，但在研究地震力的作用时，它是属于另一方面，从科学意义上说，还是很值得重视的。若按上面所讲的方法加以分析，地貌的破坏异象，也可分作以下三类。

一为地裂：在极震区的地面上，常可看到各种形式的裂缝，有长有短，有大有小，有散漫的，也有成群联合的，不一而足。当震害轻时，只在软土地上出现小裂缝，甚者纵横如画。一般发生在水湿斜坡地上，顺着地形发育，其形状以鸡爪形或前后并列的张性龟裂为多。当情况严重时，在干结的土地上，会出现裂缝，大小不等；大者可以很长、很宽，其发生在水湿软地上的开裂，宽度可达一、二米，但不长。裂缝的深度不等，常可有"深不见底"的说法，也未必很深，不过是对比较深的裂缝的一种形容。实际上，当地面在剧烈运动时，裂缝产生后，常开而复合，历史上，也有"路过者，人骑掉落不知向"一类的记载。可知事后见到的地貌，已经过反复的过程，裂口有了变动，不是原形，调查者常可跳入裂缝中测量，一般深度不及人高，可能是已部分填塞。

还有些地裂是震后产生逐渐扩大的，亦有已成为大裂隙，震后又渐渐缩小以至消失的。值得注意的是有些来源较深的地裂，往往是大小若干条，或先或后，并列成行，顺着一定的走向发展，不受地形限制，断断续续，绵延很长，构成地面破裂带。其大者可以裂土破石，穿山越岭，延伸有长达数十公里或更长者。组成破裂带的主要裂缝，其两边常常是高低不等的，相对错动量亦不一致。错动方向有以上下为主的，也有以水平向为主的，由当地地震地质条件而定。一般认为这种形式的坼裂，与原生地震断层作用的关系比较密切。

以上所言，都是由于地震震摇产生的地裂现象。必须指出，还有不是地震引起的地裂，其发生时，人们不感到有地震。这种地裂亦很多，其原因不一。在我国历史上非地震地裂的记载亦屡见不鲜，在清雍正年间出版的《古今图书辑成》中有"地异篇"，将历代各地发生的地陷、地裂事变，不与地震相混，分开作了记载，为数很多。

二为泉涌：地震震动破坏了地震现场的地下水水平面，使一些地方地下水上升涌出地面，多则泛滥成灾。人们在地震区调查，常可看到各种涌水现象，这也是破坏性地震所伴随的破坏情况之一。当情况轻时，只见各种井泉水位发生变化，或升或降，因地区而异，也可兼有水质变味或浑浊者。值得注意的是井泉水位升降，也可在地震之前发生，供地震预报研究者参考。当情况严重时，有些井泉突然干涸，有的溢水外流，也有喷射高至数尺的。更严重的是平地出新泉，或大量冒水，且涌出泥沙。初生时水柱很高，渐渐低落，数日涌上，在洞口边常堆积泥沙，环如土堡，大者径宽可达丈余不等。若泉涌发生河道地带，则喷水中常夹带有古时河底沉积物，如腐木、烂船板之属，间有鱼类。水量大时，汇合到低处，淹没农田，甚至泛滥成灾。

三为崩滑：历来论地震强度的，都以为极震区遍地山川崩滑，是震动最强的表现，其实未必尽然。根据近年现场调查结果，大规模的崩滑，不是任何地方都能发生，须事先备具崩滑的天然条件。发生崩滑，主要是重力的作用，地震震摇不过是触发而已。至于触发所需的力，当然也有大小之分，这与崩滑条件是否成熟，崩滑规模大小有关，不单纯由地震强弱来决定。换言之，崩滑现象的轻重，不足衡量地震的大小；世上之所以很多非地震引起的大崩坡，也就是这个道理。

大地震发生后，人们见到的大规模山崩滑坡，一般都出现在斜坡地形的土地上，这是典型的次生现象。它的发生是有条件的，不是每逢大地震，都伴随着大崩滑，只有些小崩滑是由于地裂酿成，那是比较常见的。大崩滑都是沿着一定的大面积崩滑面滑动的，这种大滑面的形成，决定于当地区域地质条件。条件不是一般的。最常见的是在高山坡上，覆盖层相当厚，为性质松软，并且透水较好的地层，而下面连接的却是比较坚实，不大透水的地层，在风雨侵蚀过程中，地下水渐渐渗入，透到底部，由于水分不能顺利地入于下层，大部分沿着分界面蓄积起来，水的润湿，使上下层交合面上的摩擦阻力减小，日久天长，渐渐形成不稳定状态。同时由于重力作用，盖层块体有往下滑动的趋势，当滑动面的斜度使盖层负荷在滑面上产生的压力足以克服上下地层接合的摩擦阻力时，大规模崩滑便开始了。若地震正好是在地层接合面间的不稳定状态形成之后、崩滑条件尚未完全成熟之前发生，则可使大崩滑提早发动；若地震发生在滑动系统的不稳定状态形成之前，则不能使大崩滑发动。

地震震动包含多种周期，崩滑地面由于地形复杂，也有各种不同的卓越周期。当二者很接近时，便可引起共鸣，这时触发崩滑的作用最大。在靠近震中的地区，短周期震波的成分很多，渐远，则短波成分少，而长波成分多。由于地面的卓越周期，一般都比较长，因此，有些地震引起的崩滑，范围很广，例如1955年康定折多塘地震山崩，直至泸定附近山岗，仍有不少崩滑。

大规模山崩，若发生在江河近边，往往堵塞河道，堆为土坝，拦水成湖，或发生崩决，大水冲刷下游，为害甚大。例如1933年叠溪地震山崩后，不久岷江下游遭受洪灾。

剧烈的地震波动，不单引起地面崩陷，还会发生地面的大规模升降。历史地震多有记载，例如1556年陕西关中大地震，有"原阜移徙，地在在皆陷，屹然而起者成阜，坎然而下者成壑"的说法。若用现代方法测量，结果表明，有的范围很大，例如1964年美国阿拉斯加威廉港地震，大陆一侧下沉，海洋一侧上升，各长约800公里，宽100至200公里。在升降范围内的一些地区，若土质不良，地下水位又高，常可发生地基液化，其结果，使其地上的建筑物，遭到严重破坏，造成巨灾。最发人深思的是：一些震不坏的抗震建筑，也可以完整无损地慢慢倾倒，最著称的是1964年日本新潟地震时，新潟市内抗震高楼的卧倒。

2-4　地震强度判据

在仪器地震学尚未发达之前，人们只能将地震现场所接触的宏观现象，综合起来分门别类，进行比较，然后归纳为评判地震影响强弱的各种判据，从而得到地震强度的概念。于是，在地震影响所及的整个范围内，便可按其强弱程度，划分为若干等级。地震调查者，便可以影响最强的极震区（如果不是破坏性地震，便以感觉最强处）定为地震中央区；环中央区外围为重震区：一级，二级，……；环重震区的外围为轻震区：一级，二级，……；更在外的为有感区：一级，二级，……。若在相邻两个级别之间，划出其分界线，是谓等震线。由于地震的影响是随震中距离而递减的，这些等震线便可组成以极震区为中央的，一环套一环，由强而弱，逐步扩大的等震线分布图。若将此等震线图，缩小到合适的地图上，则整个地震影响的强弱情况，便一目了然。

综上所述，根据宏观地震现场的分析，可以划分地震影响强弱程度，并作成强度判据，以为研究地震力的根据。下文将要进一步阐明地震强度的诸方面。

第二章　地震烈度

1. 引　言

人们从实际经验知道，地震影响随震中距离增大而减弱，在极震区内一些地区，影响最强，向外扩展愈远则愈弱，终至没有感觉。在这中间的强弱程度的变化，又可根据地震现场的具体情况，分作若干等级，称为烈度，度数大的为强，小的为弱，——按现场的具体情况，予以规定，作为评定烈度度数的判据。

烈度是从宏观地震现象归纳得来的判据规定的，是定性的。烈度的每一度，都含有多种判据，在互相参证对比中得到的结果最好。它的每一判据，都须是有代表性的。很显然，确定一项判据，须从长期累积起来的大量地震现场调查资料中去选择，方可满足要求。一般从以下三方面的第一手资料的分析研究中找到判据。

（1）人的感觉，即从无感（用仪器记）以至使人惊逃，在其许多不同程度的情况中，选取判据。

（2）人工设施的破坏，即建筑物中有易于震坏的，也有耐震不易破坏的，种类很多，破坏情况亦各异，从中分类归纳，作成判据。

（3）自然环境的破坏，即地震使山崩河塞，地裂泉涌，自然环境为之改变，造成不同程度的震害。就其破坏的具体情况加以分析，从中选取材料，制定判据。

人们有了烈度判据，就可以分析研究新、旧（即历史地震）地震的活动情况。

2. 烈度及烈度表

初期的烈度表常常是为调查某一次地震用的，很简单，很不统一。十九世纪后期意大利的罗西（M.S.de Rossi）和瑞士的弗瑞尔（F.A.Forel），在差不多同一时期研究地震烈度问题，结果很近似，遂于1883年联合发表他们的烈度表。这是第一个得到广泛使用的综合性的地震烈度表，即有名的R-F（罗－弗氏）地震烈度表。罗－弗氏把非破坏性地震由弱至强分作七个等差度，破坏性地震从破坏至毁灭分为三个等差度，共有烈度十度，用罗马数码Ⅰ、Ⅱ、Ⅲ、Ⅳ、Ⅴ、Ⅵ、Ⅶ、Ⅷ、Ⅸ、Ⅹ表示度数。嗣后，研究编制烈度表的很多，至本世纪的前期，德人西伯格（A.Sieberg）的烈度表发表后，达到高峰。他将罗－弗氏的最高烈度分作三个度，作成十二度的烈度表，每一烈度的判据从多方面给予充实，并用坎坎尼（C.Cancani）绝对烈度表的数据，每度配以地震影响的作用力，以加速度计算，成为当时最完备的烈度表。一些国家便以此为蓝本，结合本国的实际，编制适用于本国的烈度表。除日本外，一般采用十二度烈度表，大致是Ⅵ度始有轻微损伤，故可以说Ⅵ度以前为非破坏性地震，Ⅶ度以上为破坏性地震，约各占其半。

烈度表定形后，基本内容很少变化，六十年代，只是在写法上有些不同。由于建筑物被破坏与其本身的结构很有关系，因此注意了在烈度表中对建筑物的分类及破坏等级作出明确的规定。详见附录Ⅰ。

如上所述烈度的各项判据都是些定性的说法。很明显，用烈度表来评定一个地点的地震影响，也只能是定性的等级比较，不会很准确，度与度之间的差别，不可能要求像定量的数据那样干脆。为了扩大参考面，每度之下列举很多判据，但在实际上不能同时都出现，若将其最主要的拣出，烈度可以简写如下表。

1964年日本新潟地震和美国阿拉斯加地震影响较大城市，一些现代建筑在强大的地震震动影响下没有遭受多少破坏，却完整

表 2-1 简缩烈度表

烈度数		判 据	最大加速度 （厘米/秒²）	M （级）
I	微 震	只有仪器记录。	2.5	
II	轻 震	极少数敏感之人有感。	2.5	3½
III	小 震	少数休息之人有感，震动如大车驶过。	5	4
IV	弱 震	行动中的人亦有感，吊物摇动。	10	4½
V	强 震	人人有感，睡者震醒。	25	5
VI	损 坏	树木摇动，架上东西掉落，老朽和劣质房屋损坏。	50	5½
VII	轻破坏	人惊逃；房屋普遍掉土，壁面裂；不好的房屋有倾倒。	100	6
VIII	破 坏	砖砌房屋裂缝，烟突倒；一般建筑物严重破坏。	200	6½
IX	重破坏	地裂，喷水带泥沙；水管折裂；建筑物多倒塌。	500	7
X	毁 坏	地裂成渠，山崩滑坡，桥梁水坝损坏，铁轨轻弯。	1000	
XI	毁 灭	很少建筑物能保存，铁轨扭曲，地下管道破坏，水泛滥。		
XII	大灾难	全面破坏。地面起伏如波浪、大规模变形。		

地倾倒了。这就提醒了人们，对建筑物破坏，地基土质条件的影响与地震震动同样重要。

2-1 等震线图

地震发生后，人们随即进行宏观调查，一般是两个步骤同时走，一是现场调查，二是通讯调查，然后综合起来绘成等震线图。

现场调查，首先访问极震区，然后环绕着极震区，由近及远访问四面八方的居民点（包括其他孤立的可以收取宏观资料的地点），查明地震影响所产生的效应。从人的感觉至建筑物及其基地和自然环境的破坏，然后按烈度表上所列举的判据一一评定其烈度数。通讯调查，必要时亦可以单独进行，一般是用来辅助现场调查的不足，主要使用于离震中较远的地区。用问答的方式，在信中提出若干问题，针对着判定烈度的要求，请收信机关派人就地调查后回答。如问题提得恰当，合乎当地的实际，效果往往很好。最后，综合现场和通讯两方面的调查结果，将各调查点的评定烈度点在地图上，再将烈度相同的点连接起来成为等震线，用等震线序列来表示一个地震的影响称为等震线图，这是了解一个地震最基础的一步。

图 2-1 是 1966 年 3 月 8 日邢台地震等震线图。从图上看，首先给人们的印象是这次地震极震区的最大烈度（亦称震中烈度）

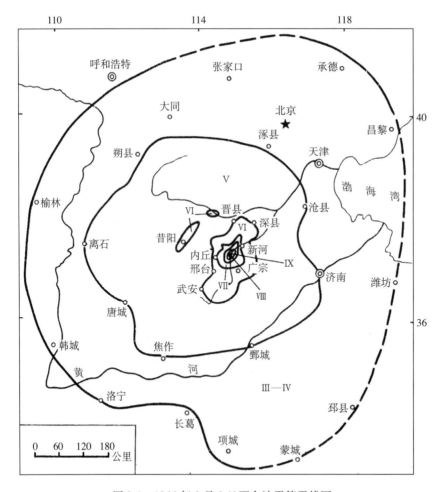

图 2-1　1966 年 3 月 8 日邢台地震等震线图

平均为Ⅸ度，Ⅵ度以上的破坏面积和Ⅲ度以上的有感面积都可以计算。震中（即理想的地震发动点在地面的反映，用微观数据来确定，详见下章）一般是偏在极震区的一边。其次，稍加注意就可以发现破坏烈度的等震线组有一共同的长轴（它的方位一般与地震错动方向相一致，与本地地质构造方向有关），而低烈度（有感）的等震线则接近于圆，没有什么长短轴之分。

等震线的图式每次地震有所不同，特别是发生在不同地震区的地震差别很大。除地震机制各不相同外，首先是受震源深度的影响。地震发生的所在，即震源，具有一定的深度，在震中之下数公里以至数百公里不等。在正常情况下，震源浅则震中烈度大，影响面积小；反之震源深，震中烈度较小而影响面积则大。其次是受土质条件的影响，在松软的土地上烈度度数增高，在坚硬的石头上烈度度数降低。这在抗震建筑设计上是一个很重要的问题。

2-2 基本烈度及抗震烈度

在同一地点或地区遭受过不止一次的地震影响，人们在这样的地区进行建设时，其建筑物就需要考虑抗震措施，以策生产安全。为此，设计工程师首先要求知道建设地区的地震基本情况，具体说就是要地震科学工作者提供基本烈度。为什么称基本烈度呢？因为它不是某一次地震影响所致的烈度而是用统计学方法计算得来的综合烈度，即在今后若干年，这一地区可能遭遇到的最大危险烈度。冠予基本二字是为了与一般使用的烈度意义有别。

对一个地区的基本烈度如何能够提得恰当，最主要的是要有大量历史地震资料。人们根据大量资料分析地震的频率，及其他地震活动特征，用统计规律估计其在 10 年，20 年，50 年或 100 年中最大可能的危险烈度的概率，再结合当地地质构造运动的特点，并根据是地震活动区还是地震影响区给予加权，最后确定基本烈度。

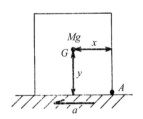

图 2-2　侧压力作用示意图

基本烈度确定后，工程师们便按建筑物的使用年限及各建筑部分的重要性制定抗震烈度，然后按抗震烈度进行设计。

抗震设计着重考虑使建筑物滑倒的水平侧压力的作用。如图 2-2，Mg 是建筑物的综合重量，其重心 G 离地面的高度为 y，离侧面的距离为 x，A 为倒时的支点，按西氏 * 公式，倒和滑的临界条件为：

$$\frac{a}{g} = \frac{x}{y} = \mu \tag{2-1}$$

式中 a 为地震力的加速度，g 是重力加速度，μ 是建筑物与地面的摩擦系数（约等于 0.7，砖与石）。对最单纯的情况，按西氏公式，当 $y > x$ 时，建筑物易倒，当 $y < x$ 时，则易滑 **，但无论为倒为滑都与 $a{:}g$ 之值联系着。因此，将烈度用加速度来表示是既必要又合理的。

1888 年，霍尔登（E.S.Holden）曾用日本二十一个地震的最大振幅 A 及其相应周期 T，按波动正弦公式

$$y = A \sin \frac{2\pi}{T} t \tag{2-2}$$

$$\frac{\mathrm{d}^2 y}{\mathrm{d}x^2} = \left(\frac{2\pi}{T}\right)^2 A = a \tag{2-3}$$

算得震动加速度值，将其与实际宏观调查所评定的烈度相对照，发现加速度与烈度之间有如下的关系：

$$I = p \log a + q \tag{2-4}$$

式中 I 为烈度，p、q 是两个待定常数，a 以厘米 / 秒 ^{2} 计。

1904 年，坎坎尼在第二次国际地震学会议上便提出以加速度来表示的烈度表（见附录），他称之为绝对烈度表。这个烈度表的烈度与加速度的关系约可用下式来表示。

$$I = 3 \log \frac{40}{3} a \tag{2-5}$$

---

* C.D.West.

** $y > x$，$Mgx = May$；$y < x$，$\mu Mg \simeq Ma$.

根据实际观测的结果，I 与 a 之间的关系并不是很固定的，特别是受土质条件和地震周期的影响很大，总的情况是低烈度，加速度偏大，高烈度则偏小。因此，有不少地震学家在这方面做了工作，并将关系式作了修改，例如：

$$I = 3\log a + \frac{3}{2} \text{ (Gutenberg 1942)} \qquad (2\text{-}6)$$

$$I = \frac{7}{3}\left(\log a + \frac{9}{10}\right) \text{ (Hersberger 1956)} \qquad (2\text{-}7)$$

类似的公式还很多，一般的缺点是高烈度时，加速度的配值失之过大。日本地震学者认为，最大烈度的加速度不超过 700 厘米 / 秒 ^{2}，所以截至现在抗震设计工程师们仍乐于采用坎坎尼的数据。

2-3 标准烈度

烈度如何定量，用什么物理量来定义是至今没有解决的问题。现行的烈度表确实存在着许多缺点。首先是烈度表本身的缺点。有些作为烈度判据的现象，见于连续几个度之下，使度与度之间很不容易划分清楚，特别是有些度的判据显然是介乎上下两度之间，例如Ⅲ度判据是介于Ⅱ和Ⅳ度之间，Ⅸ度判据是介于Ⅷ和Ⅹ度之间，缺少自己特有的判据。Ⅺ与Ⅻ度的判据很少，而且都是些次生现象，不足以作为真正震动强度的判据。其次是烈度判据所用的具体现象是长周期震动和短周期震动的综合结果，由于后者是主要的，所以，一般能与加速度相联。长周期震动的影响表现在大的位移上，常常是在加速度不大不小的情况下发生。另一方面，当地震的震级增大时，不论距离远近，长周期的震动成分亦增加，例如大规模山崩，特别是既崩又滑，像滑坡那种形式，是长周期震动影响的特征。

很明显，一个地区所受地震影响有长短周期不同的震动成分，因此，单用加速度一项不可能代表全部地震的作用，其适合于短周期的，未必适用于长周期的，反过来也是一样。这种情况，地震学家早已有了认识。达顿（C.E.Dutton）在本世纪之初（1904 年）

就提出：地面震动的强弱可用地震波通过地面单位面积的波动能量来衡量，并用下式表达烈度，

$$I = \frac{1}{2}\left(\frac{2\pi}{T}\right)^2 A^2 v\rho \qquad (2\text{-}8)$$

式中 A 为地面震动振幅，T 是其相应周期，v 是地震波传播速度，ρ 是地表介质密度。显然(2-4)式右边的最左项是加速度，可以写成，

$$I = \frac{1}{2} a A v\rho \qquad (2\text{-}9)$$

式中 $v\rho$ 称为地震刚性。达顿的公式说明地震烈度至少要用加速度、位移及地震刚性三种物理量来表达。

对一定的介质，v 和 ρ 是固定的，因此所谓地震刚性在同一土质上是个常数，于是便可用它来决定土质条件对烈度的影响。若以花岗岩的地震刚性 $v_0\rho_0$ 为标准，根据不同土质的计算结果，可归纳成

$$n = 1.67(\log v_0\rho_0 - \log v_n\rho_n) \qquad (2\text{-}10)$$

式中 $v_n\rho_n$ 是任何一种土质的地震刚性，n 是其应增的烈度数。一些土类的实际计算结果如下表。

表 2-2

	花岗岩	半硬土	沙、粘土	疏松土
$v_n\rho_n$	16.2	7.2—2.0	3.1—1.0	0.9—0.26
n(度)	0	1	1—2	2—3

* 如含有水，n 还要大。

如上所述，地震刚性 $v\rho$ 是决定于土质条件的一个常数，按达顿的公式，烈度也可用震动的位移来表示。1953 年，苏联工程地震学家 C. B. 麦德维捷夫编制新的、以位移来表示的烈度表；其位移当量是用自制的、周期为 0.25 秒（即一般建筑物的自振周期）的单摆位移计测得的。据作者规定烈度在 V 至 X 度的范围内为有

效，其比值如下表。

表 2-3　位移烈度表

烈　度	V	VI	VII	VIII	IX	X
位移（毫米）	0.5—1.0	1.1—2.0	2.1—4.0	4.1—8.0	8.1—16.0	16.1—32.0

地震时，各色各样的建筑物在摆动，各有各的周期和振幅，位移烈度表的作者将其归一于一个非常简便的单摆行为，其代表性显然是很差的。

另一方面的考虑是，任何地震破坏现象的造成都不是由于一次冲击，而是反复多次的结果。贝尼奥夫（H.Benioff）在 1934 年就提倡用地震波谱估计地震震动的强度。嗣后，工程地震科学工作者做了很多工作，当然最多是分析强震的加速度波谱，并结合速度波谱和位移波谱，已取得肯定的成绩，对于解决烈度标准问题是大有帮助的。

地震烈度究竟能不能标准化还是问题，即使标准化了，给予定量了，也只是在抗震设计的理论计算上方便一些，实际上抗震所给出的安全系数并不是很准确的，其适应范围相当广，伸缩性不比烈度小，事实上只能做到定性的。在地震现场，类似的建筑物，即使相邻很近，而破坏程度可以很不同，这是人所熟知的。其原因是建筑物被破坏所牵涉的因素太多，无论是外来的和内在的都有不少不能掌握的因素，因此，任何烈度表也无法完全包括。为其如此，所以一些国家制定的《抗震规范》按烈度分度来进行抗震设计是脱离实际的。比较合理的是规定一个抗震标准，例如有些国家只对重破坏地震采取抗震措施。积多年的经验，抗侧压力采用 0.1g 为最理想的加速度。着重侧压力并不是因为地震震动的水平向成分比较大（除震中附近，实际上也是大些），而是因为垂直向运动有重力与它对抗，作用小；而水平向则没有这样的阻力，作用大。地震时，东西从架上落下，我们可以看到它不是跳了下来（除非是非常大的震动），而是溜下来的。所以房屋的破坏，轻的在接合处拔开，扯裂，重的推倒，都表现其为从侧面来的压力。对轻破坏烈度不考虑抗震，如有必要，只在关键的接合处，采用一些简易的加固措施。周期是很重要的因素，周期长则加速度小，但对建筑物的危险并不减小。此外，在任何情况下，建筑的基础必须处理结实。

3. 各种烈度表的内容和写本

最早的烈度表是卡塔尔迪（J.Gataldi）于1564年编成，临时使用的，现已不用。首先得到广泛使用的是1883年发表的罗－弗氏烈度表。嗣后，陆续有不少国家，结合本国的实际，使用自行编制的烈度表，兹择其较为完善的写本，列举如下，以资比较。

（一）罗－弗氏（R-F）烈度表

Ⅰ度　微震。有经验的人感到地震，一般只是地震仪（还不是所有各种地震仪）才有记录。

Ⅱ度　极弱震。各种地震仪都有记录，少数在休息中的人有感。

Ⅲ度　颇弱震。一些休息中的人感觉地震并能略辨其方向和持续时间。

Ⅳ度　弱震。在行动中的人有感；易动的物体及门、窗振动，天花板作响。

Ⅴ度　中强震。差不多人人有感，家具、床等物摇动，有些钟铃*自鸣。

Ⅵ度　颇强震。睡者大多数惊醒；钟铃普遍地自鸣；百烛塔灯摇晃，时钟（带摆的）停摆，树和灌木摇动可见，有些人骇怕，走出家门。

Ⅶ度　强震。推倒易动物件；灰泥掉落；钟楼大钟自鸣；普遍惊慌，但未损害房屋。

Ⅷ度　很强震。烟突倒下，墙开裂。

Ⅸ度　极强震。一些建筑物全部或部分震毁。

Ⅹ度　最大强度震。建筑物毁灭，造成大灾；地面变动，产生裂缝，山

---

　　* 一般是铜制，内悬击子。

石下滚。

（二）绝对烈度表

1888 年，霍尔登首先提出地震力的概念，认为地震对事物影响所显示的烈度是地震力的作用，按牛顿力学第二定律可用加速度来衡量。1904 年，坎坎尼在第二次国际地震学会议上，提出他的绝对烈度表，将罗－弗氏的最大强度震又分作三个烈度，成为十二度的烈度表，每度用加速度（厘米／秒^2：伽）来表示，原作如下表。

表 2-4　坎坎尼绝对烈度表

Ⅰ	<0.25（伽）	Ⅴ	2.5—5.0	Ⅸ	50—100
Ⅱ	0.25—0.5	Ⅵ	5.0—10.0	Ⅹ	100—250
Ⅲ	0.5—1.0	Ⅶ	10—25	Ⅺ	250—500
Ⅳ	1.0—2.5	Ⅷ	25—50	Ⅻ	500—1000

* 重力加速度 g:1000 伽。

（三）西伯格烈度表

德国人西伯格全面搜集宏观调查资料，综合前人的工作，编成坎坎尼、西伯格烈度表。这个表的特点是每个烈度之下配有很多方面的判据，便于野地调查地震的人评定烈度，又配上加速度，使抗震设计工程师对地震破坏力的计算有了物理基础。最初发表在 1912 年，现在使用的是 1924 年本。

西伯格地震烈度表
（1924年）

Ⅰ度　无感。< 0.25 伽（厘米／秒^2）。

只有地震仪器能记录。

Ⅱ度　很轻。0.25—0.5 伽。

在极安静环境中，极少数感觉敏锐的人有感，处在楼上更容易感到。

Ⅲ度　轻。0.5—1.0 伽。

少数在室内的人感觉地动如汽车很快从旁驶过，事后回忆才知是地震。

Ⅳ度 中度。1.0—2.5伽。

室内大多数人有感，室外感觉的人不多；家具轻轻摇动或颤动，靠着放的玻璃、陶瓷器物轻相碰击；震动如有载重汽车在不平路道上驰过。门、窗、屋梁、地板轧轧有声，盆中水轻轻荡漾。人们感到有如重物坠下，床、椅摇晃如在舟中。惊醒一些睡觉的人，除了曾被地震吓坏了的人，一般不致惊慌。

Ⅴ度 颇强。2.5—5.0伽。

室内的人普遍觉察，房屋全盘摇动，户外劳动中的人亦大多数有感。树梢与灌木，如被风吹，摇晃可辨。悬挂物来回摆动。带摆锤的时钟，停摆或增大摆幅，已停摆的也可以恢复摆动，报时发条振响。电线摇曳碰击，使电灯闪烁。壁上挂图和镜框与墙碰撞或发生歪斜，满盛水的器皿有些溢出。酒杯等高脚饮具可以倒翻，靠着墙安置的物件倒下。家具发出响声，轻的移了位置。门、窗自开自合，打破了玻璃。睡觉的人普遍惊醒，个别惊逃户外。

Ⅵ度 强。5—10伽。

人人惊慌，很多逃出户外，感到立脚不稳。盆中水剧烈振荡。书画等物从墙上或架上掉落，器皿打碎，家具移动位置或推翻。教堂小钟和钟楼时钟自鸣。

少数建造较好的房屋，壁面微有裂缝，灰泥从屋顶和墙上掉落。不良房屋损坏较大，但仍不严重，屋瓦和烟突个别有坠下。

Ⅶ度 很强。10—25伽。

室内大小陈设物品大批翻倒和打坏，损失很大。教堂大钟自鸣。河湖水面兴起波浪，底下污泥腾起使水浑浊。沙石成分多的堤岸有些崩滑。井泉水量发生变化。

多数结构坚实的房屋遭到一定程度的损坏：墙面发生小裂缝，灰泥及装饰品大部分溃裂，屋瓦普遍滑下；许多烟突裂了缝，掀了顶，或掉下砖石，不结实的齐屋面断掉；高楼上附着不牢的装饰坠落。骨架建筑只是壁泥和嵌墙损坏；结构不良和老朽房屋有不少破坏。

Ⅷ度 破坏。25—50伽。

大树全身剧烈摇动甚至摧折。笨重家具推移很远或倒翻。石像、石碑以及立于教堂、坟地、广场等地的类似物，在座基上扱转或倒下，坚固的石围墙坼裂倾圮。

大约四分之一房屋遭受严重破坏，个别坍塌，很多不能居住。骨架建筑的嵌墙大部分倾敧；木结构房屋多扭歪或推倒，教堂塔尖及工厂烟囱严重损坏，且因其倒下伤害附近房屋，加重了破坏。

陡坡和潮湿地上发生裂缝，常冒水并夹沙泥。

IX度　大破坏。50—100 伽。

大约二分之一砖砌房屋遭受破坏，坍塌的相当多，一般不能再居住。骨架建筑脱离基础，互相扭扭，折断骨架栓柄，造成严重破坏。

X度　毁灭。100—250 伽。

大约四分之三的建筑物遭到严重破坏，大部分坍塌。很好的木结构房屋和桥梁严重破坏，个别被毁。堰堤、水坝等设施或多或少损坏明显。铁路轻轻弯曲，地下管道（水管、气管、下水道等）折断、开裂或挠曲。石铺或柏油路面发生裂缝，由于猛烈挤压出现宽大的波形皱褶。

疏松，特别是潮湿土地上发生裂缝，宽可达数厘米，在近水边的土地上，出现与水道平行的大裂缝，宽可至 1 米左右。山坡上，表面疏松土层崩滑，下面岩石亦溃裂成块，崩落于山谷之中。河湖水边的陡岸完全崩坏，滩上泥沙大量推移，改变原来形貌。井水骤涨骤落，江河湖水拍溅上岸。

XI度　灾变。250—500 伽。

砖砌建筑全部坍塌，坚固的木结构房屋以及用柔性材料做成的小屋也只有个别幸存。桥梁等巨型建筑，即使是坚固的结构，亦遭破坏；粗壮的石柱破裂，钢梁折断。堤防、水坝全被破坏，常常是断错距离很大。铁轨剧烈弯曲以至挠折。地下管道全部破坏，不能使用。

地面变化错纵复杂，范围广大，与当地土质条件有关，一般是地坼裂，开缝很大，卑湿含水多的地区尤为严重，溃裂形式不一，有水平的，有垂直的，并以不同方式冒沙水浊泥。山崩、石坠现象很普遍。

XII度　大灾难。500—1000 伽。

一切人工所兴，倒毁无遗。地表大规模变形，影响地面和地下水系，造成瀑布，江河壅塞，水流改道。

西伯格的地震烈度表发表后，一些欧美国家以此为蓝本，结合本地的特征编制适用于本国的烈度表，如美国的 M.M. 烈度表，苏联的烈度表等等。日本则一直用适合于自己国情的烈度表，现在最通用的是七阶烈度表。

（四）日本七阶烈度表

1 阶　无感。地震仪器能感。

2 阶　微震。静止中人能感。

3 阶　弱震之弱。一般人有感，户障子（普通日本住房用木条框格糊纸的拖拉门）振动。

4 阶　弱震之强。除以上列举者外，还有电灯摇摆，盆中水荡漾可见等现象。

5 阶　强震之弱。家屋剧烈摇动，器物摇倒，盆中贮水八分深者溢出。

6 阶　强震之强。家屋发生龟裂，墓碑、石灯笼（日本庙前、墓前的装饰物）倒下，屋瓦、烟囱、库房损坏。

7 阶　烈震。家屋倒毁、山崩甚多，平地龟裂。

（五）中国地震烈度表

1957 年谢毓寿结合我国建筑物的形式和结构特征，编成《新的中国地震烈度表》，试用于调查我国地震。他在表前加了两项注解：

1）房屋类型

Ⅰ类：简陋棚舍，土坯，卵、毛石砌垒，草泥顶一类的粗制房屋。

Ⅱ类：一般夯土或土坯、卵、毛石砌筑的低级施工的民房和老朽木架房屋。

Ⅲ类：木架建筑（如宫、庙、城楼等）及新式砖石房屋。

2）建筑物破坏程度

轻微损坏：灰泥散落，墙壁表面有细小裂纹或小块剥落，偶有安置不牢的附着物滑落。

损坏：墙体有小裂缝，接合处裂缝大些，个别有局部崩塌；木架偶有点拔榫，烟突顶部扭伤。

破坏：墙裂大缝，个别部分倒塌，木架拔榫，柱脚移动，部分屋顶破坏，烟突倒下。

倾倒：建筑物的全部或大部墙壁楼板和屋顶倒塌，时或屋顶移动，墙变形、倒塌，木架显著歪斜，构件折断。

烈 度 表 本 文

Ⅰ度　无感，仪器才能记录到。

Ⅱ度　个别非常敏感、完全静止中的人有感。

Ⅲ度　室内少数完全静止中的人感觉振动，如载重汽车很快从旁驰过。细心的观察者注意到悬挂物有些摇动。

Ⅳ度　室内大多数，室外少数人有感，一些人从梦中惊醒。

门、窗、纸顶篷作响，悬挂物动摇。皿中水轻微振荡，紧靠在一起的、不稳定的器皿作响。

Ⅴ度　室内几乎人人，室外大多数人有感，很多人从梦中惊醒。家畜不宁。

门、窗、地板、天花板和木架榫头作响。开着的门、窗摇动。尘土、泥灰散落，墙壁表面可能微有裂纹。

悬挂物显著摇摆。挂钟停摆。少量液体从满装的器皿中溢出。架上不稳物件倒翻或掉下。

Ⅵ度　很多人从室内逃出，立脚不稳。家畜多从厩中向外奔逃。盆中水剧烈地动荡，有时溅出。架上书物有时翻倒或掉落。轻家具可能移动。

Ⅰ类房屋许多损坏，少数破坏，个别倾倒。Ⅱ、Ⅲ类房屋许多轻微损坏。Ⅱ类房屋损坏。牌坊及砖、石塔和院墙有轻微损坏。

潮湿、疏松的土地上，可以有一些小裂缝。个别情况下山区偶有小滑坡、滚石和陷穴。

Ⅶ度　人皆惊惶从室内逃出，驾驶汽车的人也有感。悬挂物剧烈摇摆或损坏坠落。轻家具移动，书物用具掉落。

Ⅰ类房屋大多数损坏，许多破坏，少数倾倒。Ⅱ类房屋多数损坏，少数破坏。Ⅲ类房屋大多数轻微损坏，许多损坏。院墙损坏，有些倒塌，不坚固的城墙剥落，城堞少数掉砖。牌坊、砖石砌塔、坟及工厂烟囱可能损坏。黄土窑洞有些崩坏。

路面上，路基或土堤坡上有小裂缝，偶有小塌方。潮湿及疏松土上裂缝较多较大，少数可能冒出泥沙水。山区陡坎可能有滑坡、滚石。泉水流量和地下水位可能发生变化。

Ⅷ度　人感到走路困难。由于房屋破坏，人、畜有伤亡。家具移动，部分翻倒。

Ⅰ类房屋大多数破坏，许多倾倒。Ⅱ类房屋许多破坏，少数倾倒。Ⅲ类房屋大多数损坏，少数破坏（可能有倾倒的）。院墙破坏，局部倒塌，不坚固的城墙多坏颓，有些地方崩塌，城堞倾倒甚多。牌坊、坟、塔及工厂烟囱损坏，不坚固的遭到破坏甚至崩塌。石碑等纪念物多移转或倒下。个别地下管道接口处遭到破坏。

地面裂缝宽达数厘米，土质疏松和潮湿的河滩上宽度更大。在地下水位较高的地方，常从裂缝喷出泥沙水。在路基、堤坎、陡坡上有不大的塌方。在岩石破碎、土质疏松的地区常发生相当大的土流、石落、滑坡及山崩，有时堵塞河道，造成新湖。

有时井泉干涸或出现新泉。

Ⅸ度　家具倒翻伤损。

Ⅰ类房屋大多数倾倒。Ⅱ类房屋许多倾倒。Ⅲ类房屋许多破坏，少数倾倒。院墙大部倾倒，较坚固的亦局部倒塌。较坚固的城墙多处遭受破坏，城堞倒塌很多。牌坊、坟、塔及工厂烟囱多破坏甚至倾倒。石碑等纪念物，较稳定的亦多翻倒。地下管道有些破裂。

路基有些毁坏，路上有裂缝。铁轨局部弯曲。地面裂缝很多，宽达十厘米，在斜坡和河边冲积土上有时裂缝纵横，宽可达数十厘米，绵延很长。山区不少流土、滚石和崩滑。

Ⅹ度　家具和其他室内用品大量损坏。

Ⅲ类房屋许多倾倒。牌坊多破坏，坟、塔及工厂烟囱大都倒塌，坚固的石碑等纪念物翻倒。铁轨轻度弯曲，地下管道破裂。

地上裂缝宽数十厘米，有些达一米以上，在软土上，裂缝组成宽大裂缝带绵延数公里之长。岩石上有时亦产生裂缝。山区崖岸大量崩滑，堵水成湖。河湖水面大浪扑岸。

Ⅺ度　由于房屋倒塌，压死大量人畜，埋没许多财物。

房屋普遍破坏倾倒。路基堤岸大段崩毁，铁轨大段弯曲，地下管道系统完全破坏，不能使用。

地面张开许多大裂缝，冒污水夹杂古代沉埋朽物。大规模山崩、滑坡，产生新断层，其水平和垂直错距都相当大。地面地下水位发生剧烈变化。

Ⅻ度　一切建筑物普遍毁坏。广大地区内地形改变很大，地面地下水系破坏，洪水横流，平原水淹，山区因崩坡土陷，动植物遭到毁灭。

（六）美国地震烈度表（1956 李希特写本）

1931 年，伍德和诺曼（H. Wood 和 F. Neumann）编了所谓订正的墨加利（M. M）烈度表，刊在美国地震学报上。其节本，李希特于 1956 年做了增改，称为 1956 写本。

1. MM烈度表，李希特1956写本

Ⅰ度：无感。若在大地震波及的边缘，可以看到一些长周期波动产生的影响。

Ⅱ度：在楼上或其他有利场所的处在静止状态中的人有感。

Ⅲ度：室内有感。悬吊物摆动，像有轻货车驶过。持续时间可以估计。但不能就认为是地震。

Ⅳ度：悬挂物摆动，像有重货车驶过，或如大球撞墙的感觉。停放着的汽车摇动。门、窗、碗、盘有声，玻璃和陶瓷器皿丁当作响。最甚，可使木板墙和框架发出轧轧声。

Ⅴ度：室外有感。方向可估计。睡者惊醒。液体物质荡动，有些溢出。放得不稳的小物体移动位置或翻倒。门窗自开自合。窗帘、挂着的图画移动。摆钟停摆、再起动或改变钟率。

Ⅵ度：人人有感。多数惊慌逃出户外。行走困难。窗户、杯盘碰破。书籍和零碎杂物从架上掉下，图画从墙上掉落。家具移动或翻倒。不好的墙壁粉泥和 D 类房屋裂缝。教堂和学校的小钟自鸣。树木、丛林有些摇摆或听到沙沙声。

Ⅶ度：人难站立。车上司机感到地震。悬挂物抖动。家具破坏。D 类建筑损伤，包括裂缝。脆弱的烟窗齐瓦面裂开。壁泥、松散的砖、石、瓦、飞檐以及没有支持的栏杆和建筑物装饰品都纷纷落下。C 类建筑亦发生一些裂缝。池面起波；水搅浑有泥。沿沙石筑的堤岸有小滑坡和崩陷。大钟自鸣。水泥做的排水道损坏。

Ⅷ度：汽车驾驶受到影响。C 类建筑损坏，部分坍塌；B 类建筑亦有些损坏；只 A 类还不受影响。灰泥掉落，土墙倒塌。烟窗、工厂烟囱，纪念碑、塔、高水塔扭歪或倒下。木结构房屋没有下栓的从基础上移动。嵌墙不牢的被推出。朽柱折裂。树枝掉落。井、泉水温或流量发生变化。潮湿地和斜坡地发生裂缝。

Ⅸ度：普遍恐怖。D 类建筑被摧毁；C 类重大破坏，有的完全坍塌；B 类损坏亦严重，普遍连基础破坏。木结构房屋没有上螺栓的从基础被推出，扯断构架。蓄水池遭受严重破坏。地下管道破裂。地面裂缝显著。冲积土地

上喷泥喷沙，形成地震泉和沙穴。

Ⅹ度：大多数泥水建筑和木造房屋连根摧毁，一些建造很好的木结构和桥梁亦毁坏。水坝、沟渠、堤防等遭受严重破坏。大块土崩。河、湖、池水激荡冲岸。水边沙滩地上沙泥平移。铁轨轻轻弯曲。

Ⅺ度：铁轨大弯曲。地下管道完全失去作用。

Ⅻ度：破坏几乎是全面的。大石块移了位置。风景改观。物件抛掷空中。

2. 房屋类别

泥水建筑Ａ类：施工、灰浆和设计都好并加固；特别是在侧面，用钢、水泥等物扎牢；设计上考虑了侧压力。

泥水建筑Ｂ类：施工和灰浆均好并加固；但设计上没有考虑到抵抗侧压力。

泥水建筑Ｃ类：施工和灰浆属于一般；没有如墙角不衔接一类的极端弱点，但没有加固，也没有设计抵抗水平压力。

泥水建筑Ｄ类：用料脆弱，如土坯；灰浆质劣；施工标准低；水平方向虚弱。

（七）通用地震烈度表

六十年代，若干地震学家试图从地震对事物的影响中，求大同存小异，找出各国都能通用的判据，制定一种通用的烈度表。烈度表的判据一向是从人的感觉、工程反应和地质反应三个方面采集的，通用烈度表的判据也还是从这三个方面选取，不过，主要考虑的是地震震动的直接影响，其中土质条件所起的作用另作考虑。

第一部分　表头（术语注释）

（Ⅰ）建筑物类别

（甲）加固的建筑，很好的木结构。

（乙）一般砖砌建筑，大块预制板式或方石块建筑。

（丙）结构粗糙的山石砌垒房屋，土砖或土夯棚舍（包括老朽房屋）。

（Ⅱ）建筑物破坏程度的等次

一等（轻）：墙表面有细裂缝，掉土。

二等（中）：墙裂小缝，掉泥块，行瓦滑下，烟突裂，部分倒下。

三等（重）：墙身有深大裂缝，烟突倒塌。

四等（毁）：墙开裂大口，建筑物部分坍塌；墙间连系破断，建筑物分为数段，内墙倒塌。

五等（毁灭）：建筑物全部倾圮。

（Ⅲ）破坏程度的定义

约为5%，称少数或个别；

约为50%，称多数或许多；

约为75%，称大多数。

（Ⅳ）每度判据排列顺序

（a）人的感觉及所在环境。

（b）工程反应（即对建筑物的影响）。

（c）地质反应（即对自然环境的影响）。

第二部分　本表（各烈度的判据）

Ⅰ　无　感

（a）震动强度在人的感觉之下，地震仪器才能发觉。

Ⅱ　微有感（很轻）

（a）个别在室内休息中的、特别是居住在楼上的人，有一点振动感觉。

Ⅲ　少有感

（a）少数在室内和室外有利环境下的人，感觉地震如轻型货车驶过。注意到悬挂物的人可见其有些摆动。楼上感觉一般较大。

Ⅳ　多有感

（a）室内多数，室外少数人有感，一些睡觉的人醒了，但不惊慌。震动似有重型货车驰过。门、窗、碗碟震响，墙壁有声，家具动摇，悬挂物轻摆，盆中水荡漾。

Ⅴ　惊醒

（a）室内人人，室外多数人有感，许多睡着的被惊醒，有些人往外奔。动物显得不安。房屋普遍动摇，悬挂物摆幅很大，画框撞壁或改了位置。挂钟(带摆)有时停摆。不稳物倒翻或移位,门、窗自开自闭。盆水满的溢出少许。震动似室内有重物坠下。

（b）丙类房屋较次的可能有轻微损坏。

(c) 泉水流量有时有些变化。

Ⅵ　惊慌

(a) 室内外大多数人有感，许多人从室内往外惊逃，有些人立脚不住。家畜奔出圈外。玻璃杯碟偶有碰破，书从架上掉下。重家具可能移动。小钟(带击子的尖头大铃铛) 可能自鸣。

(b) 多数丙类房屋遭受一等损坏，有些可到二等；个别乙类房屋遭受一等损坏。

(c) 潮湿地上可能出现一些裂缝，宽至 1 厘米，山区偶有一些崩滑。井泉水量可以看出变化。

Ⅶ　房屋损坏

(a) 大多数人惊逃户外，多数人行走不稳。行车驾驶员亦感觉地震。钟楼上大钟自鸣。

(b) 许多甲类建筑遭受一等损伤，多数乙类房屋遭受二等损坏，大多数丙类房屋遭受三等破坏，个别至四等。路基斜坡上可出现个别崩滑，路面坼裂，石墙上有裂缝。管道接口处损坏。

(c) 水面波动，水底浑浊。井水水位改变，泉水流量有显著变化，个别停流；干涸旧泉恢复出水。沙石质多的堤岸有个别滑坡。

Ⅷ　建筑物破坏

(a) 惊慌失措，干扰着汽车驾驶人。有些地方树枝折断或掉落。重家具推移，部分翻倒，吊灯摇坏。

(b) 大多数甲类建筑遭受二等损坏，个别到三等；大多数乙类建筑遭受三等破坏，丙类则四等破坏。纪念碑等物移动或扭转，坟头倒翻，石围墙坍塌。管道接头处偶有破裂。

(c) 洞穴内和堤防陡坡上有小滑坡，地面裂缝宽可达数厘米。湖水变浊，出现积水池。有的井水干涸，有的干井复泉，更多的是水位大幅度涨落。

Ⅸ　建筑物普遍破坏

(a) 普遍惊慌号哭。家具损害很大。动物惊叫，来回乱跑。

(b) 许多甲类建筑遭受三等破坏，有些到四等；多数乙类建筑遭受四等破坏，少数到五等；大多数丙类房屋遭受五等破坏。纪念碑和柱状物倒下。蓄水池损坏很大。地下管道部分破裂。铁轨个别有些弯曲，公路损坏。

(c) 平原常可看到大量冒水和泥沙，地裂宽达 10 厘米，在斜坡和河岸上面开裂更宽。有很多土流发生。水面起大浪。

  X 建筑物普遍摧毁

  (b) 多数甲类建筑遭受四等破坏,少数达五等;多数乙类建筑和绝大多数丙类房屋遭受五等破坏。堤防、水坝遭到致命打击,桥梁严重破坏,铁轨轻度弯曲。地下管道大破裂或弯折。公路面上(石铺或柏油路面)皱起大波纹。

  (c) 地面裂缝宽达数十厘米,有时到 1 米。在河边与河道平行方向有许多宽大裂缝,松土从斜坡上滑下。河堤陡岸可以有大量崩滑。水边滩上泥沙推移。井水骤涨骤落,江河湖水冲扑上岸,积水成湖。

  XI 毁灭

  (b) 良好建筑、桥梁、水坝、铁路等遭到严重破坏,公路不能使用,地下管道破毁。

  (c) 大开口、大裂缝以及上下纵横错动使地面严重畸变,无数山石滚落。

  XII 山川易景

  (b) 所有地面地下建筑遭受巨大破坏或毁灭。

  (c) 从根本改变了地表面貌。大规模地面溃裂兼有巨大的水平和垂直错动。在广大范围内,到处石块乱滚,河岸溃崩,江湖被堵,积水成湖,造成瀑布,河流改道。

  对最后一个通用烈度表,仍可以在广泛使用的经验中,找出一些新的标准,补充成为最适宜于本地实情的烈度表。但必须注意到,各种烈度表没有明显的基本差别,震动的强弱凭宏观的客观效果来衡量,只能是定性的,精度不能要求太高,因为其中包括许多因素是变化的,例如建筑物的破坏,受地震来自的方向、震动周期和持续时间等因素的影响,而这些因素不是每个地震都不变的,因此烈度数也就不过准到一度,所以坎坎尼的烈度表虽然用的是物理量,但每度的上下限之间约差一半,也是表明精度不过一度而已。有些作者在使用上给予小于一度的数据,仅可作为参考,并无实用意义。

第三章　地震与海啸

1. 引　言

海水激荡上涌时，形成惊涛恶浪，声咆哮如虎啸，谓之海啸，亦曰海吼，我国闽粤一带居民常可闻见。《闽杂记》写道："近海常闻海啸，其声或大或小，乍近乍远，若断若续，逾二、三时即止。大则汹涌澎湃，虽十万大军未足拟也；久或逾半月，日夜罔间，暂亦四五日方止。"上面所描述的是风成海啸，还有地震海啸是由于海底地震引起的，其可怕不限于吼声，而是在于巨浪冲刷海岸，使人民生命财产遭受损失。日本称地震海啸为ツナミ，英译音为Tsunami，写作津浪，意即长浪或修浪。它以形取名，与我国闽粤一带以声取名的海啸，有所不同。

2. 我 国 海 啸

俗话说：大海无风三尺浪，在海边惊涛拍岸是常见的，人们不奇怪，必须是大规模的海水汹涌咆哮才被称为海啸。如此大量的海水变动，有发源于本地区的，如近海海底发生地震引起海啸，也有的是从远海海外传来的风暴或津浪。这主要决定于本地区的具体条件。下面着重谈谈我国的情况。

2-1 我国海啸的性质

我国东南濒海，近海海底，常有大地震发生，如1604年福建泉州地震，1605年广东琼州地震和1918年汕头南澳地震，但都没有引起津浪，发生海啸。1920年台湾花莲港外海底发生特大地震，其处海水很深，亦未引起大浪。另一方面，从远海传过来的津浪到达我国海岸，由于经过宽广的大陆架，海水由深海至浅海改变很缓慢，又缺少适宜的港湾，不能集中，酿成危浪，为害人民。从《闽杂记》的描述来看，我国所谓海啸，大都是风成的，书中记载为："飓风大作，海水溢，漂溺居民"，以海啸称者很少，只在文学作品中有时见到。如《红楼梦》第七十回上说到："……可巧近海一带海啸，又遭塌了几处生民，地方官题本奏闻，奉旨就着贾政顺路查看，赈济回来……"，所言也是海水浸入，糟蹋一些农田民舍，没有说到有地震，不可能是地震引起的海啸。

海潮突然变化是与地震发生有牵连的，据现在所了解的这方面的资料还很少。早期只有《后汉书·灵帝本纪》中说到，"熹平二年六月，北海地震，东莱、北海海水溢"。所言地震，已没有破坏记载，不可能是大震，但也可能引起莱州湾海底一些不稳定地区发生崩陷，使局部海面水涨，以致北海至东莱之间，海水溢。又据近年的大地震调查报告，当1969年渤海大地震时，辽东半岛西海岸，亦有海水溢的现象。此外，还有人说到，立于长江大桥上俯视时，曾忽见江水大幅度徐徐上涨又徐徐降落，过了好一会才消逝。如果所言不是错觉，则下面实例所描述的一些现象，可资参考。

1950年8月15日，当我国西藏察隅大地震发生时，人们在相隔二万余公里的挪威海岸，在沿岸一些特殊崖峡港湾和在内陆一些湖泊中，见到一种从未有过的怪浪。这次地震发生的时刻是国际时间15点9分半，在挪威海岸边约在15点30至50分，至少有37处，同时出现怪浪。据目击者言：在离岸不很远的平静水面上，突然起来一串驻波，看不到它有何前进运动，只见水面一升一降，周期约1—2分钟，波幅不一，浪高的约半米。按发生的时间推测，人们怀疑其是察隅大地震的长周期面波，在特殊的水域条件下，形成的振荡。这种设想，不是孤立的，当1775年葡萄牙首都里斯本大地震时，英国的一些湖泊，亦曾出现过类似的奇怪长波，所不同者，距离只有二千公里而已。

综上所述，我国沿海所谓海啸，其性质与太平洋的地震海啸还不相同。

2-2 我国历史上海啸的记载

海啸使滨海人民遭受损害，我国历史将它作为灾异事变记录下来，但为数不多，可见下表。

表 3-1 中国历史海啸记载一览

序号	时　间	记事（史料）	出处	备注
1	公元 173 年 6 月 28 日—7 月 27 日某日	熹平二年六月，北海地震，东莱、北海海水溢	后汉书·灵帝纪	
2	1076 年 10 月 31 日—11 月 28 日某日	熙宁九年十月，海阳、潮阳二县海潮溢，坏庐舍；溺居民	宋史·五行志	与 1640 年海啸在同一地方，其他无史料
3	1347 年 9 月 17 日	至正七年，八月壬午（十二），杭州、上海海岔，午潮退而复至	元史·五行志	
4	1353 年 8 月 1 日	至正十三年七月丁卯（十二），泉州海水一日三潮	元史·五行志	
5	1362 年 7 月 14 日	至正壬寅（二十二年）六月二十三日，夜四更，松江近海处潮忽骤至，人皆惊，因非正候，至辰时正潮至，遂知前者非潮。后据泖湖人谈，泖湖素常无潮通过，忽水面高涨三四尺，类潮涨，某时亦在上述时间，又平江、嘉兴亦如是	辍耕录（松江志异）	泖湖在太湖外，其下以吴淞江与海相连，位于松江之西，承诸水，类湖泽
6	1509 年 6 月 17 日—7 月 16 日某日	正德四年六月，地震，海水沸。正德四年己巳夏，地震，海水沸	光绪六年嘉定县志。光绪八年宝山县志。光绪十五年罗店镇志	

续表

序号	时　间	记事（史料）	出处	备注
7	1640 年 9 月 16 日—10 月 4 日某日	崇祯十三年，秋八月，海溢，地屡震。崇祯十三年庚辰，地屡震，海潮溢	乾隆揭阳县志。嘉庆二十年澄海县志。光绪十年潮阳县志	
8	1670 年 8 月 19 日	康熙九年七月己未（五），地震，有声，海溢，滨海人多溺死	乾隆十三年、同治一年苏州府志	
9	1867 年 12 月 18 日	同治六年十一月二十三日，台湾基隆大地震，全市房屋倒坍，且伴有海啸，附近火山口流出热水，死者颇多	日本地震史料 750—757 页	
10	1917 年 1 月 25 日	民国 6 年正月初三，地大震，海潮退而复涨，渔船多遭没	民国 18 年同安县志	

3．地震海啸（津浪）

严格地说，真正的地震海啸产生在太平洋。海岸边遭到海啸袭击是由于海底发生地震。海底地震很多，引起津浪的很少，激起危险津浪的更少。只有震中位于深海海沟边的浅源大地震，才有可能引起津浪。津浪形成后，透出海面，以每小时约 800 公里的速度向外传播。津浪在海面上为一群不同周期和不同振幅的波列，因能量扩散，振幅很小，杂在各种水波之中，无从分辨。及过了深海，进入浅海水域时，能量又渐累集，波形增大，愈到浅处，波高愈增，同时海底地形亦影响波形发生畸变，愈靠近海岸，变化愈剧烈，遇到适当的港口，便可成为汹涌怒吼的海啸。海浪扑到岸上，约 40% 的能量仍回到海中，消耗于岸上约占 60%。

环太平洋地震带，浅源大地震最多，深海海沟的分布亦最广泛，所以地震海啸多发生在太平洋海域，其他海洋虽然也有一些，但规模很小。

3-1 津浪的形成

海底地震和海底火山都可能激起津浪，形成海啸。据全世界2400年的记录，较大津浪约每10年就可能发生一次，但时空分布，都不一定，主要是由太平洋地区海底地震引起的，由于火山爆发产生的大津浪，只有1883年一次，是印尼異他海峡喀拉喀托火山爆发造成的。这次津浪很大，当地浪高达30余米，附近海滨遭到严重冲刷，且波及非洲和澳大利亚海岸，最大浪高仍有2米。日本附近，有不少海底活火山，当爆发时，也引起一些津浪，但规模很小。至于海底崩滑，比较起来是很小的局部骚动，从未引起较大津浪。

此外，在印度洋，曾经有过一次比较大的地震海啸。1945年12月28日，卡拉奇以西约288公里处海底，发生强烈地震，由于震中附近的海底有深达2400米的深沟，激起危险津浪，遂使沿阿拉伯海岸发生海啸，有些地方浪高12—15米，冲刷海岸，使人民生命财产损失很大，且波及孟买一带，浪高2米，卷走一些人和船只。

海岸大崩滑激起的海浪，一般成不了津浪。实验证明，它最多只有2%的掉落位能可转化为波浪动能。至于海底崩塌，因不能直接考察水下实况，无从知道，下举一例，可资参考。

1963年2月2日，希腊科林斯湾（Gulf Corrinth）发生一系列有感地震。奇怪的是这些小震震动带来强烈的海底变化，使海水浑浊。过了四日（2月7日），忽然在38°25′N，22°03′E的海面出现大浪，浸没科林斯湾入口处颈部的海岸，长达23公里，扑来浪高约3米，周期约1—2分钟，滨海遭受冲刷。人们怀疑，可能是由于2月2日的一系列地震，使近海数公里的海底山脉发生多次滑坡，至7日来个大崩陷，引起海啸，亦未可知。

津浪发生处的海底，有特殊的地形条件。统计结果表明，海沟附近发生的较大地震，伴随津浪的机会最多，人们视海沟为津浪的潜伏所。环太平洋地震带,海沟很多,津浪主要发生在沿南美西海岸的阿塔卡马海沟,以及沿北美阿留申海沟和日本—千岛海沟。从近代记录来看,沿日本—千岛海沟是津浪经常发生的地区,若包括无害的但可以观测到的津浪,几乎每年一次。但也有一些区段很少发生津浪,如汤加海沟和菲律滨民答那俄海沟,近百年来没有发生过津浪。

海沟附近的海底地震是否能够产生津浪,还需看地震强度和震源深度如何。日本地震学者曾分析和统计了日本海沟发生的地震所引起的津浪,其震源深度都不超过 30 公里。再与地震强度结合起来,得到初步结论如下:凡沿海沟(主要指日本海沟)发生的地震,若其震中烈度(即最大烈度)大于Ⅷ度,震源深度小于 25 公里的,都可以产生危险津浪。

津浪发生后,到达水面的是一串波峰波谷相间的波列,向四外扩散,以一定的速度 C_0 传播($C_0 = \sqrt{gh}$,式中 g 是重力,h 是水深),组成津浪的波族。其走在前面的波长最长,愈往后愈短,如果不遇到障碍,可一直保持原形前进,不像风浪忽生忽灭。实际上,津浪在传播过程中,由于能量扩散,波动振幅愈来愈小,到了大海上,与各种波涛混在一起,不为人所看见;因此,津浪经过自由海面,在海面"噪声"背景下,如何行动,很难得到真正的运动图像。以上所说是从一些小岛上的记录,核爆炸的观测和实验结果的推论,一般认为是近似的。

当津浪过了大海,进入近海,其情况与在自由海面大不相同。这时海水已浅,完全受本地区的海底地形的控制,变化很复杂。津浪到了浅海,波阔和波深都逐渐收缩,波浪乃渐高,愈靠近海岸,水愈浅,波亦愈高,当波前在近岸浅滩上推移时,常可发生大激荡,便是海啸。大激荡是怎样形成的,尚不知其详。一般情况,是随着海面异乎寻常地大幅度上涨而起的,经过三至五次大激荡,浪头降低,然后逐渐退到正常,常需要数天的时间。当其扑到岸上时,浪头最高可达数十米,为害极大。大激荡的周期长短，与浪头高低，没有一定，概由当地地形条件决定。普通海滨没有条件产生大激荡。一般激荡，不超过最大高潮的大浪，但若遇到特殊的港湾时，情况就大不一样了。由于水性趋下，为调整港湾内外的水面平衡，常可产生激流以及特殊的和谐反应，比如与从岸壁反射而来的反射浪发生共鸣，使波涛特别高涨。一般认为喇叭口和漏斗式港湾，是危险的。我国沿海，危险港口极少，惟杭州湾入口广阔，至钱塘江宽度仅其一半，但外多岛屿，不易产生大激荡，然而潮水比他处高，旧历八月十五到海宁去观潮的很多，就是这个道理。

综上所述，津浪形成，其强大者最后演变为海啸是非常可怕的。环太平洋国家沿海多有被津浪侵袭的，如日本，尤其是夏威夷，每逢阿留申—千岛和智利海沟一带发生大地震，带来的津浪为害特别大。

津浪亦称怪浪，当其在漂洋过海时，隐而不见，及至岸边则汹涌澎湃，变为吃人的怪物。现在对于它的形成、传播速度及其变化情况都有所认识，已有条件设法作出预报，使处于危险地带的人民有所警惕，以减少生命财产的损失。下面略谈一点海啸预报。

3-2 海啸预报

津浪发生的机制，还没有研究清楚，从其波谱来看，与爆破类似，可能是由于一种单冲击机制形成的。因此，一般认为津浪是由于海底错裂的竖向运动，断陷或火山爆发等突然事件使水体强烈变形而产生的，然后完全在重力的控制下拓散，其原始的表面震动，表现为一幅波列，以固有群速向四面传播，并有波散。分析验潮计记得的津浪图像，其起始是突然的，振幅很快增加，约一小时后达到最高峰，最大峰*波的周期约在数百秒至千秒之间，决定于海底错裂的长度和方位，然后循指数曲线下降，时间约从

---

* 与拍岸的最高浪头不是一事。

半日至两天。津浪发生后，人们所注意的不是其在自由海面的运动而是在其向近海岸推进，形成海啸。

研究海啸重要的是浪头推高的问题。结果是，海岸的环境，包括海岸线的形状和海底斜坡是使浪头增高的主要因素。津浪带着波动能量从广大的深海面进来，当靠近海岸时，水变浅，海面变窄，能量愈来愈集中，因此，漏斗形的港湾必然使浪头愈来愈高。同时，水变浅，波能集中于少量的水中，也使浪头增高，所以，陡岸峭壁是浪头最大的地方。根据现有的观测统计，滨海海底坡度大的（1:40），拍岸浪头的平均高度，比同一震中距在深海时波浪的最大振幅可大 10—20 倍，如在智利、秘鲁、日本、夏威夷群岛等地；若滨海海底是一片大陆架，如北美，中国等海岸，则增涨倍数很低。海滨的暗礁也可以起阻碍浪头增高的作用。

地球上受津浪袭击最严重的是夏威夷，其次是日本。夏威夷群岛的位置，如图 3-1，在太平洋的中部，面向环太平洋各段的海

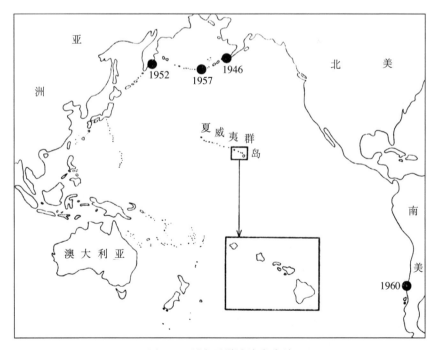

图 3-1 环太平洋津浪发生地

沟地震活动带，中间没有大块陆地，各岛岸边海水很深，易受津浪袭击。

夏威夷群岛自1850年被欧洲人侵占之后，有记录可查考的海啸约有30次，其中造成严重破坏的6次，中等的4次，轻微的56次。夏威夷群岛本地不发生津浪，海啸都是来自东西太平洋海沟地震产生的津浪酿成的。第一次记载中的大海啸是1946年从阿留申来的津浪，除物质上遭受严重损失外，还死亡159人。从此开始了夏威夷的津浪研究。1952年来自堪察加，1957年来自阿留申的两次津浪虽无死伤。但物质上都遭受相当大的损失，而1960年来自智利的一次津浪，除造成严重破坏外，还死61人，伤282人。几次津浪都进行了观测，结果如下表：

表3-2 环太平洋津浪观测结果

地 震	震 中	M	津浪平均时速（公里）	津浪平均周期（分）	津浪拍岸浪头（米）
1946.4.1	53.5°N，163°W 阿留申	7½	748	15	16.5
1952.11.4	52.5°N，159°E 堪察加	8½	800	38	6.0
1957.3.9	51.3°N，175.8°W 阿留申	8	795	18	16
1960.5.23	41°S，75.5°W 智 利	8½	712	33	10.5

在夏威夷群岛中，被津浪袭击最严重的是夏威夷岛西岸的黑罗港（Hilo），每次海啸都是这里损失最大。这是由于黑罗港口的自然条件决定的，港口海岸线构成近乎直角的三角形，向东的一边是悬崖峭壁，南岸弯曲，配成漏斗状，海底崎岖不平，且有阶梯。1960年智利大地震产生的津浪，渡过太平洋袭击港口，损失很大，为近年记录比较完整的一次大海啸。

这次津浪发生的情况比较复杂，主震之前有几个大前震发生，第一次大前震发生于 5 月 21 日 10 时 3 分，震级 7¼，引起小小津浪（黑罗验潮计有一点弱记录，而智利验潮计则没有记到），22 日 10 时半又一次大前震，震级差不多，没有带来津浪。到 22 日 19 时 11 分，主震发生了，震级 8.3，产生很大的津浪，附近所有港口都被高达 3—4 米巨浪冲击，为害很大。这时夏威夷地区的海啸警报系统开始工作了。当本地地震台记到主震后，就严密注意形势的发展，并结合智利联络站的津浪报告，进行全面分析研究，随后发出了正式海啸警报，其格式如下：

海啸警报！请注意警戒！

智利海滨发生大地震，引起强大津浪，经过太平洋袭来，夏威夷本岛南部首当其冲，最先受害，其他夏威夷岛屿亦可能遭受破坏，破坏作用将持续数小时，波浪强度不能预计。津浪到达夏威夷本岛的时间为今日午夜零时（本地时），30 分钟后到达檀香山。到达太平洋其他各岛的时间大致如下：Tahiti 0230 点……

23 日午夜零时 7 分，津浪到达黑罗港，比预告时间迟了 7 分，随后发展为海啸。大浪到来，浪头高达 10.5 米，市区遭受很大破坏。过此，津浪继续前进，直至日本及新西兰和澳大利亚等海岸。

警报的作用，主要是使人知道危险津浪的到达时间。这个时间是根据津浪传播的平均速度计算的。例如黑罗距津浪发源的智利海滨约 10600 公里，以这一段太平洋海水深度为基础，估计津浪传播速度约为每小时 712 公里，据此，则在 14.9 个小时后，即当天午夜到达黑罗港。因为海水深度区域性差异相当大，估计不可能很准确，故有 7 分钟之差。津浪的周期更是随地点时间不同而异，黑罗港的普通潮浪周期为 18 分钟，津浪周期则尚无一致意见，第一波的周期最长，一般超过 30 分钟，其基本周期多有认为不过 10 分钟的。

警报上不预告津浪强度，是因为拍岸浪头的高低决定于各港口的自然环境。这次津浪袭击比 1946 年来自阿留申的那一次小多了，但强度分布比较均匀，沿整个夏威夷群岛长链，东头夏威夷岛平均浪高约 3 米，中间檀香山 2.2 米，西头考爱岛 2.5 米。虽然如此，局部地方差异仍然很大。就夏威夷岛来说，一般浪高为 0.6 米至 5.1 米，而黑罗港高到 10.5 米。所以，黑罗虽然在 5 个小时之前已接到警报，还损失很大，约 600 英亩的岸边土地被淹没，其中一半，包括许多市区，几乎完全被毁，死 61 人，伤 282 人。科学工作者正在累积资料，从各个方面分析研究，以期在发出海啸警报时，能预告各港口的强度。总结历次观测研究的结果，目前对海啸的认识，有以下几点经验。

1. 局部或地方的海啸强度是变化的，同一津浪来源，有些地方很强而另一些地方可以很弱；也有在这一次津浪中，甲地海啸很强，乙地很弱，而在另一次津浪中，则相反，乙地强而甲地弱。

2. 强度的地方性变化，可能是由于津浪自远道海面过来，波的周相不一，互相干涉，再叠加以本地风浪，使各地浪高和周期各不相同，故每次亦不一样。

3. 夏威夷群岛地区产生高浪的原因，是与太平洋海底中的夏威夷海岭及其本身海岸线所成的方位有关，并起很大作用。海边暗礁是浪的有效屏障。

4. 黑罗的特殊情况是由于港口海岸成小漏斗形海湾，并且浅水海底崎岖不平，使海啸强度一般可以增强 3 倍。这次浪头所以特别高，可能是由于第三浪锥与从港口东端来的反射波相干涉而造成的。

夏威夷的海啸警报系统与各个可能发生危险津浪的附近港口都是有联系的，除南美外，还有阿拉斯加、阿留申、日本等地。在震中附近的港口，津浪很快就来到，警报的作用比在夏威夷小些，但在遭受地震破坏的慌乱时刻，人民知道有或没有海啸跟来，也是很重要的。

第二篇　微观地震

绪　　论

人们研究地震是从宏观现象开始的，也就是以人的器官所能感觉的现象为基础，进而归纳出来的。这样得来的知识是粗浅的，结论一般是定性的，不够准确的。难怪古人对于地震，所关心的主要是地震带来的灾害及其防范方面。因未有仪器以扩大人们的观察能力，没有微观认识，要使地震作为科学来研究，是不可能的。古代科学家如张衡，虽在公元二世纪，已了解到地震是一种波动，可以设法观测，但受时代限制，亦不能就此发扬光大，以至数千年来，我国人民对于地震的理解，一直跳不出伯阳父的掌心（下详）。

人类与自然界作斗争，从复杂的斗争过程中认识到事物的变化，除可见的宏观现象外，还有许多细微之处，须借仪器设法放大后才能知其究竟。人们称其为微观世界，其重要性不亚于宏观。地震发生时，强烈的物质破坏，使人骇怕，同时也有看不见的变化，即许多微观现象夹杂于其中间，需要各方都有所了解，才能真正认识地震。人们首先见到的地震的破坏和震动，并非局限于地震现场有限的地方，而是逐渐扩大，愈远则强度愈减，以至最后消失。考察结果，发现强度由大而小的递减是连续的，说明地震震动是在沿地面传播。于是启发人们设法制造仪器，从远地观测地震，我国始于二世纪，西方则是在中世纪之后，这不是偶然的。

　　地震仪器发明后，开辟了仪器地震观测的新时代，人们得到微观观测资料，对地震的认识才逐渐沿正确的途径发展。初期，由于地球科学方在萌芽，地震仪器制造粗劣，所能取得的微观现象很有限，不过比宏观的视野稍稍扩大而已，还没有显出微观地震的作用。随着近代科学技术的发展，地震仪器观测亦跟着进步，至本世纪之初，德国的维歇特（E.Wiechert），成功地制成放大率达千倍的地震仪，差不多同时，俄国皇子伽利津（B.Galitzin）又巧妙地利用电磁放大及照相记录，观测地震。更为重要的是，由于地震波动的传播被仪器记录下来，从而由理论上阐明了其运动学关系和动力学特征，由此奠定了测震学的基础，并逐步发展为微观地震的研究。于是，人们对于地震现象的认识渐渐扩大，并深入到了解地震本质问题，研究其发生原因、影响，以至应用等各个方面。到今天，地震研究发展成为地球科学中的一门最重要的学科，实由于得到微观地震的研究结果。现代地震学不单纯是研究地震的科学，还包括地球内部物理学的研究，特别是地震波的传播，及从其得来的有关地球内部构造的结论。下文都要一一谈到。

第四章　测震仪器

1. 引　言

用仪器观测地震，以我国为最早，后汉张衡于公元 132 年制成候风地动仪，装置在洛阳，据书典所记，曾有过一次，先于京师居民数天，报告洛阳之西的远处发生了地震。这是人类有史以来的创举。早期的仪器当然还是粗劣的，不灵敏的，不能与今天的设计同日而语，其重要在于能够客观地反映地动情况，不为现场观者的主观意识所影响。值得注意的是，张衡将地震仪器安置在地面上，他如何能使仪器不致同时跟着地面运动而拾得地震出来。据《后汉书·张衡传》中的描述，说他的仪器"中有都柱"，意即内有大铜柱，他正是巧妙地利用了其惯性，在地动的一刹那，铜柱还来不及紧跟着动时，成为了暂时静止的运动参考点。人们认识物体之有惯性是在十七世纪从牛顿开始的，张衡时代，还无此一说。但我们知道张衡是与天、地运动打交道的天文学家，观察分析能力很强，也可能是他从日常经验中得到了启发。例如桌几移动时，上面若放着座小身高的东西，则常因重心的压力，被迫倒下，而不跟着移动。这就是惯性作用，那时虽未有惯性之说，而其理则一。

拾震是设计制造地震仪器的关键，张衡首先解决了这个问题，这是个伟大的发明。现代地震仪器随着科学技术的进步，已自成一套系统，世界各地观测机构联合起来，广泛地累积了大量的微观资料，使地震科学的发展得有今日的辉煌成绩，这是仪器地震观测的成功。

2. 地震仪器的工作原理

地震仪器是由三个主要部件组成的观测系统。其作用是：当地震时拾取地面振动，加以放大（亦可缩小），然后将地震过程用记录器记录下来，描成地震连续运动图形，得于永远保存，以备研究者复案。古代地震仪器，设计很简单，例如张衡地动仪，据《后汉书》上记载，是用精铜制成，圆径八尺，形如酒樽，里面有大柱子，分作八个方位，机巧地用杠杆连到樽外，再以灵巧的牙机和含着小铜丸的龙头相接。地震时，铜柱与龙头之间，发生相对运动，使小铜丸掉落，坠地作响，伺者便知有地震（详见第三篇）。综合起来说，就是以铜柱的惯性作用为拾震，经过杠杆系统的放大，抛落铜丸，发出响声，报告地震，联合这三部件的运动，完成仪器的全部工作。这种仪器只能警报地震，不能留下地震动象，还须有在场者事后口述。现代地震仪的组成仍是三个主要部件，所不同的是警报部分已发展成为记录器，尽可能将地震动象真实地保留下来。下面分别来谈。

2-1 拾震系统

现代地震仪的拾震，是将重锤悬挂起来作成的摆动系统。摆的运动是以摆的质量集中点摆心（即旋点），绕着重锤的悬点，作往复摆动。悬点至旋点间的距离，谓之摆长，旋点约在重锤的中心附近，一般是由于摆身体形结构复杂，而不与摆的重心一致。摆长是摆动系统的关键，其长度，由于旋点位置不易确定，实际上不能直接量得，须根据理论设法测定。在地震仪的设计上，首先要做定摆长，然后再配合其他部件。

（一）摆的运动理论

图 4-1 示最简单的一个摆装置（单摆）的运动，左图示重锤的悬点 o 和摆心的位置 z 及摆长 l。悬点 o 是与地面紧紧相连，而摆心 z 是悬空的，地震时，悬点随地面移动，如图箭头所示，至新的位置 o'，摆心 z 则因惯性未能跟上，使摆系统失去平衡，发生

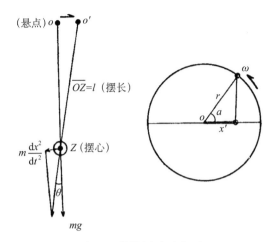

图 4-1 简谐运动示意图

摆动，实际上是因为摆动系统受到两方面的力的作用，

1. 地动位移 x，给予摆心的推动力：$m\mathrm{d}^2x/\mathrm{d}t^2$，

2. 摆重的分力给予摆心的回复力：$-mg\sin\theta$，

式中 m 是摆的质量，g 是重力加速度，故 mg 即摆重；θ 是由于悬点移动，摆轴与垂线所作的夹角，相对来说，也就是摆心的角位移量，一般很小，可作 $x=l\theta$。根据运动学的理论，摆的运动方程可写成

$$m\frac{\mathrm{d}^2x}{\mathrm{d}t^2}=-mg\sin\theta \tag{4-1}$$

若以角位移表示，则为

$$\frac{\mathrm{d}^2\theta}{\mathrm{d}t^2}=-\frac{g}{l}\sin\theta=-n^2\theta \tag{4-2}$$

$$n^2=\frac{g}{l}$$

这是简谐运动的微分方程，其全解为

$$\theta=A\sin nt+B\cos nt \tag{4-3}$$

式中 A 和 B 是积分常数，由边界条件加以确定。

结合起始条件，则可得到以下情况：即当 $t=0$ 时，$\theta=0$；代

入（4-3）式，便导出 $B=0$，和

$$\theta = A \sin nt \tag{4-4}$$

这是正弦式简谐运动，有固定的周期，说明摆的装置一经起动，即继续进行来回摆动，直至外界阻尼迫使它，摆幅逐渐减小，到最后停止。所谓简谐运动是一种加速运动，其运动的加速度是随振动的幅度增大而减小的。其形象如图 4-1 右所示，就如一个质点在圆周上作等速运动，投影到直径上来，便成加速运动，表现为来回往复的简谐运动。设圆周的半径为 r，质点在圆周上运动的角速度为 ω，经过时间 t，质点所走到的角度距，当是 $\omega t = \alpha$，这时质点投影到直径上的距离 x，与 a 的关系，为

$$x = r \sin \alpha = r \sin \omega t \tag{4-5}$$

上式与（4-4）式所表示的，显然是同一类型的简谐运动，设其运动周期为 T，则可写成

$$\omega = \frac{2\pi}{T} \tag{4-6}$$

与（4-4）式作比较，便可得

$$\omega = \frac{2\pi}{T} = n = \sqrt{\frac{g}{l}}$$

n 称为角频率或圆频率，上式还可写成

$$T = 2\pi\sqrt{\frac{l}{g}} \tag{4-7}$$

这是摆动系统的周期与摆长的关系公式。在一般情况下，摆动周期 T 是容易测量准确的，摆长 l 便可用上述公式算出，无需知道摆的旋点位置。

（二）震仪摆的类型

以上说的是单摆的自由运动，摆长是决定摆的摆动周期的。地震震动是复杂的波动，实质上等于多种不同周期的简谐运动的组合，人们用摆来拾取地震震动，显然不是单摆所能满足的。一般做法，是将地震震动看作水平和垂直两个分向的组合；地震仪

亦分为两种类型，一是装置水平摆以拾取水平分向运动，另一是配置垂直摆以拾取垂直分向运动。二者分开设计和制造，前者称为水平地震仪，后者是垂直地震仪。

水平摆的设计，简单说是将摆身结构做成丁字形，摆锤安在丁字竖直的下端，以上梁为摆轴，两端做成可以转动的轴扭，将它平挂起来如图 4-2a 所示，便可同单摆一样摆动，其周期 T 亦可用下式来表示，

$$T = 2\pi\sqrt{\frac{l}{g}} \tag{4-7}$$

式中 l 是摆长，也就是摆轴至摆心的垂直距离 d，而 o 是这个复摆（或称物理摆）的想象中的悬点。若将摆身竖立起来，并使摆轴与铅垂线成一小夹角 i，如图 4-2 中 b 所示，而摆锤仍能在通过摆心的水平面上摆动，则谓之水平摆。如果摆幅不大，基本上还是简谐运动，只是具体条件有所不同而已。但作用在摆心的回复力变复杂了，包括有 i 的函数在内，为

$$-mg\sin\theta \cdot \sin i,$$

并且想象中的悬点已不是在摆轴上，而转移到经过摆心的铅垂线 L 和摆轴的延伸线的交点 o''，但摆动周期仍可写成

$$T = 2\pi\sqrt{\frac{L}{g}} \tag{4-8}$$

式中 L 是想象的悬点至摆心的距离 $o''z$，称之为折合摆长。从图上可以看到，它与摆心至旋动轴（即摆轴）的距离 d，可作成如下的关系，

$$o''z = L = \frac{d}{\sin i} \tag{4-9}$$

由于 d 是按摆身结构形式，已做定的常数，上式说明 i 愈小则 L 愈大。i 是摆的旋转轴与铅垂线的倾角，换一句话说，倾角愈小，摆的周期也愈长，因此若调整摆轴的倾角，便可以改变摆的固有周期。

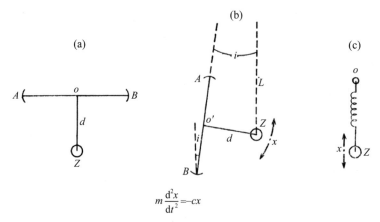

$$m\frac{\mathrm{d}^2 x}{\mathrm{d}t^2} = -cx$$

图 4-2　水平摆和垂直摆的示意图

地震波是不同周期的震动组成的，摆的周期须与震动周期相适应，才容易拾取。由于水平摆具有上述特性，人们可以按需要，制定摆的固有周期，以观测地震波动，因此水平摆得到广泛采用，虽然摆的结构形式还有不同，其作用则一。在实际工作中，一般使用两座水平摆，分别固定在南北方位和东西方位上，人们按两分向的记录，合计水平向的震动。

地震震动可来自各个方向，但都可以析为水平分向和垂直分向来观测，垂直向震动是在一个垂直平面上的上下运动，须用垂直摆来拾取。

垂直摆的设计，最简单的是如图 4-2c 所示，形如单摆，只是改用盘旋弹簧悬挂，摆心便可限制到垂直平面上运动。这样的摆动系统，其作用于摆心的回复力是盘旋弹簧的弹性强度 c。设在运动过程中，摆心的移动量 y，保持在不大的范围内，则基本上还是简谐运动，运动方程可写成

$$m = \frac{\mathrm{d}^2 y}{\mathrm{d}t^2} = -cy$$

或

$$\frac{\mathrm{d}^2 y}{\mathrm{d}t^2} = -\frac{c}{m}y = -n^2 y \qquad (4\text{-}10)$$

这与上面谈摆的理论时，所举的（4-1）式运动方程一样，摆动周期也同样可写成

$$T = \frac{2\pi}{n} = 2\pi\sqrt{\frac{m}{c}} \qquad (4-11)$$

c 是吊簧弹力强度，可用下式测定

$$mg = c\,(L-L_0) \qquad (4-12)$$

式中 mg 是摆身的重量，L_0 是吊簧未受外力时的固有长度，L 是吊簧挂起摆锤伸长后的长度。于是，周期公式又可写成

$$T = 2\pi\sqrt{\frac{L-L_0}{g}} \qquad (4-13)$$

这说明，垂直摆的自振周期，亦可从适当选择吊簧的弹力强度来制定摆长（$L-L_0$）。

总的来说，地震仪观测所采用的摆，主要是水平摆和垂直摆，其基本参数包括，摆长和自振周期以及其相互关系，已如上述；惟摆身的结构则可以有多种形式。最常见的如图 4-3 所示。水平摆，除上述丁字形及变相丁字形结构外，还有三种：a）双弦水平摆（亦称 zöllner 式水平摆）是伽利津最早使用的，自振周期长达 25 秒；b）扭摆，实即双弦摆的变形，将摆心至旋转轴的距离，缩至最小，等于圆柱形重锤的半径，周期很短，适宜于观测近地地震之用，是伍 - 安氏地震计（Wood-Anderson seismometer）所采用的；c）倒摆（亦称不稳摆或无定向摆），摆身的重心倒置在空中，悬点在下，立于地面，摆心能在任何方向，作水平运动，然后在记录装置上，把它分为南北和东西分向，这是维歇特最早使用的。垂直摆，除上述单摆式的结构外，最普通的也有 d，e，f 三种形式，按具体需要作好选择。

（三）摆的拾震原理

我们用摆拾震，但如上所言，摆被地震触动后，便要继续摆动，形成自由振荡，严重地扰乱拾震，需要设法制止，才能发挥其拾震作用。为此，摆的结构，须附有制震装置，使摆在强迫运动下，

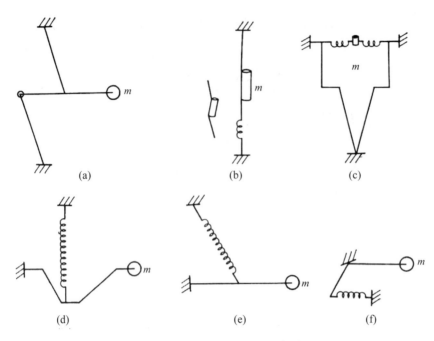

图 4-3 各种摆身的体形结构示意图

不致发生自由振荡。这种作用谓之阻尼。人们从摆身接出适当装置，放在流质物体中运动或用纯铜片在强磁场中运动，以达到制震的目的。阻尼作用的大小是与摆的运动速度成正比的，因此，附有制震器的摆动系统，照上述摆的理论，其运动方程须用下式来表示，

$$\frac{\mathrm{d}^2\theta}{\mathrm{d}t^2} + 2\varepsilon\frac{\mathrm{d}\theta}{\mathrm{d}t} + n^2\theta = 0 \tag{4-14}$$

式中 ε 为阻尼系数。一般用 $\theta = \mathrm{e}^{at}$，以解上述微分方程，得全解为

$$\theta = \mathrm{e}^{-\varepsilon t}(A_1\mathrm{e}^{rt} + A_2\mathrm{e}^{-rt}) \tag{4-15}$$

$$r = \sqrt{\varepsilon^2 - n^2}$$

从上式可以看到，人们适当地选择阻尼系数，可以控制摆的自振运动，其极限是：若 $\varepsilon = n$，则上述全解式化为

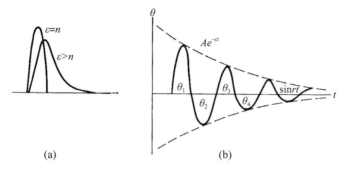

图 4-4　阻尼作用示意图

$$\theta = A\mathrm{e}^{-\varepsilon t} \tag{4-16}$$

这是无周期的运动（$\varepsilon=n$，称为临界阻尼），其形状如图 4-4a 所示，即摆一动之后，慢慢地回到原出发点，不再动了。但为了摆的运动系统保有好的灵敏度，一般在 $\varepsilon < n$ 情况下使用，于是全解式按复数原理写作

$$\theta = \mathrm{e}^{-\varepsilon t}(A\sin rt + B\cos rt) \tag{4-17}$$

结合起始条件，即 $t=0$，$\theta=0$，便有 $B=0$，上式成，

$$\theta = A\mathrm{e}^{-\varepsilon t}\sin rt \tag{4-18}$$

这一摆动方程所代表的是衰减正弦波，其形状如图 4-4b 所示，内中衰减正弦波是摆的自振，外边的包线是自然对数衰减所形成的阻尼曲线。衰减的快慢表现在相邻两振幅比值的大小，即

$$\frac{\theta_1}{\theta_2} = \frac{\theta_2}{\theta_3} = \cdots = \frac{\theta_K}{\theta_{K+1}} = \cdots = V \tag{4-18}$$

阻尼系数便可从下列关系式来确定，

$$V = \mathrm{e}^{\varepsilon(t_{K+1}-t_K)} = \mathrm{e}^{\pi\frac{\varepsilon}{r}} \tag{4-19}$$

一个摆系统做好后，摆的自振周期已经确定，则可按具体要求规定阻尼，从上式测定阻尼系数 ε。一般制震装置都能在相当范围内进行调节。

地震迫使摆身发生运动给予记录装置记录，乃是摆拾得的地震震动使然。地震原是由各种简谐波组成，设地震素波的波动式

为

$$x = x_m \sin(\omega t + \delta) \tag{4-20}$$

则震仪摆在地震震动强迫下，其运动方程可写成

$$\frac{\mathrm{d}^2\theta}{\mathrm{d}t^2} + 2\varepsilon\frac{\mathrm{d}\theta}{\mathrm{d}t} + n^2\theta = -\frac{1}{l}\frac{\mathrm{d}^2x}{\mathrm{d}t^2}$$

从（4-20）式，取得微分为

$$\frac{\mathrm{d}^2x}{\mathrm{d}t^2} = -x_m\omega^2\sin(\omega t + \delta)$$

于是有

$$\frac{\mathrm{d}^2\theta}{\mathrm{d}t^2} + 2\varepsilon\frac{\mathrm{d}\theta}{\mathrm{d}t} + n^2\theta = \frac{\omega^2 x_m}{l}\sin(\omega t + \delta) \tag{4-21}$$

在 $\varepsilon < n$ 的情况下，其解为

$$\theta = \mathrm{e}^{-\varepsilon t}(\varGamma_1\sin rt + \varGamma_2\cos rt) + \frac{x_m}{l}U\sin(\omega t + b) \tag{4-22}$$

$$\frac{1}{U} = \sqrt{(1+u^2)^2 - 4\mu^2u^2} = \sqrt{(1-u^2)^2 + 4h^2u^2}$$

$$\tan b = \frac{2hu}{1-u^2}$$

$$\mu^2 = 1 - h^2, \ \varepsilon = nh = n\sqrt{1-\mu^2}$$

$$u = \frac{n}{\omega}, \ n = \frac{2\pi}{T}, \ \varepsilon = \frac{2\pi}{T_0}$$

从上式我们看到，前项是在地震影响下摆的自振，若阻尼 ε 选取适当，可使影响至于极小，可以消去，只剩下代表地动的后一项，运动方程的解便可化为

$$\theta = \frac{x_m}{l}\cdot U\cdot\sin(\omega t + b) \tag{4-23}$$

表明摆所拾得摆幅 θ，乃纯为地震震动。

另一方面，上式还包含有摆的自振周期 T，地动周期 T_0 和阻尼 ε 等因素，它们对于摆的拾震作用都有影响。一个准备工作的地震仪，其摆的自振周期是做定的，阻尼大小也是调制好的，但所要观测的地震波周期，则因震源距离远近不同以及波的种类不同

而没有一定。阻尼的影响,主要在摆拾得的震波进一步放大方面(讨论放大时一起谈),而摆的自振周期则影响摆在拾震时的选择性。若不考虑阻尼,摆的强迫运动方程可写作

$$\frac{\mathrm{d}^2\theta}{\mathrm{d}t^2} + \left(\frac{2\pi}{T}\right)^2 \theta = -\frac{1}{l}\frac{\mathrm{d}^2x}{\mathrm{d}t^2} \tag{4-24}$$

人们根据式中各项关系,可看到以下情况:

1.若摆的自振周期相对地很长,足使上式中左边的第二项很小,可以不算,则摆所拾得的摆幅 θ 与地动位移 x 成比例,这种仪器称为位移计。

2.若摆的自振周期相对地很小,使上式左边第二项相对地比第一项大很多,则摆幅 θ 主要与地动加速度——$\mathrm{d}^2x/\mathrm{d}t_2$ 成比例,这种仪器称为地震加速计。

在实际的仪器地震观测中,两种仪器按具体要求,都在广泛地使用,其结构差别,主要在于所采用的摆的自振周期有所不同。

2-2　记录系统

人们用仪器观测地震,仪器的作用,是要将非人力所能觉察的微观地震现象,取得到手,以供研究,这就需要通过放大装置,然后进行记录。这说明,地震仪的制造,在确定摆的参数之后还须配好放大装置及记录器,成一套完全的记录系统。下面分别来谈。

（一）放大装置原理（上）

地震仪的放大原理,简单说,如图 4-5 所示,设 z 为摆心,o 为固定点（即摆的转动点）,上面说到,$oz=l$ 是摆长,再增长摆竿,

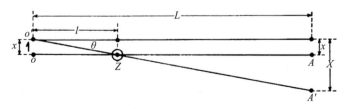

图 4-5　震仪记录放大示意图

从摆心直至 A，则 $OA=L$，称为指示摆长。地震时，摆的悬点 o（即摆动系统的转动点）移于 o'，移动量为 x，则摆竿尖端 A 便随着移动至 A'，作成记录：$AA'+x=X$，于是有

$$l : L=x : X$$

或

$$X = \frac{L}{l}x = V_0x \qquad (4\text{-}25)$$

式中 V_0 称为震仪的静态放大，实际上是指示摆长相对于震仪摆长的倍数。静态放大在震仪的部件配套完成时已经做定，其大小可以设法测知。地震时，实际记录的放大，则是动态放大，它是随进来地震波的周期等因素而变的，其变化须由震仪运动方程的解来决定。若以 $X=L\theta$ 代入（4-23）式，则可写成

$$X = \frac{L}{l} \cdot x_m \cdot U \cdot \sin(\omega t + b) \qquad (4\text{-}26)$$

如同（4-20）式，当 $\sin(\omega t+b)=1$ 时，地动量最大：$x=x_m$，并相应地 $X=X_m$，于是上式又可写成

$$\frac{x_m}{x_m} = \frac{L}{l} \cdot U$$

或

$$V = V_0U \qquad (4\text{-}27)$$

式中 U，按（4-22）式是 u (n/ω) 和 h (ε/n) 的函数，而 n 和 ω 又分别为摆动与地动的圆频率，故 U 实际上是频率特性函数。因此上述动态放大 V 是直接与静态放大相关，同时又受频率特性函数的限制。b 是记录震相与进来震波的相位差，也是 u 和 h 的函数，同样受频率特性的影响。其中相互关系，可选出不同 h，作成 u 与动态放大比 (V/V_0)，以及 u 与相位差 (b) 的变化曲线：如图 4-6 所示，谓之频率特性曲线，（a）和（b）。

地震仪的放大技术是逐渐发展的。早期采用机械放大，将一至三套杠杆，连成一系，以达成足够的指示摆长 L 与震仪摆长 l 的

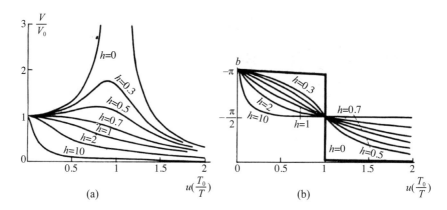

图 4-6　不同阻尼的频率特性曲线　（a）动态放大比值，（b）相位差

比值，确定静态放大的基础数据，并在最后一套杠杆的外端，装置笔尖，在熏烟纸上记录。我们知道，笔尖与烟纸之间，在记录时不可避免地要产生摩擦阻力；地震时，摆心变位所引起的摆重回复力与摆长 l 结成的内力矩，必须足以克服摩擦阻力与指示摆长 L 结成的外力矩，震仪摆才能起拾震作用。这说明记录的放大倍数愈大，所需要的摆锤重量也愈大，事实上，放大百倍级的地震仪，常需要重达千公斤的摆锤，因此，震仪制造，可能采用的放大倍率，受到很大限制。为了避免笔尖上的摩擦阻力，人们又采用光杠杆，用光线聚焦装置，记录在照相纸上，效果很好，记录很清晰，摆锤重量可减小至最低限度。但放大倍率，仍不能做到很大，因为光杠杆是从摆上反射出来的，若指示摆长过大，最后在聚焦点的光度很弱，不能取得好的记录。经验证明，用杠杆方法，做成千倍级的放大记录，是很困难的。

高度灵敏，放大倍率大的地震仪，一般采用换能装置，取得大倍率放大，具体说，就是将摆动产生的机械运动能量转变为电能，然后按电磁学感应原理，进行放大。这是地震观测技术的重要革新，大大有助于近代地震学的发展。本世纪之初，俄国地震学家伽利津，早在 1906 年已成功地采用电流计放大，并详细阐

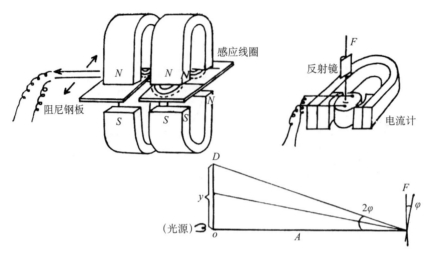

图 4-7　电流计照相记录示意图

明了电流计照像记录方法的数理基础。当时，电磁学已相当发展，电流计已普遍使用，当通以一微安电流使电流计偏转时，在距离 1 米远的屏上，可见到光点偏离 1 毫米，从这里得到启发，若将震仪摆端，附以磁电感应装置，配合电流计，必能收到地震记录放大的效益。图 4-7 就是伽利津地震仪放大的最初设计图式，图左示从摆身伸出的长方形线框，里面装有四个并排的方形线圈，其上面和下面，正对着安置一对强磁铁，稳住在仪器的底座上，但上下磁铁的中间距离是可以调节的。地震时，线圈在上下两磁铁中间的强磁场中摆动，因割切磁力线，产生感应电流，借导线流入图右所示的电流计，使反射镜 F 立即转动一个角度 φ，同时在记录器 D 上，可看到光点从 O 移动一段距离 Y，即地震动的放大结果。这里有一个新参量 φ，它与地震放大的最后记录 Y，如图中部所示，有如下关系。

$$Y = 2A\varphi \tag{4-28}$$

式中 A 是电流计镜面至记录纸的距离。

电流计的结构也是摆，是以吊线悬着线圈（有一定重量）作成的扭摆，在磁场中转动，其自由运动方程，一般可写成

$$\frac{\mathrm{d}^2\varphi}{\mathrm{d}t^2} + 2\varepsilon_1\frac{\mathrm{d}\varphi}{\mathrm{d}t} + n_1^2\varphi = 0 \tag{4-29}$$

式中 $n_1 = 2\pi/T_1$，T_1 是电流计的自由周期，ε_1 是电流计阻尼系数，它受电流计的外线路电阻 R 的控制，即

$$\varepsilon_1 = c_0 + \frac{c}{R + r_g} \tag{4-30}$$

式中 r_g 是电流计线圈电阻，c 是电流计线圈常数。当电流计的外电路断开，这时 $R=\infty$，线圈可以自由振荡，按（4-30）式：$\varepsilon_1=\varepsilon_0=c_0$，$c_0$ 是由空气阻力和机械作用产生的阻尼。若将外电路闭合，这时 $R<\infty$，线圈作带阻尼的运动，人们调节 R 的大小，便可得到所需的阻尼常数。一般说：当 $\varepsilon_1 < n_1$ 时，电流计作带阻尼的正弦式有规则的衰减运动，（或称阻尼谐动）；若 $\varepsilon_1=n_1$ 时，则电流计成不摆运动，一跳即止，阻尼 $\varepsilon_1=n_1$ 称为临界阻尼，从（4-30）式可计算临界阻尼所需要的临界外电阻为

$$R_a = \frac{c}{n_1 - c_0} - r_g \tag{4-31}$$

若 $\varepsilon_1 > n_1$，则谓之过阻尼（或超阻尼），电流计每一跳动，须经过长时间才慢慢地回到原来的状态。

地震时，震仪摆获得的机械动能，使摆端附有的线圈，在强磁场中运动，便由于感应，产生电动势，形成一套机械能转换为电能的过程。感应电动势是与摆的运动速度成比例的，即

$$e_s = G\frac{\mathrm{d}\theta}{\mathrm{d}t} \tag{4-32}$$

式中 G 是摆的电动系数，等于 $N \cdot H \cdot a \cdot L$，$N$ 是摆线圈的圈数，H 是两永久磁铁间的磁场，a 是摆线圈的宽度，L 是摆的转动轴至摆线圈的距离。于是电流从摆线圈，通过外电路，导入电流计线圈，电流计当即被迫运动，其运动方程，可写成

$$\frac{\mathrm{d}^2\varphi}{\mathrm{d}t^2} + 2\varepsilon_1\frac{\mathrm{d}\varphi}{\mathrm{d}t} + n_1^2\varphi = k\frac{\mathrm{d}\theta}{\mathrm{d}t} \tag{4-33}$$

摆线圈与电流计线圈的联接电路，简单地可以用图 4-8 表示。上述方程的右边一项，其常量是电能转换系数：

$$k = \frac{G_1 G}{K_1} \cdot \frac{r}{Q^2} \tag{4-34}$$

式中

$$Q^2 = (R_s + R_1)(r_g + R_2) + (R_s + R_1)r + (r_g + R_2)r$$

式中 K_1 是电流计线圈的转动惯量，G_1 是其电动系数，等于 $N_1 \cdot H_1 \cdot S_1$，N_1 是电流计线圈圈数，H_1 是其所在的磁场强度，S_1 是线圈的面积。再将（4-23）式求得的微分并入，于是电流计在地震强迫下的运动方程便成为

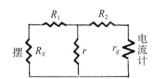

$$\begin{vmatrix} \bar{R}_S + r & -r \\ -r & \bar{r}g + r \end{vmatrix} = Q^2, \quad \begin{matrix} \bar{R}_S = R_S + R_1 \\ \bar{r}g = rg + R_2 \end{matrix}$$

图 4-8　电流计记录联接电路示意图

$$\frac{\mathrm{d}^2\varphi}{\mathrm{d}t^2} + 2\varepsilon_1 \frac{\mathrm{d}\varphi'}{\mathrm{d}t} + n_1^2 \varphi = k \frac{x_m}{l} \cdot \omega \cdot U \cdot \sin(\omega t + \delta_1) \tag{4-35}$$

$$\frac{1}{U} = \sqrt{(1+u^2)^2 - 4\mu^2 u^2}$$

与前面讲过的摆的运动方程一样，求得其特解为

$$\varphi = \frac{k x_m}{l\omega} U \cdot U_1 \sin(\omega t + b_1) \tag{4-36}$$

$$\frac{1}{U_1} = \sqrt{(1+u_1^2)^2 - 4\mu_1^2 u_1^2}$$

取最大记录振幅，令 $\sin(\omega t + b_1) = 1$，$y = y_m$，并将

$$y = 2A\varphi \quad \text{及} \quad \omega = \frac{2\pi}{T_0}$$

代入，电流计记录的动态放大 V，便可写成

$$V = \frac{y_m}{x_m} = \frac{kAT_0}{\pi l} U \cdot U_1 \tag{4-37}$$

伽利津当年着重于观测远地地震，主要记录较长周期的地震波。

为了便于操作，对于摆与电流计之间的联合电路，他适当地调配摆线圈的电阻，使外部电路的电阻接近于临界电阻，作成 $\varepsilon_1 = n_1$，使 $\mu_1^2 = 0$；又平行于摆端的感应线圈装置，安装强有力的电磁制振器，如图 4-7 所示，使摆运动系统的阻尼也能调成 $\varepsilon = n$，从而使 $\mu^2 = 0$。其结果是：

$$U = \frac{1}{(1+u^2)}, \qquad U = \frac{1}{(1+u_1^2)}$$

再进一步，将摆的自振周期 T，做成与电流计的自振周期 T_1 一致，即 $T \simeq T_1$，于是，$u = u_1$，也就是 $T_0 = Tu$，（4-37）式便可简化为

$$V = \frac{kAT}{\pi l} \cdot \frac{u}{(1+u^2)^2} = V_0 \overline{U} \qquad (4-38)$$

$$V_0 = \frac{kAT}{\pi l}$$

$$\overline{U} = \frac{u}{(1+u^2)^2}$$

式中 V_0 是静态放大，在地震仪设计时制定的，是已定常数。$\overline{U}$ 是是 u 的函数，即电流计记录放大的频率特性函数，随着记录的地震波周期大小而变化的。

伽利津当时设计制造的水平向地震仪，其基本常数为：T＝25 秒，l＝11.8 厘米，k＝55，A＝100 厘米；以此计算，其静态放大为 3709 倍，动态放大的频率特性曲线如图 4-9 所示。从图上，人们看到伽利津地震仪动态放大的频率特性曲线是出峰的，其峰值，约在地震波频率为

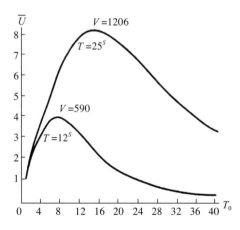

图 4-9　伽利津水平地震仪动态放大频率特性曲线

1/15，即记录周期为 15 秒时出现，此时放大倍率最大，约达 1200 倍。若震仪摆的设计改变，自振周期减小为 12 秒，则动态放大的频率特性曲线亦随之减小，如图中所示。

伽利津的设计，开创了精密地震仪器的观测研究，随着地震科学的发展，仪器装备亦跟着改进，现代地震观测仪器，已与伽利津时代不同了，下面再继续谈。

（二）放大装置原理（下）

上文说到，电流计的运动，也是线圈在磁场中转动，其情况与摆线圈一样，也会产生感应电动势，有电流逆流入于摆线圈，影响摆的运动。这是很显然的。伽利津时代，以观测远距离地震为主，使用长周期仪器，电流计运动对于摆的反作用干扰不大，没有考虑，若情况改变，其影响是不容忽视的。约在五十年代，苏联地震仪器专家，基尔诺斯才开始认真考虑这个问题。如果摆的运动受到电流计的感应电动势的影响时，其运动方程当为

$$\frac{\mathrm{d}^2\theta}{\mathrm{d}t^2} + 2\varepsilon\frac{\mathrm{d}\theta}{\mathrm{d}t} + n^2\theta + \frac{1}{l}\cdot\frac{\mathrm{d}^2x}{\mathrm{d}t^2} = k\frac{K_1}{K}\frac{\mathrm{d}\varphi}{\mathrm{d}t} \tag{4-39}$$

式中 K 是摆的转动惯量，并与电流计运动方程（4-33）

$$\frac{\mathrm{d}^2\theta}{\mathrm{d}t^2} + 2\varepsilon_1\frac{\mathrm{d}\varphi}{\mathrm{d}t} + n_1^2\varphi = k\frac{\mathrm{d}\theta}{\mathrm{d}t}$$

联系在一起。人们从以上两个方程式便可看到摆与电流计之间的耦合，(4-39) 式的右边一项，就是电流计对摆所起的反作用。从上列方程式还可看到，它是与运动速度成比例，说明其作用与阻尼同一性质，故又称为阻尼耦合。为了便于理解，还可引用以下两个无因次的系数，如

$$k\frac{K_1}{K} = \frac{G_1 G}{K}\cdot\frac{r}{Q^2} = 2\varepsilon\sigma \tag{4-40}$$

$$k = \frac{G_1 G}{K_1}\cdot\frac{r}{Q^2} = 2\varepsilon_1\sigma_1$$

σ 和 σ_1 称为耦合系数。很显然，耦合系数愈大，摆振动给予电流计的作用愈大，同时，电流计的反作用影响亦愈大。一般使用下

列关系来作耦合鉴定

$$\bar{\sigma}^2 = \sigma \cdot \sigma_1 \tag{4-41a}$$

结合（4-40）式，可得

$$\bar{\sigma}^2 = \frac{K_1}{K} \frac{1}{4\varepsilon\varepsilon_1} k^2 \tag{4-41b}$$

从上式，可知耦合系数，是由摆和电流计的阻尼系数来决定的。参阅图 4-8 电路示意图，摆和电流计的阻尼 ε 和 ε_1，是受摆和电流计线圈的内外电阻控制的，其中还包括本身原来附有的部分，如空气阻尼和仪器部件的机械作用所引起的阻尼，将它们除去后，即 $(\varepsilon-\varepsilon_0)$ 和 $(\varepsilon_1-\varepsilon_{01})$ 称为摆和电流计的主要阻尼，并可作成

$$\bar{\sigma}^2 = \frac{(\varepsilon - \varepsilon_0)(\varepsilon_1 - \varepsilon_{01})}{\varepsilon\varepsilon_1} \cdot \frac{r^2}{(R_s + R_1 + r)(r_g + R_2 + r)}$$

式中 ε_{01}，由于电流计里面没有其他附加阻尼，空气阻尼又非常小，所以可以不计；若以 $\varepsilon=hn$ 代入，便可得

$$\bar{\sigma}^2 = \frac{h - h_0}{h} \cdot \frac{r^2}{(R_s + R_1 + r)(r_g + R_2 + r)} \tag{4-42}$$

从上式可见

$$0 < \bar{\sigma}^2 < 1$$

当 $\bar{\sigma}^2 \simeq 1$ 时，地震仪的灵敏度最高。

如上所述，人们可以看到：若转动惯量改变，电动常数和电路中的电阻改变，都可使摆与电流计之间的耦合系数改变，从而影响电流计记录的放大倍率。为了便于理解耦合作用，可将地震仪的运动方程改写如下：

$$\left.\begin{array}{c} \dfrac{\mathrm{d}^2\theta}{\mathrm{d}t^2} + 2\varepsilon\dfrac{\mathrm{d}\theta}{\mathrm{d}t} + n^2\theta = -\dfrac{\mathrm{d}^2x}{\mathrm{d}t^2} + 2\varepsilon\sigma \\[3mm] \dfrac{\mathrm{d}^2\varphi}{\mathrm{d}t^2} + 2\varepsilon_1\dfrac{\mathrm{d}\varphi}{\mathrm{d}t} + n_1^2\theta = 2\varepsilon_1\sigma_1 \end{array}\right\} \tag{4-43}$$

按前法求解，并以 $y=2A\varphi$ 代入，便得电流计的记录振幅为

$$y = \frac{kAT_0}{\pi l} x_m U \cdot U_1 \frac{1}{\sqrt{1+\zeta}} \sin(\omega t + \bar{r}) \tag{4-44}$$

$$\zeta = 8\bar{\sigma}^2 hh_1 uu_1 U^2 U_1^2 \{1 + u^2 u_1^2 - [u^2 + u_1^2 + 2hh_1(2 - \bar{\sigma}^2 uu_1)]\}$$

$$\frac{1}{U} = \sqrt{(1-u^2)^2 + 4h^2 u^2} = \sqrt{(1+u^2)^2 - 4\mu^2 u^2}$$

$$\frac{1}{U_1} = \sqrt{(1-u_1^2)^2 + 4h_1^2 u_1^2} = \sqrt{(1+u_1^2)^2 - 4\mu_1^2 u_1^2}$$

$$u = \frac{T_0}{T} = \frac{n}{\omega}, \quad u_1 = \frac{T_0}{T_1} = \frac{n_1}{\omega}$$

采用最大记录振幅来衡量动态放大，上式中 $\sin(\omega t + \bar{r}) = 1$，则 $y = y_m$，便得

$$V = \frac{y_m}{x_m} = \frac{kAT_0}{\pi l} UU_1 \frac{1}{\sqrt{1+\zeta}} \tag{4-44}$$

与上文（4-37）式作比较，末后增加的一项，它就是电流计对摆起反作用的结果。上式亦可如前简书为

$$V = V_0 \bar{U} \tag{4-45}$$

$$V_0 = \frac{kAT}{\pi l}$$

$$\bar{U} = UU_1 \frac{u}{\sqrt{1+\zeta}}$$

$\bar{U}$ 是包含电流计与摆之间的阻尼耦合的新的频率特性计算式。它

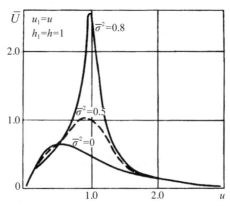

图 4-10　旧式伽利津地震仪的频率特性曲线在不同耦合系数时的表现

是 h 与 h_1 和 u 与 u_1 的函数，若适当地选择摆和电流计的周期和阻尼，便可作成不同形式的频率特性曲线。图 4-10 是旧式伽利津地震仪（其基本常数为：$h=h_1=1$ 和 $u=u_1$），按新的 $\bar{U}$ 计算式做成的频率特性曲线。从图上可以看到，当耦合系数 $\bar{\sigma}^2 \simeq 0$ 时，频率特性曲线如图 4-9 所示，但若 $\bar{\sigma}^2$ 逐渐变大，要受共鸣作用的影响，在地震波动接近于摆的周期时，曲线出现尖峰，以致放大倍率很不稳定。因此，使用旧式伽利津仪器观测，须安排耦合系数 $\bar{\sigma}^2$ 接近于零。

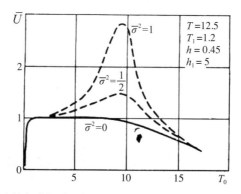

图 4-11　新式基尔诺斯地震仪的频率特性曲线在不同耦合系数时的表现

随着地震科学研究的发展，近地地震观测日益重要。近震记录以短周期地震波为主，地震观测仪器亦跟着向短周期方面发展。短周期振动使电流计对摆的反作用增大，设计者便不能不考虑摆与电流计之间的耦合系数，$\bar{\sigma}^2$ 遂成为频率特性函数的主要参量之一，已如上述。图 4-11 示新型基尔诺斯式地震仪的频率特性曲线。放大装置基本上与伽利津式相同，只是经过选择，用摆和电流计之间的不相同自振周期和阻尼，配以耦合系数，按上述（4-45）式 $\bar{U}$ 计算出来的。从图上可以看到，当耦合系数很小，即 $\bar{\sigma}^2 \simeq 0$ 时，频率特性曲线最为理想，进来的地震波，自周期 1 秒至 10 秒，都是以同等的放大倍率记录下来。这对于在地震图上，作波动动力学特征的比较极为方便。若摆与电流计之间的耦合系数加以改变，即使摆和电流计的其他基本常数不变，频率特性曲线亦要随之而变。如果耦合系数变得很大，使得 $\overline{\sigma}^2 \simeq 1$，频率特性曲线也出现尖峰，在记录图上，凡接近于摆的自振周期的地震波，显得很突出，淹没了比较重要的但波动周期较短的震相。因此，人们总是设法配成最小的耦合系数，一般可按（4-42）式，将其中各项电阻，配合妥当，以达到要求。

电流计记录的动态放大倍率，一次测定后，经过一段时间，还会有些变动，需要复测，以保持其恒定。为了便于计算，人们用下列关系，

$$n = \frac{2\pi}{T}, \quad n_1 = \frac{2\pi}{T_1}, \quad \omega = \frac{2\pi}{T_0},$$

$$\varepsilon = nh = \frac{2\pi h}{T}, \quad \varepsilon_1 = n_1 h_1 = \frac{2\pi h_1}{T_1},$$

代入（4-44）式，可简化成：

$$y = \frac{2A}{l}\sqrt{\frac{K}{K_1}}\sqrt{\frac{4hh_1\overline{\sigma}^2}{TT_1}}\frac{x_m}{\sqrt{T_0^{-2} + a + bT_0^2 + cT_0^4 + dT_0^6}}\cdot$$
$$\cdot \sin(\omega t + \overline{r})$$

或

$$\frac{y_m}{x_m} = V = \frac{2A}{l}\sqrt{\frac{K}{K_1}}\sqrt{\frac{4hh_1\overline{\sigma}^2}{TT_1}}\frac{1}{\sqrt{T_0^{-2} + a + bT_0^2 + cT_0^4 + dT_0^6}}$$
$$= \overline{V}_0 \overline{U}$$

$$\tag{4-46}$$

$$\tan\overline{r} = \frac{sT_0^4 - pT_0^2 + 1}{qT_0^3 - mT_0}$$

$$\overline{V}_0 = \frac{2A}{l}\sqrt{\frac{K}{K_1}}\sqrt{\frac{4hh_1\overline{\sigma}^2}{TT_1}}$$

$$\overline{U} = \frac{1}{\sqrt{T_0^{-2} + a + bT_0^2 + cT_0^4 + dT_0^6}}$$

$$a = m^2 - 2p, \quad b = p^2 - 2mq + 2s$$

$$c = q^2 - 2ps, \quad d = s^2$$

$$m = 2\left(\frac{h}{T} + \frac{h_1}{T_1}\right),$$

$$p = \frac{1}{T^2} + \frac{1}{T_1^2} + \frac{4hh_1}{TT_1}(1 - \bar{\sigma}^2)$$

$$q = 2\left(\frac{h}{TT_1^2} + \frac{h_1}{T_1T^2}\right)$$

$$s = \frac{1}{T^2} \cdot \frac{1}{T_1^2}$$

以上概述了地震仪器记录的放大装置及其理论，其中略去许多数学上的演算过程，读者可参考地球物理研究所王耀文等编的《地震仪器概论》。

（三）记录器

记录方法大致可分两种：一是机械记录，即用笔尖在熏烟纸上记录；二是照相记录，即用电流计反射的光点在照相纸上记录。记录是经过放大的。关于电流计记录放大，上文已以伽利津式和基尔诺斯式为代表，作了详细叙述。实际上，在世界各地使用的，还有多种类型，其中摆的周期有长有短，放大倍率有大有小，但其所依据的基本原理，同出一辙，只是在换能器的转换装置上有所不同，这里就不拟多谈了。不管使用什么形式的放大，记录器是另成一套组织，它主要是由自动旋进滚筒和记时装置两部件组成。滚筒的推动，一般使用弹簧机（如钟机）或电动机（如同步马达）为动力，使滚筒盘旋前进，速度要求均匀，还得使两相邻的记录线条，隔离2—4毫米，以免记录重叠。

早期的地震观测仪器，大都是机械放大，用笔尖记录。一般做法是将光面白纸熏上很薄一层煤烟，贴在滚筒表面，地震时，笔尖振动，刮去纸面上的煤烟，露出白道，留下的地震图遂成黑底白线构成的理纹。当记录纸换下后，用松香酒精浸湿，使之固定，便可保留长久。上文已说到，机械记录地震仪，由于笔尖与记录纸之间的摩擦阻力，使其放大倍率受到很大限制，不能很高。目下，除为了观测强震而设的地震仪外，机械记录已很少使用。现代精密地震仪的放大倍率，一般为千倍级或更大，基本上都是采用电流计照相记录的。记录器的装置同前，只是记录纸换为感光灵敏的照相纸，卷在滚筒上，在距离电流计镜面 100 厘米处，将其反射出来的光条，聚焦到照相纸上进行记录。全部记录系统须在暗室中工作。

滚筒运转的速度，须根据所要记录的地震波形的宽广来规定。在初期，人们的注意力放在远震观测方面，远震输进的地震波，周期较长，多在 5 或 6 秒以上的，滚筒速度一般定为每分钟走 15 或 30 毫米。后来的发展，渐渐及于地方震等小周期的微弱地震观测，滚筒速度乃增为每分钟走 60 毫米。根据滚筒运转的速度，配合换记录纸的时间，一般以每天换一次为宜，以制定记录纸张的大小。

记录器的另一组成部分是记时装置。地震记录图上的各个震相，必须标示其到达时间，精度一般须到 1 秒，近震观测须到 0.1 秒，有时还要高些。做法是在记录器旁近，备设一专用标准钟（秒摆钟，航海钟或石英钟），在钟机的分钟结构和小时结构的机件上，都附加有瞬时通电的装置，与标准钟相联，每隔 1 分钟或 1 小时，都将自动通电一次，使记录笔尖一跳或光源一闪，印在记录线条的中间，做成分号和时号。观测者在换记录纸时，记下记录起迄时间，各震相的到达时间便可按分和时的符号数得，并可准确量度。

需要注意的是时间记录的精确度，除滚筒走速必须尽可能均匀外，更重要的是发出时间信号到记录上的标准钟的钟时，与从天文台测定的世界标准时（G. M. T.）之差，必须保持至很小，一般要求调节到每天快、慢在 1 秒之内。所谓 G. M. T. 是以英国伦敦格林威治天文台的首子午线（即 0°经线，亦称本初子午线）为标准，测定的地方平均太阳时。在此以东为东经，以西为西经，每距离经度 15°，时间上的相差为 1 小时。我国通用的标准时，即北京时，是东经 120°子午线上测定的标准时，比 G. M. T. 早 8 个小时。有些天文台不断进行标准时的测定，并将其精确测定的结果，每日若干次，以规定的信号（亦称无线电时号），用无线电广播，以供测量、航运和科学研究校正之用。各地地震观测者，也借此以校核其钟差，有的将无线电报时信号，自动地直接印到记录纸上，以减少错误。

由于地球自转和公转都不是均匀的，因此，由天文台测定的标准时，也不可能很均匀。人们在进行精密计量时间的工作时，要求建立另一基础稳定而均匀的计量时间系统，即所谓原子时。原子时的秒长定义为铯（Cs）的原子跃迁频率 9192631770 周所经历的时间，在原子内部能级跃迁所发射或吸收的电磁波频率是极为稳定的，因此，以之为基础建立的计量时间系统的原子时也是均匀稳定的。以原子时计量时间虽然比较稳定，但在时间的表示上，还须尽量与世界标准时 G. M. T. 取得一致。为此，通过国际协调，制定新的"世界协调时"，因为原子时的秒长与世界标准时的秒长不相等，日积月累，"协调世界时"与"标准世界时"之差会愈来愈大。于是国际上规定二者之间的时差保持在 ±0.7 秒之内，过此则拨前或拨后 1 秒，谓之"润秒"。润秒规定在年终或年中进行，其他时间不作，以资划一。现在世界上各授时台发播的时号，已多采用世界协调时，若干时间服务要求高的地震观测台，亦有用协调时的。

3. 微震仪及其他

从五十年代始，地震科学研究的发展，使人们日益重视微震观测。为适应这种新的形势，地震仪的设计中要求摆的自振周期缩小，放大倍率大大增加，达万倍、十万倍以至百万倍级，而这就不是电流计照相放大技术所能满足的了，必须将现在的放大记录装置改作，才能有效地适应新的要求。在这方面我国做得比较早。

无线电学发达后，人们未尝不想引用电子技术到地震仪的放大系统上来，但在初期是有困难的。因为地震仪观测地震与无线电收音机不同，它需要整天不停地工作，所有制成放大器的部件及其组织都须经得住长期连续地使用，要具有高度的稳定性。尤其重要的是地震信号，经过几次放大，必须保持最低限度的不失真，最后记录图像务须能反映地动的真实情况，同时还须将噪声干扰压低到最低限度。1958年，我国地震仪器科学工作者，试制成功一种命名为581型的微震观测仪。摆的基本参数为$T=1.4$，$h=0.4$（即在当时普遍使用的仿苏联制的维开克摆），地震信号用电子管放大器放大后输入于动圈式笔管装置，在烟纸上记录，最高放大倍率约二万倍。嗣后继续研制，随着电子技术的飞跃发展，放大器亦逐渐采用晶体管及其放大电路，现在已制成多种应用电子放大器的地震仪，基本上可以满足各方面微弱地震观测的需要。这是近代地震仪器观测技术的一个大发展。

用电子放大方法取得地震记录，其过程原则上与过去的没有多大不同，也是将摆拾得的地面运动，通过换能器转变为电信号，输入到电子放大器，经过放大送到记录器记录下来。记录器的装置可以用振子照相或用磁头磁带记录，但最普遍，维持费用最小的是用笔尖烟纸或墨水记录。现在使用的烟纸记录器的设计与机械放大时的情况不同，机械放大的笔尖摩擦，靠摆锤重量在地震时产生的力矩分量来克服，电子放大则另设有电源推动，不与摆锤相干了。这样，笔尖烟纸间的摩擦阻力便有了克服之道，地震放大倍率不再受纸面笔尖摩擦阻力的限制，而可以随意提高了。

地震仪放大器的作用，最终目的须将从拾震器输进的微弱信号，经过放大能够推动记录装置。如上所述，以电流计方法做成的记录放大，电流计的作用，主要任务是把微弱的地震信号放大了，在记录上，摆与电流计之间，直接电路相通，由于光点着于照相纸上，没有一点阻力，不需要其他外力，便能紧跟着摆的运动，进行记录。采用电子技术构成的放大器则不同，虽然记录器也是类似电流计装置，在固定磁场中安着附有记录笔的灵活线圈，但摆与记录器之间，各自成一独立系统，放大器在其中间，须完成信号放大和功率放大两大任务。首先是前置放大器，将接来微弱信号的电流（或电压）尽量加以放大，然后输进到后置的功率放大器，再将原是直流能源的电流、电压、功率转换成相应的交变电流、电压和功率，使这种相应变化的交变信号具有足够的能量来推动记录装置。图 4-12 示电子放大器与记录器的衔接。

图 4-12　电子放大器的记录装置示意

最后记录得到的放大倍率 V，实际上是电力输入与电力输出的比率，设 e 为摆线圈在地震时获得的感应电的输入电势，E 是经过放大最后输出导入记录器的电势，人们便可用 $E : e$ 来衡量 V，以 dB 为单位计量，即

$$\text{dB} = 20\log\frac{E}{e} \tag{4-47}$$

谓之分贝。

用电子技术制成的放大系统所产生的动态放大倍率，仍可以电流计放大的形式来表达，如

$$\overline{V}' = \overline{V}_0'\overline{U}' \tag{4-48}$$

式中 $\overline{V}_0'$ 仍是静态放大，$\overline{U}'$ 则是新的随频率变化的振幅频率特性的总表现，它包括摆、电子放大系统及记录系统的频率特性，可写成

$$\overline{U}' = U \cdot U_1'U_2 \tag{4-49}$$

U 为摆的频率特性，U_1' 和 U_2 分别为电子放大系统及记录系统的频率特性。由于电子放大包含许多复杂的组成和元件，$\overline{U}'$ 不能如同电流计放大方法那样，从理论公式计算其频率特性，一般是用实验方法，输入各种不同频率的简谐振动，从记录上量得放大倍率，

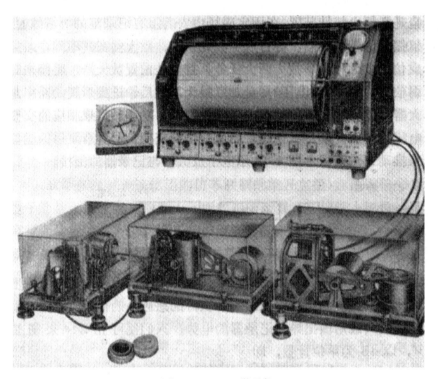

图 4-13 DD-1 微震仪

作成频率特性曲线。

以上只从原理上论述电子放大技术，具体做法，读者可参考王耀文写的《地震仪器概论》，这里不赘述了。

图 4-13 是一套我国制造的，常用的 DD-1 型万倍级精密微震仪，由两座水平分向，一座垂直分量以及自动记录器和标准钟组成。

地震仪器是紧跟着地震研究的深入而向前发展的。初期，人们的注意力放在地震波传播的研究方面，地震观测仪器便从一般百倍级机械记录仪器，发展为千倍级，用电流计照相记录的精密地震仪。随后地震科学逐渐扩大，及于地震活动性方面的研究，要求更精密的仪器，以观测微小地震，遂又利用电子技术，发展高度放大的微震仪，已如上述。与此同时，也注意到另一方面：

强烈地震对于人民的危害。这就需要研究强震的震动谱，于是又发展了专为观测强烈地震的仪器。强震仪的特点，不需要放大装置，甚至可以缩小，因此，在机件结构方面比微震仪简单，容易制造。但在管理方面，由于强烈地震恰好发生在观测点附近的机会不多，记录器没有必要维持长期不断的转动，因此，需要附加一种触发装置，使之有大地震发生时，才开动记录。目前地震预报尚未能准确，触发作用，须地震本身来完成，这就不免丢失一点初动震谱。这是强震仪的缺点。但实际上，初动波在强震谱研究中，不是最重要的。

三十年代美国地震学家贝尼奥夫（H.Benioff）创制另一形式的地震仪。自振周期很短（约半秒），以摆线圈内的磁阻变化为拾震，用电流计放大，照相记录。这类地震仪在美洲和西欧以及世界各地使用的很多。另一种很特殊的是伸缩仪（亦称应变仪），用一根长约 60 英尺的钨钢棒或管，将其一头固定在石墩上，如图 4-14 所示，其另一头吊平，并与另一石墩之间，装置电功率换能器（即贝尼奥夫采用的典型磁阻变化感应器）。如此装置，乃是以钨棒作成震仪摆，自振周期约七十分之一秒，比任何地震波的周期都短，不致引起共振，因此，仪器上便无需附加阻尼。

很显然，地震时，这样的仪器记录所反映的是两石墩地面间的伸缩变化，在记录图上表现为上下动。当地震纵波来自方向与棒身成平行时，仪器反响最大；若为横波，则当棒身与波前成 45°角时，反响最大；垂直向地面运动则无记录。

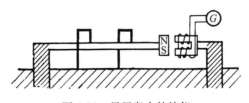

图 4-14　贝尼奥夫伸缩仪

伸缩仪配以长周期电流计，用以观测地位移，记录很稳定。这种仪器主要用于观测长周期地面运动，也用于监视地震活动区地形变的异常变化，为地震预报服务。

七十年代开展了上地幔各项问题的研究，为了观测大地震引起的地球震荡等长周期波动，还发展了长周期地震仪。在我国，已试制成功了一套763型的，分垂直向和水平向两种。它是用电流计放大，照相记录的地震仪，摆的自振周期为15—30秒，电流计周期为90—120秒。

总的来说，地震仪器的发展，主要还是微震方面。利用现代电子技术提高放大倍率问题不大，困难在于如何压低噪声。地面上有各种不同来源造成的振动，如由于气象变化，水流扰动，人事活动，机器震动等等，汇集形成各种周期的波动，谓之噪声。仪器的放大倍率提高后，噪声亦随之扩大，混杂干扰，使信号难于分辨。因此，在记录上必须使信号与噪声之间的振幅比（简称曰信噪比）维持一个定数，放大倍率的提高才是有效的。若过此限再加提高，则不但无益，反而有害。

在实际观测工作中，对于周期较长，振幅较大的一般脉动干扰，常可通过把仪器安装在坚实岩盘的基地上，藏于隐蔽良好、建筑强固的仪器室中除去或避开，但那些微小的短周期噪声是时刻不停的，还须用电子技术寻求抑制的方法。在这方面，近年来也有很大进展。

第五章　地震波的传播

1. 引　言

我国自公元前十三世纪的殷代开始，就设有史官，称太史，其任务除记述王朝国家大事之外，兼记录各处天象、地异以及各种自然灾害等事。古代科学家张衡，历任后汉王朝太史令（相当于现在的中央观象台台长），在公元二世纪，已理解到地震震动能够传至很远，并可以设法从远处候测其是否发生。公元 132 年，他试制成一种仪器，名曰"候风地震仪"，与其所制造的浑天仪等其他观测仪器，安置在京师洛阳的灵台，并设有职事官，专门管理。史称：当年陇西大地震，与洛阳相距在千里之外，竟感应他的地震仪，发出警报，使京师学者皆服其妙，也证明了他的设想是对的。

现代科学已阐明地震发生时，有强烈的弹性波，自震源发出，向四外传播。吕德（H. F. Reid）综合研究 1906 年美国旧金山大地震后，根据各种宏、微观现象，提出"弹性反跳理论"，以解释地震成因，获得世界学者的赞同。近代自动记录地震仪（T. Gray 等人创制），已于 1880 年首先在日本使用。地震波有关论著比较早的是波兰人鲁特斯基（M. P. Rudzki）* 的"论地震传布的视速度"，于 1898 年发表在格兰斯附刊。1905 年奥地利人边多夫（H. Benndorf）** 发表了"论地震波在地球内部传播的情况"。随后有德

---

* M.P.Rudzki, "Über die Scheinb are Geschwindigkeit dei Verbreitung der Erdbeben".Gerlands Beiträge zur Geophysik（最早的地球物理期刊），Bd.3:495-518,1898.

** H.Benndorf, "Über die Art der fortpblanzung der Erdbelrnwellen im Erdinnern". Mitteilungen der Erdbeben Kerumission, Heft29, 1905, Heft 31, 1906, in Wien.

国葛廷根（Göttingen）大学，数学 - 物理学教研室的师生们的崛起，形成研究集体，开展了微观地震波动的研究。为首的维歇特教授[*]，于 1907 发表了关于地震波的第一篇论文——"从理论上论述地震波的传播"。翌年又在大学开设专门课程，讲授"用仪器观测地球物理现象"。他既创制了新型地震仪器，同时又讲授了地震仪器及其管理和地震图的分析方面的课程。著名地震学家古登堡（B.Gutenberg），当时是大学二年级学生，也转入到该班学习，后来在维歇特教授指引下，获得重要成就，从而使他决心为地震研究事业奋斗终身。经过维歇特及其研究组成员，包括佐普力兹（K.Zöppritz），介格尔（G.Geiger），黑格洛兹（G.Herg-lotz），古登堡等，以及英国的克诺特（C.G.Knott），巴得曼等人的努力，在本世纪初期，地震波的研究，已成一套相当完整的科目了。地震波传播的研究成果，使人们了解到震波射线可以通透地球内部的任何地方，根据其传播速度的变化，便有可能探索地球内部的秘密。这一时期最重要的发现是：莫霍面和地核面；前者是 1909 年南斯拉夫的莫霍洛维奇[**]（A. Mohorovičić）测定的，后者是古登堡[***]于 1913 年精确地测定的，其深度为 2900 公里。于是，人们第一次了解到地球内部上有地壳，中有地幔，内有地核，是一种有层次的构造。

第一次世界大战使各国地震观测和研究都停顿下来。三十年代，古登堡被聘到了美国，在他的影响下，美国的地震学研究乃蓬勃发展，特别是在加利福尼亚州，地震强烈的地区，成为主要的地震研究中心。同时欧洲各国及日本的地震观测亦渐次恢复并

---

[*] E.Wiechert, "Über Erdbebenwellen I:Theoretisches Über die Ausbreitrurg der Erdbebenwellen". Nachrichten der Königlichen Gesellscheft der Wissenschaften zu Göttingen, Mathematisch-physikalisch e Klasse, Sck.19—25:415—529, 1907.

[**] A. Mohorovičić, "Das Beben von 8-X-1909". Jahrbuch des Meteorologi-schen Observatoviums, 9:1—63, 1910.

[***] B.Gutenberg, Über Erdbclenwellen VIIA. Nachrichleu Göttingen, 1914.

日益旺盛，地震波及其传播的研究，便全面地发展起来，不特为了解地震本身活动及其发生规律，而且为探索地球内部构造等科学问题而研究，数十年来，取得辉煌成就。下面就其主要方面，作简要叙述。

2. 地震波的弹性理论

吕德于 1906 年旧金山大地震之后，根据地震现场的精密地形测量数据，提出地震是断层附近一带的地壳，长期受构造应力的压迫，累积了大量弹性应变能量，到了不能再忍受时，突然爆发，以弹性反跳方式，释放应变能量，因而激起了震动的结果（下面还要详谈）。弹性反跳理论已成为解释地震发生的最新学说，获得多数地学家的赞同。这说明，地球原是一个弹性体，地震波是弹性波，人们完全可以用弹性理论来分析、研究地震波及其传播的各种现象，现在就从物体的弹性谈起。

2-1　弹性模量

什么是弹性呢？当物体受到外力影响时，就发生变形，有的部分伸张，有的部分压缩。但在外力去掉后，则有两种不同的表现：一是随即或逐渐恢复原形，这就是弹性，凡具有这种性质的物体，谓之弹性体；二是不再能恢复原形，全部或部分成为永久性变形，这种物体，谓之非弹性物体。弹性表现的基本形式是伸缩，其最简单，易于了解，如图 5-1a 所示，将一节圆柱体，顺其轴向施以拉力，若是均质物体，其长度便均匀地伸长，同时横截面则均匀地缩小。其伸长和缩短的程度，各种物体不同，由物体本身的性质来决定，故弹性，各有一定数量，谓之弹性模量，人们用科学术语，表达如下。

1. 应力：F/Q，即物体每单位面上受到的有效正面力；式中 F 是总力，Q 是受力的全面积。

2. 应变：$\Delta S/S$，即物体受力后每单位体形所产生的形变量。

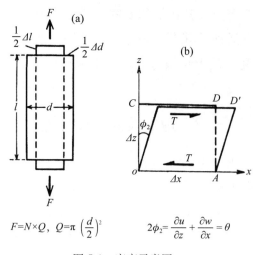

$$F=N\times Q, \quad Q=\pi\left(\frac{d}{2}\right)^2 \qquad\qquad 2\phi_2=\frac{\partial u}{\partial z}+\frac{\partial w}{\partial x}=\theta$$

图 5-1　应变示意图
（a）线应变；（b）切应变

i）若 S 为长度，$\Delta l/l$ 谓之线状应变，

ii）若 S 为面积，$\Delta d/d$（d 表示横截面的直径）谓之面积应变，

iii）若 S 为体积，$\Delta V/V$ 谓之体积应变。

3.杨氏[*]模量：$E=\dfrac{应力（拉）}{应力（线）}=\dfrac{F/Q}{\Delta l/l}=\dfrac{N}{e}$.

4.泊松[**]比：$\sigma=\dfrac{单位直径缩短}{单位长度伸长}=\dfrac{\Delta d/d}{\Delta l/l}$.

5.体积弹性模量：$k=\dfrac{围压力\ P}{体应变\ \Delta V/V}$，亦称不可压性。

　　弹性的另一重要表现是，物体受到剪切力时（即扭转作用），就产生剪应变，一般用角度来量，亦称角应变或切应变，如图 5-1b 所示。若一块方形物体的四边受到剪切应力 T 的压迫，则此四边形便发生畸变，两对向的角度表现一增一减，这种形变，一般用其所变的角度计算，称为剪切应变 ϵ，相应的弹性模量为 μ：

---

　[*] 1807，首创者英国物理学家 T. Young 之名。

　[**] 1827，首创者法国物理学家 S. D. Poison 之名。

6．扭剪弹性模量：$\mu = \dfrac{\text{剪切应力}}{\text{剪切应变}} = \dfrac{T}{\varepsilon}$，亦称刚性。

以上所列，以杨氏模量 E 和泊松比 σ 为基本量，其他弹性常数，都可以用 E 和 σ 来表达，如

$$k = \frac{1}{3} \cdot \frac{E}{(1-2\sigma)}, \ \mu = \frac{E}{2(1+\sigma)}, \ \lambda = \frac{\sigma E}{(1-2\sigma)(1+\sigma)}$$

其中 λ 和 μ 亦称为拉姆弹性常数。

人们用上述弹性系数来研究弹性物体在外力影响下，产生应力和应变的关系。地震波在充满着弹性介质的空间传播。介质的弹性特征，决定其传播速度。波的传播是由介质质点运动形成的，下面分别来谈。

2-2　质点上的应力和应变分布

介质在外力影响下，各质点产生弹性形变，总共有两种形式，即伸缩和扭剪。二者综合起来连接成运动，构成弹性波。人们为研究质点运动，在介质空间设立 x，y，z 正交坐标系，如图 5-2，$P_{x,y,z}$ 为一质点（如图右所示）看作是六面体微粒，边长为 dx，dy，dz，受应力后产生弹性应变，设沿 x 轴，y 轴，z 轴得到应变量分别为 u，v，w，则各边的增长，可写成：

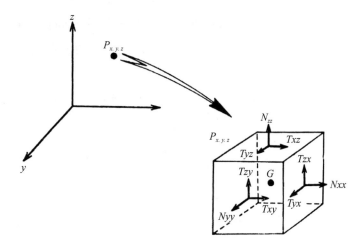

图 5-2　质点运动的坐标系

$$\text{d}x \text{ 变为 }\quad \text{d}x + \frac{\partial u}{\partial x}\text{d}x$$

$$\text{d}y \text{ 变为 }\quad \text{d}y + \frac{\partial v}{\partial y}\text{d}y$$

$$\text{d}z \text{ 变为 }\quad \text{d}z + \frac{\partial w}{\partial z}\text{d}z$$

设六面体微粒的体积为：$V=\text{d}x\,\text{d}y\,\text{d}z$，则质点体积的增量，可写成

$$V + \Delta V = V\left(1+\frac{\partial u}{\partial x}\right)\left(1+\frac{\partial v}{\partial y}\right)\left(1+\frac{\partial w}{\partial z}\right) \tag{5-1}$$

式中所含的位移增量，一般都很小，可以略去其高次方，于是，上式可写成

$$\frac{\Delta V}{V} = \frac{\partial u}{\partial x} + \frac{\partial v}{\partial y} + \frac{\partial w}{\partial z} = \Theta \tag{5-2}$$

Θ 是介质体积应变的代号，即质点变形在坐标系各个方向的应变总和。

参阅图 5-2 右侧的质点放大图，质点共有六个面，在坐标系的各个方向都有平行的一对，前面和背面，并以位置坐标较大的为前面，例如在 x 方向的一对 y–z 面，以通过（$x+\text{d}x$）的为前面，通过 x 的为背面。当质点受到外力影响时，每个面上都有正向的正应力 N 和侧向的切应力 T；切应力还可按坐标方向析作互为正交的两个分向。就三个前面来说，各个面上的应力分布共有 9 项，按顺序可排成如下：

此外尚有三个背面，上面也同样有 9 项应力，但都是负值，

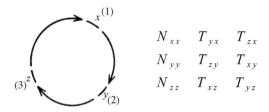

须与前面的 9 项，各自分别联合起来，才能起作用。例如 N_{xx}，前面的与背面的相连，做成合力使质点在 x 向伸张。T 是与质点面相切的切应力，以面与质点重心 G 间的距离为臂，做成力矩，前面切应力和背面相应的切应力联合起来，构成力偶矩，使质点绕着通过其重心 G 的旋转轴作扭剪运动。人们不难证明 $T_{xy} = T_{yx}$，因为它们的作用相反，同样也有：$T_{yz} = T_{zy}$ 和 $T_{zx} = T_{xz}$。从而使上列 9 项应力，实际上只有如下 6 项：

$$\left.\begin{array}{l} N_1 = N_{xx}, T_1 = T_{yz} = T_{zy} \\ N_2 = N_{yy}, T_2 = T_{zx} = T_{xz} \\ N_3 = N_{zz}, T_3 = T_{xy} = T_{yx} \end{array}\right\} \tag{5-3}$$

其相应的各项应变，亦可写成，

$$\left.\begin{array}{l} e_{xx} = \dfrac{\partial u}{\partial x}, \varepsilon_{yz} = 2\phi_1 = \left(\dfrac{\partial v}{\partial z} + \dfrac{\partial w}{\partial y}\right) \\[2mm] e_{yy} = \dfrac{\partial v}{\partial y}, \varepsilon_{zx} = 2\phi_2 = \left(\dfrac{\partial u}{\partial z} + \dfrac{\partial w}{\partial x}\right) \\[2mm] e_{zz} = \dfrac{\partial w}{\partial z}, \varepsilon_{yx} = 2\phi_3 = \left(\dfrac{\partial u}{\partial y} + \dfrac{\partial v}{\partial x}\right) \end{array}\right\} \tag{5-4}$$

现在，再从弹性力学，或者说，根据应力与应变关系，进一步分析质点运动。上文说过的，控制物体伸缩的两个基本弹性常数：杨氏模量 E 和泊松比 σ，还可以写成

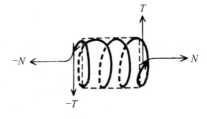

图 5-3　质点形变示意图

$$(a)\frac{\Delta l}{l} = \frac{F \times Q}{E} = \frac{N}{E}, \quad (b)\frac{\Delta d}{d} = \sigma \frac{N}{E} \tag{5-5}$$

参阅图 5-3，虚线方块表示弹性介质里的一个质点，在外力作用下，发生变形，其情况就像盘结的弹簧，当其纵向被正应力拉长时，其横向则因垂直于正向的切应力扭剪，而缩小。其拉长率的大小，由介质的杨氏模量来决定，缩小率则由泊松比来决定，并

分别可由（5-5）式的（a）和（b）计算出来。这表明在质点面上存在的各项应力及其相应的应变，都是与介质的弹性特征紧密相联的。

首先，来看正应力 N 在坐标系各个方向的存在情况。N 的作用，使质点在纵向伸长，同时在横向，横截面的直径则缩小。这就是说，N_1 使质点在 x 方向伸长，并可用（5-5）式（a）计算，每单位伸长量：N_1/E；但同时受 N_2 和 N_3 的影响，因横截面直径缩小，按（5-5）式（b）计算，在 x 方向，每单位长度还须减去 $\sigma N_2/E$ 和 $\sigma N_3/E$。同样情况也发生在 y 方向和 z 方向。从而得到质点在坐标系各个方向，由正应力 N 产生的应变，概括如下：

$$\left.\begin{aligned} e_{xx} &: \frac{\partial u}{\partial x} = \frac{N_1 - \sigma(N_2 + N_3)}{E} \\ e_{yy} &: \frac{\partial v}{\partial y} = \frac{N_2 - \sigma(N_1 + N_3)}{E} \\ e_{zz} &: \frac{\partial w}{\partial z} = \frac{N_3 - \sigma(N_1 + N_2)}{E} \end{aligned}\right\} \tag{5-6}$$

将上列各式相加，左边便是弹性介质的体积应变 θ，并有

$$N_1 + N_2 + N_3 = \frac{E\theta}{1-2\sigma} \tag{5-7}$$

再将上式与（5-6）式中的第一式结合在一起，便可得出

$$\frac{\partial u}{\partial x} = \frac{1}{E}\left[N_1(1+\sigma) - \frac{\sigma E\theta}{1-2\sigma}\right] \tag{5-8}$$

或

$$N_1 = \frac{\sigma E}{(1+\sigma)(1-2\sigma)}\theta + \frac{E}{1+\sigma}\frac{\partial u}{\partial x} \tag{5-9}$$

同样也与第二和第三式结合，并引用拉姆常数：

$$\lambda = \frac{\sigma E}{(1+\sigma)(1-2\sigma)}, \quad \mu = \frac{E}{2(1+\sigma)}$$

（5-6）式便可改写为

$$N_1 = \lambda\theta + 2\mu\frac{\partial u}{\partial x} \Bigg\}$$

$$N_2 = \lambda\theta + 2\mu\frac{\partial v}{\partial y} \Bigg\} \qquad (5\text{-}10)$$

$$N_3 = \lambda\theta + 2\mu\frac{\partial w}{\partial z} \Bigg\}$$

其次是质点在侧向弹性应力 T 的作用下，所产生的各项应变，如（5-4）式后半部所列，其相互关系也同样可与介质的刚性模量 μ 联系起来计算。如图 5-1 所示，切应力 T 与切应变 ε，可写成

$$T = \mu\varepsilon = \mu2\phi$$

于是（5-4）式中所列 T 与 ε 的关系便成为

$$T_1 = T_{yz} = \mu\left(\frac{\partial v}{\partial z} + \frac{\partial w}{\partial y}\right) \Bigg\}$$

$$T_2 = T_{xz} = \mu\left(\frac{\partial u}{\partial z} + \frac{\partial w}{\partial y}\right) \Bigg\} \qquad (5\text{-}11)$$

$$T_3 = T_{xy} = \mu\left(\frac{\partial u}{\partial y} + \frac{\partial v}{\partial x}\right) \Bigg\}$$

以上阐明了质点面上应力与应变和介质弹性常数的关系，下面继续谈质点运动。

2-3 质点运动与介质弹性

质点面上的应力分布，前面与背面有所不同：存在着应力差，因而使质点发生运动。其情况有如下述。在坐标系每个方向的质点面上，作用着的力为（应力）×（其所在的质点面积），参阅图 5-2 右侧质点放大图。先从 x 方向来说，平行于 x 轴的力，可概括如下：

作用在 $y-z$ 面背面上的力：$N_1\mathrm{d}y\mathrm{d}z$，

作用在 $y-z$ 面前面上的力：$\left(N_1 + \frac{\partial N_1}{\partial x}\mathrm{d}x\right)\mathrm{d}y\mathrm{d}z$

二者之差为 $\frac{\partial N_1}{\partial x}\mathrm{d}x\mathrm{d}y\mathrm{d}z$

作用在 $x-z$ 面背面上的力：$T_3\mathrm{d}x\mathrm{d}z$，

作用在 x–z 面前面上的力：$\left(T_3 + \dfrac{\partial T_3}{\partial y} \mathrm{d}y\right)\mathrm{d}x\mathrm{d}z$

二者之差为 $\dfrac{\partial T_3}{\partial y} \mathrm{d}y\mathrm{d}x\mathrm{d}z$

同样，作用在 x–y 面的剪切力 $T_2\mathrm{d}x\mathrm{d}y$，其前面与背面的力差为：

$\dfrac{\partial T_2}{\partial z} \mathrm{d}z\mathrm{d}x\mathrm{d}y$，总计共有差力

$$\left(\frac{\partial N_1}{\partial x} + \frac{\partial T_3}{\partial y} + \frac{\partial T_2}{\partial z}\right)\mathrm{d}x\,\mathrm{d}y\mathrm{d}z \tag{5-12}$$

这就是由于质点各方面的应变分布不均所造成的应力差，成为质点运动的推力。设质点在 x 方向的形变位移分量为 u，则 $\dfrac{\partial^2 u}{\partial t^2}$ 是其运动的加速度，再以 ρ 代表介质的密度，则 $\rho\mathrm{d}x\mathrm{d}y\mathrm{d}z$ 就是质点的质量，按牛顿的运动第二定律，假定除弹性力外，别无其他外力的作用，则质点在 x 方向的运动方程便可写成

$$\rho\frac{\partial^2 u}{\partial t^2} = \frac{\partial N_1}{\partial x} + \frac{\partial T_3}{\partial y} + \frac{\partial T_2}{\partial z} \tag{5-13}$$

据 (5-10) 式，和 (5-11) 式中所列关系，上式右边各项，可写作

$$\left.\begin{aligned}
\frac{\partial N_1}{\partial x} &= \lambda\frac{\partial \theta}{\partial x} + 2\mu\frac{\partial^2 u}{\partial x^2} \\
\frac{\partial T_3}{\partial y} &= \mu\left(\frac{\partial^2 u}{\partial y^2} + \frac{\partial^2 v}{\partial x\partial y}\right) \\
\frac{\partial T_2}{\partial z} &= \mu\left(\frac{\partial^2 u}{\partial z^2} + \frac{\partial^2 w}{\partial x\partial z}\right)
\end{aligned}\right\} \tag{5-14}$$

代入 (5-13) 式，便得

$$\rho\frac{\partial^2 u}{\partial t^2} = (\lambda + \mu)\frac{\partial \theta}{\partial x} + \mu\left(\frac{\partial^2 u}{\partial x^2} + \frac{\partial^2 u}{\partial y^2} + \frac{\partial^2 u}{\partial z^2}\right)$$

用同样的做法，可以得出质点运动在 y 方向和 z 方向的运动方程。再以 $\left(\dfrac{\partial^2}{\partial x^2} + \dfrac{\partial^2}{\partial y^2} + \dfrac{\partial^2}{\partial z^2}\right) = \nabla^2$ 为运算符号，质点运动的基本方程，便可按坐标系顺序写成如下：

$$\rho \frac{\partial^2 u}{\partial t^2} = (\lambda + \mu)\frac{\partial \theta}{\partial x} + \mu \nabla^2 u$$

$$\rho \frac{\partial^2 v}{\partial t^2} = (\lambda + \mu)\frac{\partial \theta}{\partial y} + \mu \nabla^2 v \qquad (5\text{-}15)$$

$$\rho \frac{\partial^2 w}{\partial t^2} = (\lambda + \mu)\frac{\partial \theta}{\partial z} + \mu \nabla^2 w$$

第一步将（5-15）的第一式对 x，第二式对 y，第三式对 z 求微分相加，可得

$$\frac{\partial^2 \theta}{\partial t^2} = \frac{\lambda + 2\mu}{\rho} + \nabla^2 \theta \qquad (5\text{-}16)$$

这表示由于介质伸缩，形成的质点体积应变运动方程，是坐标与时间的函数。

再将（5-15）的第三式对 y，第二式对 z 求微分相减，可得

$$\frac{\partial}{\partial t^2}\left(\frac{\partial w}{\partial y} - \frac{\partial v}{\partial z}\right) = \frac{\mu}{\rho}\left(\frac{\partial w}{\partial y} - \frac{\partial v}{\partial z}\right)$$

人们不难证明，上式括弧内的数项就是质点运动绕 x 轴的扭转角度：$\omega_x = \frac{1}{2}(\partial w/\partial y - \partial v/\partial z)$。图 5-4 是垂直于 x 轴的一个 y–z 面，若介质的一个质点从 $P_{x,\,y}$ 逆时向扭动至 P'，扭变角为 ω_x，设其扭动半径为 r，在图 5-4 上可以看到

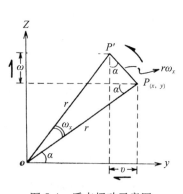

图 5-4　质点扭动示意图

$$y = r\cos\alpha, \quad z = r\sin\alpha$$

及相应位移形变为

$$w \text{——} = r\omega_x \cos\alpha = y\omega_x$$

$$v \text{——} = -r\omega_x \sin\alpha = -z\omega_x$$

取其微分相减，便得

$$\omega_x = \frac{1}{2}\left(\frac{\partial w}{\partial y} - \frac{\partial v}{\partial z}\right)$$

同样亦有：$\omega_y = \dfrac{1}{2}\left(\dfrac{\partial u}{\partial z} - \dfrac{\partial w}{\partial x}\right)$ 和 $\omega_z = \dfrac{1}{2}\left(\dfrac{\partial v}{\partial x} - \dfrac{\partial u}{\partial y}\right)$，于是质点扭转运动方程便可写成

$$\left.\begin{aligned}
\frac{\partial^2 \omega_x}{\partial t^2} &= \frac{\mu}{\rho}\omega_x \\
\frac{\partial^2 \omega_y}{\partial t^2} &= \frac{\mu}{\rho}\omega_y \\
\frac{\partial^2 \omega_z}{\partial t^2} &= \frac{\mu}{\rho}\omega_z
\end{aligned}\right\} \tag{5-17}$$

上述（5-16）和（5-17）两式具有同一形式，都可以写成

$$\frac{\partial^2 \varphi}{\partial t^2} = c^2 \nabla^2 \phi \tag{5-18}$$

是典型的波动方程，式中 ϕ 是坐标及时间的任意函数。人们不难解此微分方程，阐明其是球状波动，以速度 c 从源点出发，以 r（$r^2 = x^2 + y^2 + z^2$）为半径，向外扩散。为此，对于（5-16）式：$\phi = \theta$ 的波动方程来说，结果有

$$c = V_1 = \sqrt{\frac{\lambda + 2\mu}{\rho}} \tag{5-19}$$

再对于（5-17）式：$\phi = \omega_i$ 的波动方程，也有

$$c = V_2 = \sqrt{\frac{\mu}{\rho}} \tag{5-20}$$

前者称为纵波，因为质点运动方向与波动传播的方向是相同的。后者则不然，ω 是弹性介质的扭剪应变，虽然无论 $\phi = \omega_x$，ω_y 或 ω_z，都只产生一个速度 V_2，说明波动也是球状扩散，但是质点运动方向与波动扩散方向成正交，即横剪于传播道上，因谓之横波。

总上所述，在各向同性弹性介质空间，受到外力的激动，只可能产生以上两种弹性体波：纵波和横波，从发源地向四外扩散，其传播速度 V 完全受介质弹性控制，可写成

纵波：$V_1 = \sqrt{\dfrac{k + (3/4)\mu}{\rho}}$，横波：$V_2 = \sqrt{\dfrac{\mu}{\rho}}$

还可写成

$$E = \rho \frac{3V_1 - 4V_2}{\left(V_1/V_2\right)^2 - 1} \tag{5-21}$$

$$\sigma = \frac{1}{2}\left[1 - \frac{1}{\left(V_1/V_2\right)^2 - 1}\right] \tag{5-22}$$

$$k = \frac{1}{2}\frac{E}{1 - 2\sigma} = \rho\left(V_1^2 - \frac{4}{3}V_2^2\right) \tag{5-23}$$

$$\mu = \frac{1}{2}\frac{E}{1 + \sigma} = \rho V_2^2 \tag{5-24}$$

人们还可将（5-22）式化成

$$\left(\frac{V_1}{V_2}\right)^2 = 1 + \frac{1}{1 - 2\sigma} \tag{5-25}$$

在地幔内部，大部分的泊松比 σ 接近于 1/4，若令 $\sigma = 0.2500$，按上式，可得

$$\left(\frac{V_1}{V_2}\right)^2 = 3, \quad V_1 = 1.732 V_2$$

从而有

$$E = 5\rho V_1^2/6 = 5\rho V_2^2/3$$
$$k = 5\rho V_1^2/9 = 5\rho V_2^2/3$$
$$\mu = \rho V_1^2/3 = \rho V_2^2$$

若令 $\sigma = 1/2$，即介质为纯液体时，则有

$$\mu, \ E, \ \text{及} \ V_2 \ \text{都为零}$$
$$\lambda = k = \rho V_1^2$$

上文已指出，地震激起的波动也是弹性波，人们研究其通过地球时传播速度的变化，根据弹性理论，按波速与弹性常数的关系，可探索地球内部的情况，这是很显然的。

3. 地震波辐射及传播路线

地震为数最多的浅源地震，发生于地壳内部靠近地面的地方。地震时，震源一带积满大量弹性应变的岩石，突然破坏，以其本

身所储有的弹力，猛烈反跳，激起弹性波，向四外辐射。这就是地震波的起源，下面概括地谈谈其扩散路线。

3-1 表面波的产生及其传播

上文说到，在一个各向同性的全无限广空间的介质的内部，只可能激发两种弹性波：纵波和横波，在介质中作球状扩散，谓之体波。由于震源深度不大，地震波的发源，一般在近地面的浅处，已如上述；地球的表面是一个自由面，与震源以下的一面，充满着介质的部分，有所不同。在这样条件下激发的弹性波，显然不会与在介质内部深处发生的情况一样。从理论上说，自由面上也可以有波动产生。实际上也的确观测到地震表面波。其特点是波的质点运动，以竖直向为主，且其振幅，从地面往下，按指数规律，随深度锐减，因此，只沿地球表层传播，故称为表面波，传播速度，变化甚微。十九世纪末叶，英国人瑞利（Lord Rayleigh）首先从理论上证明这一特殊形态弹性波的存在，因名瑞利波。伽利津又进一步使之简明易解，并实际应用于沿地球表面传播的地震波。

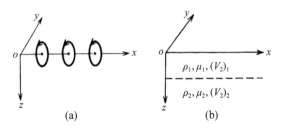

图 5-5　瑞利波与乐甫波质点运动示意图

如图 5-5，o 为波动的起点，x–y 面是自由面，z 轴向下为正，入于介质，假定波动的基本形式为：

$$u = a \sin (pt + \delta)$$

$$p = \frac{2\pi}{T}$$

T 是波动周期。现在仍用上面阐明的质点运动的基本方程：

$$\left.\begin{aligned}\rho\frac{\partial^2 u}{\partial t^2} &= (\lambda+\mu)\frac{\partial\theta}{\partial x}+\mu\nabla^2 u \\ \rho\frac{\partial^2 v}{\partial t^2} &= (\lambda+\mu)\frac{\partial\theta}{\partial y}+\mu\nabla^2 v \\ \rho\frac{\partial^2 w}{\partial t^2} &= (\lambda+\mu)\frac{\partial\theta}{\partial z}+\mu\nabla^2 w\end{aligned}\right\} \tag{5-15}$$

结合边界条件：因 x–y 平面为自由面，也就是边界，当 $z=0$ 时，在其面上有

$$\left.\begin{aligned}N_3 &= \lambda\theta+2\mu\frac{\partial w}{\partial z}=0 \\ T_1 &= \mu\left(\frac{\partial w}{\partial y}+\frac{\partial v}{\partial z}\right)=0 \\ T_2 &= \mu\left(\frac{\partial u}{\partial z}+\frac{\partial w}{\partial x}\right)=0\end{aligned}\right\} \tag{5-26}$$

代入（5-15）式，便可导致另一形式的瑞利波波动方程如下：

$$\left(1-\frac{k^2}{h^2}\right)\frac{\partial\theta}{\partial t}=k^2 u+\nabla^2 u \tag{5-27}$$

$$h=\frac{p}{V_1},\quad k=\frac{p}{V_2}$$

从上式可解出瑞利波的传播速度 V_R，它主要决定于地壳岩石的泊松比，一般是：$\sigma\approx 0.25$，便得，

$$V_R=0.9194V_2 \tag{5-28}$$

即略小于同一介质中的横波传播速度。波动特点是：质点在 x–z 垂面上运动，其轨迹走向为逆进椭圆，如图 5-5（a）所示，其短轴的走向与波动的前进方向一致，长轴则是垂直于地面的，两轴的长度比为 1.46。

从远震的实际观测中发现，除这一大型表面波之外，同时亦存在横过传播方向的波动，这说明瑞利波的理论未能包括全部表面波。后经英国人乐甫（A. E. H. Love）悉心研究，确实有另一类型的表面波，称为乐甫波。它是一种横波，且是线性偏振波；它

的存在是由于地壳本身构成了一个薄层，厚不过 60 公里左右，层里和层下物质的密度和弹性各不相同。如图 5-5（b）所示：o 为坐标原点，波动沿 x 轴传播，x-y 面是自由面，z 轴向下。设地壳厚度为 d，则壳内（$z < d$）与壳下（$z > d$）的介质特性，有所不同，如图所示：密度分别为 ρ_1 和 ρ_2，刚度分别为 μ_1 和 μ_2，从而有横波速度分别为

$$(V_2)_1 = \sqrt{\frac{\mu_1}{\rho_1}}$$

$$(V_2)_2 = \sqrt{\frac{\mu_2}{\rho_2}}$$

$$波动周期 T = \frac{2\pi}{p}$$

$$波长 \quad L = \frac{2\pi}{f}$$

乐甫认为弹性介质在这样的边界条件下，激起表面切变波是可能的。它可以没有体积伸缩变形，而单纯由剪切应变形成线偏振表面波，从而得到

$$u=0，\ w=0，\ \theta = \frac{\partial v}{\partial y} = 0$$

于是（5-15）式质点运动基本方程，便化为

$$\rho \frac{\partial^2 v}{\partial t^2} = \mu \nabla^2 v \tag{5-29}$$

又因是简谐型波动，还可从 $v = a\sin(pt+\delta)$ 求得

$$\frac{\partial^2 v}{\partial t^2} = -p^2 v$$

代入（5-29）便可得另一特殊形式的运动方程：

$$\nabla^2 v + \kappa^2 v = 0 \tag{5-30}$$

这就是乐甫波的质点运动方程。它设有垂直分向，纯为与 x-y 水平面平行的线偏振波，振动方向与波动传播方向正交。解此微分方程，可得乐甫波传播速度 V_Q，介乎上层与下层的横波速度之间，即

$$(V_2)_1 < V_Q < (V_2)_2$$

并可写成

$$V_Q = (V_2)_1 \sqrt{1 + \left(\frac{s}{f}\right)^2} \qquad (5\text{-}31)$$

由于

$$f = \frac{p}{V_Q}, \quad k = \frac{p}{V_2}, \quad S^2 = k^2 - f^2, \quad \text{及 } k > f$$

f 是波长的因素，上式表明乐甫波的传播速度受到波长变化的影响：

当波长 L 很小，$f \to \infty$ 　　　　$V_Q = (V_2)_1$

当波长 L 很大，$f \to 0$，$S \to 0$ 　　$V_Q = (V_2)_2$

这种现象称为波散（亦称频散或色散），主要是由于地球表层是地壳，弹性随深度改变，以至瑞利波也同样有波散现象，其传播速度也可写成

$$V_R = V_{R0}\left(1 + \frac{a}{f}\right) \qquad (5\text{-}32)$$

$$f = 2\pi : L$$

a 为一常数。

在弹性介质里，传播有波散的表面波，因其中各个单波（波峰波谷）都按自身波长所规定的速度传播，彼此周期极为接近，由于互相补偿和干涉，形成有规则的波群，联成整体，作为运动单元传播。其传播速度谓之群速度，与单个波的传播速度，称为相速度的，有所不同，其关系如下：

$$C = V - L\frac{\partial V}{\partial L} \qquad (5\text{-}33)$$

式中 C 和 V 分别为群速度和相速度，L 是波长。群速度可以比相速度小，也可以比相速度大，前者称为正常波散，后者称为反常波散。就地震表面波来说，因 $\partial V/\partial L$ 是正数，V 常比 C 大，属于正常波散情况。在远距离地震记录图上，人们经常看到一连串几个大波群，以群为整体，按群速度 C，从这一观测点传播到另一观测点，但在波群中的每一单波（波峰与波谷）则沿波串推进，以致波群的体形慢慢发生变化，从波群的尾部出现，渐至波群前消逝。

这从空间上看，显然是 V 大于 C。

需要指出的是在有波散的场合，讨论波的传播，必须将相速度与群速度分清楚。总的来说，相速度是从波动的运动方程解出来的，例如瑞利波的速度，当 $\sigma=0.25$ 时，$V_R=0.9194\sqrt{\mu/\rho}$。但群速度主要传播波的辐射能量，是由仪器记录的，因此，在分析地震记录图像时，使用群速度要比用相速度，更为确切可靠。

3-2 体波辐射在地球内部的传播

地震时，震源发动弹性反跳，激起弹性波向外围扩散。在震源之上，靠自由面一边的，环地球表面传播，形成表面波，已如上述，主要部分还在震源以下，则如图 5-6 所示，似无数射线，向整个地球内部辐射，便是上文所描述的两种体波，即纵波和横波。它们原是同时发自震源，因传播速度不一样，到达观测台时，便各自分开了，距离震中愈远，分离亦愈大。由于纵波速度比较快，它是第一到达观测台的地震波，谓之 P 波：P 是第一位的简称；其次到达观测台的是横波，称为 S 波：S 是第二位的简称。若构成地球的物质是均匀的，则地震波射线是笔直的，但事实上，地球内部的密度与弹性分布都是随深度而异的，这就影响到地震波的传播速度，使波射线形成复杂的曲线，其情况简述如次。

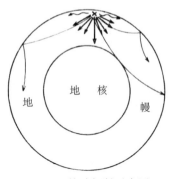

图 5-6　体波辐射示意图

（一）一般规律

地震波射线通过地球内部时，由于速度随深度而变，线路成了层层折射的图像，如同光线一样遵循人们所熟知的斯涅尔（W. Snell）折射定律，为，

$$\frac{\sin i}{\sin i'} = \frac{V}{V'} = n（常数）$$

上式还可写成

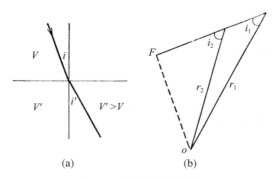

图 5-7　震波折射示意图

$$\frac{\sin i}{V} = \frac{\sin i'}{V'} = 常数 \tag{5-34}$$

图 5-7(a)示波射线从一种介质,通过另一种介质,速度从 V 变为 V' 时，在速度分界面上，遭受的折射现象：若 $V' > V$，则波射线背法线折射，使得折射角 i' 大于入射角 i。从上式，不难理解，在界面两边的波动参数为 $\sin i/V$，是平行状的。而地震波通过地球内部时是球状扩散的，还须考虑球面的弯度。人们将地球看作是由许多同心的球壳合成，每层球壳内部的地震波速度是一样的；于是，地震波速度随深度变化，便成为简单的地球半径 r 的函数。很显然，球壳厚度越薄，在相邻两球壳层内的速度差亦愈小，地震波穿过，折射很轻微，几乎成直射。沿直射线的情况，如图 5-7(b) 所示，可作成：

$$r_1 \sin i_1 = r_2 \sin i_2 = \cdots = OF，\quad 即 \ r \sin i = 常数；$$

若将球壳厚度减薄至极限，V 成为 r 的连续变化函数，从 (5-34) 式推论，其一般关系，可写成

$$\frac{r \sin i}{V} = 常数 \tag{5-35}$$

上式表明地震波深入地球内部后，沿一条射线走道上，遭受的折射规律。若按其逐渐变化的情况，如图 5-8 所示，还可写作：

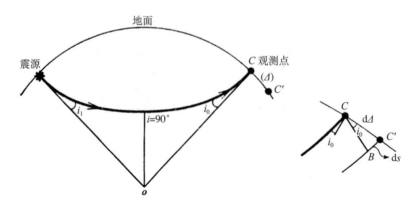

图 5-8 地球内部地震波折射路线

$$\frac{r_1 \sin i_1}{V_1} = \frac{r_2 \sin i_2}{V_2} = \cdots = \frac{r_m \sin 90°}{V_m} = \cdots = \frac{r_0 \sin i_0}{V_0}$$

从图上可以看到，地震波射线，从震源出发，因速度随深度增加，折射角逐渐增大，及至 $i=90°$：这时，波射线到达最深处，$r = r_m$，$\sin 90° = 1$，$V = V_m$，遂成

$$\frac{r \sin i}{V} = \frac{r_m}{V_m} \tag{5-36}$$

再由此前进，波射线转为向上，折射角又从 $90°$ 逐渐变小，与前半段形成对称，直到地面射出，折射角 i 遂成出射角 i_0，$r = r_0$（地球的半径），$V = V_0$（地球表层速度）

$$\frac{r_m}{V_m} = \frac{r_0 \sin i_0}{V_0} = p \text{（常数）} \tag{5-37}$$

上式 r_0，i_0 及 V_0 为地面数值，可以从实际观测数据推算而得。参阅图 5-7 右侧，设 C 为一观测点，在其近侧 C' 为另一观测点，相隔很近，震中距相差甚微，只是 $d\Delta$。又因 BC 是通过观测点 C 的波前，震中距离，由 C 至 C'，增加了 $d\Delta$，其相邻波射线，则由 B 至 C' 增加了一段路程 ds，及相应一段走时 dt。于是，从图上所示三角形 CBC'，可以看到：

$$\frac{ds}{dt} = V_0 , \quad \sin i_0 = \frac{ds}{d\Delta} = V_0 \frac{dt}{d\Delta}$$

式中 $d\Delta/dt$，称为视速度，即在离震中 Δ 的地点，所见到的地震波在地面上的走速，上式可书为

$$\bar{v}_\Delta = \frac{d\Delta}{dt} , \quad \sin i_0 = \frac{V_0}{\bar{v}_\Delta}$$

这一关系式，早年称为边多夫法则，代入（5-37）式，便为

$$V_m = \frac{r_m}{r_0}\bar{v}_\Delta \qquad (5\text{-}38)$$

上式表明，地震波射线，经过地球内部时，所到达不同深度的传播速度，可以从地面观测数据来确定。另一方面，由于地震波速度，随着深度增加而增加，波射线逐渐向地心弯凸，如图 5-9 所示，设 ds 为波射线一小微段，按定意有：

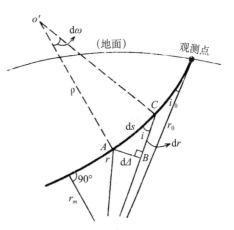

图 5-9 波射线的曲率和曲率半径

$$ds = \rho d\omega, \rho = \left|\frac{ds}{d\omega}\right| \quad (5\text{-}39)$$

式中 $1/\rho$ 为地震波射线的曲率，ρ 为其曲率半径。从图中三角形 ABC，不难看到

$$dr = ds \cos i \qquad (5\text{-}40)$$

又因 $d\omega$ 是个微量，结合

$$\sin(i+d\omega) = \sin i + d\omega \cos i \qquad (5\text{-}41)$$

及

$$\frac{r \sin i}{V} = \frac{r_0 \sin i_0}{V_0} = p \qquad (5\text{-}37)$$

等关系，上述表示地震波射线的曲率变化的（5-39）式便成为

$$\frac{1}{\rho} = \frac{1}{r} p \frac{\mathrm{d}V}{\mathrm{d}r} \tag{5-42}$$

若在同一波射线上，还可以有

$$\rho \sin i = 常数 \tag{5-43}$$

（二）地震波的走时

这里说的地震波走时，是指地震波从震源辐射，到达观测点所需的时间。按照正常规律，由于地震波传播速度，在地球内部通过时随深度而增加，因此，波射线到达一定深度后，又回返到地面，为观测台的仪器所记录。故上文说：地震波走时可以按一定规律，用地面观测数据，加以推算。

从（5-37）式，人们看到 p 是波射线的参量，是已知数，但它是代表 r_m 与 V_m 比值的，必须于它们之间另找一关系，作成 V_m 为 r_m 的函数，也就是 V 为 r 的函数，才可以分别确定 r_m 和 V_m 的数值。一般做法是：沿每一单程射线，如图5-7所示，走时 t 可用下式来表达，

$$\left. \begin{array}{l} \mathrm{d}t = \dfrac{\mathrm{d}s}{V} = \dfrac{\mathrm{d}r}{V\cos i}, \quad t = \displaystyle\int \dfrac{\mathrm{d}r}{V\cos i} \\[3mm] \mathrm{d}\Delta° = \dfrac{\mathrm{d}r}{r}\tan i, \Delta° = \displaystyle\int \dfrac{1}{r}\tan i\,\mathrm{d}r \end{array} \right\} \tag{5-44}$$

式中 $\Delta°$ 是震中距离，以地球大圆弧度计算，即观测点与震中至地心作成的顶角度数。地震波的走时随震中距离扩大而增加，并与下列关系：

$$\frac{r\sin i}{V} = \frac{r_m}{V_m} = p = \frac{r_0 \sin i_0}{V_0} = \frac{1}{\bar{v}_\Delta} \tag{5-38}$$

紧密相联。r_m 是每一单程射线到达最深处与地心的距离，V_m 是其相应的速度，按理论，在一条单程射线上，走时从震源出射起算，随震中距离的扩大，渐渐累积，直到观测点，沿途 p 值不变，如（5-7）式所示。

人们将（5-44）关系式改写一下，$\tan i$ 用 $\sin i$ 来表达，并用 $p\dfrac{V}{r}$

代 $\sin i$，则震中距 $\Delta°$ 便为

$$\Delta° = \int_{r_m}^{r_0} \frac{2p}{r}\left(\frac{r^2}{V^2} - p^2\right)^{-1/2} \mathrm{d}r \qquad (5\text{-}45)$$

上列积分方程表明每个 p 值，都可以从积分得到一条已定震中距（因 p 值是在一定震中距的观测数据）的走时。再用阿贝尔定理（Abel theorem）由一条射线至另一条射线，逐步扩展便可将（5-45）积分方程，全部加以积分，得到地震体波走时分布的全面情况。

关于地震波传播理论，早在本世纪之初，德国葛廷根大学师生，维歇尔教授等已充分阐明，这里从略，需要注意的是射线参量 p 的特征。它可以用以下形式表达，

$$\left.\begin{array}{l} p = \dfrac{r\sin i}{V} \\[2mm] p = \dfrac{r_m}{V_m} = \dfrac{r_0 \sin i_0}{V_0} \\[2mm] p = \dfrac{\delta t}{\delta \Delta} = \dfrac{1}{\bar{v}_\Delta} \end{array}\right\} \qquad (5\text{-}37)$$

设地震发生于周围密布观测点的中心，台网分布很合乎理想，地震波扩展到不同震中距离的阶段，都可以有很多观测台，记到地震波的到达时间；人们便可按震中距的顺序及其相应的地震波到时记录，作成走时表，并可以走时 t 和震中距 Δ 为坐标作成时距曲线，亦称走时曲线，如图 5-10 所示。很明显，地震波射线参量 p 可以

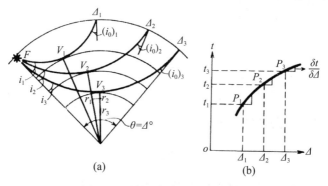

图 5-10　地震波时距曲线示意图

用走时曲线的斜率来表达，因此，地震波通过地球内部时，若遇到不正常的情况，都将在相应的 p 值上反映出来，人们可以根据实际观测数据加以鉴定。

（三）走时曲线的特征

$(p)_\Delta$ 是地震波经过地球内部，在震中距 Δ 地面出现，入射角为 $(i_0)_\Delta$ 构成的 p 值；如上所述，它是该地点的地震波视速度 $(\bar{v})_\Delta$ 的倒数，也是在震中距 0—Δ 范围内，地震波入地最深处 r（与地心的距离）及其相应波速 V 之比。人们从实际观测结果，假定地球表面平均纵波速度为 6.34 公里/秒，预先将与 p 有关的数据计算出来，如表 1 所示：

表5-1　浅震视速度及相联数据

$\Delta°$	r	V(km/s)	$\overline{V}$(km/s)	$i°$
10	0.9873	7.89		
20	0.9485	8.79	10.10	38.9
30	0.8806	10.97	12.48	30.5
40	0.8519	11.38	13.50	28.0
50	0.8114	11.75	15.11	24.8
60	0.7567	12.24	15.97	23.4
70	0.6991	12.72	17.92	20.7
80	0.6360	13.20	20.20	18.3
90	0.5767	13.69	24.15	15.22
100	0.5539	13.65	24.80	14.80

V 是深处速度（按杰夫里斯数据简化）

$\overline{V}$ 是视速度（按古登堡数据简化）

r 以 $r_0=1$ 为单位

从表上看：入射角越小，射线入地的最低点也越深，射出地面时，离震中亦越远；这是地震波速度随深度增加的结果，可以从走时曲线的斜度变化来认识。若将（5-37）关系式，简单地写作

$$p = \frac{r}{V}$$

则走时曲线的斜率，对于震中距离的变化，便可用下式来表示

$$\frac{\mathrm{d}p}{\mathrm{d}\varDelta} = \frac{\mathrm{d}}{\mathrm{d}\varDelta}\left(\frac{r}{V}\right) = \frac{r}{V^2}\left(\frac{V}{r} - \frac{\mathrm{d}V}{\mathrm{d}r}\right)\frac{\mathrm{d}r}{\mathrm{d}\varDelta} \tag{5-46}$$

如上所述，波速随入地深度增加而增加，就正常连续变化的规律来说，V/r 和 $\mathrm{d}V/\mathrm{d}r$ 的比数是一致的，但由于地球内部物质结构很复杂，局部发生异常是不可避免的，至少有以下一些情况值得注意：

1）$\mathrm{d}V/\mathrm{d}r = V/r$，$\mathrm{d}p/\mathrm{d}\varDelta=0$，表明走时曲线的斜率不因 $\varDelta$ 而变，曲线走成直线，最显著是面波走时，便是如此。

2）$\mathrm{d}V/\mathrm{d}r < V/r$，表明地震波走时曲线随 $\varDelta$ 而变，因 $\mathrm{d}r/\mathrm{d}\varDelta$ 常为负值，按（5-46）关系式，$\mathrm{d}P/\mathrm{d}\varDelta < 0$，说明 $\varDelta$ 增加曲线斜率变小，走时曲线的走向逐渐向下弯。

3）$\mathrm{d}V/\mathrm{d}r > V/r$，按（5-46）关系式，$\mathrm{d}p/\mathrm{d}\varDelta > 0$，说明 $\varDelta$ 增加，曲线的斜率变大，走时曲线的走向，便逐步向上翘。

如上所述，从地震波走时曲线的表现特征，可以检查研究，任何震中距离范围内，地震波在地球内部通过是否正常。这一点，对于研究地球内部构造是十分重要的。

在仪器记录图上，地震波的图像是很复杂的，有体波、面波、各种反射波以及地核内部折射波等等，包括许多震相，各以不同的速度传播，或先或后到达观测台，表现为一波未平，一波又起，使记录图持续时间很长。人们分析这些波动，根据其各方面表现的特征，开展地震科学研究，下面再继续谈。

第六章 震 相 分 析

1. 引 言

在地震记录图上，人们见到的复杂图像是各种波形的组合，是相互补偿和相互干涉的结果。实际上，包括各种简谐波动，其运动方程可写成，如

$$y = a \sin \frac{2\pi}{T} \left(t - \frac{x}{V} \right)$$

式中 a 为波动振幅，x 为波动传播的距离，V 为传播速度。若以波长 $\lambda = VT$ 来表示，则上式还可写成

$$y = a \sin \frac{2\pi}{\lambda} (Vt - x)$$

地震时，地震观测仪器所记到地震震动，从起始至消失，长达数小时或更多，远震记录最短也有数分钟，内中包含不同周期和不同振幅的一长串震动记录。在连续震动中间，人们看到许多具有特殊意义的波动，谓之震相。按上述的波动表达式，在每个震相的时间起点：$t=t_0$，即 $t=0$ 为初位相，上式可写成

$$y = -a \sin 2\pi \frac{x_0}{\lambda}$$

式中 $2\pi \frac{x_0}{\lambda}$ 是运载着震相的简谐运动，若 $x_0 = 0$，则此简谐运动方程，便成为：

$$y = a \sin 2\pi \frac{t}{T}$$

很显然，x_0/λ 是波长的一小部分，只包含全周波（2π）的一个相位角度，故称为震相。

震相为数很多，有面波震相和体波震相，后者极为重要。在

地震记录图上，最显著亦最突出的是：体波的第一震相 P，第二震相 S 和面波最大震相 M。这三种震相，由于其本身的波速不同，到达观测点的时间便有先后，震中距离越远，它们彼此分隔的距离亦越大。实际上，它们陆续到达所形成的图像，已成为地震波动记录图的基本形式。人们很早就注意对 P 和 S 震相的研究，并从其走时曲线所表现的特征，发现地球内部有一级的波速不连续界面（即地震波通过时，波速发生急剧变化）。最著名的，一是莫霍洛维奇不连续面，深度不过数十公里，为地壳与上地幔的分界面，二是古登堡不连续面，在 2900 公里的深度，为地幔与地核的分界面，这是人所共知的。到后来，又发现地核内部还有外核与内核之分。地球内部的波速，由浅及深，大致成如下的分布：

波　　　速	地　　　壳	地　　　幔	地　　　核
V_P（公里／秒）	5—7+	7.8—13.5	8—⋮—11.5
V_S（公里／秒）	3—4	4.5—8	
		莫储面	古登堡面　（地核内外面）

由于地球的内部结构，包含着速度不连续面，地震波通过时，发生反射和折射现象，那是必然的，因此在地震记录图上，还可看到 P 和 S 的各种反射波和折射波。最显著的是从地球表面反射的，PP，PPP，…；SS，SSS，… 等；以及从地核面上反射的 PcP，ScS，… 等反射波震相。又当地震波深入到与地核接触时，纵波发生绕射，随后进入地核，经过折射，达到地面，表现为 P'（原作 $PcPcP$，c 为地核记号，亦作 PKP），P''，$PKKP$，… 等折射波震相。必须指出的是横波则无此现象，在到达地核之后，即消失于无形，没有通过地核的迹象，因此，地核被认为是无刚性的（$\mu=0$），至少其外层是如此。

如上所述，震相如此复杂多样，当其到达观测点的时间又各有先后不同，遂使地震记录图成为绵延很长的波列。人们在地震记录图上分析震相，准确地测得其到时，作成走时曲线，审究其斜率，以为研究地壳及地球内部构造的张本。自本世纪以来，学者进行多方面的研究，成果很多，下面分别来谈。

2. 震相与走时

上文谈到，每个震相以一定的波速传播，人们根据不同震中距的大量记录，按其到达观测点的时间先后，及其相应的震中距离，作成各个震相的时–距序列表，称为走时表。大量观测数据表明各次地震的震相走时表是大同小异的，若将其由于震源深度不同等因素产生的差异，予以修正，便可作成一套通用的走时表。走时表是震相分析所必须，也是微观地震研究取得资料的要道。

2-1　通用走时表及其作用

在一般地震图上，包含着各种震相，其中最突出，而且容易准确地量得其到时的，是第一震相 P 和第二震相 S，其他震相则常因出现不够清楚而不易分析确切。如果有了大多数地震都可以通用的，包括各种震相的走时表，人们便可根据 (S-P) 的到时差，先在这种走时表上确定震中距离；然后在其同一震中距的时间轴上，进一步查得其他震相应该到达观测台的时间，作为参考，以分析疑难震相，这种作法常可收到良好的效果。地震仪器观测逐渐发达后，地震学家进一步认识到走时表的重大作用，力图创制一种通用的走时表，以满足人们需要。

初期的走时表是综合少数大地震的观测数据，予以适当加工整理制成的，本身比较粗略，包括震相亦少。最早的是英国人奥尔德姆（R. D. Oldham, 1899）所作，仅仅是根据几次大地震的资料，予以综合，作成的 P、S 和面波的最大震相的走时表。随后又有米尔恩（J. Milne），佐普力兹等编制的走时表。在三十年代之前，实际上使用较广的，是佐普力兹与特纳（H. H. Turner）合编的走时表，该表是不够完善的。

本世纪初期，仪器地震学日益进步，世界各国陆续增设地震观测台，地震发生后，可以有很多远近不同的地震记录，为了便于利用，须将分散的观测结果很快集中到一起。地震科学工作者有见及此，早就号召全世界地震学家联合起来设立"学会"，共同商讨，议定统一的格式，并要求每个地震台将其各自记录到的震相数据，汇编成册，作为"临时地震报告"，制成复印本，与各地地震台互相交换。于是，每一地震观测机构，都可以保存一个地震的全部观测数据，供研究者使用。典型的临时地震报告形式是：最前头注明观测点的地理位置（包括经、纬度，标至秒，高程至米），基地岩性以及地震仪种类和性能；然后按时间先后，报道每个地震对可能分辨的震相，将其到时及震动周期和振幅的数据，分别成行标明。随着各地观测的地震资料日益丰富，地震科学工作者，如米尔恩等英国学者，对地震观测研究很感兴趣，除在伦敦"英国科学促进会（British Association for the Advancement of Science）"加入专门研究小组外，还在牛津大学，以特纳教授为首，组成专门工作组，整理世界各地观测台的记录数据，修定其震中位置，及主要震相的到时与相应的震中距的关系，汇编为"国际地震汇编"（International Seismological Summary，简称为 I. S. S.），供研究者随意索取使用。这些工作对于全球地震活动性的研究十分有益。

I. S. S. 以地震观测一览的形式，累积资料，使得人们对于地震波走时的变化有了更充分的认识。三十年代一开始，杰弗里斯和布伦（H.Jeffreys and K.E.Bullen）即从事修订通用走时表以期进一步完善。他们作了许多工作，并对大量观测数据（以 I. S. S 资料为主，兼及其他），作了综合分析，然后用统计学方法进行平滑，消除了由于各种谬误产生的，不齐一的部分。直至 1940 年，才编制完成，内容丰富，与前此所用者大不相同。表内仍以 P 和 S 为主要震相，并以其到时差为测定震中距离的第一基数，震中距离以度数计算（每度等于 111 公里）。由于在 2900 公里深度存在着古登堡一级不连续面，P 和 S 震相至震中距 105°，便发生变化，此后已不是单纯的纵波与横波，而变为经过绕射或折射的复杂波了，因此走时表只做到 $\varDelta$=105° 为止。但对于震源深度的影响有了充分补订。震源深度 h 以地球的平均剥去地壳的半径为单位计算，对于地壳，以平均厚度 33 公里作为地球表层，然后分 h=0，0.01，0.02…0.12，共 13 个不同深度，分别作出走时表。每个表都完整地从 $\varDelta$=0 至 $\varDelta$=105° 左右，在前十度，每隔半度有一数据，以后则每隔一度有一数据，时间标至十分之一秒，使用者如需要时 - 距曲线上任何一点的斜度（也就是视速度的倒数），也很容易估计其相应数值。此外还有副表，主要是反射波和折射波震相的走时表：一类为从地面反射的，PP，PPP，…，SS，SSS，…，及其转换波震相：PS（或 SP），PPS（或 SPP，PSP），SSP（或 PSS，SPS），…等；其次是从地核表面反射的，PcP，ScS，…以及穿入地核折射出来的，PKP（即 P'），$PKKP$，…等。所编走时表包括震相很多，实为走时表的集成，简称为 J-B 表，问世之后，深受地震学界的欢迎。

美国著名地震学家古登堡和李克特，也在此时从事地震波传播的研究，他们在学术上的论点，不尽与杰弗里斯一致，他们的方法是：根据丰富的现代仪器观测资料，分析研究各种震相及其走时，并将结果综合起来。1934 年，编绘成了走时曲线图。需要指出的是，古、李的时 - 距曲线，除未包括近地地震外，其他部分与 J-B 表很接近。这说明 J-B 表是符合实际的。

走时表的用途很广，最主要的是供震相分析人员参考。例如某地震台收到一幅复杂的地震记录图，观测者根据其表现比较清楚的 P 和 S 震相的到时差，从走时表上查得 $\varDelta$=43°；于是便可利用正常深度走时表参考 $\varDelta$=43° 之下的各种震相的到时，分析震相：即在 P 之后，约 1 分 43 秒可望有 PP 出现，2 分 17 秒有 PPP 出现……，S 之后，3 分 06 秒有 SS 出现等，以及 P 之后约 1 分 51

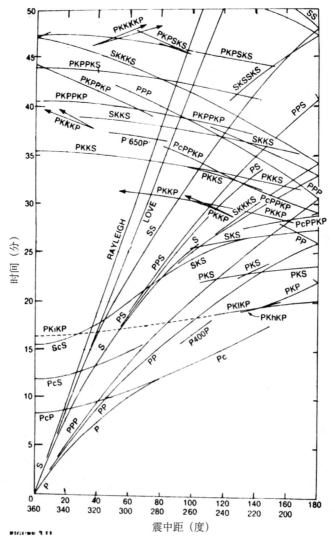

图 6-1 地震波时距曲线图（根据 J-B）

秒有 PcP, S 之后约 3 分 33 秒有 ScS 出现等等。如上所言的时间数字，虽不一定确切，但根据震相的动力学特征，在其附近可以认出相应的震相。如果时间差异过大，人们便有理由怀疑：地震波所经过的路径上，在地球内部的某处地方，可能有不正常的情况发生，有需要进一步研究者。

J-B 走时表出版后，作者仍不断加以补充修订，于 1948 年，1967 年和 1970 年再次刊行三种版本；最重要的是完善了"近震表面震源走时表"，即震中距 $\varDelta$ 在 0—8° 之间的 P_g（即 $\overline{P}$），P^* 和 P_n 震相走时表，每隔 0.2 度有一数据，书至 0.1 秒。图 6-1 是据 J-B 表作成的时－距曲线图。

2-2 震相特征

震相类别繁多，已如上述，由于其表现具有不同特征，人们乃得分别认识。各震相以其相速度传播，而产生不同的运动学特征，又因所含能量不同，而产生不同的动力学特征，后者尤其重要。人们在地震记录图上，常可看到一个震相出现时，有波动周期的不同，振幅大小的不同，有的在主要波动上叠加了微小波动，在最初出现的形式上，有突然急速冲出的，也有平缓地升起的。凡此种种，对于分析震相都很重要，下文分别来谈。

（一）体波震相

这里所要讲的，不包括近震（另有专论），只谈震中距离达 1000 公里以上的体波震相。图 6-2 左侧 a）示 P 波射线在地球内部的一般路线，右侧 b）示 P 波震相的走时。由于地震波入地后的传播速度，随深度增加而增加，以致波射线经过的途径，逐渐凸向地心弯曲，到达最大深度后，复回转向上透出地面，做成两边对称的弓形。波射线从震源发出时，入射角（即射线与过震源的垂线夹角）越小，波射线构成的弓形便越大，到达地面时射出点离震中的距离亦越远。从上图 a）可以看到，$\varDelta=103°$ 是 P 波射线所能到达的最远震中距，这时 P 波深入至最低点，已到了地核面上。

震中距大于 103° 的观测台，仍能观测到 P 波震相，从其在记录图上显示的特征，便知其已不是简单的 P 波了。最初是贴在地核面上滑行，变成所谓绕射波，振幅很微弱，形成影区，直至 $\varDelta=142°$，从地核出来的折射波出射地面，振幅乃突然长大。此时波射线就像光线聚焦一样，强度大增，相形之下，在震中距

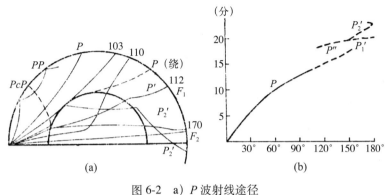

图 6-2 a）P 波射线途径
　　　　b）P 震相时 – 距曲线

103°—142°之间，则成为半明半暗的淡影区。再往前，出射角至 i=50° 时，第一条 cPc 射线透入地核，折射出地面为 PKP（即 P'）震相，它出现的地点越过震中对跖点约 10°，即从反面数来，Δ=170°，振幅强大，成环形，为第二聚焦圈。由此再往前，当射线出射角 i ＜ 50°，P' 的出地点转为往回收缩，至 i=20° 时，已缩到影区边际，即 Δ=142°。继续往前，波射线的出射角越小，i ＜ 20° 后，P' 的出地点，又回向对跖点增进，直至 i=0，波射线沿地球直径通过。

　　如上所述，P' 的出地点，来回游动，其结果使走时曲线分为两枝：P_1' 和 P_2'，其中折射角陡的，走时短的，为 P_1'，如图 b）所示。此外，还有 P″，走时更短，其出地点，由 Δ = 142° 往回缩，直至 Δ = 110°，振幅有时较大。从 P″ 的观测数据表明，当 P 波射线深入地核至 5100 公里的深度时，受到严重的折曲，因此，人们怀疑有内核存在，5100 公里深度，是其界面。

　　第二主要震相 S，是横波震相，由于它传播速度较慢，到达观测点的时间，常比 P 波为迟，在动力学特征上说，S 波震相载负大量地震能量，波动振幅和周期都比 P 大。人们早已注意到，当地球上发生较大地震时，波及很远，奇怪的是：在震中距离大于 105° 以外的观测点，从未观测到 S 波震相，说明横波射线不能通过地核，因此，怀疑地核可能是一种液态物体。图 6-3 示 P 波和 S 波通过地球内部时，速度的变化情况；很明显，在古登堡不连续面上，波速突然下降：P 波经大降后，仍穿入地核，S 波则骤降至零，没有进入地核。

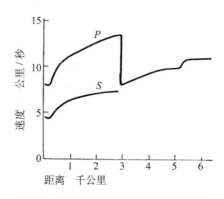

图 6-3　P 和 S 速度通过地球内部的变化图（据古登堡）

（二）反射波震相

上文曾谈到，地震波射线遇到不连续面时，便发生反射现象，其中从地面和地核面反射的反射波震相，最为强烈，一般地震仪都能观测到，也是下面要讲的主要内容。至于从莫霍面反射的震相，只有近震，在短距离范围内才能观测，这里就从略了。

首先要指出的是，无论入射波为纵波还是横波，反射出来的波，则既有纵波，同时也有横波：例如入射波为 P，反射波震相有 PP，也可以同时有 PS；同样，若入射波为 S，反射震相，亦可同时有 SS 和 SP。但这两种反射震相，不一定是同等强度的，在记录图上，与入射波同性的，一般比较明显，实际观测结果也是 PP 和 SS 等震相是最常见的，而 PS，和 SP 一类的震相，须在一定的反射角或一定的震中距范围内，才容易观测到。图 6-4 示各主要反射波的情况：a）是从地面反射的正常反射波震相，b）是从地核面上反射的反射波震相，c）是多次转换的反射波震相，d）是深源地震，体波在震中附近地面的反射波震相，e）是纵波从地核内面反射的反射波震相，f）是 P 波穿过地核后，又从对方向地面反射回来的反射波震相。此外，亦还有一些复杂的反射波震相，未及全列。

早期由于观测仪器性能不高，在地震记录图上，一般见到的只是 PP，SS 等一类反射波震相。这些震相，在不同震中距出现

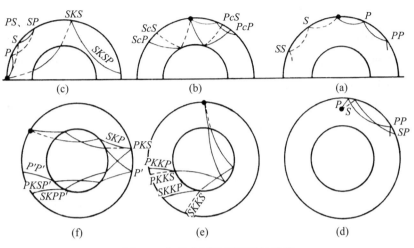

图 6-4　各种主要反射震相的路线

的振幅，变化不一，往往令人迷惑，例如大地震，在震中距 120°
左右，其 *PP* 和 *PS* 都是大振幅，非常显著，有时被误认为 *P* 和 *S*
两主要震相，惟 *SS* 则因其周期较大，不易混淆。*PcP* 和 *ScS* 一类
的反射波震相是在地核深度确定后才发现的。后来地震仪器观测
技术日益进步，对于由地核内外面反射的复杂反射波震相，也逐
渐有了认识。例如有了贝尼奥夫地震仪（一种用短周期摆配长周
期电流计制成的高灵敏度地震仪），1933 年在白莎丁纳（Pasadena）
地震台记录的地震图上，初次发现 *PKKP*，随后又陆续发现其他
如 *P'P'*，*SKPP'* 等复杂反射波震相。这些震相的特点是周期短，
振幅小，与一般表现不好的 *P* 很相似，因此，在大地震的记录图上，
最初疑其是震后发生的小余震，后来，由于这些可疑的余震常出
现在主震 *P* 之后约 30 至 45 分钟，才怀疑不可能那样凑巧，都是
小震的起头，而更可能是大地震的继续，是当时尚未知道的迟到
震相。经过反复考核，并作出走时曲线，乃确识其是新震相：其
在主震 *P* 后 30 分钟左右到的，当是 *P'P'* 或 *SKPP'*；45 分钟左右
到的是 *P'P'P'*。

（三）面波震相

面波波动与体波不同，它是沿地球表层传播的，速度较慢，在地震记录图上是在横波之后出现的，共有两种类型，即乐甫波和瑞利波，已如上述。在一幅远距离地震记录图上，人们常可看到振幅最大，持续时间很长的部分，那就是地震面波，从其表象很容易认识。深源地震除外，浅源地震的面波特征是：先出现周期大，不甚规则的长波，随后发育为波动匀称，周期较小，振幅由小而大，又由大而小的谐振波群，常连续不止一次，才渐次衰减而消失。早期观测者将先到的长周期波动标作 L（长波之意），为面波第一震相，也就是乐甫波震相，随后到达的为瑞利波震相，是一系列对称变幅合成的波群出现，M_1，M_2，M_3…（M 是最大之意）波峰。这一段正是地面震动最剧烈的阶段，震动周期越来越短，显然是有波散，上文已经谈到。

一般认为，乐甫波的质点运动在水平面上，瑞利波则在垂直面上，这是两种波型分别的主要特征。但也不是完全如此，由于地壳底面不平，观测结果证明，乐甫波在垂直面上多少都有点分量。随着仪器观测技术日益发达，对于面波震相的分析，愈来愈详细，现在知道的已不单笼统地是 L 与 M 了。

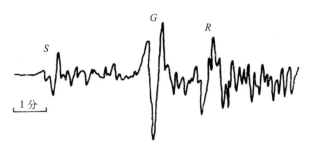

图 6-5　面波 G 和 R 震相

有了长周期地震仪之后，在远距离观测台的地震记录图上，人们都能分析面波第一震相 G 和第二震相 R。图 6-5 是一幅堪察加地震，在震中距 40°外的面波记录图。图中先到达的是周期很长（一般在 1 分钟以上），振幅特别大的巨型震波，这就是乐甫波第一震相 G，随后到来的又一个大波则是瑞利波的第一震相 R。一般情况是，G 在水平向仪器记录特别显著，R 则在垂直向仪器记录特别显著，这是可以理解的。

需要指出的是上述巨型面波震相，只在大地震的主震记录图上出现，因此，疑是地震发动时，大量岩块崩裂错动的反应，日本学者认为是大规模地壳升降，兼有新断层产生的表现。图 6-6 为日本鸟取地震的近距离地震台记录，其巨大的长周期地震波，疑是当时大规模地面升降及地坼裂的反映。

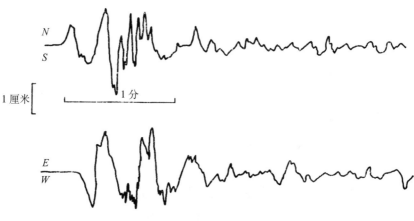

图 6-6　日本鸟取地震 $\varDelta$=145 公里的阿武山观测台，
长周期地震仪（T=36 秒，V=1.4 倍）记录图

如上所述，G 和 R 的相速度分别为 4.5 和 4.2 公里/秒，因周期很长，常在 1 分钟以上，以致波长可达数百公里，这是很显然的。由于面波能量绝大部分在地球表层，波动传播只限于地面以下约一个波长的厚度范围内，因此，G 和 R，实际上是沿上地幔顶部传播的乐甫波和瑞利波，与小周期的，主要在地壳内部传播的面波有所不同，因此，普通面波，在一般地震记录图上所见的第一震相乐甫波和第二震相瑞利波，分别称为 L_Q 和 L_R，与 G，R 有别。

（四）近震震相

在地震观测处理上，常按与震中的距离 $\varDelta$ 分为地方震、近震和远震：$\varDelta$ 小于 100 公里的为地方震，$\varDelta$ 小于 1000 公里的为近震，以外为远震。近震（包括地方震）的波射线，主要在地壳及其底面通行，一般可作直线处理。地壳厚度，平均不过数十公里，上为花岗岩，下为玄武岩，中间有康拉德（Conrad）面隔开，玄武岩底就是莫霍面与上地幔分界。地震波通过界面，发生反射和折射，回到地面形成各种震相，如图 6-7 所示。由于震源位置有深浅，而有以下三种不同情况：

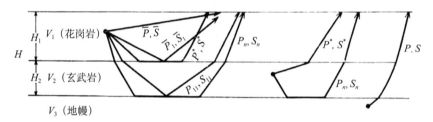

图 6-7　近震波射线及其震相示意图

（a）震源在康拉德界面之上，即在花岗岩层内，地震图上的前段，P 波组里有：直达波 $\overline{P}$（即 P_g），从康拉德面上的反射波 $\overline{P}_1$，绕射波 P^*，和从莫霍面上的反射波 P_{11} 及绕射波 P_n。地震图上的后段是 S 波组，也有相应的 $\overline{S}$、$\overline{S}_1$、S^*、S_{11} 和 S_n，振幅一般比前段大得多，与面波合在一起，很难分辨。

（b）震源在康拉德界面之下，玄武岩层中，则没有直达波，主要是 P^*、S^* 和 P_n、S_n。

（c）震源在地壳之下、上地幔中，则只有正常的 P 和 S 震相。

图 6-8 示近震震相的走时。以 P 波为例，直达波 $\overline{P}$ 的走时为

$$t_{\overline{p}} = \frac{\varDelta}{V_1}\sqrt{1+\left(\frac{h}{\varDelta}\right)^2} \tag{6-1}$$

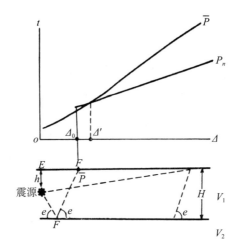

图 6-8 近震震相走时

绕射波 P（P^* 或 P_n）的走时为

$$t_p = \frac{2H-h}{V_1}\sin e + \frac{\Delta}{V_2} \tag{6-2}$$

$$\cos e = \frac{V_1}{V_2}$$

e：到达地面时的出射角。

从走时图上看，有两处须注意的：

1）Δ_0 是第一个值得注意的距离，在 $\Delta < \Delta_0$ 时，地震图上不会有绕射波出现。这个距离与 e 和 H 联系着，可用来测定震源深度。

2）当 $\Delta = \Delta'$ 时，便是 $\overline{P}$ 和 P_n（或 P^*）两走时曲线的交点，即

$$\frac{\Delta'}{V_2} + \frac{2H-h}{V_1}\sin e = \frac{\Delta'}{V_1}\sqrt{1+\left(\frac{h}{\Delta'}\right)^2} \tag{6-3}$$

若震源很浅，h 可以不计，则可写成

$$\Delta' = 2H\sqrt{\frac{V_2+V_1}{V_2-V_1}} \tag{6-4}$$

很显然，当 $\Delta < \Delta'$ 时，直达波比绕射波先到，绕射波一般不如

直达波强，常被掩盖，到 $\varDelta > \varDelta'$ 之后，绕射波赶在直达波之前，才容易分析。若不考虑中间层，H 便代表整个地壳厚度，$\varDelta'$ 约在 150 ~ 200 公里之间。直达波一般至 $\varDelta = 800$ 公里后才消失。

若考虑中间层，P_n 的走时公式比较复杂些，如图 6-9 可写成

$$t_{Pn} = \frac{\varDelta}{V_3} + \frac{2H_1 - h}{V_1} \sin e_1 + \frac{2H_2}{V_2} \sin e_2 \tag{6-5}$$

$$\cos e_1 = \sin i_1 = \frac{V_1}{V_2}$$

$$\cos e_2 = \sin i_2 = \frac{V_2}{V_3}$$

S 波组的走时曲线，亦可照上述情况得出，只是 e 的角度不一样。

总起来说，近震震相的走时曲线，从其所代表的方程式可以看出都作直线，其斜率即其所经过介质速度的倒数。

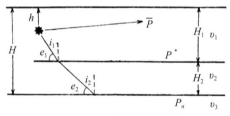

图 6-9 两层地壳的波射线

各层速度或平均速度可写成：

$V_{\overline{P}}$：5.6 公里 / 秒；$V_{\overline{S}}$：3.4 公里 / 秒

V_{P*}：6.3 公里 / 秒；V_{S*}：3.7 公里 / 秒

V_{Pn}：8.1 公里 / 秒；V_{Sn}：4.7 公里 / 秒

上所论述，是一般浅源地震在近距离出现的震相，震源深度不过数十公里。若震源深度很大，从百十公里乃至数百公里，则主要震相在震中附近，地壳下面反射的反射波震相 pP，sP 和 sS 可以在远地观测台的记录上出现，如图 6-4d 所示。它们是用以测定震源深度的重要震相，但人们在未认识深震之前，对它们一无所知。后来由于 P' 在有些地震记录图上竟早到 1 分钟以上，才疑其震源深度较大。到了 1922 年，人们已有深源地震的概念，随后发现深震的面波很小，甚至不见，并从理论上证明：面波振幅是

按 $e^{-CH/\lambda}$ 规则锐减的（式中 λ 是波长，H 是深度，C 为常数），从而证实了深源地震的存在，同时也确立了震中附近地面的反射波震相及其走时。

3. 导波及其震相

当地震波通过地球内部时，总的说来，波速是随深度增加而增加的，但也可以有特殊情况：在一定范围内，波速变化梯度有些反常，速度不随深度增加而是减少，使地震波射线成为往上拱的弓形，构成低速层。若只考虑波射线最低点的深度 r 和速度 V，则上述波射线曲率半径公式，可写成

$$\frac{1}{\rho}\left(\frac{V}{r}\right) = \frac{1}{r}\left(\frac{\partial V}{\partial r}\right) \tag{6-6}$$

从上式可以看到：$\dfrac{\partial V}{\partial r} = \dfrac{V}{r}$ 是速度变化梯度的临界值。在接近地面时，P 波的速度变化梯度为，每 100 公里 0.13 秒公里，S 波为 0.07 秒公里，并有以下两种情况：（1）$\partial V/\partial r < V/r$，按（6-6）式，$1/\rho < 1/r$，也就是波射线的曲率比低速层的球面弯度小，地震波进入后仍能出来，如图 6-10a 所示；（2）$\partial V/\partial r > V/r$，则有 $1/\rho > 1/r$，即波射线曲率比低速层球面弯度大，地震波进去后，长久在低速层槽内辗转，不得出来，如图 6-10b 所示。

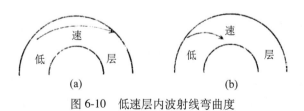

图 6-10　低速层内波射线弯曲度

古登堡早有推测，认为地球内部存在着低速层，由于在其上方和下方的波速都比较高，地震波进入低速层后，即被劫持，使大部分能量沿着低速层槽道中传送，因为消耗少，可传达很远，

如同海水下的"声发（Sofar）"。在观测记录上，低速层的主要标志是影区，如图 6-11 所示：AB 之间为地面上出现的影区。当观测点位于影区时，记录振幅很小，只见到一些绕射波及其他细微杂波，若出了影区，记录振幅乃增大。如果地震正好发源于低速层，则地震波从震源发出，都限制在低速层内，只有很少一点漏出，大部分不得出来，好像低速层引导着波动，因名导波（Guided wave）；若从侧面看，又像在槽中波动，故又称槽道波（Channel wave）。

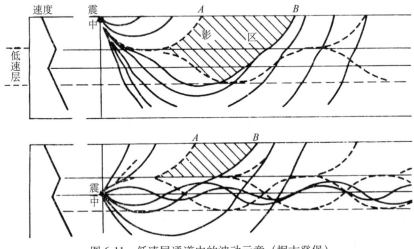

图 6-11　低速层通道中的波动示意（据古登堡）

据古登堡的研究，地球的上部至少有两套低速层：一是岩石圈低速层，约在大陆地表以下 10 至 20 公里深度；二是软流圈低速层，约在上地幔 60 公里以下的深度，其间 P 波至深度 150 公里为止，S 波则可至 250 公里的深度。地震波通过低速层，转出至地面，在地震记录图上，有其特殊震相，即导波震相，下面分别来谈。

3-1　软流圈低速层导波震相

这里要谈的导波震相，是 1953 年意大利地震学家卡莱（P. Ca

loi），首先从地震记录图上的体波波段中分析得到的，其中属于纵波的定名为 P_a，属于横波的，定名为 S_a。在这以前，当人们作 P 和 S 的走时曲线时，已经知道，在 $\Delta=20°$ 左右的一段有异常情况出现，杰弗里斯曾认为是地球内部 300 至 400 公里深处构造不正常的反映，实际上是古登堡关于上地幔存在着低速层的另一说法。

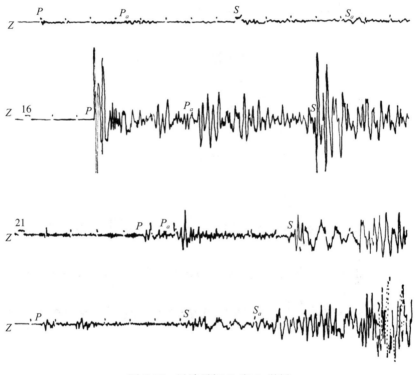

图 6-12　导波震相 P_a 和 S_a 举例

P_a 与 S_a 震相，须用长周期地震仪（如 $T=15$ 秒，$T_1=90$ 秒左右的）才容易观测到，一般出现在震源深度小于 60 公里的地震记录图上。图 6-12 示一些实际记录图像，从这几个例子来看，人们还不容易认识其有何显著特征，且不一定是纵波和横波同时出现。据瑞典地震学家巴特（M. Båth），总结 96 个地震的长周期地震仪记录所得结果，有些情况可概括如下。

表 6-1

波型	波速（公里/秒）		周期（秒）	备考
	（大陆下）	海洋下		
（纵）P_a	8.35	8.01	6—22（10 秒最多）	垂直分量显著
（横）S_a	4.56	4.45	14—40（20 秒最多）	垂直分量显著

3-2 岩石圈低速层的导波震相

这里谈到的是 L_g 与 R_g 及其短周期面波震相，g 表示花岗岩，说明波的传播路线在大陆地壳部分。L_g 和 R_g 原是 1952 年普雷斯等（F. Press and M. Ewing）发现的。在检查纽约附近 Palisades 地震台记录时，常见发生在北太平洋东岸的地震，都有非常大的面波震相，其群速约在 3 ～ 3.5 公里/秒。若传播路线全在大陆（包括大陆架）时，则远在 6000 公里以外的地震台，犹能记录到

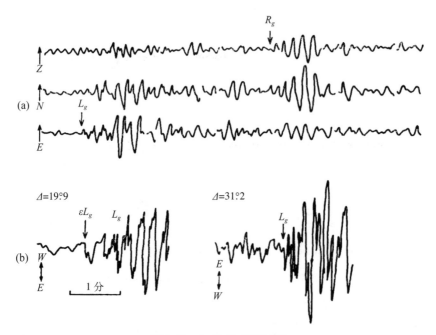

图 6-13 L_g 及 R_g 震相记录

a）阿拉斯加地震，Palisades 记录（$\varDelta$=48.2）

b）其他例举

这类震相，但如被深海所隔，虽只有一二百公里，便不见了。因其与花岗岩层的乐甫波速和瑞利波速接近，遂分别取名为 L_g 和 R_g。

图 6-13 是美国阿拉斯加地震在 Palisades 地震台（a），及其他台站的记录（b）。人们可看到这类震相的特点是起始很清楚，振幅大。L_g 出现的周期常在 1/2—6 秒，波动性质，主要成分为水平横波，其群速度平均为 3.51 公里 / 秒；当 $\varDelta > 20°$ 时，具有反频散性（即周期大时，速度变小），在 $\varDelta < 10°$ 的范围内，周期变小，表现为近震震相 S_g（即 $\bar{S}$）。R_g 的周期为 8—12 秒，质点运动的轨迹成逆进椭圆式，其群速度平均为 3.05 公里 / 秒，在 $\varDelta < 10°$ 的范围内表现为近震的面波。

巴特仔细研究后，发现 L_g 在欧亚大陆上路径分作两枝，L_{g1} 和 L_{g2}，传播速度不同，前者平均群速为 3.54 公里 / 秒，后者为 3.37 公里 / 秒。还发现另一震相 L_i，疑是在地壳下层同样性质的导波。图 6-14（a）是一次希腊地震在瑞典一个地震台的记录，（b）是巴特想象的 L_{g1}，L_{g2} 和 L_i 波射线在波导中传播的模型，左边示横波速度随深度的变化。

图 6-15 中，M_2 也是岩石圈低速层的导波，妹泽与金井清于

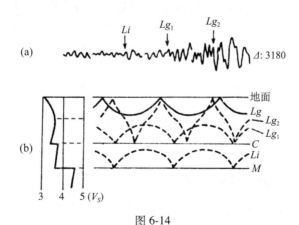

图 6-14

（a）希腊地震（39¼N，23E，M:6），在 K_i 台记录，$\varDelta$=3180 公里

（b）地壳模型，M 为莫霍界面，C 是 Conrad 界面（20 公里）

1935 年证明其存在，故又称为妹泽波，实为一种短周期瑞利波，常出现于 S 波群之后，基谐瑞利波之前，周期为 8—12 秒，平均群速约 4 公里 / 秒。疑是与 L_i 相对应的瑞利波（R_i），但 L_i 没有明显的波散，而 M_2 则有强频散，因其频散曲线受上、下层介质刚性比（$\mu_1 : \mu_0$）值变化的影响极小，故适宜于用来测定地壳厚度。

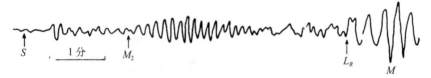

图 6-15　琉球地震（1962.6.2，$M=5\frac{1}{2}$），成都台记录（$\varDelta=2654$ 公里）

在我国兰州地震台，亦曾根据国境内外 M 为 4—6½ 的 52 个地震记录图，总结了可以代表东南亚大陆的地壳低速层导波震相的各项参数，概括如表 6-2。图 6-16 是一幅记录比较完全的地震图。

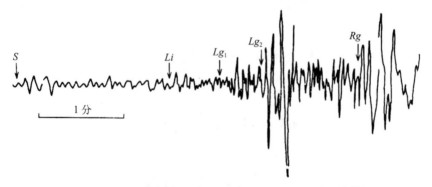

图 6-16　苏联，贝加尔地震（55.5° N，113° E，M:6），兰州记录
　　　　　（$\varDelta=2287$ 公里）

从兰州记录还发现以下情况：来自我国台湾地区的 6 个地震，都可以观测到 L_g，R_g 和 M_2，而来自日本九州及琉球地区的 6 个地震，却只有 M_2，观测不到 L_g 和 R_g，说明台湾海峡的海底地壳，具有相当厚的花岗岩层。

表6-2

	L_i	L_{g1}	L_{g2}	M_2	R_g
Δ	8°—22°	5°—22°	5°—22°	20°—25°	5°—22°
周期（秒）	3—10	2—10	2—10	8—11	5—14
波速（公里／秒）	3.68	3.3	3.32	3.91	3.02
	*(3.79)	(3.54)	(3.37)		(3.0—3.1)

* 括弧内是 Båth 的数据，借作比较

3-3　漏能式导波及其他

导波是在低速层通道中，经过反复多次全反射的波动，能量局限在通道内。当入射角小于临界角时，则不是全反射，有一部分波能便可"漏"出，主要是从横波折射带漏出，名为漏能式导波。现在已知道有以下两种。

（一）π_g 震相

π_g 是一种花岗层导波震相。古登堡曾说到：既然 S 之后有横导波 L_g，则在 P 之后也可能出现纵导波 π_g，与之相应。他和普雷斯一起，研究了肯郡（Kern county）1952 地震（M=7.7）后，肯定其确实存在，如图 6-17 所示，但 L_g 与 S 以及 π_g 与 P 的振幅比值相差很大。一般在 Δ 为 5°—40° 之间时可以观测到，其特点是振幅小，出现很不规则。

（二）PL 震相

PL 是一种漏能式导波。早在 1931 年桑维尔（O.Somville）就注意到：有些地震记录图，在 P 之后紧跟着一种长周期（一般在 10 秒以上）的震动，有时且可延续至 S 之后 L_R 之前出现，有如图 6-18 所示。最初不了解这种波的性质，后经奥利弗（O. Oliver）等人研究，大致认为：（1）这种波常在 $\Delta < 25°$ 可以观测到，（2）正频散持续时间很长，在通过大陆通道上，周期可从百秒缩小至 30 秒，（3）波动的质点运动是椭圆形顺进，但振幅不及同样周期瑞利波的四分之一。从散射情况分析，可以说：PL 波和瑞利波都是近地面地

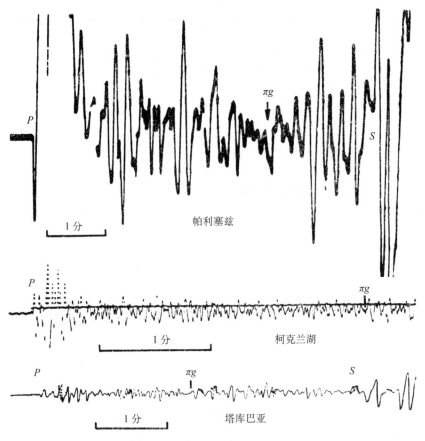

图 6-17 1952 美国肯郡地震（M=7.7）在观测台 Palisades，Kirkland Lake
和 Tacubaya 记录的 π_g 震相

壳低速层导波，所不同者是瑞利波为正规式导波，而 PL 为漏能式导波。此外，在 $\Delta > 30°$ 的观测台，有时还可以观测到周期为 20 ~ 60 秒的导波震相，其性质与 PL 相似，那就是 S 与 PL 耦合所产生的震相，如图 6-18（b）所示。

（三）T 震相

最后谈谈 T 波，是海下低速层的导波震相。海底地震，若震源很浅，震中附近地形适宜，纵波得以传过海洋，产生 T 波（T 是第三，tertiary 的简称，与 P 为第一，primary，S 为第二，

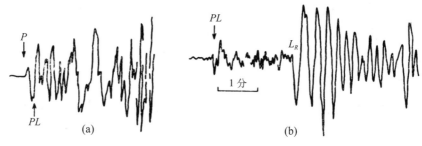

图 6-18 *PL* 震相记录

a）1959.8.15 台湾地震（*M*=7.2），南京记录（*Δ*=10°）

b）后至 *PL* 耦合波

secondary 是同义）。它的传播是反复在海底与海面间作多重反射的形式进行，主要集中在深约千米的海里低速层（Sofar）通道中通过，可传达到很远。当到达大陆时，在水陆接替过程中，转化成为陆上传播的地震波：P_g，S_g 和 R_g。由于纵波在海水中传播，速度不过 1.5 公里 / 秒，因此 T 波到达观测台的时间，比从通过地球内部而来的纵波 P，常迟了若干分钟，比 S 波还要晚到，所以有第三波之称。但其前段, P 和 S 震相间的记录, 往往不甚明显，如图 6-19 所示，图上 P 是正常纵波震相，T 是经海洋传来的纵波

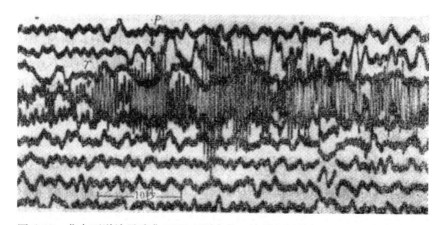

图 6-19　北大西洋地震瑞典 BEC 观测台的 T 波震相记录（1962.3.17,海底地震：震中，10.6° N, 43.7° W, *M*=6.8, *Δ*=3231 公里, Benioff Z 地震仪记录。根据 M. Båth）

震相，前者很微弱，后者很强大，迥然不同。人们不难看到 T 以短周波出现，具有显著的反波散，振幅渐渐增大，然后衰减而消失，常可持续至数分钟之久，观测条件比较好的地震台，常可记录到 T 波。

以上概述了各项震相及其特征。此外还可在强震结尾（coda）中找到 G_1，R_1，W_1，及 G_2，R_2，W_2 等震相：它们是从相反方向传来，和绕了地球一周后又来到的 G，R，M 震相。虽经受长途消耗，短周波被吸收，振幅亦很小，但波形尚在，仍能认识。

4. 综 述

总的来说，震相分析，重要在于分析 P 与 S 两主要震相在不同震中距的表现，约可概括如下：

$0°—1°$：P 和 S，震相都很尖突，时间相隔约 2—15 秒。

$1°—5°$：P 和 S 震相都很复杂，振幅逐渐增大。

$5°—12°$：P 和 S，振幅随距离增大而减弱以至认不清楚，来自不同途径的地震图，往往差别很大。这是因为在这段距离内，地震波大部分在地壳内传播，而各地的地壳厚度和物质又不均匀的缘故。在靠近 $9°$，有时出现短周期的强震相，常与 iG 及 L_g 混在一起。

$13°—26°$：在 $12°$ 左右，P 和 S 震相几乎看不见，但 $\varDelta=13°$，P 再次出现，$\varDelta=18°$，S 再次出现，此时，振幅相对地大，周期亦较长。须指出的是在 5 至 26° 之间，地震波的传播受地幔低速层的影响，及 PL 长周期漏能波的干扰，以致地震图的表象很复杂，不易分析。

$26°—37°$：PcP，ScP，ScS 从地核界面反射的震相，常以大振幅出现，前二者在垂直向地震图上特别显著，后者因受 G 及 R 震相的干扰，常以短周期的振动形式叠合在其上。$33°$ 之后，S 以较大周期出现，并容易与 ScP 相混，因为在 $38°$，它们便同时到达，但前者的水平分量常比垂直分量大，可作为与后者分辨的判据。

38°—84°：*P* 和 *S* 出现都很清楚，*P* 的振幅，初起很小，但随距离增加很快，在 40°—55° 时，因 *S* 的周期大，短周期仪器记录不容易发现。*PP* 的表现，直至 80° 左右，都是大振幅，特别是反射点在大陆之下的，振幅更大。*P'P'* 在 75° 聚焦，振幅大，但亦很少与 *P* 的振幅同样大，*SKPP'* 跟在 *P'P'* 之后约数分钟。*P'P'P'* 约在 65° 聚焦，振幅大，但除在深源地震的地震图外不常见。

84°—103°：在这段距离中，*SKS* 先于 *S* 出现，跟着它的是 *SKKS*，*S* 及 *SP* 或 *PS*，混杂在一起，不容易分析。*SKS*，当以纵波形式通过地核时，常常是极化于铅垂面上振动，因此，它没有水平分量可作为识别它的标志，但 *PS* 和 *S* 也可以有同样的性质。一般说，*S* 振幅大，特别是在靠近 95° 时更大；*SKS* 的振幅一直到 90° 都相当小，随后增大，直至超过 103° 还是相当大。

在这段距离中，*PP* 约在 *P* 之后 4 分钟出现，振幅常比 *P* 大，过了 95°，在短周期垂直向地震图上，开始出现 *PKKP*，这个震相出现的距离比较稳定。

105°—128°：第一个大震相是 *PP*，它在 *P″* 之后到达。*P″* 在短周期垂直向地震图上出现为短周期的大震相。*P* 的绕射波，约在 *PP* 之前 4 分钟出现，周期长但很简单，有时只是一或两个波动组成，且在大震图上才有。*PKKP* 约在 120° 聚焦，只在短周期地震仪（特别是垂直向）上才有记录。*SKS* 一般是大振幅，但随距离慢慢地减小。在短周期仪器记录上，有时有一个小而清楚的震相，相当于 *SKP*。

PP 和 *PS* 一般都是大振幅，在 115°—125° 之间，尤其是这样。在 120°，面波约在 *PS* 之后 20 分钟出现，再过约半小时才发育成最大波动。

129°—141°：*SKP* 约在 132° 聚焦，靠近这个距离的地震图前段，最大震相是 *SKP* 和 *PKS*，并且常常是水平分量较大。

在短周期地震仪记录图上，*P″* 常在较大波动前 5 至 10 秒处以小震波形式出现，*PP* 在其后约 2 分钟出现，震相清楚但振幅不大，又过 1 分钟，*SKP* 才到。135° 之后，*SS* 与 *SKP* 之间没有什么分明震相，只有 *PKKP* 和 *SKKP*，后者振幅较大，但只短周期仪器才有记录。

142°—160°：*P′* 由于靠近其聚焦带，振幅突然增大，比地震图上其他震相都大。它可以独自出现，没有多少波动跟着，甚至没有面波。靠近 142°，为 *PP* 所掩盖，它一直是大震相，使 *SKP* 看不见。*SKKS*，*SKSP* 和 *PPS*，始初很清楚，逐渐模糊，至 160° 则不见；在这样距离的附近，只有 P_1'，P_2'，*PP* 是清楚的震相，此外是以长周期开始的 SS 震相，随后出现面波。

160°—180°：在这区间，常常在清楚的震相与面波到达之间，约有一小时之久的相对的平静，地震图形成两次不相连的震动。一般情况是 P_1'，P_2'，*PP* 和 *PPP* 都很显著，并跟着一个大波，常被误认为 *S*，实则相当于 *SKKS*，而到时又太迟，尚未完全确定。超过 180° 之后的 5°～10° 的范围内，*PP* 还很清楚。*PcPP′* 是大振幅震相，因它的聚焦点在 175° 附近。

第七章　地　震　参　数

1. 引　　言

微观地震研究，主要在于了解地震及其活动性。地震发生后，人们被其破坏力和强烈震动所吸引，趋赴现场调查，从当地表现的宏观现象，分析了解地震的发生时刻、地点和强度等具体情况，以定地震参数。靠人的器官感觉，所及的范围有限，知道的情况亦难精确，特别是地震发生在人迹不能到的地区时，取不到资料，则无从知其参数。自从有了地震仪器，对地震激起的弹性波动的传播，可用仪器进行观测，其结果已不受人事限制，又能更好地测定地震参数。人们处理地震仪器记录时，利用各种震相的运动学特征和动力学特征，并结合其走时，创造了许多测定参数的方法，测得的数据谓之微观地震参数，较用宏观方法测定的结果，更为细致、准确。一般以发震时刻、震中地理位置（即经度和纬度）、震源深度，以及地震大小（即震级），共五项作为地震基本参数。

仪器观测地震，促使微观地震研究的发展，首先要求的是准确地测定地震参数，以为了解地震的第一步。随着仪器观测技术日益进步，各地地震观测点的分布日趋严密，世界任何角落发生的地震，不论人迹能否到达，都可以根据各地观测的记录，依法求得其参数。于是人们可以在遗漏极少的条件下，研究和比较各地的地震事件，在时间上和空间上的分布实况，以进一步研究地震发生条件等有关地震活动性方面的问题。

微观地震学，奠定了近代地震研究的基础，地震参数的测定，尤其是基础中的基础，下面分别论述有关地震参数及地震活动在时空方面的分布特征。

2. 地震基本参数

人们研究地震，首先须要知道每个地震的参数，这是很显然的。地震是复杂的动象，震时一刹那就过去，造成一系列的后果，很难具体分析作为依据，以测定地震参数，因此，宏观地震参数只能是粗略的，或者说是定性的。自从有了自动记录的地震仪器之后，地震时，地面运动可以如实地记录下来，仪器性能愈好，记录愈能代表真实情况。有了记录，人们便可在事后复案，从容地汇集远近各地方的情况，根据各种震相的运动学特征和动力学特征，仔细分析，然后依法测定地震参数。这样求出的微观地震参数，显然是以客观事实为基础，是有科学依据的，其结果是比较合理可靠的。需要指出的是微观地震参数与宏观地震参数常常是不一致的。

在测定地震参数过程中，须用到微观地震学，有关震相特征的一些符号，作说明如次。

人们使用仪器观测地震，一般分作三个分向，分别记录。在一个观测台上，常常是将两个同样的水平拾震器，分别安置在东西向和南北向，另外一个性能相似垂直向拾震器，安置在侧边，构成一个完全的拾震系统。图 7-1a 表示，地震波自地下从震源发出，传到观测点 S，射线与地面在观测点下形成出射角 e，经过折射，出到地面，改变为视出射角 $\bar{e}$，将地震波分为水平和垂直两个分向。垂直向震仪拾得垂直分向地动，两个水平向仪器则分别拾取东西与南北两个分向地动，如图 b 所示。在地震记录图上，人们分析震相，对于每个可以确定的震相，都要求标明其初动的到时、振幅和周期，为求一致，以便于利用，国际间作了统一规定如下。

t：震相到时，例如 t_P 是 P 波初动的到时，t_S 是 S 波初动的到时等，一般算至秒。

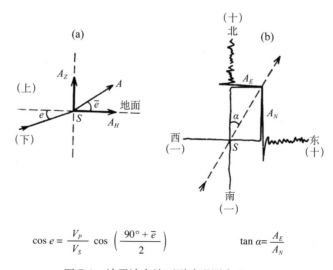

$$\cos e = \frac{V_P}{V_S} \cos \left(\frac{90° + \overline{e}}{2} \right) \qquad \tan \alpha = \frac{A_E}{A_N}$$

图 7-1 地震波自地下到达观测台 S,
(a) 示从切面看水平向和垂直向, (b) 是水平向的两分向

A: 震相振幅, 一般化成地动位移, 以千分之一毫米 (μ) 计算。因为它是矢量, 有方向性, 须附脚标加以说明, 有: 垂直向 (Z), 分为向上 (c 或 u), 向下 (d); 水平向 (H), 分为向东 (E), 向西 (W), 向南 (S), 向北 (N); 并以 (c)、(E)、(N) 为正 (+) 向, 以 (d)、(W)、(S) 为负 (-) 向。

T: 震相周期, 以秒计算。

α: 观测点指向震中的方位角, 可用 P 波初动的水平位移分向测定, 即 $A_E : A_N = \tan \alpha$。

Δ: 震中距离, 以度数或公里计。

5 个基本参数为

发震时刻: H

震中位置: 经度 λ, 纬度 φ

震源深度: h

地震大小: M (震级)

以上所述各项, 在各地观测台的地震报告中, 一般都有初步数据, 供进一步研究参考。下面谈基本参数的测定方法。

2-1 地震时（发震时刻）、空（震源位置）参数的测定

这里共有三种参数，五项数据，主要在震中的确定。震中位置的概念，就宏观与微观来说，有所不同。最早认为地震震动或破坏最烈之地是地震中心，圈一个区，谓之极震区或震中区，有时包括范围很大，实际上，不知中心在何地。近代地震学家认为，地震是由于活动断层的突然错动引起，如图7-2左所示，那么宏观所谓的震中区，就可能是沿地震断层线透到地面的地方，因为这里的震动和破坏都是最重的，但这里并不是真正的震中。按微观的概念，震中是在由震源垂直向上的地面上，从图7-2所示，显然是另在一处。地震在震源发难，当地岩石遭受大量破坏，其范

图 7-2　微观震中与宏观极震区示意图

围常常很广大，究竟那一点是发动中心，人们还是无从知道。由于岩石崩坏，激起了地震波向外传播，根据周围地震台的观测结果，可以证明最剧烈的波动是从地震断层间一点辐射而出的，并可按理论推导，找出辐射的发源点，显然这是地震之源。由震源直上至地面，便是震中，从理论上说，它是一个点，其地理位置可用经纬度确定，即所谓仪器震中或微观震中。下面要谈的是微观震中的测定，须指出是微观震中的位置，有时亦可在极震区之外，从图7-2来看，是容易理解的。

在研究地震参数中，震中一项的测定最为重要，情况复杂，方法亦多，且有近震与远震之分，这里只举一、二个使用较为普遍的为例。首先要说明的是：用仪器观测记录测定地震震中位置，无论用何种方法，凡是有记录的观测点，必须提供两种初步数据：一是震中距离 $\varDelta$，二是发震时刻 t_0。前者可按 P 波和 S 波的到时差，

在"走时表"上查得，后者可将求得的 Δ 数值，在"走时表"上查出 P 波（也可用 S 波）的相应走时，再从 P 波的到时数中减去而得到。有了上述的基本观测数据，便可进一步依法测定。下面分别来谈。

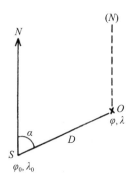

图 7-3　单台法，震中测定示意图

（一）近震参数

一般做法是先用单台观测数据作初步估计，然后用多台数据交切，求得最后结果。图 7-3 示单台测定震中的做法：S 为观测点，其地理位置之经度为 λ_0，纬度为 φ_0；O 为震中，其所在位置之经、纬度 λ 和 φ 是待定的。由于是近震，震中与观测点之间的距离，相对地很小，地球面的曲度，可以不计，因此，都在平面上操作，如图所示。

人们分析任何观测台的地震记录图，都可得到下列数据：

1）P 波震相的到时 t_P，和 S 波震相的到时 t_S，并用其差数 (t_S-t_P)，在 J-B 表上查得相应的震中距 Δ 及走时，从到时减去走时，便是发震时刻 t_0。

2）准确地量得 P 波初动，在水平面上的两分向振幅：A_E（或 A_W）和 A_N（或 A_S），然后用其比值求得震中方位角 α（即 $A_E/A_N=\tan\alpha$，当 $\alpha<90°$ 时）。

于是，以 α 为方位角，自 S 点画线至 O 点，并令 SO 之长等于 D，如图 7-3 所示，O 便是震中所在。若用经、纬度来表示其地理位置，须就所用地图的投影形式和比例尺，将公里换为度数，求得经度差 $\delta\lambda$ 和纬度差 $\delta\varphi$，便得到：

震中地理位置：$\lambda=\lambda_0+\delta\lambda$，$\varphi=\varphi_0+\delta\varphi$

用单台观测记录测定的结果，误差很大，一般用多台交切，取其平均结果，比较精确。近震震中距小，受震源深度的影响比较大，有了多台记录，便可用震源距离，直接测定震源位置；这样做，同时可以测定震中参数和震源深度参数。设 D 为震源距离，t_P 和 t_S 为两主要震相的到时，人们很容易得到简单关系如下，

$$(t_S - t_P) = D/V_{SP} \qquad (7\text{-}1)$$

$$\frac{1}{V_{SP}} = \left(\frac{1}{V_S} - \frac{1}{V_P} \right)$$

V_{SP} 谓之虚波速度，它是纵波速度的倒数与横波速度的倒数之差，实际上不存在，故有如此称谓。

一般说多台是指三个以上有良好记录的观测台，选用三个台或四个台为一组进行交切，其方法有如下述。

Ⅰ）以三台为一组的做法，称为虚波速度法，亦称石川法。按虚波速度，在短距离范围内是相当稳定的，可从计算或由本地经验得到，一般在 8 公里 / 秒左右。设选定的三个观测台为 S_1，S_2，S_3，先将它们按其地理位置，安在操作地图上，如图 7-4 左所

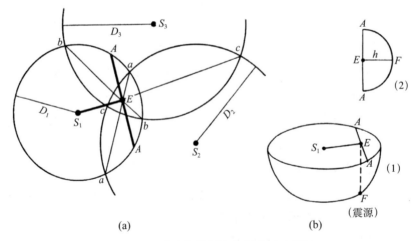

图 7-4 三台交切法测定震源位置示意图

示，再按各台记录到的 $(t_S - t_P)$ 到时差，用公式（7-1）求得各台相应的震源距离：D_1，D_2，D_3。然后以 S_1 为中心，以 D_1 为半径，在操作地图上作第一地震圆，实为一个隐在下底的半球面，震源应当是在此球面上的一点。同样以 S_2 及 S_3 为中心，以 D_2 及 D_3 为

半径作第二，第三地震圆，各有其下隐的半球面。这三个半球面互相交切，每两个构成一条弧形交切痕，共有三条，投影到图上为：aa，bb，cc。这三条弧，相交于一点，因它是三个下底半球面的共同点，当然就是震源，投影到图上为 E，就是震中，便可在操作地图上，定下其地理位置。

　　过震中 E，垂直于观测点 S_1（S_2 或 S_3 亦可）与震中的连线，作一直线与第一地震圆交于 A，则 EA 之长就是震源深度 h。这可从图 7-4 右方，清楚地看到，b_1 是第一地震圆的半球面，今若过 E 并垂直于 S_1E 作一垂面切下，则这个垂面必然通过震源 F，并与地震圆的半球面交割成一个半圆形割痕，为 b_2，很显然 $AE=EF=h$，都是这半圆形的半径。最后用操作地图的比例尺，将 AE 之长折合成公里数，便得到震源深度的数据。

　　Ⅱ）用四个观测台交切的做法，称为和达法。由于各个观测台的震中距离，有时参差较大，虚波速度不甚一致，为了减小交切误差，改用四个观测台，可以消除虚波速度的影响。日本和达清夫创用此法，因名和达法。他将四个选定的观测台，任取其中两个，编成台组，并先将每个台组，根据其震相到时记录，依法规定其交切圆的中心和半径，然后以台组为交切单元，进行交切，以求震中位置及震源深度参数，其原理有如下述。

　　和达法与三台交切法不同，不是将观测台直接搬到操作地图上，必须事先规定好每个台组位置。设有四个观测台 S_1，S_2，S_3 和 S_4，其相应的 $\overline{P}$，$\overline{S}$ 到时差和震源距离为：

$$S_1：(t_s-t_P)_1=D_1/V_{SP}$$

$$S_2：(t_s-t_P)_2=D_2/V_{SP}$$

$$S_3：(t_s-t_P)_3=D_3/V_{SP}$$

$$S_4：(t_s-t_P)_4=D_4/V_{SP}$$

任取两个配合为台组，如以 $S_{1,2}$ 为 C_1，$S_{2,3}$ 为 C_2，及 $S_{3,4}$ 为 C_3。于是，消去 V_{SP}，有

$$\frac{D_1}{D_2} = \frac{(t_s - t_p)_1}{(t_s - t_p)_2} = m_{12} \tag{7-2}$$

······

用三维坐标系统 x, y, z，来规定震源的位置，而以 $x\text{-}y$ 平面为地面，设 S_1 在地面的地理位置坐标为 x_1，y_1，S_2 为 x_2，y_2，则有

$$D_1 = \sqrt{(x - x_1)^2 + (y - y_1)^2} \tag{7-3a}$$

$$D_2 = \sqrt{(x - x_2)^2 + (y - y_2)^2} \tag{7-3b}$$

以及 S_1 与 S_2 之间的距离，

$$d_{12} = \sqrt{(x_2 - x_1)^2 + (y_2 - y_1)^2} \tag{7-3c}$$

合并起来，便得

$$(x - x_o)^2 + (y - y_o)^2 + (z - z_o)^2 = R^2 \tag{7-3}$$

$$x_o = \frac{x_1 - x_2 m_{12}^2}{1 - m_{12}^2} \tag{7-4a}$$

$$y_o = \frac{y_1 - y_2 m_{12}^2}{1 - m_{12}^2} \tag{7-4b}$$

$$z_o = 0, \tag{7-4c}$$

这是一个球面方程，其球心位置坐标为 x_o，y_o，z_o。半径 R_1 可由下式计算，

$$R = \frac{m_{12} d_{12}}{1 - m_{12}^2} \tag{7-5}$$

台组 C_1 的球心与两观测台在一直线上，其顺序为 $C_1(x_0, y_0)$，$S_1(x_1, y_1)$，$S_2(x_2, y_2)$。C_1 与 S_1 的距离为

$$l_1 = \sqrt{(x_1 - x_0)^2 + (y_1 - y_0)^2} = \frac{m_{12}^2 d_{12}}{1 - m_{12}^2} = m_{12} R \tag{7-6}$$

同样作出 C_2，C_3 台组数据，便完全可以按三台交切法，用图解得出震中位置及震源深度。

实际操作采取以下步骤。先在适当比例尺的地图上，将四个观测点，按其地理位置作成台网固定住了，然后约略估计震中所在，

配好台组，并按公式计算出 m、d、R 和 l 之值，列成下表：

表 7-1

台组	m_{ij} $\dfrac{(t_s-t_p)_i}{(t_s-t_p)_j}$	d_{ij} s_j 至 s_i 的距离	R_{ij} $\dfrac{m_{ij} \times d_{ij}}{1-m_{ij}}$	l_{ij} $m_{ij} \times R$
$C_1(S_{1,2})$				
$C_2(S_{2,3})$				
$C_3(S_{3,4})$				

有了上述数据后，在 S_2-S_1 线上，从 S_1 外伸，到距离 l_1，截一点 C_1，即第一台组的震源圆中心，以 R_1 为半径作圆，如图 7-5 所示，称为第一和达圆。同样作出第二和第三和达圆，三个和达圆的三条公弦交汇处即震中的位置 E，SE 的垂线弦之半，其长度即震源深度，其结果与三台交切法同。

　　近震震中测定的方法很多，以上只列举其中一二种主要的。测定近震参数，关键在于做好本地区的近震走时表。地震科学工作者如有了较好的地区震波速度剖面，常可制定适宜于本地区的震中测定方法，这样做效果很好。

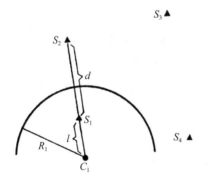

图 7-5　和达法作图示意

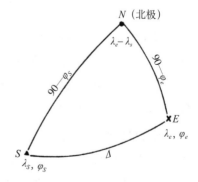

图 7-6　震中地理位置与震中距的球面关系

（二）远震参数

上文曾指出，用单台观测记录测定震中，得不到良好结果，尤其是震中在千里之外的远震，误差更大。在此场合，主要依靠的震中方位角是由 P 波初动水平向的动向决定的，后者又是从地震仪记录的南北和东西两分向合成的，一般不易测量准确。不难了解若方位角稍微差了一点，对于终点位置会有多么大的影响，而且距离越大，影响亦越大，所谓"差之毫厘，谬以千里"也就是这个意思。另一方面，由于震中距离大了，测定方法不能再在平面图上直接操作，因为计算震中与观测台两点之间的距离，不能忽略地球球面的曲度，须从球面三角公式计算，如图7-6。图上三角形，顶角 N 是北极，S 为观测点，E 为震中，其地理位置分别为 λ_s，φ_s，和 λ_e，φ_e，设测得震中距离为 Δ，它们之间的关系，按球面三角余弦定理可写成

$$\cos \Delta = \sin\varphi_s \sin\varphi_e + \cos\varphi_s \cos\varphi_e \cos\ (\lambda_e - \lambda_s) \tag{7-7}$$

若还测得震中方位角 α，则按正弦定理，还可与震中地理位置联成：

$$\left.\begin{aligned} \sin\varphi_e &= \sin\varphi_s \cos\Delta + \cos\varphi_s \sin\Delta \cos\alpha \\ \sin(\lambda_e - \lambda_s) &= \frac{\sin\Delta \sin\alpha}{\cos\varphi_e} \end{aligned}\right\} \tag{7-8}$$

实际上，人们测定远震震中，一般选用多台记录数据，用交切法进行测定，有时亦使用单台法，但只作为初步参考。实际操作时，采用中央球极投影的赤道平面，在其上进行交切、作图，简称为"球极平面交切法"。

中央球极投影的原理有如下述。所谓球极投影，是把眼放在南极，望地球面上任何一点 S，如图7-7（a），在赤道平面上视线过处，反映为 S'，人们在赤道平面上所见的地球面上经纬线网将是另一形式，即经线为从球极投影点 O 发出的辐射直线，纬度成为以 O 为中心的同心圆。OS' 之长代表 S 点的纬度，其关系为：

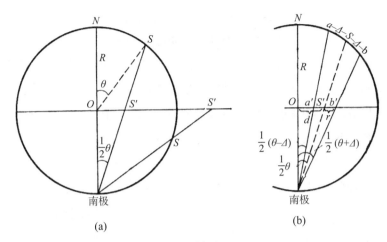

图 7-7　球极投影图

$$OS' = R \tan \frac{1}{2} \theta \qquad\qquad (7\text{-}9)$$

$$\theta = 90 - \varphi_s$$

式中 R 为地球半径。

设 S 为一个观测台，测得与震中的距离为 Δ，则以 S 为中心，以 Δ 为半径画一圆，震中必在这个圆周上。这个震中圆，投影到赤道平面上还是一个圆，角度亦不产生畸变，其半径 r，将是 $S'a'=s'b'=r$，如图 7-7（b）所示，该投影圆中心 S'，与中心 O 的距离 d，可用以下关系计算，即

$$d = OS' = \frac{1}{2}(Ob' + Oa')$$

$$r = \frac{1}{2}(Ob' - Oa')$$

$$Oa' = \frac{1}{2}R \tan \frac{1}{2}(\theta - \Delta)$$

$$Ob' = \frac{1}{2}R \tan \frac{1}{2}(\theta + \Delta)$$

代入，得

$$d = \frac{R\cos\varphi_s}{\sin\varphi_s + \cos\varDelta}, r = \frac{R\sin\varDelta}{\sin\varphi_s + \cos\varDelta} \tag{7-10}$$

设有三个以上的观测台记录,已知震中距 $\varDelta$,则可按公式(7-10)将其相应的 d 和 r 算出,故每个观测台都可以事先制定不同 $\varDelta$ 的 d, r 数值表,同时亦可事先准备好球极投影平面图,如图7-8(a)。这个图的辐射线,直接代表经线,纬线则将 $R=1$,分成一百等分(即每分隔等于0.01),画成同心圆,不直接代表纬度,实际操作就在这样的图上进行。从选择震中距适当的观测台做起,设其地理位置为 φ_s, λ_s,震中距为 $\varDelta_1$,从公式或查表可得到相应的 d_1 和 r_1,然后在上述球极投影上找到经度等于 λ_s 的经线,从中心 O(球极投影中心)量至距离 d_1 处为 S_1,如图7-8(b),以 S_1 作为中心,r_1 为半径画圆,便是第一台的震中圈,同样做出第二,第三,……震中圈,各震中圈交切处,即震中的投影 E, E 所在经线,即是震中地理位置的经度,纬度则按下式计算,

$$OE = \tan\frac{1}{2}(90° - \varphi_e) \tag{7-11}$$

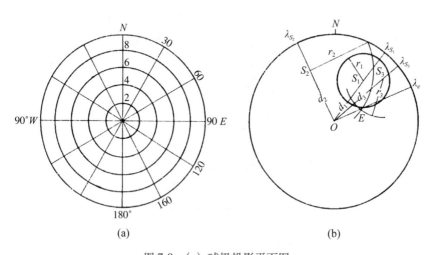

(a)　　　　　　　　　　(b)

图7-8　(a)球极投影平面图
　　　　(b)震中圈交切示意图

　　如上所述，中央球极投影平面交切法，只能求得震中的地理位置，不能如近震交切法，同时得到震源深度的数据。远震震源深度的测定，还须另找办法。一般是根据震中距 Δ，按不同震相的到时差，从 J-B 走时表中查得。其做法如同求发震时刻一样，即用 (t_S-t_P) 的到时差，查得 Δ，按 Δ 求出相应的走时，再从震相到时的数字中减去走时数，即得到发震时刻。在求震源深度时，所不同的是，不用 S 震相，而是用近地面的反射波震相与 P 的到时差。最常用的震相是：PcP，ScS，pP 和 sP；其中任何一个震相 P 的到

表 7-2　$PcP-P$

$\Delta \backslash h$	0.00	0.01	0.02	0.03	0.04	0.05	0.06	0.07	0.08	0.09	0.10	0.11	0.12
10°	369	363.4	357	350	343	336	329	323	316	310	303	295	288
20	255	252.5	250	247	245	242	239	235	232	228	224	220	215
30	182	180	178	176	175	173	171	168	166	163	160	157	153
40	125	124	123	121	120	118	116	114	112	110	108	106	103
50	80	79	78	77	76	75	73	72	70	69	67	66	64
60	46	45	44	44	43	42	41	40	39	38	37	36	35
70	22	22	21	21	21	20	20	19	18	18	17	17	16
80	08	07	07	07	07	07	06	06	06	06	05	05	05
90	00												

注：h 以剥壳地球半径为单位计算

表 7-3　$ScS-P$

$\Delta \backslash h$	0.00	0.01	0.02	0.03	0.04	0.05	0.06	0.07	0.08	0.09	0.10	0.11	1.12
10	791	779	766	754	741	728	715	703	691	679	667	655	644
20	689	680	671	662	654	645	636	627	619	610	601	592	583
30	634	626	618	610	603	595	587	640	572	565	557	549	541
40	602	595	587	580	573	565	558	551	544	537	530	523	516
50	586	578	572	565	558	551	544	538	531	525	519	513	507
60	584	577	571	564	558	552	545	539	534	528	522	517	512
70	596	590	583	577	571	565	559	554	548	543	538	533	529
80	619	613	607	601	595	590	584	579	574	569	564	560	556

表7-4 *pP-P*

Δ\h	0.00	0.01	0.02	0.03	0.04	0.05	0.06	0.07	0.08	0.09	0.10	0.11	0.12
10	7.1												
20	8.7	18.7	27.1										
30	9.6	21.8	33.5	45.0	55.8	65.9	75.4	83.2	89.5				
40	9.8	22.7	35.1	47.1	58.5	69.4	79.5	88.7	96.9	103.8	109.8	114.6	
50	9.9	23.3	36.3	49.0	61.1	72.4	83.1	93.0	102.1	110.3	117.5	124.1	129.9
60	10.1	24.1	37.6	50.9	63.9	75.9	87.5	98.3	108.1	117.3	125.7	133.6	140.9
70	10.3	24.8	38.6	52.5	66.0	78.7	90.8	102.1	112.9	122.8	132.1	141.2	149.6
80	10.4	25.3	39.6	53.8	67.5	80.6	93.3	105.4	116.7	127.3	137.3	147.1	156.4
90	10.6	25.9	40.5	54.8	68.9	82.4	95.6	107.9	119.7	130.6	141.2	151.5	161.5
100	10.6	26.0	40.6	54.9	69.0	82.6	95.9	108.4	120.3	131.4	142.0	152.5	162.7

表7-5 *sP-P*

Δ\h	0.00	0.01	0.02	0.03	0.04	0.05	0.06	0.07	0.08	0.09	0.10	0.11	0.12
10	11.0	26.3	39.3	51.4	62.7	73.2	82.8	92.1	100.1	107.0	112.3	116.5	119.5
20	13.1	31.6	49.0	65.9	81.9	97.3	111.8	125.2	137.0	147.7	156.9	164.9	171.7
30	13.6	33.6	52.3	70.8	88.8	106.0	122.7	138.1	152.3	165.5	177.9	189.4	199.9
40	13.8	34.3	53.4	72.2	90.8	108.4	125.4	141.5	156.4	170.2	183.3	195.7	207.3
50	13.8	34.6	54.3	73.6	92.6	110.6	128.0	144.7	160.2	174.8	188.7	201.9	214.4
60	14.0	35.2	55.3	75.1	94.7	113.2	131.2	148.5	164.5	179.8	194.5	208.5	221.9
70	14.3	35.7	56.1	76.2	96.2	115.2	133.6	151.4	167.8	183.7	198.9	213.4	227.5
80	14.3	36.0	56.9	77.2	97.4	116.7	135.6	153.8	170.6	186.9	202.5	217.7	232.4
90	14.5	36.4	57.5	78.0	98.4	118.0	137.3	155.7	172.9	189.4	205.4	221.0	236.0
100	14.5	36.5	57.6	78.1	98.5	118.1	137.5	156.0	173.2	190.0	205.9	221.5	236.6

时差，都是随震源深度 *h* 变化的，J-B 表中有计算好的 Δ/*h* 对照表，兹摘录四种如上。

2-2 地震时、空参数的修定

较大地震，有很多观测台的记录，现在用交切法测定震中位置，只使用到其中的极少数记录，还有大量观测台的资料，未曾利用。人们还可将测得结果，作为初步震中，计算各个有记录的观测台的震中距，作成时距曲线，然后以 J-B 走时表的 P 波走时曲线为检验标准，进行比较，可收到修正的效果，使震中及其他参数，臻于至善。其原理如下。

在一个地震台，其实际观测的 P 波走时（即到时减去发震时）为 t_0，另有用 Δ 从 J-B 表查得的走时为 t_C，二者之间有差值，一般写作

$$t_0 - t_C = O - C = F$$

F 谓之残差。上文已阐明走时与发震时刻和震源位置参数，都紧密联系着，若按函数关系，可表达如下，

$$t = f(H, \ \lambda, \ \varphi, \ h)$$

按泰氏公式展开，去其高次项，得线性关系如下，

$$t = f_0 + \frac{\partial t}{\partial H} \delta H + \frac{\partial t}{\partial \lambda} \delta \lambda + \frac{\partial t}{\partial \varphi} \delta \varphi + \frac{\partial t}{\partial h} \delta h$$

很显然

$$t - f_0(H_0, \ \lambda_0, \ \varphi_0, \ h_0) = F$$

上式可写成

$$F = \frac{\partial t}{\partial \lambda} \delta \lambda + \frac{\partial t}{\partial \varphi} \delta \varphi + \frac{\partial t}{\partial H} \delta H + \frac{\partial t}{\partial h} \delta h \qquad (7\text{-}11)$$

由于 Δ 也是走时的函数，上式所含微分系数，可写成，

$$a = \frac{\partial t}{\partial \lambda} = \frac{\partial t}{\partial \Delta} \cdot \frac{\partial \Delta}{\partial \lambda}, \ b = \frac{\partial t}{\partial \varphi} = \frac{\partial t}{\partial \Delta} \cdot \frac{\partial \Delta}{\partial \varphi}$$

$$c = \frac{\partial t}{\partial H} = 1, \qquad d = \frac{\partial t}{\partial h}$$

于是，上式可简写为

$$F = a\delta\lambda + b\delta\varphi + c\delta H + d\delta h \qquad (7\text{-}12)$$

式中 $\delta\lambda$，$\delta\varphi$，δH 等是震源位置参数等的观测误差，a，b，c，d 是其系数，都由走时的特征来规定。这就是说，初步测定的震中所作出的时、距曲线与标准的 J-B 表所载的走时曲线，不完全相符，而产生误差，对每个有记录的观测点都有同样的误差方程，如有 n

个地震台，就有 n 个联立误差方程式，这样便可用最小二乘法求解，从而得到各参数的误差修定值。盖格（L. Geiger）最先使用此法，其做法如下。

下面介绍用最小二乘法修定时、空参数的过程大略。设有 n 个台的记录，其走时有误差为 F，若暂不考虑震源深度的影响，则产生误差的因素，只是震中位置和发震时刻，误差方程可写成

$$F = a\delta\lambda + b\delta\varphi + c\delta T_0^* \tag{7-13}$$

及

$$a = \frac{\partial t}{\partial \Delta} \cdot \frac{\partial \Delta}{\partial \lambda_e}, \quad b = \frac{\partial t}{\partial \Delta} \cdot \frac{\partial \Delta}{\partial \varphi_e}, \quad c = \frac{\partial t}{\partial T_0} = 1$$

式中 $\partial t/\partial \Delta$ 是走时曲线在震中距 Δ 处的斜度，从走时表上可以查得，又因，

$$\cos\Delta = \sin\varphi_s \sin\varphi_e + \cos\varphi_s \cos\varphi_e \cos(\lambda_e - \lambda_s)$$

$\partial\Delta/\partial\lambda_e$，$\partial\Delta/\partial\varphi_e$ 可从下式求得

$$\left.\begin{array}{l} \dfrac{\partial\Delta}{\partial\lambda_e} = \dfrac{\cos\varphi_e \cos\varphi_s \sin(\lambda_e - \lambda_s)}{\sin\Delta} \\[3mm] \dfrac{\partial\Delta}{\partial\varphi_e} = \dfrac{\sin\varphi_e \cos\varphi_s \cos(\lambda_e - \lambda_s) - \cos\varphi_e \sin\varphi_s}{\sin\Delta} \end{array}\right\} \tag{7-14}$$

注意，上式中使用的是地心纬度 φ_c，须按下式换算，

$$\varphi - \varphi_c = 11.7 \sin 2\varphi$$

设有 n 个观测台的记录，则可列成 n 个误差方程如下：

$$\left.\begin{array}{l} F_1 = a_1\delta\lambda + b_1\delta\varphi + c_1\delta T_0 \\ F_2 = a_2\delta\lambda + b_2\delta\varphi + c_2\delta T_0 \\ \cdots \\ F_2 = a_n\delta\lambda + b_n\delta\varphi + c_n\delta T_0 \end{array}\right\} \tag{7-15}$$

用最小二乘法归纳为以下联立方程组：

$*$ T_0 与 H 同义。

$$
\left.\begin{array}{l}
[aF] = [aa]\delta\lambda + [ab]\delta\varphi + [ac]\delta T_0 \\
[bF] = [ab]\delta\lambda + [bb]\delta\varphi + [bc]\delta T_0 \\
[cF] = [ac]\delta\lambda + [bc]\delta\varphi + [cc]\delta T_0
\end{array}\right\} \tag{7-16}
$$

式　中

$$
[aF] = a_1F_1 + a_2F_2 + \cdots + a_nF_n
$$

$$
[bF] = b_1F_1 + b_2F_2 + \cdots + b_nF_n
$$

$$
[cF] = c_1F_1 + c_2F_2 + \cdots + c_nF_n
$$

$$
[aa] = a_1a_1 + a_2a_2 + \cdots + a_na_n
$$

$$
[ab] = a_1b_1 + a_2b_2 + \cdots + a_nb_n
$$

$$
[ac] = a_1c_1 + a_2c_2 + \cdots + a_nc_n
$$

$$
[bb] = b_1b_1 + b_2b_2 + \cdots + b_nb_n
$$

$$
[bc] = b_1c_1 + b_2c_2 + \cdots + b_nc_n
$$

$$
[cc] = c_1c_1 + c_2c_2 + \cdots + c_nc_n
$$

解此联立方程组，得

$$
\left.\begin{array}{l}
\delta T_0 = \dfrac{[cF \cdot 2]}{[cc \cdot 2]} \\[3mm]
\delta\varphi_e = \dfrac{[bF \cdot 1]}{[bb \cdot 1]} - \dfrac{[bc \cdot 1]}{[bb \cdot 1]}\delta T_0 \\[3mm]
\delta\lambda_e = \dfrac{[aF]}{[aa]} - \dfrac{[ab]}{[aa]}\delta\varphi_e - \dfrac{[ac]}{[aa]}\delta T_0
\end{array}\right\} \tag{7-17}
$$

式　中

$$
[cc \cdot 1] = [cc] - \dfrac{[ac]}{[aa]}[ac]
$$

$$
[bb \cdot 1] = [bb] - \dfrac{[ab]}{[aa]}[ab]
$$

$$
[bc \cdot 1] = [bc] - \dfrac{[ab]}{[aa]}[ac]
$$

$$
[bF \cdot 1] = [bF] - \dfrac{[ab]}{[aa]}[aF]
$$

$$
[cF \cdot 1] = [cF] - \dfrac{[ac]}{[aa]}[aF]
$$

$$[cF \cdot 2] = [cF \cdot 1] - \frac{[bc \cdot 1]}{[bb \cdot 1]}[bF \cdot 1]$$

$$[cc \cdot 2] = [cc \cdot 1] - \frac{[bc \cdot 1]}{[bb \cdot 1]}[bc \cdot 1]$$

于是得修正结果如下：

$$\left.\begin{aligned} \overline{T}_0 &= T_0 + \delta T \\ \overline{\varphi}_e &= \varphi_e + \delta\varphi \\ \overline{\lambda}_e &= \lambda_e + \delta\lambda \end{aligned}\right\} \tag{7-18}$$

平均误差为

$$\mu = \pm\sqrt{\frac{ff}{n-3}} \tag{7-19}$$

$$ff = [FF] - \frac{[aF]}{aa}[aF] - \frac{[bF \cdot 1]}{[bb \cdot 1]}[bF \cdot 1]$$

$$- \frac{[cF \cdot 2]}{cc \cdot 2}[cF \cdot 2]$$

分项平均误差为

$$\mu_{\lambda_e} = \pm\mu\sqrt{Q_\lambda}, \mu_{\varphi_e} = \pm\mu\sqrt{Q_\varphi}, \mu_{T_0} = \pm\mu\sqrt{Q_{T_0}} \tag{7-20}$$

最后结果为

$$\left.\begin{aligned} \overline{T}_0 &= T_0 + \delta T \pm \mu_{T_0} \\ \overline{\varphi}_e &= \varphi_e + \delta\varphi \pm \mu_\varphi \\ \overline{\lambda}_e &= \lambda_e + \delta\lambda \pm \mu_\lambda \end{aligned}\right\} \tag{7-21}$$

如还认为不满意，则以新得的参数为初值，重复以上计算过程，直至满意为止。

上述地震参数修定法，在以往数十年间，使用很广，由于运算很繁，消耗时间很多，在六十年代电子计算技术发达以后，逐渐为所代替，现在用者已很少了。

2-3 震级的测定

地震强度的估计，最初以极震区最大烈度为依据，但烈度受外因的影响很大，不是一个很稳定的物理量。微观地震学发展后，人们已知道地震释放大量能量，认为以地震能来规定地震大小，较为合适。若以 E 为地震能量，M 为地震大小的等级，一般可以简单地假定其关系如下：

$$E = E_0 e^{aM} \tag{7-22}$$

或以常用对数表达，为

$$\log \frac{E}{E_0} = aM \tag{7-23}$$

问题在于如何确立 E_0 和比值 a。

地震放出的能量，有一部分是以波动形式扩散的，按理论，波动能量可以用其振幅来衡量。李克特（C.F.Richter）有见及此，早在 1935 年，他认为在一定的震中距，振幅 A 与震级的关系可写作：

$$M = \log \frac{A}{A_0} \tag{7-24}$$

或

$$M = \log A + \log \frac{1}{A_0}$$

以上即为震级定义公式，并称为第五参数。按定义，当 $A = A_0$，M 为 0，定为"最小"地震；$A/A_0 = 10$，10^2，$10^3 \cdots$，M 为 1，2，3 $\cdots$ 即地震震级。为使 M 不为负值，他又规定 A_0 为伍－安氏扭摆仪[*]在离震中 100 公里处的记录振幅，等于千分之一厘米。以此为基点，很显然，若震中距大于 100 公里，则记录振幅必然小了，为使 M 之值不变，须将 $\log (1/A_0)$ 项相应增大，这说明 $\log (1/A_0)$ 是震中距 $\varDelta$ 的特殊函数，写作 $R(\varDelta)$，震级定义公式则可写成

$$M = \log A + R(\varDelta) \tag{7-25}$$

式中 $R(\varDelta)$ 称为量规函数，可根据经验预先算好。

---

[*] 自振周期 0.8 秒，阻尼临界，放大 2800 倍。

　　李克特在白莎丁纳（Pasadena）地震台试用他的震级公式，由于伍 - 安氏扭摆仪是短周期的，适宜于观测近地地震，他便根据历年近震记录，做成 Δ 为 10—600 公里间的量规函数。又因扭摆仪只可记录水平向震动，遂又确定用东西分向（A_1）和南北分向（A_2）的最大记录的平均值 $A= (A_1+A_2/2)$ 为计算振幅。试验结果良好，大为地震学界所赞赏，李克特的震级概念，乃推广到各地使用。由于观测仪器各地不同，为求统一，A 概已转算成地动位移，以 μ 为单位。量规函数 $R(\Delta)$，亦按各地区的实际情况改作，并将 Δ 由 600 公里扩展到 1000 公里。各地区的量规函数不完全相同，常需经过台站改正；下表就是我国地方台所用的量规函数。

Δ(公里)	0—15	50	100	250	500	750	1000
$R(\Delta)$	1.8—2.0	3.0	3.4	3.9	4.5	4.7	4.8

　　再推广使用于远震，将量规函数写成

$$R(\Delta) = x\log\Delta° + y \tag{7-26}$$

一般用面波最大振幅折算的地动位移来测定震级，称为面波震级，将震级公式写作

$$M_s = \log\left(\frac{A}{T}\right) + x\log\Delta° + y \tag{7-27}$$

在白莎丁纳，由于传统关系，仍延用其标准扭摆地震仪的记录振幅，用周期 20 秒的最大面波作为标准。其他各国的地震台则根据本身观测统计的结果，以确定其量规函数的常数，不限定用 20 秒的面波，但以白莎丁纳测定的震级作为参考标准，例如我国北京台采用的公式是：

$$M_s = \log\frac{A}{T} + 1.66\log\Delta° + 3.5$$
$$\Delta < 130° \tag{7-28}$$

若在其他台上使用，则须加上校正值，例如兰州台的台站校正值为 –0.15，其震级公式为

$$M_s = \log\frac{A}{T} + 1.66\log\varDelta° + 3.35 \qquad (7\text{-}29)$$

从震级的定义可以看到，震级测定的精度是不高的，振幅与周期量错一点，距离改变一点都影响很小，各国使用的震级公式，彼此差别亦很小，例如

美国，NEIC：

$$M = \log\frac{A}{20} + 1.66\log\varDelta° + 3.3 \qquad (7\text{-}30)$$

苏联，莫斯科：

$$M = \log\frac{A}{T} + 1.6\log\varDelta° + 3.2 \qquad \varDelta:4\text{-}80° \qquad (7\text{-}31)$$

深源地震所产生的面波，随震源深度减小，因此有深度的地震不宜用面波，而是用体波来测定其震级，其定义如下：

$$m = \log\frac{A}{T} - \log\frac{A_0}{T_0} \qquad (7\text{-}32)$$

m（或 m_b）称为体波震级，其量规函数为：

$$Q = \left(-\log\frac{A_0}{T_0}\right)（另加台站校正值） \qquad (7\text{-}33)$$

一般使用的是 PZ，PPZ 和 SH 震相族，取其最大振幅（以地动位移微米计），除以相应周期，取对数，然后加上相应的 Q 值，后者有古登堡作的计算图表，测定方法亦很简便。

M_L，M_S 和 m 是地震震级的三种不同表达方式，它们原是可以互相转换的，例如古登堡和李克特曾于 1956 年作

$$M_s = 1.59\,m\text{-}3.97 \qquad （M_s=6.7,\ M=m） \qquad (7\text{-}34)$$

又普雷斯（F. Press）于 1965 年作

$$1.5M_s = 1.9M_L - 0.02M_L^2 \qquad (7\text{-}35)$$

惟目前尚无可以通用的统一公式，实际上，各自使用按经验作成经验公式。

如上所述，震级的概念是按公式

$$\log \frac{E}{E_0} = aM \qquad\qquad (7\text{-}23)$$

规定的，古登堡和李克特根据大量观测资料，于 1956 年确定其底值 E_0 和系数 a 为

$$E_0 = 2.5 \times 10^{11} \text{ 尔格}$$

$$a = 1.5$$

做成现在通用的震级能量公式：

$$\log E = 11.8 + 1.5 M_s \qquad\qquad (7\text{-}36)$$

3. 地 震 序 列

　　微观地震学的发展，使人们了解到地震发生，无论在时间上和空间上的分布，都是不均匀的，因此，每个地震活动区各有时、空分布特征，表明其地震活动性。若将一个活动区，不论地震大小，按其发生时间的先后，排列起来，作为序列，便显得地震活动是不连续的，在活动期后，又有平静期相间，间隔时间还不相同。早年由于观测技术比较简陋，只有较大地震才得到人们的注意，比较小的地震遗漏很多，因此，各地地震序列的构造情况，殊不清楚，常被一些大地震掩饰，除有震期与无震期外，不知其他。后来观测技术发展了，人们逐渐知道大地震前后，有许多不同等级的小地震，组成各种形式的序列。

3-1　活动期间地震序列的结构

　　在一次地震活动期间，地震发生的数目很多，其中最强烈的称为主震，主震的前面有不少小震组成的前震序列，主震之后，则有很多小震组成的余震序列。人们将前震、主震、余震，合成一次地震活动，为期长短不一，有些大地震可持续若干年，仍属于一次活动，构成同一期的地震序列。余震时间较长，停息后便转入地震平静期，需经过较长一段时间，才又孕育造成第二活动期，在活动期间，地震虽然很多，但震中分布，主要集中在主震周围百十公里之内，形成地震活动区（或震中区）。大规模的继续活动，

一般不在原地重复,其时间和空间的间隔,取决于地震地质条件。下面就有关方面分别来谈。

地震序列的开始是前震,一般为数不多,其与主震爆发时间和震级,未见有何规律性的联系。人们怀疑前震事件之所以少,可能由于观测不到,若震中附近布有观测台网,情况也许不一样。例如 1964 年 3 月 28 日阿拉斯加地震(M=8.5),可以肯定的前震,只有一次,而 1964 年 3 月 5 日新西兰地震(M=6.2),从 2 月 1 日始至主震爆发,共发生前震 50 个,后者在震中附近有分布适宜的观测台网。

主震是整个一次活动中最强的地震,一般是单发的,也有连发的,即震级相若的地震连发几次,例如 1966 年 3 月,邢台发生 6.8 级地震后,又来一个 7.2 级地震;1960 年 3 月 22 日,智利南部接连发生 8 级以上地震 3 次。值得注意的是前震与主震之间常有一段活动间歇的时间。主震之后,余震紧接着开始。

余震的数目比较多,持续时间亦比较长,形成有规则的序列,余震的产生问题引起人们很多讨论,一般的看法是:由于地壳不是完全的弹性体,主震不能将前此积蓄的大量能量一下放完,其剩余部分就在弹性复原、调整平衡的过程中陆续以余震的形式放发,故余震,在某种意义上可说是复原震。复原的时间常常不是很短,又因地壳岩石的组成不均匀,大破坏的周围必然有各式各样的尚未稳定的伤痕,继续败坏,渐渐趋于平稳,因此,余震震中的分布,震级的大小,震次的多寡等情况很复杂。余震活动的形式,受震源区地壳构造的影响,有一定地区性的差异,正常的总趋势是初期很强烈,急剧下降而逐渐衰减。日本的大森最早得出余震的衰减率,可写成

$$N = \frac{A}{1+ct} \tag{7-37}$$

式中 N 是一定时间间隔内(一小时,一天…)的余震次数,A 和 c 是常数。实际上是余震活动的次数循双曲线衰减,而不是按普通

衰减规律，以指数衰减。当然，单从发生的次数上考虑，不能完全代表余震活动的衰减，须与急剧下降的震级联系起来考虑，才能比较确切地说明衰减的真情。后来宇津德治（1957）又根据大量新的观测资料将大森公式修改写为

$$N = \frac{A}{(1+ct)p} \tag{3-38}$$

也没有改变其基本性质，p 仍很接近于 1，以我国若干大地震的余震序列为例，除 1966 年邢台地震衰减特别慢之外，其余的 p 值都在 0.9 至 1.35 之间。

3-2　余震产生的理论

从上述能量公式看，地震释放的能量是很大的。如此大量的能量，必然是长时间在震源区地壳岩石之中积累的应变能或某种形式的位能。地壳是具有弹性的，其情况和弹簧差不多。当一根弹簧积累位能至于不能再承受时则发生突变，将所蓄位能转化为动能反跳出来，这时，若为地壳岩石，就是发生地震。实验证明，弹簧不能一下复原，而有所谓"弹性后效"，须经过一段时间，慢慢地才回复到新的平衡位置。这套过程与地震的余震情况颇为类似。主震一般在很短时间内即便过去，随后就是弹性调整阶段，由于地震的影响区域相当大，其宽与长大者可至数百公里，故即使岩石的凝聚性很好也很难于短时间内完成弹性复原。复原的迟延主要是因为物质的弹性不完全，有塑性成分，产生"弹性后效"，在其作用下，震源地区的地壳形变继续在进行，人们称之为蠕动。在地震现场，常可看到已破裂的地面又有新的微小错裂穿杂于其上，表明运动没有完全停息。蠕动使许多破坏尚未完全完成的地点继续累积应变，到了阻抗不能承受时又发生破坏，便成第一个余震，其他不稳地点也是如此，接二连三地重复发生，成为余震序列。余震在初期来势较猛，随后逐渐小弱直至剩余应变不能再胜过其剩余阻抗为止。需要注意的是，在弹性复原的后期调整过程中，原使主震发生的构造动力仍然起着一定作用，在适当的条

件下，有的地点可以积累较多的能量，发为后期的较大余震。

日本的坪井忠二提出震源体积的概念，即震前储蓄地震能量所占有的体积，后来余震也就在其范围内活动。震源体积 V 与震级 M 的关系可写作

$$\log V = A + BM \tag{7-39}$$

式中 A、B 为常数，由实际条件确定。贝尼奥夫认为余震活动是主震震源体积范围内的岩石，在主震爆发后所剩余的弹性形变，由于弹性后效作用，以小震形式，慢慢地继续释放，并可作如下考虑，设 μ 为岩石弹性模量，ε 为岩石破坏最大应变值，按弹性力学原则，震源岩石的每一微分体积 dV，所蓄有形变能，应为

$$\mathrm{d}w = \frac{1}{2}\mu\varepsilon^2\mathrm{d}V$$

设一次余震所释放的形变能为 E，两边积分，可得

$$E = \int \mathrm{d}w = \frac{1}{2}\mu\varepsilon^2\int \mathrm{d}V \tag{7-40}$$

贝尼奥夫认为 $\int \mathrm{d}V = V$ 可从公式（7-39）得到，$\varepsilon V = \epsilon$ 为一次余震释放的形变，因 ε 是定数，按上述（7-40）关系，可写成

$$E^{1/2} = \kappa\epsilon$$

式中 κ 是余震释放形变与地震波能量比值间的系数；$E^{\frac{1}{2}}$ 可用古登堡、李克特公式计算，即

$$\log E^{\frac{1}{2}} = 5.9 + 0.75M \tag{7-41}$$

贝尼奥夫根据其理论，将余震陆续释放的剩余形变，用公式（7-41），按其震级一一变作形变当量，如图 7-9 左所示，然后以其发生的时间先后为序，在时间坐标轴上，进行折柱状累加，作成蠕变曲线，如图 7-9 右所示。贝尼奥夫认为，蠕变曲线[*]足以代表主震后剩余形变释放的过程；也可以反映地震前弹性形变累积时

---

[*] 注意：只看其累加进程的蠕变特征，关于蠕变下文还要谈到。

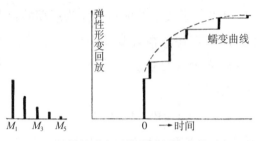

图 7-9　弹性形变回放形成蠕变曲线示意

的特征。余震活动急剧衰减，从形变释放特征可以看到，有两种显然不同的过程：初期：

$$0 < t < t_0,\ 曲线可表示为\ S_1 = a + b \log t \qquad (7\text{-}42a)$$

在此之后，曲线逐渐上升至平直，可表示如下，

$$t > t_0 \qquad S_2 = A + B[1 - e^{-\beta(t-t_0)^{\frac{1}{2}}}] \qquad (7\text{-}42b)$$

式中 a，b，A，B，β 皆常数，随不同余震序列而异。实验证明，前者是压缩形变状，后者是剪切形变状，换言之，初期释放的以压应变为主，随后陆续释放的以切应变为主。

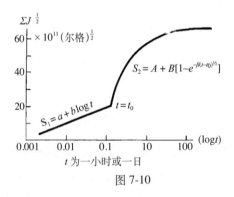

图 7-10

宇津德治（1957）总结日本若干大地震的余震次数衰减曲线，也发现有两个不同阶段，即

$$0 < t < t_0,\ n_1 = A_1 t^{-p_1} \qquad (7\text{-}43a)$$

$$t > t_0,\ n_2 = A_2 e^{-p_2(t-t_0)} \qquad (7\text{-}43b)$$

3-3　前震、余震与主震的关系

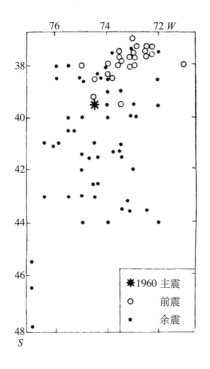

图 7-11　1960 年智利地震（M=8½），主震前、后 33 小时，前、余震震中分布

　　前震、主震和余震作为一个地震事变来看，主震是主导的，前、余震之多寡、大小都与主震有关。人们试图总结前震活动的特征，找到预报主震的规律，这是可能的。有不少例证表明，主震的震中位置是从前震发展过来的，例如 1960 年智利地震，如图 7-11，前震先在主震的北面发动，待主震发生后，余震才往南拓展，整个活动面积长达千余公里。

　　余震活动的总趋势是愈来愈弱，但衰减曲线不是平滑的，而是波浪式下降的，后期发生的大余震就是这种波浪式的突出表现。大余震一般紧接着主震后不久发生，最大震级约低于主震 1 级左右，还有些地区，余震序列比较短，其余震的最大震级也相对地小，这些是根据部分地震情况总结的初步经验，未必就是普遍规律。

　　所谓次余震，即余震的余震，这是可能有的。如果余震的成因是弹性后效作用下的蠕变积累，其机制一如初发地震，则较大余震，有它自己的前震和余震序列，是完全可以的，但都是属于主震的一个家系，没有必要去分清，而且分也分不清。

此外还有异乎寻常的地震序列，称为地震群。在一个很长的序列中出现的大小不同的地震，找不到主震，只是群集的系列分布。这类活动多发生在新老火山地区。地震群亦有大小，大者持续时间很长，每日震动以百计；最著称的是日本松代地震群，持续两年多，每日震动最多达 700 次。

3-4　地震活动区的分布

如上所述，地震是序列活动，一次活动期连续发生许多地震，通常以其中最大的主震为代表。上文还说到，从长期来看，地震活动是间歇性的，一个区又一个区不断地活动着，其活动区（包括前震、主震和余震全部震中所在）且是随时迁移的，大都不在原地重复。人们很想知道历史上地震区的迁移情况，但在微观地震学未发展之前，殊少端倪。十九世纪末，法国地理学家，巴罗·孟德修（Montessus de Ballore）费尽苦心，从各国文献中查得，世界上有记载的地震，数以万计[*]，其结果只表明地震多发生在地势变化大的地区，对于历史上，世界地震区的分布情况，仍甚模糊。进入本世纪，在仪器观测技术逐渐发达，地震观测台日益增多的条件下，地球上任何地方发生的较大地震，遗漏的机会已经不多，人们对于世界地震活动区的分布，才有了总的整体概念。最早是 I.S.S. 根据其 20—30 年的观测总结，绘制成世界地震震中分布图，于 1935 年发表，使人们第一次见到正确的世界地震活动的基本轮廓。后来的发展，也就是在此基础上作的各种补充。

经过仔细分析，人们发现世界地震活动区的分布，不是漫无规则的，而是在有限的特殊地段。在这些地方，地震区（以其主震为代表）绵延成带，显然是由于长期相互交织、积累的结果。若再进一步探讨，不难发现，这些地震云集的地带，在地质上有

---

[*] 据说共搜得地震 171424 条，原稿存巴黎地理学会图书馆，书架长达 26 米。

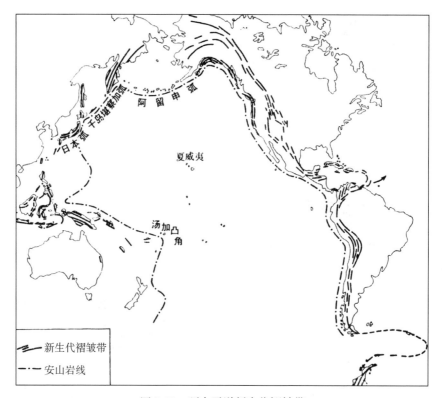

图 7-12 环太平洋新生代褶皱带

其共同之处。最显著的是从整体分布图像来看：地震活动区与中、新生代造山运动最强烈的地带是一致的。这说明地震发生与地质构造有密切关系，实际上，地震是地质现象，于是，开辟了现代地震学的一个重要课题——地震地质研究，这为探索地震成因和地震预报建立了基础。

在初期编制的，世界地震活动震中分布图上，已可看到两条主要地震带，一是环太平洋地震带，它与环太平洋中、新生代褶皱带，如图 7-12 所示，相符合。图中以安山岩线为界，一边是大陆，另一边为洋盆，在洋盆内部殊少地震，且属不同体系。第二主要地震带是地中海南亚地震带，也是与中、新生代褶皱带，与图 7-13 所示相合。另一方面，把地壳构造图式与地震活动情况结合起来看，

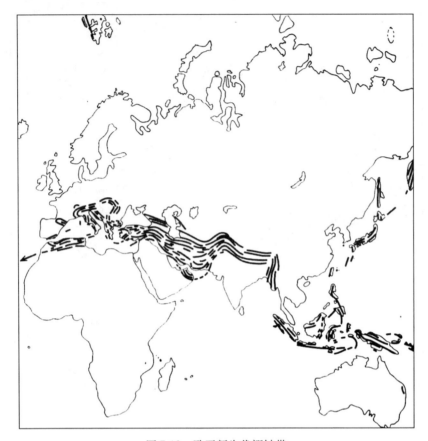

图 7-13 欧亚新生代褶皱带

人们还可发现许多值得注意的问题。首先是沿地中海、南亚地震带：这里没有特殊的安山岩做成的界线，整个活动地带，穿行于大陆中间，阿尔卑斯褶皱带很宽，地震带也很宽，并在一些构造体形挠曲特甚处，出现震源超过 200 公里的地震。在沿环太平洋地震带，有更多引人入胜的问题。最显著的是，许多表现很清楚的弧形构造，特别是西太平洋的岛弧构造，有许多地震地质现象值得研究，且自日本至伊里安之间，还是内外两套的岛弧构造体系。这些岛弧常是前有深海沟，背靠大陆，地震很频繁，且有火山活动。后来地震资料累积渐多，人们发现，有些岛弧的地震活动，其震源深度有达数百公里的，谓之深震。在横截岛弧的垂面上，可以看到地震活动由浅而深，自外海向大陆内部倾插，浅震与火山活动在外海，中深震与老死的火山带相合，深震一般在大陆之下。

及后，地震仪器观测技术，逐渐进步，地震基本参数的测定日益准确，除上述两主要地震带外，人们发现地球面上还有许多地震震中带。其中最重要的是在各大海洋中的海底震中带，绵延数万公里之长，与海区大破裂带相依附。这一现象启发地学家提出新的地壳构造理论：板块学说。另一方面指明了：我国虽是多地震的国家，但地震活动不完全属于世界两主要地震带，而是另一体系，如图 7-14 所示。以上所提各节下文都还要谈到。

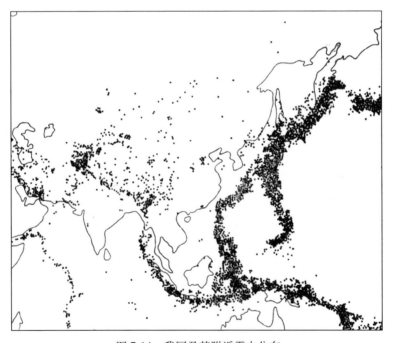

图 7-14　我国及其附近震中分布

第三篇　中国地震

绪　　论

烨烨震电，不宁不令。

百川沸腾，山冢崒崩。

高岸为谷，深谷为陵。

这选自《诗经·小雅》"十月之交"第八章，是我国人民对地震现象最早的描述，诗中惊叹地震突然而来，迅如闪电，震动之大，山河为之改变。根据历史学家的考证，这篇诗是具体描写周幽王二年（公元前 780 年）西周地震的。这次地震很大，影响了西周（约今潼关以西）的大部分地区，惊动了周王朝的统治，幽王的臣子伯阳父谏曰："周将亡矣。夫天地之气，不失其序；若过其序，民（民，指幽王，因不敢犯，故言民）乱之也，阳伏而不能出，阴迫而不能蒸，于是有地震。"幽王不听，暴行益甚，过了十年，犬戎侵入西周杀了幽王，周室东迁于洛阳，西周果亡，竟符合了伯阳父的话，使后人震惊。

这次地震是我国历史上一个大事件，数千年来，凡讲地震及其有关问题的，几乎没有不谈及此事的。古人相信自然现象是有意识的，是天之所使的，而天的意愿又是人之所感的，故称天、地、人为三才。三才是彼此紧密相联的自然体系，天上有变必反映于地，又影响到人；地若有变亦见诸天象，示诫于人；若人道有失，亦应之于地，现象于天。这是古人用来解释自然的一套唯心哲学。正因为如此，当时主管阴阳变化的史官伯阳父，即由幽王二年地震预感到周王朝的统治将发生问题了，事也凑巧，不幸而言中，遂成谶语，流传后世。由于它正是王家所需要的，遂使历代王朝对于地震灾异给予极大的注意，记下地震事变，分析其原因，总结其发生规律。古书记述最早的是地震与天象联系，《史记·天官书》有"辰星出于心、房间，地动"之说，《晏子春秋》有故事传说如下：

> 齐景公（前547—489）问太卜[*]曰："汝之道何能？"对曰："臣能动地"。公召晏子而告之曰："寡人问太卜曰'汝之道何能？'对曰：'能动地。'地可动乎？"晏子默然不对，出，见太卜："昔吾见钩星在驷、心之间，地其动乎[**]？"太卜曰："然"。晏子曰："吾言之，恐子之死也，默然不对，恐君之惶也。子往言之，君臣俱得焉。"太卜走，入见公曰："臣非能动地，地固将动也。"

这故事是说齐国太卜以星象预言地震。随时代发展距今一千八百余年前，后汉张衡又发明了地震仪，以精铜制成，置于洛阳，候测到千里之外的地震，这是划时代的伟大发明。数千年来历代相传留下了无数有关地震的记述，散见于各种书籍之中，其品类之多，为世所罕见。所不足者是由于受历史条件的限制，对于地震的科学理解则毫无进步，一直回旋于三才一体的玄学之中，包括张衡在内，亦没有跳出这个圈子。尽管如此，记载下来的地震事实，是极可宝贵的资料。搜集起来，去其糟粕，取其精华，加以综合分析，便可以了解我国各地地震活动的基本情况，对于深入研究我国地震问题，用处很大。

我国东临太平洋，西迄天山、帕米尔，北抵阿尔泰、瀚海，南至南海群沙，幅员广大，地势复杂，地震活动自成体势。从世界地震活动范围来说，我国地震不包括在世界两大地震带（即环太平洋地震带和地中海-南亚地震带）范围之内，而是分散在以帕米尔为顶点，夹于两大地震带中间的一个三角形地区。因此，我国地震活动，不同于以阿尔卑斯褶皱为地质背景的世界两大地震

---

[*] 太卜（或仆）古官名，卜，筮官之主。
[**] 钩即辰，驷即房。

带的情况，而另具有自己的特征。一般说，我国西部多山，在地质上是比较活动的地槽褶皱带，中间夹着硬性地块，因性质上的差异，具有发生地震的条件；东部则是以前震旦纪古老岩层为基底的比较稳定的地台区，其中有近期造山运动造成的断陷系统和破裂带，也具备了地震发生的条件。在这个基础上加以地方性的差异运动，使我国地震活动呈现出一幅复杂的图式。

综合近年来根据仪器记录数据所绘制的我国地震活动图，人们可以清楚地看到，我国西部地震活动远比东部频繁。若参考历史地震资料，又可发现东部一些地区地震亦很强烈，且灾难性地震的危害比西部还多还大。历史上造成最大灾害的地震是明代陕西渭河下游的关中大地震。据明史记载，这次地震很大，受灾面积很广，特别是死伤人数之多，为古今所罕见。据《明·嘉靖实录》记载："压死官吏军民奏报有名者八十二万有奇，其不知名未经奏报者复不可数计。"这次地震发生在严冬半夜，地属渭河下游人烟稠密之区，使人民生命财产遭受莫大的损失。这是我国地震科学工作者所不能忘记的。

事实证明，我国地震问题是严重的，许多地方不时有强烈地震发生，危害人民生命财产甚大。远在二千余年之前，我国人民就企图预测地震，以减轻地震灾害。但由于地震问题的研究，涉及的科学基础很广泛，在古代科学尚未发达之时，很难期望有所成就。时至今日，地震科学研究已很发展，我国又有悠久的历史地震记载，已有条件研究解决地震预报问题。这是一项很复杂的问题，需要做很多工作。首先要了解的是我国地震活动的基本情况。现在就从历史地震说起。

第八章 中国地震史料

1. 引 言

　　我国地震史料是很丰富的，记载亦很早。古人认天地人三才为一体，认为地宜宁不宜动，地若有动便是预示人事上将有变，这是王家（统治者）极关心的。我国历史，有文字可考的约四千年，自殷代（公元前 1401 年商王盘庚迁殷，改国号为殷）开始，王家朝廷即设有史官，辑记国家大事。王朝统治者迷信地震是天诫，于是，凡国土之内发生地震，史官便当作灾祥大事记了下来。历史上最早的一条关于地震的记载是"夏帝发七年（公元前 1831 年）泰山震"，载在《竹书纪年》上。《竹书纪年》是我国最早的编年史，上自黄帝下迄战国（魏襄王二十二年，即公元前 297 年），原书已失传，现在流行的有古本、今本真伪 * 之争，因此有人怀疑这条地震的记载，未必可信，但书上明确记有时间和地点，根据古人对地震的神秘迷信，不可能是伪造的，必有事实根据，才会保留记载。一般人们相信《史记》所载是可靠的，因司马迁作《史记》时，游历了很多地方，进行过调查访问，他写的第一条地震是讲周幽王二年（公元前 780 年）的破坏性地震。关于我国历史，继《史记》以后，有《汉书》等记载了二十几个朝代的历史，清乾隆时定为二十四史，后又有《新元史》，共二十五史，即所谓正史，不包括《清史稿》。各朝历史一般都在五行志里，系统地记述了地震事件及其影响。这些编入正史的地震，主要是根据地方官的奏报及当时各王朝的实录，并不包括全部地震。此外，尚有许多自由作者记述、

---

　　* 伪指著者伪托，非记事不真。

论说、研究了地震，散见于各种作品之中。宋代之后，地方志书逐渐盛行，地震记载就更多了。

我们综合自古以来关于地震方面的各色各样的记述，可以了解我国人民长期以来对地震现象的认识，以及各地区地震活动的基本情况。

2. 古人对地震的认识

古代人民从经验首先认识到，地震是突然而来的，如《诗经》所写"不宁不令"，"不宁"是地不宁，即地动，"不令"是不通告给人们周知。其次认识到地震是来势迅猛，声如雷鸣，力足以改变山河面貌。如此巨大的事变是怎么发生的呢？早在殷周时代，民间已流行着阴阳五行之说，《尚书·洪范》篇（据近人考证是战国时作品）已详述了五行思想。其中记载："一曰水，二曰火，三曰木，四曰金，五曰土"。古代人民认为，宇宙万物是由此五种物质构成的。五行之间持续不停地进行着相生相克的阴阳变化，即木生火，火生土，土生金，金生水，同时又水克火，火克金，金克木，木克土，在此循环往复的运动中遂发生繁殖、消亡、演化等事。这套思想对我国的文化发展影响至大，其中也涉及到了对地震成因的解释。

2-1　关于地震的成因

对于地震成因，我国历代都是相信伯阳父所说，他秉五行思想提出，"阳伏而不能出，阴迫而不能蒸，于是有地震"。用现在的话来说就是：地震是由于两种矛盾着的力量爆发而引起的。所谓两种矛盾的对峙力量，伯阳父概括为阴、阳二项，阴和阳，按现在的观点来理解，可以说一是构造应力，另一是岩石阻抗（弹性应变）。但当时没有这样的知识，只能用五行说与三才论来解释。他将地震事件与王朝盛衰联系在一起来说明阴阳变化，并解释说："今三川（指泾、渭、洛三条河）皆震，是阳失其所而镇阴也。"已见于古代"伊、洛（河南伊水和洛水）竭而夏亡，河（黄河）

竭而商亡"。今"山崩（岐山崩）川竭（三川竭）亡国之征也"，"若周亡不过十年，数之纪也天之所弃，不过其纪"（十二年为一纪）。这段解释，显然是不科学的，但不幸而言中了。

此外，亦有不同的说法，例如庄子说："海水三岁一周流，波相薄则地震。"又佛经上亦说："阿难问佛，地动有几？佛曰：'一为地倚水上，水倚于风，风倚于空，大风起则水扰，水扰则地动。'……"这些是近乎现代所知道的地震脉动产生的原因，但论者绝少。

由于世人相信伯阳父的学说，使之在历史上占有很高的地位，遂使得后来只去发挥他的"周将亡"的不正确的一面，并百般附会，形成一套玄学，这是很不幸的。玄学宣扬："地者积阴德为至静，宜安不宜动。但若主弱臣强，后妃专政，女谒用事，臣下擅权，奸人乱国，或人君失政，国无忠臣等情，则土为之不宁，而变怪生焉。阳伏而不能出，阴迫而不能入，阴阳相击，地必震动，故曰地动者阴有余也。"于是地震事变成为历代帝王御用的恩物，这亦是时代使然，但可惜为时太长了。下面是后世各朝代的解说。

西汉永光二年（公元前 42 年）因地震又日食，元帝刘奭问其原因，光禄大夫匡衡上疏曰：

　　……臣闻天人之际，事作乎下，象动乎上，阴变则静者动，阳蔽则明者晻，陛下祗畏天戒，哀闵元元，近中正，远巧佞，然后大化可成，礼让可兴也（注：元元是人人之意，即人民）。

东汉顺帝（刘保）时，常发生地震，阳嘉二年四月乙亥（公元 133 年 6 月 19）京都（洛阳）地震，太史张衡应诏作对策曰：

　　臣闻政善则休祥降，政恶则咎征见。……间者京都地震，雷电赫怒。夫动静无常，变改正道，则有地震、雷电、土裂之异，裂者威分，震者民扰也。……明者消祸于未萌，今既见矣，修政恐惧，则转祸为福矣。

唐高宗李治时，晋州（汾河中游）地震不息，李治问国史监修张行成，地震是什么原因，对曰：

天阳也君象，地阴也臣象，君宜动，臣宜静，今静者频动，恐女谒用事，人臣阴谋，……且晋是陛下本封，应不虚发，伏愿深思，以杜未萌。

宋仁宗（赵祯）朝，包拯（即善于折狱的包公）论地震曰：

臣近闻登州地震山摧，今又镇阳、雄州五月朔日地震，皆天意事先示变，必不虚发也。地者阴也，法当安静，今乃越阴之职，专阳之政，其异孰甚焉。又边裔中国之阴也，今震于阴长之月，臣恐有谋中国者。且雄州控扼北鄙，登州密迩东陲，今继以地震山摧，不可不深思而予备之也。惟陛下特留圣意。

又王安石，中国十一世纪时的改革家，曾因河北定州地震，在北狱庙开祭祷道场，作祝词如下：

恭以地职持载，静惟其常，今兹震摇，以警不德，涉河以北，又用惊骚，惟岳有神，庇绥厥壤，被除祠馆，按用祈仪，请命上灵，冀蒙孚祐，敢忘寅畏，以答眷歆。

至元代，大德七年（公元1303年），山西地大震，压死人民，破坏很大。成宗皇帝铁木耳诏问，怎么会有震害，齐履谦答言：

地为阴而主静，妻道、臣道、子道也，三者失其道，则地为之不宁。弭之之道，大臣当反躬责己，去专制之威，以答天变，不可徒为祈禳也。

以上是我国自上古以来直至元代（第十四世纪），代表每个大朝代的官人学士对于地震发生的见解。人们不难看出，这些都是袭伯阳父的天人感应观点，借题发挥，目的是要求统治者勿近小人，讲求吏治。明世宗（朱厚熜）嘉靖三十四年末（公元1556年），陕西关中大地震，渭河下游震灾十分严重，明朝皇家独少询问，故上面也没有举例。这可能是由于当时奸臣严嵩用事，民怨沸腾，若用天人感应解释地震，必然要触及宰相，当然是以不谈为好了。由此可见，我国古代很长时期，并没有从客观现象出发，进一步分析地震发生的原因，而是力图把地震说成是天诫，为历代统治者巩固政权服务。其实，说者心里也明白，并不是那么一回事，例如后汉张衡是个大科学家（下面还要谈到），完全知道地震是自然现象，但当他在对策时，慑于宦官的目光，他也只好人云亦云了。又如宋代王安石，虽然在祭岳祝词中曾写过"今兹震摇，以警不德"，但他对司马光等反对派将地震归咎于他变法时，则严词驳斥说："天地与人事不相关，薄蚀、震摇皆有常数，不足畏忌。"这类思想，虽然历代都有，只是一种不苟同的表示，很少往前深究。由于统治者的控制，天诫论一直占着上风，妨碍地震科学的发展，到了清代，西方科学思想传入我国后，才有了改变。清初康熙年间刻的《坤舆图说》论地震时说：

> 古之论地震者甚繁，或谓地含生气，自为震动，或谓地体如舟浮海中，遇风波即动，或谓地体亦有剥朽，其剥朽者裂分全体，坠于内空，当坠落时必然摇动全体，而致声响者。凡此均非正论，其理之至正者当是：地震者因内所含热气所致也。盖地外有太阳恒照，内有火气恒燃，则所生热气渐多，而注射入于空隙之中，是气愈积愈多，不能含纳，势必奋怒欲出，乃猝不得路，则或进或退，旋转郁勃，溃围破裂而出，故致震动且有声响也。

这才是真正伯阳父的阴阳矛盾论，不过这里说的是地中的热气运动，即为早期的火山地震成因说。

2-2 张衡及其地动仪

张衡（78—139年），河南省南阳县城北石桥镇人，是我国古代最杰出的科学家兼发明制造家和辞章家。他出生于东汉的全盛时代，农业和手工业的各种生产技术都相当发展，史称其时"天下承平日久，平徭简赋，人赖其庆"。南阳又因为是光武皇帝的故乡，当时的宛城已发展成为一大都会，与洛阳并称。张衡出身于仕宦之家，但无家财，史称其"少善属文，工制造，游于三辅（即长安环近，左冯翊，右扶风，今潼关以西秦川地区，古称三辅），因入京师（洛阳），观大学，遂通五经，贯六艺。虽才高于世，而无骄尚之情，常从容淡静，不好交接时人"。即此可见其为人了。

他前后任职太史令，凡十四年。太史署虽是政府的官衙门，同时也是一个学术研究机构，这里有图书参考，有群众帮助。张衡在自然科学方面的主要成就，都是在这个时期完成的。他的著作很多，现在可考的还有五十三篇，其中关于自然科学，如天文、历算、地理（有地形图，至唐代犹存）等共十三篇，还有艺术书籍五种和技术制造的七种。

张衡任太史令时的最大功绩是肯定浑天学说（注：周旋无端，其形浑浑，故曰浑天），著《灵宪》和复造浑天仪。公元117年，他本浑天原理，先用针及竹篾做成模型，然后用铜铸造浑天仪，置于灵台（古之观测台）。浑天仪分做内外几层圆圈，外圈为一丈四尺六寸一分的圆周，各层铜圈刻着日月星辰，二十八宿，四时节气，皆能转动，"用漏水转之于室内，与天相应，若合符节"。

公元121年，张衡升任为公车司马令（执管朝廷总收发），任职五年。公元126年复任太史令，是他自己愿做太史令，因著《应间》以明己志，自谓"方将师老天而友地典，与之乎高眺而大谈"，又说"三轮可使自转，木雕犹能自飞"。从而知道张衡，除造了浑天仪外，还有其他的机械创造。现在能查考的，有自动车（即记里鼓车，就是他说的三轮可使自转），指南车（最初为周公作，张衡再创制），最奇特的是自飞木雕。据《应间集注》云："张衡尝作木鸟，假以羽翩，腹中施机，能飞数里。"此外，曾制土圭（如日晷的日影器）以测日，直保存到宋代。

公元132年（后汉顺帝阳嘉元年），他创制了全世界有史以来第一架地震仪。《后汉书·张衡传》上载："阳嘉元年，复造候风地动仪，以精铜制成，圆径八尺，合盖隆起，形似酒樽，饰以篆文、山龟鸟兽之形。中有都柱，旁行八道，施关发机；外有八龙，首衔铜丸，下有蟾蜍张口承之。其牙机巧制，皆隐在樽中，覆盖周密无际。如有地动，樽则振，龙机发，吐丸而蟾蜍衔之，振声激扬，伺者因此觉知。虽一龙机发，而七首不动，寻其方向，乃知震之所在，验之以事，合契若神，自书典所记，未之有也。尝一龙发机，而地不觉动，京师学者，咸怪其无征；后数日驿至，果地震陇西，于是皆服其妙。自此以后，乃令史官记地动所从方起。"

说成"候风地动仪"，使后人怀疑不单是个地动仪，实为候风仪与地动仪都在阳嘉元年制成，所以写在一块了。据《三辅黄图》（大约后汉或魏晋人所著）书中所载，灵台上面所装置的观测仪器，有张衡制的浑天仪，也有"相风铜鸟，遇风即动"的测风仪。又《汉书·百官志注》也说到，太史令衙门的属官，有"灵台侍诏四十二人"，其中三人是掌管候风的。因此，我国气象科学工作者认为，当时已有测风的仪器，安置在灵台，与天文同时进行观测。这是完全可能的，古人是将各种灾异事件及自然变化，统归史官掌管。"候风"当是另一仪器，可能由于是"复造"，不是新创，在张衡传记中没有像"地动仪"那样，特别加以叙述，这也是可能的。

一般意见"候风"二字不是指仪器，是测候的意思，在张衡传中没有说及测风的仪器，所描述的全是"地动"，与"候风"无关。按《后汉书》的记载，张衡的地动仪是一种地震警报器。外形如上大下小的酒樽，圆径八尺（汉尺比现在的短些），里面安置一大铜柱，其作用与现代地震仪的重锤相同，从铜柱接出八等分的八条横杠，与外边"龙首"相连，"施关发机"。从汉代机械制造技术猜测，当时已知道使用杠杆，类似现代机械地震仪的杠杆系统。张衡从经验知道，地震时，"都柱"与"龙首"之间有相对运动。在龙口中舌齿间轻轻咬住的铜丸，将被杠杆顶出而掉落。铜柱可能是吊着，也可能削尖倒置着，（《后汉书》未曾说明），其装置约如图 8-1。

张衡地动仪原物早已遗失。东晋末年，公元 418 年，当刘裕打回长安，获得张衡制的浑天仪、土圭及历代宝器时，在其奏章内已没有提到地动仪了。《魏书·信都芳传》中说，信都芳著有《器准》一书，对浑天仪及地动、铜鸟、候风等机巧仪器都给了图绘、演算和说明；又《隋书·临孝恭传》也说到临孝恭著有《地动铜仪经》，阐述了地动仪的机械原理，可惜这些著作都已失传。今之张衡地动仪的再造图像都是根据《后汉书》所说做的，虽各人画

图 8-1　张衡地动仪

出各自的形式，但樽形、龙首、外壳都大同小异，惟内部的"都柱"安置，《后汉书》没有详述，很可能是吊着或倒置的。张衡造地动仪之前，洛阳有过不少较大的地震，使他注意到了一些物体在地震时，有相对摆动和摇倒的情况，因而了解到物体的惯性作用，便构成了制造地动仪的思想。

　　欧洲知道物体之有惯性，是在十七世纪末叶，牛顿发现运动定律时开始的，张衡在二世纪，距今一千八百年前，已了解惯性的作用，并能利用之创造地动观测仪器，这是伟大的发明。

　　地震仪制成后一年，即阳嘉二年（公元 133 年），京师（洛阳）地震，地动仪的反应估计正常，故历史上没有特别记载，但地震惊动了东汉王朝，顺帝（刘保）诏"群公卿士，直言厥咎"，张衡作了对策，藉讽时政，已如上述。随后张衡离开太史署，升迁为侍中，不久，为宦竖所谮，出任河间相。公元 138 年陇西大地震，洛阳没有感觉，而地动仪的一龙发机，竟测得千里之外的地震，京师学者叹服其妙，惜当时张衡正在河间，并未亲身经历。这年，张衡要求还京师，因作河间相有政绩，冬，征拜为尚书。翌年（公元139年）卒，终年六十二岁，归葬于原籍南阳，陵墓犹在，解放后重加修植。

张衡制成地动仪之后一年，即离任不作太史令，纠缠于政务之中，不能再从事科学研究工作，看他晚年作《四愁诗》，《髑髅赋》等，充分表现其"天下渐弊，郁郁不得志"的心情，因此，在其遗著中，不见有关地震的论述，他没有为地震科学作出更多更大的贡献，是很可惜的。其诗中有"我所思今在汉阳，欲往从之陇阪长"之句；汉阳是今甘肃陇西以东地区，人谓其念念不忘地震，因陇西是历史上地震频繁之地。

3. 历史地震记载

前已说到，我国有文字的地震记载，始于公元前1831年的"泰山震"，至今已有三千余年，以我国国土之广，文化发达之早，其记载之丰富多彩，可想而知。下面择其重要的来讲。

3-1　文化发展与地震记载

我国历史始于黄河流域，到了汉唐之世，文化已有高度发展，中华疆域亦具规模。自公元前十四世纪始（殷代），王家朝廷就设有史官（即太史），注意地震及其他灾异事件的发生，因相信其与王朝统治的安危有关，令史官将各事件记录下来。太史官的记录主要来自地方官的报告，由于国家面积大，包括地震活动的区域多，地方奏报也就多。另外，记载的多寡与文化发展亦很有关系，例如，西安、洛阳自周、秦以来常为帝都，是古代文化集中的地区，地震记载也就比较丰富。很显然，历史地震记载在不同时代和不同地区，其数量之多寡和内容之深浅均有所不同，但总的趋势是地震资料越来越丰富。

文化逐渐发展，人们从实践中得到日益增多的知识，地震事变渐渐不局限于史官的注意，而引起很多人的兴趣，各抒己见，论其成因及后果。于是同一地震可以有很多记载，有的是全面情况的叙述，有的专说一地区或一、二件事，写法有记事，有论说，不一而足，因此，地震记载是以多种形式散见于各种书籍。不仅史书上（包括正史和野史）有关于地震的专门记载，其他如诗、文、小说、传记等，甚至一些小品文章，亦多有可资参考的地震资料。例如《聊斋志异》也有两节说地震的，经过考查都是真的。由于分布那么广泛，搜集材料要求很完全是不容易的。

历史地震记载，由于历史条件的限制，无论在时间上还是地区上的分布，都是不均匀的。时间越早，地震记载越少，包括地区亦越少，叙事亦越疏略。因此，早期地震记载，参考价值不大。从最早"泰山震"迄秦一千六百余年间，只记下地震 12 次，可一览如次：

公元前 1831 年（夏帝发七年），泰山震；（据《竹书纪年》）

公元前 1177 年（商帝乙十五年，即文王八年），岐周地震；（据《吕氏春秋》）

公元前 780 年（周幽王二年），西周三川皆震。……是岁，三川竭，岐山崩。（据《史记·周本纪》）

《春秋经》[*] 载春秋二百四十二年，地震共 5 次：

公元前 618 年（文公九年，即顷王元年，九月癸酉），鲁地震；

公元前 557 年（襄公十六年，即襄王十五年，五月甲子），鲁地震；

公元前 523 年（昭公十九年，即景王二十二年，五月己卯），鲁地震；

公元前 519 年（昭公二十三年，即敬王元年，八月乙未），鲁地震；《左传》：东周南宫极震，按东周建都洛阳称王城，南宫在王城内。

公元前 492 年（哀公三年，即敬王二十八年，四月甲午），鲁地震。

战国（至前 221 年秦统一）二百五十余年，共记地震 3 次。

---

* 《春秋经》孔丘作，是鲁史，自前 722—前 480。

公元前 466 年（晋出公九年），据《通鉴外纪》，晋空桐*地震，台舍皆坏，人多死；

公元前 232 年（秦王政十五年），据《史记·秦始皇本纪》，秦地动，十七年又动；

公元前 231 年（赵王迁五年），据《史记，赵世家》，代地大动，自乐徐以西，北至平阴，台屋墙垣大半坏，地坼东西百三十步。

看上表可以了解，我国历史地震记载虽然开始很早，但在秦以前千六百年遗下来的很少，平均百余年才有一次，包括地方亦很少，只零星几处，且因记述简略，实际上不知其震中所在及为害如何。

秦始皇最大功绩之一是统一了我国古代的文字，史称"书同文"，这对我国文化发展起了很重要的作用。秦王政于公元前 221 年统一了中国，改称"始皇帝"，此后至东汉张衡时代，三百六十年间（张衡死于公元 139 年），地震记载显著增加，其保留到现在的，主要收在《汉书》里面，《史记》里也有一些，共 44 条，平均不到十年就可以有一条地震记载。包括的地方亦比前多了，计发生在甘肃陇西一带的五条，山东四条，四川、湖北各一条，余皆记的是长安和洛阳的地震，因西汉以长安为京师，东汉迁洛阳为京师，故记录较多。记事也较前进步，有破坏记载的共 15 次，内容亦显著不同，其中发震记有年月日的很多，且有附记余震的，如西汉景帝时，公元前 143 年的一次地震，内有"早食时复动"的记载。但记载仍很笼统，接着就叙述"上庸（今竹山）地动二十二日，坏城垣"，读者只能从它猜测，地震在竹山较重，长安因受其影响而有感。其中有不少是记了破坏情况而猜不着震中的，如 119 年地震，写成"京师及郡国四十二地震，地坼裂涌水，坏城郭、民室，压杀人"。在这一阶段的记载，类此情况的还多，可参阅下表。

---

* 晋空桐约今山西霍山一带。

表 8-1 汉初迄张衡死，地震记载一览表

公元前 193 年（西汉惠帝二年正月），陇西地震，压四百家；

公元前 186 年（西汉高后二年正月乙卯），地震，羌道、武都道山崩，杀七百六十人，地震至八月乃止；

公元前 179 年（西汉文帝前元元年四月），齐、楚地震，二十九山同日崩，大水溃出；

公元前 175 年（西汉文帝前元五年），长安地震；

公元前 162 年（西汉文帝后元二年），长安地震；

公元前 149 年（西汉景帝中元元年），长安地震；

公元前 147 年（西汉景帝中元三年），长安地震；

公元前 145 年（西汉景帝中元五年），长安地震；

公元前 143 年（西汉景帝后元元年五月丙戌），长安地震，早食时复震，上庸地震二十二日，坏城垣；

公元前 142 年（西汉景帝后元二年），长安一日地三动；

公元前 137 年（西汉武帝建元四年），长安地震；

公元前 131 年（西汉武帝元光四年），长安地震，赦天下；

公元前 91 年(西汉武帝征和二年八月癸亥)，长安地震压杀人；

公元前 88 年（西汉武帝后元元年），长安地震，涌水；

公元前 73 年（西汉宣帝本始元年），长安地震；

公元前 70 年（西汉宣帝本始四年四月壬寅），郡国四十九地震，北海、琅琊坏祖宗庙、城郭，杀六千人；

公元前 67 年（西汉宣帝地节三年），长安地震；

公元前 48 年（西汉元帝初元元年），长安地震；

公元前 47 年（西汉元帝初元二年二月戊午），地震于陇西郡，毁落太上皇庙殿壁木饰，坏猕道县城郭、宫室及民屋，压杀甚众，山崩地裂，水泉涌出；

公元前 47 年，七月乙酉，地震，一年中地再震，北海水溢，流杀人民；

公元前 41 年（西汉元帝永光三年），长安地震；

公元前 37 年（西汉元帝建昭二年），齐楚地震；

公元前 35 年（西汉元帝建昭四年六月）蓝田地震,沙石壅坝水,安陵岸崩壅泾水；

公元前 29 年（西汉成帝建始四年），地震未央宫（长安）；

公元前 26 年（西汉成帝河平三年二月丙戌），犍为地震三十一日，凡百二十四动，柏口山崩，捐口亦山崩，皆壅江水，水逆流，坏城，杀十三人；

公元前 7 年（西汉成帝绥和二年九月丙辰），地震自京师至北边郡国三十余，坏城郭，杀四百一十五人；

公元 8 年（西汉孺子婴后摄三年），长安地震，赦天下；

公元 16 年（王莽天凤三年），长安地震；

公元 46 年（后汉光武二十二年九月戊辰），洛阳地震裂，郡国二十四皆地震，南阳尤甚；

公元 76 年（后汉章帝建初元年），山东山阳、东平地震；

公元 92 年(后汉和帝永元四年六月丙辰)，京师及郡国十三地震；

公元 95 年（后汉和帝永元七年），京师（洛阳）地震；

公元 115 年（后汉安帝元初二年），洛阳新城地震裂；

公元 119 年（后汉安帝元初六年二月乙巳），京师及郡国四十二地震，地坼裂涌水，坏城郭民室，压杀人；

公元 122 年（后汉安帝延光元年七月癸卯），四月京师地震；今又与郡国十三同时震；二年（公元 123 年）又与郡国三十二地震；三年（公元 124 年）复与郡国二十三地震；又过一年，四年（公元 125 年）十一月丁巳，京师及郡国十六再震；

公元 128 年（后汉顺帝永建三年正月丙子），京师及汉阳（甘肃武山）地震，汉阳坏屋杀人，地裂涌水；

公元 133 年（后汉顺帝阳嘉二年），京师地震（张衡对策）；

公元 136 年（后汉顺帝永和元年），京师地震；

公元 137 年（后汉顺帝永和二年），京师地震；

公元 138 年（后汉顺帝永和三年乙亥)，京师及金城、陇西地震，山岸崩，坏城郭屋室，压杀人；闰四月乙酉又震；

公元 139 年（后汉顺帝永和四年），京师地震（张衡病死）。

（注）三百六十年间，共有地震记载 44 节，计大震 20（包括波及多数郡国的），轻震 24，京师（长安及洛阳）地震占去 22。

张衡之后，魏、晋、南北朝、隋以至唐、宋，是我国文化大发展时期，地震资料亦随着丰富起来，除一些边远地区外，全国各省均有记载，其保存到现在的，主要还是在史书里面。地震情况的记述虽比前确切一些，但仍很概括，例如，南北朝时山西一次地震，《魏书·灵征志》载："后魏宣武帝延昌元年四月庚辰（公元 512 年 5 月 21 日），京师（洛阳）及并、朔、相、冀、定、瀛六州地震，恒州之繁峙、桑乾、灵丘，肆州之秀容、雁门地陷裂，山崩泉涌，杀 5310 人，伤 2722 人，牛马杂畜死伤 3000 余"。直至宋代，史书上的记载，仍差不了多少，例如，甘肃一次地震，《宋史·五行志》载："宋徽宗宣和七年七月已亥（公元 1125 年 3 月 19 日）熙河路地震，地有裂数十丈者，兰州尤甚，陷数百家，仓库皆没。河东诸路（地）或震裂。"

这个时期，地震事象的记载，除各朝代的史籍外，其他方面的记述仍极少，直至南宋，地方志书兴起，情况才渐渐改变。概括起来，我国历史地震记载，开创很早，但在上古时代，为数很少，中古直至唐宋亦还不多，到了宋、元才渐多，真正丰富而全面的记载是从明、清地方志盛行后，发展起来的。

3-2　地方志与地震记载

我国地广人众，南北四方的风土人情各异，人民对乡土感情特厚。宋代传至靖康（公元 1126 年），北方为异族占据，国都自开封南迁于杭州，是谓南宋。随来的许多忠义军民，要求复国未果，深恨那般投降派士大夫之无耻，民间广为流传着抗击异族侵略，保卫国家的宣传品，地方上刻刊印刷成了风气，北来志士怀念故乡，地方志书也就在此时出现，后来发展成为专刊。

地方志是各级地方行政单位刊行的一种地方杂志，内容是概述本地历史沿革，风土人情，名胜古迹，好人好事以及兴废灾祥等事。自南宋开创以来，逐渐得到推广，至明代已十分盛行，各省有通志，各府（统辖一些州和县）有府志，州（统辖一些县）有州志，县有县志，间亦有一些厅志和庙志。其中县志是基础。

地震是作为灾祥大事记入于志书的，一般另立有专篇成一系统记载。凡发生在辖境以内的地震，志书都有详细记述，有影响的境外地震，亦当作天诫记录下来。各种地方志是由各级地方政府所属的专设机构，即修志局负责编修出版，每隔若干年修订一次，故版本很多。新、旧版本的内容相差不多，新版本可能增加一些新内容，也可能略去一些旧的，例如有些小地震，新的编辑人认为不重要的，便没有继续载入新版本。

自地方志书通行之后，特别是全国二千余县绝大多数都有了县志（只是版本有新有老而已）之后，地震记载便大大地丰富起来。这对于了解各地区的地震活动性以及确定古代大地震的基本参数是十分重要的。一个大地震影响面积往往很大，在没有地方志书之前，凭史官所记，只有如上文所举："京师及郡国数十地震，山崩、地裂、坏屋、杀人"一类的描写，显然是过于笼统概括，分析不出具体情况。有了地方志的记载作为补充，便可以肯定极震区及其周围的全面情况。地方志（特别是县志）的记载，比较细，有当时各地的现场情况。下举实例来说明。

公元 1303 年（元成宗大德七年），山西汾河大地震，影响面积很广。据元史记载：

成宗，大德七年八月辛卯（公元 1303 年 9 月 17 日）夕地震，太原、平阳尤甚，坏官民庐舍十万计，平阳赵城县，范宣义郇堡徙十余里。太原徐沟、祁县及汾州平遥、介休、西河、孝义等县地裂成渠，泉涌黑沙。汾州北城陷长一里，东城陷七十余步（《元史·五行志》）。

下面是地方志记载摘抄：

赵城：夜，地震河东，本县尤甚，靡有孑遗，上下渠堰陷坏，水不得流通。范宣义郇堡徙十余里，时郇堡山移，所过居民庐舍皆摧压倾圮。霍县：庙宇皆倾，民居官舍，震撼摧压，荡然无遗。洪洞：河东地震平郡尤甚，村堡徙移，地裂成渠，人民压死不可胜计。临汾（平阳府治）：民居官舍多圮，地裂成渠，压死人民不可胜计。孝义：圣宇、官舍、城坛悉圮，坏庐舍万余间；村堡徙

移，地裂成渠。介休：官舍民屋率皆崩塌，庙堂倾圮；地裂成渠，
泉涌黑沙。襄陵：孔庙倾圮。汾西：县西青山崩摧，山顶庙倾圮。
汾阳：北城陷一里许，东城陷七十余步。文水：民屋（衙署）庙
宇震撼摧圮，扫地一空，俱为瓦砾，民多伤命。浮山：学宫、庙
宇均毁，死者十之三。翼城：冰清里岱狱行祠悉荡为平土。曲沃：
河东地震，村堡移徙，地裂成渠，破坏庐舍，压死人民不可胜计。
县治西北迁建不久的文庙废圮，（南宋）乾道年建砖塔，高十二层，
震裂为二，堕四层，今存八层。平遥：夜地震，县人死者 3630 名，
伤者 4390 名，畜死 520 头，房屋倒塌 24600 间，公廨倒塌殆尽，
地涌黑沙与水不止。乏食之家计 10350 口。乡宁：河东地震，压
死者二千余人，吉乡为轻，屋之存者什三四，人露处。太谷：孔
庙震坏。徐沟、祁县：夜太原徐沟、祁县及汾州平遥、介休、西河、
孝义等县地震，地裂成渠，泉涌黑沙。阳曲（今太原市）：奉圣寺
上下两刹多致圮坏。山西等处民居官舍多圮。闻喜：文庙、关帝庙、
姜　庙等殿宇均圮。夏县：官署及温公书院俱倾，（文庙）止存一
大成殿。垣曲：文庙、公廨多圮。晋城：官民庐舍多坏。虞乡：
居民屋室多坏。高平：官民庐舍坏者无算。长治：坏学宫，仅存
大成殿。潞城：孔庙殿宇廊庑，官廨民廛皆倾。壶关：山崩地陷，
人之居舍少有完者，惟灵泽王庙不坏。榆社：新修文庙震圮。左

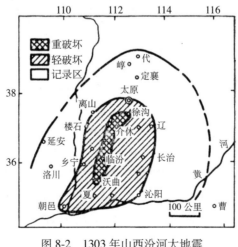

图 8-2　1303 年山西汾河大地震

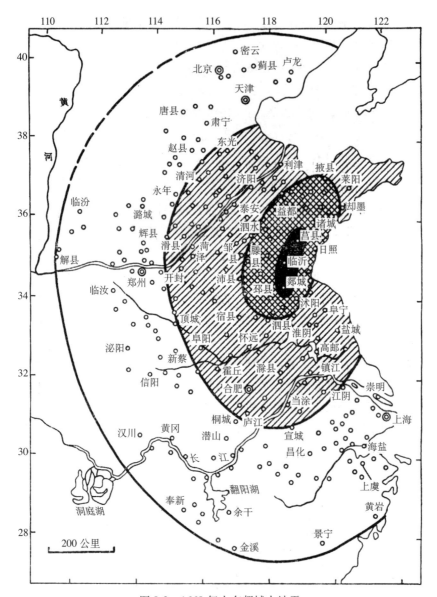

图 8-3 1668 年山东郯城大地震

权：州学（旧辽州州治）倾复。石楼：岱狱别宫正殿倾倒。蒲县：
县东翠屏山东岳庙行宫倾圮。沁源：县学倾圮。沁阳：真泽庙殿
宇廊庑均摧坏。定襄：旧学府摧圮。朝邑（陕西）：县厅震圮。

此外还有崞县、代县、离山、沁县、武乡、襄垣、万荣、汾城、新绛以及陕西之延安、洛川只记地震，无破坏情况。

我们秉此记载，进行综合分析，便可估计这次地震的震级，约 $M=8$，并可作出等震线图，如图 8-2，从而知震中区是在赵城的南北两方延伸。破坏面纵长四百余公里，余震继续了三、四年。

在元代，地方志书尚未普及，1303 年地震时，附近许多县份还没有编印县志，地震情况一般是在后来编志书时，编辑追补的，所以记录还不很全，且有抄袭之弊，例如洪洞县志（明万历时编）所载，显然是从元史抄来的总情况，不完全是洪洞的破坏。及至明代，地方志已甚盛行，主要省份逐渐普及到各县。所以，1556 年的关中大地震，即我国历史上为害最大的地震，除《明史》外，有地方性记载的还有 211 个县。到了清朝，地方志遍及全国各省，地震记载比前又丰富了许多。清初，公元 1668 年山东郯城大地震，影响及于山东、山西、河南、河北、湖北、安徽、江西、江苏、浙江等省，有记载者共 410 个县，其中记有破坏情况的 150 个县。这是我国历史记载最丰富的一次地震，根据这些记载，可以作出一幅很好的等震线图，如图 8-3。

3-3　历史地震记载的主要内容

自全国各省区地方志盛行后，我国地震记录便普遍及于各县治，可以网罗一个大地震的全面宏观情况。这是世界各国所没有的。同时亦促使人们对地震事变的注意。各方面作家的论著也很多，另成品类，散在各种书典之中。若将其搜辑起来，结合史家的记载及政府档案，可成为专门的地震文献。上面亦曾提到，在没有地方志之前，古代的地震，只凭地方官吏的奏报，史官加以撰录，因此记述疏略，且多遗漏，是不可避免的。这一时期的地震资料，当然是要差一点。但地震是一种有害的自然现象，人们研究它，希望掌握其发生规律，首先必须了解地震连续发生的历史过程。古代记录，虽然不甚完整，联结起来，对于推测地震的连续性或继承性，还是很有用的。中国地震资料，最长有三千年的历史，久为科学工作者所重视。由于书卷繁多，搜求很不容易，解放前只进行了简单的编辑，仅可供一般参考，不能作为专业知识引用，直至解放后，才第一次作了全面搜集，为新中国社会主义建设服务，下文还要详谈。

历史地震记载的复杂多样是可想而知的。总起来说，可列为三大项：地震记事、地震杂记和地震记异。文体不拘形式，文字亦有繁简不同，最短的不过"地震"二字，长者可达千言以上，其中还有抒情诗文。涉及地震实情不多的，姑不致论，最主要的是地震记事。下面各举例式，予以说明。

（一）长篇记事

这类记载是地震记事中最重要的，为数不多，下举三例以供参考。

例一，1556年，陕西关中大地震，《明嘉靖实录》载：

嘉靖三十四年十二月壬寅（公元1556年1月23日），是日山西、陕西、河南同时地震，声如雷，鸡犬鸣吠。陕西渭南、华州、朝邑、三原等处，山西蒲州等处尤甚。或地裂泉涌，中有鱼物，或城郭房屋陷入地中，或平地突成山阜，或一日连震数次，或累日震不止。河渭泛涨，华岳、终南山鸣，河壅数日。压死官吏军民奏报有名者八十二万有奇，其不知名未经奏报者复不可数计。

此外还有211个县的县志记载，内有咸宁人秦可大*作的"地震记"载在《咸宁县**志》（康熙版）上，其文如下：

嘉靖乙卯季冬十有二日夜半关中地震，盖近古以来，书传所记未有之变也。是夜，予自梦中摇撼惊醒，身反复不能贴褥，闻近榻器具，若有人推堕，屋瓦暴响，有万马奔腾之状。初疑盗，继疑妖祟，俄顷间，头所触墙，划然倒矣，始悟之，此地震也。见月色尘晦，急揽衣下，身倾欹如醉，足不能履地焉。家南有空地，从墙隙中疾走，比至其处，见母暨兄及弟侄咸先至，无恙……时四更余，势益甚，

---

　*　秦可大，明嘉靖十二年进士，地震时仕长安（即今西安），上文是十年后在北京追记。

　**　咸宁县今废，明时与长安县合为西安府治之县。

声如万雷可畏，过五鼓少定，始闻四邻远近多哭声矣。比明，见地裂横竖如画，人家房屋大半倾坏，其墙壁有直立者，亦十中之一二耳。人往来哭泣，慌忙奔走，如失穴巢之蚁蜂然。过午人俱未食，盖爨具顿毁，而谷面之类皆覆土埋压。无何未申时，哄然传呼城东北阿儿朵回人反至，人益逃惧思死，盖讹言也，实无回人反者。四乡之外，村居被祸者，幸奔入省城暂避，至如穴居之民，谷处之众，多全家压死而鲜有脱者。详其震之发也，盖自潼关、蒲坂 *，奋暴突撞如波浪愤沸，四面溃散，故各以方向漫缓而故受祸亦差异焉。他远不可知，自吾省之西也，则渐轻；自吾省之东也，则渐重，至潼关、蒲坂极焉。震之轻者，房壁之类尚以渐倾，而重者则一发即倾荡尽矣。震之轻者，人之救死，尚可走避，而重者虽有幸活，多自覆压之下掘挖出矣。如渭南之城门陷入地中，华州之堵无尺竖，潼关、蒲坂之城垣沦没，则他如民庶之居，官府之舍，可类推矣。缙绅多被害，若渭南谢令全家靡遗，其他如士夫居民，合族而压死者甚众。受祸大数：潼关之死者什七，同华之死者什六，渭南之死者什五，临潼之死者什四，省城之死者什三，其他州县则以地之剥别远近分浅深矣。中间受祸之惨者，如韩尚书（邦奇）以火厢坑而煨尽其骨，薛郎中（祖学）陷入水穴者丈余焉。马光禄卿（理）深埋土窟而检尸甚难。其事变之异者，或涌出朽烂之舢板，或涌出赤毛之巨鱼，或山移五里而民居俨然完立，或奋起土山迷塞道路。其他如村树之易置，阡陌之更反，盖又未可以一一数也。此变之后，次年而固原地震，其祸亦甚。乃隆庆戊辰（公元 1558 年）本地再震，其祸少差。自是以来，无年无月，居常震摇，迄今万历之岁，未甚息焉。是以居民罹此荼毒，竭筋力膏血勉造房屋，而不敢为安业，有力之家，多用木板合厢四壁，上起暗楼，公衙之内，别置板屋，士庶人家亦多有之，以防祸也。二十年之内，同、华、蒲、渭之地，幼而生齿，壮而室家，大抵皆秦民半死之遗孤也。吾秦本乐土，而独多地震之变，固且奈何！因计居民之家，当勉置合厢楼板，内竖壮木床榻，卒然闻变，不可疾出，伏而待定，纵有覆巢，可冀完卵。力不办者，预择空隙之处，

---

* 今山西芮城。

审趋避可也。富平举人李羔与其内兄妹丈左熙，同会试抵旧阌乡店宿，联榻而卧。李觉地动走出，呼左，时左被酒，寤闻未起。既而，李被崩崖死，而左赖床榻撑支，止伤一指，是避者反遇害焉。万历乙亥（公元 1575 年），大寓都下，待补无因谨著记。

例二，1668 年山东郯城大地震《康熙实录》没有一点实况记载，只有诏命："康熙七年七月丙辰（1668 年 8 月 26 日，指下诏的日子）以山东六月地震，命户部速行详议，分别蠲赈。"这是因为清初人心未定，部臣不敢言灾异，节去州县所报，实则地震很大。据康熙时代编印的《郯城县志》有如下记载：

> 康熙七年六月十七日（公元 1668 年 7 月 25 日）戌时地震，有声自西北来，一时楼房树木皆前俯后仰，从顶至地者连二、三次，遂一颤即倾，城楼堞口官舍民房并村落寺观，俱倒塌如平地。打死男妇子女八千七百有奇。地裂泉涌，上喷二、三丈高，遍地水流，移时又干竭。阖邑震塌房屋约数十万间。地裂处或缝宽不可越，或深不敢视，其陷塌处皆如阶级，有层次。裂缝两岸皆有淤泥细沙，其所陷深浅阔狭，形状难以备述，真为旷古奇灾。

莒县、临沂灾情亦重，且有四百余县的县志记载了轻重不同的情况，影响至长江以南。当时郯城县县官冯可参，亲历其境，作了《灾民歌》，有引曰："予下车甫两月，即遭地震之祸，疟痢继发，号苦之声，彻于四境，触目伤心，乃作是歌，聊为郯民告哀，歌曰：

> 郯城野老沿乡哭，自言地震遭荼毒，忽听空中若响雷，霎时大地皆翻覆。或如奔马走危坡，或如巨浪摇轻轴，忽然遍地涌沙泉，忽然顷刻皆干没。开缝裂坼陷深坑，斜颤倾欹难驻足，阴风飒飒鬼神号，地惨天昏蒙黑雾。逃生走死乱纷纷，相呼相唤相驰逐，举头不见眼前人，举头不见当时屋，盖藏委积一时空，断折伤残嗟满目。颓垣败壁遍荒村，千村能有几村存，少妇黄昏悲独宿，老妪白首抚孤孙。夜夜阴磷生鬼火，家家月下哭新魂，积尸臭腐无棺殓，半就编芦入冢墦，结席安篷皆野处，阴愁霖潦晴愁暑。几许伶仃泣路旁，身无归傍家无主，老夫四顾少亲人，举囊谁人汲沙渚。妻孥寂寂葬

荒丘，泣向厨中自蒸黍。更苦霪雨不停休，满陌秋田水涨流，今年二麦充官税，明年割肉到心头。嗟乎哉！漫自猜，天灾何事沴相推，愁眉长锁几时开，先时自谓灾方过，谁知灾后病还来，恨不当时同日死，于今病死有谁哀。

这首诗不仅描述了地震现场情况，还揭露了旧社会统治阶级在人民遭受地震灾难时，置困苦疾疫于不顾，仍照样剥削。描写地震的诗歌不少，这里不多举了。

例三，1679 年三河–平谷大地震（$M=8$），震中离北京不远，震坏皇宫及北海白塔，康熙帝玄烨骇怕，急忙召集大臣来说："顷者地震示警，实因一切政事不协天心，故召此灾变；在朕固应受谴，尔诸臣亦无所辞责。"又"率诸王、文武官员诣天坛祈祷"。由于怕人民怀疑清室政权不合天意，《康熙实录》记载的地震情况极为简单："康熙十八年七月二十八日（公元 1679 年 9 月 2 日）巳时地大震，京城内外，军民房屋多有倾倒。"实际上地震灾情很严重，据董含著《三冈识略》载称：

康熙十八年七月二十八日，巳时初刻京师地震，自西北起，飞沙扬尘，黑气障空，不见天日，人如坐波浪中，莫不倾跌。未几，四野声如霹雳，鸟兽惊窜。是夜连震三次，平地坼开数丈，德胜门下裂一大沟，水如泉涌，官民震伤不可胜计，至有全家覆没者。二十九日午刻又大震，八月初一日子时复震如前，自后时时簸荡。内外官民日则暴处，夜则露宿，不敢入室，昼夜不分，状如混沌。朝士多压死，积尸如山，莫可辨识。通州城房坍塌更甚，空中有火光，四面焚烧，哭声震天。涿州、良乡等处街道震裂，黑水涌出，高三、四尺；山海关、三河地方平地沉为河。环绕帝都连震一月，举朝震惊。

这次地震发生在北京附近，文史记载特别多，最重要的是地方志记载。震中在三河、平谷，《乾隆三河县志》载有当年三河县县官任塾作的"地震记"，详述了三河地方的地震情况，其文如下：

康熙十八年己未七月二十八日巳时，余公事毕退西斋假寐，若有人从梦中推醒者，视门方扃，室内阒无人，正惝恍间，忽地底如鸣大炮，继以千百石炮，又四远有声，俨如数十万军马飒沓而至，余知为地震。蹶然起，见窗牖已上下簸荡，如舟在大风波浪中。跣而趋，屡仆仅得至门。门启，门后有木屏，余方在两空间砉然一声而屋已摧矣。梁柱众材，交横门屏上，堆积如山，一洞未灭顶耳。牙齿腰肱俱伤，疾呼无闻者，声气殆不能续，因极力伸右手出寸许，儿辈遍寻余，望见手指动摇，亟率众徙木畚土，食顷始得出。举目则远近荡然，了无障隔，茫茫浑浑，如早昧开辟之初。从瓦砾上奔入一婢指云：主母在此下，掘救之，气已绝。恸哭间，问儿辈，余三十口何在？答云：在积土中，未知存亡！乃俯而呼，有应者，掘出之，大抵床几之下，门户之侧，皆可赖以免，其他无不破肤折体，或呼不应，则无救矣。正相对莫知所以，忽闻喧噪声云，地且沉，争登山，缘木而避，盖地多坼裂，黑水兼沙从地底涌泛。有骑驴道中者，随裂而堕，了无形影，故致人惊骇呼告耳。顷之，又闻呼大火且至，乃倾压后，灶有遗烬，从下延烧而然，急命引水灌之。旋闻纷纷攘攘，耳无停声，因扶伤出抚循，茫然不得街巷故道，但见土砾成丘，尸骸枕藉，覆垣欹户之下，号哭呻吟，耳不忍闻，目不忍睹。历废城内外，计剩房屋五十间有半，不特柏梁松栋倏似灰飞，即铁塔石桥亦同粉碎，登高一呼，惟天似穹庐盖四野而已。次日人报县境较低于旧时，往勘之，西行三十余里及柳河屯，则地脉中断，落二尺许；渐西北至东务里，则东南界落五尺许；又北至潘各庄，则正南界落一丈许。阖境似甀之脱坏，人几为鱼鳖，岂惟谷陵之变已耶。随奉巡抚金查明三河、平谷最重，香河、武清、宝坻次之，蓟州、固安又次之。计震所及，东至奉天之锦州，西至豫之彰德，凡数千里，而三河极惨。自被灾以来九阅月矣，或一月数震，或间日一震，或微有摇杌，或势摧崩，迄今尚未镇静。备阅史册，千古未有，不知何以致此也。

以上举例，有正史实录，有记事，有诗歌，表明我国历史地震记载是多样的，但长篇的是少数，以比较简短而不全面的为多。这类记载，不论长短，都是直接描述地震及其影响的，是历史地震资料的主要部分。此外，还有涉及地震的各种杂记，其中可作为参考而存在的，亦复不少。

（二）地震现象记

杂记包含内容很复杂，除其中显然是荒唐不足道的，有些虽然亦是虚文夸张，但地震确是事实。由于民间相信地震是天灾，是惩不德之人，所以一般不敢伪造。在这方面的记载，带些迷信是不可避免的，但不全是糟粕。概括起来，所写的内容，主要是从异象附会至预言地震。下面举些例子来说明。

地震杂说中，多有附会某些异常现象为地震的前兆，由此预言有地震发生。最著名的是《史记·天官书》所说：辰星"出房、心间（同闲），地动"。也有说："地动应钩、铃"，或"钩星直则地动"的，都是古代人民试图以星移的异象来预言地震。我国人民研究天象、地文和卜（用龟）、筮（用蓍）之术都是很早的。古代，将天上诸星归纳为二十八宿，按四方分配，每方七宿：东曰苍龙，西曰白虎，南曰朱雀，北曰玄武。心与房便是苍龙七宿中之两宿。照现在所讲的星座位置来说，心宿和房宿都在天蝎座。如图 8-4 所示，心宿有三星位于蝎的胸部；房宿四星构成蝎的头部；钩、铃是房宿四旁边的双星。它们都是不动的恒星。所谓辰星，则是行星，是太阳系九大行星中的水星，因只有早晚可见，故称辰星或

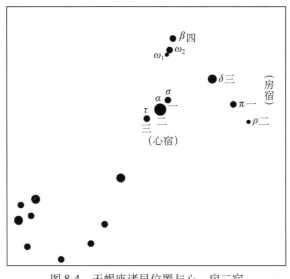

图 8-4　天蝎座诸星位置与心、房二宿

昏星，它运行的轨道正好穿过心宿与房宿之间。古人将简单的现象联系起来，当水星凑巧运行到天蝎座的某一特殊位置时发生了地震，于是有："辰星出房、心间，地动"之说。又因钩和钤是双星，相对位置有变，也就有"地动应钩、钤"及"钩直则地动"等说法，这是不足为奇的。我们认为古人观察是十分细致的，虽然齐人预言地震不成，那是因为没有科学经验，星移原与地震无关，大前提错误了，但其演绎做法不可厚非，所以上述记载，仍不失为我国人民研究地震预报的先声。

由于人多迷信地震为天诫，就有借地震灾变为己用者。有人举两个古例，编成两句诗："周幽王地震三川竭而亡，汉文帝地震山裂成至治"，借以规劝皇帝。类此者，上面已引过多例。此外，还有借地震搞政治小动作的，最著名的是汉元帝时的刘向案件。故事说："宦官弘恭、石显等擅权，政争甚烈。时京师屡地震，元帝惧，问于宗臣刘向，向曰：'地动是臣不畏君，宜罢免恭、显'。及恭、显已罢，而地仍震，恭、显乃谮曰：'地动是向等行为不端'；向遂被免官，下狱。"更有借以讥讽贪官污吏的，最令人发噱的是"牛鸣地震"。故事传说："清道光二十六年间，四川保宁府（今阆中。应作宁远府，今西昌）挖地发现古碑，上有'牛鸣地震'四字，谓是孔明的遗谶，是诸葛武侯预言地震。于是附近居民纷纷然禁人带牛入域，乡间养牛亦令衔木嚼，使不得鸣。不久换了新知府叫牛树梅，知县鸣铎亦同时到任，当时也没有引起人们的注意。那知过些时日，忽然地震，知府压于墙下三日，成了残废；知县适在祭神，跳窗得免，但全家已被压死。然后恍然悟'牛鸣地震'的由来，孔明其神乎。"其实哪里是什么神！很显然，故事是虚构的，但地震确是真的。1850 年（道光三十年）西昌发生大地震（$M=7\frac{1}{2}$），震害很大，当时也确实有牛姓知府和鸣姓知县，恰好凑成牛鸣一辞。作者为了好做文章，故意改变了地震的时间和地点。以上所举是些特殊的例子，说明这类记载很复杂，不能全信，也不能全不信，要由读者进行分析，加以甄别，以取其合理部分使用。

其次，在地震杂记中，关于地震前后伴随着的异象记载亦很多。其写响声的，如"地震声如巨雷"，"天鼓鸣"等；写发光的，如"天空有光，化作白云"，如"霞光一簇"，如"火轮见于空中"等；写气象的，更是多样，风雨倏忽，蒸热反常等等，不胜枚举。例如，1733 年，云南东川地震，东川知府崔乃镛作的《地震记》写到"是日怪风迅烈，飒然一过，屋瓦欲飞，申时地震"；又说"震前一日，天气山光昏暗如暮，疑其将雨，不知是地震也"。1833 年云南嵩明大地震，魏祝亭作的《天涯见闻录》写到"巳刻地震，先期黄沙四塞，昏晓不辨者凡三昼夜"；又说"先期淫雨九日，雨色黑，沾白夹玄若涅；将震时，昼晦如夜，屋皆燃烛，历十有二刻乃复明，明后即震。有声自北来，似数十巨炮轰击"。类此记载不少，所言主要是一般存在的现象。此外，有说到生物异象的，多属鱼虫一类，如"大水出，中多鱼物"，比较特殊的是植物异花。《会理州志》上，载有"清咸丰元年（1851 年）八月，果树重花，桃、李、梅、杏皆烂漫如春"。查是年附近没有地震，一年之前的西昌大地震，相隔一百数十公里，会理地方的异花未必与地震相关。

在历史地震的杂象记载中，还有更奇特的就是"地生白毛"。这类记载，最初见于《晋书》，东晋太和元年（公元 366 年）："秦、雍二州，地震裂，水泉涌出，金象生毛"。直至十九世纪末期，一千五百年间的历史地震记事中，累见"地生白毛"的话。且发生白毛的地点，分布得很广泛，这决不是偶然的。但发生原因不详，可疑的是在现代科学记录中，尚无人亲眼见过。前据报告，说江苏扬州"地生白毛"，调查结果，是热湿之气使阴地生菌，与书上所载迥异。

3-4 地生白毛的记载

地生白毛一般在震后发生，多以为与地土有关，下面是发生地一览表。

表8-2　各地地生白毛一览表

年（公元）	发　生　地	年（公元）	发　生　地
1165	河北　北京	1482	浙江　萧山
1180	河北　北京	1499	浙江　乐清
1507	河北　武强	1510	浙江　湖州，长兴武康，清德
1358	山东　济南	1512	浙江　杭州
1422	山东　济南府	1517	浙江　永嘉，乐清
436	江苏　南京	1553	浙江　海盐
543	江苏　南京	1566	浙江　温州，永嘉
548	江苏　江南	1624	浙江　嘉兴，桐乡，乌镇，青
832	江苏　苏州		镇，南浔
1475	江苏　苏州，川沙，上海，松江，青浦	1644	浙江　南浔，德清
1487	江苏　苏州	1649	浙江　杭州，钱塘
1505	江苏及浙江，（另详）	1600	浙江　诏安
1512	江苏　苏州	1608	浙江　福州，罗源
1523	江苏　苏州	1811	浙江　金门，同安
1526	江苏　苏州	1517	福建，安溪
1551	江苏　松江、上海、南汇	1600	广东，南澳
1554	江苏　苏州，嘉定，吴淞	1641	广东　揭阳
1623	江苏　苏州，青浦，吴江，震泽，嘉定，吴淞	1502	广西，平乐，蒙山，苍梧
1664	江苏　松江	1510	广西　苍梧
1668	江苏及皖、浙，（另详）	1499	云南　巍山
1669	江苏　青浦	1506	云南　祥云
1752	江苏　无锡，金匮	1498	湖北　江夏
1852	江苏　句容	1509	湖北　江夏
1854	江苏　句容	345	四川　成都
1475	安徽　徽州	366	陕西　关中（古秦、雍）
1764	安徽　天长	788	陕西　长安
		406	甘肃，菀川（今兰州、靖远）
		1477	甘肃反宁夏

　　上表所列，是现已查得的各省历次地震地生白毛的所在地，有记载的共计五十余县，包括地震53次。有的县记载很多次，主要集中在长江下游与钱塘湾之间，太湖以东的三角地，如图8-5所示。值得注意的是伴随地生白毛的，一般都是弱小的有感地震，

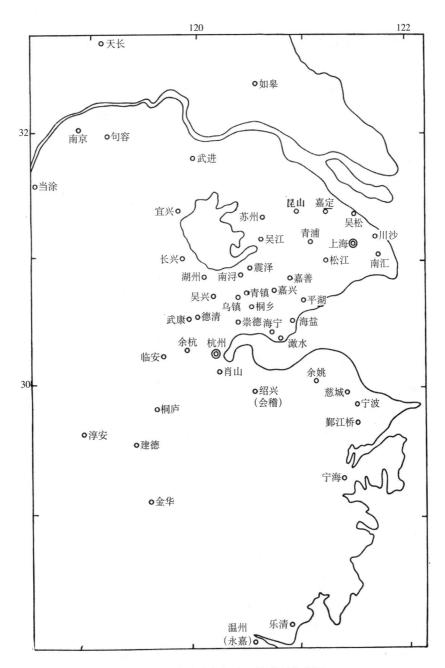

图 8-5 地震地生白毛区域地理分布图

在记载中，只有1505年和1668年两次是大地震，在强烈震动的极震区也不见有地生白毛的记载，仍然是在震动较弱的有感地区出现，其中以太湖之东三角地为最多。

查1505年地震是一次海底地震，震中在黄海，影响华东广大地区。据《明史·五行志》记载，"弘治十八年（1505年）九月十三日（丑时），南京及苏、松（江）、常、镇、淮（安）、宁（国）七府，通、和二州同日震"。按此，东自海滨，西迄南京，北达如皋，南至温州，约四十余县，有地震记载，都是有感而无破坏。其中有地生白毛的共十三县：苏州、昆山、嘉兴、嘉善、平湖、海盐、崇德、湖州、乌镇、青镇、德清、绍兴、萧山。

1668年地震是我国一次最大地震，即鲁东郯城大地震，波及山东、山西、河北、河南等十省，地方志书有记载的共四百余县，其中十分之一记有地生白毛，计：江宁、如皋、苏州、昆山、常熟、吴江、震泽、上海、松江、青浦、大仓、常州、无锡、宜兴（以上属江苏）；杭州、仁和、钱塘、海宁、临安、嘉兴、嘉善、澉水、平湖、桐乡、乌程、长兴、乌镇、南浔、德清、宁波、慈溪、萧山、余姚、建德、淳安、桐庐（以上属浙江）；此外还有安徽之当涂和天长。所有地生白毛的地区都是这次地震时震动较轻，只是有感而无破坏的地区。

如上所述，地生白毛的记载如此之多，绝不是偶然的，其产生原因需要研究。根据书上的记载，一般在地震次日发生，间亦有隔数日，以至十日的，但很少。其产状多说成遍地白毛，缘墙壁隙地皆有，空屋尤多，极少数见于山地。毛的色状不一，以白色为主，也有黑色、赤黑和很少的黄色。长约二、三寸，间有较长至尺余的。其形如毛，有形容其似白草、猫须、羊毫、猪鬃，长的则如马鬣、马尾等，也有如发丝的，有时还可抽引达二、三尺。其生长迅速，经宿而成，人们不知其是怎样生长的。

奇怪的是"地生白毛"只见于十九世纪以前的记载，现代却没有人见过，检查上列五十余次地震的时间，各个月分都有，看不出地生白毛与季节有何关系，但其为地震所促成是很显然的。就其体形色状猜测，毛可能是碱、霉菌之类的物质。再看记载所言，生白毛之地，主要在冲积土层地区，地下水位是很高的，有可能是地震迫使地下水情变化，带了大量碱等及易招发霉的物质到地面上来，凭借地表存在的细微草木根丝或纤维，造成地生白毛。这仅是猜测，真正了解其发生原因，需待有机会见到实物，进行仔细分析研究后，才能肯定。

4. 历史地震记载的使用

地震是重复发生的，人们研究任何地区的地震问题，必须以了解其过去活动情况为基础。我们首先要从历史记载中了解地震活动的时间序列和空间分布，然后才能进行其他问题的研究。因此，搜集历史资料，编成地震目录，是一个重要的任务。

4-1　记载的搜辑和整理

古今学者都具有同一愿望，都想了解其国家的地震活动历史及其带来的休咎。于是，便有人不怕其烦难，从各种历史书籍中搜求有关地震的记载，汇综起来，然后整编为历代地震年表，或地震目录，使读者一目了然。这类工作，我国亦做得很早。

（一）前人的工作

我国真正的地震汇编实从宋代开始的，主要有以下三种：

其一，宋初，宋太宗喜欢读书，李昉等编了《太平御览》共一千卷，中有咎征部是言休咎的，内载历代地震事件。自周至隋共辑地震45条，有的在一条中写了多次地震。

其二，元代马端临撰的《文献通考》，内有地震篇。自周至宋元宗，收辑地震268条；嗣后明王圻作《续文献通考》，又从宋元宗续至明崇祯，增加了225条，合起来共493条；也有一条中记述多次地震的。

其三，清雍正三年（公元1725年）蒋建锡等编《古今图书辑成》共一万卷，内有地异部，收辑地震、地陷和地裂等共654条，其中地裂或地陷有的与地震是同时的，有的则是完全不相关的。

明代《永乐大典》第四千六百五十卷中，关于公元 1057 年幽州地震记有"南京大悯忠寺（今北京宣武门外法源寺）摧于地震，诏趣完之"的事，惜该书已毁于清末的外国侵略兵燹，现已无从查考。

如上所述，这些早年地震事件汇编，主要是从正史记载中摘录下来的，目的是供统治阶级参考，很不完全，不合乎现代的要求。尽管如此，到清朝中叶，内容已很可观了，到了十九世纪，海禁大开，一些来自西方的科学家发现后，十分注意，纷纷将其译成本国文字，供各方面研究参考。由于文字上的隔阂，常常错得可笑。例如公元 1609 年甘肃河西走廊地震，按《明史》记载："万历三十六年六月辛酉（1609 年 7 月 11 日），甘肃（如作甘州、肃州则为今张掖、酒泉）地震，红崖、清水等堡，压死军民八百四十余人，圮边墩八百七十里（疑丈之误），裂东关地。"乃在 1908 年的《英国地震协会会刊》所载中国地震目录，却译成："1609 年 7 月 11 日甘肃甘州府地震，城墙房屋多毁，死 840 人，浙江绍兴府东关地裂 870 里"。边墩亦称边墙即长城，东关是东门城关，不是一般地名，找到浙江去，显然是错误的。说明这项工作还得由中国人来做！

外国殖民者在我国国土上最早设置现代仪器，进行天文、气象、地磁、地震等观测，是在上海徐家汇天主教堂。这里一些兼做科学工作的神父，知道我国历史地震资料很丰富，极感兴趣，便利用华人教徒，广泛搜集，由黄伯禄汇编。他从史书 10 种，地方志 391 种中找到自公元前 1767 年至公元 1895 年间的大小地震记载 3322 次（内中多重复），企图综合起来编辑成书，但工作未竟便死了。继由法人传教士整理，加以补充，最后于 1913 年编译出版，即《Catalogue des Tremblement de Terre en Chine Ⅱ》。这是一部用法文发表的《中国地震目录》，内容比之以往同类著作增加了不少，但仍遗漏很多，所辑地震未经分析，重复不清，且缺乏考证，古今地名混淆，加上译音不确切，我国人用者极少。

（二）新编中国地震目录

新中国诞生后，明确了地震科学研究首先是为社会主义建设服务。鉴于早年苏联阿什哈巴德地区的教训（土库曼的首府，初以为非地震危险区，不期于 1946 年发生 $M=7.5$ 的地震，为害很大），要求科学院负责提供各厂矿和城乡建设地区有无地震危害的基本情况，以便考虑安全措施。地震科学工作者承担了这项任务，力求掌握各区地震活动的时、空分布情况。但在这方面，前人的工作可资参考的不很多，不能满足今天的需要。我们需要有一套尽可能完整的历史地震资料作为基础，以便开展工作。遂在科学院地震工作委员会的主持下动员了各方面的有关人员，特别是近代史研究所的同志，广泛搜集资料，历两年之久，查阅了各种书籍数万卷，包括文献八千余种：有正史、稗史、诗、文集二千三百余种，地方志五千六百余种，以及文物档案、近期杂志、报刊和调查报告等。截至 1955 年，除一些一时无法弄得的地方志、文献外，收集到并摘抄了历代有关地震的长短记载，数以万计，之后，分以下两步进行整理。

第一步是将所有搜集来的原始记载整理成资料年表。除删掉那些荒唐不经之谈，或显然是错误，需要改正的以外，一律以原文保留下来。一个大地震影响面积较大，常有多条和多处的记载。将这些论述同一地震的记载汇编到一起，有时还需要进一步核实地震发生的时间和地点，以便校对各条记载的一致性。关于时间，我国历史上所记年代，一般认为，从周代的所谓"周召共和"*（公元前 841 年）之后是完全可靠的，在此以前，用干支推算则稍有参差。历史地震记载很多系转抄的，也容易讹误，其原因是古人惯用干支代写年和日（月一般不用），且各朝皇帝，自汉文帝以来喜欢改元，每改一次都从元年起算。汉文帝在位二十三年，初称前元，至第十七年改为后元，古人不称其为文帝十七年，而写成文帝后元元年。

---

* 周厉王无道被逐，周公、召公同执政，古称共和。

嗣后改元的更为频繁,汉武帝在位五十四年改元十一次,唐高宗在位三十四年改元十四次。元号的名称亦很多相同的,如后元元年,汉文帝时有,汉景帝、汉武帝时也有,若帝名抄错一字,年代最多可差79年。若遇朝代更迭时发生地震,两方史官所记的时间可以相差很大;例如1057年幽州地震,其时宋、辽对峙,幽州已为辽占据,改称南京,《宋史》根据雄州的奏报记地震时间为"四月丙寅",而《辽史》记作"七月甲申",相差三个半月,这就必需经过考证才能肯定。其后查得《辽史》记载着"因地震大赦天下",估计所记"七月甲申"是颁布赦令的日期,故较迟,这是合理的推断。上述例举,是比较简单的,若遇复杂的时间问题,则常需另寻旁证才能解决。

此外,还须考证地名。历史地震记载上所涉及的地方,其名称,不少是现在已经不用的了,且辖境亦已改变。例如晋代以前的凉州,辖境很大,包括陇西、金城、河西及青海东部,治陇县,晋以后,才迁治姑臧(今武威)。又汉代汉阳在甘肃天水郡,距今湖北的汉阳相隔千里。此外,还有同名异地的,如昆明旧称云南府,若误作云南县则到滇西去了。地名考证,比较困难,常常不是在一般的《古今地名考》一类的书中可以查得的,须多方考证,才弄得清楚,有的甚至无考。

经过时间、地名等考证,去伪存真核实后,共得有关地震的记载一万五千余条,包括大小地震约八千至九千次,比以往任何一次搜集的都多。内容很丰富,式样亦多,有记事,有文,有诗,以及上谕、奏章、赈恤、蠲免、新闻、杂志等等不一而足。小地震只有一条或数条记载,大地震则可上千条。1668年山东郯城大震,受影响的周围四百余县都有记录,其中记载多的,如郯城,莒县各有二十余条,长者数百言,如冯可参作的"地震诗"。将经过考核的一万多条资料,以省为单位分区,然后,以地震发生的时间为序,编成《中国地震资料年表》,分作上下两巨册,已于1956年公开出版。这一部书是我国历史地震资料搜罗最多的,当然还不能说是已搜求完全了，因为还有些文献没有看到，而且事实上，地方性小地震也不可能全部搜查到，但相信有影响的大地震是极少遗漏的了。

第二步工作，是分析上述年表所撰定的地震，进一步加以处理，尽可能将较大的，有破坏记载的地震确定其基本参数。年表所载的地震资料是截至 1955 年为止的，原定此后以仪器记录为主继续补充。我们知道大地震常可波及数省，因此，很显然，年表上所载各省地震是有重复的。若将各省记载的地震统计一下，有如下表：

表8-3　各省地震记载统计表

省　名	记载起讫（年）	总震次（次）	省　名	记载起讫（年）	总震次（次）
河　北	前 231—1954	761(87)	湖　南	288—1934	184(7)
山　东	前 618—1948	566(38)	湖　北	前 143—1935	303(23)
山　西	前 466—1948	590(98)	江　西	318—1932	218(13)
河　南	前 519—1942	458(46)	广　东	288—1936	601(30)
陕　西	前 1177—1936	403(62)	广　西	288—1936	184(13)
甘　肃	前 193—1954	618(125)	福　建	886—1936	359(23)
新　疆	1716—1947	27(20)	台　湾	1661—1951	84(46)
青　海	138—1937	21(10)	浙　江	288—1935	356(11)
西　藏	1893—1954	30(13)	江　苏	前 179—1949	635(26)
四　川	前 26—1955	396(58)	辽　宁	294—1943	157(16)
云　南	前 26—1954	652(165)	吉　林	2—1941	37(0)
贵　州	1308—1937	101(8)	黑龙江	1137—1941	15(2)
安　徽	前 179—1951	301(22)	内蒙古	前 7—1953	71 (32)

注：括弧内数字是破坏震次。年表未录公元前 1831 年泰山震。

如表所列，有记载的地震共 8137（1004）次，以河北省为最多，黑龙江省为最少，全国各省总计虽有八千余次，但绝大多数是无灾害的，其中只约一千次左右有破坏记载。我们的任务是要弄清楚这一千次有灾害地震。首先将记载在不同省份的同一地震事件合并到一起，结合其他可能得到的情况，进行地震参数的测定。

根据历史记载是不能像使用仪器记录那样测定参数的，我们只能综合地考定发震的日期，确定极震区的所在，规定宏观震中并核实震害，按其程度和影响范围估计地震强度。历史地震，无论记载多么丰富，一般只能粗略地评定上述三项参数，再多就困难了。

地名和时间的考证，上面已有说明，地名须用今名，时间核实要从干支换成年和日，并由夏历换成公历，这都有定法，在换算上没有困难，这里要谈的是情况核实。先是审查资料来源。一般以正史、五行志的记载为准，但它很概括，须参考各朝代的帝王实录及臣民传记，有时实录或传记上的记载，写得更为具体详尽。特别要注意的是有无隐瞒情况。1679 年三河大地震时，北京受到严重破坏，因清初政权尚未巩固，为减少政治影响，正史上记得很简单。比如北京地裂很多，但在清宫档案和地方志书却没有记载，而在诗文杂记上则有各种描述，综合起来计有：（1）"沟裂分多派"，（2）"平原裂成缝"，（3）"地裂黑水进"，（4）"德胜门外涌黄流，天坛旁裂出黑水"，（5）"平地坼开数丈，德胜门下裂一大沟，水如泉涌"。1973 年在德胜门施工时，挖开后果然还能认出当时的裂沟遗迹。

地震灾情的核实是很重要的。历史记载一般是可信的，但常常是笼统不具体，数字亦有参差，需要分析比较。对"无数"、"极微"等一类词句，和夸大或缩小灾情等情况，亦要恰当地处理。例如 1730 年北京地震，据故宫档案记载，城郊死者一共不到一千人，而《圣教史略》则写着"压毙人口十万有余"，这显然是教会洋人夸大其词的捏造。又如 1850 年西昌大地震，《清史稿》记载是"压毙二万六百余人"，而一些笔记中，有的说："合城死者二十余万人"，又有的说："压死男妇一万三千二百二十八人"，显然笔记所写的是传闻，不如清史所载可信。也有前后所言悬殊的，如 1830 年磁州地震，直隶（即河北省）总督那彦成最初奏报的是"磁州伤毙人口尚少，邯郸情况不重"，实则此次地震破坏很大，伤亡惨重。后为"赏借兵饷"，他又奏称"兵丁庐舍全被震毁"。很清楚，这是由于地方官先是怕被人责问遭受天谴，故意把灾情说轻，其后因要求拨款，又需要说得重些。类此情况尚多，都须善于处理，方不致误。

情况核实，所在地名亦无误，然后进行烈度评定。将所有受到地震影响的有情况记载的地点（一般以县为单位的大面积），一一评定其烈度。这里存在一点困难，那就是难于直接以普通烈度表为标准来评定烈度。由于历史上所写的地震情况和描述辞句，不是烈度表上的术语，因此，有必要采用记载上惯用的事象及语言，另编一种适用的烈度表作为评定标准。我们以单条记载，如对"地震坏民居"，"地震坏城郭"，"地震地裂"或"地震山崩"一类的说法，若别无其他，则作为最低破坏，约相当烈度Ⅵ度。然后，比这个严重的，记载多的，分作以下数项来相互比较：1）大型建筑的破坏，2）普通民房的破坏，3）山崩滑坡，4）地坼裂，5）人畜伤亡等灾害。我们将情况记载，分为上述单项进行比较，然后综合起来，评定烈度，事先做好为鉴定历史地震专用的烈度表。这种专用烈度表，内容简单，比较粗略，一般可望能准确到一度。

表 8-4　历史地震烈度鉴定表

烈　度 （级）	地　　震　　情　　况				
	1)	2)	3)	4)	5)
Ⅶ ±	损城垛门楼，伤墙垣。	官民庐舍有损坏，村居多坏。	黄土崖崩，陡坎泥滑。	软湿之地有裂缝，间有出水。	有死伤。
Ⅷ +	城郭、边墙部分坏，墙垣多倾。坏沟渠、桥梁，欹石碑、坊、塔。	寺庙、仓库震坏，或部分倒塌；公廨、民房大半倾圮，树木摧折。	山石崩坠，土岗山脚裂颓。	平地裂缝涌沙水，斜坡、路面坼裂。冒新泉，涸老泉。	多死伤。

续表

烈　度 （级）	地　　震　　情　　况				
	1)	2)	3)	4)	5)
IX—X	城垣、墩台大半坏，塔身裂，塔顶坠，碑、坊倾倒，石柱震裂，桥梁破坏。	官民庐舍倾坏殆尽，寺庙、仓库亦多倒塌。	山崩崖裂，道路阻塞，堵河为湖；甚至山移谷裂。	地大坼裂涌沙泥，冒大水成渠；边坡、河岸裂缝纵横，绵延成带，地面陷落、隆起，坼裂。温泉水涸或充溢。	死伤甚多。
≥X	大毁坏。	倒塌殆尽。	普遍山崩或滑坡，甚或高山为谷，深谷为陵，道路河流阻塞。	地裂成渠，大量涌水及沙泥，毁坏田地。	死伤无数。

附烈度震级对照表

$M = 0.58 I_0 + 1.5$

震中烈度（I_0）	VI	VII	VIII	IX	X	XI	XII
震　级（M）	5	5½	6¼	6¾	7¼	8	8½

注：破坏类别：
1）大型建筑物破坏，2）普通民用房屋破坏，3）山崩滑坡，4）地坼裂，
5）伤亡等灾害。
可用最大烈度按公式换算震级。

　　把用上表评定的有震害情况记载的各个地方的烈度，放在适当比例尺的地图上，便可看到烈度最大的极震区，即震中所在，是谓宏观震中。需要指出的是，宏观震中与仪器测定的微观震中，虽然都是地震的中心，但有区别，后者是地震波辐射中心，前者是地震破坏情况的中心，二者是不一致的，因为破坏情况很大程度是取决于地面物质条件的。资料丰富的地震，不特找得到地震震中，还可以将相同烈度的地方连结起来，作成等震线图，如上文所说的山东郯城等地震。然后，再将极震区的最大烈度，用经验公式换算为震级，便可进一步测得地震的强度。

我们采用的公式是：

$$M = 0.58\,I_0 + 1.5 \qquad\qquad (8\text{-}1)$$

式中 I_0 是震中烈度（即最大烈度），M 是相应面波震级。这是根据我国数十次破坏性地震所测定的震中烈度和震级的统计结果得出的经验公式，原有震源深度一项，实践结果表明深度可作 10 至 20 公里处理，乃将原来公式简化成上式。用此经验公式求得的震级，不能很精确，一般只能准到半级。这样，我们将历史地震的大小，归纳为 a，b，c，d 四类。用震级衡量，约为：a 类，$M^* \geqslant 7.8$；b 类，$7\frac{3}{4} > M \geqslant 6\frac{3}{4}$；c 类，$6.7 > M \geqslant 6$；d 类，$6 > M > 5$；其最轻微，极少伤害的破坏，必要时，可称为 e 类（地震大小类别，称类；单一地震的大小级别，称级）。

我们按上述方法，将有破坏记载的地震一一整理，核定其基本参数：（1）发震时间，一般可写到日；（2）宏观震中，一般只能写到县名；（3）震级，尽可能定到 1/4 级；其中比较重要的大地震，除用最大烈度转换外，还参考其影响所及的范围，并与现代用仪器记录测定的、震级差不多的地震，多方进行比较，然后作出决定。震源深度，用历史上的宏观记载是无法测定的，即使资料很丰富，可以作出很好的等震线图，但用等震线宏观方法，亦只能很粗略地估计震源深度，实际意义不大，因此，概不列入目录，只在后期有微观数据，才列有震源深度。

按上述步骤整理，我们从公元前十二世纪至公元十九世纪，共整出破坏性地震 560 次，附等震线图 176 幅，按时间先后排列，作为前期大地震目录。十九世纪以后的，即 1901-1955 年间的，则作为后期大地震目录整理，其整理方法与步骤，基本上是一样的，所不同的是后期地震的参数测定，不单纯用宏观记载，兼用仪器观测数据。我们采用如下格式编制大地震目录，除列出地震参数外，还将主要地震情况作为备考，附在后面（见表 8-5）。

---

*　M 的误差 ± 0.2。

表 8-5　大地震目录综合表

编号	公历 （中历）	震级 （烈度）	震　中	备考 { I.级震区破坏情况：1）建筑，2）房屋，3）山崩，4）地裂，5）灾害 II.波及面； III.其他
225	1605 年 7 月 13 日（明万历三十三年五月二十八日）	$7\frac{1}{2}$ （X$_+$）	广东琼山 （19$\frac{3}{4}$°N， 110$\frac{1}{2}$°E）	I.总情况，1）明昌塔颓，桥崩坏；2）祠庙、公署、民房倒塌殆尽；4）地裂沙水涌，田地陷没不可胜计，县东南调塘等郡田沉为海者，若干顷。5）城中压死者数千人。 II.最远大破坏约 300 公里，波及面： 　文昌：城圮桥崩，宫庙、官署、民舍倾倒殆尽，压伤人畜，平地下陷成海。 　澄迈：西门塔倾记，…… 　临高：…… 　　…… 波及最远距离约 600 公里。 广州、高要、四会……均震。 III.次日午时又大震，以后不时震响不止；同年 12 月 15 日再大震，钦、廉、高要等地均有记载。

到了二十年代，仪器地震观测已在世界各地全面开展，观测仪器逐渐进步，观测数据日益增多，于是有了世界组织，如 I.S.S，J.S.A，B.C.I.S* 等专门机构，将世界各观测台的记录数据，综合起来，编成全面的观测汇报，作为情报互相交换。我国自己的仪器地震观测，到了三十年代才开始，在苦难的旧中国，观测资料很少，但较大的地震，世界台网亦有记录，因此，发生在我国境内的破坏性地震，在国际地震综合报告中，亦能找到观测数据。配合历史地震记载，截至 1955 年，我们从上述综合报告中，找到很多大地震资料，经过审核，参数比较可靠的破坏性地震有 620 次（不包括余震），都作为后期大地震编目。格式如前，宏、微观资料合一，

---

　* I.S.S: International Seismological Summary.

　　J.S.A: Jesus Seismological Association.

　　B.C.I.S: Union geodesique et geophysique internationale.

　　　Bureau Central International de Séismologie.

参数力求正确，时间参数一律采用微观数据，有宏观调查的还附以主要地震情况。

后期地震所包括的时间不过数十年，所辑地震数比前期的三千年还要多，这是因为仪器观测的发展，只要观测仪器的灵敏度可以达到，就能记录下各个地区的地震，不受人力是否可至的限制。从后期地震资料便可以看出，仪器记录的地震增加很快。在第一个十年，所辑宏、微观地震总数与宏观地震数之比为16：11；第二个十年为44：22；第三个十年为109：32；第四个十年为144：36；第五个十年为128：11；最后五年为179：17。很显然观测台网日密，仪器日精，所能记录到的地震亦日多，但同时亦可看到，其中可以进行调查、取得宏观资料的地震部分则变化不大。

我们从各种文献查得自公元前十二世纪至公元1955年，全国各省在历史上有记载的地震，大小八千余次，经过整理编成《中国地震目录》共二集。第一集是"大地震目录"，其中1900年以前是单纯通过历史记载估计参数的，地震凡560次；1900年以后，结合仪器观测资料测定参数的地震凡620次，先后共1180次大地震（不包括余震），这已成为研究我国地震问题的基础资料。第二集是"分县地震目录"，以县为单位，将全县在历史上所有大小地震记载，不论是本地的或外来的，概按顺序一一编成目录，为评定本县基本烈度初步数据的依据。

4-2　我国地震活动的基本情况

我国历史地震资料之丰富是世界著名的，其缺点主要是时、空分布不均匀。由上文列的"各省地震记载统计表"可以看到，各省有地震记载的时间很不一样，最早的是陕西，公元前十二世纪就有记载，最晚是西藏，直至十九世纪末才开始。下面是部分经过整理后的资料。

（一）历史地震的时、空分布

影响最大的是破坏性大地震。上述目录所载的大地震，若按其大小类别分开，其在时间上的分布情况，有如下表：

表 8-6　各类破坏性地震时间分布表

纪年 ＼ 震级	a	b	c	d	总　计
公 元 前		3	2	8	13
公元 1—1300		12	18	41	71
1301—1500	1	5	13	33	52
1501—1700	5	12	57	159	233
1701—1900	2	11	59	114	186
1901—1955	7	67	156	382	612

若按省分配，有如下表。

表 8-7　各省各类破坏性地震分布总表

省　区	a	b	c	d	总　计	最早记载年	
甘肃、宁夏	2(2)	16(5)	26(1)	39(12)	83(20)	公元前	193
陕　西	1	1	6	24(1)	32(1)	公元前	1177
山　西	2	6	14	39(4)	61(4)	公元前	466
河　北	1	4	12(1)	33(8)	50(9)	公元前	231
山　东	1	2(1)	6(2)	14(2)	23(5)	公元前	618
四　川		3(5)	13(8)	18(25)	34(38)	公元前	26
云　南	1	4(10)	35(28)	56(51)	96(89)	公元	110
贵　州			1	5(1)	6(1)	公元	1038
湖　南			1	8(2)	9(2)	公元	288
湖　北			1(1)	11(3)	12(4)	公元前	143
河　南			5	10(3)	15(3)	公元前	519
安　徽			3(1)	7(2)	10(3)	公元	225
江　西			1	5(2)	6(2)	公元	319
广　西				7	7	公元	288
广　东		3(2)	1(1)	20(1)	24(4)	公元	288
江　苏			1	8	9	公元	225
浙　江			(1)	7(1)	7(2)	公元	288
福　建	1		3	8(5)	12(5)	公元	886
台　湾	(1)	(17)	11(37)	6(47)	17(102)	公元	1661
辽　宁		(1,深震)	1(2)	7	8(3)	公元	421
吉　林		(2,深震)	(9,深震)	(1)		公元	1905
黑龙江		(2,深震)	(4,深震)	(1)		公元	1918

续表

省　区	a	b	c	d	总　计	最早记载年	
内蒙古			(2)	2(3)	2(5)	公元	1889
新　疆	(2)	1(8)	6(20)	3(87)	10(117)	公元	1765
青　海		(2)	1(13)	4(27)	5(40)	公元	318
西　藏	(1)	(9)	(27)	(96)	(133)	公元	1911

　　注：1. 括弧内数字示其中1900—1955年间的地震数。

　　　　2. 深震，一般无破坏，不作破坏性地震看。

　　　　3. 公元前179年齐楚地震未计入。

　　为了解各地曾经遭受的地震灾害情况，以县为单元，将"分县目录"上作出的基本烈度（即在历史上最大统计烈度）分为A，B，C三类1（A）为严重破坏，（B）为中等破坏，（C）为轻破坏；然后分省进行统计各类基本烈度在各省的县数。我国县级行政单位，时有变动，现全国有两千余县，另有盟、旗，而"分县目录"有地震记载的只有1654县，统计结果，有如下表。

表8-8　各省区各县平均震害分布表

省区	A	B	C	总计(县)	现有县级单位	省区	A	B	C	总计(县)	现有县级单位
黑龙江	0	1	13	14	77	福建	0	16	50	66	60
吉林	0	0	11	11	48	广东	6	13	68	87	97
辽宁	0	6	21	27	53	广西	0	1	47	48	80
内蒙古	0	4	18	22	43	贵州	0	0	32	32	79
河北	4	57	77	138	144	湖南	0	5	62	67	89
山东	9	58	42	109	106	湖北	0	2	62	64	73
山西	16	58	28	102	100	江西	0	3	70	73	80
河南	1	22	87	110	110	安徽	0	8	53	61	70
陕西	10	34	40	84	93	江苏	1	15	42	58	64
甘肃	13	18	3	64	74	浙江	0	2	72	74	64
宁夏	8	5	0	13	17	新疆	6	15	5	26	80
四川	7	34	114	155	184	青海	0	4	11	15	37
云南	11	63	31	105	122	西藏	2	10	2	14	31
台湾	7	7	1	15	16						

　　注：1. 相应烈度：A，≥Ⅸ，B，Ⅷ—Ⅶ，C，≥Ⅵ。

　　　　2. 县级行政单位为当时统计数字，现有变化。

人们看了上述统计表，很容易了解我国历史地震在时、空分布上的基本情况。从时间上说，可考的有灾害地震，在公元前一千多年，只有 13 次记载；公元后一千三百年间，也不过 71 次。就地区来说，都在青海以东，黄河流域一带的小范围内。这说明，十三世纪以前，我们的历史地震资料还是很不完全，没有多少实际意义的。a 类地震，能够肯定的，是从公元 1303 年汾河地震开始，这以前二千多年的记载中，未必没有 a 类地震，只是没有足够资料可以鉴定而已。事实上，我国地震资料，是自明朝中叶以来，最近五百年才大为丰富起来的。

从表上也可以看到二十世纪有了仪器观测后的情况。仅仅数十年的时间，测出的地震数目比以往还多。由于仪器记录地震不受人文的影响，其时、空分布是比较客观而自然的，因此，也就可以补历史地震的不足。但在二十世纪初期，微观资料还是很少的，如大地震目录所载，在最初的十年，共辑破坏性地震 16 次，除一次深震，两次中缅边境的地震外，其余 13 次都还是用宏观资料确定的。实际上是在 1910 年之后，才有微观地震记录，到了 1920 年，世界各地设立的观测台多了，观测技术亦进步了，此后，发生于我国境内的为害较大的破坏性地震，一般就都有仪器观测资料可资参考了。

仪器地震资料的缺点是记录历史短，只有活动性强的地区，如世界两大地震带，才有可能用一、二十年短时间的资料，大致显示其时、空分布的基本情况，而我国则不能，因为地震活动的旋回时间长，特别是在东部地区，没有长期的历史资料，无法分析其地震活动性。

（二）我国地震带的初步认识

研究我国地震时、空分布的规律性，首先是了解可能发生危险地震的所在，也就是要进行地震危险区域的划分。最早做这项工作的是翁文灏先生。他运用我国丰富的历史地震资料结合地质构造特征，做成我国东部"地震（危险区域）图"，见图 8-6，即

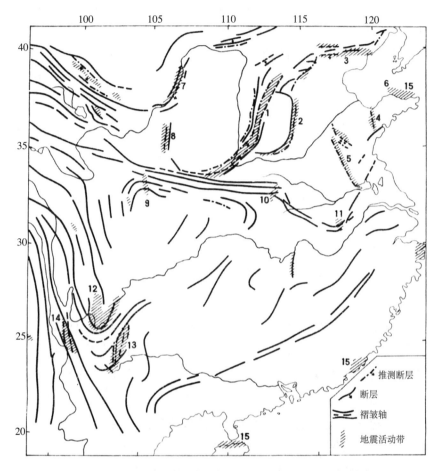

图 8-6　我国东部地震（危险区域）图（翁文灏，1923 年）

后来所谓"地震区域划分图"的雏形。当时地震和地质的科学资料都还很不完全，只能就东部有资料的地区进行研究。他指出："地震带之地质构造，皆有其共同之点，此共同之地质构造，实为发生地震之原因。共同之点唯何？一曰，地震带皆有重大断裂，二曰，发生大地震之断裂，皆时代较新者，即在第三纪或第四纪之初，三曰，水平动断层与上下动断层皆能发生地震。惟地震分布似与褶曲山脉无关。此数律是否能适用于全球，吾不敢知。在吾中国，则似历历可征焉。"他即按此理论，以地质构造特征为基础，划出了许多地震活动带，兼有说明，摘录如下。

1）汾渭地堑带：陕西渭河谷、山西汾西谷及其延长地带，是地堑构造。其地势两岸高峙，一谷中陷，就是断层造成的。断层的时代，最古不过始新统，最新或至洪积统，构造运动迄今未息。这里地震活动一直很强烈，周汉二代已有记载，元代（1303 年）汾河大震和明朝（1556 年）死人八十二万的关中大震，都发生在这条带上。

2）太行山拗褶断裂带：河北与山西交界地带平原东陷，太行西峙，一升一降，形成拗褶，其剧烈处发生断层。拗褶发生的时代不远，运动迄今尚未泯息。这里地震活动不如前带之烈，唐代以来亦有记载，清中叶（1830 年）磁州大震，死人数万，就发生在这条带上。这一带地震可影响北京，但不甚烈。

3）燕山拗褶断裂带：北京之北山岭陡起，称为南口山脉，就是燕山，其沿平原一带拗褶甚烈，遂生断裂，有一系列温泉可证。往北似仍有不少断层，如延庆、涿鹿之间，可能是一地堑，虽不如汾渭规模之大，但其为发生地震的构造是无疑的。此带与北京最为密迩，地震记载反不甚完全。晋元康四年涿鹿大震死百余人（即294 年上谷、居庸地震），至清雍正八年（1730 年）共有较重地震九次（按：当时有许多重要地震资料，尚未发现）。

4）山东潍河断裂带：山东断层纵横交割，其较重要的多作北西—南东走向，断移常是东北上升，西南下降，潍河谷断层就是其中之大者，山东半岛与山东西部即以此为分界。其在地质构造和地震活动意义上的重要，久为地学家所注意。汉代北海（昌乐）、琅砑（诸城）地震（公元前 70 年）和清初郯城地震（1668 年）都发生在这里。但除此两次特大地震外，其余震动多不重。此带地震极少特烈，其原因不明，是否由于断层发生的时代较古，不得而知。

5）山东西南断裂带：原于上述北西—南东走向的断层系统亦

出现于山东西南的山区与平原的接界处。兖州南北一带山地的太古界片麻岩，隐约出露于冲积平原的低山，而为时代较新的下古生代灰岩所覆盖，不言而喻，其间必有断裂。此断裂带向南延长，达于苏皖北部。汉文帝元年（公元前179年）齐楚地震，二十九山皆崩，当是发生在此带上。

6）山东登莱海岸陷落带：渤海出口，山东登州与辽东半岛之间，相隔仅百公里，且中有庙岛列岛以相连属，显然是由于陷落中断造成的。山东沿海地震亦以登莱一带为最烈。自宋仁宗庆历七年（1046年）至清光绪三十四年（1908年），计有较强地震九次。

7）甘肃贺兰山断裂带：贺兰山有一条自西向东的逆掩断层，使震旦纪地层倒置于石炭纪地层之上，这是水平力挤压造成的。此断层北自平罗向南延伸至中卫，长达一百公里以上。这里地震很强烈，自唐宣宗大中三年（849年）至清光绪十五年（1889年），共有大震十二次，其中1709年中卫地震很大，1739年平罗地震尤为剧烈，使新渠、宝丰二县全部毁灭。

8）甘肃泾原断裂带：海原、固原、靖远、静宁、隆德、会宁、通渭诸县之间，其地黄土极厚，土下地质迄今不甚明了，1920年海原大地震在此发生，其地适在陇山西麓，可能亦是断层带。古来陇西地震多发生于此带，且很强烈，1920年的地震，犹如一场浩劫，死人之多，受震面积之广，为今世所罕见。

9）甘肃武都折断带：秦岭是我国中部平分南北、横贯中原的褶曲山脉，褶曲时代当在古生代与中生代之间，其东在河南、陕西部分，原作东西走向，至甘肃南部骤转为北西向，与祁连山遥相呼应。其转折最烈处，即武都、西和、成县、文县一带，遂成为发生地震的中心。早在汉高后二年（公元前186年）就有地震山崩死七百六十人的记载，强烈地震常有，至近代，自明崇祯六年（1633年）至清光绪七年（1881年），就有破坏性地震五次，其中1879年大震，武都、文县死人数万。

10）河南南阳折断带：秦岭东延面为熊耳、伏牛，伏牛山脉往东至方城、南阳一带，骤然终止，向南出现桐柏山脉，此二山脉断续处，也是发生地震之源。清顺治十七年（1660年）南阳地震，毁屋甚多，即其明证（按：作者当时尚未掌握公元46年南阳大震的资料）。

11）安徽霍山折断带：在河南、湖北两省间的桐柏山脉原是北西—南东走向，及入于安徽境内至霍山、潜山之间，突然改作南西—北东的走向，转了个超过九十度的大弯。因之，这里地震频繁，自明万历十三年（1585年）以来，有较强地震五次，清康熙七年（1668年）震后，七、八年间时见小震。1917年发生一次大震，霍山死数十人，受震面积达六十万平方公里。

12）四川南部断裂带：在四川与云南二省之间，金沙江弯成凹侧向北的弧形，约略沿此弧形有一条极大的逆掩断层，使江北川南之高原移向西南，与此逆掩断层相关的，还有其他断层。这里地震自昔著名。汉成帝河平三年（公元前26年）有犍为地震，山崩塞河，唐贞观十二年（638年）又震，至宪宗元和九年（814年），嶲州（今越西）昼夜八十震，地陷三十里，直至明万历三十八年（1610年）共有大震五次。此为四川最重要的地震区。

13）云南东部湖地断裂带：云南东部大断层甚多，且发生的时代甚新。断层结果，使两旁上升中间陷落，水流潴积遂成湖地。这里断层约可分为两个系统：第一，是南北走向，第二，是北西—南东走向。第一系的重要断层产生抚星、杨宗等湖。自东川以迄通海，南北延长逾三百公里。稍东又一断层，经过路南，延长亦二百四十公里，再东还有弥勒断层。第二系断层在建水、蒙自一带可见，亦多陷成湖地。沿断裂带，地震甚烈。远者不说，自明弘治七年（1494年）至清宣统三年（1911年），就有破坏性地震二十四次。其中1500年宜良地震，房屋毁坏甚多，又1833年路南、征江之震尤为惨烈（按即嵩明大震）。石屏一带地震亦多，类此者史不绝书，为云南一大震区。

14）云南西部湖地断裂带：大理、丽江一带多狭长形湖地，如剑湖、洱海等，与云南东部相似，虽地质调查尚未普遍，其仍为断层构造则可断言。因此这里地震亦很强烈；自明成化十年（1474 年）至清宣统末年（1911 年）共有破坏震十九次，尤以大理一带为烈。

15）沿海陷落带：滨海断陷亦是地震发生之源。雷州半岛与琼州之间，海水相隔不过三十公里，当是因断层陷落分开的。明嘉靖三年（1524 年）的儋县地震以及万历三十三年（1605 年）的灾害尤烈的琼山大震，均与此构造有关。又福建泉州至广东汕头之间，海岸曲折，系多经崩落造成，漳泉及潮汕等地多强烈地震，其中 1918 年泉汕之间大震，震中区呈狭长形，并与海岸相平行。此外，山东登州一带也有类似情况。

以上共划出十多个地震危险区，一一给了地质标志，还有一些画在图上未做说明的，如甘肃的河西走廊。概括起来，其所举地震地质标志，不外是断裂（包括地堑断裂，拗褶断裂），折断、断陷等最新构造运动，有的是有地面地质现象为根据的，有的是推测的。所引地震资料，有的不甚确切，且有重要遗漏。这是因为那时我国地质科学研究刚刚开始，许多重要地区尚未详细调查，地震资料亦未广泛搜集，关于地震地质关系，只能有极初步的认识。

不管怎样，我们对于我国东部地震的活动区域有了一个轮廓的认识，至于西半部的情况如何，则一无所知。这是因为西部人口稀少，文化发展得很迟，不像东部有历史地震可以稽查。但就最近数十年的仪器记录来看，编在最新目录中的大地震数字比以往三千年还多，这表明西半部的地震活动性是比较高的。

图 8-7 是 1900 年以后全国强震震中分布图，是根据新大地震目录绘制的。从图上可清楚看到，我国西半部的地震活动性远比东部为高。但人们亦很自然地可以看到另一情况，在这数十年间，由于东部除台湾省外，地震很少，相形之下，东部地震活动较弱，

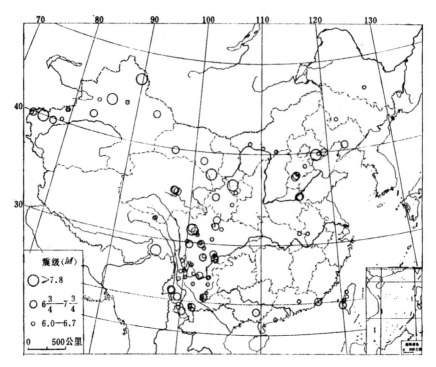

图8-7　1900年以后（1901—1976）我国强震震中分布图（根据历史记载）

所以几乎使人误以为是地震安全区。事实并非如此，从长时间来看，东部的地震活动，虽不若西部频繁，但有时亦很强烈。若再用新大地震目录所载的1900以前的历史地震，绘成震中分布图，如图8-8，便可了解，我国东半部地震活动亦殊不弱，特别是在北部，震中集结，绵延成带，且很多强震区，惟东南部大陆较少，只在广东海边有一些较大的值得重视的活动区。

　　很明显，这两幅图是各有所偏的，但拼在一起，如图8-9所示，则可以看到我国全国地震活动的基本情况。这是历史地震资料给予我们的重要成果。这里附我国公元前八世纪以来，较大强震（a，b，c类）记载的简目，以资参考。

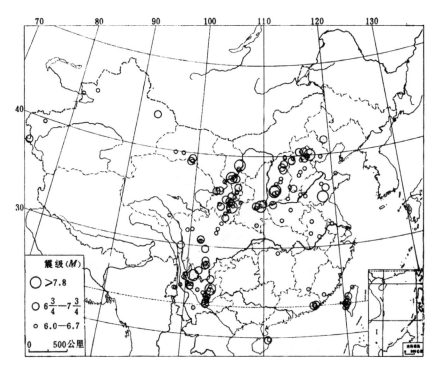

图 8-8　1900 年以前（公元前 780 年—公元 1900 年）我国强震震中分布图

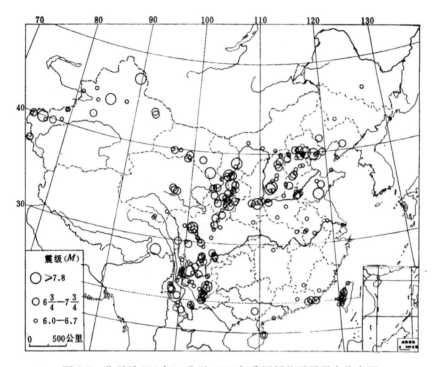

图 8-9 公元前 780 年—公元 1976 年我国部分强震震中分布图

表8-9　全国 c 类以上历史地震简目（选载）

日　期	震　中	类	山崩地裂	建筑物破坏	伤　亡
前780－－	陕西关中（今西安一带	b	岐山骨，三川（泾、渭、洛）竭。高岸为谷，深谷为陵		
前466－－	晋空桐（山西汾河中流）	c		台舍皆坏	人多死
前193.2.	甘肃陇西	cb		压四百家	
前186.2.22	甘肃武都	cb	羌道（宕县）武都山崩		杀七百六十人
前70.6.1	北海、琅琊（山东诸城一带）	b	山崩出水	坏宗庙城郭	杀六千人
前47.4.17	甘肃獂道	b	山崩地裂泉涌	坏城郭、宫室、民屋	压杀甚众
前7.11.11	北边郡（甘肃、陕西的北部）	cb	郡国三十余处出水	坏城郭	杀四百一十五人
46.10.23	河南南阳	cb	地裂	坏屋毁垣	压死甚众
119.3.11	洛阳及郡国四十二	cb	地坼裂涌水	败坏城郭屋室	压死多人
128.2.23	甘肃汉阳（甘谷南）	c	地坼涌水	坏民居	压死多人
138.3.1	甘肃金城陇西（临洮、兰州间）	b	山岸崩，地陷	城郭屋室多坏	压死多人
143.10	甘肃汉阳（甘谷一带）	b	山谷坼裂	败坏城寺	压死多人
180.秋	甘肃表氏（高台西）	b	地裂水涌	寺庙、官舍、民居皆倾，县治因地震他迁	
344－－	河北邺县（临漳西南）	c	水坡上腾	津所、殿、观皆倾坏	死百余人
512.5.21	山西繁峙一带	b	自秀容至繁峙以及灵丘地多陷裂、山崩、泉涌		死伤八千余人，畜三千余头
649.9.12	山西河东（永济）临汾	c		坏庐舍	压死五千余人

日 期	震 中	类	山崩地裂	建筑物破坏	伤 亡
712.2.15	山西汾河上游	c		坏庐舍	压死百余人
734.3.19	甘肃秦州	b	地坼而复合，震经时不定	坏廨宇庐舍殆尽。震后，州治从上邽徙成纪（今秦安北）	压死四千余人
777 – –	河北恒州（今正定）	cb	束鹿、宁晋地裂数丈，沙石随水流出平地	坏庐舍	压死数百人
814.4.2	四川嶲放（西昌）	c	地陷三十里		压死百余人
849.10.20	甘肃河西（贺兰山西）	b		河西、天德（河套一带）灵武坏庐舍压死戍卒	压死数千人
876.7.14	甘肃雄州（今宁夏宁朔）	b	地陷水涌	州城庐舍尽坏	死伤甚众
1038.1.9	山西定襄	b	地裂涌水	坏庐舍覆压吏民	死三万二千三百人伤五千六百人，死畜五万余头
1057 – –	河北幽州（北京市）	b		坏城郭	压死数万人
1067.11.6	广东潮州	b	地裂泉涌	压城郭屋宇	死者甚众
1102.1.15	山西太原以南	c		坏城壁屋宇	人畜多死
1117.8.5	甘肃平凉	b		城寨、关堡、城壁、官私庐舍等皆摧塌	死伤甚众
1125.8.30	甘肃兰州一带	b	山上草木没入地，山下麦田移山上。地裂有数十丈者	金城（兰州）六城城坏，仓库皆没	兰州陷数百家
1143.4	宁夏银川	cb		坏公私庐舍、城壁	人畜死伤万数

续表

日　　　期	震　　中	类	山 崩 地 裂	建 筑 物 破 坏	伤　　亡
1209.12.4	山西浮山	cb		城廨、民居圮者十之八、九	死二、三千人
1219.5.21	宁夏固原	cb		土城震圮，庐舍倾倒	压死者万计
1290.9.27	辽宁武平（今宁城）	b		坏仓库局四百八十间，民居不可胜计	压死七千二百余人
1291.8.25	山西平阳（今临汾）	c		坏民居万余间	压死一百五十人
1303.9.17	山西赵城一带	a	地裂成渠，泉涌黑沙，孝义、赵城村堡徙移，汾州城陷	毁官民庐舍十万计，宫观摧塌一千四百余所	道士死伤千余人，人民压死不可胜计
1305.5.3	山西怀仁	cb	地裂涌黑水	坏庐舍五千余间	压死二千余人
1306.9.12	宁夏固原	cb		王宫、官民庐舍皆坏	压死五千余人
1314.10.5	河北涉县	c		坏官民庐舍	死三百四十人
1352.4.8	甘肃会宁	b	移山埋谷，陷没庐舍	城郭颓夷，陷没庐舍有不见其迹者	
1440.10.26	甘肃永登	c		坏城郭官民庐舍	压死二百余人，牲畜八百余头
1445.12.12	福建漳州	c	山崩石附，地裂涌水。日夜九震……凡百余日乃止	公私屋宇摧压甚多	
1477.5.13	宁夏银川	c	地裂水突出高四、五尺	城垣崩坏八十三处	
1481.7.15	云南鹤庆剑川一带	c		廨舍墙垣俱倒，乡村民房倒塌一半	压死二十余人，伤者甚众，乡村

日　　期	震　　中	类	山崩地裂	建筑物破坏	伤　　亡
					压死者不知其数。
1484.1.29	河北居庸关一带	b	地裂涌沙	城垣、墩台、驿堡倒裂者不可胜计	人有压死
1487.8.10	陕西临潼	c	山多崩圮	屋舍多坏	死者一千九百余人
1495.4.10	宁夏石空寺	c		倾倒边墙、墩台及军房	压伤多人
1500.1.4	云南宜良	b		县城倾圮，衙门、寺庙、民房摇倒几尽	压死以万计
1501.1.19	陕西朝邑	b	遍地窍眼，涌水成河。高原井竭	摇倒城垣楼橹，塌衙门、仓监等及军民房屋五千四百余间	压死四百余人，牲畜甚众。
1502.10.17	河南濮县（今濮城）	c	井水溢，平地开裂，涌沙水，连日地震，动摇泰山	坏城垣，民居倾坏千余间	压死百余人
1512.10.8	云南腾冲	c	黄坡山下地滑移，地裂涌赤水，田禾尽没	城楼及官民廨宇多仆，钟楼圮	死伤甚众
1515.6.17	云南永胜	b	岩崩、地裂涌水，百余顷田陷成湖(西山草湖)	城垣倾圮，民居圮者一千五百余家（计五千余间）	死者数千，伤者倍之。
1515.10.23	云南大理	c		庙学殿庑倾圮，墙屋尽塌	压死数百人
1524.2.4	河南临颖	c		民舍多倾覆，民野宿	被伤者无数
1536.3.19	四川西昌	cb	地裂涌水，地陷三、四尺	公署、民居、城墙皆倒	死人数千
1556.1.23	陕西华县	a	川原坼裂，郊	城垣、庙宇、	奏报有

续表

日 期	震 中	类	山崩地裂	建筑物破坏	伤 亡
			墟迁移，或壅为岗阜，或陷作沟渠，水涌沙溢，河渭泛	官署、民庐倾颓摧圮十居其半	名，死者八十三万有奇，无名者不知其数。
1561.7.25	宁夏中宁	b	山崩川决，千里山移谷变，地裂涌黑沙水	广武、红寺堡等城陷，银川、固原一带城垣、墩台、房屋皆摇塌，边墙倾圮	压死无数（固原：压死监牧军千余户，马五百余匹）
1568.5.15	陕西泾阳	b		坝桥、柳巷、回军等村镇倒塌如平地，泾阳、咸阳、高陵等城无完壁	压死二百余人
1573.1.10	甘肃岷县	cb	地裂涌红水	圮城墙及楼台，庙宇、官民房屋十倒八、九	压死人畜不计其数
1577.3.13	云南腾冲	c	山崩、水涌	倒坏庙庑、官舍、监仓一百三十余间，民房十之七	压死一百七十余人
1588.8.9	云南通海	c	山木摧折，河水噎流	城垣、公署、民居皆圮	死者甚众
1590.7.7	甘肃临洮	c		坏城郭房舍	压死人畜无数
1600.9.29	广东南澳	b	地坼裂，山崩塞溪	城垣、衙署、民舍倾圮殆尽	人民压死无数
1604.12.29	福建泉州海外	a	地裂出黑沙，池水因地裂而涸，山石海水皆动	城崩，城内外大厦几倾，房屋倒塌无数。覆舟甚多	人有伤者
1605.7.13	广东琼山、文昌	b	地裂沙水涌出。田沉为海田地陷没不可胜记	塔颓，桥崩坏，祠庙、公署民房倒塌殆尽	城中压死数千人。澄迈矿坑崩，

日 期	震 中	类	山崩地裂	建筑物破坏	伤 亡
					压死矿工百余人
1606.11.30	云南建水	c		城垣、梵宇、官署、民居倾圮殆尽	死者数千人
1609.7.11	甘肃酒泉东南	c	山崩，地裂，河绝流	边墩摇损八百七十里（里？）	压死者八百四十余人
1618.5.20	山西介体	c		城垣邑屋倾倒殆尽	民多压死（有压死五千余人之说）
1622.10.25	宁夏固原一带	b	星陨如雨，地震山裂	城垣震塌七千九百余丈，房屋震塌一万一千八百余间	压死一万二千余名，畜死一万六千余只
1626.6.28	山西灵丘	b	枯井涌黑水，地裂水涌	城关尽塌，牌坊颓毁，寺摧圮，衙舍民房俱倒	压死五千二百余人
1627.2.6	宁夏中卫	c		倾倒边墙、墩台民舍	压死人
1631.8.14	湖南常德	c	地裂涌黑泉高二、三丈，田地覆陷、井水涸竭	塌压民居无数	压死人畜无数
1634.12 – –	甘肃灵台	c		崖窑、地窖崩塌	伤人不计其数
1642.6.30	山西平陆、安邑间	c	山崖崩裂	坏城垣民居	人多死
1649. – –	甘肃两当	c	山崩，地裂涌黑水	坏民居	压死人畜无数
1652.7.13	云南弥渡	b	山上乱石飞坠，地皆崩裂，涌出臭泥，河内流水俱干	官民居舍片瓦不存	压死人民三千有余
1654.7.21	甘肃天水	a	山崩，壅河成	摇倒房屋三千	压死万余

日 期	震 中	类	山 崩 地 裂	建 筑 物 破 坏	伤 亡
			潭，两山合为一处，压埋村落近十里。地震年余不止	六百余间，震塌窑寨不可胜计，城垣官署圯崩殆尽	人，畜无数
1657.4.21	四川威州（今汶川）	c	山崩石裂，江水皆沸	房屋城垣多倾	压死无数
1661.2.15	台湾台南附近	c	海水被卷入空中，地裂、山地尤甚	房屋倒塌二十三栋，坚固建筑亦受损，港中船只将覆	压死多人
1664. – –	山西忻州、代州（今忻县、代县）	c			压死人民无数
1668.7.25	山东郯城	a	地裂泉涌，地裂处宽不能越，深不可探，泉涌高喷二、三丈，地陷塌如阶级有层次	城楼、仓库、衙署、民房并村落、寺观倒塌如平地。震塌房屋约数十万间	郯城、莒县压死三万余人
1677.9. –	甘肃武都	c		墙宇倾颓	压死人畜甚多
1679.9.2	河北三河平谷	a	四面地裂，黑水涌出，地陷数尺。北京德胜门下裂一大沟，水如泉涌	城垣房屋，存者无几，北京坏房屋数万间	死伤以万计
1680.9.9	云南楚雄	c	地裂涌黑水，水涸皆沙碛	城廓、官署、庙宇、民舍一时尽颓	压死二千七百余人
1683.11.22	山西崞县、定襄	b	地迸裂，出水或黑沙	毁坏民屋，寺庙皆震圯	压死千余人、畜类无数
1688.6.14	云南剑川	c		城廓、坊震圯。学宫、官署、民	压死一百九十余人

续表

日 期	震 中	类	山崩地裂	建筑物破坏	伤 亡
1695.5.18	山西临汾	a	地裂，黑水涌地	居倒塌无数 城垣、衙署、仓库、学校、庙宇、民居尽行倒塌，存无二、三	压死数万人
1704.9.18	河北东光、沧县	c		墙屋倒塌	死伤甚多
1704.9.28	陕西陇县	c	相公山倾	官署、民舍悉倒	压死无数
1709.10.14	宁夏、中卫	a	河南各堡平地溢水，推出合抱大石，井水激射高数尺	安庆寺塔崩，城垣崩坏十之七、八，边墙倾圮，文庙、官舍民房皆倾覆	压死二千余人
1713.2.26	云南寻甸	cb	温泉骤竭，涌出新温泉数穴，地裂涌黑水	寺庙、官署、庙学、书院、仓库、楼阁石桥均倾圮，民舍十不存一	压死二千余人（一说不可胜计）
1713.9.4	四川迭溪	c	岷江左岸岐山崩，江水断流	屋墙倒塌	人畜伤亡极众
1718.6.19	甘肃通渭、甘谷	b	山崩滑移，覆压村镇。平地裂陷，黄沙黑水涌出	通渭城陷没，秦安城倾圮。公署、庙宇等俱圮，官居民舍尽覆	城乡压杀人共四万有奇
1720.7.12	河北沙城	b	地陷（沙城城陷）、地开裂，出硫磺气	庙宇坍倒，各压土房均震倒，存不一二	压死人
1725.1.8	云南嵩明、宜良	c		村寨房屋多有倒塌	死伤八百余人
1730.9.30	北京西郊	c		京郊二百零三村镇有破坏。北京共塌房屋一万	死伤六百五十余人

日　期	震　中	类	山崩地裂	建筑物破坏	伤　亡
1733.8.2	云南东川	b	山崩多处，土石翻飞，崖岸崩堕，陵阜分错，紫牛坡地裂宽四、五尺，深不可测，相延约二百里	四千余间官署、祠庙倾倒、衢巷瓦屋多有圮者	压死数十人，惟矿洞中工人，逃出者甚少
1736.1.30	台湾嘉义、台南	c		倒坏房屋五百余间	死伤三百六十余人
1738. － －	青海玉树	c			伤亡二百余户
1739.1.3	宁夏平罗	a	地如奋跃，土皆坟起，地裂数尺或盈丈，水涌溢其气皆热，淹没村堡	房舍倒塌无存，城垣亦大半倒塌	压死五万余口
1751.5.25	云南剑川	c	山石抛掷、井水皆涸，西湖水簸入东湖，村庄为水所浸	城垣、衙署、仓库、桥、塔、官、民房屋尽皆倾倒。城乡共倒瓦房一万五千余间	死九百余人
1755.1.27	云南易门	c	泉水涸	城垣、衙署、祠庙、寺观倾圮。城乡共倒房屋四千余间	压死二百七十余人
1761.5.23	云南玉溪	c		州城垛口倒坏七十余丈，共震倒房屋一千九百余间	压死一百二十余人
1763.12.30	云南通海、江川	c		城郭、寺观、官署、民房倒塌甚多（江川：民	死八百余人（江川：压死居民无

续表

日　　期	震　　中	类	山崩地裂	建筑物破坏	伤　　亡
				舍倾圯四千五百余户）	数）
1765.9.2	甘肃武山、甘谷	c		坏城垣、官署、被害村庄千余处，塌房七万余间	死二千余人，牛五百七十余头
1776.12. –	台湾嘉义			民房倒塌其多	压死者不可胜计
1786.6.1	四川康定、泸定	ba	山崩、大渡河断流，嗣后水患成灾	城垣全塌，官署、房屋皆倒塌、完善者仅十之一、二	压死四百三十余人
1785.4.18	甘肃惠回堡	c		倾倒碉墩、城堡以及仓库民舍	死伤人口
1789.6.7	云南华宁、通海	c	山崩、川竭、村落倾入湖中，涸潭涌水	城垣尽圯、宫崩折、坏屋。通海：城楼尽圯，寺庙、公署、民房损坏甚多	压死人畜无数。通海死三百余人
1792.8.7	台湾嘉义	b	无风水涌数丈，地陷数尺，涌水成池，地裂旋复合	衙署、仓廒等俱有倒坏，民房倒坏十之八，共一万四千余间	死伤六百八十余人
1792.9.7	四川乾宁附近	c		共倒塌平房、楼房一千三百余间	压死人民及喇嘛共二百零五人
1793.5.15	四川乾宁	c		庙宇民居多有倒塌。震塌碉房七十余处	压死二百余人
1799.8.27	云南石屏	c	水没沙压毁坏	毁城郭、庙宇、	压死二千

续表

日　　期	震　　中	类	山崩地裂	建筑物破坏	伤　　亡
			农田六百五十余亩	官署、监狱、仓廒及民房多倒塌，城乡共倒瓦房五千余间，草房九千余间	余人，伤一千余人
1803.2.1	云南云祥、宾川	c		城垣、楼院、民居多倒塌	压死二百余人
1811.9.27	四川甘孜东	c		倒塌房屋五百九十余间	压死四百八十余人
1812.3.8	新疆伊宁东	b	衮佐特哈胡吉尔台山裂四处（长二十至六十里，宽五、六里，深十至二十丈）山崩数里，平地壅出高阜		空格斯河北岸人畜死者无数
1814.11.24	云南石屏	c		倾倒房屋共计九百余间	死伤九百余人
1815.10.13	台湾淡水附近	c		倒民房二百余间，墙垣倒坏百余丈，仓廒营署、寺庙倒坏	压死百余人
1815.10.23	山西平陆	b	山崩崖倾，平地开裂，开而复合，涌出黑沙水	城垣、仓、狱、衙署坍塌。民房、窑洞震倒十之三、四。倒塌房屋二万余间，窑洞二百余孔	压死一万三千余人（一说三万余人）
1819.2.24	青海乐都、化隆	c		震倒房屋百余间	压死一百三十余人
1820.8.3	河南许昌	c		震塌房屋二万六千余间	压死四百三十余人，伤五百九十

续表

日　期	震　中	类	山崩地裂	建筑物破坏	伤　亡
					余人
1829.11.18	安徽五河	c		民居庐舍倾覆	死人无数
1830.6.12	河北磁县	b	山崩，平地坼裂，涌黑沙水及寒气，地陷软如棉，浮如沙。漳滏两河干涸见底，泉涸，井水漫溢	城垣、仓廒、监狱、衙署、民房均坍塌，大桥皆崩。塌房屋二十余万间	压死五千四百余人
1833.9.6	云南嵩明	a	西山岩崩、滇池水腾，地裂陷出水，路途凹凸，水田为陆	城垣、庙宇、官署、民舍尽倾圮，计倒瓦房八万七千余间	压死六万七千余人
1839.2.7	云南洱源	c	金龟山崩，高阜处皆涌黑水	塔、寺、书院、署、庙均圮，民居倾倒五、六百间	压死百余人
1839.2.23	云南洱源	c		震倒房屋两千余间	压死一百五十余人
1939.6.27	台湾嘉义	c		城垣倾坏，衙署、仓廒等尽倒，城乡共倒塌民房六千六百余间	压死一百余人。伤五百余人
1842.6.11	新疆巴里坤	b		城垣大半倒塌，衙署、房屋、仓库、庙宇均倒塌，震塌民房五千四百余间	死伤各数十人
1845.2. -	台湾彰化	c		坍塌民房四千余户	压死三百八十余人
1848.12.3	台湾彰化	b	田园间有震裂出水	城垣、仓库、庙宇、衙署皆倾坏，城乡共倒房屋二万余间	压死二千余人

续表

日　　期	震　　中	类	山 崩 地 裂	建筑物破坏	伤　　亡
1850.9.12	四川西昌	b	山崩、滑坡、地裂冒水，北山及邛海一带尤重，水上涨冲毁村寨	寺、庙、塔、祠皆倾颓，城垣衙署、仓库、监狱尽行倒塌。城乡倒塌房屋二万六千余间	压死二万余人
1852.5.26	宁夏中卫	c	地裂涌出黑沙泥	城垣、衙署、庙院等均多倒塌，城乡共倒民房二万余间	压死三百余人，受伤四百余人
1854.11.24	四川南川	c		毁庙宇、民房、坟墓	压死人畜无算
1856.6.10	四川黔江北	c	大路坝上崩十余里，溪壅成湖		压死三百余家
1862.6.6	台湾嘉义，台南	c	山崩、地陷裂喷泥沙	城楼、城垣等大半崩坏，文庙堂宇震坏，民居倾圮无算	压死数千人
1867.12.18	台湾基隆北海中	c	金包里沿海山倾地裂，海水暴涨	台北士林街崩坏过半（震中在海中）	溺数百人
1870.4.11	四川巴塘	b	沿河陡山崩塌，地面裂缝断续，长约三十余公里	寺庙全部倒塌，百分之九十以上房屋倒塌，数百户人家为乱石压平	伤人无数
1879.7.1	甘肃武都南	b	山裂水涌，滨城河渠，失其故道，城中突起土阜，地裂子出水，山崩水壅	城堡、衙署、祠庙、民房等均倒塌，倒塌民房数千间	死二万余人
1881.7.20	甘肃舟曲东	c		倒塌房屋四千八百余间	压死四百八十人，牲

续表

日　期	震　中	类	山崩地裂	建筑物破坏	伤　亡
					畜无数
1887.12.16	云南石屏	b	山开裂宽约一米，长里许，出水	城垣崩颓，石塔倒去半截，房屋倾圮过半，有数村悉成平地	死二千余人
1888.6.13	渤海湾	b	滨海地裂，涌黑水	坏房屋不可胜计	
1888.11.2	甘肃景泰附近	c	土地翻腾	城垣坍塌，衙门及居民房屋多有倾倒	压死人畜无数
1893.8.29	四川乾宁	c	地裂	震倒房屋八百余户，寺庙七座	压死二百余人，伤七十人
1901.2.15	云南邓川	c	田埂震裂，地裂喷黑水	东西两湖附近瓦房几倒尽，县城石牌坊倒塌，文庙屋顶落下。土墙普遍震裂，倒塌十之三、四	人畜压死不可胜计
1902.8.22	新疆阿图什附近	a	山错动，巨石崩落，平地裂缝，间涌黑水	土木结构房屋全部倒塌	死伤约五百人
1904.8.30	四川道孚西北	c	断续有地裂，河水浑浊	衙寨、道坞、民房及殿宇多震塌，藏式木架土房几全倒尽，少数汉式木架房全倒	压死四百余人
1904.11.6	台湾嘉义、云林	c	地裂喷沙	房屋全倒六百六十一户，半倒一千一百余户	死一百四十五人，伤一百五十八人

续表

日　期	震　中	类	山崩地裂	建筑物破坏	伤　亡
1906.3.17	台湾嘉义	b	有长十三公里断裂，宽二米四，上下错距一米八。地裂喷沙	房屋全倾六千七百余户，半倾三千六百余户。全市几毁灭	死一千二百五十八人，重伤七百四十五人
1906.12.23	新疆玛纳斯西南	a	山坡震滑，山顶裂缝	渠岸震塌十至三十余里，共塌房屋二千余间。繁盛之区，震后皆毁	压死二百八十余人
1913.12.21	云南峨山	c	山区有崩塌，地裂数尺，田中有沙喷出	城垣桥梁倒塌甚多，公署、局所、学校、寺观概行倒塌，民居破毁十之八九	死九百四十二人（一说一千九百余人）
1917.7.31	云南大关北	c	大关河两岸山岳崩颓，石块堵江，河水暴溢	纵横百里，村落房屋全部折断倒塌	死一千八百余人
1918.2.13	广东南澳	b	石山峰峦倾落山下，海水腾涌，滨海马路裂一大缝，喷热水	全县屋宇夷为平地	人民死伤十之八
1920.12.10	宁夏海原	a	东六盘山地区村镇埋没，地面或成高陵，或陷深谷，山崩地裂，黑水横流	海原、固原等四城全毁	死二十余万人
1921.4.12	宁夏固原	c	六盘山崩裂三十余处	田庐损失无数	人畜损失无数（一说死万人）
1923.3.24	四川炉霍、道孚	b	山坡到处崩塌，地裂很多	城墙、教堂、庙宇、官民房屋概行倒塌成废墟	死人三千以上
1925.3.16	云南大理	b	点苍山低陷数	塔顶、铁栅震	死三千六

续表

日　　期	震　　中	类	山 崩 地 裂	建筑物破坏	伤　　亡
			米，山顶裂缝，平地裂缝涌黑水	倒，桥梁截断，城楼摧毁，城垣坍塌，全城官署、民房、庙宇同时倾圮，震后起火，震倒和烧毁房屋七万六千余间	百余人，死牲畜五、六千头
1927.5.23	甘肃古浪	a	普遍地裂，有的成深沟，有的成阶地，有的裂缝长达十四公里。山头开裂或崩陷、滑坡。河水干涸或出新泉	建筑几全部倒塌，窑洞全塌，房屋倒塌十之九	压死四千余人，死牲畜三万余头
1927.11.24	云南富民	c		倒塌屋宇甚多	压死人无算
1931.8.11	新疆富蕴	a	岩层断裂，山石乱飞，地陷成湖，地裂冒黑水，宽二米，长三百公里。道路阻塞，河道改易	摇倒房屋	死者万人
1932.3.6	四川康定一带	c		房屋倒塌	死伤数百人
1932.12.25	甘肃昌马	b	地裂普遍，有巨大的隆起、塌陷、山崩等。裂缝涌水，井泉干涸。疏勒河绝流数日	民房倒塌十之八九。昌马堡乡八百户全毁	死二百七十人，伤三百余人
1933.8.25	四川迭溪	b	地陷落，山崩溃，遍地开裂作阶梯，涌黑泥。	全城及周围六十余城镇、村寨全部覆灭	死于地震者约六千八百余人，被

续表

日 期	震 中	类	山 崩 地 裂	建 筑 物 破 坏	伤 亡
			山崩塞江，形成四个地震湖，震后溃决成灾		水冲没者二千五百余人，伤者不计其数
1935.4.21	台湾新竹、台中	b	地开裂，喷泥土，海岸铁道低落有达七尺者	铁路被毁，铁桥折断，房屋全倾一万七千八百余间，半倾一万一千余间	死三千二百余人，伤一万二千余人
1935.7.17	台湾新竹	cb		损坏铁桥。坏房屋三万户	死二千七百余人，伤六千余人
1935.12.18	四川马边附近	c	山崖崩塌，阻塞河流及道路，山坡、河岸、田坝多折裂，冒水、井涸	庙宇倒塌，字库倒半。石碉楼大多数倒塌，民房倒塌甚多	伤亡百余人（一说：死伤极多）
1936.2.7	甘肃康乐、和政	b	山崖崩裂	倒塌房屋、窑洞九千六百余间	死十余人（一说：死人甚众），死牧畜无算
1936.4.1	广西灵山东北	b	山崩地裂，地陷甚多	山麓一带村庄，房屋倒毁半数以上，有全村毁灭者。灵山、合浦倒毁房屋六千八百余间	死者十分之一。灵山、合浦死九十余人，伤二百六十余人
1936.8.1	甘肃天水南	c	土岗崩塌，地陷	墙垣多倒陷，崖堡多毁，倒塌房屋四千四百余间	死一百一十余人，压死牲畜六百余头
1937.8.1	山东菏泽	b	地裂普遍，涌黑水及沙（十四小时内二次大震）	房屋倒塌殆尽（三万二千余间）	死三百九十余人，伤者更众

日　　　期	震　　　中	类	山 崩 地 裂	建筑物破坏	伤　　　亡
1940.4.6	云南石屏西北	c	山开裂	倒塌各种房屋一万一千五百余间	死一百八十余人，伤四百七十余人
1941.5.5	黑龙江绥化	c	地裂，涌泥沙水，地有隆起及下降	坏铁路桥梁，铁轨扭作 S 形。房屋全坏六千三百余间，半坏四千一百余间，占总数十分之八	死一百三十余人，伤二百余人
1941.12.16	台湾嘉义	b		房屋全坏一千七百余间	死三百余人
1948.5.25	四川理塘南	b	山崩地裂，冒水涌沙；无量河岸崩塌，阻河五日，温泉干涸	寺庙倒塌，民居倒毁十之九，村寨多全部覆灭	压死埋没八百余人，伤数百人
1948.6.27	云南剑川	c	山裂岩崩，冒水、地裂冒黑水	房屋全毁六百余间，占总数的四分之三，半倒皆是	压死百余人，伤百余人
1950.8.15	西藏察隅	a	山崖崩垮，山峰崩颓，地裂涌沙水，河道改易，地形变易	土石建筑倒塌十分之九，木栅、木龙式建筑震倒甚多。灾及邻国	人畜伤亡甚大
1951.12.21	云南剑川	c	山石崩坠数丈，阻塞水渠。坡地滑坡，埋没丛林。地裂地陷，喷出黑沙水。剑湖水倒流上岸。地下水普遍变化	石塔、庙宇、石牌坊震毁。房屋倒塌二万七千余间，占全县三分之二以上	死伤一千二百余人
1952.9.30	四川冕宁附近	b	山崩塌，河岩	土坯墙、木架	全县死一

续表

日 期	震 中	类	山 崩 地 裂	建筑物破坏	伤 亡
		b	公路开裂，田坎倒塌，间有冒沙冒水	房倒塌十之九以上。其他屋架房屋倾斜，墙壁塌裂，无一完好。全县倒塌房屋三千九百余间，损坏万余间	百七十余人
1954.2.11	甘肃山丹东北	b	有长达二十公里破裂带，穿越处山崩地裂，土块翻起，四周山脊亦有裂缝，山坡滑坠。并有显著错动	城墙严重破坏，尖塔、工厂烟囱倒塌，纪念碑、塑像扭转或倒下，庙宇皆坏。民房倒塌十之二、三	死四十七人，伤三百三十余人。家畜死伤三百余头
1955.4.14	四川康定折多塘	b	山崩地裂，砂石纷飞，水涌泉涸	寺庙破坏十之七，土石房屋倒塌十之九，城乡共倒塌房屋六百余间，破坏五百余间	
1955.9.23	云南永仁东北	b	江岸悬崖普遍崩坠，山坡山脊裂缝，公路坼裂，河流、水泉干涸，新泉大量涌现	碑坊石柱震断，寺塔倒塌，房屋倾倒十之九，计一万五千余间，金沙江两岸，很多村寨覆没	死一百余人，伤三十六人
1958.2.8	四川茂汶东南	c	山石塌落，大树震倒，岷江水浑，腾起高浪	房屋有倒塌。新修堤岸震垮	
1960.11.9	四川松潘	b	岩石垮塌，山石滚落。地面普遍裂缝。泉水浑浊，冒沙。公路	倒塌房屋一半以上。墙壁倒塌十之九，无一完好。烟囱和塔也	

日　　期	震　　　中	类	山崩地裂	建筑物破坏	伤　　亡
			塌方	震塌	
1961.4.14	新疆巴楚西	b	山顶严重塌方，山腰山脚错动达七至九米。普遍地裂	极震区较好房屋全部倾倒。西克尔水库主坝部分陷落，坝顶裂缝一百六十余条	
1961.6.27	云南中甸	c	普遍地裂，冒沙水。山岩崩垮。井河水浑浊	全县倒塌损坏房屋一万一千四百余间。土搁梁房屋全倒，其他房屋破坏十之九	
1962.3.19	广东河源	c	山坡阶地塌方较多，普遍地裂，地面有陷落。水流干枯，也有新泉涌出	房屋毁坏，严重迸裂十之六、七，其余均遭破坏，无一完好	
1962.5.21	青海北霍布逊湖附近	b	山崖土崖崩塌。地面裂缝。有新泉涌出	土墙、砖墙、烟囱有倒塌	
1962.6.24	云南南华	c	山崩，地裂滑坡，公路震裂、塌方	房屋倒塌二千余间，约十之四、五，其余均遭破坏	
1963.4.23	云南云龙	c	山石滚落，地裂冒水。大树震倒。河水浑浊	许多土墙房或土搁梁房倒塌，墙壁多数震裂或倒塌	
1963.8.29	新疆乌恰西	c	山上巨石大量滚下，堵塞河道。地面裂缝	房屋倒塌不少	
1965.7.3	云南江城西南	c	山上裂缝，嗣后滑坡塌方长约	土墙倒塌半数以上	

续表

日　　期	震　　中	类	山崩地裂	建筑物破坏	伤　　亡
			四公里、宽达二百米		
1965.11.13	新疆乌鲁木齐东	c	山沟岩石崩落，山上有小裂缝，沼泽地裂缝带长达百余米注：极震区情况不详	房屋倒塌、破坏约占半数	
1966.2.5	云南东川	c	大规模土石崩塌,阻塞江水。地裂普遍,冒沙涌水,有新泉涌出	土搁梁房倒塌十分之五至十分之九,木架房墙多开裂或有倒塌	
1966.3.8	河北隆尧东北	b	滏阳河故道挤出土梁。地裂成带,普遍喷沙冒水。井水上升或外溢	几座大桥严重破坏,房屋绝大部分倒塌	
1966.3.22	河北宁晋东南	b	山石崩落。大规模地裂,喷沙冒水。地面陷落。井水普遍外溢。河堤坍塌	房屋几乎倒平	
1966.9.28	云南中甸	c	山脊普遍裂缝,大规模滑坡和崩塌	土搁梁房屋几乎全部倒平,木架房屋大多数倒塌	
1967.3.27	河北河间、大城一带	c	河滩洼地地面有裂缝且喷水	全县共倒塌破坏房屋五万六千八百余间	
1967.8.30	四川炉霍西北	b	小规模崩塌滑坡普遍。河谷普遍地裂,有的长达一公里以上	房屋几乎倒平,仅存残垣断壁	

续表

日　期	震　中	类	山 崩 地 裂	建筑物破坏	伤　亡
			震后溪沟流量显著增大		
1969.7.18	渤海	b	地陷，地裂涌水冒沙。堤岸裂缝、滑坡	山东省各地倒塌、破坏房屋千余间	
1969.7.26	广东阳江	c	山石崩落，大量地裂，喷沙冒水	倒塌房屋万余间，严重破坏者数万间，堤围破坏数十处	
1970.1.5	云南通海	b	山崩地裂，地面大量变形，裂缝带长达数十公里，喷水冒沙普遍	房屋倒平十之九，仅残存个别木架	
1970.2.24	四川大邑西	c	山石崩塌堵塞河道，形成湖泊。地面有裂缝	极震区大雪封山未入。外围地区，砖混结构房屋破坏较严重，局部倒塌。木架房屋倾斜、瓦片滑动	
1971.3.23	新疆乌什东北	c	陡崖崩塌，河滩裂缝喷水冒沙	极震区内有三栋老旧房屋倒塌，三间水磨房损坏	
1971.3.24	青海都兰南	b	山石崩落十余处，地面裂缝、陷穴，阶地陡坎崩塌较多	牲畜圈土墙倒塌或部分倒塌，配种房倒塌数间，蒙古包损坏	
1971.4.3	青海杂多南	c	山顶裂缝长达数百米。山坡、沟口裂缝较多，陷穴一处，有喷沙冒水现象。山	极震区无居民点	

续表

日 期	震 中	类	山 崩 地 裂	建 筑 物 破 坏	伤 亡
			石崩落，堵塞河道、道路		
1971.4.28	云南普洱	c	裂缝带断续延伸长达一公里。公路路面横裂，边坡塌方	少量木结构房屋塌顶、木架歪斜。土墙大部倒塌	
1972.1.16	新疆柯坪、巴楚间	c	（尚缺资料）		
1973.2.6	四川炉霍	a	沿河裂缝带断续延展百余公里，滑坡普遍。公路路面裂缝、塌陷、变形、护坡塌方也较普遍	藏式或其他全木结构房屋严重破坏或倾倒。其他房屋全部倒平。重灾区房屋倒塌十之八、九	
1973.6.3	新疆精河东南	c	塌方多见，河道受阻	房屋大部分裂缝，少数墙倒，个别倒塌	
1973.8.11	四川南坪西南	c	山崖崩塌断续延长三公里。河沙阻塞河道，部分改道。地面裂缝	极震区在山区，无居民点	
1974.5.11	云南永善、大关一带	c	大滑坡体毁坏村庄，阻塞河道，形成湖泊。崩塌、滑坡、裂缝普遍。道路、农田和水渠严重毁坏	墙承重房屋半数倒塌，其他类型房屋破坏也较严重	
1975.2.4	辽宁海城	b	山区裂缝带断续延伸十余公里。地面大量裂缝，喷沙冒水普遍，并有陷穴出	乡村民居倒塌十之五或倒平。城镇砖木结构的平房和楼房大多数破坏或倒塌落	

日　　期	震　　中	类	山 崩 地 裂	建筑物破坏	伤　　亡
			现。铁路路基变形，护坡塌陷，铁轨弯曲	架。工业烟囱大多数破坏。桥梁破坏严重	
1976.4.6	内蒙古和林格尔	c	陡岸山石崩塌，黄土滑坡，河岸裂缝，喷沙冒水。	房屋少数倒塌，窑房损坏较多，牲畜棚毛（卵）石墙普遍倒塌	
1976.5.29	云南龙陵	b	山包有崩塌、滑坡等现象，地裂缝带最大者宽约数米至数十米，长几十米至几百米，有些小裂缝带沿花岗石节理发育，河滩、水田中有喷沙、冒水现象	房屋普遍破坏，约半数倾倒，三分之一毁坏	

第九章　中国地震地质背景

1. 引　言

地震是地质现象，地震地质条件对于地震活动影响很大。上文曾说到半个世纪之前，翁文灏第一个概括地论述了我国东部的地震情况，当然还是很粗略的。现在无论是地震的和地质的有关资料都积累多了，我们有条件较为仔细地分析全国的地震情况了。

地震地质背景，具体说，就是地震发生的地质条件。地震发生是大地构造运动的结果，因此，要了解全国地震地质背景，须从我国大地上所见到的地质构造现象及其发展来认识。

总的说来，我国东部是地台区，西部是地槽区，中间夹着一些硬块，叫做中间地块。地台是地壳上比较稳定的部分，刚性较大，活动性弱，不易变形。但我国的地台有些不同，一般是不够坚实稳定的，其中一些高凸处长期暴露、遭受剥蚀，另一些凹陷低洼地区又接受陆上沉积，因此，在地史时期仍有不同程度的形变活动。地槽是在地壳上比较活动的地带。初期因地势拗折，海水侵入而成为地槽，之后接受大量沉积，沉积愈多，地槽亦愈拓大下沉。沉积运动的速度是不等的，亦不是均匀的，一般是间歇性的波浪式的。地槽沉积的特点是厚度很大，达万米以上。地槽活动到了后期，因发生造山运动而回返上升，这时，沉积在地槽内的地层，从地槽边缘开始，渐渐被挤压褶皱，上升成高山，同时也挠曲成深谷，或折裂，发生断层错动，并可影响地下岩浆大量侵入，甚至爆发为火山，出现各种活动形态，不一而足。当地槽在沉积期间海水弥漫时，中间还留有一些未被淹没的陆地，这些就成为地槽隔离的屏障。在造山运动过程中，这些陆地，因本质是坚硬的，常保持其固有的稳定性，后来就成为地槽褶皱带中的中间地块。最著名的是天山与阿尔泰之间的准噶尔，天山与昆仑之间的塔里木，以及祁连与昆仑之间的柴达木等等。地台与地槽是我国东西两半部的两种地质基础，在结构上有所不同，影响及于东西两半部的地震活动性亦有所不同。

从这一基本概念出发，我们可以进一步研究我国构造运动与地震发生的关系。需要指出的是，我国地震活动有其自身的特征，除一小部分地区外，都不属于世界两大地震活动带。世界地震带的特点是地震活动沿着阿尔卑斯褶皱带发育，而我国情况则不同，它位于两大世界地震带的中间，并由一条自帕米尔往西伯利亚的次地震带所限制，如图9-1。从图上看得很清楚，我国地震除台湾省和西藏边缘的少部分地区外，都不在世界大地震带之列，而是自成体系的。

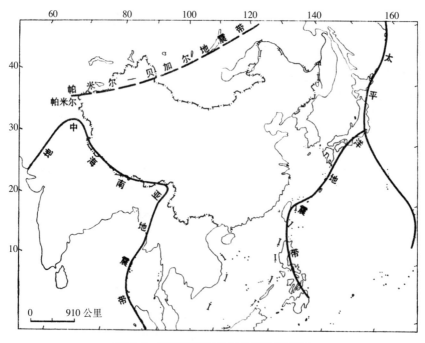

图9-1　我国四周与世界地震带形势图

我们认识到，我国地震不是集中在阿尔卑斯褶皱带，也没有环太平洋式的弧形构造，而是随着我国大地构造的特点，相当分散地分布的。因此，在研究我国地震活动体系时，须先了解我国固有的大地构造特点，即地震发生的地质背景。

2. 我国大地构造发展基本概况

对我国地史的认识，一般是从震旦纪起，才有了比较系统的依据，在此之前，认识还是很不够，笼统称为前震旦纪。那时的我国四界，与现在相比是很不一样的。据说，早在震旦纪之前，在中国东部已经形成广大的地台区，而西部及西南部则是一片汪洋的地槽。由于地壳运动不断进行，经过多次的强烈构造运动，使地壳发生变化，地槽陆续上升为高山高原，地台亦分而复合不断演变，最后成了今天的形状。

地质历史很长，我们从生物化石所能了解到的只是一小部分，而未见生物痕迹的元古代和太古代，尚不知其有几长。在地质历史上，不断有强烈构造运动发生，其主要表现是，将地层褶皱成山（故称造山运动），或产生断裂以及岩浆活动。若将影响范围很大的构造运动与地质时代对照起来看，有如下表：

新生代	百万年	第四纪		下古生代	375	奥陶纪	
	—1	第三纪	（喜马拉雅运动）		—440	寒武纪	
	—60	白垩纪			—550	震旦纪	
中生代	—130	侏罗纪	（燕山运动）		—1100		（吕梁运动）
	—220	三叠纪	（印支运动）	元古代			
上古生代		二叠纪	（海西运动）				
	—250	石炭纪		太古代			（五台运动）
	—320	泥盆纪	（加里东运动）				
		志留纪					

表中震旦纪是我国特有的，时间多长，尚无确切数据，按世界其他各地的情况，古生代一般到寒武纪为止，在此之前，总称前寒武纪。我国地层，以太古代的桑干杂岩为最老，大约有 27 亿—31 亿年。其次是五台系、泰山系等古老岩层。早期情况，简单地说，是五台运动将太古代与元古代分开，至元古代末，强烈的吕梁运动，把那些古老岩层褶皱、变质成为中国地台的基底，然后有震旦系沉积，因此在我国，震旦系作为古生代的最下层。吕梁运动很强烈，比此后的任何一次都要强烈和广泛，在山西吕梁山区，可以清楚地看到震旦纪汉高砂岩，不整合于五台系变质岩之上，因名吕梁运动。经过五台和吕梁两次运动，中国地台的基础便奠定了。

　　早在震旦纪之初，中国地台就开始发生变化，最先是西南部逐渐凹陷，使喜马拉雅地槽（与古地中海相连）的海水，慢慢从云南南部侵入。随着地壳凹陷不断向东北拓展，海水亦随之前进，与从昆仑地槽延伸过来的秦岭地槽相连，再继续向东淹进，直至长江下游。这时燕山一带亦下沉为准地槽，与秦岭地槽的海水相连。陆沉之灾使中国地台破坏，能保持稳定而不遭没顶的，只剩得若干小块古陆：在北方挡住蒙古地槽海水的有内蒙古陆，西南有康滇古陆，东南是华夏古陆，中间还残存一些小块，如秦岭地槽北边的秦岭古陆，长江以北的淮阳古陆以及长江之南的江南古陆，等等。这些没有沉没的陆块，长期被剥蚀，为低　地区提供沉积物料。运动不息，变化不止，下沉者又要上升为陆，使海水退走，地台分而复合，形貌乃大改变。同时周围的地槽亦发生变化，陆续隆起，褶皱成山。如此陆沉陆起，海侵海退，逐渐演变，一直到新生代第三纪，距今约一千万年前，中华大地才略具今天的规模。总之，自震旦纪以来，我国地质的演变，是与地史后期的几次强烈造山运动有密切关系的。地史前期的运动，不甚清楚，仅古生代以来的影响及于全世界的大规模地壳运动，如加里东、海西和阿尔卑斯等次，才有比较丰富的资料。下面分别讨论其对我国地质构造的影响。

（一）加里东运动

最初是在英国的苏格兰进行研究而肯定的，古称苏格兰为加里东，因此得名。这次运动很强烈，影响很广泛，其发生时间，约在志留纪末，泥盆纪之前。在我国主要表现为陆地上升，岩浆喷发，在长江以南尤为显著，故有江南运动之称。亦有褶皱造山，但规模不很大，主要在华南，在北祁连、南秦岭以及大巴山、龙门山等地亦有一些。

震旦纪前，在我国境内，原有一个巨大的中国古地台，包括东部大部分地区，到了震旦纪或早寒武世以后，才逐渐解体。最初是地台的边缘出现不稳定状态，发生拗折，海水侵入，随后大面积陆沉，于是，在中国地台上开始有了盖层沉积——震旦系。寒武、奥陶纪时，海侵很深，至奥陶纪后，加里东运动发生，华北部分渐渐上升，成为华北地台；到了志留纪末，秦岭以南的部分又升起为扬子地台；在长江以南，下古生代以来的准地槽亦褶皱上升为华南地台。加里东运动之后，古中国地台分作华北、扬子、华南三大部分，中间为区域性凹陷地带，如四川凹陷、南京凹陷等所隔。地台虽分裂了，但基本性质没有改变，仍然是地台型活动。

（二）海西运动

这是一次影响我国最强烈亦最广泛的造山运动。海西原是德国一个山，因首先是在该山进行研究而得名。海西运动发生在上古生代的石炭、二叠纪。我国有名的大山脉，如阿尔泰、天山、昆仑，祁连、秦岭的大部分，以及东北的大、小兴安岭、长白山等，都是这次运动造成的。与此同时，在地台内部是上升运动，华北地台上升后，海水全部退走，以后再无海侵了。由于内蒙古陆以北的蒙古地槽褶皱升起，华北地台便与西伯利亚地台连在一起，又因秦岭的升起，华北地台亦与扬子地台联合到一起，这样，我国北方的大陆构造体形就基本上确定了。

海西运动结束了大部分围绕着中国地台的地槽历史，只有西南面以及秦岭中部依然由海洋控制。进入中生代，阿尔卑斯运动发生后，我国大地构造的形势又大变，逐渐形成现在的状态。

（三）阿尔卑斯运动

中生代和新生代的造山运动总称为阿尔卑斯运动，由于造成欧洲最大山脉阿尔卑斯山系而得名。这一运动延续时间很长，影响很大，至今尚未停息，其后期运动与地震的发生，关系至为密切。下面分作前、后期来谈。

阿尔卑斯运动在中生代的部分，称为前期，在我国，大体上相当于燕山运动。但在东亚其他地区，燕山运动发动前，三叠纪晚期的印支运动，也是不容忽视的。在地质文献上早就提到，自我国滇西至越南再南延至印度尼西亚，有一地槽褶皱带，发育很好，称为印支褶皱。这一褶皱运动称为印支运动。一些不整合现象，在我国亦早有发现如南京附近的金子运动，便都认为是阿尔卑斯运动的序幕，即印支运动。现在了解到地槽型印支褶皱，在我国西部和西南部亦很不少。

印支运动实际上结束了秦岭地槽的历史。秦岭地槽原是从西面地槽区楔入到地台中部的部分，相当长大。其南部，早在加里东运动时期已褶皱上升为南秦岭；其北部，约从凤县、柞水一线以北，亦在海西运动期间成了海西褶皱，构成东西秦岭。剩下的部分便最后由印支运动结束其沉降历史。印支褶皱成了秦岭地区的最后的也是最广的地槽褶皱。

秦岭以西及昆仑以南的中国西部和西南部地槽区，也是在印支运动期间，开始褶皱上升运动结束地槽历史的。当时海水向南退去，地槽萎缩，至新生代前夕，大陆已拓展到喜马拉雅地区了。

在地台上亦进行着弥合运动。上面说到，加里东之后，中国地台裂成三大块，华北地台因存在南京凹陷而与南华地台分开。在海西运动时期，大约是从泥盆纪开始，在南华地台的中部，即广西、湖南的部分地区，发生了沉降，逐渐向东发展，至石炭纪初期，已拓大为南岭准地槽，与南京凹陷相连。后来，南京凹陷与南岭准地槽，都于三叠纪末结束了它们的沉降历史，褶皱上升为山脉，镶在地台的边上。于是地台区的大部又连成一片，只有西南一角的近地槽部分，还有海水未退。

发生在侏罗纪末新生代前的运动，是我国中生代主要的造山运动，也是由于首先在燕山地区进行研究而得名。它是一次复杂的构造运动，有剧烈褶皱、大型断裂、逆掩断层和大规模岩浆活动。经过这次运动，地台上的凹陷及盆地（如四川盆地）都褶皱隆起，成为地台上的盖层山系和各种断裂构造。在白垩纪末期，川湘凹陷结束其沉降历史，褶皱升起，镶在其所割裂的地台中间。这时，自震旦纪开始的、处于地台边缘的昆明大凹陷亦已全部隆起，与扬子地台连成云贵高原了。从此，中国地台又从分裂复合成为一体。

在西部地槽区，燕山运动继承印支运动，结束了地槽的沉降历史。唐古拉地区，在加里东时期，原是隆起的地块，北面是昆仑地槽，南面是从欧洲地中海伸过来的特提斯地槽。自泥盆纪起，唐古拉地块（或称西藏地块），由东而西逐渐下沉，以至全部沉没。海西运动使昆仑山北面广大地区逐渐升起，西北地槽就此结束。其后，印支运动又升起了松潘甘孜褶皱系和三江褶皱系（即金沙江、澜沧江和怒江构成的横断山区），使西部大半地区，成为陆地，并继续扩大。燕山运动使唐古拉地区全部升起，成为复杂的褶皱带。燕山运动是多旋回的构造运动，许多经受过运动发生变形并已固结的地区，又重新活动。如此不断运动，残存的特提斯地槽便愈来愈往南收缩，直到喀喇昆仑、冈底斯、念青唐古拉一带，进入新生代继续发展。

新生代地壳构造运动，称为喜马拉雅运动，也就是阿尔卑斯运动的后期。这是一次最强烈的造山运动，规模很大，影响很广，以造成世界第一高山——喜马拉雅而得名。运动的发生，主要在第三纪中期和晚期，并延续至第四纪。迨喜马拉雅山系升起后，结束了特提斯地槽，海水退走，完成了青藏高原的构造体系，它与冈瓦纳印度次大陆连成一片，从而确定了我国西南边疆。到了第三纪末，喜马拉雅的后期运动，使晚古生代发展起来的台湾地槽全部褶皱上升，成了台湾诸岛，镶于南华地台的边缘，成为我国东南边陲。从此，我国大地构造的体形便固定下来了。

以上是自震旦纪以来，历时十亿年的我国大地构造演变概略。地质学家将我国大地构造概括为三大构造体系，即古亚洲体系，特提斯（古地中海）喜马拉雅体系和西太平洋体系，如图9-2。

古亚洲体系是一个古生代构造体系，主要是我国北部的地槽区和东部的地台区，西向与中亚、乌拉尔古生代地槽相接，东向，经蒙古到兴安岭为锡霍特中生代地槽系所截。

特提斯喜马拉雅体系是一个以中、新生代褶皱为主的构造体系，包括喜马拉雅和滇藏地槽以及昆仑、秦岭地槽区的南半部。其北带，西藏、滇西，及昆仑、秦岭部分是以中生界为主体的褶皱带；其南带，喜马拉雅是新生代褶皱带。

环太平洋体系是一个中、新生代的构造体系，重要的是内带，即西太平洋新生代岛弧系弧形构造，在我国只有台湾地区属之，它是新生代地槽系褶皱。其外带是中生代构造带，大都重叠于我国东部诸构造单元之上。

我国各地地震活动，就是在上述地质背景的基础上产生的。各种类型的地质构造，对于地震活动的影响很复杂。由于构造体系不同，发生运动的强度便不同，对地震活动性的影响亦大不相同。上面概述了我国大地构造发展的简单历程，说明我国东西两部的地质基础不同是由来已久的。东部是自震旦纪以来比较稳定的地台区，而西部则是古生代以后陆续从地槽回返升起的比较活动的褶皱带。我国大地构造发展的特点，主要是由于东部地台与其周围地槽的不断演化，并在各种运动中各个方面互相影响，以致情况十分复杂。人们不难从地台区固有的稳定性与地槽褶皱带保留的活动性之间，找到差别及相互关系，阐明它们的一般性和

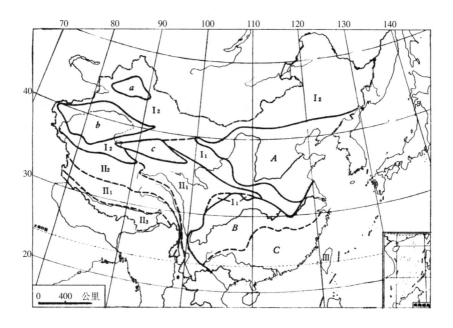

图 9-2　中国大地构造略图

（根据黄汲清 1973 年图简化）

说明：

A.华北地台　B.扬子地台　C.华南地台　a.准噶尔地块　b.塔里木地

块　c.柴达木地块

Ⅰ、古亚洲构造体系：

    1.加里东及更老地槽褶皱系；

    2.海西地槽褶皱系。

Ⅱ、特提斯喜马拉雅构造体系：

    1.印支地槽褶皱系；

    2.燕山地槽褶皱系；

    3.喜马拉雅地槽褶皱系。

Ⅲ、西太平洋新生代岛弧构造体系

各自的特殊性，这样，便有可能认识各地区构造运动的特征及其
与地震发生的关系。为了便于比较，仍将地槽区与地台区分别
来谈。

3. 地槽褶皱带

我国地槽褶皱带主要分布在西半部及内蒙和东北地区。南起喜马拉雅北至阿尔泰，都是不同地质时期的造山运动从地槽褶皱升起的，北部是古生代褶皱系，南部为中、新生代褶皱系，中间夹着一些古地块。需要指出的是：总的来说，地壳构造运动的影响范围很广，但在同一时期内，各地区运动的强弱程度是不一致的。如有的地区表现为最剧烈的造山运动，而有的地区却是较弱的造陆运动（即大面积升降运动），还有的地区甚至见不到运动的迹象。另外，就是同在造山运动强烈的范围内，不同地区运动高潮到来的时间亦各有先后。可见，地槽褶皱的发生和成长，包含着许多复杂因素，特别是构造运动的继承性和旋回性，在各地区有所不同，而且影响至大。

喜马拉雅运动是最近的一次强烈构造运动，迄今尚未完全停息，它对于地震活动的影响很大。我国各地区广泛地受其影响，除强烈褶皱运动造成喜马拉雅山、台湾诸岛、六盘山等外，更多的是产生断裂、断陷以及岩浆活动。事实告诉我们，许多受到喜马拉雅运动影响较大的地方，地震活动亦较强烈。因此，地震地质工作者，在研究一个地区的构造运动时，极为注意喜马拉雅期的影响及其与地震活动的关系。现在就从喜马拉雅地区谈起。

3-1 青藏高原地区

我国西部的南半部是最新的地槽褶皱带，即喜马拉雅山系，往北直至昆仑山区，地势高耸，成为世界著名的青藏高原，在构造上自成体系。以往对青藏地区了解很少，近年来我国正进行大规模的科学考察，收获很多，这里只谈一些有关地震地质方面的问题。青藏高原的范围是：西南以喜马拉雅山为界，约自喀喇昆仑至察隅与缅甸相接，北沿昆仑直至帕米尔，构成高原的北缘，东以横断山系与地台区为邻，纵横千余公里，都是在不同地质时期，从海底上升的地槽褶皱带。其发展是自北向南逐步成长的，最北部是古生代体系，最南部是新生代体系，中间是由中生代各期褶皱构成的复杂体系，参阅图9-3。唐古拉区在藏北高原，在地理上为本区主体，它原是古陆，泥盆纪时下沉，燕山期才上升，上面覆盖着大量上古生代至新生代的沉积。由于构造运动的多旋回性，盖层褶皱形成高原，平均海拔4000米以上，而山势不显著，湖泊很多，地壳厚度约比东部地台区大一倍。往南至喜马拉雅山区，地势更高，平均海拔6000米以上，最高的珠穆朗玛峰超过8800米，为世界第一高峰。

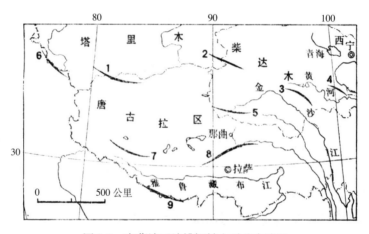

图9-3　青藏地区地槽褶皱山系分布略图

说明：
1.昆仑山；2.东昆仑；3.巴颜喀拉山；4.阿尼玛卿山；5.唐古拉山；
6.喀喇昆仑山；7.冈底斯山；8.念青唐古拉山；9.喜马拉雅、珠峰

青藏地区的地震活动性相当高，实际上，这一地区的地震也是从南亚地震带喜马拉雅段拓散过来的，但震中很分散。在唐古拉区震中较少，可能因为它原是加里东期的隆起区，基底是前震旦纪的变质岩，而这种基底的组织是坚固的。震中主要分布在各个旋回褶皱的交接边缘（特别是在沿喜马拉雅运动期间有过活动的边缘断裂），例如三江褶皱系与昆仑、喜马拉雅间。雅鲁藏布江两边，震中比较密集，但强烈地震主要发生在喜马拉雅褶皱带的

南部，尼泊尔境内、印度境内，以及我国察隅地区都有过8级以上的特大地震。喜马拉雅原是南亚大陆与印度次大陆的接合地带，其南侧有规模宏大的接触断层和很深的山前凹陷，它们都是在喜马拉雅运动期间发育起来的，对于地震活动产生一定的影响，是必然的。

值得注意的是，喜马拉雅原是地中海、南亚地震带上的一大弧型构造，其情况不完全同于太平洋地震带的弧型构造，有些特点，是不容忽视的。弧的两头都有凹向相反的急转弯，其附近各有一系列中深源地震震中，西面是喀喇昆仑-兴都库什弯，东面是缅甸境内的那加山区弯。目前，人们对于西藏地区地震活动的各种特殊性，尚无肯定的明确理论。自从板块构造学说盛行后，颇有人认为喜马拉雅是南边的印度洋板块与北边的欧亚板块的合缝线。但这里没有地壳开裂、扩张的迹象，没有大型平移断层，也没有深源地震，其为何种合缝形式，须进一步研究，下文还要谈到。另一方面，地球科学工作者，早就发现这一区域的构造运动特别强烈。根据地质现象推测，似有一股强大的自然力量，从印度洋向东北方向推进，由于欧亚大陆的巨大阻抗，结果使西藏地区及其周围构成巨厚地壳和大小不同的弧型构造。这一套说法，提出已久，颇得地学家的支持。

3-2 海西地槽褶皱带

我国青藏高原以北的地槽褶皱带，主要是海西期的产物，或者说，是从海西期开始结束其地槽历史，逐步褶皱回返上升的。参阅图9-4，南自昆仑北至阿尔泰，以及中间分布的天山、祁连、秦岭等褶皱山系，都包括在内。这里构造发育最突出的特点是地槽褶皱带的中间夹着地块。这类中间地块，性质比较稳定，与地台相类似，它们在各个时期的构造运动中，都曾起一定的控制作用，因此，对于不同形式的褶皱山脉的构成和发展，都有一定的关系，从而也影响到地震的活动性。需要注意的是，地槽褶皱带与中间地块接合的边缘，往往是发生强烈地震的地带。

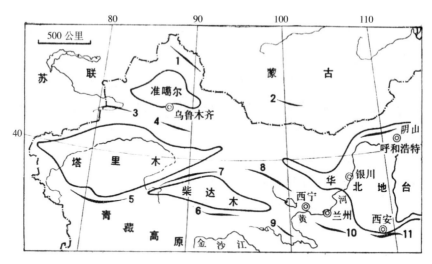

图 9-4　西北地槽褶皱山系分布略图

说明：
1.阿尔泰山；2.戈壁阿尔泰；3.天山；4.博格达山；5.昆仑山；6.东昆仑；7.阿尔金山；8.祁连山；9.阿尔马卿山；10.西秦岭；11.秦岭

居于中部的天山褶皱带为本区构造体系的中枢，北面是准噶尔–阿尔泰系统，南边是塔里木–昆仑系统，向东隐约可与祁连、秦岭等相联。下面分别来谈各连接地带及其地震活动性。

（一）准噶尔与阿尔泰

准噶尔地块夹在天山地槽与阿尔泰地槽之间，其基底岩层的深部是前震旦纪结晶岩，但上部几乎全为新生界所覆盖。准噶尔盆地和阿尔泰山区，在下古生代与天山成同一地槽，到了志留纪末，准噶尔已上升为陆地，尽管在上古生代时还被海水淹没过，但不深，只是大陆浅海，表明其已为比较稳定的地块了。而这时阿尔泰山区仍然是很活动的地槽，直到二叠纪，才全部褶皱回返，上升为高山。当时天山地槽早已褶皱升起为高山，于是准噶尔地块遂被隔离，形成盆地。经过中生代，周围山地供给了大量陆屑物质，盆地内堆积了巨厚的沉积岩层。到了新生代，周围山系继续上升，海水退到很远，准噶尔便逐渐变成沙漠性内陆盆地，开始其现代发展史。

由于准噶尔是硬性地块，较为稳定，当阿尔泰山地槽褶皱上升时，各处所受的构造应力不等，因此阿尔泰褶皱带与准噶尔地块之间，容易出现不稳定状态，构成发生强烈地震的条件。早在加里东时期，阿尔泰山地槽的北部已逐渐上升，至石炭纪，急剧兴起，成为富蕴褶皱带，为阿尔泰山的主脉。海西运动后，地槽历史结束，乃有现在的阿尔泰山，它一面向西延伸入于苏联，为西阿尔泰，另一面向东南延伸至蒙古人民共和国，进入瀚海，为戈壁阿尔泰，与我国的阴山山脉遥遥相望。阿尔泰山的南麓有额尔齐斯断层，可能是原生的，至少是经过了中生代的运动，已大为发育，断层之南的山前平原是在海西后期最后上升的，随后成为凹陷地带。

新生代喜马拉雅运动对该区影响很大。阿尔泰山再度上升，强烈的断裂运动使阿尔泰的山坡出现许多阶梯状构造。在山前平原，额尔齐斯河与乌伦河之间原是山前凹陷，其中大部分第三纪沉积被挤成北西西向褶皱带。额尔齐斯断裂带也进一步扩大，特别是在东段，富蕴至青河之间，情况更为错杂，1931 年的 8 级特大地震就是在这里发生的。戈壁阿尔泰亦于 1957 年在博格多山（45.5°N，99.5°E）发生 8 级特大地震，但其具体地震地质条件，与准噶尔边缘的情况有所不同，不能一概而论。

（二）准噶尔与天山

准噶尔地块的南缘与天山地槽褶皱带之间，是断层接触，山前凹陷十分发育，东起奇台，西至艾比湖，绵延不绝。凹陷的形成是在古生代后期与天山地槽褶皱上升同时发生的，但其发展和壮大，主要是在中、新生代的构造运动期间。凹陷的中心，最初是在乌鲁木齐附近，后来渐向玛纳斯方向转移，凹陷深处的中生代沉积，最厚达 10000 米。在喜马拉雅运动期间，天山继续上升，强烈的褶皱和断裂运动使山前凹陷又进一步发展，向东直到巴里坤一带，都成为凹陷破裂带。沿山前凹陷，地震活动很频繁，且很强烈。1906年，玛纳斯发生了震级大于8的特大地震，地震活动还东延至巴里坤地区，于1914年发生过7.5级的大地震。

（三）塔里木与天山

塔里木是夹在天山地槽与昆仑地槽间的地块。它是三个中间地块中最大最稳定的。它的面积占了新疆全区的二分之一，西起喀什，东至罗布泊，长约1500公里，宽自200公里至600公里不等，构成了一椭圆形的盆地。塔里木中间隆起，覆盖不厚，且地层很平缓，很少褶皱和错动，证明地块是极为稳定的。它在古生代一直是隆起的陆地，到海西后期，天山和昆仑兴起后，才成为相对凹陷的盆地。喜马拉雅运动使其与外界隔绝，长期的蒸发作用，使这一地区成为沙漠。

天山地槽褶皱带很宽，介于准噶尔地块与塔里木地块之间，主峰汗腾格里，位于中苏边界上，海拔6995米。它的西向沿中苏边界至帕米尔，东向横亘新疆中部，直至星星峡附近才消失，为我国著名大山脉之一。天山地槽自古生代褶皱回升，经过中、新生代的强烈断裂运动，形成了一套复杂的块断山系。现在的天山是一系列大致东西向的山脉和互相平行的低洼地带构成的。因此，山中多崇山峻岭和拗陷盆地，最著名的是吐鲁番盆地，其地势最低，在海平面下150余米。这亦表明天山地槽内部各区发展的历史不同。最中间的一条由前震旦系组成的中央地带，是加里东期的隆起带，它成为天山褶皱带的中轴，这是因为它起了分隔作用，使南北两方的构造发展不平衡。可是由于天山地槽的两边都受到硬性地块的阻遏，在两边接触带上所受的影响性质是相同的，因此，南北两方的山前构造虽有区别，但只是大同小异。

天山南坡山脚与塔里木盆地之间，像北边一样，多为大断裂接触。经过中、新生代各次构造运动，这些原生断裂，都按其自身的具体条件进一步发展，形成各种规模的断陷构造。例如库车附近，发展成为很深的山前凹陷，向西经拜城延伸至阿克苏一带，凹陷内的中、新生代沉积最厚达 10000 米，且有很多褶皱和断裂。喜马拉雅运动使天山继续上升，自喀什以至乌鲁木齐以东，各处的山前凹陷也更加扩大。从地震活动条件来说，山前凹陷在构造上是不稳定的，因此，天山南侧的地震震中也集中分布在这些地带。喀什附近的地震活动性特别强，这可能是受到了从西北方苏联境内延伸过来的费尔干纳大断层的影响，1902 年，这里曾发生大于8 级的特大地震。

此外，不能忽视的是天山内部的山间凹陷，它们也都与地震活动有密切联系。最著名的是西边的伊犁凹陷和东边的吐鲁番 – 哈密凹陷，这些都是海西以后发展起来的，特别是吐鲁番 – 哈密凹陷，中、新生代的沉积厚达 4000—8000 米，北面又有高耸的博格达山，所以这一带地震亦相当频繁、强烈。

（四）塔里木与昆仑

帕米尔为一特殊构造，有世界屋脊之称，天山、昆仑、喜马拉雅以及兴都库什等山脉都由此发出，有如群山之源。昆仑地槽与现在昆仑山的范围相当，即西起帕米尔，向东经新疆塔里木南边和青海中部柴达木西南，一直到四川西部，东西长达 2500 公里，主要是在海西期褶皱上升成山的。昆仑山是由一系列平行排列的山脉组成，山势一般是北部陡峭，南部平缓，为青藏高原的北缘，平均海拔为 6000 米，最高达 7000 米。昆仑山的走向是变化的，西昆仑在塔里木盆地南缘的一段，呈北西西向，至塔里木盆地的东南边，转为北东东走向。再往东，东昆仑地槽被柴达木地块分隔为两部分，北部是阿尔金地槽，南部是布尔汗布达地槽，都是在加里东运动期间开始结束其地槽发展过程的，北部褶皱回返，上升为阿尔金山，呈北东走向，南部上升为布尔汗布达山脉（即东昆仑山），呈北西西走向。其中一支由此向东，经西倾山与西秦岭相联，另一支偏向南，经巴颜喀拉山转弯，与三江地槽褶皱系连接。

西昆仑地槽直至古生代末期才结束，回升为昆仑山，其北麓与塔里木成断层接触，嗣后发展为山前凹陷。最重要的是叶尔羌中生代凹陷，发生在莎车、和田一带，并向西连至喀什，在新生代时仍继续发展。这一地区的地震活动相当频繁，1924 年在和田之东，曾发生震级 7.2 的强烈地震。

东昆仑的北分支阿尔金山，其北侧与塔里木盆地相连。北阿尔金山是加里东期的褶皱隆起，泥盆纪以来进入了稳定的发展过程。中、新生代的运动使褶皱带内部发生许多断陷盆地，且有岩浆侵入，但无剧烈变动。这一带地震活动稀少，远不如西昆仑段那样强。阿尔金山往东延伸与祁连山相接，南面则与柴达木盆地相连。柴达木也是一个中间地块，在东昆仑地槽和祁连山地槽旋回活动中都起了作用。

（五）柴达木与祁连

柴达木地块约与现在所见的柴达木山间盆地的范围相当，成一不等边三角形，西部宽，东部窄，东西长约 850 公里，南北宽约 135—250 公里。现在，在盆地的边缘至阿尔金山，尚可看到一些前震旦系出露与柴达木基底岩层相连。柴达木地块在古生代时是一个长期隆起的地区，处于比较稳定的状态，直到海西运动早期，周围地槽回返的时候，地块本身才表现一定的活动性。当祁连山地槽大规模沉降时，柴达木的中央部分仍露出水面，直至泥盆纪初才完全沉没。古生代末和中生代早期，整个柴达木盆地上升为陆，被四周褶皱山系包围，成为山间盆地，实际上是一个湖盆地，湖边都是山麓。在中生代的侏罗、白垩纪时，盆地边缘强烈拗陷，接受陆相碎屑堆积，到了新生代，在第三纪的早期，盆地上隆，随后复剧烈下陷，沉积了很厚的新生界，总厚度达 6000 米，整个盆地都被覆盖。第三纪末喜马拉雅运动使覆盖的中生界及第三系普遍发生褶皱和断裂，特别在盆地边缘更为强烈。进入第四纪以后，气候转为干燥，湖泊逐渐干涸，盆地的西北部成为半沙漠地区。

柴达木是三个中间地块中比较活动的，断裂很发育，盆地与褶皱山脚之间亦多断层接触，并有山前凹陷。但盆地东南边与山区接界的地方，地震活动殊不强烈，震中很分散，与西藏高原上的地震活动是同一体系；只有盆地的东北边缘，即与南祁连西段接界的地区，地震活动性比较高。这可能是受祁连山复杂构造的影响，形成了另一活动体系。

祁连山很不简单，是由一系列北西西向山脉组成的块断山，长达1000多公里，宽约200—500公里，主要是加里东期的褶皱带，经喜马拉雅期的强烈断裂运动成了现在的状态，山间多有小型盆地分布。从震旦纪开始，祁连山地区即沉降为地槽，规模很大，包括祁连山、河西走廊及陇东地区。其范围西与阿尔金地槽为邻，北沿走廊北侧的北山、合黎山和龙首山的南麓与阿拉善地块接壤，东向直至六盘山西，与贺兰-六盘褶皱带及秦岭地轴相接，南沿赛什腾山、青海南山一线与秦岭地槽相连。其在整个早古生代是地槽发展阶段，加里东运动使之褶皱回返，并在走廊地区形成边缘凹陷。现在的中祁连，包括托来南山、疏勒南山和大通山至陇西一部分，都是在震旦纪以后，长期隆起的地带。它将祁连地槽分隔为南、北两个部分，随后逐步发展形成为南北祁连。约在古生代末期，南祁连才全部褶皱回返，南界昆仑褶皱系，向东与西秦岭相接。沿此褶皱带的南侧，在构造上是比较软弱的过渡带，喜马拉雅期的强烈断裂运动，使之发展成为祁连南缘大断裂，西起阿尔金山麓，沿赛什腾山的南边，过共和凹陷，延伸至西秦岭以东，长达千余公里。它是一条向北倾的高角度逆断裂带，中间为一系列后期发展起来的横向断裂所截，构成若干相互分离的块断山和盆地。南祁连山区的地震活动基本上是沿此断裂带发生，在共和新凹陷附近，1937年曾发生震级7.5的强烈地震。

北祁连，由于中央隆起带的控制，发育情况有些不同，山势比南方高峻，主峰位于酒泉之南，海拔5564米。在早古生代，北祁连包括走廊南山及托来南山的一部分强烈拗陷，沉积很厚，加里东运动使之成为紧密褶皱。实际上，加里东运动结束了北祁连地槽的发展阶段，形成一个巨大的加里东褶皱带。在这加里东褶皱带的北侧至北山之间，晚泥盆世又发生沉降，形成走廊凹陷，最显著的是自玉门至武威，即所谓河西走廊，凹陷很深。走廊宽度，在乌鞘岭不过 30 公里，到乌鞘岭以西，平均约为 70 公里。走廊的南缘为一过渡带，即所谓祁连山前褶皱带，其后面是祁连北缘大断裂，与北祁连褶皱带的主体分界。这是一条北西向，南倾高角度逆断层，向西与阿尔金山南缘山前断裂成钝角相交，向东沿走廊的南缘延伸约达 700 公里。在断裂经过地区，不少后期发展起来的断层，往往将较老的地层逆掩于较新的地层之上，是断裂带的组成部分。走廊的中间有中央拗陷带，是第三纪的强烈沉降造成的，基岩埋藏深度数千米。走廊的北缘与走廊北山南麓中间，也是以断裂分界的，例如走廊北面的龙首山即是断层的仰侧，而走廊本身即为断层的俯侧，沿断裂带也是一系列的大断层。走廊内部的构造，为一些块断山和盆地所分割，其中以酒泉盆地为最大，西起赤金峡，东迄榆木山，中间又被文殊山隔开，拗陷很深，中、新生代沉积厚达 6000 米；其次是民乐盆地，介于榆木山与黄山之间，中、新代沉积亦厚达 4000 米。喜马拉雅期间的强烈块断运动，使河西走廊凹陷的边缘断裂带进一步扩大，构造运动仍在继续，因此，地震活动也集中在走廊的两边。在历史上河西走廊是地震频繁地区，且常有大地震发生，尤以傍南山一侧，沿祁连北缘的大断裂，地震更为强烈。1927 年，在此断裂的东端，发生古浪 8 级特大地震；1932 年，又在西端，发生昌马 7.5 级大地震。沿北山根的凹陷断裂，也有大震发生。据历史记载，东汉末年（180 年），高台之西合黎山前，发生过很大地震；1954 年，在山丹龙首山前和民勤之东，均发生过震级 7 的强烈地震。

　　北祁连出河西走廊，过乌鞘岭，到了甘肃永登后，去向不明。总的来说，整个祁连山势向东与秦岭山系相连；北祁连可能与六盘褶皱带相接，中祁连通过陇西地块与秦岭地轴相连，南祁连东向与西秦岭相连。其连接地带，包括陇山以西至洮河东西两岸，天水南北等地，都曾经广泛地经受喜马拉雅运动的影响，例如六盘山就是那时候褶皱升起的，特别是在运动期间，普遍产生断裂，使这一带构造情况非常复杂。地震活动性很高，震级大于7的地震，不断发生，但震中分布相当分散，并不集中于某些明显的构造体系，说明这一带的地震地质关系很复杂。这里正是我国西部地槽区与东部地台区，两种不同基底的地质单元的接合带。

（六）秦岭地轴与地槽

秦岭是我国中部著名的东西走向大山脉，成为南北两个不同自然地理区的天然界线。今日称作秦岭的，山势高大，北以渭河凹陷为界，南与大巴山、大洪山褶皱带为邻。它的北部边缘是崇山峻岭，西自天水起，经宝鸡、雒南，东延至河南，湮没于南阳凹陷，为一条自元古代末吕梁运动以来长期隆起的地带，称为秦岭地轴，亦曰北秦岭。实际上它是最古的秦岭，为后起秦岭发展的基础。它亦是华北地台的南缘部分，现在海拔一般在2000米左右，最高峰是西部太白山，高达3666米。秦岭初期地势不高，中生代时与华北地台一起上升，并发生褶皱，且有大规模花岗岩侵入。在喜马拉雅期又再度升高，强烈的断裂运动，使之成为现在的高峻山脉。

秦岭山脉的南坡，地形一般比较平缓，仅西部较陡，属于秦岭地槽褶皱带。秦岭地槽原是西部广大地槽区楔入于华北地台与扬子地台之间的部分，秦岭地轴是其北边屏障。秦岭的内部构造很复杂，发展的历史亦各有不同。其南部，约自汉中、安康一线以南，习惯上称为南秦岭，是加里东褶皱带，其东端为武当山，是地槽内长期隆起地区。中间部分称中秦岭，其靠近地轴一侧为海西褶皱带，其南侧为印支褶皱带。秦岭山脉蜿蜒于甘肃、陕西、河南三省之间，横贯我国中部。它的西段位于徽、成盆地以西，青海以东，习惯上称为西秦岭，与祁连山构造体系相连；徽、成盆地以东，襄樊、南阳凹陷以西一段为东秦岭。东、西秦岭虽然有若干不同的构造特点，但在地质发展过程中是密切相联的。因此，东西秦岭一般可合称为中秦岭。武当山是介于东秦岭与南秦岭之间的一个小地块。

喜马拉雅期间的强烈断裂运动，使秦岭地区断裂、断陷很发育，形成许多山间盆地，尤其重要的是地轴的两侧发展成巨大的断裂带。其中南缘断裂带是秦岭地轴与古生代秦岭地槽的分界线，很可能是向西延伸，经天水、武山间的渭河河谷，以至祁连中间隆起带之南，连成了一条秦－祁地轴南缘断裂带，东向直至南阳，延续千余公里。秦岭地轴的北缘断裂带是华北地台西南部的边缘凹陷发展起来的，其中最重要的一段是从宝鸡向东，与鄂尔多斯接界的，中间由强大块状断裂造成的渭河地堑。此外值得注意的是，南秦岭与东秦岭之间，以及南秦岭与扬子地台北缘的龙门山、大巴山之间，均是断层接触。

秦岭地区的地震活动性，在广大地槽褶皱带的内部是不高的，只有一些中等强度的地震，发生于南秦岭加里东旋回与东秦岭印支旋回的中间，沿汉中、安康和竹山一带分布，是比较明显的。西秦岭地震活动性很高，天水、武山一带，历史上不止一次发生过震级 8 的特大地震，强震震中主要分布在秦岭地轴的边缘断裂带附近。渭河地堑断陷是历史上著名的地震活动区，这里与鄂尔多斯地台区的构造运动关系更为密切，并入下文一起来谈。

（七）东北地槽褶皱系

我国东部广大地台区的北面是东北地槽，约以北纬 43°为界，沿白云鄂博、赤峰、康平一线，西至阿拉善居延海之东，东迄图门江、乌苏里江与朝鲜、苏联相接。东北地槽区是在古生代以前形成的，其西部与广大的西北地槽区相连，北与西伯利亚地台为邻，南以华北地台北缘的内蒙地轴为屏障。东北各省和内蒙大部分地区均属之。这里地势复杂，有山地、平原和高原。现在的松辽平原在该区的中部，地势平坦，往南可延伸到渤海湾。但平原之西、北、东三面都被山岭和高原所包围：西北为兴安岭山区，西南为内蒙高原，东部是张广才岭、老爷岭山区，参阅图9-5。

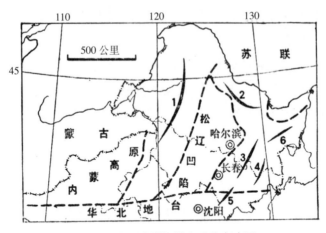

图9-5　东北地槽褶皱山系分布略图

说明：

1.大兴安岭；2.小兴安岭；3.张广才岭；4.老爷岭；5.长白山；

6.完达山脉

　　在元古代和古生代，全区普遍处于活动状态，特别是在晚古生代时期，一般都有万米以上地槽沉积。海西运动使地槽回返，形成北东或北东东方向的褶皱，因此本区一般是属于海西期的地槽系。但各区的地质发育历程是不一致的，约可分为西部、东部和中部三个构造单元，其中以中部松辽凹陷区，即松辽平原比较稳定。松辽平原是由于吕梁运动而隆起，在早、中古生代一直维持为被剥蚀的高地，到晚古生代才沉没，且有明显的地槽活动。它的发育特点是比周围地区固结较早，固结程度亦较高，故在中生代虽然也强烈下降，形成大型的内陆凹陷，但岩浆活动不发育，褶皱变动亦很微弱，其作用相当于中间地块，实际上是同一构造旋回中的早期固结地区。松辽凹陷的西侧是东北地槽系的西部，概称为兴蒙地槽，包括大兴安岭和内蒙高原。它是古生代发育起来的地槽，经加里东运动，北部已局部回返，但在中、晚古生代时，地槽仍继续发展。海西早期和晚期的运动使北部大兴安岭一带和南部内蒙一带相继褶皱封闭，兼有强烈的岩浆活动。由于松辽地块边缘断裂的影响，兴蒙地槽的发展在各区是不平衡的，最显著的是加里东运动使小兴安岭强烈上升，而同时海拉尔地区和南部大兴安岭却强烈下降，直至海西运动的晚期，地槽才全部回升，脱离了海侵。松辽凹陷以东的地区，又是另一构造单元。它是东北地槽系的东部，亦称吉林地槽，其位置南至延吉与华北地台为界，东面与乌苏里江地槽系相连，北面入于苏联境内，包括张广才岭、老爷岭、太平岭、完达山等吉林山地。地势不很高，海拔一般约在 1000 米左右，张广才岭最高达 1397 米。吉林地槽的发展，其前期与东北地槽其他地区一样，经过海西早期地壳运动，才改变面貌。从晚古生代开始，便有强烈活动，石炭、二叠纪时，地槽沉积在南部吉林区，厚达 15000 米。海西晚期，地壳运动使地槽全面褶皱回返，结束了地槽的历史，形成一系列较为开阔的褶皱，并有大量的岩浆侵入。

如上所述，东北地槽系也与西北地槽情况类似，是一套内有固结性较高的中间地块的海西褶皱带。自二叠纪末（海西晚期），地槽历史结束后，由于西面是大兴安岭和内蒙高原，北面是小兴安岭，东面是长白山区（包括完达山、老爷岭、张广才岭、长白山等），都是高大的山脉，所以中间地块被包围成相对凹陷的盆地。以后，燕山运动（侏罗纪末）又使整个盆地剧烈下沉，周围山地相对上升，一直继续至新生代，速度才大为减弱，这样就逐渐形成了现在的大部分被新生界覆盖的松辽平原。燕山中期（白垩纪时），沿太平洋西岸，发生大规模岩浆运动，本区所受影响很大，海西褶皱带的基底遭到破坏，到处岩浆喷流。直至新生代，地壳构造运动仍以岩浆活动为主，只是岩浆性质由酸性渐变为基性而已。如此继续到第四纪。根据历史记载，小兴安岭一带(五大莲池)，在清康熙年间尚有火山喷发。

从结构上来说，在松辽平原的边缘地带是容易产生不稳定状态的，因为就一般情况说，平原的基底原是较硬的地块，它与其周围较为软弱的褶皱带接合，在构造运动中，合缝之间是容易发生破坏的。地质学家认为：在松辽平原与华北地台分界处；在赤

峰 - 开原之间；在其与兴蒙地槽分界处；在嫩江以西以及与吉林地槽的分界线上，都有较大型的断裂带，并且是长期活动的，其中最重要的是松辽平原两边的断裂带。西边嫩江断裂带，宽达30公里，主要由两条断层组成，大致沿嫩江西部向南西方向延伸，全长600多公里。从断层区岩浆岩的分布情况来看，中生代是其主要活动期，但在新生代亦可能仍有活动。其次是东边的依兰 - 伊通地堑断裂带，北起佳木斯附近，向南西方向延伸至伊通（长春之南），长达300多公里，其南段大致与松辽地块和吉林地槽的分界线一致。此断裂带由两平行断层组成，形成依兰 - 伊通地堑。中生代时，中性火山岩沿此断层大量喷发，在喜马拉雅期仍有较强活动。

本区地震活动性不高，在历史上有记载的，为数很少，强度亦小，最大的是1941年发生在绥化地区的6级地震（震中在依伊地堑之西约100公里）。值得重视的是，本区的地震活动性比西北地槽区弱得多。人们发现东北地槽系的特点是岩浆岩占据了大部分面积，在各个时期、各个地区都有不同规模的岩浆活动：有前古生代旋回、加里东旋回、海西早期旋回、海西晚期旋回、燕山旋回以及喜马拉雅期发生的活动。如此大量融岩上升，侵入地壳上层，起了强大的胶合固结作用，从而破坏了断层的活动系统，使地壳稳定性亦随之增加，这是完全可以理解的。在吉林边境发生的一系列深层地震，震源深度达数百公里，则另当别论，深源地震是属于另一范畴的问题。

总合起来，人们可以看到，在我国古生代地槽区比较普遍的现象，是地槽内部常夹有较硬的中间地块，其周围边际地区经过长期的构造运动，容易产生凹陷或开裂，在一定条件下，进一步发展成为不稳定的构造体态，成为发生危险地震的震源。

4. 东部地台区

地质学家确认我国东部是地台区。所谓地台，按原来的定义 [*]是地壳上稳定的地区，自形成之后，不再遭受褶皱变形了。实际上，地台也是由远古的地槽封闭后硬化而成的，有基底和盖层结构。很显然，基底的形成是经过地槽发展阶段的，组成基底的岩层常常是巨厚的碎屑岩、火山岩等，经过强烈褶皱和变质，并有大量岩浆侵入，已经成了刚性很大的古地层。另一方面，地台形成后，并非僵化不变的，仍不断地继续演化，因而有盖层地质的累积，人们借盖层地质的分布和变化，以推测地台的活动性，是很自然的。我国东部为地台区，其基底是太古界的变质岩层，一般称之为前震旦纪地层，从这些古老地层的分布情况推测，我国地台在元古代以前，大体上是连成一个整体的。

中国地台的特点是东边有太平洋巨大刚体的支撑，虽然活动受其限制，但在地史上可以看到，中国地台亦不断地进行着分裂活动和弥合回返活动。从震旦纪始，地台内部就陆续发生拗折，早在震旦纪初期，西部地槽区的海水，首先由云南南部侵入地台的西南部，随着凹陷发展，海水向东北淹进，后来由于贵州中部的微微隆起，遂在四川、湖南间形成了很深的川湘凹陷。凹陷区的海水仍不断前进，渐与南秦岭地槽区汇合，一起向东淹进，直至长江下游，又造成略成东西向的南京凹陷。于是地台出现分裂。及至加里东后期，地台北部与西南部先后上升，分裂情况乃更显著。大致在南秦岭地槽和南京凹陷以北，分裂为华北地台；南京凹陷以南，川湘凹陷以东为南华地台；川湘凹陷以西，南秦岭地槽以南为扬子地台，可参阅图 9-6。

我国地台分裂后，仍继续发展，但演化过程则各有不同。在各时期剧烈构造运动的影响下，此升彼降，海侵海退，变化多端，

---

 [*] E. Suess 1885 年提出。

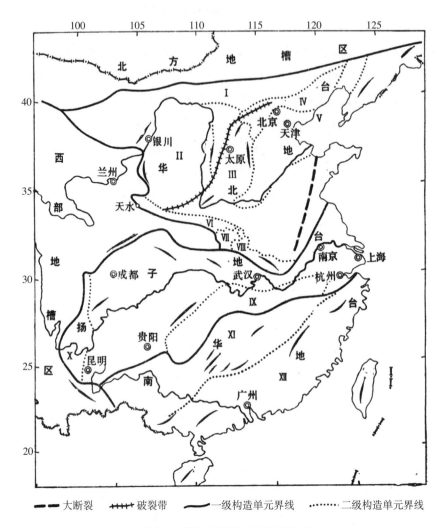

图 9-6 我国东部地台区形势略图

经历多次旋回后，盖层沉积显得非常复杂。有些沉降区，愈益下沉，成了准地槽，如昆明凹陷、燕山凹陷等，随后又褶皱回返，成为地台盖层褶皱带。有些早期的隆起剥蚀区，也跟着大面积下降而沉没，接受沉积，后来也褶皱回返。二叠纪之后海水逐渐退走，燕山运动后，地台又基本上弥合成一整体。在喜马拉雅运动期间，强烈造山运动以及岩浆活动，使地台上形成新的褶皱、块断、断裂和断陷，从而产生各种地质上的不稳定状态，适于孕育地震。由于地台的基底结构与地槽不同，地震发生的地质条件也有区别，下面分别来谈。

4-1　华北地台区

华北地台东联朝鲜，黄汲清称之为中朝地块，其西大半部位于我国境内，成一三角形。北界，西起甘肃玉门之北，向东经阿拉善，沿内蒙地轴之阴山山脉北麓，直至东北之昌图、延吉一带；西南自阿拉善南缘起，经六盘山，往南至天水，与秦岭褶皱系相连，直达湖北的黄梅，便到达三角形的南顶点，然后沿长江北岸，向东北走，过滁县，终于苏北的淮河平原。地台四周有高山环绕，西是贺兰山、六盘山，北为阴山、长白山，东缘泰山至黄海，南界秦岭，黄河蜿行其间，自西向东奔流入海。由于地台盖层各处厚薄不一，经过多次不同强度的地壳运动，产生了不同类型的构造，使地台内部亦有大山高原和丘陵平原等各种地势。

华北地台是吕梁运动以后表现为相当稳定的地区，自石炭纪末，海水退走全区上升为陆之后，便再没有遭受海侵了。但地台内部各部分的发育过程是不一致的，经历一系列的地壳构造运动，影响程度也是不均一的，其结果使各地区的地质构造性质大有差别。有的表现为比较稳定，如在一些地轴、地盾或地块地区，也有的是不稳定的过渡地带，如一些凹陷和破裂地区，而后者常常与地震活动有密切联系。下面谈一些主要地区的地质构造与地震发生的关系。

（一）贺兰－六盘褶皱带

人们习惯于将贺兰－六盘合称，是因为在古生代时，为一个相连的长期拗陷带，实际上，其南北两部分的发育情况是很不一样的。虽然，基底都是侏罗纪末燕山运动造成的地台褶皱带，但褶皱带内部的构造特点还是不同的。北部的贺兰山和南部的六盘山是轴向不同的两个复背斜，前者是北北东向，后者是北北西向，中间被一复向斜分隔。喜马拉雅运动对本区的影响甚为强烈，特别是六盘山区，这里在白垩纪时，下降幅度很大，堆积很厚，喜马拉雅运动期间，强烈的褶皱运动造成了今天海拔2500米的高山。另一方面，六盘山复背斜的东西两翼都为南北向正断层所切割，以其西侧位于陇西地块之间的最为严重。喜马拉雅运动期间，断裂继续发展，不单产生了东西向正断层，且多南北向逆断层，说明这一地区构造应力的作用是多方面的。银川凹陷(一说银川地堑)也是此时形成的。

　　本区地震活动性很高，北自磴口，南至平凉，地震活动频繁，强度亦大。人们从震中分布图上，就能看出其与西秦岭地区的地震活动不是同一系统。震中虽作带状分布，但各部分的具体情况是不同的。北部贺兰山区的西边近阿拉善地块一带，地震很少，上覆腾格里沙漠，下底的地质情况还不清楚。地震活动主要是在贺兰山的东面，接近鄂尔多斯边缘的地区，显然是与银川凹陷构造有密切关系。1739年银川、平罗间发生的8级特大地震，可能与该凹陷的剧烈沉降有关。往南，至中卫、中宁间，地震又较多。这里从地质现象来看，南北两方是在构造上发生变化的转折处，因此地震活动性显著增高了，1561年和1709年，先后发生过大于7.5级的大地震。中卫以南，进入六盘山活动区，自同心往南直至庄浪（紧邻秦岭地轴），地震很频繁，主要发生在六盘山与陇西之间，强度很大。1920年海原地震，震级大于8½，为世界上少有的特大地震。六盘山是我国著名山脉中之最年青的，山前有各种断裂，在地质上为不稳定的地区。根据地表地质现象推断，六盘山西边，有所谓陇西地块，它的位置，西连祁连山，中央为隆起带，东接秦岭地轴，是一个楔于祁连山系与西秦岭之间的三角地。其北缘还可能与北祁连山的山前过渡带相连。这条过渡带从乌鞘岭经中卫与六盘山交接。实际上，震中多分布在陇西地块的一些边缘地带，但由于目前对这一地区的深部构造极少了解，其地震地质关系还有待进一步研究。

（二）鄂尔多斯边缘凹陷

鄂尔多斯位于华北地台的西部，在构造上为一大型内陆盆地，北与内蒙地轴，南与秦岭地轴为界，西邻贺兰山、六盘山，东缘吕梁山、中条山，为四面环山，海拔 800—1300 米的高原地带。在盆地范围内，地层一般作南北走向，除边缘部分外，地层几乎没有褶皱，也几乎没有火成岩侵入，成为华北地台上最稳定的部分。

由于鄂尔多斯基底的刚度较大，对于地史上各期地壳构造运动的抵抗亦比较强，在盆地边缘及其附近许多地方，特别是受力不均之处，容易产生破坏，渐渐转化为地质上不稳定的地区。燕山运动使鄂尔多斯四围发生褶皱，造成高山及断裂，喜马拉雅运动，使西边的六盘山强烈上升，并在两翼发生断裂，南北边缘则发生断陷，逐渐沉降发展成为有危险地震活动的大凹陷，其中重要的有以下几处。

其一是银川凹陷：位于贺兰山与桌子山之间，约北自磴口南至吴忠，为一不对称的南北走向现代凹陷。重力测量结果，显示这一带的负异常很大，凹陷两侧的重力变化梯度很陡，疑是地堑式断层阶梯构造的反映。有人在平罗钻探，发现第四纪沉积厚达2000 米，且仍在剧烈下沉中。说明这一带在地质上很不稳定。

第二是渭河凹陷：自宝鸡以东，渭河流域扩大成宽广的平原，古称秦川八百里，全是第四纪冲积，土沃民富，为我国文化发祥地。现在，自凤翔至韩城沿鄂尔多斯边缘，可以看到一系列喜马拉雅期的块状断层，重力测量亦显示秦川是一条负异常带，因此人们认为渭河断陷也可能是地堑式构造。但这一论断尚有争论，因为在岐山一带的情况，无可辩驳地是以南倾北逆的逆断层为主的。尽管如此，渭河河谷平原为喜马拉雅期发展起来的现代凹陷，是可以肯定的。其南侧凹陷较深，沉降运动仍在继续，但各部分的沉降速度和凹陷深度不是一样的。西安以东，可分为几个凹陷

盆地，以华山断裂旁边的华山凹陷为最深，内有第四纪沉积厚达
1000米。沿渭河河谷，地震活动性很高，与秦岭地槽区的情况显
然不同。这里地震发生的频率低，但强度大。从历史地震记载可
以知道，在公元前8世纪和公元16世纪都有过活动高潮。由于
早期的记载很简略，对于第一次高潮时，最大地震的震级和震中
不能得出确切的数据。第二次高潮的最大地震震级为8，发生于
1556年，时为明朝。关于这次地震的记载很丰富，是历史上伤亡
最大的一次地震，震中在华县、渭南之间，正是断陷差异运动最
大的地方。

　　第三是包头凹陷：自包头之西至呼和浩特之东一段河谷，北
是内蒙地轴的大青山的南麓，南是鄂尔多斯北部东胜隆起的北缘，
并可延伸至托克托，形成一东西走向的狭长地带，完全为第四纪
沉积所覆盖的低地，称之为包头内陆凹陷。重力测量结果亦显出
其为负异常带，南北两侧的异常，变化梯度亦很大，说明可能有
东西走向断裂构成的地堑式凹陷存在。从地质现象推测，凹陷主
要发生在白垩纪之后，也可能是喜马拉雅期与鄂尔多斯其他边缘
凹陷同时形成的新凹陷，但凹陷不深，现代沉积只有200米左右
的厚度。值得注意的是，包头之西河套地区的五原凹陷也是一个
现代断陷，也可能是在喜马拉雅期同时产生的。其北界为内蒙地
轴的狼山南麓，是断层接触，其南界与东胜隆起接壤，亦疑有断
层埋伏。五原北面的断层附近，显然凹陷较深，其他情况则尚待
进一步研究。包头和五原两凹陷边缘的地震活动性是差不多的，
1929年毕克齐地震，震级5.5，1934年五原地震震级6.2，1976年
和林格尔地震，震级也是6.2。就此而言，这里的地震活动性是不
高的。

　　这说明鄂尔多斯北缘凹陷带的地震活动远不如南缘凹陷带强
烈，其原因何在，殊值得研究。人们首先想到的是南北凹陷带的
基底结构，性质有所不同，按鄂尔多斯的发展历史，北部是长期
隆起地区，南部是持续沉降区。虽然南北凹陷带都是喜马拉雅期

的断块升降造成的，在凹陷带的外部也都有坚强的地轴构造支撑，北有内蒙地轴，南是秦岭地轴，但关键在于基底不同。北面的黄河凹陷带是发生在东胜隆起区的，而南边的渭河凹陷是发生在陕北拗陷的南部。东胜隆起是自震旦纪开始，直到中石炭世之后才趋于下降。它只有薄薄的简单盖层，说明其是相当稳定的。陕北拗陷则不同，它是继承性的沉降区，在震旦纪初下沉，接受大量沉积，中、新生界在铜川一带厚达 1800 米，且各个时期的厚度变化很大，表明其是相当活动的地区。根据上述情况，说明北面的基底是比较稳定的，南面的基底是比较活动的，因此地震活动性南边比北边高也是理所当然的。但这仅是一个方面，还须了解两地的深部构造，待作进一步分析后，才能得到更明确的结论。

（三）华北地台破裂带

鄂尔多斯西以六盘山的东大断裂为界，东以吕梁、离山大断裂为界，但都没有发展为断陷构造，地震活动亦微不足道。引人注意的是，渭河断陷向山西发展，构成一条巨大的破裂带。在带上地震频繁且很强烈，久为人们所注意。

试作历史地震统计，人们当即看到，在华北地台上，震中集中分布在一条狭窄的地带：约从陕西的陇县、宝鸡始，沿渭河河谷而东，过黄河进入山西，沿汾河河谷北上至太原，跨过分水岭到了晋北，沿五台西北山麓与恒山之间，进入河北省燕山区，再向东延伸至怀来、延庆；然后直达渤海，绵延千五百余公里。地震频度不高，但地震强度很大，是我国为害最大的地震带。当人们进一步调查地震带所经地区的地质构造情况时，不难发现，它与斜穿华北地台的巨大破裂带是吻合的，参阅图 9-7。这条破裂带是在喜马拉雅期发生的，为一连串内陆凹陷（断陷盆地）组成的，走向大致作北东 - 南西方向，西从渭河平原起，向东北纵贯山西全省，直至河北省北部的延庆，再往东则不甚清楚了。渭河断陷是其中最大和最深的，有明显的两个沉陷中心：一在兴平附近，一在华山附近。由渭河下游至汾河流域，断陷盆地紧紧相

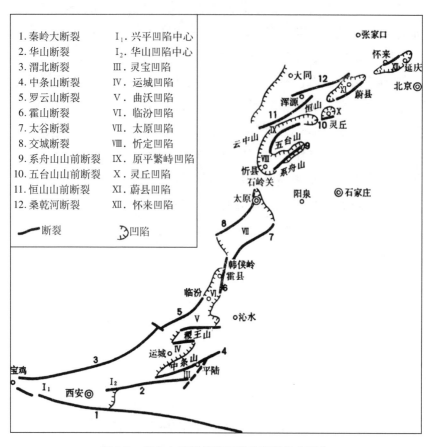

1. 秦岭大断裂　　　I_1. 兴平凹陷中心
2. 华山断裂　　　　I_2. 华山凹陷中心
3. 渭北断裂　　　　III. 灵宝凹陷
4. 中条山断裂　　　IV. 运城凹陷
5. 罗云山断裂　　　V. 曲沃凹陷
6. 霍山断裂　　　　VI. 临汾凹陷
7. 太谷断裂　　　　VII. 太原凹陷
8. 交城断裂　　　　VIII. 忻定凹陷
9. 系舟山山前断裂　IX. 原平繁峙凹陷
10. 五台山山前断裂　X. 灵丘凹陷
11. 恒山山前断裂　　XI. 蔚县凹陷
12. 桑乾河断裂　　　XII. 怀来凹陷

断裂　　　　凹陷

图 9-7　华北大破裂带的凹陷及断裂分布形势
（参考邓起东等人工作）

连，正如图上所见的，渭河、灵宝、运城、曲沃、临汾、太原等
地联结成为著名的汾渭断陷，旧称汾渭地堑、或汾渭凹陷。具体
说，渭河凹陷东延至黄河边，为古老的中条山所阻，分成南北两
半。南半部从渭河南面向东，过潼关，沿黄河南边，发展为灵宝
凹陷，规模不大，但可能与平陆地震（1642 年，$M=6\frac{1}{2}$；1815 年，
$M=6\frac{3}{4}$）的发生有关，且还有向东拓展的趋势。北半部从渭河的
北面，通过黄河至永济，沿中条山北麓发展为运城凹陷。渭河凹

陷的北界约在韩城附近过黄河与汾河凹陷系统相连。位于运城凹陷北面的孤峰山－稷王山是个地垒，是楔于渭河凹陷间的横向构造，其北为河津－曲沃凹陷，乃是汾河流域第一个断陷盆地。再沿汾河北上，又插来一个横向构造，即塔儿山－九原山地垒，接着是临汾盆地。临汾盆地之北为韩侯岭断裂隆起，亦是一横向构造，其北便是太原盆地，为汾河流域上游最末一个凹陷区。沿汾河的各凹陷区，其边缘断裂都相当明显，例如（参阅图9-7），临汾区是夹在罗云山大断裂与霍山大断裂之间的，太原区是夹在交城大断裂与太谷大断裂之间的等等，都是一些断陷盆地，与渭河区的情况相同，故人们合称为汾渭断陷带，亦即华北破裂带的南段（或称西段）。

在这条带上，地震很强烈，一般是以断陷盆地为活动中心的。历史上，这里曾发生过三次8级特大地震。1556年的那次地震，发生在渭河盆地华北凹陷中心附近，还有两次（1303年，1695年）则都发生在临汾盆地的凹陷边缘。临汾盆地面积不大，凹陷亦不深，第四纪沉积的厚度不过300余米，可是仅仅数百年的时间里，在只有几十公里的范围内，发生了两次8级特大地震，在历史上是罕见的。当然人们可以怀疑1303年的震中可能是在赵城以北，因为孝义、平遥还有严重破坏记载，但震中在韩侯岭的南侧是可以肯定的。另一方面，据最近调查，临汾盆地现仍以相当大的速度继续沉降，这是应当注意的。需要指出的是，沿汾河流域，太原盆地是其中面积最大，凹陷最深的，据探测，第四纪沉积在介休附近，厚达700余米（其他盆地只有300米左右），而这里的地震活动，却还未有超过6½级的。据不完全统计，目前太原盆地的地震活动水平比临汾盆地为高，只是对其现在沉降的速度，还没有确切的数据。如果事实证明其沉降速度比较大时，则应当进一步研究和监视该盆地的地震危险趋势。

太原以北的石岭关隆起，压迫汾河水系向南，北边的滹沱水系向东，将山西分为晋南、晋北两部分。从晋北至河北省的西北

部又有一系列的断陷盆地，构成华北地台破裂带的北段（即东段），
参阅图9-7。石岭关是断裂隆起，亦是中间的横向构造，紧连着
晋北凹陷带。古老的五台隆起区，在喜马拉雅运动期间，再度上
升，环五台山发生许多边缘断裂，造成断陷盆地，沿着滹沱河及
桑干河水道分布，并向东发展到河北省的燕山西部。从石岭关之
北起，为忻县－定襄凹陷，乃是系舟山山前大断裂和五台山南麓
边缘断裂造成的断陷盆地。紧连的是原平－繁峙凹陷，为一个沿
着河谷发育的狭长断陷，一边是云中山和恒山山麓断裂，另一边
是五台山西北山前大断裂。这两个凹陷实际上是连在一起的。再
往北，情况比较复杂，北面有与繁峙凹陷平行的古生代凹陷，即
与晋东南沁水凹陷相对应的静乐－大同凹陷。由于中、新生代继
续有断裂运动，在喜马拉雅期又产生新的大同凹陷，其南界的右
边是桑干河大断裂，左边是恒山北麓山前大断裂，这两个断层之
间不相连续，在其错开的夹持空间，构成浑源断陷盆地，也成为
破裂带的组成部分。然后在恒山之南，繁峙凹陷之东，又有平型
关隆起截过，亦是一个横向构造。延至太白山之北，又出现灵丘
盆地，是一个较小的断陷盆地。再北行，到了燕山区后，还有广
灵－蔚县盆地和怀来－延庆盆地，也都是断陷盆地。值得注意的是，
这一带的盆地中间，横过北东向构造体系的北西向新断裂甚为发
育，如浑源盆地与灵丘盆地之间的唐河断裂带、广灵-蔚县盆地的
九宫门－水门头断裂和大湾断裂，以及怀来－延庆盆地的施庄断
裂等都属其类。有些断裂是继承性活动，例如唐河断裂带是在一
系列地堑地垒组成的断裂束上，有温泉分布，且在上更新世地层
中还有新断裂。再往东则不见有明显的凹陷区，破裂带可能至此
告终。

　　破裂带北段（即东段）的地震活动性，似不亚于南段，历史
地震记载亦很早，只是所记到的震级最大的比南段稍小一点。震
级7—7½的强烈地震，多发生在环绕五台山的断陷盆地，其中公
元512年的繁峙地震，因早期的历史记载比较简略，实际震级可

能比估计的数字要大些。往东，1626 年在灵丘盆地发生 7 级强烈地震。进入燕山区，1720 年，怀来 – 延庆盆地发生了 7 级左右的强烈地震。北段至今尚未有过 8 级或大于 8 级的特大地震。

以上谈的是我国地台上最大的破裂带，地震活动极为强烈，也是我国主要地震带之一。其东端便与北京接壤，并与燕山南缘及渤海的强烈地震震中相望，其间有无联系或怎样的一种联系，还需进一步详细研究。

（四）华北沉降区

本区包含河北平原凹陷、渤海凹陷和下辽河凹陷，亦概称为冀辽凹陷，是我国东部地台上最大的现代沉降区。本区疆界如图 9-8 所示，北靠燕山，西依太行山，南至黄河，东邻泰山。沈括在其《梦溪笔谈》中说：现在所见，太行山山崖之间，常衔有蚌螺壳和鸟卵石，证明其在地质历史上，曾经是海滨。此言非谬。经过燕山运动，华北地台上各主要山脉的基本形态，已经形成，渤海也因周围地区大部分上升，本身成了相对下降的浅海。喜马拉雅运动使太行山以东与泰山以西的广大地区，包括渤海及辽河下游在内，向下拗折，成为一个大致东北向的大凹陷。渤海海水大量侵入华北地台，并将山西隆起和山东隆起分开。凹陷中心是在渤海。渤海凹陷在古生代之初已具雏形，只是速度缓慢，至喜马拉雅期，才急剧下沉，乃与河北平原凹陷区分离。渤海凹陷的基底一般是元古代岩层，根据物探结果，盖层沉积最厚处，约在离黄河出口东北 80 公里一带，基岩之深约 7000 米；有古生代和中、新生代沉积建造，其中新生代地层分布较广，总厚度一般在4000 米左右。就构造特征来说，整个华北沉降区可以渤海内一地（约在北纬 39°）为中界，分作南、北两部分，即北部凹陷和南部凹陷来讨论。

北部凹陷，自渤海的辽东湾向北包括辽河下游平原地区。下辽河平原是现代凹陷，与辽东湾紧连着。现在的辽东湾海水很浅，一般在 50 米内，其为近期沉降是很显然的。北面是法库一带的丘

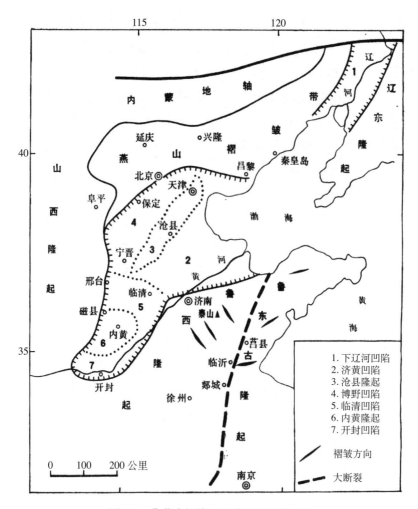

图9-8　华北大沉降区及其周围形势略图

陵低山，将下辽河凹陷与松辽凹陷隔开。由于在法库附近出露前震旦纪基底岩层，疑是内蒙地轴经此东延与铁岭－靖宇隆起相接。内蒙地轴曾经是阻隔南、北海侵的屏障。现在，松辽凹陷和下辽河凹陷都被第四系所覆盖。从物探结果可以证明，下辽河凹陷的北缘，近法库、彰武一带的基岩很浅，盖层自沈阳、新民向西南加厚，至盘山附近厚逾1000米，到海边将近5000米。以此推测，辽东湾西侧的沉降速度是很大的。

底部还有断裂，据物探结果，主要是北东向，与凹陷方向一致，还有近东西走向的断裂，在松辽凹陷交界处可以见到。在凹陷两侧边缘，大规模的接触断裂不显著，据物探结果，在东侧近沈阳—营口一线，似有较大断裂存在。下辽河凹陷在构造上与辽东隆起区毗连，金州（县）大断裂向北延伸，经过复县、熊岳一带没入于凹陷区，可能在营口附近与物探所示的断裂相遇。在辽东隆起一边，有一系列近乎东西向的构造与金州－沈阳断裂相交，如开原－海龙大断裂，太子河凹陷（其南侧并有大断裂带）以及营口－宽甸隆起等。这里既有隆起又有凹陷，如此复杂的构造在地壳运动中是容易产生地壳块断的，因此，人们怀疑，海城一带也可能隐伏有活动的横向构造。

下辽河凹陷的西缘与燕山褶皱带毗连，其接触地区没有东侧那样的复杂构造，因此地震活动基本上集中在东侧，以及辽东半岛的西部渤海岸边。震中主要沿着金县至沈阳的断裂带分布，其中最强烈的是 1975 年海城地震（$M=7.3$）。从其余震震中分布的形态来分析，在震源附近，怀疑有隐伏的横向断裂活动。另一方面，从地质上还可以了解到，下辽河凹陷的基底构造与辽东地区有所不同，说明其自震旦纪起即有独立的发展历史，也就是说，凹陷的东缘，与辽东隆起区从来就不是什么完整的结合，经过喜马拉雅期及其前期的强烈运动，在其中间产生不稳定的地质构造环境，以致地震活动性较高是容易理解的。这是我国东北地区最强烈的地震带，还可能与渤海及其以南的地震活动有一定的联系。

以上是华北沉降区北部凹陷的情况。南部凹陷是包括渤海及其相连的河北平原的广大地区。实际上，渤海只有西部是凹陷区，东部约自莱州湾至盖平一线以东，则是隆起区，在震旦纪前是与辽东隆起区和山东隆起区相连，成为一个整体的。喜马拉雅运动使渤海剧烈下沉，海水淹入，遂将辽东半岛与山东半岛隔开，并造成块状断裂。人们怀疑靠辽东半岛一侧，下辽河凹陷边缘的北东向活动断裂，可能向西南延伸，经过渤海西部的凹陷，到了山东半岛，再往南发展；由于存在渤海海峡的断陷，还怀疑可能有活动的横向构造，向西北延伸。渤海南部的强烈地震，如 1888 年地震（$M=7$），1969 年地震（$M=7.4$），都可能与海底复杂构造的活动有关。据 1969 年地震解出的震源断层平面答案得知，其地震动向是北西－南东的，说明横向活动构造很可能是存在的。

山东隆起区很早就因块断运动分为鲁东和鲁西两部分，据现在磁测的结果，前者显现为负异常，与辽东隆起区一致，而后者为正异常，说明由于中间存在断裂构造，使两边发展历史不一样。吕梁运动后，鲁东再度隆起，以后成为长期的上升地区，称为鲁东地盾或古陆。鲁西部分是华北地台上基底固结较早的地区，自早太古代末期即已褶皱回返，成为一个北西向背斜构造；其后便在这种前震旦纪结晶基底上发展，它在历次地壳运动中都以整体的垂直缓慢升降为主，长期表现为有一定活动性但又比较稳定的地块。这就使鲁东、鲁西两隆起区之间容易发生差异运动。早在吕梁运动时，鲁东鲁西接界已有构造断裂，最显著部分是北段的潍河断裂。其后，在晚元古代的蓬莱运动时，沂河、沭河一带继续发生断裂，造成北北东向的沂沭断谷，与北段连成一系。海水自南北两方侵入，北边从渤海莱州湾进来，经昌邑至沂水；南面从郯城经临沂至沂水，构成沂沭海峡，沉积了土门期的浅海碎屑炭酸盐岩一类的建造，厚约 135—245 米。嗣后经过历次强烈构造运动，乃发展为深大断裂。在山东地区，最强烈的地震，便发生在沂沭断裂附近，如早在公元前 70 年的琅琊地震，震级超过 7，1668 年郯城地震，震级超过 8.5。近年来有 1969 年的渤海地震，震级 7.4，也发生在其延伸线上。根据岩浆活动等地面地质现象，沂沭断裂还可自郯城往南追溯很远，直至安徽的庐江以南，称为郯城庐江大断裂。按地震震中分布情况推测，现在，这条断裂带，至少在山东地区的北段还是继续活动的。

与渤海西部凹陷紧相连的是河北平原凹陷，也是新生代初期大规模下降运动形成的。现在，西至太行山边，北至燕山南麓都为第四系所覆盖，成了面向东南开展的大陆平原。其基底岩层可能是震旦纪及古生代地层都普遍存在，但底面不是平坦的；基岩上面的构造有隆起、有凹陷，相当复杂，主要有：济黄凹陷、沧县隆起、博野凹陷、临清凹陷、内黄隆起以及开封凹陷等，均作北东或北北东向排列。值得注意的是，沿隆起和凹陷两侧都有规模较大的断裂，如太行山东侧大断裂、博野凹陷西侧大断裂、沧县隆起两侧大断裂以及与鲁西隆起交界处的鲁北聊城大断裂（自山东的聊城至河南的兰考，延续二百余公里，亦称聊考大断裂）。河北平原包括鲁北地区的地震活动性相当高，它与本区的构造断裂有一定的联系。燕山运动使本区的基底和盖层均遭受强烈的断层割切，特别是北北东或北东与北北西或北西断层的互相割切，形成复杂的"块断区"。因之本区的地震震中分布表现为乱杂的图像，鲜有典型的带状分布。本区在历史上曾经有过不少7级以上的强烈地震，震中多数分布在凹陷的边缘地区。特别要指出的是，在燕山地区的南缘，与河北平原的基底断裂交汇处，地震尤为强烈，如何能够认识其地震地质特征，是当前的一大问题。

燕山是准地槽褶皱带，原是在地台内活动性比较大的地区。早在震旦纪，它就是强烈沉降区，以蓟县为中心，接受了厚达万米的沉积，而这时山海关一带却是上隆的古陆。中生代时活动性大增，很多断裂和褶皱都是在这时形成。新生代亦还有较大的活动。参阅图9-8。华北凹陷区的北界是与燕山褶皱带接壤的，有迹象表明燕山南缘部分地区，因后期构造运动的影响而沉陷于河北平原之下。从物探结果推测保定—固安—宝坻—宁河—昌黎一线大致是燕山的最南界，边缘可能有区域性断裂存在。距北京最近的是博野凹陷西侧的断裂带，其南段与太行山东侧山前断裂带衔接，其北段则自平山往东与燕山南侧接触，并向周口店方面发展，然后，经北京南部至通县、三河一带，形成复杂的断裂带。从地面上，可以追溯一系列北东向与北西向断层相互割切的情况，例如八宝山断层与南口－通县断层、大厂断层与长山断层等等。虽然这些表面断裂与深层基底断裂系统未必一致，但 1057 年幽州强烈地震和 1679 年三河特大地震都发生在这一带。关于这里的地震地质关系，特别是深部构造，还有待研究。由此而东，在燕山南缘与河北平原之间没有接触断层，但在平原基底内部，则隐伏着北东向的沧县隆起，其南头与内黄隆起区遥遥相对。沧县隆起的两侧都有断裂，东侧断层规模尤大，往东北方向延伸很远，到了燕山山根，约在宁河附近，便沿山根向东北发展，直至昌黎海滨，成为凹陷边缘的接触断裂带。这一带的断层屡被来自渤海凹陷的北西向断层所割切，尤以滦县附近为甚，从地表便能看到昌黎断裂带被滦县北西向断裂带切过。渤海凹陷，北与下辽河凹陷相连，南与济（阳）黄（骅）凹陷相接，现仍在继续沉降。影响所及，使这里滨海一带，在构造上很不稳定，据历史记载，滦县及其附近常有破坏性地震发生。1976 年又在唐山发生了特大地震，强度与 1679 年三河－平谷地震相当。从地震地质背景推测，人们早已认识到唐山一带是地震危险地区，但因这次是一个无前震的大地震，前兆现象很不明显，对大震前一些地下水反应，亦没有及时注意，以致未能作出临震预报，地震又恰好发生在市区下面，使当地人民生命财产遭受莫大的损失，实是有史以来所未有。

综上所述，华北大凹陷区的北缘，地震活动最为强烈。这一带的强大地震，都发生在凹陷与隆起接触的断层带上，特别是受到横向构造的干扰处，尤为强烈。西缘和东缘亦复如此。西缘的南段与太行山东侧断裂接触，约在安阳的北边，被来自内黄隆起区的北西断裂切割，并将太行山断裂迫向西移，1830 年磁县强大地震（$M=7\frac{1}{2}$）就发生在其附近。又在隆尧之西，再被横向断层错断，迫向西移，并在其东边出现短断裂带，与隆尧、束鹿间的一系列横向断层互相切割成网，1966 年邢台强烈地震（$M=7.2$）就发生在这里。东缘则以鲁西隆起为界，其西南段是与聊城断裂接触，

1937 年菏泽强烈地震（*M*=7）就发生在其附近。

总的来说，在华北地台上不稳定状态的出现，大都在两种不同构造单元的合缝线上，至于其与地震活动的确切关系，则需由当地具体的地震地质条件来决定。

4-2　华南地台区

本区是我国东部地台区的南半部，包括曾经分裂又复合的扬子地台（亦称西南地台）和华南地台（亦称华夏地台）。其范围是，西界为康滇地轴，与西部地槽褶皱带毗连，西北以龙门山为界，与秦岭地槽褶皱系相接，北界大致沿大巴山经庐江、滁县及洪泽湖直达黄海，与华北地台毗连。在历史发展过程中，华南地台区的表现不如华北地台那样稳定。就我们所知，其原因之一，是地台区基底的形成时间不同。华北地台是吕梁及更老的褶皱，而扬子地台是早古生代褶皱（黄汲清称之为扬子褶皱），华南地台是加里东褶皱。基底形成时期不同，硬化程度也不相同，盖层的差别尤大，沉积的厚度和褶皱的深度及广度都是不同的。这一切都可以影响到各个区域构造运动的表现。最明显的是沿扬子地台北缘的不少断层接触地带，如龙门山断层，大巴山断层等，还有一些凹陷区，如四川凹陷，江汉凹陷，以及康滇地轴和江南地轴的两侧等地，在构造上都是软弱的，容易产生不稳定状态，成为地震活动地区。华南地台的情况也很复杂，它原是早古生代地槽在志留纪末期褶皱回返硬化而成的。早期便有的闽浙及粤东沿海部分，长期隆起为华夏地块，其西面与南华地台上的南岭准地槽直接相连。地槽褶皱返回，经受后期强烈构造运动，地块边缘，特别是东濒太平洋边，容易产生不稳定状态。下文分区来谈。

（一）康滇地轴区

扬子地台包含两个地轴，东南方有江南地轴，横亘于地台的南缘，为一向北凸出的弧形。但由于两旁殊少大规模的接触断裂，地震活动性很低。比较重要是西边的康滇地轴。康滇地轴位于川西、滇中，北自康定，南达元江河谷，南北发育很长。西边约从康定沿贡嘎山的东麓而南，至冕宁转向西，至永宁再向南经永胜、祥云而达元江；东界则自泸定沿小相岭西麓往南，经西昌、宁南而至巧家，然后顺金沙江向西南至三台山，再往南经武定、罗次、峨山而达元江，成一北窄南宽，南北走向的大型狭长隆起带。早在震旦纪时便开始形成，为分隔我国东部地台与西部地槽的屏障，并且在发展过程中一直是比较活动的地区。本区构造断裂很发育，有些是平行于地轴的，且纵贯全区。地轴两旁各有凹陷，因受东西方面不同构造体系的影响，发展情况亦有所不同。地轴东侧是滇东凹陷，原是一个很长的原始凹陷，中间为金沙江横向构造截断，其南是昆明凹陷，基本上保留了早期凹陷部分，其北为凉山凹陷，是在原有的古生代凹陷的基础上，又增添了中生代的陆相凹陷。地轴西侧是滇中凹陷，则纯属后期发生的凹陷，实际上，是一个叠加于地轴隆起本体上，在后期印支运动时再活动的陆相凹陷。

三叠纪末期海侵结束后，本区上升为陆，强烈的燕山运动使之形成复杂的褶皱断裂带。喜马拉雅运动又使地轴继续上升，成了高山，并产生很多南北走向的剧烈向东逆的逆断层，同时第三纪地层都发生倾斜或断错。在地轴西邻地槽区边上的玉龙山和点苍山也都在此时期剧烈升高，上升运动一直继续到第四纪。地轴东缘地区，在喜马拉雅运动期间，断裂运动亦很强烈，产生很多纵向断层和横向断层，以致大部分地区的第三系褶皱都被割裂。纵断层一般为南北走向，但在凹陷的东北部也有转为北东走向的。横向断层都延伸不远，且多被纵向断层所截。其中也有逆掩断层，在昆明凹陷西部最为发育，最著名的是小江断层。这些喜马拉雅期产生的或继承的断裂，很多是伴有地震活动的，有些还是很强烈的。

川西及云南地区的地震活动，主要集中于康滇地轴两边的凹陷区。现在，凹陷区都已成为高原或高山了。图 9-9 示康滇地轴的地理位置及其范围。第三纪以来，在云南广大地区，普遍经受

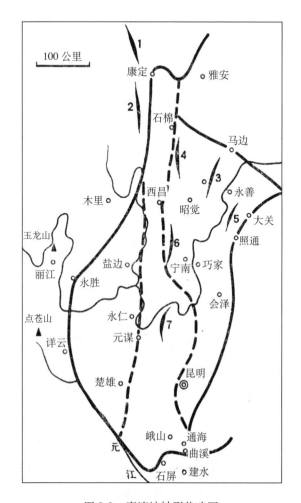

图 9-9　康滇地轴形势略图

说明：1.折多山；2.贡嘎山；3.凉山；4.小相岭；5.五莲山；6.鲁南山；

　　　 7.三台山

着垂直上升运动，使新、老断层皆很活跃，至今尚未停息。滇东地震活动，主要在滇东凹陷区的断裂带周围。滇东凹陷的南段即昆明凹陷，地震沿小江断裂活动。它是继承性活动大断裂，北自巧家顺小江南下，经寻甸、嵩明，过宜良、华宁而至通海，约在建水、开远间为横向断层所截，过了元江，是否仍往南延伸，尚不清楚。小江断裂是由若干 30—60 公里长的断层组成的断裂带，宽达 20—30 公里，沿断裂带多酸性至基性的火成岩侵入体，表明断层深度亦殊不小。历史地震震中都集结在断裂带附近，1833年在嵩明－宜良间发生 8 级地震，是本区的最大地震。1733 年会泽亦曾发生过一次强震，震级小于 7，但有强烈的断层活动，反映到地面，出现坼裂，自紫牛坡至寻甸之柳树河，绵延 200 里，宽 1 至 4 尺不等，深不见底。南边到抚仙湖以南，断裂带的产状比北段更为复杂，地震亦较北段频繁，并有较强烈的地震，最大是 1970 年通海 7.7 级地震。这里是地轴的南端，值得注意的是地震活动止于蒙自至石屏一线，似被横向断层截隔。地震只在元江的北侧发生，未尝过江，江南震中绝少。

滇东凹陷的北段，即凉山凹陷，在宁南、昭觉，美姑一带沉降幅度很大，超过万米，值得注意的是，金沙江之东永善、昭通一带，亦是很深的凹陷，并且绕过中间凸起与昆明凹陷相连。燕山运动使凉山凹陷产生强烈褶皱，喜马拉雅期的断裂运动对于凉山区的影响亦很大。该区与滇东断裂连成巨大的断裂带，南起抚仙湖之南，向北可能延伸至四川之峨眉山，绵延近 700 公里。其南段昆明一带，主要的表现是断层为数众多，大小不等，长短不一，构成南北走向的断层群。北段凉山一带是近南北走向的褶皱断裂和宁南附近的三叉断裂带，峨眉山则为块断。以此推测，小江大断裂是从金沙江向北延伸至永善、马边一带，所以有大关、永善、马边等地 6—7 级的强震活动。在永善、大关之间，1974 年还发生了 7.1 级的强烈地震。

纵贯地轴本身，还有规模巨大的断裂带，北起康定以北，南至元江，长约 750 公里，宽约 30 公里，是一系列高角度的南北走向断层所组成的复杂断裂带。其中最重要的是沿大渡河—安宁河—龙川江—绿汁江发育的深大断裂。这一断裂的北段，经过地轴东缘与凉山凹陷西缘的分界地，显得很活跃，沿大渡河而南至西昌一段，地震频繁，1786 年和 1850 年曾先后在泸定和西昌发生 7.5 级的强烈地震。过了西昌再往南延伸，断裂带转入地轴内部，经过滇中凹陷的东缘边界直至地轴的最南边，为红河断裂截断。沿断裂带附近，亦不断有地震活动，但不如北段强烈。这条纵贯地轴的巨大断裂带，形成的时间很早，可能自震旦纪以来，一直到现在尚未停息活动。沿断层带，还可以看到多次旋回的岩浆侵入体，说明断裂深度很大。它在本区构造发展过程中起着控制作用。地轴西部，约自盐边、元谋以西，在中生代发生剧烈沉降，形成滇中凹陷，接受陆相沉积达万余米之厚。后来，沉降历史结束，褶皱回返，又上升为山，经过喜马拉雅强烈块断运动，发生很多断裂。可以推想，其基底结构是甚为薄弱的，特别是在断裂带边缘地区，尤其不稳定。因此，北自盐源、木里，中经华坪、永仁等地，南至楚雄一带，不断有6—7级的地震发生，是不难理解的。

康滇地轴的西及西南边缘是与广大的地槽区毗连的，其交接地带也有断裂变动。西边的内侧是宾川、永胜断裂带。它是由若干北北东向断层组成的断裂破碎带，从祥云、宾川向北延伸至程海、永胜，再往前进入川西地区。西南边及西边外侧则有哀牢山断裂带，在洱海之南与西边内侧的宾川、永胜断裂带相遇。这是一条沿元江发展规模长大的断裂带。其一端向东南，沿元江下游延伸入于越南境内，为红河断裂带。其另一端向西北，沿元江上游发展。由于断层的南侧强烈上升，将哀牢山推高到了海拔1700米，北侧则相对下降为元江盆地。人们看到的许多新鲜断崖是第四纪的产物，这证明哀牢山断裂在近期仍是活动的。断裂带延伸到元江尽头处，可能在祥云之南与宾川、永胜断裂带相遇，走向转为北北西，但运动方向，仍是西侧（即上称的南侧）强烈上升，致使点苍山高度猛升到海拔4300米，东侧的洱海，则相对下降到海拔1980米，造成罕见的地貌奇观。然后再沿洱海经剑川而达金沙江边，与地槽区的金沙江大断裂连接。地震活动也就沿此边缘断裂带分布，特别是在沉降大的湖滨地区，尤为强烈，如1515年在永胜程海边，发生过7.5级的强烈地震，1925年又在大理洱海边，发生过 7 级的强烈地震。值得注意的是地震震源都分布在断层的降落一边（下盘）。在元江的一段就可看到，哀牢山断裂截住了从地轴下来的纵大断裂，地震震中都分布在元江之北，到了洱海之后，震中则分布在点苍山之东，其中大多数是分布在宾川、永胜断裂带的西侧。

哀牢山断裂，是地台区西边的康滇地轴与地槽区东边的滇西褶皱带的实际分界线，两边的地质构造，在发展过程中是相互制约的，其中最突出的是横断山地槽系。燕山运动结束了横断山地槽的发展历史，上升回返，形成强烈的褶皱和断裂，喜马拉雅期的差异性升降和断裂运动，又使之剧烈上升和进一步块断。中间有怒江、澜沧江、金沙江自西藏东部急流南下，形成著名的三江峡谷。这一套褶皱，基本上是南北走向的，隔断了东西关系，故名横断山脉。其深沟狭谷显然是断裂造成的。现在澜沧江的河道中，还可看到下古生代的轻变质岩系，向西逆掩于晚古生代地层之上，说明澜沧江河床是一条大断裂带，南延至昌宁，随河谷转弯，再往南入于缅甸。保山之西，与澜沧江平行南流的怒江也是断层，并且是由一系列平行断层组成的复杂断裂带，往南至缅甸境延伸很远。滇西南的地震活动基本上受这两大断裂带的控制。澜沧江与哀牢山之间，是印支期以来的多旋回褶皱带。地震多发生在思茅、普洱两地，震级一般小于 7。怒江与澜沧江之间，地震活动性比较高，震级多大于 7，1976 年在龙陵又发生 7.4 级大地震。震中分布绵延成带，南自勐海，沿断裂带往北，经耿马而至腾冲为最盛，再沿高黎贡山而上，与昌都地区的活动衔接。

人们注意到，怒江断裂带在贡山地区向西作弧形转弯入于西藏，再向前延伸；又澜沧江断裂带也在德钦地区，同样以弧形转弯入藏，向昌都方面延伸。西藏是地槽区，构造断裂很发育，与从东伸入的断裂带连结起来，往往构成地震活动带。例如 1950 年 8.5 级的察隅特大地震，就发生在延伸过来的怒江断裂带附近。

康滇地轴的较大断裂带，也有不少是与川西地槽区的构造断裂联合，呈弧线延伸的。最明显的是哀牢山断裂带，自石鼓与金沙江大断裂连接，以弧状转弯进入川西，经巴塘向邓柯、玉树延伸。其次是宾川、永胜断裂带，约在木里与理塘断裂结合，发展至邓柯与前面说的断裂带合并。最重要的是纵贯地轴南北的安宁河－绿汁江大断裂带，在泸定之北联合康定－炉霍大断裂，以大弧弯向甘孜方面延伸。这三大超区断裂带，成大致平行的弧线排列，引起地质学家的极大兴趣。这样大规模的弧形断裂构造，不可能是偶然的，必有其发生的基础和条件。事实上在断裂带附近都有强烈地震活动。1948年，理塘发生7.3级大地震。特别是沿康定、炉霍一带，地震频繁且强烈。1923年道孚以西发生7.2级的强烈地震，1957年康定折多塘发生7.5级大地震，1973年炉霍又发生7.9级大地震。

康滇地轴两边是扬子地台上地震活动性最高的部分。其他的不稳定地区，如沿龙门山的前缘拗陷断裂、江汉凹陷（洞庭湖至武汉）、成都凹陷等地震活动性一般不高，间或亦有较大地震，如1631年常德6.5级地震，但为数是很少的。至于现在仍继续沉陷的湖区，如鄱阳湖、太湖等，其附近地区，未尝有过大震活动，仅偶尔有小震和轻破坏地震发生。

（二）华夏地块海滨区

由于早期西面有盘江和黔南凹陷，东边又有江南地轴，我国地台的南部被分隔为扬子地台和华南地台两部分，燕山运动后，又弥合为一，现在长江以南，苗山以东仍称华南地台。由于各部分发展情况不同，华南地台又可分三部分。北部，长江下游地区，早期曾沉陷为下扬子地槽，经历了多次构造变动，至中三叠世的印支运动，才完全结束了海侵，恢复为陆地。中部，包括湘、赣、粤、桂及闽西广大地区，也曾经陷为南岭地槽，自元古代发育至早古生代末期，到加里东运动才结束。其后，上升为南岭山脉，横贯本区，成为珠江流域与长江流域的分水岭。东部，华夏地块，其范围是浙、闽及粤东沿海，还可能包括海南岛与南海诸岛在内。

其北以绍兴、江山一线为界，西边沿武夷山脉之西，至福建建宁，折向东，经沙县到了古田以南，再折向南，经德化、华安、大浦，沿莲花山东麓直至广州湾；东界没入于海，大致沿台湾海峡与巴拉望海峡一线与西太平洋新生代地槽毗连。它也是华南地台较稳定的组成部分，吕梁运动后，长期隆起并受剥蚀，成为有名的华夏古陆。燕山运动使华南地台发生剧烈的断裂和褶皱，并有大规模的岩浆喷出和侵入，以及巨厚的造山运动期沉积。运动的规模和强度，自西往东不断增加，至粤东沿海一带，达到最高峰，在那里几乎到处都被燕山运动的产物如花岗岩、火山岩以及其他造山期沉积所占据，并有一系列以北东向为主的断裂带，分布很广泛，特别是在华夏地区，对于后来地质发展，起着控制性的作用。喜马拉雅运动在本区的表现则不强烈，以升降运动为主，褶皱平缓，闽浙一带断裂较多，有时亦见高角度的逆断层和正断层，并伴随有火山喷发岩，也可能有花岗岩侵入。

华南地台北部和中部的地震活动都很弱，主要是分布在南部华夏地区的一些地方。这里最突出的地质特点是中生代的大规模块断运动和岩浆活动，以及由此形成的构造断裂。其中最大的是邵武–河源深大断裂带，它从浙江起，经福建的邵武，广东的河源，还可能沿东江一直延伸到阳江海边，绵延700余公里；滨海亦有断裂，如长乐–厦门断裂带，灵山断裂带等。需要指出的是，强大地震极少沿断裂带发生，而是分布在海岸边缘。历史上可查考的大地震有：1604年泉州8级特大地震，震中在泉州近海；1067年和1600年先后在广东潮汕地区发生的7级强烈地震，震中约在韩江口；1918年南澳发生的7.5级强烈地震，震中在南澳岛边；1969年阳江发生的6.5级强震，震中在程村海湾；1605年琼山发生的7.5级地震，震中在琼州海峡，这与雷琼新生代凹陷有一定联系。此外，1936年灵山发生强烈地震，震级6.8，震中在合浦附近，是否与灵山断裂活动有关，则未见有明显的迹象。

有些地质学家认为，南海诸岛是属于前寒武纪的南海地台。

这里所说地台，指的是海南岛五指山以南，包括南海大部地区，以陵水断裂与华南地台相隔，现为一片汪洋。大部分沉没于南海海底，地质情况很不清楚。根据仪器地震观测资料，这一带的地震活动性是低的，在现有记录上只有：东沙群岛附近，1929 年和 1948 年先后发生了 6.5 级和 7.2 级地震；中沙群岛附近，于 1928 年发生了 6.2 级强震；南沙群岛附近，于 1931 年发生 6.8 级强烈地震。西沙群岛附近则尚未有记录。

4-3　台湾地区

台湾是岛弧构造，属于西太平洋岛弧地槽区的一部分，也是菲律宾海板块西部边缘的一部分，并且是环太平洋世界地震带的一段，为我国地震活动性最高的地区。喜马拉雅山和台湾都是我国新生代地槽褶皱区，但褶皱回返时期不同。喜马拉雅山属于古地中海褶皱体系，回返时期较早，台湾则属于太平洋褶皱体系，回返时期较晚。根据第四纪以来沿太平洋许多岛屿有强烈火山活动以及存在着岛弧深渊（沟），台湾似仍属于尚未终了的褶皱活动带。台湾是我国沿海最大的岛，长 390 公里，东西最宽约 140 公里，面积三万六千平方公里；外围还有许多附属岛屿，东面是火烧岛、红头屿，西南为澎湖诸岛。这些岛屿大部分是火山岛，是在喜马拉雅运动期间，由海底火山上升的。台湾是一个复背斜构造，轴向北北东。就地形来说，可分为中央山脉区，台东山脉区和西部丘陵区。中央山脉纵贯台湾东部，是台湾复背斜的轴部，由前第三纪变质岩带组成，多崇山峻岭，最高是玉山（3950 米）和雪翁山（又名次高山，3933 米），其中超过 3000 米的高峰不下数十个。台东山脉是在台东与花莲之间，长约 150 公里，山高不若中央山脉，最高峰是新港山，海拔 1680 米，西隔纵谷与中央山脉为邻，东临太平洋。纵谷是断裂带，台东断层由此通过，延伸入海。西部丘陵区是中央山脉的西坡，从台北往南经日月潭至恒春，尽为起伏不大的丘陵山地，海拔在 800 米以下。丘陵之西是平地，向海岸缓缓倾斜。这些平地，大半是从海底上升的，台湾陆地，现仍在继续上升中。在台湾的北端，还可看到第四纪的已死火山，即大屯火山群，是由许多安山岩类构成的锥形山峰，有高达1120米的，耸立于海滨。这些火山，最初是在海下喷发的，后经海水侵蚀，成了一连串海蚀平台，现在在山坡上还可看到有8至9级这样的平台，由海拔10米左右到800米上下。这说明台湾自第四纪安山岩喷发以来，已上升约800米了。

台湾是近代活动带。第三纪末（上新世—更新世）的一次强烈造山运动（即所谓台湾运动），使台湾地槽全面褶皱返回，形成台湾岛。在第四纪又有较剧烈的断裂运动，自更新世中期以后，台湾岛又不断上升。台湾是环太平洋体系的地震活动带，为我国地震活动性最高的地区。它介乎琉球和菲律宾两个岛弧构造中间的转折处，构造变动十分剧烈，在东侧近海亦有深渊（与菲律宾海盆相连），只是没有发展成像琉球海沟和菲律宾海沟那样。地震活动主要分布在中央山脉以东。有人认为纵谷是环太平洋平推大断裂之一，但为左旋不是右旋（下面还要谈到）。从表面看，不过是一条宽广的河谷，北段是花莲溪，向北流于花莲港入海；中段是秀姑峦溪，向北流至瑞穗，折向东，穿过台东山脉至大港口入海；南段是卑南溪，向南流于台东入海。这三条溪水各有支流，都发源于中央山脉，向东汇于干溪，溪的缘边有断层痕迹。1951年一次7.3级强烈地震（震中：121.5° E，23.8° N）就发生在纵谷的北头，影响及于全省，死伤数百人，沿纵谷各地，亦有地裂等明显的构造变动。花莲以北至苏澳，海岸陡峻，疑为台东断层，断崖亦是纵谷的延续。实际上，大震震中在陆地的少，在海上的多，1920年和1972年两次8级特大地震，都发生在东海岸近海海底。

台湾西部（中央山脉以西）的地震活动性比东部低，频度及强度都比较小，这里还不曾有过震级等于或大于8的特大地震。值得注意的是震中差不多都分布在岛上，而且是在山区与平原交界地最多，在海峡中的很少，澎湖岛一带几乎没有地震。这可能是受大陆地台构造的影响。大陆基底是前期古生代的建造，而台湾是新生代后期的产物，其交接处的地质情况，现为海水淹没，不能直接探明。一般说在接界的过渡带上容易产生力学不稳定的地质状态，人们怀疑这一过渡带可能偏于台湾这一面，闽粤沿海的强烈地震活动与它无关。

综上所述，我国地震活动的地质背景，有其固有的特征，上面只是概括地将主要情况作了介绍。地质学家认为中国大地构造的发展，在古生代是受古亚洲构造体系（即前寒武纪形成的体系）的控制，中、新生代主要是受环太平洋和特提斯（古地中海）喜马拉雅构造体系的控制；由于这三大构造体系的相互影响，产生了我国大地构造的许多特点。地震是地质构造现代活动的表现，应与最近期的构造运动联系更为密切。事实也证明了这一点，即我国许多地震活动地区有个共同的特点，它们差不多都曾受到喜马拉雅运动的强烈影响，并且或多或少，或显或隐，有迹象表明其仍在继续活动。上文曾列举很多例证，说明 7 级和 7 级以上的大地震一般都有比较明确的地质背景，虽然不同地点的具体表现各有不同。

相对来说，我国西部的地震活动性比东部为高，这主要是因为地质构造性质有所不同，西部是比较活动的地槽区，东部是比较稳定的地台区。地震活动是与本地区的实际地质构造条件相联系的，必然要受到区域地质条件的限制。上文曾说到，在地槽区，强大地震主要发生在一些褶皱回返造成的不稳定地带，这些地带进一步发展为断裂或断块的过渡地区，特别是发生在两大褶皱系之间发展起来的大型断裂带，以及地槽褶皱与古地块之间发育起来的山前凹陷中。在地台区，地震活动主要围绕着中、新生代断陷盆地和地台破裂带，以及大规模沉降形成的局部凹陷和断裂。这是根据实际现象总结的，其他情况还可能有，尚需进一步深入研究。

一个地区地震活动性的高低，一般是将地震频度和强度综合起来衡量。地震频度或强度与当地地质构造因素成何关系，现在尚无法知道，但其间存在一定的关系是肯定的。一般认为与地质构造的变动情况是有密切关系的，例如断层的相对错动、凹陷的沉降、地垒的隆起等差异运动的强度是可与其相应的地震活动作对比的。事实上也是有不少大地震发生在沉降速度大的现代凹陷中，如银川凹陷、汾渭凹陷、渤海凹陷等，只是定量关系尚未能很好地确定而已。至于地质构造变动的规模大小与相应的地震活动性之间，则很难进行比较。主要是因为震源有一定深度，地震常在地下 10 公里或更深的地方发生，而人们看不到深部的情况，而且深部构造又往往与地面所见不一致，因此无法互相联系。宏观地震地质调查结果说明，许多地面构造到不了多大深度就变了，甚至消失了，另外，与地震有直接关系的构造，又很少有到达地面的，地面现象多是地震的次生产物。近年的震源机制研究结果也证明，不少地震的断层平面答案，与地面构造体系不相适应，说明深部地质构造是不同的。人们还看到若干著名的深大断裂附近，没有多少地震活动，例如内蒙地轴的轴缘大断裂，华夏地块上的北东向构造大断裂等，都好像是在近期已经停止活动了，能否复活尚不了解。这一切表明，地震地质关系很复杂，还须做大量工作，才能认识清楚。

第十章　中国地震活动特征

1. 引　　言

首先一个问题是如何正确理解一个地区的地震活动性。一般是用能量作为衡量标准的，认为凡平均每年释放地震能量多的，便是地震活动性高的地区，反之则低。但地震活动性高的地方是否地震危险性就大呢？那还不一定，因为地震活动性是由地震频度和地震强度决定的，而地震危险性则主要取决于地震强度。例如，若按能量计算，一个7级地震约等于一千个5级地震，若长时间内陆续发生一千个5级地震，为害还不大，但一朝发生一个7级地震，则破坏就大了。人们研究地区地震活动性，主要在于发觉该区的危险地震，因此，在发生地震的总数中，大震与小震的比数是很重要的，只有可能发生大震的地方才具有地震的危险。

早在本世纪五十年代，古登堡和李克特研究、分析世界地震活动性时，发现地震活动不是均匀分布的，而是有条件地集中分布在若干特殊地区。他们总结出各个地震区的地震活动，其大小地震的比例是一个定数，是由本区的区域地质条件决定的，就是上面所谓的 b 值（下文还要详谈）。这是个很重要的发现，使地震与地质的关系更加明确了，对于世界地震分布如此之复杂多样，也有了进一步的解释。

地震活动特征主要表现在时、空分布两个方面。现在的地震活动，从世界范围来说，在空间分布上，主要是沿中、新生代阿尔卑斯前、后期的褶皱带集结，从而形成了环太平洋和地中海－南亚两大地震活动带。按能量释放计算，前一条地震带占去全球活动总量的 76%，后一条地震带又占去 22%，剩下的只有 2% 分配在包括我国在内（除台湾、喜马拉雅）的广大的世界其他地区。从表面看，我国在世界范围的地震活动中，输出的地震能量是微不足道的，但不等于地震问题小了。地震发生原不是均匀分布的，因此地震活动性及有无危险，是由地震时、空分布密度来衡量，而地震密度又是由当地区域地质构造及其运动强度决定的。人们研究地震活动性，一般是从了解大面积平均的基本情况开始，然后按地区的特殊性划分为区带，作进一步研究。例如世界大地震带，包括地域很广，只是因为同属于阿尔卑斯褶皱系，统到一起来了。从全面的地震活动中，虽然可以得到一个平均的地震密度概念，但缺乏实际意义，还须根据带上各地区本身构造运动的特殊性，划分区段，分别研究其地震活动特征，测得其时、空分布密度，作综合分析，才有可能认识全面的和区域的地震活动规律的特征。

我国地震区绝大部分不在世界两大地震带范围之内，每年释放的地震能量比例很小，活动方式亦自有规律，这显然是受到我国大地构造特征的影响。上文已阐明，我国东部是比较稳定的地台区，西部是比较活动的地槽区，由于构造基础不同，东西两部的地震活动情况也显然不相同。检阅全国的地震记录，人们当即发现，无论是空间分布密度还是时间分布密度，都是西部地槽区比东部地台区为大，这一基本情况与地震地质条件是完全一致的。需要指出的是地台区与地槽区的内部构造很复杂，也还有许多区域性的差异。例如东北地区，总的说来，也是海西地槽褶皱区，但由于内部构造与西部的海西地槽褶皱区不相同，地震活动的表现亦有所不同。我国幅员广大，由于基础条件不同，各地区的构造运动发展具有各自的特殊性，影响到各地的地震活动，在空间和时间上情况都不相同。因此，研究我国地震活动特征，首先须弄清楚在不同地质条件影响下所产生的地震的时、空分布，然后通过综合分析，才能得到比较全面的认识。

2. 地震地理分布（地震带的划分）

　　我国地震，除在吉林省珲春、延吉一带有深源地震外，其他各地差不多都是发生在地壳内部的浅源地震，在表层的尤多，与地壳构造运动关系比较直接。由于是浅震，震源与震中的距离短，地震活动性便可以以地震震中的地理分布为基础，进行分析研究。地震是在一定的地质条件下发生的。一个地区如果不具备发生地震的地质条件，就不会有地震。在我国震中分布图上可以看到，震中分布有些地方密，有些地方稀，粗略看上去，似乎乱杂无章，实际上是可以归结为地震区和地震带的。这些区和带，范围有大有小，但都不是偶然的，而是遵循一定的自然条件和地理情况的。人们称此图像为地震地理分布。由地震地理分布体现的震中集合体，就是所谓区域地震带。若进一步考察这些区带所在地区的地质条件，还发现其是以区域地质构造的某些特殊情况为基础的。很明显，它是地震活动在地理分布上表现的基本图形。人们可以将它作为一个活动单元来研究，阐明其地震地质关系，计算其地震密度，以期认识该区带的地震活动特征。

　　地震的地理分布，具体说就是地震带的划分。要确定一个地震带，必须有足够的地质和地震两方面的资料。早在二十年代初期，翁文灏根据部分地质和地震资料，划出"太行山拗褶断裂带"等十余条地震带，作了第一幅《中国地震震中区分布图》，由于资料不充分，只限于我国东部地区，已如前述。现在地震和地质资料都比前丰富得多，且遍及全国，可以作出更准确的全国地震带分布图。这对于了解我国地震活动特征在地理方面的表现，有极其重大的意义。下面就论述各地震带的状况。

2-1　大地震带

　　现在的全国强震震中图是可以反映我国地震地理分布的真实情况的。从全国震中分布图上，可以清楚地看到，有两条明显的大地震带：一是纵贯南北的中枢地震带，二是横亘华北地台的华北地震带。其情况分述如下。

2-1-1　中枢大地震带

这个地震带处于地台区与地槽区的接壤处，其地质状态是不稳定的。就其地震地理分布来说，北自阿拉善地块南侧的北山，经山丹、民勤而至中卫，向北与银川凹陷的区域地震带相连，向南沿六盘山西麓而下，与秦岭地轴相遇，然后从天水再往南，经武都、文县进入川北，沿岷江上游而下，至汶川，顺成都盆地的西缘而至泸定，再沿康滇地轴的西边向南延伸，直至怒江、澜沧江流域与滇西地槽地震带会合，全长共 2000 余公里。另外还有一些较小型的地震带与之相连。除上述最北面的银川区域地震带外，还有沿河西走廊的北祁连地震带，在中卫会合；沿秦岭轴缘断裂的南祁连、西秦岭地震带，在天水会合；甘孜地槽褶皱系的康定、炉霍地震带，在泸定会合；三江地槽褶皱系的金沙江断裂地震带，在康滇地轴会合；以及澜沧江、怒江断裂地震带在滇西会合。综合起来，范围很广，为我国最大的地震带。

在如此大型的地震带内，不同地段的地震地质条件存在着差异，因而地震活动特征也是有区别的。至少可以分作以下三段。

（一）北段。天水以北为北段。这一段是祁连地槽褶皱系与华北地台的西部边缘接触形成的过渡带。但中卫以西的地震活动，主要是在阿拉善地块边缘的北山南麓，受河西走廊中间凹陷构造的影响很大；中卫往南部分的地震活动，主要是在六盘山的西边，六盘山是喜马拉雅期的强烈造山运动造成的高山，现在还是上升地区。由于构造运动的性质不同，前者是以凹陷沉降为主，后者是以褶皱上升为主，因此两方的地震活动性亦显然不同。1920 年的六盘山海原地震，震级大于 8.5，而 1954 年河西走廊北山的山丹地震，震级不过 7.2。

（二）中段。天水往南至泸定之间为中段。这一段的地震震中不是沿地台与地槽间的过渡带分布而是纵贯地槽区。这里正是西部广大的昆仑地槽向东楔入，为秦岭地槽的入口地，而今成为印支期的松潘、甘孜褶皱系，地震地质的主要构造尽皆埋没于其中，地面不见有明显的标志。从地震活动来看，六盘山南下至天水与秦岭地轴相连，再自天水至汶川，地震活动比较强烈，常有7级以上的地震发生，1654年天水附近就发生过特大地震。但自汶川往南沿成都盆地边缘的龙门山山前断裂而下，至二郎山之东，地震活动颇弱。将地震活动性作比较，汶川以北与汶川以南的两段情况显然不同，因不了解深部地质构造，尚未知其究竟。

（三）南段。泸定以南为南段。地震带到此显得很宽，及于云南全省。实际上直接与中枢带紧连的只是康滇地轴西部的滇中凹陷地震带。其西边，哀牢山大断裂以西属于滇西地震带，其东边，康滇地轴东侧是滇东凹陷地震带。三者合在一起，便形成广大的震中密布区。需要指出的是，在这里的滇西地震带只是在滇西地槽褶皱系内发育的一部分，其实，它还往前延伸很长，入于西藏南部，是一条自成体系的地震活动带。滇东地震带，同样也是一条延伸很长（直至四川峨眉）自成体系的地震活动带。这里的部分也只是其在昆明凹陷发育的头上一段。实际上，中枢地震带的南段是滇中凹陷地震带及与其并列的滇西和滇东地震带的一部分合并成的广大震中区，散布于云南全省。

2-1-2 华北大地震带

这是一条由沿华北地台内部破裂带发育的地震连结而成的大地震带。关于破裂带的结构及其发生和发展的过程，上文已有详述。就地震地质基础来说，是因为破裂带的组成主要为喜马拉雅运动期间产生的断陷盆地，这盆地西起宝鸡，向东经渭汾河谷入晋北，再往北，绕五台隆起至燕山区的西部为止，长约1500公里。其中：

渭河段有：兴平凹陷中心，华县凹陷中心，灵宝断陷和运城断陷；

汾河段有：曲沃断陷，临汾断陷和太原断陷；

五台段有：忻县、定襄断陷，平原、繁峙断陷，浑源断陷和灵丘断陷；

燕山段有：广灵、蔚县断陷，怀来、延庆断陷。

断陷盆地宽窄不一，各断陷盆地之间还有横向构造隔截，一般都不是连通，其两侧断层长短不一，也不连接，惟地震震中在地理上是连结成带的。一般说，地震地理分布的平均密度是不大的，有局部的不同，但值得注意的是，各区段的地震强度差别颇大。这说明虽然在构造上同属一个体系，都是断陷，但各区段的地震地质条件仍存在着区域性的差异。大致可以分作以下三段。

（一）渭汾段：即西段，震中分布在西安以西者极少，公元前780年西周三川震可能发生在这里，此外殊少震中。地震活动主要在西安以东，但震中相当分散，到了潼关，渭河流入黄河后，震中则沿中条山边缘分布，蔓延至平陆、安邑一带，然后比较集中地沿汾河河谷的断陷边缘分布，直至太原。这一段最突出的表现是在400年间发生8级的特大地震3次（公元1303，1556，1695年），一次是在华山凹陷中心附近，两次是在临汾断陷盆地的边缘。前者紧邻华山大断裂，后者靠近霍山断层。

（二）五台段：即中段，震中环绕五台山区的边缘分布，也就是说，地震是在沿滹沱河水源河谷发育的断陷带边缘发生的。震级大于7的地震震中多分布在这一区段，而且忻县、定襄断陷和原平、繁峙断陷在地理上是相连的。恒山山脉隔断了繁峙断陷与大同凹陷的联系，但在恒山北麓的山前断裂与桑干河大断裂之间，在古大同凹陷的基础上又发展了新的浑源断陷。1022年云[*]、应二州发生的大于6.5级的强烈地震，显然是与桑干河断裂运动有关。因此，沿桑干河大断裂的震中，理应属于本区段。值得研究的是繁峙断陷东至平型关，被横向隆起截断，与灵丘断陷隔开。灵丘断陷，虽然不大，但在1626年曾发生7级强烈地震，其位置适在与燕山区接界的边上。按构造体系论，似未到达燕山，可能是

---

[*] 云即云中，今大同。

繁峙断陷的延续。本区段历史地震记载虽很早，但震级没有达到 8 的。

（三）燕山段：即北段，在地理上约从浑源进入燕山区与广灵、蔚县断陷相联，再往东，至怀来、延庆断陷止。震中沿断陷带分布，经宣化而至居庸关，再向东则不明显。从地质构造上说，兴隆一带也是中生代凹陷区，但在新生代不见活动，也无第四纪沉积，因此认为现代的华北地台内部破裂带已止于居庸关。这一区段的地震活动比前两段为弱，历史地震记载虽相当早，但没有发生过震级达到 7 的地震（1720 年沙城地震震级实小于 7）。

以上是根据地震活动特征分作三个区段。从地表上看，全长 1500 公里，是一系列现代凹陷连着的由地台内部破裂运动形成的地震带。由于不了解深部地质情况，其地震地质关系还不甚清楚，惟每个断陷盆地范围内的地震活动性，受断陷盆地的构造特征控制是可以肯定的。此外，特别需要指出的是，在北京西侧的西山，将上述北段地震活动与燕山南缘的活动隔开。在燕山南缘与华北平原毗连的过渡带上，有一系列大小不同的地震震中，其中包括特大地震，约自涞水至北京再往东经唐山、滦县直入渤海。从地震震中分布图上的表现，很容易使人误以为是华北地台破裂地震带的延续。实际上，这些地震震中虽然自西至东排列成带状，但没有东西方向的构造联系，而是各自与其隐在华北平原基底上的北东向构造体系相联系的。上文已提到，它们不能联作一条地震带来看待，这是要注意的。

2-2 区域地震带

在地震地理分布上表现为大型地震活动带的全部地带，在具体地研究其活动性时，还需按区域地质构造特征划分区段，即划分成区域性地震带，才能作进一步分析比较。此外，各地区还有比较小型的地震活动带，也都属于区域性地震带。其间还有不同类别的小型地震活动区，下面分别来谈。

2-2-1　地台区地震带

地台原是以古老岩层为基底，一般认为是相对稳定的，但我国东部地台区是属于比较活动的地台。有许多地区曾经过拗陷下沉、褶皱上升以及断裂断块等构造变动的历程，从而出现了很多构造上软弱，地质力学上不稳定的情况，成了地震活动地带。产生不稳定状态的，主要在以下一些地区：

a）地台边缘过渡带，即地台与地槽或凹陷接触的地带；

b）地台内部的隆起区（如地盾、地轴）或沉降下陷区的边缘地区；

c）地台内部的断块、断裂造成的盆地、地堑、地垒或破裂带的附近地区。

这些地区都是在强烈地壳构造运动影响下，由于岩层受力不均组织被破坏而产生不稳定状态的，且其中多数发育成为长大断层，适宜于储蓄地震能量，形成地震活动地带。下面是本区一些较为重要的地震带。

（一）康滇地轴轴缘地震带：这里是扬子地台的边缘，也是前面说过的中枢地震带南段的中部。这里震中分布在滇中凹陷区的周围，南达元江，北至大渡河。地震活动主要是沿南北走向的构造断裂带发展，东边是大渡河、安宁河、绿汁江断裂带，西边是哀牢山断裂带和宾川、永胜断裂带。在各条断裂带上，都有地震活动的重点区，西边是大理、剑川一带，东边是西昌、冕宁一带，中间是永胜程海地区。这些断裂带及其地震重点区各有自身活动特征，必要时可作次一级地震活动带看待，但大体上说，它们是属于同一区域地震带的。

（二）北山、六盘山地震带：这里是华北地台边缘与祁连山地槽的毗连处，部分地方可见到接触断层。震中分布，约自河西走廊北侧的北山南边起始，向东沿合黎山、龙首山南侧，出河西走廊，经景泰与六盘山相连，然后顺山脉走向而南至天水与秦岭地轴活动系统衔接。这一地震带，原是中枢大地震带的北段，就区域地质构造关系来说，都是以北祁连山前过渡带为基础的，但地面的情况不相同。在与阿拉善地块分界的河西走廊段上，接触断裂比较清楚，出了河西走廊至景泰则不明显。至六盘山段，情况有所改变，它东邻鄂尔多斯地块，本身原是喜马拉雅期褶皱升起的高山，东西两侧都有断裂带。就地震活动来说，也有区别，沿六盘山段，活动强度很大，特别是在同心与固原之间，大地震震中很多，河西走廊段次之，景泰段则更少，强度亦弱。

（三）滇东凹陷地震带：上文已讲过，滇东地震带是沿一条长大断裂带发育的，其南段与中枢地震带并行，成为中枢地震带的东边部分，但本身是一条重要的区域地震带。地震活动从南部昆明凹陷区元江之北发展，沿小江大断裂带循湖区往北，经嵩明、东川而至巧家，然后进入凉山凹陷区，再往北延伸，经大关、永善跨过金沙江，经雷波、马边而达犍为、乐山；地震震中沿断裂带分布。这一区域地震带全长 700 余公里，纵贯云南省，直至四川之峨眉。其间地震地质关系以及地震分布还有地区性差别。自巧家以南，昆明凹陷区的地震活动性比较高，曾于 1833 年在嵩明发生过 8 级特大地震。在这一带，地震断层的出露是比较明显的。巧家以北，在凉山凹陷区，断裂带不甚明显，但直至马边，地震活动仍相当强烈，马边以北，才比较疏弱了。

（四）华北沉降区地震带：本区在地理上是属于华北地台的大型现代凹陷（新生代强烈沉降地区），其地震地质关系的基本情况已在上文作了论述。全区包括下辽河凹陷，渤海凹陷以及河北平原凹陷，面积广大，地震活动比较频繁。大小地震震中的分布比较密，没有明显的规律性。但若细加分析，也可以分辨一些震中比较密集的区带。上文已讲过，凹陷周围边缘都有不同情况的构造断裂活动，在凹陷基底内部，也有因沉降不均而产生的构造断裂活动。震中便沿此活动断裂分布，形成地震带，情况如下。

i）太行山前带：地震震中沿断裂带分布，约自安阳向北，经邯郸而达隆尧、宁晋；在此，太行山山前主断裂被横向构造截断，并在其东面基底上，发展许多短断层，成为纵横交错的破碎带。震中在此集结，公元 777 年在束鹿发生强震，1966 年又在宁晋连续发生大震，小震则不计其数，震中主要分布在破碎带内。再往北，至河北平原凹陷内部的博野凹陷，与其西缘的断裂系统相衔接，震中沿博野凹陷与燕山边缘的过渡带分布，经保定、涞水而达通县、三河。在通县、三河一带，构造体系亦很复杂，也有横向断裂互相交错，震中分布在此集中，地震亦强烈，1679 年在三河曾发生 8 级特大地震。

ii) 沧县隆起带：地震震中沿沧县隆起带分布，约自束鹿经河间、塘沽而达燕山南缘的唐山、昌黎。在唐山至滦县一带亦有横向断裂戳过，形成复杂的构造局面，震中在此集中。地震活动很强烈，1976 年唐山地区爆发特大地震，震级与 1679 年三河特大地震相当。值得重视的是唐山、滦县地区出现的横向断裂带是通向渤海的。上文谈到渤海凹陷的基本情况时，已提出可能存在有与北西向构造相截的横向活动构造。在渤海湾发生的几次大地震（1568，1888，1969 年），均可能与它有关。

iii) 辽东西岸带：辽东半岛西岸，从南端的金县向北经熊岳、海城而达沈阳，是东北全区的主要地震带。前面已指出，辽东半岛隆起区与下辽河凹陷（包括辽东湾）之间为不稳定的边缘过渡带。在辽东半岛上可以看到金州大断裂，约自大连经复县至盖平，没入于下辽河凹陷，还可能顺凹陷东缘，延伸到沈阳。地震震中便沿此断裂带分布。值得注意的是，海城、营口一带，1975 年发生强烈地震的地方，也是有横向构造穿过的。

人们怀疑金州大断裂还可能从大连入海，经庙岛群岛进入莱州湾，并自昌邑上陆，与鲁西隆起和鲁东古隆起分界的沂、沭大断裂（即郯城断裂）相连。若然，则辽东地震活动可与鲁东地震活动联成一系，构成辽东－郯城地震带。还有人疑郯城地震带可能向南延伸到安徽庐江以南，但附近地区震中分布很稀疏，地震亦弱，看不出地震带的轮廓。

上述三节是在整个华北沉降区范围内，将震中分布图像结合基底地质构造划分出来的次一级区域地震带。此外还有一些强烈地震震中，如1502年濮城地震，1937年菏泽地震，不属于任何地震集体，上文说过，可能与聊城断裂活动有关，但看不出与哪一条地震带有联系。

（五）鄂尔多斯边缘地震带：这不是一条连续的地震带，而是由环鄂尔多斯地块边缘发育起来的局部凹陷形成的各自独立的地震带。

i）银川凹陷带。银川凹陷地震带，自磴口经银川、吴忠而至青铜峡，为中枢大地震带向北面突出的支带，地震很强烈，1739年在平罗发生过8级特大地震。

ii）渭河凹陷带。渭河凹陷地震带，即上面已谈过的华北大地震带的西段之前半段，地震很强烈，1556年华县发生过特大地震。

iii）黄河凹陷带。黄河凹陷地震带，自五原之西向东经包头、呼和浩特而至和林格尔之东，地震活动较弱。

（六）东南沿海地震带：地震活动性一般很低，只在东南沿海，华夏地块的闽粤海边，有一系列震级大于7的强大地震活动。在内陆，还有些较小地震发生，因此，震中分布的总趋势虽在东南海边，但宽度较大，带状分布的轮廓殊不分明。华夏古陆与台湾海峡的新生代地槽系的接合处，疑有不稳定的过渡带存在，离海岸不远的闽粤沿海的强大地震活动，与此构造有关。惟1605年琼山大地震，则与琼雷新凹陷构造的关系较大些。

以上所列举的是发育在我国东部地台区的主要区域地震带。此外还有零散的一些大地震，不属于上列地震带，当归属于地方上的特殊构造运动，如公元46年发生在南阳凹陷的南阳地震，1631年发生在江汉新凹陷区的常德地震等。这类地震，其孕育发生往往是孤立的，原因尚未明了，还有待进一步研究。

2-2-2　地槽区地震带

地槽区相对地台区来说，一般认为是比较活动的，从地震震中分布图上看,我国西部地槽区的地震活动性也是比较高的。现在,地槽是不存在了,它们在各时期的强烈地壳运动过程中,已经陆续褶皱返回,上升为大陆,海水退走成为新生地台,并继续往前发展演变。各个地槽的发展和结束都有自己的一套历程和构造特点,在后期演变过程中,相互影响,相互干扰,结果很复杂,不可避免地会产生构造上的软弱、不稳定,成为地震活动地带。最可能产生这种不稳定状态的地区有以下一些:

a）地块边缘过渡带,一般是地槽与中间地块毗连的地带;

b）山前断裂和凹陷,主要是地槽边缘处形成的构造断裂发展起来的地带;

c）不同地槽褶皱带中发生的深大断裂,主要出现在两大地质构造单元的分界处。

现将地槽区的主要区域地震带列举如下:

（一）阿尔泰地震带:震中沿阿尔泰山南麓分布,自富蕴之西,向东经北塔山、巴里坤而达星星峡,是否还继续沿阿尔泰山延伸到蒙古的戈壁阿尔泰（1957年那里发生过8.1级特大地震）,则尚待研究。地震地质关系在西段是比较清楚的,富蕴至青河一带的额尔齐斯河与乌伦河之间,本是山前凹陷,在喜马拉雅运动期间甚为活动,额尔齐斯断裂系统变得很复杂。对东段至巴里坤、星星峡地区的地质情况,了解不多,知道的有:在巴里坤地区曾于1842和1914年先后发生过两次地震,其中一次是震级7.5的强烈地震。

（二）天山地震带:震中沿天山山脉分布,且向西与苏联境内西天山的地震活动相连。实际上,天山区域的地震带包含着北、中、南三条区域地震带。北带的震中分布是西接苏联境内的震中带,东沿天山北麓与准噶尔地块间的山前凹陷,自艾比湖直至奇台,还可能延伸至哈密。南带的震中分布,西与西天山的震中部分相连,东自喀什沿天山南缘与塔里木地块间的山前凹陷,至乌鲁木齐与北带会合,然后顺准噶尔地块的南缘,再向前与阿尔泰地震带相会于巴里坤附近。中间带，主要是伊犁断陷盆地的震中，将南、北带联合在一起，形成大天山区域地震带。值得注意的是天山的南北边缘，山前凹陷都很发育，且规模很大，拗陷亦很深，地震活动很强烈，在喀什和玛纳斯曾先后发生过8级以上的特大地震。

必须指出，李克特曾认为自帕米尔至贝加尔是一条大地震带。从地理上看，确实有一些特大地震震中分布在此带上，如1902年喀什，1906年玛纳斯，1931年富蕴，1905年蒙古杭爱山北等地震，但在地质上则尚未见有联成地震带的任何基础。

（三）昆仑地震带：世界屋脊帕米尔是群山之源，昆仑自此往东偏南沿塔里木盆地边缘而下，震中沿其北麓与塔里木之间的山前凹陷分布，特别是在喀什至叶城、莎车、和田一带，拗陷很深，震中分布比较密。再往东至若羌，震中稀少，并由此分成南北两支，山前凹陷都不显著。北支沿阿尔金山向东，震中很稀疏，最后至河西走廊与北祁连地震活动带相连。南支沿柴达木盆地南缘与东昆仑之间分布，向东至西倾山，与南祁连和西秦岭的地震活动带会合，震中很分散，殊少明显的带状分布。

（四）祁连地震带：祁连山宽度大，情况与天山类似，南北两方都有震中带。北带西接阿尔金山，自敦煌进入河西走廊，主要地震震中沿祁连山北缘大断裂分布，由昌马经酒泉至古浪，然后出走廊而达永登。还可能再往东与北山、六盘地震带会合。南带地震，主要沿祁连南缘大断裂分布，西起阿尔金山山麓，顺党河南山往东，经天峻而至兰州、和政，再向东过洮河至陇西与西秦岭的地震活动带会合。震中稀疏星散，带状分布不明显。洮河本向东流至岷县折向正北，河岸两边震中颇多，但比较分散。这可能是由于构造情况复杂的影响，因为这里正是昆仑地槽系与秦岭地槽系交接的地区。

（五）秦岭地震带：秦岭地区的地震活动主要在北秦岭的山前凹陷，即秦岭地轴与鄂尔多斯盆地交界的渭河凹陷，上面已作为渭河区域地震带论述了。秦岭地槽区的地震活动主要在中秦岭。上文说到，中秦岭亦分东西两段，虽然都是印支期的褶皱山系，但地震活动强度大不相同。东段（徽成盆地以东至南阳凹陷），地震活动比较弱，只有中、小地震发生，震级一般不超过 6，震中约沿汉中、安康、竹山一带分布。这里正好是东秦岭印支褶皱带与南秦岭加里东褶皱带分界地，是否有活动断层接触，还不甚清楚。但地质学家确认东秦岭与秦岭地轴之间有轴缘断裂存在，自西秦岭再向东经凤县、镇安没于南阳盆地，规模宏大，却不见其沿线有多少地震活动。西段，即自徽成盆地至陇西以西，称为西秦岭。祁连中隆起带的南缘断裂与秦岭地轴的南缘断裂，在此相接，连成秦祁地轴南缘大断裂。这一带，自夏河至天水，地震频繁，强度亦大，历史上天水曾发生特大地震，只是震中带比较宽。从六盘山南下的地震带，亦在天水之北连到一起。很明显，西秦岭地震带与南祁连地震带是相连的。

值得注意的是，上述中枢大地震带的中段，在此开始横过秦岭地轴，其强烈地震震中的分布，是自天水而南，经西和、武都而至松潘、南坪，复沿岷江上游而下，经迭溪（为 1933 年大震毁灭，今地图上只见其附近的较场坝）到达汶川而止，之后强度大减，经大邑至泸定会合。需要指出的是，这一段的震中并不是沿龙门山山前断陷分布，而是沿龙门山西北侧的加里东褶皱带与印支期的松潘、甘孜地槽褶皱带的接界处分布。自武都直至汶川，地震活动很强烈，但在地面上却见不到构造运动强烈的异常表现，有待进一步调查研究。

（六）康滇地震带：上文已说过，纵贯康滇地轴南北的大断裂带，自康定作弧形转弯入于川西。在康定与穿过松潘、甘孜地槽褶皱系的炉霍、康定断裂相接，继续往前延伸，与东昆仑断裂系统会合。震中沿断裂带分布，自康定折多塘向南与中枢大地震带的南段衔接，向西经乾宁、道孚、炉霍而至甘孜一带，地震很多，强度亦大，1973 年在炉霍曾发生大地震；甘孜以西，地震稀少，震中仍是沿断裂带及其附近分布。

此外还可以看到，与此平行的三江地震带。

（七）三江地震带：本区是印支期的三江地槽褶皱系与同期的松潘、甘孜地槽褶皱系紧紧相连，且往南与滇西褶皱系联在一起。上文已说到，三江褶皱造成横断山脉，迫使三江南流，且都是断裂带，地震很活跃，构成了南北两条区域地震带。

i）北带，也就是川滇地震带，原是中枢大地震带南段的一部分。南起元江源头，沿哀牢山断裂北段而上，至石鼓过金沙江与金沙江地震带衔接，震中分布沿金沙江东岸而上，经邓柯、玉树而达唐古拉山区。过了石鼓往北，震中很稀疏，除巴塘在历史上有过强烈地震外，地震强度一般不大。此外，还有一条与此平行的支带，自邓柯起，走向理塘，沿理塘断裂南行，约在木里等地与永胜、宾川地震带相联。

ii）南带，也就是藏滇地震带，其南段本是中枢大地震带南段的西边部分。震中沿怒江断裂和澜沧江断裂带分布，南自澜沧、思茅起，向北经耿马至潞西、腾冲，再沿怒山往北，然后转弯入于西藏。进入西藏后，震中分布散漫，其中大部分，包括特大地震，过了察隅，分散于藏南，到拉萨后，主要是在雅鲁藏布江北及藏北高原之南。另一部分则沿澜沧江分布，经昌都而达念青唐古拉山区。上文曾说到，西藏地区有许多高原地质构造的特点，震中分布显得很散乱，其情况还须进一步分析研究。

（八）台湾地震带：台湾及其附近岛屿是环太平洋大地震带的强烈活动地段之一，也是我国地震活动最强烈的地区，地震活动性很高，就其地震地质基础和活动情况来说，还可分作东西两部分：

i）东带。台湾地震东带，是自台湾岛上中央山脉向东到海岸以至深海边（菲律宾海盆）。在这条南北走向的狭长带上，震中分布很密，地震强度亦大，1920 年和 1972 年曾先后发生了 8 级特大地震。这里是属于太平洋式岛弧构造的活动类型，也是环太平洋地震带的一部分，与我国大陆地区的活动情况不相同。

ii）西带。台湾地震西带，是中央山脉以西的丘陵和平原地带，震中分布，北自基隆南至台南，基本上都是陆地上的地震，尤以山区与平原交界地为多，海峡中地震很少。值得注意的是，西带地震强度和频度都比东带为弱，近似于我国大陆上的地震活动情况。这可能与靠近大陆有一定的关系。由于台湾海峡的对岸，闽粤大陆边缘也有强烈地震活动，有人怀疑东南近海海底有构造断裂活动。台湾海峡也可能是现代地堑式沉降区。这些还都有待研究。

综上所述我国地震地理分布，约可概括为以下三大系统：

一是中枢系统，以中枢大地震带为主，包括以下区域地震带：北山－六盘地震带，银川凹陷地震带，天水－汶川地震带，祁连南、北地震带，昆仑东、西地震带，天山南、北地震带，阿尔泰地震带，秦岭地震带，滇东凹陷地震带，以及滇西之康滇、川滇、藏滇地震带等。

二是华北系统，以地台破裂大地震带为主，包括以下区域地震带：渭－汾地震带，五台－燕山地震带，黄河（河套）凹陷地震带，太行东缘地震带，沧县隆起地震带，以及辽东、鲁东地震带等。

三是东南滨海系统，包括以下区域地震带：闽粤沿海地震带，台湾东、西地震带等。

以上是我国地震地理分布的概貌，主要是根据地震地质条件中的共性划分的。地震地质条件很复杂，不容易彻底弄清楚，将来资料累积多了，还应有补充修正。

3. 地震时间分布（地震重复性）

地震震中分布是随时间扩大的，因此，任何地震带的形态都是变化的，也就是在带上每单位面积的震中数目，或震中密度是变化的。这说明地震在时间的分布上也是有不同特征的。上面曾说到，在同一地震带上，地震发生是以某种地质条件为共同基础的，所以震中密度变化应当受到本地地质条件的影响是很显然的。因此，当讨论地震在时间上的分布特征时，同时考虑其区域地质条件是十分必要的。

同样事件过了一定时间再次出现，谓之重复。地震是一种重复现象，研究地震的时间分布，主要是研究地震的重复性。重复现象还可以分为同一地点或不同地点的重复，等大震级或不等大震级的重复，但关键在于如何认识地震的重复时间及其规律性。我们相信地震重复发生不可能没有规律，现在虽然不掌握，但总有一天会为人们所认识并加以利用的。认识的方法应当是总结过去以测未来。首先要做的是分析各地震区的历史地震，综合研究其发生时间序列的特征，因此历史地震资料的多寡及其使用，就显得十分重要了。

必须指出，在一条大地震带上，地震记录较多，有利于统计，但由于范围广大，其内部还有许多具体条件不相同，若勉强合为一类按时间进行统计，其结果是没有实际意义的。例如 1962 年 8—9 两月间，在地中海喜马拉雅地震带上发生了一系列 6—7 级的地震，如下所列：

8 月 6 日，震级 6，（北大西洋）	9 月 1 日，震级 7，（伊朗）
8 月 21 日，震级 6.1，（意大利）	9 月 12 日，震级 6.7，（阿富汗）
8 月 28 日，震级 6.8，（希腊）	9 月 22 日，震级 6.4，（缅甸）

巴特（M.Båth）将其震中距离与发震时间拉关系作图（以距离为纵坐标，时间为横坐标），发现点子基本上可在一条直线上，就将其说成是个地震重复的实例，并算得其震中迁移速度为每天 290 公里。其实这纯属偶然事件，可一不可再的。据此计算所得的结果，都没有现实意义。

反过来，若范围缩小，地震发生的基础地质条件是较为一致了，但又常因历史地震记载不够，不宜于作统计。例如 1966 年 3 月河北省邢台地区发生强烈地震，震中在隆尧、宁晋之间，破坏很大，由于查得这一带在公元 777 年曾发生过类似的大地震，便有人怀疑这里的地震重复时间很长，需一千二百年才有一个旋回。这也是很难使人相信的。还有如南阳盆地的情况，在公元46年发生过大地震，至今若无其事，渺无信息。很显然，资料太少是不能说明问题的。但如果有足够的历史地震记录，则一地区的地震重复性是可以研究比较的。例如西昌至冕宁间，自公元前二世纪至十九世纪共有6次破坏性地震记载：公元前116年（$M=6$—7）；公元814年（$M=6$—7）；1536年（$M=7.3$）；1732年（$M=6.8$）；1850年（$M=7.5$）。从以上地震序列，我们可以看到，震级较大的地震，重复的机会较少，其次是重复旋回时间长短不一，最长可达700年，短的不过120年，平均约390年。早期的旋回时间特别长，可能是由于古代记录不全。但不管是什么原因，各次旋回时间参差如此之大，其平均数是没有现实意义的。

我国幅员广大，地区性的差异往往很悬殊，因此在研究我国地震的时间分布特征时，要得到大面积的统一概念是困难的。实际上我们需要的是各个活动地区的地震重复性，尤其是大地震发生的重复性。人民所关心的是大地震的为害，同时大地震事件在历史记载上遗漏的可能性亦少，因此，下文着重讨论有害于人民的强烈地震的重复性，将其分作三类：（1）a类地震，即震级7.8至8.6的特大地震；（2）b类地震，即震级6.8至7.7，死人成千的强大地震；（3）c类地震，即震级6至6.7，死人以百计的强烈地震。

我国东部广大地台区的地震活动性，以华北地台为最高，历史地震资料亦最丰富，最早的破坏性地震记载可追溯至公元前八世纪。现在试以华北地台区的地震活动为例，将其自有记录以来的大地震，作成时间序列，以观其在全区范围内的时间分布和震中迁移的情况，也就是地震重复性在时间和地理上的表现。下面将本区三千年来灾难性地震，即破坏很大，死千人以上，相当于上述b和a两类地震的发生的时间和地点，列表如次。

表 10-1　华北地台区三千年来灾难性地震一览表

序号	时间(年)	地　点	序号	时间(年)	地　点	序号	时间(年)	地　点
1	前 780	陕西关中	17	1303*	山西赵城	33	1709*	宁夏中卫
2	前 179	山东南部	18	1305	山西怀仁	34	1720	河北沙城
3	前 70	山东琅琊	19	1306	宁夏开城	35	1739*	宁夏平罗
4	46	河南南阳	20	1477	宁夏银川	36	1815	山西平陆
5	180	甘肃表氏	21	1484	北京居庸关	37	1830	河北磁县
6	512	山西繁峙	22	1487	陕西临潼	38	1888	渤　海
7	777	河北宁晋	23	1501	陕西朝邑	39	1920*	宁夏海原
8	876	宁夏雄州	24	1556*	陕西华县	40	1937	山东菏泽
9	1038	山西定襄	25	1561	宁夏中卫	41	1954	甘肃山丹
10	1057	河北幽州	26	1568	陕西泾阳	42	1954	甘肃民勤
11	1102	山西汾河	27	1622	宁夏固原	43	1966	河北宁晋
12	1117	宁夏平凉	28	1626	山西灵丘	44	1969	渤　海
13	1143	宁夏银川	29	1668*	山东郯城	45	1975	辽宁海城
14	1209	山西浮山	30	1679*	河北三河	46	1976	河北唐山
15	1219	宁夏固原	31	1683	山西原平			
16	1290	辽宁宁城	32	1695*	山西临汾			

注：1. 有 * 号示 a 类特大地震。

2. 古地名：关中指今潼关以西地，琅琊约今诸城地方，表氏在今河西走廊高台县西，雄州约今灵武县西南青铜峡，幽州今北京市区。

3. 河西走廊南侧地震不属本区。

地震重复性的研究主要是阐明时间和地点的重复。从上表及其附图 10-1，我们可看到，华北地台作为一个地震活动单元，总计三千年来灾难性地震重复发生了 46 次，就其时、空分布来说是毫无规律的。最明显的是，原地重复的很少，且重复间隔的时间是随地区而异的，例如在固原地区是 403 年，银川地区是 334 年，中卫地区为 148 年，宁晋地区为 1189 年，而在渤海地区则不过 81 年；相互之差是如此之大。更值得注意的是，大地震多数是非原地重复的，有的相隔很远，例如从 4 到 5（参阅附图），一跃几乎 1500 公里，这中间谈不上有何联系。同时我们也看到，各个震中所在的地质构造情况是很不一致的。例如西边河西走廊北山的地

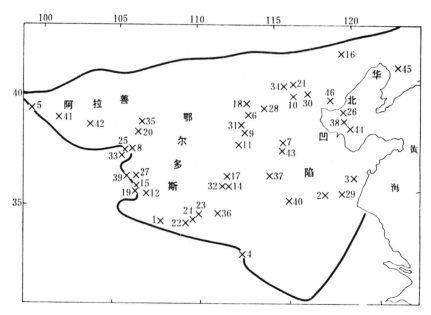

图 10-1　华北地台（截至 1976 年）灾害性大地震分布图

震与东边渤海一带的地震，其所在的地震地质条件相差是很悬殊的。在不同地质基础上发育的地震，其运动过程不可能具有共同的形式。华北地台的例子使我们认识到，将许多局部地质条件不同的大范围地区，勉强作为一个活动单元进行综合统计，以期寻得地震发生的时间特征是困难的，必须缩小活动单元的范围，把在地震地质条件比较一致的基础上发生的地震网罗一体，作为同类事件进行统计，才有可能得到较有规律的结果。上文说过，区域地震带是按区域地震地质条件划分的，现在试以区域地震带为活动单元分别进行统计，以比较其地震发生的重复情况。下面分区、分带来谈。

3-1　地台区地震重复性

　　我国东部是地台区，西部是地槽区，总的说来，地台区的地质基底构造比地槽区稳定，地震活动性也显得西部比东部为高。为了便于比较，分成两个部分来看，先谈地台区。

（一）北山－六盘地震带

本带是沿地槽区与地台区接合地带的边缘发育的，其形态及其地质基础，上文已有详述，现将其自公元二世纪以来发生的 c 类以上地震列表如次。

表 10-2　北山－六盘地震带大地震重复一览表

地点	类	年代	时差（年）	距差（公里）	备考
表氏	b	180			a　b　c
苑川	c	406	225	550	
固原	c	1219	813	180	
固原	c	1306	87		
中卫	c	1495	189	200	
中卫	b	1561	66		
固原	b	1622	61	200	
中卫	c	1627	5	200	
中卫	a	1709	82		高潮
惠回堡	c	1785	76	700	
中卫	c	1852	67	700	
景泰	c	1888	36	100	
海原	a	1920	32	120	高潮
固源	c	1921	1	90	
山丹	b	1954	34	520	
民勤	b	1954	1/2	100	

一般以出现特大地震作为活动高潮的标志。从上表我们可看到，本带在最近五百年内有过两次高潮，一在中卫，一在海原，时间相隔 148 年，地点相距为 115 公里。需要注意的是中卫紧连着银川凹陷地震带。在这一地震支带，也有一个活动高潮，介于上述两高潮之间，即于 1739 年，在平罗发生过 a 类特大地震，且在此之前还有过 3 次 c 类地震，即 876 年青铜峡地震，1143 年和 1477 年银川地震。这里看到的主要是活动高潮的出没，至于其重复性如何，尚缺少资料，需作进一步研究。

（二）华北地台区大地震带

这是我国两大地震带之一，全长千余公里，其地震地质条件，主要是以新的内陆断陷为基础。这一带是我国文化发祥地，历史地震记载很早，下面将其自公元前八世纪以来的 c 类以上地震，

表 10-3　华北地台区大地震带 c 类以上大地震重复一览表

年　代	（类）	地　　点		备　　考
		（汾渭）	（晋北）	
公元前　780	b	关　中		a　b　c
公元前　231	c		代　地	（晋北）
公元　512	ba		繁　峙	
793	c	关　辅		（汾渭）
1022	c		应　县	
1038	b		定　襄	
1209	c	浮　山		
1291	c	临　汾		
1303	a	赵　城		高潮
1305	c		怀　仁	
1337	c		怀　来	
1368	c	徐　沟		
1484	b		居庸关	
1487	c	临　潼		
1501	b	朝　邑		
1556	a	华　县		高潮
1568	b	泾　阳		
1581	c		蔚　县	
1614	c	平　遥		
1618	c	介　休		
1618	c		蔚　县	
1626	b		灵　丘	
1642	c	安　邑		
1683	b		原　平	
1695	a	临　汾		高潮
1704	c	陇　县		
1720	b		沙　城	
1815	b	平　陆		

分渭、汾段和晋北燕山段，排成时间序列，以明其重复时间和地点的变化。

从上表我们可以看到，本带在历史上曾经有过三次地震活动高潮。根据记载，三次都发生在汾渭段，时期在十四世纪之后。在此以前是不是真的没有发生过 a 类地震，人们有怀疑。很可能是由于早期历史地震记载过于简略，难于作出确切判断，至少公元前 780 年关中大地震及公元 512 年繁峙大地震，其强度有可能近于 a 类。另一方面也看到，如上文所说，汾渭段的地震活动性比晋北（包括燕山西部）段为高。从地质条件来看，前者是沿汾渭河谷平原的断陷发生，后者是环五台山边的山间断陷发生，二者的断陷规模是有所不同的，但亦不是说晋北段就不会发生特大地震。

（三）华北沉降区地震带

本区包括华北平原、渤海凹陷以及辽东和鲁东的一部分。这里的地震历史记载可追溯至公元二世纪，兹将其自二世纪以来有记载的 c 类以上地震，按时间序列分为太行、沧县、辽东、鲁东等小区带，作成下表。

表 10-4　华北沉降区各小区带大地震重复一览表

年　代	类	太　行	沧　县	辽　东	鲁　东
公元前　179	b				齐　郡
70	b				琅　琊
公　元　777	b	宁　晋			
1057	b	北京（南）			
1068	c		沧　县		
1314	c	涉　县			
1536	c	通　县			
1548	c				蓬　莱
1622	c		郓　城		
1623	c	完　县			
1624	c		滦　县		

续表

年　　代	类	太　行	沧　县	辽　东	鲁　东
1658	c	涞　水			
1665	c	通　县			
1668	a				郯　城
1679	a	三　河			
1730	c	北京（西）			
1829	c				临　朐
1830	b	磁　县			
1861	c			金　县	
1882	c		深　县		
1888	b			渤　海	
1937	b		菏　泽		
1945	b		滦　县		
1966	b	宁　晋			
1967	c		河　间		
1969	b			渤　海	
1975	b			海　城	
1976	a		唐　山		

　　从上表可以看到华北凹陷区有过两次地震活动高潮，是在十七世纪和二十世纪出现的，相距二百多年。若将其划在较小的区域地震带中来看，则如图10-2所示。从该图我们看到各区带都曾发生过地震高潮，太行带上是在十七世纪，以1679年三河地震为标志；沧县带上是在近期，以1976年唐山地震为标志。在辽东－鲁东带上，表现则有些特殊，十八世纪以前，大地震记载很少。1668年郯城地震标志着十七世纪是活动高潮，之后，鲁东段显得很平静，大地震集中在辽东段，近期发生的1969年渤海地震和1975年海城地震，震级都大于7，是否代表其在本世纪的活动高潮，还有待证明。

　　（四）滇东凹陷区地震带

　　这一地震带的特点是地震沿构造断裂活动的。这一带的历史

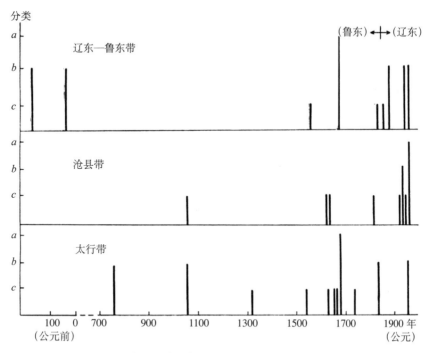

图 10-2　华北沉降区各区带大震发生时间序列比较图

地震记载亦相当早，但在十五世纪以前，大地震很少。兹将其自公元前一世纪以来有记录的 C 类以上的地震作成时间序列，列表如次。

　　按下表所列，我们将其分作南北两段来看。北段记载很早，始于西汉成帝年间，在公元前 26 年，犍为地震山崩，但随后沉寂了一千多年，才有雷波、嘉定（今乐山）地震的记载，之后又隔数百年，中间虽有一、二次小震，但大震记载直至本世纪二十年代才见，也只有大关、马边、永善等四次。震中分布稀疏，时间间隔很长，说明地震活动性不大。南段情况则很不相同，表现为地震活动性很高。这里的历史地震记载亦相当早，小震早在公元二世纪之初便有记载，但十六世纪之前，未见有大震的描述。这不完全是由于古代交通不便，因明初地方志已很盛行，大地震一

表10-5　滇东凹陷地震带大地震重复一览表

年　代	类	地点（南段）	地点（北段）	备　注
前　26	c		犍　为	
1216	cb		雷　波	注：cb示接近于b级
1271	c		嘉　定	
1500	b	宜　良		
1571	c	通　海		
1588	c	通　海		
1606	c	建　水		
1713	c	寻　甸		
1725	c	嵩　明		
1733	b	东　川		
1750	c	澄　江		
1755	c	石　屏		
1761	c	玉　溪		
1763	c	通　海		
1789	c	石　屏		
1814	c	石　屏		
1833	a	嵩　明		
1882	c	弥　勒		
1887	c	石　屏		
1909	c	西　洱		
1913	cb	峨　山		
1917	b		大　关	
1927	c	寻　甸		
1929	c	通　海		
1934	c	龙　武		
1935	c		马　边	
1938	cb		马　边	
1940	c	石　屏		
1966	c	东　川		
1970	b	通　海		
1974	b		永　善	

南段地震序列图

a　b　c

（世纪）
—15
—16
—17
—18
—19

般不致遗漏，也可能其时地震活动确实是很弱。直待十八世纪初，才迅速发展成为高潮，1833 年在嵩明发生特大地震，其后，又转入低潮。到了本世纪，复再度旺盛起来，至今未艾，如上表附图所示。从表上还能看到一些地震重复性比较大的地方，如北段的马边，南段的通海、石屏等地，但由于资料不够，尚未看到有任何明显的规律性。值得注意是，这里的活动高潮发生在十八世纪后，而华北区则在十七世纪。

3-2　地槽区地震重复性

在我国西部，多数地方缺少历史地震记载，下面择其中地震资料较多的，分析其重复性，以比较各区带的地震在时间分布上的特征。

（一）祁连地震带

作为一个特例，先将其 C 类以上地震列表如次：

表 10-6　祁连山区地震带大地震重复一览表

年　　代	类	地　　　点	
		（南）	（北）
前　193	cb	临　洮	
138	b	民　和	
756	c		酒　泉
1125	b	兰州南	
1440	c		永　登
1609	b		红　崖
1917	c	乌　兰	
1927	c	哈拉湖	
1927	a		古　浪
1930	c	哈拉湖	
1932	b		晶　马
1936	b	康　乐	
1938	c	天　峻	
1941	c	哈拉湖西北	
1951	c	肃　北	

上文说到，祁连山区很宽大，西连阿尔金山，东止甘肃中部，南北两边都有边缘大断裂，震中沿断裂分布，形成南、北祁连两条区域地震带。但如上表所列，自公元前二世纪，我们只看到 15 次较大地震，且其时间的赓续性很差，尤其是南带，其西段几乎全是近期数十年的地震，而东部洮河一带，则是千年前的地震，彼此之间有何关系，无从推测。北带情况，也是资料太少，一千多年来只有几次地震事件记载，是不能说明问题的。但这条地震带是鲜明的，1927 年在东头古浪发生 8 级特大地震，1932 年又在西头昌马发生 7.5 级强烈大震，相隔不过 5 年，中间的一个 6 级地震则发生在 300 年前，相差很大。

（二）天水－汶川地震带

这是中枢大地震带的中段，自天水至汶川全长约 400 公里，穿过秦岭地槽褶皱带。该区域地震带的主要特点是地震活动性很高，而在地表并无相应规模的差异性地质变动现象。自公元前二世纪以来 c 类以上的地震记录，列于表 10-7。

按表所列，我们看到，虽然这里的历史地震记载很早，始于公元前二世纪，但在十五世纪以前，大地震记录很少，无法相互比较，但自 1573 年岷县地震发生后，记载的连续性是相当好的，清楚地表明了以下两个情况。一是十六世纪以来，本区带的地震活动明显地增加，至十七世纪中叶形成一次高潮，以 1654 年发生的天水特大地震为其标志。随后转入低潮，十八世纪活动很弱。至十九世纪后期，又开始回升，到了二十世纪，再度进入高潮，现仍在上升中。其情况与华北地台区的活动进程很相似。二是天水地区和松潘地区（包括迭溪）地震重复性特别大，但旋回时间毫无一定。在天水区，第一次高潮之前因缺乏数据，不知其详，自 a 类地震发生，经 230 年后发生 c 类地震，又过了 50 年再发生 b 类地震。松潘区的情况尤为复杂，初期旋回为 220 年，继则十余年、二十余年，最短只有五年。

表 10-7　天水 - 汶川地震带大地震重复一览表

年　代	类	地　点	备　　　　考
前　186	cb	武　都	1. 最近五个世纪
128	c	甘　谷	
734	b	天　水	
1573	cb	岷　县	
1604	c	礼　县	
1630	c	平　武	
1634	c	西　和	
1649	c	两　当	
1654	ba	天　水	
1657	c	汶　川	
1713	c	迭　溪	
1879	b	武　都	
1881	c	舟　曲	
1885	c	天　水	
1933	b	迭　溪	
1936	cb	天　水	
1938	c	松　潘	
1958	c	茂　汶	
1960	cb	松　潘	
1973	c	南　坪	
1976	b	松　潘	

各级大震重复数

时　期 （世纪）	震　　次 (c) (b) (a)			总　计
十六	0	1	0	1
十七	5	0	1	6
十八	1	0	0	1
十九	2	1	0	3
二十	3	4	0	7

＊cb 按 b 计

2. 重复性最大地区

天　水　区	松　潘 - 迭　溪
1654(a) 天水	1713(c) 迭溪
1885(c) 天水	1933(b) 迭溪
1936(b) 天水	1938(c) 松潘
	1960(b) 松潘
	1976(b) 松潘

（三）川藏滇边区地震带

在云南全省的广大地区，地震震中星罗棋布，统称之为中枢大地震带的南段，实则是若干区域地震带的组合体。由于都是从滇西南部说起，因此将上述康滇地震带和三江地震带合并起来，一起讨论。从震中的地理分布上看，沿滇中凹陷的东边断裂带发育的，经西昌、泸定伸入西康，成为康滇地震带，其震中分布比较集中连贯，地震带的轮廓分明，容易确定；沿滇中凹陷的西面断裂带（宾川、永胜断裂带和哀牢山断裂带）发育的，经中甸伸入川西，成为川滇地震带；从滇西南沿怒江、澜沧江断裂带发育的，

表 10-8　川藏滇边区地震带大地震重复一览表

年　　代	类	地点 (康滇)	地点 (川滇)	地点 (藏滇)	备　　考
前　116	c	西昌			
814	c	西昌			最近五个世纪各级大震重复数（全 区）
1467	cb	盐源			
1501	c		剑川		
1511	c		鹤庆		
1512	c			腾冲	
1514	c		大理		
1515	b		永胜		
1515	c		大理		
1536	cb	西昌			
1577	c			腾冲	
1588	c			保山	
1623	c		祥云		
1652	cb		弥渡		
1680	c	楚雄			
1738	cb		玉树		
1748	c	康定			
1751	c		剑川		
1786	ba	泸定			
1803	c		宾川		
1811	c	道孚			
1839	c		洱源		
1850	b	西昌			
1870	b		巴塘		
1876	c			永平	
1884	c			普洱	
1893	cb	乾宁			
1896	c		丽江		
1904	c	道孚			
1908	b			枯门岭（西）	
1919	c	炉霍			
1923	b	炉霍			
1923	c			普洱	

最近五个世纪各级大震重复数（全 区）

时期（世纪）	震次 (c)	震次 (b)	震次 (a)
十六	7	2	0
十七	2	1	0
十八	2	1	1
十九	6	3	0
二十	22	12	2
总　计	39	19	3

（康　滇）

时期（世纪）	震次 (c)	震次 (b)	震次 (a)
十六	0	1	0
十七	1	0	0
十八	1	0	1
十九	1	2	0
二十	3	5	1
总　计	6	8	2

续表

年　代	类	地　点			备　　考
		（康滇）	（川滇）	（藏滇）	
1925	b		大理		
1925	c		玉龙山		
1929	c			腾冲	
1930	c			腾冲	
1933	c		中甸		
1938	c			澜沧	
1941	b			耿马	
1942	cb			思茅	
1948	b		理塘		
1948	c		剑川		
1950	b			勐海	
1950	a			察隅	
1951	c		昌都		
1951	c		剑川		
1952	c			澜沧	
1952	cb	冕宁			
1955	b	康定			
1955	c	华坪			
1955	cb	拉鲊			
1961	c		中甸		
1962	c		南华		
1963	c			云龙	
1965	c			江城	
1966	c		中甸		
1967	cb	炉霍			
1970	c			普洱	
1971	c			普洱	
1973	a		炉霍		
1973	c			普洱	
1975	c	康定			
1976	b			龙陵	

备考：

（川　滇）

时　期（世纪）	震　次		
	(c)	(b)	(a)
十六	4	1	0
十七	1	1	0
十八	1	1	0
十九	3	1	0
二十	9	2	0
总　计	18	6	0

（藏　滇）

时　期（世纪）	震　次		
	(c)	(b)	(a)
十六	3	0	0
十七	0	0	0
十八	0	0	0
十九	2	0	0
二十	10	5	1
总　计	15	5	1

伸入西藏,成为藏滇地震带。后两条带上的震中分布都散漫不规则,特别是进入川藏地区之后,尤其不易识别地震带的形状。兹将这一广大地区,有记载的 c 类以上大地震列入表内,以比较各区带的地震重复情况。

从表中我们看到,本区的地震活动在近期很频繁且很强烈,但早期的地震记载很少,特别是到了四川边界地区及西藏地区更少。这显然不是实际情况,而是因为这地区地旷人稀,在测震工作不发达时,无法记录下来。据上表所列,无论是全区或各个区带,都显现出近期的地震活动性很高。由于资料不充分,不了解以往活动的真实情况,也就不能肯定现在是否处于地震活动高潮和以往是否有过高潮。这样的情况,在我国边远地区是常有的。对此,一般采用微观方法,根据较短时间的仪器观测结果进行分析,以研究其重复规律。

（四）天山区地震带

这是典型的地槽区地震带,一边是地槽中间的古地块,另一边是地槽回返的褶皱带,其主要特点是两方毗连处存在着接触断层并发展成为山前凹陷。天山地区的西段,宽度比较大,有明显的南北两条区域地震带,已如上述,及至乌鲁木齐以东,则基本上合而为一。这里只有极少的一些地方,自十八世纪即清乾隆中叶,开始有地震记录,下表就是本区自十八世纪以来发生的 c 类以上地震表。

下表计有 c 类以上大地震共 35 次（不包括余震）,其中十九世纪以前的地震只有 5 次,余皆是在本世纪发生的。就最近数十年的情况来说,本区地震活动性是很高的:计 a 类地震有两次,南、北两带上各发生一次;b 类 9 次,南带 7 次,北带 2 次;c 类 19 次,南带 10 次,北带 9 次。在带上,各级地震的重复时间和地点却是没有一定的。总的表现是喀什附近重复性最大,两次 a 类特大地震,均先在这里发生,4 年后又在北带的玛纳斯发生,相距差不多一千公里,看不到有何联系。b 类地震主要发生在南带的西段,

表 10-9 天山区地震带大地震重复一览表

年 代	类	地 点 (北带)	地 点 (南带)	年 代	类	地 点 (北带)	地 点 (南带)
1765	c	精 河		1949	b		库 车
1786	c	霍 城		1953	c		巴 楚
1812	b	伊 宁		1955	b		乌 恰
1842	b	巴里坤		1955	c	精 河	
1898	c		喀 什	1958	c	温 泉	
1902	a		喀 什	1959	cb		温 宿
1906	a	玛纳斯		1959	c		喀 什
1914	b	巴里坤		1961	cb		巴 楚
1915	c	伊宁(西)		1962	c	温 泉	
1919	c		喀 什	1963	c		乌 恰
1927	c		麦盖提	1965	c	乌鲁木齐	
1927	cb		和 静	1967	c		乌 恰
1932	c	精 河		1969	c		乌 什
1934	c	乌鲁木齐		1971	c		乌 什
1939	c	乌 苏		1972	c		柯 坪
1944	b	乌 苏		1973	c	精 河	
1944	b		乌 恰	1974	b		乌 恰
1947	c		拜 城				

重复时间最短的为两年，长的十余年、二十余年不等。c 类地震为数较多，且有愈到后期愈密的趋势，这当然与近代观测系统日益扩大和发达有关，其时间的间隔，更是变化无常。这说明上表所示的大地震序列，对于各区带的地震重复时间不能给出有意义的结果；换言之，类似天山的情况，在只有短期历史记载的地区，单凭大地震目录，是不能说明问题的，一般需用长时间大小地震活动的系统记录，进行全面考虑，才得以研究其各级地震的重复发生时间。

早在 1954 年，古登堡在其名著《论世界地震活动性》一书中提到：凡是地震地质基本条件一致的地区，其地震活动性可以用下式来表示：

表 10-10 台湾地区大地震重复一览表

年　代	类	地点（西）	地点（东）	年　代	类	地点（西）	地点（东）
1661	c	台　南		1923	c	台　北	
1711	c	嘉　义		1923	c	新　竹	
1721	c	台　南		1924	c	埔　里	
1736	c	嘉　义		1925	b		恒　春
1792	cb	嘉　义		1927	b	甲　仙	
1811	cb	淡　水		1929	b	桃　园	
1815	c	淡　水		1930	c		宜兰海
1839	c	嘉　义		1930	c	台　南	
1845	c	彰　化		1931	c		花莲海
1848	cb	彰　化		1931	c	基隆海	
1862	c	嘉　义		1932	c		宜兰海
1867	c	基　隆		1932	c		花莲海
1882	c	彰　化		1932	c		恒春海
1904	c	嘉　义		1933	c		花　莲
1906	cb	嘉　义		1934	c	基隆海	
1909	b	台　北		1934	c		兰屿海
1910	7¾级	基隆海		1934	c		宜　兰
1914	cb		花莲海	1935	c		花莲海
1916	c	南　投		1935	b	苗　栗	
1916	c	埔　里		1935	b		兰屿海
1919	c	埔　里		1936	b		恒春海
1919	b		兰屿海	1937	b		台东海
1920	c	基隆海		1938	b		花莲海
1920	8级		花莲海	1938	c	埔　里	
1920	c	桃　园		1938	b		火烧岛海
1920	c	嘉　义		1939	c		新港海
1921	c		花莲海	1941	b	嘉　义	
1921	c		台东海	1942	c		火烧岛海
1922	c	新　竹		1942	c		花莲海
1922	b		宜兰海	1943	c	高雄海	
1922	c	彰　化		1943	b		火烧岛海
1922	b	台　北		1945	c		大港口
1922	c		苏澳海	1945	c		花　莲

续表

年　代	类	地　点		年　代	类	地　点	
		（西）	（东）			（西）	（东）
1945	c		恒春海	1962	c		大港海
1945	c	嘉　义		1962	c		花莲海
1946	c		花莲海	1963	b		苏澳海
1946	b	台　南		1963	c		花莲海
1946	b		宜兰海	1964	b	台　南	
1947	c		花莲海	1964	c	基　隆	
1947	c		苏澳海	1965	c		恒春海
1948	c		花莲海	1965	c		台东海
1948	c		新港海	1965	c		花　莲
1950	c	嘉　义		1966	c		苏澳海
1951	c		苏澳海	1966	c		火烧岛海
1951	b		花莲海	1967	c		苏澳海
1951	b		台东海	1968	c		花莲海
1952	c		苏澳海	1968	b		火烧岛海
1955	c		七星岩海	1968	c	基隆海	
1955	b		花莲海	1970	c		台　东
1955	c		兰屿海	1971	c		新　港
1957	b		花莲海	1972	b		火烧岛海
1957	c		宜兰海	1972	cb		恒春海
1958	c		大　港	1972	a		火烧岛海
1958	c		七星岩海	1972	c		花　莲
1958	c		火烧岛海	1972	c		凤　林
1959	b		宜兰海	1972	c		花　莲
1959	b		恒春海	1974	c		苏澳海
1959	b		兰屿海	1975	b		火烧岛海
1961	c		大港海	1796	c		花莲海
1961	c		花莲海				

注：“海”指附近海面的海底地震

$$\log N(M) = a - bM$$

式中 $N(M)$ 是该地区每年发生 M 级地震的次数，a 和 b 是两个常数，由地区地震地质条件决定的。于是，如果一个区域地震带地震活动频繁，便可用短时期的仪器观测结果作成地震序列，按统计方法测定上述关系式的常数，主要是 b 值，以估计该区带各级地震发生的重复率。

（五）台湾地震带

台湾是我国地震活动性最高的地区，东临太平洋，近期地震多有仪器记录，适合于用震级频率关系式讨论其地震活动的重复性。西部历史地震记载，始于明末郑成功收复台湾之后，但为数很少，主要是本世纪的仪器记录。表 10-10 所列是其 c 类以上的地震。

按上表，东西两区域地震带上较大地震共 119 次（不包括明显的前震和余震），若以百年为期作统计，则自有记录以来的震次与时间分配，亦颇为参差，其情况如下：

时 期	震				次	
	c		b		a	
（世纪）	（西）	（东）	（西）	（东）	（西）	（东）
十 七	1	0	0	0	0	0
十 八	3	0	1	0	0	0
十 九	6	0	2	0	0	0
二十（上）	19	22	8	12	1	1
二十（下）	2	27	1	12	0	1

上列数字，在十九世纪之前历史记载不全的时代，是没有什么意义的，即使在本世纪仪器记录丰富之后，亦只显得东带地震活动性比西带为高，而不能更为具体地推测其重复性，况且，在上半期与下半期，东西带上的活动也很不一样。台湾位于太平洋边，其境内地震，国内外地震台多能观测到，本地的观测系统亦建立比较早，因此，仪器地震记录是相当完整的。人们将其 1920—1973 年间的活动，包括 6 级以下的较小地震，按上述震级–频率关系作图（用半对数坐标），如图 10-3。

从图上我们可以读出东西两带上各级地震每年发生的平均次

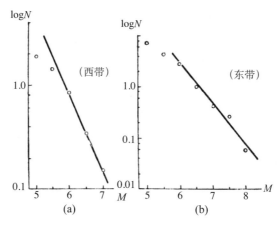

图 10-3 台湾地震活动，震级－频率特性曲线
西带：$b=0.73$，东带：$b=0.81$（据 1920—1973 年资料）

数，因此亦能得到各级地震重复发生的平均时间。需要指出的是，这一平均时间，只是将地震作为随机事件的一种统计概念，而不等于实际重复的时间。

以上概括地论述了我国破坏性大地震的地理分布和时间分布。总的来说，分布图式与地质构造有密切关系。地震震中总是以某些地质构造特点为条件，集合到一起，形成地震活动带。最明显的是沿各个构造单元的分界线，特别是在包含有接触断层的地带。我国东部是古老的地台区，西部是古生代以后的地槽回返褶皱带，两方基础不同，在地壳构造运动中，互相牵制，发展过程也不同，产生各种复杂的构造体系，形成许多单元。这些单元的构造特殊性又控制后来的发展运动，从而决定了地震分布的图式。上文根据地震地质特征，就我国各地已知震中的地理分布，归纳为若干地震带，有的是全国性的，有的是区域性的，重要的是区域性地震带。经过分析和对比，可以见到，在这些区带上的地震活动具有一定的重复性，但重复的地点和时间是没有一定的。就其综合表现来看，将一条地震带作为一个活动单元来考虑，如果有足够的历史地震资料，则可看出其地震活动程序是变化的：

由低潮达到高潮，又回到低潮，周而复始。值得注意的是，高潮的旋回不见有周期性，时间长短不一，在同一地震活动带上，若有两次以上的高潮，各次时间间隔也不是相等的。代表高潮的最大地震，震级大小也不是各区带都相等，而是稍有差别的。至于在活动过程中，中小地震的重复性，尤其复杂。重复地点，有的就在原地（除了前震或余震），有的相距较近，有的则很远。或远或近都尚未明其变化规律。对于重复时间，亦只知一些高潮，而个体地震则各不相同，有的可以相差很悬殊。但是，将长时间的综合统计作出的平均值进行对比可发现，地槽区地震重复率一般比地台区要大。

由于全国各地地震记载历史有长有短，西部很多地区只有本世纪的仪器观测资料，仅数十年的时间，因此，积累更多资料时，所划分的地震带还可能改变。

4. 非构造性地震活动

现在都知道绝大多数地震是在地壳构造运动过程中产生的，但认识到这一点为时还不久，实际上是在本世纪之初才肯定下来的。在此之前，人们对地面上若干地质现象，如火山爆发，地陷、山崩等连同地震都认为是地动灾害，在历史上亦常常记在一起。至于什么物质力量使地壳发生震动，则各有不同见解。在我国，古书《易经》上说："山下出泉"，可见古人早已了解地下有水力；又云"山下有火"，亦知地下有火力（指高温作用力）；再曰"风自火出"，风由气成，水火相交而生气，气动为风，很显然，古人亦推测到地下有风力（指气的爆发力），从而总结出水、火、风（气）是地内三种主要自然力，"顺之则和，逆之则乱"，故有地动。例如，庄子（即庄周，战国时人，上文已提到）主张地震成因是水的作用："水激则地动"，尤其特殊的是，有人主张地震成因乃气的作用，如宋代理学家程子（程颢、程颐兄弟）说："凡地动只是气动"。气动之说，在欧洲中世纪，颇为盛行，可能是由于人们实地见到意大利一带火山爆发时，有火红的岩浆流出，大量的水汽上冲，同时有地震连续不断，于是在地学研究方兴的初期，乃有气动地震的设想。西方地学界很相信这一学说，在未认清地质构造运动与地震的关系之前，长期将地震与火山联结在一起。约在明末、清初气动说便传入我国。有比利时传教士南怀仁（Ferdinand Verbiest），于康熙时，任钦天监监正，著有《坤舆图说》二卷，1672 年（康熙十一年）刻于北京，内有"地震论"，阐述了气动地震臆说。康熙之世，连续发生特大地震多次，如 1668 年在山东郯城，1679 年在河北三河，1695 年在山西临汾，1709 在宁夏中卫等，都发生过大地震，其他地方还有不少强烈地震。清初人心未定，频繁的地震灾异使皇室震惊，康熙帝乃一反前人的"地震是天诫"之说，用南怀仁的气动臆说，解释地震为自然现象，作文以安人心。其文如下：

> "朕临揽六十年，读书阅事务体验至理。大凡地震，皆由积气所致。程子曰：凡地动只是气动，盖积土之气不能纯一，秘郁已久，其势不得不奋，老子所谓地无以宁，恐将发，此地之所以动也。阴迫而动于下，深则震虽微而所及者广，浅则震虽大而所及者近；广者千里而遥，近者百十里而止；适当其始发处，甚至落瓦倒垣，裂地败宇，而方幅之内，递以近远而差；其发始于一处，旁及四隅，凡在东西南北者，皆知其所自也。至于涌泉溢水，此皆地中所有，随此气而出耳。既震之后，积气已发，断无再大震之理，而其气之复归于脉络者，升降之间，犹不能大顺，必至于安和通适，而后返其宁静之体，故大震之后，不时有动摇，此地气返元之征也。宋儒谓阳气郁而不申，逆为往来，则地为之震；《玉历通政经》云阴阳太甚，则为地震，此皆明于理者。西北地方，数十年内，每有震动，而江浙绝无。缘大江以南至于荆、楚、滇、黔多大川支水，地亦隆洼起伏，无数百里平衍者，其势欹侧下走，气无停行；而西北之地，弥广磅礴，其气厚劲坌涌，而又无水泽以舒泄之，故易为震也。然边海之地如台湾，月辄数动者又何也？海水力厚而势平，又以积阴之气，土精上镇，《国语》所谓阳伏而不能出，阴

迫而不能蒸，于是有地震，此台湾之所以常动也。《谢肇淛，五杂
俎》云，闽广地常动,说者谓滨海水多则地浮；夫地岂能浮于海乎！
此非通论。京房言，地震动于水则波；今泛海者遇地动，无风而
舟荡摇，舟中人辄能知也。地震之由于积气，其理如此，而人鲜
有论及者，故详著之。"

上录《康熙御制文》第四集，卷三十康熙论地震一文，借以
说明在地球科学发展的初期，人们对地震的认识与火山活动是分
不开的。及后据观测结果，大多数地震，特别是强烈的破坏性地震，
并不与火山同时发动，气动地震的理论只可以说明极少数火山引
起的小地震。当人们已了解地震与地质构造关系之后，便创出新
的地震成因理论代替气动说，而将火山等暴动造成的地震，另列
为不同类型的非构造性地震。

4-1　火山与地震

当火山要爆发的时候，伴随有一系列地震活动，人们称之为
火山地震。这类地震是当地下岩浆上冲到地表喷发为火山时，附
近岩石被冲破所引起的。至于内部岩浆活动，也是受地壳构造运
动影响的，在其剧烈过程中，也发生地震。需要指出的是，所谓
火山地震，只包括火山爆发阶段的地震。在我国，除台湾外，已
没有现在继续活动的火山，也没有环太平洋式的火山带（即浅源
地震震中与活火山和死火山并行分布），实际上，在现阶段，我国
已没有火山地震，但过去有过。最著名的火山遗迹有以下几处。

（一）晋北火山群

现在还能调查到的晋北火山遗迹大约还有 120 个左右，其中
调查研究较详的是大同火山群。大同火山是我国东部有名的火山
群之一，位于山西大同市之东 25—50 公里的桑干河谷盆地中，约
有第四纪火山遗迹 20 个,分作东西两区。西区西自聚乐堡东的金山，
南至西坪，东至瓜园一带，尚有保存完好的火山锥 13 个，一般说
的"大同火山群"即指此而言。火山锥主要是由火山碎屑堆成的
孤立的小山丘，相对高度一般在 60—80 米，最大的黑山和狼窝山

高达 100—110 米，最小的如西坪西边的小火山不过 20 米。山顶无覆盖物或风化层，顶上有火山口和口垣，大部分保存良好，有的形似马蹄，如黑山、狼窝山、金山、马蹄山等，还有一些有多道喷口和多次喷发的火山，如黑山、双山等。东火山区较小，自瓜园以东至神泉寺，在玄武岩溶岩平原上可看到六、七个较低的老火山丘，相对高度一般在 50—60 米，甚至更低。山形多浑圆，平坦，黄土分布直到山顶，有的已垦为耕地，如鹅毛疙瘩大山、大辛庄火山等。

几经研究，大同火山群已确认为是第四纪更新世的火山，而且是熄灭之后不曾再活动的死火山。由于古代著名地理学家郦道元曾在其作的《水经注》关于注漯河（今桑干河）水系的文中说到"……山上有火井，南北六、七十步，广阔丈许，深不见底，炎气上升，常若微雷发响，以草投之，则烟腾火发"，使得一些读者以为郦道元所处时期火山还有活动，他们竟然说：大同火山不是死火山而是休眠火山，将来还有爆发的危险。其实早经科学家考证，这里所说的火井是在大同之西，今之十里河地带，为大同重要煤矿区，在历史上和现在都有过煤层自燃现象，遗迹犹存。郦道元所描述的火井情况，显然是指煤矿自燃，而不是大同之东聚乐堡一带从地壳内部爆发出来的火山。

现在知道的是，晋北火山自新生代以来，在第三纪晚期有一次较大规模的区域性强烈火山活动，主要分布在大同以北，丰镇至张家口一带的高原上，熔岩厚度大，广达数百公里。到了第四纪中更新世中期或晚期，又有一次局部火山活动，即大同东区火山活动，熔岩厚度小，范围亦仅十几公里。最后在晚更新世的初期至中期又有一次更局部的微弱活动，即大同西区火山群的活动，熔岩流出的范围很小，且彼此不相连接。现在已被马兰期（Q3）黄土覆盖，黄土层上冲沟很深，说明火山活动早已停熄。总之，从地史看大同火山不是休眠而是熄灭已久的死火山。历史上亦无火山地震记载。

（二）东北火山群

东北地区亦有不少时代较新的火山遗迹，已知的约有 180 个，主要分布在吉林和黑龙江两省，最著称的是吉林的白头山。它成为长白山的主峰，是在第三纪末和第四纪初发生大喷发，涌出大量石英岩和玄武岩，最后的白玻璃质浮石岩盖在顶上，成为了白头山。据说明万历中和清康熙末年都曾爆发，今已完全停息，也无火山地震活动。山顶遗有火山湖。据早年旅行家所见："山上有潭曰闼门，时常云雾溟蒙，水鸣如鼓，故名龙潭，亦称天池，东北西南成一椭圆，斜长 29 里，北段宽 20 里，中段宽 10 里，南段宽 12 里，周围约 70 余里；冬不冰，夏无萍，水面有浮石，名海肺石。"图 10-4 是 1908 年测的地形图。从图上可以看到天池周围的火山喷口壁，现已被侵蚀成了许多山峰，其中最高的是白头峰，在天池

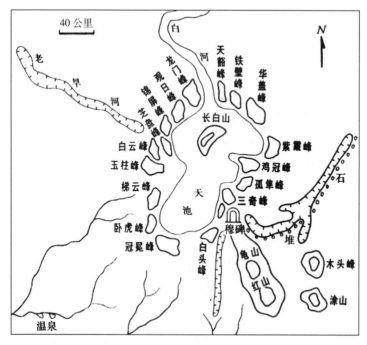

图 10-4　吉林白头山天池形势图（据 1908 年测制）*

---

　　* 王嘉荫，中国地质史料。

南岸，海拔 2744 米。

东北另一著名火山是黑龙江的五大莲池火山群。在黑龙江德都县（即青山镇）境内，纳谟尔河北一支流白河的源头，有相连的五个火山池，称为五大莲池。其周围约 600 平方公里的地区，分布着至今犹保存完整的火山丘共 14 座，其中火烧山和老黑山曾于康熙五十八年（公元 1719 年）爆发，数日后停止，后两年又喷出大量熔岩，造成五大莲池，其形势如图 10-5。据《黑龙江外记》记载："墨尔根（即今嫩江）东南，一日，地中忽出火，石块飞腾，声撼四野，越数日火熄，其地遂成池沼，此康熙五十八年事。"关于 1720 年和 1721 年的再次爆发，吴振臣在其《宁古塔记略》中写道："……康熙五十九年六、七月间，忽烟火冲天，其声如雷，昼夜不绝，声闻五、六十里，其飞出者，皆黑石、硫黄之类，经年不断，热气逼人三十余里。"这次喷发的石龙熔岩，南北长 17 公里，占面积 68 平方公里，厚 20—40 米以上，覆盖于先期喷出的玄武岩台地上，堵塞了白河河道，这样形成了五大连池。

图 10-5 黑龙江五大连池火山遗迹分布图[*]

此外，黑龙江省北部，呼玛尔河之北的查哈颜火山，约在清

---

[*] 据地理知识，1973 年六期。

朝乾隆、嘉庆期间也喷发过。据《龙沙记略》的记载："察哈盐峰（即查哈颜峰）峭削千寻，根插江底，土黄赤，无寸草，腰亘两带深黑，火光出腰间，四时腾炽不绝，天雨，烟煤入两气中，延罩其上。巡边者舟过其下，续长竿取火为戏。"又《黑龙江外记》亦说到"查哈颜峰上一穴，昼见焰，夜见火，嗅如石灰，色黄白，捻之成屑，不识为何物"。这显然是火山活动，不过喷发之势已趋于萎弱了。

如上所述，东北地区曾经有不少火山活动，且有十八世纪仍在活动的；但历史上未见有伴随地震的记载，即到现代，有了仪器观测之后，长白山和嫩江一带也很少地震记录。这表明后期的火山规模不大，现在已完全平息了。很明显，东北各地区的强震是与它无关的。

（三）滇西火山群

滇西火山，主要分布在腾冲一带，已知的约有 14 个火山锥，由安山岩和玄武岩构成。山锥的顶部有火山口，是第三纪至第四纪初期的喷口，现犹保存完好。这些火山都在从腾冲向北 60 公里的一条狭长带上分布着，大小不一，喷发时间亦有先后。在腾冲西南仅 2 公里的来凤山和乌鸦山是早期喷出的中性安山岩，属于第三纪，其余都是第四纪的基性玄武岩。喷发规模都不甚大，其中比较高大的是打鹰山，至十七世纪还在活动，至今尚未完全冷却。打鹰山在腾冲西北约 9 公里处，与城区相比约高 1000 米。明代旅行家徐霞客，曾于崇祯十二年（1639 年）五月初七来到这里，看到了山下喷水，冒出热气。他在《徐霞客游记》中写道："鼓风煽焰于下，水一沸跃，一停伏，作呼吸状，声如虎吼。"这像是火山活动尚未平息的情态。又写道："据土人言，三十年前（1609 年，万历三十七年）其上皆大木巨竹，蒙蔽无隙，中有龙潭四，深莫能测，是声至，则波涌而起，人不敢近。后有人牧羊于此，一雷而震毙羊五、六百头，及牧者数人，连日大火，大树深篁，燎无孑遗，而潭亦成陆。"这像是一次爆发。在康熙修编的《永昌府志》上记载 1609 年 1 月至 2 月中旬连续发生地震数十次，恰好与徐霞客所说的火山现象同期，是否为火山地震，尚无确证。

腾冲火山遗迹，散布在滇西地震带的一段上，这里构造地震很活跃，其中 1512 年腾冲地震震级为 6½，是一次强烈地震，但未见同时有火山活动的记载。又 1842 年冬连续地震至次年二月乃止，亦无火山活动。总的说来，腾冲一带地震活动，无论在频度上、在震级分布上还是在震源深度上，均未见有任何特征可以与地下岩浆活动相联系的。

（四）其他火山遗迹

根据记载，在我国还有不少地方保留着近期活动过的火山遗迹，其中较著名的有如下述。山西河曲县有火山，曾设火山军和火山县，疑在宋朝喷发过，也可能是煤矿自燃。据《大清统一志》云："火山在河曲县南六十五里，……黄河东岸上有孔，以草投入，烟焰上发，可熟食物，不生草木，上有硇砂窟，下有气砂窟，黄河过此遇覆釜，河流为之曲。"从现在地图上可看到，琼州海峡两边都有火山遗迹，它们原是第三纪时海底喷发的火山，由于第四纪的地壳上升运动，露出海面遂与大陆相连。其附近是强烈地震带，如 1605 年琼州 7½ 级地震，就是构造地震，并没有引起火山再度活动。此外，在新疆亦还有火山遗迹。《宋史，于阗传》对吐鲁番火山有如下记载："北庭山中出硇砂（按即氯化铵），山中常有烟气涌起，无云雾，至夕光焰若炬火，照见禽兽皆赤。"又《魏书》对伊犁火山作如下记载："悦般国（即今伊犁）南界有火山，山旁石皆焦熔，流数十里，始坚凝；人取为药，乃石硫黄也。"这是火山喷硫的最早记载。再就是昆仑山中是否还有活火山。昆仑山火山的最早记载是《西山经》，有"南望昆仑，其光熊熊"之句，近来亦有报道。1950 年地质科学工作者在昆仑山克里雅区（即克里雅河发源地），看到丝毫未受剥蚀的火山口及相连的安山岩熔岩流，但未见有新的活动迹象。1951 年乌鲁木齐报载，在昆仑山参加筑路的解放军官兵，看见离公路不远的地方，有火山锥不断地冒烟并喷飞石块。克里雅河河源上有许多新鲜火山口，这在本世纪之初已有人发现，在国外文献上亦有报道，只是 1951 年的爆发其真象如何，尚有待进一步调查。

人们怀疑在藏北和昆仑山中部许多地方有近代火山，尚待调查。在西藏高原上现已知道有很多间歇泉和温泉，将来还可能有新的发现。

（五）雨粟与火山喷发

以上所述，说明我国古代火山活动与环太平洋和地中海火山带不同，是属于稳定大陆内部的地区性火山，活动规模很小，时间延续很短，旋即熄灭。至于历史时期有无较大规模的喷发则令人怀疑，因为火山事件常发生在穷乡僻壤之地，不易为人发觉。历史上有些记载是值得探讨的，例如《旧唐书》载称："神龙元年（公元 705 年）九月十八日，有赤气竟天，其光烛地，经三日乃止。"又"宝应元年（公元 762 年）三月壬子夜，西北方有赤气见，炎赫亘天，贯紫微，渐流于东，弥漫北方，照耀数十里，久之乃散"。这类记载可能是来自空间的巨大流星爆炸，但亦有可能是远地的火山，在剧烈喷发时反映出来的光亮。更奇特的是关于"雨粟"的记载，从空中如雨一般降下许多泥石之类的东西，状如粟米，其中有大如卵，小如麻豆的，间亦有木节等物，论其质其形都与火山喷出物类似。这类记载，历代都有，清代尤多。下录西汉以来见于各种古书的描述，供读者参考。

表 10-11 所辑 66 款，包括雨粟事件上百次，落下之物，就其体形、颜色等来说，都像是火山喷发的物质。当大规模火山爆发时，喷发物上冲云天，火山灰屑，飞散范围很广，常可飘到很远的地方，若途中遭气流冲击，亦可能是滚成丸粒等形状的。至于古代记载的真实性如何，还需考证。值得注意的是清代记载特别多，并将雨粟说成如粮食一类的东西，且都收入于正史。这不免使人怀疑将其附会为"上天赐福"是带有政治目的的，为的是美化统治者的圣明，以表现出一番太平的景象。总的说来，这类事象是可以

表10-11 历代关于雨粟的记载

(王嘉荫辑)

前 192 年	汉 惠 帝	三年，桂宫、翟阳俱雨稻米（伏侯古今注）。
前 137	汉 武 帝	建元四年，天雨粟（同上）。
前 66	汉 宣 帝	地节三年，长安雨黑粟（同上）。
前 65	汉 宣 帝	元康四年，长安雨黑黍如禾，南阳雨豆（同上）。
前 33	汉 元 帝	竟宁元年，南阳山郡县雨粟，色青黑，味苦。大如豆，小者如麻子，赤黄，味如麦（同上）。
44 年	后汉光武帝	建武二十年，清河广川雨粟，大如莒实，色黑（同上）。
75	后汉明帝	永平十八年，下邳雨大豆，似槐实（同上）。
77	后汉章帝	建初二年，九江寿春雨粟（同上）。
788	唐 德 宗	贞元四年……陈留雨水，大如指，长寸余，有孔通中，下而植于地，凡十里许（旧唐书，卷十三）。
1168	宋 孝 宗	乾道四年春，舒州雨黑米，坚如铁。破之，通心皆黑（宋史五行志）。
1334	元 惠 宗	元统二年，河南省雨血。是日众晨集，忽闻燔柴烟气，既而黑雾四塞，咫尺不辨，腥秽逼人，逾时方息，及过日午，骤雨随至，沾洒垩墙及衣裳皆赤（元史，五行志）。
1338	元 惠 宗	至元四年四月辛未，京师雨红砂，昼晦（同上）。
1345	元 惠 宗	至正五年四月镇江丹阳县雨红雾，濡染红草木叶及行人衣（同上）。
1352	元 惠 宗	至正十二年三月二十三日，黑气亘天，雷雨中有物若果核杂下，五色相间，光莹坚固，破其实食之，似松子味。杭州、湖州均有（陶宗仪，辍耕录）。
1354	元 惠 宗	至正十四年十二月辛卯，绛州有红气起自北方，蔽天几半，移时方散（元史，五行志）。
1355	元 惠 宗	至正十五年春，蓟州雨血（同上）。
1358	元 惠 宗	至正十八年三月辛丑夜，大同路有黑气蔽天于四方，声如雷然；俄顷有云如火交射中天，遍地俱见火光。以物触地，辄有火起。至夜半空中有兵戈相击之声（同上）。
1371	明 太 祖	洪武四年十二月，蒋山寺佛会三日，云中雨五色子如豆，或曰婆罗子（孙之騄，二申野录）。
1373	明 太 祖	洪武六年六月十九日，广州雨米，如早谷米，米身略小而长，黑色，如火烧米样。炊蒸之为饭甚柔，人争取之，有得三斗者（邓淳，岭南丛述，卷一）。
1405	明 成 祖	永乐三年五月，京师大风，皇墙以西有声如雨雹，视之皆黄泥丸，坚净如樱桃大，破之，中有硫磺气（二申野录）。

1459	明 英 宗	天顺三年三月乙酉，兰溪黄盆畈天雨黄土，大如椀，至地即碎（同上）。
1466	明 宪 宗	成化二年六月十七日，顺德大澍雨米，色黑，身小而粒坚，人扫拾之，有至斤斗者（岭南丛述）。
1468	明 宪 宗	成化四年五月，大风雨。有雹坠地，皆黄泥丸子，圆净坚实，如梅子大。破之，中有硫磺气（查继佐，罪惟录，五行志）。
1501	明 孝 宗	弘治十四年七月朔，蜀忠州昼晦如夜，天雨黑子，形色如椒，平地可掬（二申野录）。
1507	明 武 宗	正德二年九月，咸宁天雨黑子，积至十余日（二申野录）。
1513	明 武 宗	正德八年夏五月，德庆州日中雨石，其色赤黑，大如拳小似卵，人取食之（同上，岭南丛述亦记）。
1555	明 世 宗	嘉靖三十四年，十月二十五日，常熟县天雨赤豆（二申野录）。
1576	明 神 宗	万历四年，连州天雨米（岭南丛述）。
1615	明 神 宗	万历四十三年六月一日，江陵天雨豆，赤色（梁九图，紫藤馆杂录）。
1621	明 熹 宗	天启元年四月乙亥午，宁夏洪广堡，风霾大作，坠灰片如瓜子，纷纷不绝，逾时乃止（明史，五行志）。
1624	明 熹 宗	天启四年雨米实如豆，绿、黄、黑、红鲜明异色。又雨小豆，半赤半黑，如岭南之相思子（罪惟录，五行志）。
1629	明 毅 宗	二年，雨人面豆，眉目口鼻俨然（紫藤馆杂录）。
1646	清 顺 治	三年五月，邱县雨麦。六月潮阳雨豆（清史稿，灾异二）。
1655	清 顺 治	十二年，渭南天雨粟，平乐天雨荞麦。三月，凤阳、西安天雨莜麦、碗豆。五月临潼、咸阳雨莜麦、碗豆（同上）。
1657	清 顺 治	十四年二月，婺州雨黍（同上）。
1663	清 康 熙	二年十月，阜阳雨粟粒，若荞麦，圆小而坚，味辛，厚处盈寸（同上）。
1682	清 康 熙	二十一年三月，温州雨豆（同上）。
1683	清 康 熙	二十二年四月，宁都天雨豆，又雨黑黍（同上）。
1687	清 康 熙	二十六年二月，合肥雨豆（同上）。
1689	清 康 熙	二十八年正月，含山雨小豆（同上）。
1705	清 康 熙	四十四年三月，葭州雨黑豆（同上）。
1721	清 康 熙	六十年夏，安化天雨荞麦（同上）。
1727	清 雍 正	五年十月，当涂雨红、绿豆，形如小小麦无蒂（同上）。
1732	清 雍 正	十年，什县雨荞麦（同上）。
1733	清 雍 正	十一年二月，山阳、清河雨黑豆，啖之味苦（同上）。
1737	清 乾 隆	二年二月，昌化雨豆（同上）。

续表

1758	清 乾 隆 二十三年，池江雨豆（同上）。
1761	清 乾 隆 二十六年，安化雨荞麦，形似而小（同上）。
1775	清 乾 隆 四十一年六月，余姚雨小麦、黄豆（同上）。
1807	清 嘉 庆 十二年春，黄陂雨豆（同上）。
1822	清 道 光 二年夏，黄岩天雨菽（同上）。
1824	清 道 光 四年十月，黄梅雨豆麦谷米。碎之，色如焚瓦灰，嚼之微苦，与鸡鸭不食（同上）。
1836	清 道 光 十六年十二月，武宁雨豆（同上）。
1852	清 咸 丰 二年十一月，太平雨豆（同上）。
1854	清 咸 丰 四年二月，随州天雨豆。四月黄冈雨豆，食之味苦。冬武昌县雨黑豆（同上）。
1855	清 咸 丰 五年正月初三日，孝感天雨小豆。二月又雨豆。三月武昌天雨豆，如槐实；黄安亦雨豆。夏黄州蕲州雨豆如槐实。十一月黄冈天雨豆如槐实（同上）。
1856	清 咸 丰 六年八月，随州雨豆（同上）。
1858	清 咸 丰 八年二月，兴国雨豆，色赤（同上）。
1860	清 咸 丰 十年，龙泉雨豆，色赤（同上）。又三月天雨麻豆、菽、麦、黍、稷、稻、粱、秋等物，碎之黑如炭，入口辛涩不堪（邓文滨，醒睡录）。
1861	清 咸 丰 十一年三月，麻城雨豆；十二月，溪梁雨豆，色赤（清史稿）。
1864	清 同 治 三年正月，永丰天雨豆，五色斑烂；三月，景宜、嵊县雨豆；五月，京山雨豆，其色黑光（同上）。
1867	清 同 治 六年二月，栖霞雨草子，如荞麦；夏，嵊县雨豆（同上）。
1870	清 同 治 九年十月，遂昌雨谷，外黑内红；德兴雨豆，内黑外白（同上）。
1872	清 同 治 十一年三月，即墨雨红豆、荞麦（同上）。
1876	清 光 绪 二年四月，青田雨豆（同上）。
1883	清 光 绪 九年三月，咸宁雨红麦（同上）。

有的，而大爆发的火山，可能是远在国外的。

4-2　水库与地震

当地面局部负荷情况有所改变时，地方地震活动性将受到一定的影响，这是容易理解的，但在没有具体事实证验之前，并未引起人们的注意。迨本世纪四十年代，美国科罗拉多米德湖地区的水库蓄水后发生了一系列的地震，通过调查研究，方知这些地震是由于水库蓄水引起的，并有它自己的特征，因名水库地震。奇怪的是，在水利建设中，筑坝蓄水已有久远的历史，世界上大小水库不知凡几，但从未引起地震，为什么待米德湖水库蓄水，问题才暴露出来呢？这是因为水库地震的发生有特殊的地质背景。米德湖是科罗拉多河上的人工湖，筑起胡佛坝后成为水库，于 1935 年开始蓄水。这一带向来没有地震记录，当水库蓄水约到 100 米深度时，人们开始感觉地震。此后，地震活动随水位增高而增加，1937 年感到约有 100 次地震。1938 年开始设置地震台网进行仪器观测，发现地震发生在米德湖附近 35 公里的地区之内，震中沿断层集中，震源深度平均小于 9 公里（据近湖 4 个观测台测定的震中位置，误差可小于 1 公里）。到了 1939 年 5 月，水库蓄满水已达 9 个多月，正常水位平均在 143 米左右，因蓄水增加的地面负荷约为 350 亿吨，这时的地震活动达到了高潮，其中包括一次 5 级地震。嗣后，地震活动渐次衰减，总的趋势是下降，但仍跟着水位变化波动，至今尚未完全平息。

地质方面的调查，证明这里的情况是相当复杂的，岩石成分有花岗岩、片麻岩、前寒武纪片岩、砂岩和灰岩以及第三纪火山岩，并在地表出露许多断裂，特别是水库南缘的几条较大断层，尤关重要。据地质学家的意见，认为水库盆地的断层自上新世以来已入稳定状态，筑了水坝后，米德湖水库的负荷，使断层又复活起来。

水库地震不同于一般构造地震之处，是水库具有触发作用。当然，主要还是决定于当地的地质条件。如果条件不具备，即使在经常有地震活动的地区建筑水库，也不会引起水库地震。现在已知道的水库地震，多发生在原来地震不活动的地区。还有一个重要的因素是库水渗透增加了润滑的作用。水库地震发源很浅，震源深度一般不过几公里。水库地区的地震地质构造，往往是断裂很发育，地层比较破碎，地表储水往下渗透甚为容易，加之水库负着几百亿吨水的载荷，迫使水渗入库区岩石的内部亦更为深广。人们知道，各种岩石都含有不同程度的孔隙，孔中有液体，保有一定孔隙压力向外抗衡，以维持不动。由于受到水库的影响，压力增加，平衡为之破坏，形成不稳定的环境，是可想而知的。胡贝特－鲁比（Hubbert, M. K., Rubey, W. W.）指出：孔隙压力的提高可以抵消岩石内在的静力负荷，从而减少断层错动时的摩擦阻抗。其运动机制可用摩尔－库伦公式来表示。

当岩石保持应力平衡，维持不动的状态下，岩石承受的负荷 σ 与其内在的正压力 σ_0 和孔隙压力 p 的关系，可简单写成

$$\sigma=\sigma_0+p \tag{10-1}$$

如果断层滑动仅仅是由于抗剪应力 τ，那么，与断面间摩擦应力之间的关系，则可按上述摩尔－库伦公式，直接写为

$$\tau=\tau_0+f(\sigma-p) \tag{10-2}$$

式中 τ_0 是岩石内在强度，f 是摩擦系数（$f=\tan\varphi=\mu$）。从上式可以看到，当孔隙压力增长时，剪切面上（即断层面）的摩擦减少，断层滑动所要求的剪切应力也相应地降低，断层便容易滑动，造成水库地震。

其后，在科罗拉多的另一地方丹佛（Denver），为防止污染庄稼，把废水压入 3614 米的深井，又引起了频繁的地震。经过观测研究，认为也是由于岩石孔隙压力增长，促使裂隙发育而引起的地震。用胡伯－罗比公式进行演算，得出在孔压力增长到 120 巴时，摩擦抗剪力可下降到 69 巴。有关胡伯－罗比的地震发生机制，下文还要谈。

（一）新丰江水库地震

米德湖水库地震引起了工程地质界极大的重视。随后陆续发现许多水库地震事件，现已知道的约有 30 处以上。我国新丰江水库地震，就是其中之一，下面作为一个实例来谈。

新中国兴建的水库很多，引起地震的绝少，惟有新丰江出现了典型的水库地震活动。1958 年，广东省在新丰江下游河源县城

————断层　·震中　○1 高龙嶂　○2 双塘　○3 罗坑

图 10-6　广东河源新丰江水库区震中分布图

附近，拦河筑坝，坝长 448 米，高 105 米，建成了面积 390 平方公里的水库，容水 115 亿吨。1959 年 10 月开始蓄水，一个月后，居民感觉有地震，距离 150 公里的广州观测台亦有记录。此后地震活动频繁，并随水位升高而增加。9 个月后，当水位高达 90 米时，开始出现震级大于 3.5 的较大有感地震。当地震活动加剧时，在水库周围，设立了临时地震台进行监视，随后又建立了正式观测台网，于 1961 年 7 月开始工作。震中最初集中在大坝附近，新丰江峡谷北边葫芦坳一带，以后逐渐发展到南边及水库后边，最后到了新丰江峡谷上游的许多地方，如图 10-6 所示。

1961 年 10 月，水库蓄水已满，达到正常时期的水位 115 米高程之后，地震活动更为频繁，每天多至 30 余次。情况一直很紧张，1962 年 3 月 19 日，达到高潮，发生一次 6 级大震。自此之后，地震活动逐渐减弱，虽然随着水位变化其活动大小仍有波动，但总的趋势是下降的，如图 10-7 所示。

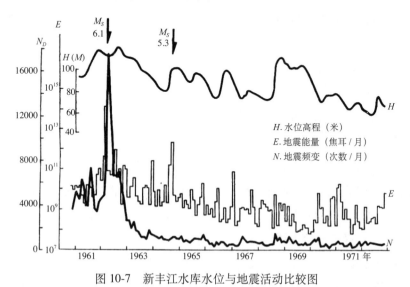

图 10-7　新丰江水库水位与地震活动比较图

新丰江水库的规模比米德湖水库小，但主震发生的时间较早，震级亦较大，并且震中离大坝只有 1 公里左右，以致坝体上部出现一些水平向裂纹。因此，大震之后引起库区人民的焦虑。有关部门对库区地震地质背景，作了多方面的调查研究，以便进一步采取安全措施。

在我国，第一次水库地震发生在新丰江水坝，与世界上其他水库地震一样，也是在原来无震的地区发生的。在筑坝之初，查得河源县在历史上没有地震记载，只是在香港工商日报曾载称，1934 年 3 月在博罗、河源界上的清边乡发生过轻破坏地震。由于本地并无报道，后亦查无实据，因此当时对于水库的地震问题没有引起重视。水坝建筑在花岗岩基础上，地质条件良好，尽管表面上有一些构造断裂，也没有引起特别注意。现在知道这一带的地质构造情况是复杂的。库区所在的地方，大部分是中生代（侏罗－

白垩纪）花岗岩和花岗闪长岩，外围是中、新生代沉积岩层。断裂很发育，东边有邵武 - 河源大断裂带在此经过，西边在水库边缘有人字石断层，在水库后边有笔架山断层，均作北东走向，参阅图 10-6。在这三条主要断层的中间，还有许多相互交错的小断层，可以推测库区地质建造是相当破碎的。需要指出的是，人字石和笔架山两条主要断层，实际上是花岗岩块内部的岩脉风化后形成的裂缝，表面错动虽很难估计，但其有利于水的渗透是很显然的，所不知的是断层深部的情况。

为了监视水库地震活动的情况，库区观测台网，长期进行工作，未曾间断。自 1961 年 7 月至 1972 年年底，十年中共记录大小地震 258，247 次，其中 $M \geqslant 1$ 的、可以测定参数的地震为 23，512 次。就地震活动的地理分布来说，震中主要在大坝附近的水库两边，以及水库后面的新丰江峡谷两边，基本上是在河源大断层以西，而没有沿任何一条断层集中分布的迹象。震源很浅，一般在 10 公里以内，以 3 至 6 公里为最多，其中 4 至 5 公里的尤为集中。

再根据地震活动的时间序列分析，新丰江水库地震是主震型的活动。在 1962 年 3 月 19 日主震发生之前 28 个月，共有前震 81，719 次。主震发生时库水蓄满已 6 个月。在震前 20 天内，地震活动趋于减弱，没有 3 级以上的地震，震中亦渐向未来的主震震中区扩展。到了临震前 7 小时，全区处于地震平静状态。主震发生后，地震活动到达最高潮，当天 4，000 余次，月平均高至 17，633 次，然后逐渐下降。余震活动延续时间很长，至今尚未停息。地震活动的下降趋势一般是按下列关系式估算的，即

$$n = \frac{7182}{(1.94+t)^{0.9}} \tag{10-3}$$

式中 t 是时间，n 为地震发生频率（每天或每月震次）。

余震活动的实际变化还是相当大的。两年后，1964 年 9 月 23 日又发生一次 5.3 级的较大余震，震中离主震很近。主震之后，地震活动区域亦有变化，主震前活动强烈的地区，主震后显著减弱，

原来活动较弱的地区，主震后成为主要活动区。震中区逐渐缩小，震中由密集而分散，最后消亡，其中消逝较快的是水库后面的活动区。1962 年 11 月始，库区地震活动主要在新丰江峡谷下游大坝附近的水库两边，并渐渐分化为三个活动区，即高龙嶂、罗坑和双塘，参阅图 10-6。这三个地区都是河源大断裂带与人字石断层之间许多复杂断层的相互交错之地。1965 年 6 月以后，地震活动一直稳定在上述三个地区，其他地区活动基本上停息了。

由上述可知，新丰江水库地震是一个典型实例，其特点是库区地质构造很复杂，断层多。虽然深处情况还不甚清楚，但地表上显得很破碎，尤其是在花岗岩地区，许多原生裂隙被填充成为岩脉后发生风化，使地下水便于渗透。它的地震活动也是典型的包括前、余震的主震型活动。它也是发生在无震区。查河源一带，历史上极少地震。根据有限资料，这一地区的正常地震活动 b 值约为 0.72 左右，而按上述观测数据，前震 b 值为 1.12，余震 b 值为 1.04，这点与世界各地已发生水库地震地区的情况也是一致的。这些地区一般都是 b 值较大的，如米德湖的 b 值为 1.4。

水库地震的活动形式也有非典型的，即前震特少或无主震的，对这种活动形式，人们难以估计其危险性。但即使是典型的水库地震，现阶段也还无法估计在库水储满后多长时间发生主震以及震级的大小。可以看到，这与库容大小没有直接关系，因为我们知道，位于赞比亚西河峡谷的卡里巴（Kariba）水库，库容达 1750 亿吨，是世界上最大的有水库地震的人工湖，其主震震级为 6.1，迟后时间约 4 个月；而新丰江水库库容才 115 亿吨，库容为前者 1/15，但主震震级也是 6.1，迟后时间为 5 个月；米德湖水库库容为 350 亿吨，主震震级却为 5，迟后时间为 9 个月。更为特殊的是希腊克里马斯塔（Cremasta）水库，库容不过 47 亿吨，当蓄水将满就发生主震，且震级达 6.2。这一水库建在原来地震活动比较强的地区。蓄水后，水位迅速上升，跟着出现水库地震，不久即达到最高潮，发生主震。这时水库差不多蓄满，水深约 120 米。

当水位达到最高值并趋于平稳后，地震活动便立即降低，计其紧张阶段的全过程只有 3 个月。惟主震的震源深度较深，接近于 20 公里。

总起来说，如上所举实例，我们对于水库地震发生和发展的规律了解得还很浅，须进一步研究，但震级大于 6½、足以危害水坝的强烈水库地震，迄今未曾有过。

此外，非典型水库地震，在我国也有一例。

（二）丹江口水库地震

在汉水上游丹江入口处筑了个水库，规模比新丰江水库大。1967 年冬开始蓄水，库水由两江分担，形成丹江库区和汉江库区。当水位达到应有的高程 140 米后，于 1970 年 7 月在丹江水库东北角的岸边发生一次 3 级地震和一些小地震。随后继续有些小震，环绕着丹江库区的边缘发生，至 1972 年 4 月，在距水坝约 12 公里，丹江库区的南岸又发生了一次 4 级地震和一群小震。以后因水坝加高，水位超出了原设计的最大高程，仅过了大约一个半月，于 1973 年 11 月，又在丹江库区的最北端（离水坝约 60 公里），接连发生了数次 4 级以上的地震，最大为 4.8 级。人们怀疑这些地震的发生与水库有关。

上述地震活动的表现情况，显然与一般水库地震不同，但其发生与水库建立不无联系。这里是古老的武当山凸起与东秦岭褶皱带交界地，断层比较发育，原来就有轻度的地震活动，3—4 级的地震不时发生。水坝建筑在元古代片岩上，库区多寒武、奥陶纪石灰岩，内部多有溶洞。地震主要发生在水库边缘石灰岩地区。可以想象，由于增加水库负荷和水的渗透作用，必然会影响到库区构造应力的平衡，有些地方出现不稳定状态，因而增加地震活动是完全可能的。但其性质与典型的水库地震是不相同的。

4-3　崩塌与地震

1878 年，德国人海尼斯（R.Hoernes）提出：地震就其成因可分为构造地震、火山地震和崩塌地震三种类型，后来被袭用。需要指出的是，地球上所有地震，无论从规模或数量来说，都是构造性地震占绝大多数，至于崩塌地震，为数很少，且因其发生主要是由重力作用引起，输出能量不多，影响极小，因此不独不能与构造地震相提并论，且不足与同火山地震相比。地球上经常发生小的崩坡滑陷，但较大的，力能引起地震的则很少。我国历史上，每当有为害人民的崩陷事件发生时，都与地震一样记载下来，其中较大的有以下几项。

（一）古代最早的记载

"西汉文帝元年（公元前 179 年）四月，齐楚地震，二十九山同 H 崩，大水溃出"。这一条记载很著名，历代引为人定胜天的实例，说是由于汉文圣明，虽天降灾殃，亦不足为害，历史上称道："……汉文帝地震山裂成至治[*]。"

（二）贵州晴隆崩塌

1526 至 1631 年，贵州晴隆（旧安南卫）地区共发生地震山崩事件 4 次，并在其前其后亦有地震记载，现摘录如下：

1495 年 9 月至 11 月，地连震数十次，有声如雷。

1500 年秋，地连震声如雷。

1518 年夏，地又震。

1526 年 5 月 21 日，地震坏城垣，声如雷；30 日地又震，歹苏屯等地山崩，压官田二十亩，坏民舍。

1551 年夏，地震山崩，死者甚众。

1602 年夏，山崩。

1631 年秋，山崩。

1756 年夏，地震。

1759 年地震。

以上 9 条记载中，前后共有 5 条未曾言及山崩。此后，不见续有记载。

---

[*] 陈继畴，地震诗。

（三）湖北来凤大山崩

在我国历史上，关于大规模山崩的比较早的记载有以下几宗："西汉高后二年（公元前 186 年）正月乙卯，甘肃羌道（今宕昌县西北）、武都（今成县西）山崩杀 760 人，地震至八月方止"；"河平三年（公元前 26 年）二月丙戌，四川犍为柏江、捐江山崩，皆壅江水，水逆流坏城杀十三人，地震卅一天，百井四动"；"西晋太康七年（公元 286 年）秋，又有朱提山崩，犍为地震"。这些早期的记载过于简单，往往使人疑是地震引起的山崩，作为大地震事件处理，实际上是山崩为灾，地震是次要的。在清朝，湖北发生的一次山崩事件，记载较好，可从中得到山崩地震的实际情况。

据湖北来凤县县志记载："清咸丰六年（公元 1856 年）五月初八，辰时地震，屋瓦皆动，环近数百里同时震。咸丰县与黔江交界之大路坝，山崩十余里，压埋三百余家；自悔家湾板桥溪至蛇盘溪，三十余里皆化为湖。地震时，有大山陷入地下，又忽然跃出而下坠者；有平地忽然涌出小阜十余者；有连山推出数里外，山上房屋人畜俱无恙者；有田已陷没，而田内秧禾反在山上者。山麓故有河，为山石壅塞，水逆流，淹没卅余里，潴为池，广约六、七里，深不可测。"

这条记载说明了山崩的规模，也描绘了崩陷的强烈运动及其结果。这些情况与现代山崩地震事件的表现是一致的。

（四）云南禄劝大崩塌

大规模的崩滑是在一定的地质和地形条件下产生的，主要是重力起的作用。在特殊情况下，若地区地质的表层是疏松且易于吸收水分的土质，下底是透水不良的岩层，在地形上又具有适宜的坡度，那么由于上下地层间，水的润湿在重力作用下则容易发生崩滑，甚至发展成土流，为害很大。在我国云南，近期发生的一次大崩滑，是现代历史上少见的山崩地震事件。经过科学工作者的调查[*]，其经过略如下述。

---

[*]　刘正荣调查报告，1966 年。

1965 年 11 月 22—23 日，云南禄劝县北部的普福和老木德两地发生大型崩塌，大量土石滑移，远至 5—6 公里，落差 1700 米，埋没村舍田园，造成大害，同时使地频频震动，造成崩塌地震。根据昆明地震观测台记录，计有崩塌地震如下：

表 10-12 1965 年云南禄劝崩塌地震记录一览表

发 展 时 间		震 级
（年）（月）（日）	（时）（分）（秒）	
1965.11.22	23—14—35	3.2
11.22	23—28—26	3.7
11.23	00—10—37	3.0
11.23	03—31—	?
11.23	19—48—01	2.6
11.23	22—12—02	2.8
11.23	22—14—21	3.0

昆明观测台距出事地点的直线距离约 70 至 80 公里，除上列被记录到的 7 次地震外，也还有较小震动未被记到。上录地震说明，复杂的崩塌现象是由一系列单项运动合成的，如图 10-8。

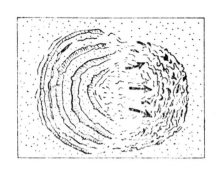
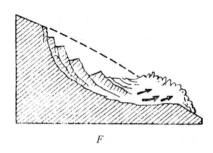

图 10-8 山体滑动示意图，左为鸟瞰，右为侧视

这次崩塌是顺着老深多山沟下滑，两边地势较高，整个地形是西部高向东倾斜至清水河，再东是鲁干山。参阅图 10-9，在西

边高处露出古生代玄武岩，是本区地质结构的底层，上覆侏罗纪砾岩、砂岩，最上是粉沙岩。玄武岩与侏罗纪地层的接触面，坡度约为30°，向东倾斜。砂砾岩吸水容易风化，而玄武岩坚实不透水，再加上被水润湿，交结面上很不稳定，因此造成滑坡是容易的。在历史上，这里曾经有过塌陷事件。1922年，老深多山沟的北坡山崩以致沟中也摩洛、鹊湾二村及附近百余亩田地被埋没，幸数月前已料定其危险，居民先期迁走，没有伤人。此后，经常有山石下滚，山上亦时见裂缝。

1965年的大山崩，基本上与1922年的山崩发生在同一地方，但规模较前为大，死伤众多。在大崩塌的前两日，山上已出现很多裂缝，长者达一、二百米，宽约两米。山崩那天（即22日）的早晨，牧羊人在老深多山上看见有宽达30厘米的裂缝，到下午扩大到两米半，同时有大如房屋的巨石下滚。他意识到山崩危在旦夕，急到老深多村上报告。无奈老深多山沟凹地，水足土肥，素有烂泥沟之称，居民舍不得离开，尚在疑虑之间，入夜便发生大崩塌，其势迅猛，土石掩来，全村无一幸免。当时，山石纷飞，尘土蔽空，从老深多的上方，出水坪、撒角海以西的海拔2700—3100米的山区崩下来的巨大土石方，向东滑移了约6公里，下降至海拔1200米，到了清水河边为鲁干山所阻遏，然后反射回冲过来，掩埋了甸塘、白占斗、阿角迷等村。共堆积土石约有1.7亿立方米，形成高179米，宽1.8公里，长2.7公里的土山。清水河被堵塞，储水成湖。计损害土地662亩，覆埋了老深多、坝塘、甸塘、阿角迷、白占斗等村庄，毁房屋402间，坑人444口（幸存者仅15人），牲畜1136头，造成罕见的大灾难。大崩塌之后，仍不断有小崩落，特别是在新崩坏的边缘一带，仍然是危险地区，如图10-9所示。

需要指出的是，对山崩引起的崩塌地震，昆明观测台都有记录。较大的，特别是崩塌物质撞击鲁干山时所引起的震动，除昆明台外，西昌、下关、贵阳、康定以及西南一些地震台亦都记到。

根据各观测台的仪器记录测得的崩塌地点，与宏观调查的结果很一致，说明地震波的传播没有异常。但地震波形显然与一般的不同，起动很平缓，周期很长（9—10秒），持续时间亦长。宏观的表现是声如雷鸣，有感范围很小，平均半径约10公里，最大16公里。这当是崩塌地震的特征。

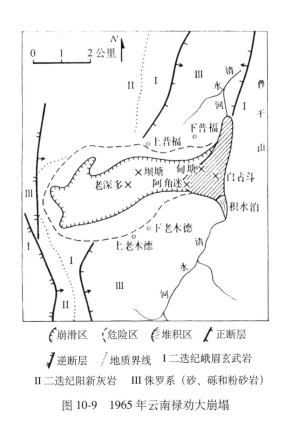

图 10-9　1965 年云南禄劝大崩塌

（五）地下崩塌

如上所述，都是地面的崩塌所引起的地震。地下也有塌陷，最显著的是石灰岩地区的溶洞塌陷，矿山地区的矿洞塌陷等。当其发动时都能使地面震动，造成地震，这是可以理解的。其中一些规模较大的，地震的发生机制则可能不单纯是塌陷，也兼有错裂。以下举例来谈。

北京附近门头沟煤矿，在 1959 年 8 月 3 日发生一次该区很少有的较大地震，仪器测定的震级虽只有 4 左右，但震中烈度接近于Ⅶ度。经过调查，发现极震区呈椭圆形，长轴 250 米，短轴 200 米，Ⅵ度等震线的长轴为 650 米，短轴为 350 米，也呈椭圆形，但衰减是快的。门头沟是开采百年以上的老矿区，地下已采空的老矿洞很多，平时亦常因顶棚坠落造成震动，但没有引起那么大的地震。事后，在新矿区调查未见有何大崩坏，疑在老矿区，但因窿道繁杂，且废弃已久，无法深入。至少从表层近处探索，亦没有任何大型崩塌的迹象，疑非单纯的塌陷地震。

1954 年 10 月 24 日和 1965 年 4 月 11 日，四川自流井地区发生了两次该地区前所未有的较大地震，仪器震级未能很好测定，但震中烈度均为Ⅶ度，等震线图形近于圆。有人怀疑其是塌陷地震。自流井地区下有岩盐。自汉代以来，当地人民一直是掘井取盐，一般是贯入清水，停一夜辘出盐水，再利用当地天然气将其煮干。日积月累，大量岩盐被溶解，于是产生溶洞，产生塌陷地震，这也不是不可能的。但这仅是一种推测，未见任何事实根据。从地震情况分析，其为浅源的局部小地震是可以肯定的，其成因也可能是由于地下水的作用而引起的局部错动，那就不属于塌陷地震的范畴了。

第四篇　地震成因

绪　论

　　地震成因问题很不简单，古今中外，众说纷纭。现在，虽然人们一般认为地震是由于地质构造运动引起的，但其详细过程，还是不清楚的。多少年来，人们力图从地震发生前后所表现的客观现象进行综合分析，研究其因果关系，以期根据现象推及本质，以解决地震成因问题。在我国，早在二千多年前，就将地震破坏载入《诗经》，如上文提到的："百川沸腾，山冢崒*崩，高岸为谷，深谷为陵。"这些可怕的现象，使人猜测地震必然是由很大的自然力造成的，例如周朝的史官伯阳父，就曾有阴阳相迫而生地震之说。所谓阴阳，指的是矛盾双方存在着的大自然力，究竟具体情况如何，当时他是不晓得的。按现在的观点来说：矛盾两方的自然力，一为地壳构造运动产生的应力，另一是行将破坏的岩石阻抗力。在科学尚不发达的古代，能够含糊地认识地震是客观存在的自然现象，已是很不简单的了。

　　中世纪之后，地球科学研究逐渐发展，早年的地质学家见到火山活动常伴随地震，一方面，由于火山未发之前，地下岩浆活动，可以引起地震；另一方面，当火山爆发时，盖层岩石被火山冲破，更要引起地面震动，因此就认为：火山活动是地震的成因。这一学说曾经盛行一时，十七世纪时传入我国，使我国统治者改变其历代固有的地震概念。清康熙结合宋代理学家程氏兄弟"凡地动只是气动"的话，提出了"气动地震论"藉以安民。已如上述。嗣后科学工作者逐渐发现，没有火山活动的地区亦经常发生地震。

---

*　冢是隆高之地，崒是山巅峰崖。

早期的著名的地质学家莱尔（C.Lyell）在他的《地质学原理》（第10版，1886年）一书中曾写到：1855年新西兰惠灵顿地震使方圆37公里的地面成为永久性隆起地带，并在沿隆起的一边发现有断裂错动，升高约3米。莱伊尔是相信火山为地震成因的，但这一带并不见有火山活动。于是，他说：地的上升、下降和断裂都是地震的结果。这是有史以来第一次提到地形变及断错与地震的关系，但孰为因果，尚不明确。

墨凯（A.Mekey）早在1902年就明确地指出，断层运动是地震的成因。他不同意当时盛行的火山为地震成因的说法，他认为：地震成因不限于火山活动，其他如因地球收缩而产生破裂等等，都可以是地震的成因。他解释说，当一部分地壳岩石在构造应力作用下达到极度紧张时，就可以发生断裂，在破坏的刹那间，附近岩石将不可避免地发生震动，形成地震。这一概念，在1906年美国旧金山大地震时被证实了。人们清楚地看到，圣安德烈斯断层当时的动态，显然与此次地震的联系很密切。吕德（H.F.Reid）因之用墨凯的概念，阐明了地震的发生是由于断层的弹性反跳，并由此建立了地震断层成因学说，受到了学者的赞许。

现在一般都认为，地震是断层错动引起的突然弹性反跳。这一套理论是符合实际情况的，虽然尚不能说所有地震都是这样产生的，但可以肯定，至少包括了世界上绝大多数的构造性地震。

以弹性反跳理论为基础（下文还要详谈），建立了地震断层成因论，是本世纪之初地震科学研究上的一大成就。但断层运动又是怎么形成的？还须进一步追究，只是问题非常复杂，关系到大地构造、地壳运动等很多方面。目前人们着重研究断层的产生、产状、运动的继承性以及与地震的关系等问题。一般地说，地球的最外层，即所谓地壳，是一不完整的硬块，厚度不大，组织成分亦不均匀。由于受到地史上各个时期构造运动的影响：有的为上升，有的为下降，有扩张，又有收缩，于是不可避免地产生了褶皱、扭折、隆起和凹陷，表现为复杂的构造断裂运动。构造运动虽然是长期持续的，但其强度在时间和空间上都不是一律的，换言之，运动的进行，在同一地区不同时段有所不同，在同一时段不同地区亦有所不同。如此复杂变化，在长期演变过程中，遂致断裂有生有灭，有活动着的，有眠然若死的，也有死而复活的，不一而足，形成了今天自然界的破裂图像。

地震是现代地壳运动的表现，人们看到地面上千千万万各色各样的断层及其属系，究竟哪些断裂与地震有关，就是要研究的主要问题。前已阐明，地壳之下是一层质地比较均匀的刚体（即上地幔），与地壳合起来厚约一百公里，构成地球的表层。其下直至 2900 公里的深度是均匀的玻璃质固体，即柔而难断的中间层，再下就是地核部分。由于在地球内部自表及里温度逐步增高，压力也渐渐增大，再加上分配及进程不尽均匀，存在着局部差异，以致中间层内物质发生对流，且可成为多种形式的对流单元。当对流物质的洪流经过中间层的顶部时，将地球的表层也载着同行，从而导致地球表层发生构造运动。由于表层是刚体，性质强冗，其本身的不均匀性以及对流速度的局部差异，使位于最上层的地壳发生破坏、断裂或断陷。岩浆从裂隙侵入，更促进构造断裂运动的发展，同时伴随地震，很显然，地震成因与岩浆活动有关，因此，地震与火山可在同一地区发生，是很自然的。

对流学说提出后，引起地学界很大兴趣，虽然还在争论之中，但可以说是进步的。近年来，地震观测技术日益发达，人们对于全球地震活动图像的认识越来越清楚。若按吕德的理论，震中连结的地带，就是地球上的断裂所在，因此，人们很容易从世界震中分布图上看到地球表层已裂成多块，并把它称为板块，从而提出了板块构造学说（下文还要详谈）。这些板块在中间层上随着对流运行，由于各块体的运动互相制约，顺逆有所不同，在板块的中间，不免彼此挤压磨擦，又因都是刚体，在相邻的边缘部分，容易发生拗折断裂，所以在错裂过程中引起地震是不难理解的。这说明，地震成因与板块运动有密切关系。

第十一章 地震与断层

1.引 言

断层是指地层在构造运动中被折断之处。人们讨论地震与断层的关系，着重点是在断层的运动，因此，研究断层，除了认识其产状之外，还要了解其动态。关于断层产状，一般用以下三个标志加以规定：一是断层走向，即断层的断面与地平面的交线所指的方位，由此顺时针起算，旋转至东、南、西、北向，如图11-1所示，以 α 表示其方位角；二是断层倾向，若与断层正交作一垂面，则此垂面与断层面交割于 OP 线，OP 的投向，即断层的倾向，一般以其在地平面上的投影 OP' 所据的方位角计量，即图示 β；三是断层倾角，即垂面上 OP 与 OP' 间的夹角，亦称断层的投（射）角，或俯（冲）角，如图示 γ。

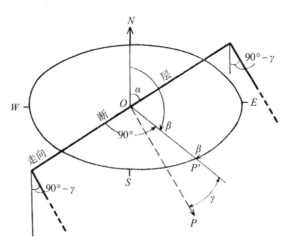

图 11-1　断层产状结构示意图
（以纸面为地平面）

地层断裂之后，成为互不连接的两盘，随后沿断面又有相对滑动，则两边地层结构程序的不连续扩大了，人们根据其不连续的情况研究断层动态。由于断层所经受的应力不同，有压有张还有扭剪，因而形成的结构面就各不相同。总起来说，有以下三大类型：一是平移（或平推，平错）断层亦称走向滑断层，其特点是两盘的地层上下部位没有相对变化，但在水平方向沿断层两边发生了相对错移，如图 11-2a 所示。当观察者站在断层的一盘，面对着另一盘，若看到对面一盘是向左手方向动的，称之为左旋（或左向）平移断层，反之，若为向右手方向动的，则称为右旋平移断层。二是正断层，其特点是断层的一盘顺重力的趋势往下滑动，使时代较新的地层居于较低的层位，如图 11-2b 所示。三是逆断层又称冲断层，其特点是与正断层相反，逆重力上冲，使时代较新的地层，推到较高的层位，如图 11-2c 所示，有的甚至覆盖于较老地层之上，谓之逆掩断层。

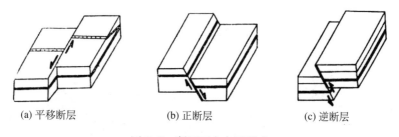

(a) 平移断层　　　　(b) 正断层　　　　(c) 逆断层

图 11-2　断层三大主要形式

地球面上断层如毛，式样繁杂，并不是都与地震活动有关。断层的规模，包括长度、深度和断距各有不同，它们不是一次产生的，而是逐渐成长的。实际上，断层成长的情况是相当复杂的。比如说，断层的动向是由环境构造特征规定的，各不相同，但都可以析为水平和垂直两个分量，如果水平分量占绝对优势，称为平移断层，否则是正断层或逆断层，很少有单纯走向滑或倾向滑的断层。另外，往往有由大小不同的断层组成的断裂带，有一定宽度，有时还绵延很长。小型的断裂带是很多的，到处可以发现，重要的是大型断裂，常常引起地学家们的注意。不少人认为，平移大断裂在全球构造发育中很重要。但更多的人指出，还是深大断裂在地槽演变过程中起的作用最大。深大断裂亦可称深断裂，性质很复杂，其主要的特点是规模大，切割深，发育时间长，活动次数多，因此，常控制着构造发育的基本要素。人们辨认深断裂，一般从以下几个方面：（1）断裂两侧地层的沉积厚度很悬殊，岩性和其他变化特征亦很不一致，背斜或向斜等构造体系各成一套，互不衔接；（2）在断裂带内，断层附近的岩石常被挤压成破碎带，有的成了糜棱质岩带，且往往有强烈的变质现象，成为狭长的变质岩带；（3）在断裂带上，经常出现断崖、狭谷等奇形的地貌，更重要的是沿断裂有各式各样的岩浆活动，形成基性超基性岩带，火山岩带或花岗岩带，这些线状分布的岩浆岩，乃是深断裂存在的主要标志。在我国，无论是地槽区或地台区都有深断裂存在，据黄汲清说，可划出的深断裂不下四十条，其分布如图11-3。

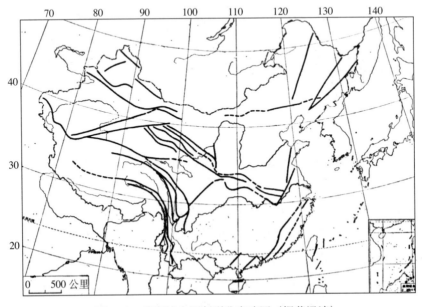

图 11-3　我国境内深断裂分布略图（据黄汲清）

断层与地震有直接关系，是很显然的，特别是深断裂，关系尤大，但必须是正在活动的才能成为地震断层。由于地震有一定的深度，因此，地震断层不是都能透到地面为人所认识，根据宏观地震调查的结果，地面断层很少与当地地震有明显联系，特别是许多逆断层，常常入地不深，断面便逐渐弯曲，随即尖灭。因此，对于断层的活动标志如何认识和理解是十分重要的，下文分几方面来谈。

2. 世界地震活动与平移断层

早年有些地质家认为，大规模平移断裂系统对于地壳构造的发展起过很大的作用。最先是 1906 年，美国加利福尼亚旧金山的大地震，它引起了地质界对于圣安德烈斯大型平移断层的广泛注意。到了四十年代，由于在太平洋边，又发现了一系列的右旋平移断层，因此使人怀疑太平洋洋盆有可能正在作逆时针方向的旋动。平移断层，由于其两边的地层在时代和结构上没有多大差别，一般是不易识别的。我国四川西部的康定－炉霍断层（黄汲清列为深断裂），多认为是平移断层，除从沿线的地震活动得到一些论据外，在地面上则殊少标志。大型平移断层的一个特点是走向一般比较平直，只有轻度弯曲并沿断层线出现凹槽。这些凹槽的走向亦相当直，通常有现代冲积填充，有的且很宽，可达数十公里，常在这些凹槽的小天地里，发现精致的小型构造。这种小断层、小地堑，还有逆推上来的各种形式的片段，引起一些地质学家的兴趣，他们悉心描绘其体貌并分析、研究其地层。实际上，这类凹槽有的是由于断裂带内已被压碎的岩层经过长久的侵蚀形成的，也有的是由断裂带两侧的正断层构成的地堑逐渐发育而成的。

平移断层的另一特点是分支多，不容易分清其主脉，需要借助一些地貌上的特征方能认识。有时可以看到其横过断层的地形是不连续的，例如隆起地带的脊梁被错断，但单是脊梁断了还不够，还要看是否有溪谷亦错断，溪流堵塞，水沿断层流泄，形成双转弯的曲尺河道的现象。炉霍附近有此现象，因此，人们相信康定－炉霍断层是平移断层。

大型平移断层，一般延伸较长，由于地貌特征不显著，不易辨认其连续痕迹，断层长度往往被估计过短，有时还可能被误认为是几条不连续的断层。许多例证说明，若断层走向保持为直线，长达数公里的，都可能有过平推运动。由于平移断层不易认识，早期地质科学工作者不大注意，自1906年圣安德烈斯断层上发生旧金山大地震之后，才引起人们的重视。现已了解到，规模较大的平移断层主要分布在世界两大地震带的范围内，以在太平洋边缘的为多。环绕太平洋以及地中海南亚边缘地带，是中、新生代阿尔卑斯造山运动最强烈的地带，也是世界地震活动的主要地带，其中多走向滑动断裂分布，不是偶然的。图11-4示太平洋边缘的平移断层分布，因多为右旋，且是活动着，引起人们怀疑太平洋底正在进行逆时针方向旋动。其实，断层并没有连通，也不是全都右旋，还有左旋的，运动是不统一的，下面分别来谈。

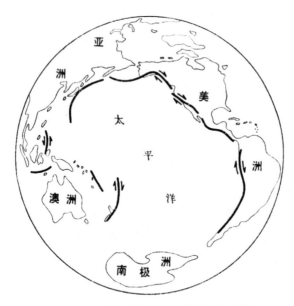

图 11-4 环太平洋边平移断层分布略图

2-1　圣安德烈斯断层

沿北美加利福尼亚太平洋岸边的大断层就是圣安德烈斯断层。它是 1906 年旧金山大地震的发源地，断层运动与地震的关系表现得很清楚，吕德从而阐明弹性反跳的理论，提出地表断层成因学说，下文再详谈。图 11-5 所示圣安德烈斯断层分作多派，实际上是一个控制着北美西海岸地区全部地质构造运动的大断裂带。其出露在陆上的部分，北自旧金山湾以北的阿连纳岬起，往东南延伸至加利福尼亚湾入海，全长达 1100 公里。走向基本上是北西－南东，中间约在北纬 35° 有横向构造插入，迫使断层偏向东弯，并产生了一系列横向断层。根据地面调查结果，一些显著的运动迹象表明，圣安德烈斯断层及其纵向分支都是右向平推的，但在中间伴生的横向断裂系，如大松、伽落、白狼等则是左旋。从加利福尼亚地震震中分布的情况加以追溯，断层入海后，仍向前发展。北

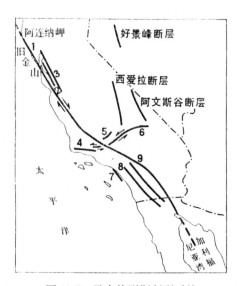

图 11-5　圣安德烈斯断裂系统

1.阿连纳岬（Arena Point）圣安德烈斯（S.Andreas）断层；2.海佛（Hayward）断层；3.卡拉维拉斯（Calaveras）断层；4.大松（Big Pine）断层；5.白狼（White Wolf）断层；6.伽落（Garlock）断层；7.恩古林（Ingle Wood）断层；8.爱尔星摩尔（Elsinmore）断层；9.圣耶星多（S.Jasinto）断层

段自阿连纳岬进入海域，至少会延伸至北纬45°附近，南段沿加利福尼亚湾延伸直至与墨西哥断层衔接，估计圣安德烈斯断裂系统，可能长达4500公里。说它是北太平洋板块与北美板块的缝合线是有根据的。断层面，一般认为是直立的，但很不单纯，实际上是由很多断面组合而成的断裂带，其靠近两侧边缘的稍向内倾，形成两边隆起中间低下的断层凹槽地势。

据地质学家的研究可以确定，圣安德烈斯断层大约自晚第三纪中新世或更早些，就已有活动。从地面上的一些遗迹估计，二千多万年以来已推移了600多公里，平均每年约3厘米，按现代大地测量结果是每年5厘米。这样大的运动速度，伴随的地震活动性自然是很高的，加利福尼亚成为世界强烈的地震活动带之一。1906年旧金山发生特大地震（M=8.3）时，圣安德烈斯断层运动表现得很清楚，北自阿连纳岬南至圣胡安（San Juan）约四百余公里都有错动，主要是水平运动，最大位移达6.5米，有些地方也见到垂直运动，最大位移约1米左右。类似情况早年也有过。在横向构造的南侧，与伽落断层交切处附近，曾于1857年在德样（Tejon）发生和1906年相若的特大地震，当时圣安德烈斯断层亦有大规模错动，因当时这一地区人烟十分稀少，没有具体记载，因此情况不甚清楚。只有在北段，至少自圣伯纳底诺（San B'ernadino）以北约120公里的断层错动是可以肯定的，但没有延伸到与1906年的地震错裂带相连接，离圣胡安还有一段距离。这里历史地震记载的时间很短，以往活动情况不得而知，就上述最近的两次大地震来说，圣安德烈斯断层都有过大错动，只是中间隔着一段，如同锁住一样未曾牵动，将来在此是否也可能发生一次大地震，使断层全部贯通，颇引起争论，下文还要谈到。

在加利福尼东邻，内华达州的大盆地是美国西部的另一构造体系，其中也有与圣安德烈斯性质相同的平移断层，但由于当地正断层很发育，没有引起人们足够的重视。其实，1954年的地震，好景峰（Fairview Peak）断层平移错动达3米；1872年的地震，阿文思谷断层的错动可能更大，竖直向运动尤为显著。

2-2　阿拉斯加断层

根据北美近海的地震震中分布情况，圣安德烈斯断层还可能延伸到阿拉斯加湾。如图 11-6，沿阿拉斯加湾的岸边，有一系列平移断层组成的断裂带。最东从查罗特皇后群岛穿过，向西北延

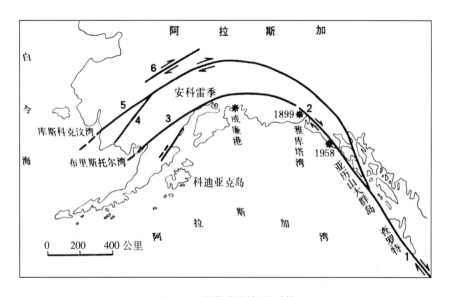

图 11-6　阿拉斯加断裂系统

说明：*1964 年等次大震震中；1. 阿拉斯加（Alaska）断层；2. 好天气（Fair Weather）断层；3. 克拉克湖（L.Clark）断层；4. 荷力特那（Holitna）断层；5. 典纳里（Denali）断层；6. 尼克松－托科特那（Nixon-Tokotna）断层

伸至亚历山大群岛分作两支，进入阿拉斯加大陆，然后弯作弓形，沿阿拉斯加半岛的南缘伸向白令海（如图 11-6，1）。其南支切过亚历山大群岛后登陆称为好天气断层（2），再向前沿阿拉斯加山脉南麓延伸至威廉港的北面，转向西南经过克拉克湖称为克拉克湖断层（3），然后至布里斯托尔湾没入于白令海。其北支，从亚历山大群岛北面登陆，基本上与西支平行，绕阿拉斯加山脉的北麓，转弯后分作数条（4），（5），（6），最后没入于白令海。全长 2000

余公里。关于入海后是否仍向前延伸直至与阿留申断裂系统连上，尚不明确。

阿拉斯加地区人烟极少，天气严寒，断层经过地区大部分为冰川所覆盖，很不容易进行调查，因此，人们对于阿拉斯加断层的性质还缺乏认识。有些地质学家认为是右旋为主的平移断裂带。这里是环太平洋世界大地震带的强烈活动地段，沿阿拉斯加湾的岸边，时有特大地震发生，地震时断层附近留下的某些迹象，可以作为发生过运动的证据。例如1958年发生震级8的特大地震时，对好天气断层的活动从空中作了鸟瞰考察，在长约200公里的断层上，虽然看不到断层本体破坏，但有不少地方发生大量冰川崩滑。由于断层附近杳无人烟，断层又百分之八十浸在冰水之中，所以没有发现任何鲜明的断层错动迹象。惟在震中附近产生的破裂中间，在一些断崖上面，现出了明显的以走向滑动为主的擦痕，其水平向分量一般都比垂直向大几倍。从一块横过断层的草地被错断，以及许多绊在断层两边的树根错断和错位等现象估计，在这次大地震时，断层曾作右向平移，约达6米。值得注意的是，在近断层带中间部位发生的两次大地震，即1899年雅库塔湾附近地震和1964年威廉太子港岸边地震，地面上没有显著的大错裂，只见大规模的升降运动，最大幅度，上升达14.5米，下降约10米。

2-3 阿塔卡玛断层

环太平洋世界地震带沿南美洲西海岸的一段，地震活动也是很强烈的。有各种深度的震源，有许多活火山，沿近海并有深海沟，但大规模的活动断裂，直至1960年智利大地震后，才引起地震地质学家的注意。智利北部雨量稀少，地质现象一般都暴露得很清楚，人们不难看到一条类似圣安德烈斯的断裂，穿过阿塔卡玛大沙漠，绵延千余公里之长，便是阿塔卡玛大断裂。1960年智利中部海中发生的瓦尔迪维亚特大地震（$M=8.3$），就是由于它的活动引起的，参阅图11-7。

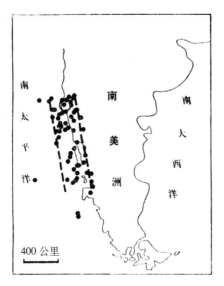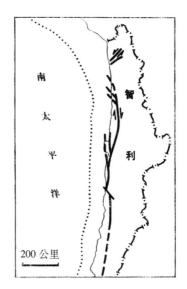

图 11-7　阿塔卡玛（Ata Cama）断裂系统。左图是 1960 年大地震及其余震
　　　　震中分布

阿塔卡玛断裂带是沿南美太平洋岸边发展的，基本上与阿塔
卡玛海沟平行，在地面上可以清楚地看到一条长达数百公里的直
线破裂带。在断层两侧，高度比是变化的，不是一侧总高于另一
侧，有些地方则相反或者两侧等高。断层两边的地质结构形态显
得不一致，最突出的是河水流过断层时，河道错动，水流作水平
转弯，呈曲尺道流泄。在断面或破裂面上，常出现大凹槽或擦痕，
也都是以水平方向为主，且是右旋的，这类现象在断层沿线的矿
洞里表现尤为清楚。上述资料表明，阿塔卡玛断层的运动性质是
以走向滑动为主，且是右向平推的。其分支是共轭性破裂式的断层，
一般走向与主断层成 60°至 90°角，运动性质是左旋的，这与圣
安德烈斯断层情况一样，也是与根据力学观点预期的结果一致的。

1960 年 5 月 22 日瓦尔迪维亚海边的大地震，据仪器测定，
震中位于 39.5S，74.5W，在其附近及震害严重的大陆上，未见有
大规模的断错活动或断崖，可能在阿塔卡玛断层延伸到海底的部
分有较大的变动，以致引起了强大津浪，传到日本后浪还高达 6

米，死伤千余人，但也没有发现海底断崖。这次地震，在主震之前有前震，震后又有很多余震，集中分布在一条狭长地带，长达1000公里，宽约100公里。若将包括前震和余震的震中分布地区作为断层活动的范围，则这次阿塔卡玛断层的地震错动，可能长达1000公里，可参阅附图11-7，至于错裂是否达到了地面则无从推测。

2-4 新西兰阿尔卑斯断层

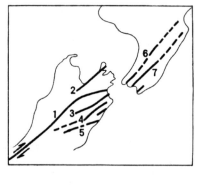

图 11-8 新西兰阿尔卑斯断层

1. 阿尔卑斯（Alpine）；2. 旺加摩（Wangamoa）；3. 阿瓦特（Awatere）；
4. 克莱伦斯（Clerence）；5. 霍普－凯库拉（Hope-Kaikoura）；6. 惠灵顿（Wellington）；7. 怀拉拉帕（Wairarapa）

对图 11-8 所示的贯穿新西兰南北岛的阿尔卑斯断裂带，人们早有认识，新西兰南岛的造山运动，与北美的加利福尼亚的情况很相似，都是以水平运动为主。这两地虽然同属于环太平洋阿尔卑斯构造系统，但与其他典型地区不同，地面上已没有活火山，没有近海海沟，也没有深源地震，无论在加利福尼亚或新西兰都是如此。新西兰南岛的阿尔卑斯断层与加利福尼亚的圣安德烈斯断层亦很相似。人们对圣安德烈斯断层有了较深的了解后，得知阿尔卑斯断层不但是水平向位移相对于垂直向位移占优势，而且运动方向也是右旋的。从空中鸟瞰，可以清楚地看到这一巨大断裂通过地带的宏伟景象。沿断层，流水侵蚀所成的沟洫，以及断层中间的破碎带，走向都很直，往南顺海边崖岸直奔入海。入海后情况不明，若从地震震中分布追溯，最南可能延伸到南纬55½°麦阔里岛（Macquaire I.）附近。阿尔卑斯断裂的走向主要是北东－南西向，在南岛北部分作荷蒲断层等数支（参阅附图），向东北延伸，穿过库克海峡至北岛称为惠灵顿断层、怀拉拉帕断层等，至霍克湾入海。入海后，情况不明，其出露在陆地上的部分，全长已超过 1000 公里。

地质学家根据地质标志推测，阿尔卑斯断裂自侏罗纪以来，平移运动已达 450—560 公里。具体的表现有：1855 年惠灵顿附近发生大地震，惠灵顿断层出现错动，据莱尔描述，裂痕从海峡中部的帕利莎湾（Palliser B.）起向东北延伸，约 150 公里，断层两侧有升有降，没有一定，相对高差约 1—3 米。莱伊尔没有提到平推的迹象。1888 年在南岛北部发生大地震时，霍普断层出现一段右向平推错动，长达数英里，一些横过断层的篱笆或栅栏错开了约 3 米，方向是向右的。除此以外，可作参考的事实不多，但综合以上情况来看，阿尔卑斯断层与圣安德烈斯断层还是很相似的，只是规模较小而已。

2-5　菲律宾断层

菲律宾是由许多岛屿组合而成的群岛国家，东临太平洋，西向我国南海。很早以前地质学家就怀疑北自吕宋岛南至棉兰老岛，穿过两大岛之间的许多小岛可能有大断裂存在，形似菲律宾列岛的脊梁，如图 11-9 所示。由于菲律宾地处热带，植物生长繁茂，掩盖了地文，所以人们对于东太平洋沿岸的断裂系统很少认识。直到 1962 年，地质家进行仔细调查后，才发现确实有大断裂存在，还发现断裂在地文上的形势与圣安德烈斯和阿塔卡玛一样壮观。断层出露好的部分是在礼智岛的北部，在航空照片上，可以清楚地看到断层的现代错动及其所造成的险要地形，其中有一个利蒙（Limon）断崖，是第二次世界大战期间著名的菲律宾战场，双方为此争夺了一个多月，死人很多，断崖亦因此著名。

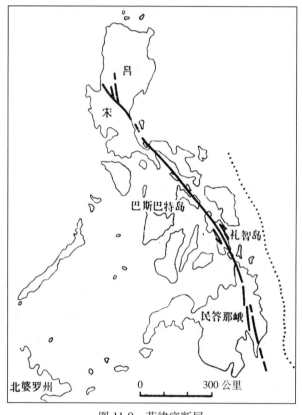

图 11-9　菲律宾断层

在马斯巴特和礼智岛上，最突出的是有很多流过断层的溪流都呈水平错移，可以看出断层运动是平推的。值得注意的是断层的错动方向一律向左，这意味着菲律宾断裂不仅性质是平移而且方向是左旋的。

参阅图 11-9，可知道菲律宾断裂也有一些分支，北段在吕宋岛的中部，作北西走向穿过，并没入于南海；南段基本上与菲律宾海沟平行，沿棉兰老岛东岸边南下，没入于太平洋。入海后，南、北两头的延伸情况都不清楚，人们只能看到其出露在陆地上的部分，长达 1200 公里，贯穿菲律宾群岛的东部列岛，成一缓缓弯曲的弧形断裂带。菲律宾地震很多，但尚未发现显著的地震断裂错动。

2-6　台湾省纵谷断层

台湾东部太平洋沿岸，自莲花港至台东县群山起伏，为台东山脉，它与中部中央山脉之间，有一套纵长谷地，俗称纵谷。上文已说到，纵谷在地理上，已成为花莲溪、秀姑峦溪和卑南大溪三条小河流域，如图 11-10 所示。自从在西太平洋边缘发现菲律宾断裂带并了解其形态之后，有些地质学家想到，若海面升高一点，菲律宾群岛没入水中多一点，则断裂将会大部分都在海下。他们由此推测环太平洋边缘的许多岛弧之下，还可能存在着大规模的断裂带，其中就包括我国的台湾省。地质学家认为纵谷是断

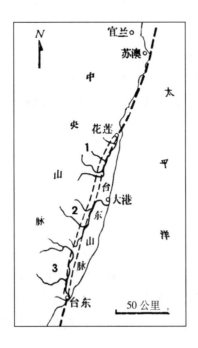

图 11-10　台湾纵谷大断裂
1. 花莲溪；2. 秀姑峦溪；
3. 卑南大溪纵谷

裂带造成的，三条小河是断层河，从断裂区的水流和其他地质、地貌标志来判断，该断裂与菲律宾断裂相似，也是左向平推性质。1951 年大地震时，虽有过水平为主的滑动，也都是左旋的。纵谷之长虽只有 150 公里，但从花莲至苏澳之间的海岸峻峭险恶，无疑是断层的延伸现象，惟台东往南不见有类似情况。

台湾是环太平洋边缘构造的一个突出的急转弯，往北，琉球、日本、千岛而至阿留申群岛一个连着一个，是太平洋西北边缘的典型的弧形构造。这些弧形构造的前面，都有深达 7—10 公里的海沟，地震活动一般很频繁，这与断裂构造运动的关系是很显然的，但因水深不易探测，详细情况尚未知道。这一点下文还要谈到。

2-7　阿纳托利亚断层

以上是环太平洋世界地震带内的平移断裂及其主要的情况，在另一世界地震带，即地中海南亚地震带，虽然也是阿尔卑斯构造体系，但规模大的平移断层很不多见，现在知道较为详细的，只有阿纳托利亚断裂系统。小亚细亚半岛的土耳其、伊朗等地是属于地中海南亚地震带的一部分，地震很频繁，与阿纳托利亚断裂运动关系很密切。如图 11-11，阿纳托利亚断裂系统，西自爱琴海边之达达尼尔海峡，沿黑海的南边向东南延伸，穿过伊朗至东南边，可能越出伊朗国境。这一段约千多公里，出露于地面、情状比较清楚的约 800 公里。1939 年爱星肯（Erzincan）发生大地震（震中 39.5° N，38.5° E，震级 8）时，人们发现阿纳托利亚断层错裂长达 350 公里，错动量一般是水平向比垂直向大若干倍，并且是右旋。后来又发生多次地震，亦有同样情况的错动，证明阿纳托利亚断裂运动的性质是右向平推的。

参阅图 11-11，阿纳托利亚断裂系统还有不少分支，最重要的是在伊朗的东南部，这里地震活动频繁且很强烈，与这一带的走向滑动断层很发育是有密切关系的。其次是沿地中海东岸发育的死海断层。值得注意的是这一地区内，平移断层虽很多，但不都

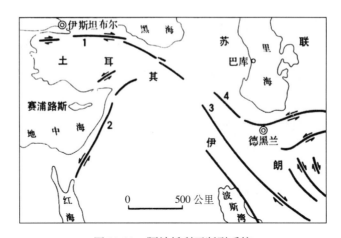

图 11-11　阿纳托利亚断裂系统

说明：1.阿纳托利亚（Anatolia）断层；2.死海（Dead Sea）断层；
3.札格罗斯（Zagros）断层；4.爱尔布斯（Elburs）断层

是右旋的。

　　以上概括地叙述了世界主要地震活动带与平移断裂的存在。实际上，地震与断层的关系是多种的，总的说来，平移断层虽然很重要，但在自然界为数较少，大量的是非平移断层。我们需要讨论的是各种断层活动与地震成因的关系。具体来说是要深入研究断层规模、断裂的长度、断裂的深度以及断距大小等断层参数与地震参数的关系。下面分别来谈。

3.　断层参数与地震震级

　　1906 年旧金山大地震后，人们见到沿圣安德烈斯断层发生了绵延 400 公里的错动，最大错距达 6 米，于是科学地肯定了断层与地震的关系。长期以来，地震科学工作者切望能从断层的各项参数找到与地震参数、特别是与震级的关系。但这是个很复杂的问题，由于有关的各个方面的科学资料尚待积累，目前还不能作全面的系统的研究。由于断层的规模、形态和运动方式不同，地震现场出现了复杂的地面形变现象，如隆起、塌陷、挤压、圻裂等不一而足。又因受地质、地形以及岩石性能和土质条件等影响，使破坏程度因地而异，不以地震震动为唯一因素。在极震区，人们看到错综复杂的地面破坏，其中有的是原生的，更多的是次生的，交织到一起，不易分辨，因此地震与断层孰为因果，曾引起很大争论。当人们在现场见到地震之后才发生地裂，便认为地震是因，断裂是果；而当人们在实验室里看到物体破裂伴随振动时，又认为断裂是因，地震是果。实际上，现场所见，有原生，也有次生。断裂与地震是互为因果的，孰为因果，很难分辨，争论是没有结果的。

前文已指出，断层的规模是由小而大累积起来的，人们研究断层的形成及其活动历史的目的，是为了推测下一次活动时，可能带来的地震，以及地震的三种参数，即时间参数（发震时刻）、位置参数（震中地理位置和震源深度）和强度参数（震级）。现在地面上可以见到的断层，不论其规模大小，都是以往事迹，若断层不再继续活动，则不会再有地震发生，这是很明显的。人们论及地震与断层的关系，主要是考虑地震断层在运动时的表现。目前这方面的资料累积还很不完全，还需要大力搜集。本世纪以来，地震科学研究虽然有很大发展，但发现有断裂伴随的地震实例并不很多。李克特曾作过调查，其结果是，在 1819—1955 年间，只找得 36 例，其中 1918—1955 年间的仅 19 例，而在此期间，各地发生的震级大于 7 的强烈地震，总数不下 645 次（不包括深震），虽然其中有许多次震中是位于海洋和深山，无法进行调查，但总还说明地震断层出现的机会是很少的。有了航空照像等新的考察技术后，资料累积增加得较快，但仍然很少发现伴随断裂的地震。目前，只可能把断层与地震强度参数作初步联系，至于与其他两参数关系的研究，尚缺少必要的基础数据（下篇还要谈到）。

从现有资料分析，地震断层虽然在各地震区都有发现，但错裂规模是参差不齐的，例如错裂长度，可从数百米以至数百公里。现在知道 1905 年蒙古杭爱山区大地震（震级 8.3），地面破裂长达

700 公里，是已知震例中最长的一条。错裂的规模与伴随地震的大小，一般是有一定比例关系的，但不是简单的关系，其中包含断层运动的性质以及地区地震地质条件等复杂因素在内，目前尚无好的研究成果。下面就各国现有的地震地裂调查结果，分别叙述如次。

3-1　中国地区情况

我国历史上有地震记载的时间很长，有关地震地裂的记载亦很多，地裂常与地震事变并列，但也有单纯的地裂事件。记载的内容，一般以描述现象为主，殊少有定量数据，因此，历史地震可得到错裂规模参数的很少，下面列出的是根据近代为数不多的记录，按发生年代的顺序作成的一览表。

表 11-1　我国地震地裂参数一览表

时　间 （年）（月）（日）	M （级）	震　　中	l（公里）	D_1（米）	D_2（米）	D（米）
1733.8.2	7	云南会泽	100			
1902.8.22	8¼	新疆阿图什	160			
1906.4.17	7	台湾嘉义	13	1.2	2.5	
1906.12.23	8	新疆玛纳斯	100	2		
1920.12.16	8½	宁夏海原	200(80)	5		
1927.5.23	8	甘肃古浪	14			
1931.8.11	8	新疆富蕴	150	4—5	2	
1932.12.25	7½	甘肃昌马	120	1—2		
1935.4.21	7	台湾台中	70		2—3	
1937.1.7	7½	青海都兰	230	7—8		
1948.5.25	7¼	四川理塘	70			
1951.11.25	7½	台湾东海岸	40			
1954.2.11	7¼	甘肃山丹	20+	1.5	0.5	
1966.3.22	7¼	河北刑台	60			
1970.1.5	7¾	云南通海	60		2.2	
1973.2.6	8*	四川炉霍	100		2.2	

* 国家地震局编《中国地震简目》上震级为 7.9。

l：断裂错动长度，D：错动量 $=\sqrt{D_1^2+D_2^2}$。

D_1：垂直分量，D_2：水平分量。

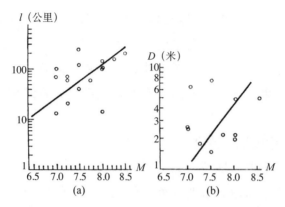

图 11-12　我国地震震级 M 与错裂参数 l 和 D 关系图：
(a) M 与 l；(b) M 与 D

　　若将上表数据，用半对数坐标作震级与错裂参数的关系图，便如图 11-12 所示，其关系是散乱的。人们设法将其归纳成方程式：

$$M=1.5\log l+4.9 \qquad (11\text{-}1a)$$

$$M=1.7\log D+6.9 \qquad (11\text{-}1b)$$

式中 l 是错裂长度，以公里计；D 是错距，以米计。

3-2　日本地区情况

　　日本大地震的震中，多在太平洋近岸海底，从常常引起津浪可知，地震断层活动在海底的反映是剧烈的，可惜海底情况无由了解。下表所列的主要是在陆上所见的情况。

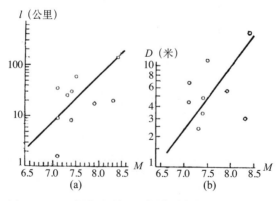

图 11-13　日本地震震级 M 与错裂参数 l 和 D 关系图

表11-2　日本地震地裂参数一览表

时　间	M	震　中	l（公里）	D_1（米）	D_2（米）
1847.5.8	7.4	善光寺	30	2.4	
1891.7.31	7.5	陆　羽	60	2.5	
1891.10.28	8.4	浓　尾	150	6.8	8.0
1923.9.1	8.3	关　东	20（酒匂川）	1.5（下浦）	
1925.5.23	7.1	北但马	1.6	0.5	
1927.3.7	7.9	丹　后	18	0.7	2.7
1930.11.26	7.1	北伊豆	35	2.0	2.7
1943.9.10	7.4	鸟　取	8	0.75	1.5
1945.1.13	7.1	三　河	9	2.0	1.0
1948.6.28	7.3	福　井	25	0.7	1.0
1964.6.16	7.5	新　潟		5.6	

注：符号同前

根据上表数据，同样可作出震级 M 与错裂参数 l, D 的关系图，如图 11-13，亦可归纳为相应关系方程式：

$$M = 1.1\log l + 6.1 \tag{11-2a}$$

$$M = 1.6\log D + 6.9 \tag{11-2b}$$

3-3　美国地区情况

美国的东西两面都临大海，大地震除发生在阿拉斯加近海外，

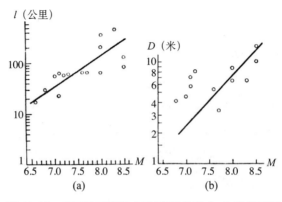

图 11-14　美国地震震级 M 与错裂参数 l、D 的关系图

差不多都发生在大陆上，据近期调查，其中伴随地面破裂的亦不少，如下表所列。

表11-3 美国地震地裂参数一览表

时 间	M	震 中	l（公里）	D_1（米）	D_2（米）
1857.1.19	8+	34.7°N，118.7°W	360		
1868.10.21	7	37.5°N，122°W	56	小	4.5
1872.3.2	8	37°N，118.5°W	64	7	4.5—60
1899.9.3	8.5	60.5°N，142°W	132	14	
1906.4.18	8.3	38°N，123°W	435	0.9	6.4
1915.10.2	7.6	40.5°N，117.5°W	65	4.6	2.7
1932.12.20	7.3	38.8°N，118°W	61	0.6	0.85
1940.5.18	7.1	32.7°N，115.5°W	64	—	5.7
1952.7.21	7.7	35°N，119°W	65	1.0	3.1
1954.7.6	6.6	39.4°N，118.5°W	18	0.3	—
1954.8.23	6.8	39.5°N，118.5°W	30	0.76	4
1954.12.16	7.2	39.5°N，118°W	59	7.0	4
1958.7.10	8	58.6°N，137.1°W	200	1.1	6.5
1959.8.17	7.1	44.8°N，111.1°W	22.4	6.4	3
1964.3.28	8.5	61.1°N，147.6°W	80	10	0.15

注：符号同前

若将表上数据作震级与错裂参数关系图，便如图11-14，并同样可做成方程式：

$$M=1.7\log l+4.5 \qquad (11\text{-}3a)$$

$$M=2\log D+6.2 \qquad (11\text{-}3b)$$

3-4 全世界的情况

以上三例是以一个国家辖境为统计单元得出的震级与错裂参数的关系。从关系图来看，每幅图都显得规律性不强，特别是震级与错距的关系尤为纷乱。有人索性将全世界的记录进行了总的统计处理，其结果，震级与错裂参数的关系如图11-15所示，也有相应的关系方程式如下：

$$(a) \quad M=0.76\log l+6.1 \qquad (11\text{-}4a)$$

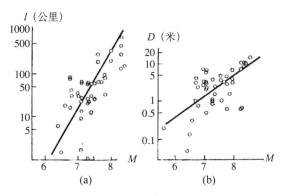

图 11-15　全世界震级与错裂参数关系图

$$(b)\quad M=1.8\log D+6.8 \qquad\qquad (11\text{-}4b)$$

综合全世界的情况，亦与上述三例相类似，人为地概括出来的关系方程式，其系数仅是数理演绎的结果，没有实际意义。值得注意的是，各关系图上所反映的关系，虽然很不一致，但总的趋势是错裂参量随着震级增大。若把地区地质条件相同的地裂事件统计到一起来处理，结果可以好些，如下例。

3-5　沿阿纳托利亚断裂带情况

1906—1966 年间阿纳托利亚断裂带地区，共发生强烈地震 23 次，其中伴随错裂的凡 10 次，列表如下。

表 11-4　阿纳托利亚区地震错裂参数一览表

时　间	M	震　中		l（公里）	D_1（米）	D_2（米）
1912.8.9	7¾	40.7°N，	27.2°E	12		
1938.4.19	6¾	39.5°，	33.7°	15	1.0	0.6
1939.12.26	8	39.7°，	39.7°	350	3.7	1.5
1942.12.20	7¼	40.7°，	36.6°	70	1.0	0.5
1943.11.26	7.6	41.0°，	34.0°	280	1.1	1.0
1944.2.1	7.6	41.0°，	33.0°	180	3.5	1.0
1951.8.13	6.8	40.8°，	33.2°	40		
1953.3.18	7.4	40.0°，	27.5°	50	4.3	0
1957.5.26	7.1	40.6°，	31.2°	50	1.4	50
1966.8.19	6.8	39.2°，	41.6°	30		

　　将上表所列数据作成震级与错裂参数关系图，如图 11-16，并得出相应的关系方程式如下。

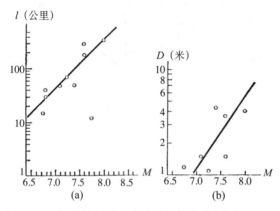

图 11-16　阿纳托利亚区地震震级与错裂参数的关系图

　　(a)　　$M=1.1\log l+5.2$　　　　　　　　(11-5a)

　　(b)　　$M=1.5\log D+6.9$　　　　　　　　(11-5b)

图上结果显然是比较规整一点，但数据太少，代表性还是不大，不能视为规律。这一问题很复杂，尚需做很多工作，待广泛搜罗资料后作进一步研究。

4．断层运动与地震发生

　　研究断裂运动如何导致地震的发生，这就是地震断层成因论要研究的问题。人们在实验室常可看到，当物体受到外来的应力压迫时，由于自身的抵抗力，可暂时保持常态，但经过一定时间，当应力作用增加到超过其最大抵抗强度时，会突然出现变态引起振动。这一情况与地震发生的过程颇为类似。因为地震的发生，也是由于断层所在的岩石受了自然力（或者说构造应力）的压迫，当这种力逐渐增加至超过其抵抗强度时，便发生破坏引起错动。近年来，地球物理科学工作者做了各种模拟试验，这对于了解地震发生的过程有许多的启发。需要指出的是，实验室所见到的一切现象，都是小块的岩石标本表现出来的，与在自然界，在地震现场所见的大规模破坏运动相比，还是不一样的。地震现场的复杂情况非实验室内的岩石标本所能体现，须从理论上加以解决，其中主要的是关于地震能量的储积和释放问题。

震级大的地震破坏性很大，说明其释放的能量是很多的。现在已经可以从理论上证明这样多的能量是事先储蓄的应变能。一般认为是这样的一个过程：地震区岩石受到额外的大地构造运动所给予的应力后，一步一步地累积应变，经过相当长的时间，慢慢地可储蓄起大量的弹性应变能。很显然，凡足以储积地震能量的地方，必须有适当的物质条件，因此，震源（包括全部储积地震弹性应变的地方）不可能是一个点，而是占有一定空间的体积，且地震愈大，震源的体积也愈大。当地震爆发时，从震源内部最弱的一点发动，急速地传于周围各点，成连锁反应，遂造成大面积的严重的面破坏，然后再慢慢恢复平静。这一切都不是偶然的，而是有其科学道理的物理过程。现在虽然都认为地震是由于构造断裂运动产生的，但究竟是如何产生和怎样的一个物理过程，还需一一阐明如下。

4-1　弹性反跳理论

地震成因基于断层运动的设想，在得到弹性反跳理论的支持之后，才算完全确定了。在此以前，人们以为地震是火山引起的，在十九世纪末，火山地震之说仍很盛行，直至本世纪初才逐渐转变。这是因为 1891 年日本浓尾发生大地震，而附近并没有火山活动，但见震中地区地面有百余公里长的错裂。以后，1897 年，印度阿萨姆发生特大地震，也没有火山爆发，只见歇得兰（Chedrang）断层逆错了 35 英尺，这使得地学家不得不抛弃火山地震之说，转向地震与断层关系的研究。到了 1906 年美国旧金山大地震发生时，真象大白，从而导致弹性反跳理论的产生，确立了地震断层成因的学说。

1906 年地震使旧金山遭受严重破坏，震后大火又烧了三天三夜，整个城市几乎全部毁掉。这是历史上罕见的地震灾难，震惊了美国地质界，美随即组织专业考察队，系统地进行了大规模调查研究。他们发现地震与圣安德烈斯断裂有极其密切的关系，震中就在圣安德烈斯断裂带中间，沿断裂约430公里之长，都有不同程度的新鲜错动现象，并且愈靠近断裂，错动亦愈剧烈。错动主要表现为水平右向，根据一些横过断层的栅篱错开的间隔估计，最大水平错移约6米。考察队在1908年发表了第一部调查报告（主要是现场调查结果，包括当时已有地震台的观测记录图15幅），接着，于1910年续编了第二部[*]，主要内容是吕德（H. F. Reid）提出的关于地震成因的新看法。他研究了地震现场的调查报告，结合地学上的新知识，遂一反当时流行已久的说法，认为地震发生与断裂运动是分不开的。他说：地壳岩层若无强大的压力压迫以至超过其耐性时，是不致发生断裂的。其原因是地壳构造运动一直在进行着，由于地壳各部分的不均一性，一些较为软弱的地方便局部地累积弹性应变，并逐渐发展扩大，到岩石固有的弹性强度不能再容纳时，便发生破裂，将所蓄的弹性应变迅速回放出来，其势很猛，如同被压制的弹簧释手反跳，直至大部分或全部累积放完为止。这就是吕德为说明地震发生的原因而设想的"弹性反跳"理论，这理论成功地解释了地震产生的过程，从此确立了地震断层成因学说，因而受到了地学界的极大重视。

弹性反跳理论提出后，人们为了便于理解，还作有辅助说明，可资参考。上文曾说到圣安德烈斯是太平洋边的一大平移断裂系统，其运动性质主要为右旋的走向滑。1906年地震的震中(38°N，123°W)位于旧金山西北海岸边的断裂带上，震中附近（约在Olema, Point Reyes）最大水平错移达21英尺（约6.4米），由此而南，有错裂运动的约400公里。这一地震与错裂发生的过程，可简单用图11-17来说明。当地壳构造运动尚未引起断层两边产

---

[*] Lawson, A.C.et al., The California Earthquake of April 18, 1906, Vol.1, 1908；Vol.2, 1910, The Mechanics of the Earthquake, by H.F.Reid.

生差异运动之前，震源区岩石的应力场是保持平稳的，如图 a，可用正交平行直线来表示。迨情况改变，断层两边有了差异运动后，一些在构造上存在弱点的地方出现应力差，开始储蓄弹性应变，从而改变了应力场的状态，如图 b，但此时还能维持着不稳定的平衡，不致破坏。当情况发展到岩石强度所不能抵抗时，断层就发生大破坏，开裂并产生剧烈错动，造成地震，随即将所积弹性应变能放掉，最后，断层两侧形成永久性相对错移，如图 c。将以上三阶段情况联系起来，就是一个震源所在地形成地震的过程。人们还用岩石标本在高压实验室进行模拟实验，也得到了证明。

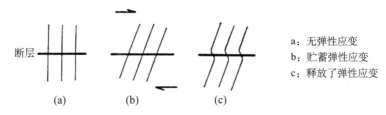

a：无弹性应变
b：贮蓄弹性应变
c：释放了弹性应变

图 11-17　震源弹性应变储积和释放过程

如图 11-18，A 是一块圆柱形岩石标本，置于均匀围压的环境下，人们从两头对它施加压力。最初，标本体形在压力 P 的方向趋于短缩，在侧向产生张力 T，趋于膨胀。随后，压力逐渐增大，到一定的程度时，在标本的表层发生微裂，形成共轭裂纹，如图

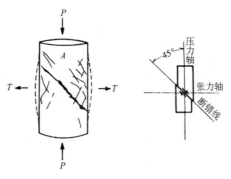

图 11-18　岩石标本在压力作用下的破坏过程示意图。右侧示错动

左所示。当压力再增加以至超过岩石的最大强度时，有的裂纹便在最相宜的条件下发育到濒于破裂直至发生错动，如图右所示。这与图 11-17 表明的三个阶段的作用是一致的，惟因岩石的不均一性，破裂走向与压力轴的夹角常常不是 45°。

4-2　弹性反跳与 P 波初动方向

如上所述，震源是具有一定体积的，在地震之前，必然有很多已处在不稳定状态下的弱点，潜在震源体内，勉强维持着暂时的平衡，等到一点突然发动后，引起了连锁反应，就成了地震。这说明震源的动状是很复杂的，但必有一个为主的、释出能量最多的主要错裂震动。它是这次地震的代表，被远近地震台的仪器记录下来。人们根据地震图上的特殊表现，也可以推测地震波产生时，介质的运动是符合弹性反跳理论的。图 11-19，XY 示断层滑动面，上下两方块为运动质点，介质未经受地震之前，呈正常状态，如图 a。介质受到差异运动的影响，在储积弹性应变孕育地震时，则由于剪应力的作用，断层两侧的质点受其控制，使上方的 B 处和下方的 C 处产生一对张力（T），趋向外张，而在上方的 A 处和在下方的 D 处，则有一对压力（P），趋向内压，如图 b 所示。等到应变的累积超过岩石最大强度时，岩石断面间固结断裂的岩石开始破坏，随即引起弹性反跳，使断层剧烈错动。于是位于断层两侧的运动质点，上方的从 Y 点跳到 Y' 点，下方的

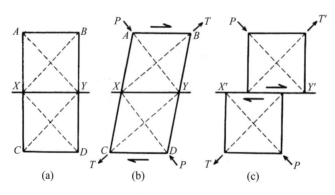

图 11-19　震源运动与弹性反跳示意图

从 X 点跳到 X' 点，如图 c 所示，最后又渐渐恢复平衡，使断层再度稳定下来。

断层错动伴随着剧烈弹性反跳，激起震源周围的介质产生弹性波动，即地震波，从震源辐射，向外传播。我们习知地震波中，以 P 波（纵波）速度为最大，在地震波观测图上，首先出现的是 P 波，其初动方向与地震断层错动的方向密切相关，因为纵波波动的运动方式是来回伸缩，与地震波传播的方向是一致的。若将图 11-19c 的部分画成如图 11-20，则可清楚地了解这一关系。图上 X—Y 表示地震断层，震源上方和下方的箭头表示断层的错动方向，如上所述，这也就是 P 波的初动方向。O–O' 为过震源作的一条与断层正交的界线，地面被划作四个象限，以震源为中心，其东北方为第 I 象限，东南方为第 II 象限，西南方为第 III 象限，西北方为第 IV 象限。当断层错动时，弹性反跳立即激发地震波，P 波以一"推"一"拉"的传播形式，走在最前面，因其传播速度最大，首先到达观测点，所以被记录为初动。若到达波的初动为"推"，其动向是背震源，若为"拉"，是向震源。为便于研究，人们把记录下的

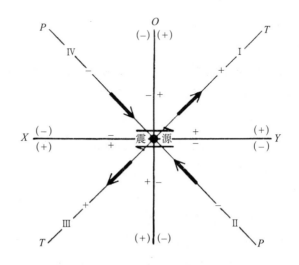

图 11-20　弹性反跳与 P 波初动方向

XY：地震断层；TT：从震源往外张；PP：向震源往里压

P 波初动方向，背震源的规定为正，向震源的规定为负。若震源周围密布着地震观测台，根据上述理论，在 I、III 象限范围内的地震台所记录的 P 波初动方向都是正（+）的，而在 II、IV 象限内的地震台所记录的则都是负（–）的。

综合实地观测结果，其 P 波初动符号，符合象限图式分布的确实很多，证明用弹性反跳理论解释地震断层成因，是可信的。从而可推想到震源岩石在断层两侧的差异运动影响下，会产生一个相互正交的应力场，并有一个最大应力轴（T 轴，张力轴）和最小应力轴（P 轴，压力轴）。需要指出的是，断层的错距与观测台至震源的距离相比是极其微小的，也就是说，图 11-19c 所示的 X 和 X' 与 Y 和 Y' 之间的差异甚微，实际上可看作是在同一点上，所以在图 11-20 上，可将上方的 T 与 P 和下方的 T 与 P 分别连接起来成一直线，成为最大和最小的应力轴。但应力轴与断层滑动的夹角，往往不是 45°，这一点亦与标本实验的结果相同。

概括起来，地震断层成因之说，得到弹性反跳理论的支持，已在实验室证明，又符合于实际观测结果，自提出以来，学者信之。从此，凡研究地震发生原因及其有关问题的，无不以此为基础，去寻求答案，这是现代地震学研究中需要特别注意的。

4-3　岩浆活动及地震起点

断层滑动是地震发生的直接原因，而断层滑动的原因，总的来说是由于地质构造运动造成，但具体情况还多不同，其中最主要的是岩浆活动。岩浆具有高温高压的巨大能动力，从地幔入侵到地壳的上层。所到之处，可使当地的压力均衡环境改变。由于热及气的膨胀作用，可以造成许多部位出现不稳定状态，并在局部地方累积弹性应变，待渐渐发展壮大后，会造成地壳溃裂，这是可以想象得到的。当然最终导致地震，其发生机制仍然是符合弹性反跳理论的，与上面所谈的构造地震没有区别，这里就不多论述了，所不同者是震源深度问题，下面就着重谈它。

震源有一定深度，地震是由其所在深度上的断层滑动形成的。

由于对地壳深部的构造情况还不够了解，因此，有人对于吕德的理论还有怀疑。他们认为，吕德所依据的 1906 年旧金山地震错裂，不是一般现象，不具有普遍性，不能作为立论的基础。虽然震源位置不致越出圣安德烈斯断层带，但测得不够准确，它毕竟不是用微观方法确定的。当时地震观测技术还不发达，震源位置是从宏观现象推测的，主要的依据是断层附近数百公里的破坏情况，虽在震中附近有不少地面断层，但不见有新的破裂。实际上，地震产生的地形变，一般是龟裂，最多的是地面上升和下降，或局部隆起和局部陷落及其带来的崩滑等现象。情况如此复杂，说明原始的地震断层运动是发生在相当深的地方。上文虽曾说到深断裂，但究竟地震断层的深度如何，以及断层在深处如何滑动，还需要进一步研究。

地震断层成因论者认为，由断层错动发生的地震，其震源深度的量级理应与该断层的活动深度相对应。可惜目前地震观测技术，对于地震基本参数的测定还不够准确，误差可达百分之二十不等，其中最差的是震源深度的测定。根据现有的仪器观测数据，震源深度分布在地表至地下 700 多公里，其中以在地壳之内的为最多，再往下随深度增加而锐减。震源深度超过 70 公里的所谓中深源地震为数甚少，且仅分布在一定地区，这说明地震断层主要是在地壳内部，但一般不露出地面，以隐藏在深处的为多。震源深度与地震发生的关系甚为密切，因为地震是由断层滑动产生的，而滑动的实现，必须克服断层夹缝间的摩擦阻抗，而摩擦阻力又是随深度增加的。一般说，在深部裂缝间的摩擦阻力，约等于所在深度的覆盖岩层所给予的压强（即每平方厘米所承受的盖层岩石的重量），例如地壳上部花岗岩层，在深度 5 公里处（地温增加尚在 500℃ 左右），压强可达 10^9 达因 / 厘米^2，约等于花岗岩在地面的强度。人们常见对地面岩石施以压力时，可使岩石变形，及应力作用超过其强度时，岩石会随之破坏而发生错动。但若在高压环境下施加应力，情况则大不一样。实验证明，当外界压力远比岩石正常强度大时，岩石在应力作用下，最终只能软化变形，一般不发生突然破裂和错动。那么对于地下深处的断层来说，上部岩体的负荷使断层间摩擦阻力可增大到超过岩石正常强度很多倍，若深度为数百公里，阻力至少可达上千倍，在此种情况下，断层滑动是否还能发生，便成为问题了。

事实上，深源地震是存在的，从地震记录图上的表现看，深处地震发生机制与一般浅源地震的情况相同，P 波初动方向也多成象限式分布。这类地震的成因作何说明颇为困难，地震学家做了许多调查研究和实验工作，认为与地下水的关系是很大的。

地面上，人们常可在断裂带中间发现断层泥。这是由于断层两盘不断发生相对运动，使断壁间的岩石被磨成粉末，与水相济而形成的一种胶泥。这样的胶泥，特别是被水渗透后起了润滑作用，减少了断层面上的摩擦，使断层容易滑动。在这里，水是主要的因素，一般物质都是湿时的摩擦系数比干时小。我们知道，断层破裂带最容易被地下水侵入并沿断裂面往下渗透，根据实际数据推测，渗入深度可到 10 公里左右。这说明震源深度如在 10 公里以内，由于水的润滑作用，深部断层仍可滑动，发生地震。

深度超过 10 公里时，则非从地面往下渗透的地下水所能到达的了，但仍可能有水，那便是地球内部的原生水。近年来，高温高压试验技术发展后，人们从实验中发现，有些含结晶水的矿石在高温高压环境下常可发生相变，放出水的分子，岩石强度亦随之减弱。实验证明，在岩石成分中只要含有很少一点蛇纹石，可使岩石强度下降 30% 以上。根据实验数据推测，水的作用，可能到达 100 公里的深度。

水的作用还有另一重要方面，就是增加岩石的孔隙压力，使岩石容易破坏。一般岩石都有孔隙，在地下的岩层，因孔隙中的压力与外力相平衡而保持稳定。由于地下水入侵，孔隙中的孔压力就会增加，这就使得作用在断层滑动面上的有效正压力被削弱，从而降低了断层的剪力阻抗强度，其关系方程，有如下式：

$$\tau=\tau_0+\mu\ (\sigma_n-P) \tag{10-2}$$

式中τ为岩石破坏的剪力强度，τ_0为其内在强度，μ是摩擦系数，σ_n是胶合滑动面上的正压力，P是孔液压力。上式表明，当地下水使岩石的孔液压力增加时，断层滑动的阻力强度也就下降了。

　　如上所述，水的作用约可到达100公里的深度，再往下是否还有自由水的存在，尚无从证明，但据地震观测的结果，震源深度确实有到600—700公里的。在这样大的深度，要使地震断层发生滑动，必须克服相当于十万大气压以上的摩擦阻力，即使有水的作用，实现滑动也是很困难的。实验证明，当岩石处在摩擦阻力极大的环境下，它接受剪切应力最终被破坏的方式，不可能是突然硬性破裂，而只能是软化塑流。因此，中、深源地震的成因，不是弹性反跳理论所能解释的。于是，有人试图另作解释。他们认为塑流的产生也是一种不稳定状态，在适当条件下还可以逐步扩大，最后也有可能导致剧烈变化造成地震。然而实验表明，岩石在高温高压下发生的形变，一般是慢态塑流或局部剪扭，没有突然释放应变的形式，所以上述设想是没有根据的。此外亦还有其他说法，不一而足，但都没有令人满意的解释。到了六十年代末期，板块构造学说提出后，人们对深源地震的发生又有了新的看法，认为深震是板块俯冲到深处时，在消失过程中的一种现象，详细内容下文再谈。

4-4　断层蠕动与地震

　　断层运动的另一形式是蠕动。一般断层并不是以同一形式连成一体运动，而是在各个区段有所不同。其中大部分是无形的运动，需经过相当长的时间才可能觉察，一部分是突然猛烈错动，引起地震，如上所述，还有一小部分是慢慢地进行蠕动。蠕动的发生，主要是由于断裂间存在的胶结物失效，例如断层泥过于润滑。断层蠕动的变量一般很小，不为人所注意。有时在油井区，个别油井的上下井壁慢慢偏移，以致井道被截断，亦有时野外埋藏的管道拱出地面，变成弓形，还有时长大建筑物无端地被错开等，这都可能是断层蠕动的结果。断层蠕动问题，与弹性反跳理论一样，也是首先在圣安德烈斯断层上被发现并为人们所注意的。

　　1906 年发生在圣安德烈斯断层上的旧金山地震，促进了人们对于弹性反跳理论的认识。上面说到，在旧金山附近的一段地震断层，由于经过漫长时间的累积，已储有大量弹性应变能量，所以，地震时的弹性反跳使断层发生剧烈错动并绵延数百公里，向南直至荷里斯特以北 24 公里处，方才停止。但到此止住的原因从未引起人们的注意，直至 1956 年，人们才怀疑可能是与断层蠕动有关。

　　位于荷里斯特的西边，有一家制酒工厂，其中一座主要厂房是 1948 年建的，到 1956 年就变得老坏出现严重开裂。由于破坏得很不一般，所以进行了调查。调查发现，该厂房正建在圣安德烈斯断层线上，因为断层运动不均匀而遭到毁坏。随后经过仔细测量并结合厂房破坏的情况，认为断层是在蠕动，而且是约以每年 1 厘米的速度，已进行 20 年以上了。值得注意的是，其运动性质也是右向平推，且与 1906 年地震时的大错动是一致的。这些情况说明这一段断层活动仍然属于圣安德烈斯断裂系统，只不过是以蠕动方式进行的而已。蠕动的特点是一点点移动，每次动量很小，但不断地进行着。人们怀疑这一带断层是不能积存弹性应变的，有一点就得放掉，因此 1906 年地震时，这里不见有特殊错动。

　　1956 年肯定了荷里斯特的蠕动现象后，就在其厂房建筑物的墙壁中装设了特殊仪器，即蠕动记录器，作长期观测。结果表明，蠕动并非是匀速平滑的运动，而是间歇性断续滑动，其情况好像物体粘在滑动面上，迫使运动滑一阵又停一阵，形成不连续的粘滑运动。一年之中，滑动的次数不过数次，每次历时几分钟至几天，滑动亦大小不一，累积起来，平均每年 1 厘米稍多一点。此情况亦与地震活动近似，只是规模微小而已，因此，断层蠕动与原断裂系统的地震活动是理应相联的。

　　圣安德烈斯断裂系统延伸很长，有断层蠕动的不止一处，而以荷里斯特至楚拉姆一段为最强，平均每年移动约 2 厘米，最大可达 5 厘米。由此往南移动渐小，至 1857 年德样地震破坏区前完全消失。往北移动亦渐小，至 1906 年旧金山地震破坏区前消失。值得注意的是蠕动发育的断层地段，在美国历史上（或者说最近一、二百年）未曾发生过大地震，根据现在的观测，小震活动则很频繁。与此相反，历史上发生过大地震并伴随断层错裂数百公里的地段，如南边的德样段，和北边的旧金山段，却无蠕动现象，亦很少小震活动，形同锁住一般。这两种显然不同的表现，原因何在，颇引起人们的思考。

实验证明，板块间的地震是一种粘滑运动过程，下文即将详论。前说断层蠕动也是粘滑形式，与一般地震相比，只是具体而微。这说明地震断层运动，不论其动状是规模大而急的，或是小而慢的，都可以概括为弹性应变能量的储积与释放的联合过程。因此，有人认为在地震断层的一个区段上，若蠕动很发育，或小震活动转多，则这段可能不致有大的危险地震发生。其理由是在区域构造应力作用下，虽然也照样储积弹性应变能量，但由于这段断层本身的组织结构缺少储蓄地震能量的能力，只能储一点放一点，陆续放掉，从而不能积存大量能量以构成危险地震。也有持不同意见的，认为小震虽多，所含能量很少，若以能量计算，十万万个 1 级地震才能抵得上一个 7 级地震。而且小震，特别是蠕动，大都是表面现象，不影响地壳深处的紧张情况，所以有无大地震发生，还是取决于原来的基础条件。这两种推测，孰是孰非，尚无定论，下文还要谈到。

以上一章，论述了地震与断层的关系，肯定了以下两点：

一、地震发生是由于断层滑动。在大地构造运动力的影响下，断层的一段，先期累积了弹性形变，后期发生滑动，急剧释放形变，造成地震。

二、吕德的弹性反跳理论阐明了震源岩石储蓄和释放形变的物理过程，解释了地震的断层成因。

第十二章　地震发生过程
（震源机制）

1. 引　　言

地震是从震源发动的，所以地震发生的机制亦称震源机制。机制二字不是一般术语，而是具有严格科学命意的，使用于各种科学领域，小至细胞，大到宇宙，都有其发展和运动的机制。从字义来讲，'发动之由'谓之机，'动作有法'谓之制，故机制就是机械构制，或者说是动于近而成于远的机械作用。所谓震源机制，是讲地震时震源内部的物理状态和力学条件如何发生变化及其表现，一言以蔽之，就是地震是怎样发动的。

震源机制的研究是在地震断层论确立之后，约在三十年代才开始的。上文曾指出，一切有关震源机制的研究，都是以弹性反跳理论为基础的，不是以弹性反跳方式发生的地震，是不在此研究范畴的。实际上，地震都是错裂引起的振动。人们在地下核爆炸的地震图上，也照样可找到 S 波的震相，这说明在爆炸点下面的地壳结构破坏，也是错裂性质的。因此，我们要讨论的是断层成因为主的地震机制，也就是那些发生于地壳表层 100 公里深度以内的、假定为断层滑动结果的地震，这情况是符合于弹性反跳理论的。

地震断层的存在及其通过震源的部分（地震时破坏能露出地面，可以直接看到的很少），一般都是用间接方法推测的。前面曾举出一些统计数字，与实际活动断层上发生的地震数目相比，是微不足道的，因此人们对于地震断层的了解尚少。地震的发生，在时间和空间的分布上都不是均匀的。由于地震活动是一种粘滑，就使得每一阵活动中都包括为数众多的不同震级的地震，先是弱而少，逐渐趋于强盛，又复而衰减，恢复平静，形成一套完整的地震序列。同一个序列的地震的震源机制，理应是基本相同的，但亦有不一样的，个别的甚至很不相同。这是因为一次地震活动，震中分布虽是在同一断裂带上，但因范围宽广，各个震源的地震地质条件差异很大，因此机制仍可以有所不同。

震源机制研究涉及到多方面的问题。首先，由于我们是以断层弹性反跳为立论的基础，因此，对于地震断层的滑动面等基本情况、储积弹性应变的条件、释放弹性应变的方式，及其与当地地震活动性的时空参数的关系等，都要有一定的了解。但由于各地的具体情况很复杂，常常是不容易满足需要的。其次，关于研究方法，总的来说是通过对宏观和微观现象进行分析；但最有效的还是分析微观观测数据，尤其主要的是研究地震波的动力学特征（包括波动方向、波形、振幅、周期等数据）。因此，做好一个地震的震源机制，需要有与此地震相适应的、布局良好的观测台网记录。地震波从震源发出，传到观测台被地震仪记录下来，其所具有的动力学特征，是与震源机制联系着的。从理论上说，无论 P 波、S 波、面波以至反射波都可以运用，但实际上最重要的是 P 波，因它走在前面，首先到达观测台，无别的波干扰，记录清晰可辨，容易取得准确数据。下面着重谈 P 波方法。

2. 断层平面答案

震源机制的研究，最主要是解出地震断层平面答案。我们既然相信断层错动引起地震，则震源处有一滑动平面是无可置疑的。当地震发生时，由于弹性反跳，激起地震波向外辐射。现在，我们反过来，用观测到的 P 波初动的动力学特征来研究这个平面，包括其产状、位置及所受的力的系统，概称为求断层平面答案。实际上，震源是有一定体积的，滑动面还不等同于震源，但在我们研究震源机制的过程中，把震源当成了一个点，即所谓点源。

这个点，实际上是地震时弹性反跳最烈、发出地震波最强的部位，因此，用仪器测定的震源和震中的位置参数，都规定为一个点，称为仪器震源或震中。它常常不是破坏最严重的中心，但却是地震波的主要辐射中心，是理论上的地震源。以下立论，都从点源出发，以求断层平面答案。

2-1 节面与力系坐标参数

上文已阐述，在地震断层面上一个点源，由于剪应力作用致使断层发生错动，其运动方向与弹性反跳激出的 P 波震动方向是一致的。这是后来人们从理论上作出的推断，实际上，是先从仪器地震观测发现的。本世纪初，仪器地震观测日益发展，观测台逐渐增加，一个较大地震发生后，很多观测台都有记录。人们很早就注意到同一次地震中，其周围观测台收到的 P 波初动记录，即震波射线传出地面时的地动位移方向，有背震源往上的，也有向震源往下的。若将前者作为正向给予"+"的符号，后者作为负向给予"–"的符号，再综合全部观测结果，人们便进一步发现，P 波初动符号的分布，显示出一定的规律性。归纳起来，约有以下三种情况：（1）过震中作界线，正与负各占其半；（2）以震中为中心，正、负交替，成环形分布；（3）以震中为中心，正、负相间，

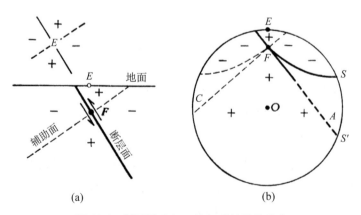

(a)　　　　　　　　　(b)

图 12-1　断层错动与 P 波初动符号的分布

F：震源；E：震中；O：地心；S：观测台；A：地震断层面；C：辅助面

作象限分布。这三种情况，以第三种最为普遍。从图 12-1 可看到，它与地震断层成因的理论是很符合的。图 12-1 (a) 是 P 波动符号在震源近处的分布情况，12-1 (b) 是影响及于整个地球时的分布情况，显然与上述根据弹性反跳理论得到的结果是一致的。

人们还从 P 波初动的动力学特征，即波动振幅在不同的震中方位角上的增减情况，也得到同样的结论。自从世界各地地震观测台逐渐增加，一个地震发生能有较全面的记录后，人们不仅注意到 P 波初动振幅的大小受震中方位角的影响，并且发现其变化具有一定的图式。奇怪的是振幅变化的分布图式也是以象限式最为普遍。观测者常可在地震观测台分布稠密地区，找到约以仪器地震震中为中心的两条正交的分界线，使 P 波初动振幅的变化形成四象限分布，如图 12-2 (a)。上面 XX 和 YY 为两相互正交的分界线，在界线上观测到的 P 波初动振幅是最小的。若以 OY 为震中方位角的起算点，0°—90° 是第 I 象限。人们还发现，P 波初动振幅随震中方位角度增加而增加，至 45° 为最大，然后逐渐变小，至 90° 又成最小。在第 II 象限，即 90°—180°，第 III 象限，即 180°—270°，第 IV 象限，即 270°—360°，振幅变化都是如此。人们很容易认识到，这两条界线具有特殊的意义，显然是节制 P 波振幅变化的转向分界线，一边为正，另一边为负，其名为节线。

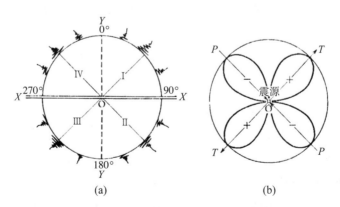

(a)　　　　　　　　　　　　　(b)

图 12-2　P 波振幅随震中方位角的变化
(a) 节线 XX (A)，YY (B)，(b) 四瓣式变化

将节线往下扩展，便成为节面。与图 12-1 相对照，其中一个节面当是断层面，若节面 XOX 与上图 A 相当，另一节面 YOY，称为辅助面，则与 C 相当，它们是正交的。

若将各观测台记录到的大小不同的 P 波初动振幅，取其一端集中到一点（即震源），另一端按原观测台的震中方位角放置，如辐之辏毂，并将振幅顶端联结起来，加以平滑，就出现图 12-2b 所示的分布于四个象限的花瓣形。在每一象限内，都以符号相同但大小不同的振幅作成一个花瓣，形成四瓣形分布图式。值得注意的是，穿过两个相对瓣形的中线，就是震源应力场的主应力轴线。经过正号区的是最大应力轴，即从震源往外扩张的张力轴（T 轴），经过负号区的是最小应力轴，即向震源往内压的压力轴（P 轴）；它们是在震源点上互为正交的。这一切与从弹性反跳理论演绎得来的结论都是一致的。

以上是实际观测的结果，证明地震发生的根源是由于断裂错动，与弹性反跳的理论结果完全符合。同时也说明，研究地震机制需要先解决地震断层问题，即关于断层的错动平面及错动情况，也就是需要求出断层平面答案。答案应包括下列诸参数。

（1）节面的方位参数，即走向、倾向及倾角。节面有二，一是断层平面，另一是与之正交的辅助面。

（2）主应力轴的方位参数，即最大应力轴 – 张力轴（T 轴）和最小应力轴 – 压力轴（P 轴）在空间的位置。

（3）断层错动的方位参数，震源力系坐标（N、X、Y）在空间的位置。

上列各项参数都是以下面两组正交坐标系为参考来表达的。一是观测坐标系：x、y、z，以震中为原点，确定东西、南北和上下各个方向；二是震源坐标系：A、B、C，以震源为原点，A 为节面 C 的法线，C 为节面 A 的法线，B 是两节面的正交线。图 12-3 表示这两组坐标系的关系。从图上看到，OBA 和 OBC 是两个节面，都有可能是断层平面。如上所述，节面上的 P 波初动振幅等于零，故 B 轴称为零轴，这是个重要的标志。还有一个更重要的标志是在等分两节面夹角的两个正交面上，P 波的初动振幅最大，为正号的是张力轴所在的平面，为负号的是压力轴所在的平面。

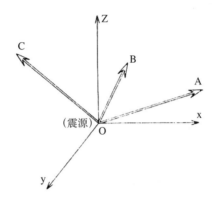

图 12-3　观测坐标系 (x, y, z)，与震源坐标系
(A, B, C) 的关系

　　震源坐标系，实际上是把断层固定在一个点源上的错裂运动系统。如图 12-4，震源机制一般认作在震源的一点上，有大小相等、方向相反的一对力偶在起作用，即所谓单力偶震源或震源 I 型，如图中 a_I 所示。地震时，便沿此力偶构成的力轴 X 滑动。根据实地观测结果，还存在辅助节面，以此类推，很可能还有与此成正交的另一对力偶，构成另一力轴 Y，同时也在起作用，即所谓双力偶震源或震源 II 型，如图中 a_{II} 所示。将它们置于震源坐标系上，

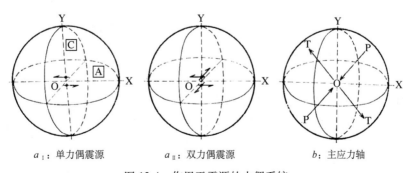

a_I：单力偶震源　　　　a_{II}：双力偶震源　　　　b：主应力轴

图 12-4　作用于震源的力偶系统

X 就是 A 轴，Y 是 C 轴，零或 N 是 B 轴。

在双力偶力系作用下，震源地区构成地震应力场，其最大应力轴 T 和最小应力轴 P 与 X 和 Y 各成 45° 夹角，如图中 b 所示。

概括起来，为解出断层平面答案，须确定以下参数：节面 A，节面 C，力轴 X, Y, B^* 轴，张力轴（即最大应力轴）T 和压力轴（即最小应力轴）P。节面须确定其走向、倾向和倾角，力轴须确定其空间位置，即方位角和指向角（在同一垂面上与其水平投影的夹角，亦称伏角或俯角、仰角）。

2-2 断层平面参数的确定

求解断层平面的参数，首先要根据 P 波初动方向的观测数据找到节线，然后再以节线的图像为基础，用投影几何作图法，求得各项参数的数值。很明显，节线是否做得准确与答案的精度关系很大。此处我们不准备讨论如观测台的布局、仪器设备等与精度有关的问题，而仅仅是谈节线及各参数的测定方法和结果。

2-2-1 节 线

早期，只有少数地区地震观测台的敷设比较密集，但范围都不大，无需考虑地球的曲率，一般就在普通地图上操作，将观测到的 P 波初动矢量直接画在该观测台的地理位置上。如果观测台很多，布置适中，则很容易看出 P 波初动符号成象限式分布。图 12-5 是个比较典型的例子。这是德国南部的一个地方震，在震中周围有二十余个观测台，取得完好记录，都能测定 P 波的初动方向。从图上，人们可清晰地看到 P 波初动指向是按四个象限分布的，并能相当准确地找到相互正交的两条节线。但若观测范围扩大，这种做法就不适用了。原因是距离远了，地震波的射线将经过地下深处弯曲地回到地面，这样，节线在地面的图像就不再是直线了。因此，必须另找良法，才能满足要求。

拜尔利（P. Byerly）最早注意到这一问题。他为了证明地震断

---

* B 轴即零轴（Null axis），或简称 N 轴。为避免与方向 N 混淆，故称之为 B 轴。

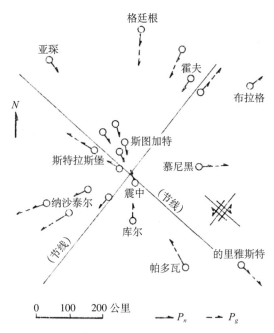

图 12-5　P 波初动方向在震中附近的情况（德国南部一次地震，W. H. Hiller 作）

层成因论，于 1926 年开始，用三十余个观测台的 P 波初动记录，研究了 1925 年发生于蒙塔那的地震。及肯定了地震与断层的关系后，便进一步以 1922 年智利大地震（M=8.4）为例，试图求解该地震的断层平面参数。积十多年的经验，反复用于许多地震，终于总结了一套方法，1938 年首次发表了一个完整的断层平面答案。嗣后，许多学者用他的方法做出了很多断层平面答案，开展了震源机制研究。

　　拜尔利方法的特点是将弯曲的地震波射线变成直线，在球极投影的地图上操作。如图 12-6，把地球当作均匀介质体来处理，则从震源 F 辐射而出的地震波射线都成直线，原来的 FS 弧射线变成了 FS′ 直射线，原观测点 S 的位置也相应地移到 S′，这样震中距离的计算就改变了，但震中位置 E 以及地震波从震源辐射的出射角 i 是保持不变的。很显然，弧距 $\overset{\frown}{ES}$ 是实际的震中距 $\varDelta$，$\overset{\frown}{ES'}$ 是

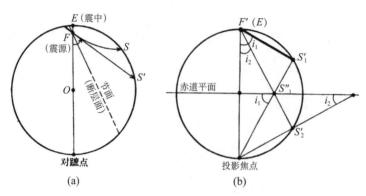

(a)　　　　　　　　　　(b)

图 12-6 (a) 均质地球内地震波平直射线，(b) 球极投影

（假定震源很浅，F 与 E 距离极近）

相应的在均质地球上的震中距 $\varDelta'$。我们知道 $\varDelta$ 与 i 之间的关系是固定的，每个观测台都可以按震中距 $\varDelta$，算得其 P 波出射角 i，并有现成的关系数值表可查。有了 i 就可用简单的几何方法求得 $\varDelta'$，以确定观测点在均质球上的位置 S'。再以震中为球极，按球极投影法，将均质地球上面的观测点 S'，投影到赤道平面上为 S''，如图 12-6b。其方法是从对跖点仰视球面各观测点，投到赤道平面上，上半球的各点，落在地球直径之内，如 S_1''，下半球的各点，落在直径的外边，如 S_2''。O 是震中在赤道平面上的投影，OS_1'' 是 $\varDelta'$ 的投影，即震中距离在球极投影地图上的距离为 $\varDelta''$，并可用下式计算，

$$OS_1'' = T\cot i \quad (12\text{-}1)$$

式中 i 是相应的 P 波出射角，R 是地球半径。这样，每个有记录的观测台，都可以按震中方位角 i 和相应的新震中距 OS''，点到球极投影图上操作，然后，根据 P 波初动符号的

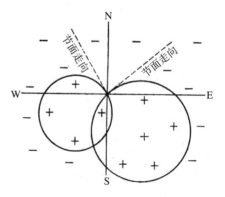

图 12-7　节线在地图上的圆形投影

分布确定节线。需要指出的是，任何地震节面与地球面的交割线都是圆，投影到赤道平面还是圆，因此我们求得的节线是两个圆，如图 12-7。确定了节线之后，便可以 i 为基础求得断层平面答案的全部参数。

拜尔利的方法问世后，研究断层平面答案的人很多，方法亦有了改进，其中最重要的是将均质地球改为震源球。所谓震源球，就是以震源为中心，作为单位半径的均质球，如图 12-8。O 为震源，E 是震中，从图 a 可以看到，对于地球面上的观测台 S，当地震波射线当作直线处理后，绝大多数观测点都转到震源球的下半球面上来。由于震源是球心，所以通过震源球心的两节面与震源球面的割线便成了两个大圆弧，如图 b 所示。由于用的只是震源球下半球的记录（上半球也有少数离震中很近的观测台记录可资补充，下文再谈），因此，震源球面上的节线，只有两个半个正交的大圆弧。将这一对大圆弧用球极投影方法投影到震源球的赤道平面上来操作，比拜尔利的做法要简便，现在已普遍使用此方法。

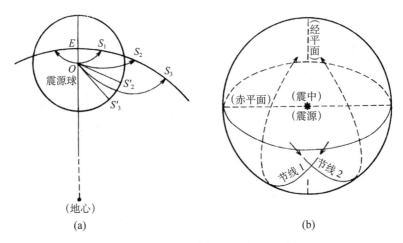

图 12-8　震源球（a）及节线投影（b）

2-2-2　震源球及乌尔夫网

震源球的概念如上所述，现在谈谈在乌尔夫网投影图上求断层平面参数的方法。1902 年，俄国乌尔夫提出了一种乌尔夫球极投影法（Wulff Stereographic Projection），该法是在赤道上取一点（即上赤平顶点）作为投影焦点，并将画有正规经纬线网的东或西半球投影到切过球极的剖面上，如图 12-9a。实际上，这与一般球极投影方法无异，只是投影上附有卧倒的经纬线而已，称之为乌尔夫网，如图 b。这种投影亦称赤平极投影。

乌尔夫网的应用是多方面的，苏联的震源机制研究者首先把它用于求解断层平面答案上，方法十分简便。其做法，一般是取震源球的下半球投影，作成乌尔夫网，如图 b，O 为投影中心，也就是震源的所在。外圈是震源球的赤道大圆，其与球面纬线的交截点成 360 等分的度数，这样便于测定震中方位角。求解时，先将有记录的观测台移到乌尔夫网的相应位置上，根据观测到的 P 波初动方向找出节线，然后再求断层平面答案的各项参数，其步骤如下。

（一）确定节面参数

首先，将有记录的观测台搬到乌尔夫网投影图上，然后确定节面的方位参数。观测台的位置是以震中方位角 α 和震中距离 Δ

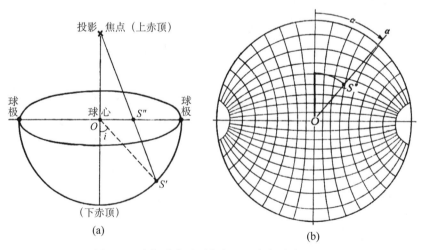

图 12-9　（a）乌尔夫球极投影；（b）乌尔夫网

来确定的。在地球面上，震中与观测台间的距离一般用以地心为顶点的夹角的角距离度数（$\Delta°$）计算，每度约等于 111 公里，即地球纬度 1 度的线距离。上文已说到，任何观测台都可以按其记录测定的 $\Delta°$，从事先做好的《$\Delta-i$ 表》[*]上查得 P 波初动出射角的相应数值 i。现观测台已移到震源球上，震中就是球心，i 与 $\Delta°$ 同值，因此可用 i 代替 $\Delta°$，以确定观测点在震源球上的位置 S'。i 角在震源球上相应的弧度投影到乌尔夫网上，即为一段纬度距离 OS''，其长度即为乌尔夫网上的纬度 i，可用通过中心 O 的十字线上的格数（分成 90 等分）作为标尺量得（图 12-9）。

　　如上所述，任何一个震中方位角为 α，震中距为 $\Delta°$ 的地面观测台移到乌尔夫网上，α 不变，$\Delta°$ 则改为 OS''。人们先在乌尔夫网上按方位角 α 作好 $O\alpha$ 方位线，如图 b 所示，然后用公式 12-1 求得 OS'' 的长度，便可确定新的观测台位置 S''。当把所有观测台（其在震源球上半部的观测记录，可以 $i+180°$ 使用，即作它的下半球的对跖点），一一搬到乌尔夫网图上，并标定 P 波初动符号后，寻其象限分布，仔细划定其变号分界线。再将分界线加以平滑，即成两正交节线。

　　节线已定，就可以确定节面的方位参数。上文说了，节线在乌尔夫网上是节面在震源球下半球面的割线投影，本身也是经线，如图 12-10；若将其两头旋转到两极，便可与相同的经线重合，同样可以有 180 等分的度数标记。设 aAa 为第一节面 A 的节线，A 是节线中点，O 是震中，过 O 作一直线至乌尔夫网边上一点 a，$O\alpha$ 方位角 α 的读数即节面 A 的走向。把 OA 延长到点 D_1，便得到倾向方位角 α_A，$\alpha_A=\alpha+90°$。倾角 δ_A 是利用 $\overline{D_1A}$ 线段代表的角度来确定的。从图上看，$\overset{\frown}{D_1OD}$ 是节面 A 的倾角，与震源球面上的 $\overset{\frown}{D_1D}$ 弧长相对应，投影到乌尔夫网上成为 $\overline{D_1A}$ 线段。用乌尔夫网纬度

---

[*]　简单的《$\Delta-i$ 表》:

$\Delta°$	10	20	30	40	50	60	70	80	90
i	50	41.5	30.5	28.5	26.5	23	20.5	18	15

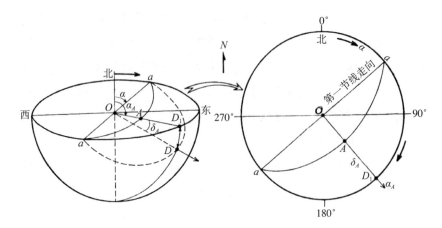

图 12-10　节面方位参数计算示意图

标格量 $\overline{D_1A}$ 线段之长，所得度数即为节线 A 的倾角 δ_A。用同样的方法可以确定另一节面 C 的倾向方位角 α_C 和倾角 δ_C。

（二）确定力轴参数

主应力轴的参数是由地震断层动态决定的，因此，须先根据断层滑动方向，确定作用于震源的力偶坐标轴 X，Y 及其方位参数。节面按上述方法确定后，便可找得两节面的正交线 OB，如图 12-11 所示。上文已说明 OB 是零轴 B，为震源坐标系之一。它为

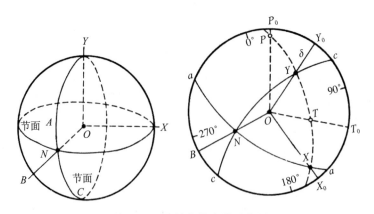

图 12-11　力轴方位参数示意图

两节面所共有，是一重要标志。如上所述，若节面 A 是断层平面，断层沿 X 轴滑动，OX 就是震源坐标系的 A 轴，若节面 C 是断层平面，断层沿 Y 轴滑动，OY 就是震源坐标系的 C 轴。这就是说，无论是 I 型或 II 型的震源坐标系，都是由 N，X，Y 三个力轴构成的。现在的问题是确定它们的指向方位角和伏角。

如图 12-11，震源坐标系 OB，OX，OY 出头点在乌尔夫网图上为 N，X，Y，其中 N 是 a，c 两节线的交点，是基础标志。根据上述理论，X 是节线 a 上的一点，Y 是节线 c 上的一点，各与 N 相距 $90°$。上文还说到，节线实即乌尔夫网上的非正位经线，人们便照其相同经线上的 180 等分的度数标格，从 N 沿节线 a 数 $90°$ 定为 X 点，再沿节线 c 数 $90°$ 定为 Y 点，然后分别连结 ON，OX 和 OY，并作直线延伸至乌尔夫网的边上，以确定 B，X_O 和 Y_O 的位置。在乌尔夫网边上，有按纬度做成的 360 等分的度数标格，因此，B，X_O 和 Y_O 点所在的度数，便分别为 N 轴，X 轴和 Y 轴的方位角 α_N，α_X 和 α_Y。$\overline{NB}$，$\overline{XX_O}$ 和 $\overline{YY_O}$ 是乌尔夫网上的纬距，用纬度计量其长度，其相应度数，便分别为伏角 δ_N，δ_X 和 δ_Y。

震源力轴确定后，便可求出主应力轴的方位参数。根据理论，X 和 Y 两点的位置是共在乌尔夫网的一条经线上的，若将此二点落到球极投影图的同一条经线上来，便可沿此经线的 180 等分的度数标格，从 X 向 Y 数 $45°$，就是最大应力轴的出头点 T，又从 Y 背 X 向前数 $45°$，就是最小应力轴的出头点 P，然后再转回原位，如图 12-11 右边所示。从 O 作 OT 和 OP，并延至 T_O 及 P_O，于是在乌尔夫网边上，便可读得 T_O 和 P_O 所在的度数，分别为 T 轴及 P 轴的方位角 α_T 及 α_P；又量 TT_O 和 PP_O 纬距的相应度数，便分别为其伏角 δ_T 及 δ_P。至此断层平面答案已全部解出，列表如下：

（I）地震：年—月—日—；震中：φ—，λ—，O—，h—

（II）断层平面答案：

节 面 A	平 面 C	N 轴	X 轴	Y 轴	T 轴	P 轴
$\alpha_A \quad \delta_A$	$\alpha_C \quad \delta_C$	$\alpha_N \delta_N$	$\alpha_X \delta_X$	$\alpha_Y \delta_Y$	$\alpha_T \delta_T$	$\alpha_P \delta_P$

用震源球表示：
空白为压（P）区，
排线为张（T）区

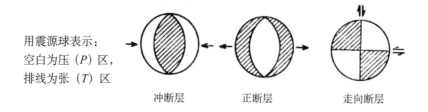

冲断层　　　　　　正断层　　　　　　走向断层

上述乌尔夫网操作法，主要用于震级较大、波及较远、记录很多、观测台的分布区域差不多都在震源球下半球的地震。一般近地地震，波及范围不大，有记录的观测台大都分布在震源球上半球，则可改在上半球的乌尔夫网投影图上操作，解断层平面参数。需要注意的是近震 P 波震相记录，经莫霍面反射的 P_n（P_{11}），其离源时的初动方向与观测记录是相反的。

总起来说，关于震源机制的研究最主要的是求得断层面答案。人们根据答案就能分析了解地震发生的基本情况。如上所述，用 P 波初动方法已能达到目的，关键在于观测数据要多。目前的困难是观测台网的布置，往往不甚合乎要求，因而取不到确切的节线。据不完全的统计，P 波初动符号的分布能成为很好的象限图式的只有总数的四分之一左右，参数确定的精度亦不高，例如所得断层平面的走向，常可允许移动 $20°$ —$30°$。

用 P 波初动方法作出的断层平面答案很全面，其缺点是有两个可能的断层平面解。但主应力方向的解是单一的，不论断裂错动产生于那一节面，解都是一样的。这一结论确定了地震应力场的基本结构，为进一步研究地震发生与构造运动的关系立下了基础。断裂错动的产生往往是共轭的，其一发育了，另一则不发育。发育的，可逐步发展，以致破坏，造成地震；不发育的，则渐渐消灭于无形。二者之中，孰能发育成长，决定于变化着的条件。

经验证明，最小主应力轴常常与本地方地质构造体系成大角度斜交以至正交。因此，在深部与表面构造一致的情况下，有时还可从宏观地震现象辨别断层节面。

以上是用 P 波初动震相的动力学特征对震源机制问题的研究。也有兼用其他震相，如 PP、PcP 与 PKP 等进行研究的，但都是作为补充 P 波初动之用。关于 S 波则另有一套理论，研究的人亦很多，可以帮助识别断层平面的双解问题。但由于它是续至震相，不免受到前面的 P 波族的尾波干扰，情况比较复杂，在分析上有一定的困难。

3. S 波的利用

S 波是从震源与 P 波同时发出的地震波，在地震图上表现仅次于 P 波，是最突出的两个主要震相之一。因其带有较大能量，振幅常比 P 波大若干倍。但它的震相比较复杂，往往是几个（多至五、六个）震相联合在一起，不易分析。虽然如此，人们还是设法利用 S 波的初动特征求解震源机制问题。

3-1 S 波的波动性质

S 波是横波，其质点振动与波射线成正交，又是平面偏振波，其振动方向与垂面之间有一夹角，谓之偏振角。图 12-12 表示以

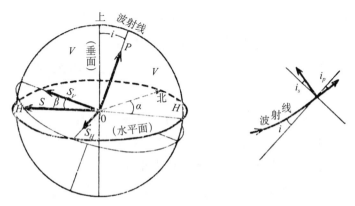

图 12-12 S 波及其偏振分量与 P 波的关系

O 为起点出射的纵波 P 和横波 S，纵波射线所过的垂面 V 称之为 P 波的入射面，通过 O 再作一水平面 H，由于 S 是平面偏振波，则偏振平面与垂面相交割，也与水平面相交割，于是，S 波的偏振矢量，便很自然地可分成两个互为正交的分量：一个沿与垂面的交缝，另一个沿与水平面的交缝。早在 1907 年，维歇特（E. Wiechert）就发现 S 波的偏振现象，而且为便于演算，将它析为两个正交分量，后来杰弗利斯（H. Jeffreys，1926 年）把垂直面内分量定名为 S_V，水平面分量定名为 S_H。从图上，人们还可看到偏振角 β 有如下关系，称为杰弗利斯公式：

$$\tan \beta = \frac{S_H}{S_V} \tag{12-1}$$

另一方面，俄国著名地震学家伽利津（Б.Галицын）于 1911 年亦从观测记录上发现，S 波到达观测点时，其偏振角与入射角之间有如下关系，可用下式表达：

$$\tan \beta = \cos i \tan r \tag{12-2}$$

$$\sin i = (V_S)_0 / (\bar{v}_S)_\varDelta$$

式中 i 是 S 波传达到观测台下的入射角（与射出地面时的出射角 $\bar{i}$ 不相等），r 是偏振角度在水平面上的反映，可以用 P 波方向和 S 波方向来测定。$(V_S)_0$ 是近地面 S 波速度，$(\bar{v}_S)_\varDelta$ 是在震中距 $\varDelta$ 处的 S 波视速度，一般用走时表上 $\varDelta$ 附近的微商 $\delta\varDelta/\delta T$ 计算。按点源理论，在震源球上，S 波偏振方向是指向震源力系坐标的滑动轴出头点的，因此，确定其偏振角是很重要的。当 S_V 或 S_H 震相不清楚时，人们可利用 S 全波按伽利津公式求其偏振角 β，但计算是很复杂的。

由于 S 波的情况复杂，其可利用的波段范围颇受限制，一般是在入射角小于临界角的阶段。普通浅震的临界角 i 约为 35°，若大于它，震相会受到多方干扰，表现得不清楚。实际上，只有在 $i < 30°$，即 $\varDelta > 44°$ 时的记录才比较好用，但 $\varDelta$ 最大也只能至 80° 左右，因为再大又常被 S_cS，SKS 等震相所干扰，而 S 波本身却渐渐消失了。就是在此阶段内，S_V 和 S_H 两个分量在地震图上也不容易分辨，特别是因为有先至波的干扰，其初动特征很难取准确。即便是震相清晰可辨，根据其振幅计算偏振角亦很繁难，因为 S 波的记录振幅包含多种成分，在 S_V 波的算式里面，入射波，反射波和 P 波折射等波混合在一起，必须通过许多计算，才能求得。因此，实际工作中使用 S 全波的时候比较多。

美国地震学家纽曼（F.Neumann）曾对 S 波的质点运动进行了大量的分析，即将 S 震相的初动，约每隔一秒钟，量一次地位移的矢量（南北和东西两分向的合成水平位移），综合起来作成连续的地动图。他发现地动图式是多样的，但常可以有一个为主的运动方向，如图 12-13，这一方向显然与 S 波偏振情况是密切相联的。

据古登堡的研究，震中距 Δ 在 $38°$ 至 $82°$ 之间时，S 波的入射角 i 与出射角 $\bar{i}$ 很接近，这说明在此范围内，人们可以直接使用记录振幅作计算，无需经过复杂的换算。于是伽利津公式便可写成
$$\tan \beta = \cos i_0 \tan r_0 \tag{12-3}$$

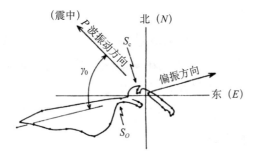

图 12-13　S 震相，地面波动分析图（1958 年阿拉斯加地震在 Weston 台的记录，$\Delta=43°$）

式中 r_0 是在观测点的水平面上 P 波振动方位与 S 波振动方位的差角，如图所示。实际上，在入射角小于临界角的阶段，公式中的余弦项逐步趋近于 1，若 $\beta \simeq r_0$，误差将小于 20%。

如上所述，凡 S 震相出现比较好的观测点，都可能作出 S 波的偏振方向。它是指向断层滑动极，即 X 轴在震源球上的出头点，

因此，若有两个以上的观测结果，便可在乌尔夫网上将各点 S 波偏振指向的汇合点确定为 X，然后从已确定的节线，求得断层平面答案。

3-2 S 波节面

S 波初动方向和振幅随观测台的震中方位角 α 而异，其变化也是有规律的。S 波的振动方向与波射线成正交，由于是偏振有一定的偏振角 β，已如上述。观测结果表明，在不同的观测点上，β 的角度是不同的。从震源至观测点，S 波的偏震情况一般是不变的，但若观测点的方位变了，偏振角亦随之而变。地震时，作用于震源的力偶使断层发生错动，便有 S 波自震源辐射。按理论，S 波的振动方向恒与波射线成正交，但在断层两侧，与震源对称的射线上的两对称点的振动，其方向是相反的。因此，震中周围观测点记录到的 S 波矢量，呈现有规则的变化，如图 12-14。于是，断层平面成为波动方向转变的分界面。按定义，这就是 S 波的节面。在节面的一方振幅为正，当 $\alpha=0$ 时，振幅最小，然后随 α 增加而增加，至 $\alpha=90°$（即垂直于断层面的方位上）为最大，过此又渐小，至 $\alpha=180°$，即到断层边又成最小。由此跨过断层，到节面的另一方，振幅改为负，仍随 α 增加而增加，至 $\alpha=270°$，为负向的最大，然后又渐小，回复至断层边（$\alpha=360°$）又成最小。上述情况，若照 P 波初动随 α 增加的振幅变化，也可作成花瓣图式，其形状，如图 a（下）所示，为单一双瓣形。值得注意的是 S 波的最大振幅是在瓣形的中间，乃是 P 波辅节面的部位，但这里的 S 波动，只有一次转变方向，表明只有一个节面，即断层面，而没有辅面。这完全符合单力偶（即 I 型）震源机制的理论。若从震源球的面上来看，P 波初动方向是垂直于球面的，S 波初动的偏振方向是与球面相切，并指向滑动极 X 的，如图 12-14 中 c 所示。图上的两大圆弧线是 P 波节线。很显然，滑动极是在节线上的，若借 S 波知道滑极之所在，则断层答案的参数，便可确定了。

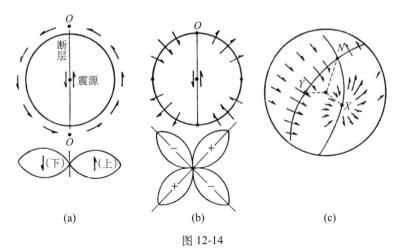

图 12-14

a.（上）S 波初动矢量变化

a.（下）S 波初动振幅变化形成的双瓣型

b. P 波初动的情况（备比较用，上文已有）

c. S 波初动矢量在震源球面的表现

前面谈到，用 P 波方法可以解出两个节面的断层平面答案，但不能直接断定孰为断层节面，而利用 S 波，可以得到唯一的节面，就是断层面。两相结合，诚可以补 P 波方法之不足。因此，一般认为，地震是单力偶 I 型震源机制的，都尽量设法寻出 S 波节面。上文说到 S 是平面偏振波，在其振动平面上，一般可以分析成相互正交的震相：S_H 和 S_V 两个分向。按定义，节面是震相初动方向的转变界面，振幅的绝对值在此面上为零。地震断层面，本是具有上述性质的，显然就是一个节面，P 波的第一节面，也为 S 波的节面，且当 $S=0$ 时，S_H 和 S_V 也必然都等于零，故也是 S_H 和 S_V 的节面。需要指出的是 S_H 和 S_V 与偏振角 β 紧紧地以杰弗利斯公式联系着。当 β 变时，它们都可以等于零，说明还另有节面。若能找到这样的节面，则可与 P 波节面配合起来确定 X（滑极）的位置，从而解决节面的分选问题。

一般还是在乌尔夫网图上操作，找这种节面。

（一）S_H 节面：按关系式 $\tan\beta = S_H/S_V$，当 $\beta=0$ 时，$S_H=0$，这就是 S_H 的节面。很明显，这时 S 波动偏在 P 波入射平面（垂面）上，方向直指滑极（X），而无水平分向。这样的垂直节面，反映在乌尔夫网图上的节线是通过中心和 X 出头点的一条直线，其与 P 波第一节线的交点，就是 X。

（二）S_V 节面：当 $\beta=90°$ 时，$S_V=0$，这就是 S_V 的节面。它是以震源为顶点的锥体形节面。在震源球面上，则是以震中 E，滑动极 X 和观测点 S' 作成的三角形为底，而以震源 O 为顶切成的一个四面体，如图 12-15a 所示。人们容易看到 $OS'E$ 是 P 波入射平面（即垂面），$OS'X$ 是 S 波偏振平面，两平面之间的夹角 β 便是偏振角。今 $\beta=90°$，即 S 波动完全在偏振平面上，而在入射平面上，则没有分量，成了 $S_V=0$ 的局面。人们可以看到，在一次地震事

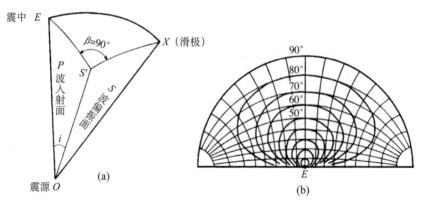

图 12-15 S_V 锥形节面的节线族

（a）锥形节面；（b）卵形节线族

件中，EX 的距离是固定的，而观测点 S' 是很多的，分布在广大地区。很显然，S' 的位置不同，则 β 的角度亦不同，但亦可以找到一系列的观测点，保持 $\beta=90°$ 不变。若将上述三角形，以 EX 为底边，以其距离为直径作圆，则 S' 便是圆周上的顶点，因按几何学原则，其顶角无论在圆周上何地，都是成 $90°$，即 $S_V=0$。不难看到，以此圆为底，以震源 O 为顶的整个圆锥面上的 S_V，都等于零，成

为 S_V 的节面，在震源球面上则成为圆形节线。需要指出的是，从观测结果进行分析，往往不易准确地找到节线，但它是以 EX 为直径的圆，在乌尔夫网上，直径的一端必在网的中心点，其不能准确找得的只是另一端 X。若情况复杂，EX 之长捉摸不定，则可将 X 设为变数，作成许多节线，形成卵形节线族，如图 12-15b 所示，其中会有一个是准确的，可以逐步相比，求得真正 $S_V=0$ 的节线。

总上所述，人们在乌尔夫网图上，先用 P 波方法找得两条节线，再利用 S 波又可以找到 S_H 的第二节线和 S_V 的第二节线，如图 12-16。在图上可以看到，S_H 节线是一条通过中心的直线，S_V 节线是一

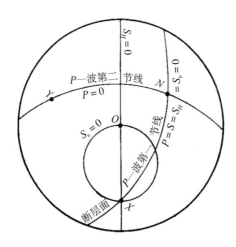

图 12-16 各种节线在乌尔夫网上汇合，找 X（O 是网的中心，即震源投影）

个通过中心的闭合圆弧圈，都与 P 波的第一节线相遇于一点，这一点就是滑极 X，就是断层平面的所在。若使用 S 全波，则可用两个以上观测台的 S 偏振方向所指的共同焦点，测定滑极 X，虽然不甚准确，但其相邻的 P 波节线，无疑便是第一节线，即断层平面所在。这说明 P 波节面的分选问题，可以利用 S 波得到解决。换言之，人们若将 P 波和 S 波两主要震相的初动特征联合运用，就可以圆满地解得断层平面答案，但事实上，也还有问题。

3-3 S 波振动的四瓣性

当 S 波初动的观测结果累积多了，人们逐渐发现其振动方向

和振幅的分布，并不似初期所想的那么简单，都是单－双瓣式，其中表现为两重双瓣式的也很不少，如图 12-17a$_2$。它与 P 波的四瓣式〔见（b）〕基本相同，只是转了个 45°角。这情况说明，S 波初动的振动模式也是正与负转号两次的，符合于双力偶 II 型震源机制的理论。若将观测点都移到震源球上面来看，其情况则和以前不同，S 波的偏振方向不再指向 X 轴的出头点，而是向主应力轴的出头点集中，如图 a$_1$ 所示。据此确定 T 轴和 P 轴之后，按正交法则，也可以求得 X 轴和 Y 轴，但仍未能解决节面的分选问题。尽管如此，S 波的两重双瓣性，给人们提出了极为重要的概

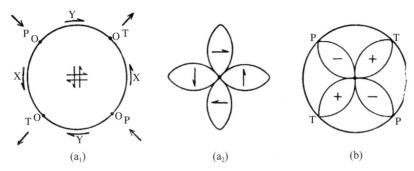

图 12-17　S 波振幅的四瓣式分布，右图示 P 波，作比较用

念：I 型震源和 II 型震源并不是地震本身的自然区别，不过是地震已发现象所表现的力学图像，可以用震源单力偶或双力偶来解释。事实也是如此，发生在同一地方的地震有表现为 I 型的，也有表现为 II 型的，且有用同一地震观测资料作出的结果，可以是单力偶震源机制，也可以是双力偶震源机制，例如维琴斯卡娅曾将克依利斯·博罗克用于做成单力偶震源的地震资料，做成了双力偶震源。最初因为着重于 P 波初动振幅的分布研究，不论其为 I 型或 II 型都是四瓣形图式，也就没有产生异同问题；很明显，在观测台网不够稠密时，S 波初动振幅的分布，容易作成双瓣图式，而难于辨认其两重双瓣性。后来渐次认识到 S 波的初动也是成四

瓣形分布。日本著名地震学家本多弘吉才提出双力偶震源机制模式，作了理论上的解释。因此，就浅源地震来说，双力偶乃是震源机制的基本模式，其中所以有表现为单力偶震源的，可能是由于某种原因，使得只有一个力偶特别发育的结果。

4. 震源机制理论的新发展

上述传统的震源机制求解方法，是将地震震源看作是固定不动的一个点，根据地震波的点源辐射图式，利用 P 波初动方向和 S 波偏振方向，求出断层平面的几何参量。实际上，地震震源不会是一个点，而是占有一定空间的，且地震波是由于震源所在断层发生破裂而产生的，其过程也必然是在运动中完成的。故当破裂从断层某一点开始后，立即发展（破裂发展的方向可以是单侧的，也可以是双侧的），经过一定时间，达到一定长度而停止。这说明产生地震波的源点是移动的。运动的震源所产生的地震波辐射图式与静止的点源所产生的图式有所不同。这里有破裂长度、破裂传播速度、错距、应力降等物理量以规定震源破裂运动。这些震源物理参量与地震发生的机制间的密切关系必然反应在各观测点的地震记录图上。

自从电子计算技术发达之后，研究震源机制方面的人们从位错理论出发，通过波谱分析方法，对不同模式进行理论计算，并与实际观测结果相互比较，工作颇有成效。六十年代以来，这方面的理论研究发展很快，已做出不少成绩，但还没有得到最后结果。

4-1　振幅谱的利用

取地震图上任一震相波段，都可以用傅氏变换将地震记录从时间域转换到频率域中，求出振幅谱和相位谱。A. 本梅纳汉（A. Ben-Menahemn）最先提出震源谱的设想，并提出一套方法，将某观测点得到的波谱还原到震源出发时的原始情况。他用观测的 P 波振幅谱 $A_0(\omega)$ 滤掉波动经过地幔时的振幅响应 $A_1(\omega)$，过地壳时

的振幅响应 $A_2(\omega)$ 和记录仪器的振幅响应 $A_3(\omega)$ 等等，通过计算滤去干扰，便得到震源的振幅谱。这个已除掉传播路径和仪器影响的地震波振幅谱便可以代表在某一观测方位上的相应地震能量释放的强度。根据不同方位的观测结果，就可以作出地震波能量的辐射图式，如图 12-18 左。然后再与理论计算结果（图 12-18 右）相比较，以求震源机制参数。

　　理论计算相当繁杂，须由电子计算机来完成。A·本梅纳汉提出了一套理论计算的基础公式。设断层平面走向与观测点的方位差角为 θ，断层平面的倾角为 δ，滑动方向与水平面的夹角为 λ。将此三个基本数据，用各种不同分量配合，按双力偶模型反复计算，直至得到的结果与实际观测图式最相似为止。然后用此结果求震源机制参数。

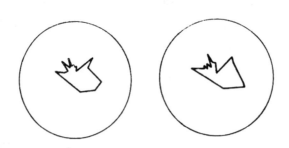

图 12-18　P 波振幅谱辐射图式
（a）观测图式；（b）理论计算图式

4-2　有限移动源

　　运动震源理论认为断层面上破裂是发展的。破裂传播速度一般 3—4 公里/秒，稍低于横波速度。由于震源在移动，观测到的地震波辐射图式，是各点源位移场不断叠加的结果。在发展过程中，P 波初动方向和 S 波的偏振方向仍然保持不变。但体波波动振幅的主频率却受调制而改变了。如图 12-19 所示，纵波沿断裂发生信号，横波垂直于断裂发生信号。从图上可以看到波动振幅是在破裂传播方向上扩大，而在其相反方向上则缩小。故若破裂从起点向两

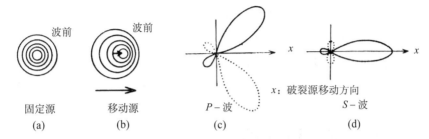

图 12-19 单侧破裂有限移动源地震波辐射图式示意

（a）固定震源波前扩散；（b）运动震源波前扩散；（c）Ⅱ型 P 波振幅随方
位变化；（d）Ⅱ型 S 波振幅随方位变化

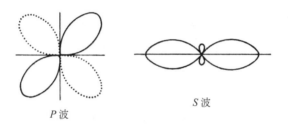

图 12-20 双侧破裂地震波辐射图式

侧发展，则地震波辐射图式的理论结果应为图 12-20。

　　震源移动调制了地震波的辐射图式，调制程度的大小是受破裂速度限制的。它使振幅谱上出现一系列的极小值，而相应的相位谱则在振幅为极小的频率处出现相位的不连续或发生急剧变化，

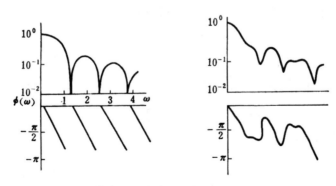

图 12-21 移动源 P 波谱，上为振幅谱，下为相位谱

（a）单侧破裂；（b）双侧破裂

如图 12-21。与这些急剧变化相对应的频率都与断层破裂长度和破裂速度有关系。

表面波——瑞利波和勒夫波的辐射图式也都是受地震机制的性质控制的，因此同样可以用来研究震源机制，方法也和使用体波一样。

4-3　位错与震源物理量

断层滑动是时间与空间坐标的函数。近年发展起来的位错理论，是根据震源物理条件作出的理论计算模型，以反推断层面上的错动。错动主要是平行于断层面的剪切位错，其垂直于断层面的分量可以不计。为了确定位错，提出以下一些新的参数。

（一）地震矩 M_0：如将震源看成是在断层面上的突然位错，则可以形成地震矩，其定义为：

$$M_0 = \mu A \bar{u} \tag{12-4}$$

式中 A 是断层错动面积，$\bar{u}$ 是平均错动量，μ 是岩石剪切模量。根据观测，地震矩 M_0 与地震震级（面波震级 M_S）有简单的线性关系 [*]：

$$M_S = 0.79 \log M_0 - 13.84 \tag{12-5}$$

M_0 以达因 – 厘米计。这是 M. A. 切纳里的经验式，可以用作参考，式中常数还有待研究确定。

（二）地震释放能量 E：如将地震释放能量设想为是由于断层面的滑动，则所释放的总能量 E_T 可以写作 [**]：

$$E_T = \bar{\sigma} A \bar{u} \tag{12-6}$$

式中 A 是断层错动面积，$\bar{\sigma}$ 是断层面上的平均剪应力，$\bar{u}$ 是平均位错（即平均位移量）。若与地震波能量公式（李克特 1958）

$$\log E = 5.8 + 2.4mb = 11.8 + 1.5M_S$$

联系起来，有：

$$E = \eta E_T \tag{12-7}$$

---

[*] Chinnery, M.A., 1969.

[**] Brune, J.N., 1968.

η 称为地震波辐射效率。于是能量关系又可写成：

$$\eta\bar{\sigma} = \frac{\mu E}{M_0} \tag{12-8}$$

$\eta\bar{\sigma}$ 称为有效应力。

（三）应力降 σ：作用于断层面上的剪应力，在一次地震之前与在地震之后的差，一般称之为应力降。设断层错动面为一矩形，长度为 b，宽度为 d，则应力降与最大位错 $u_{\max}$ 的联系，可写成：

$$\sigma = \varepsilon \frac{u_{\max} u}{d} \tag{12-9}$$

式中 ε 是常数，决定于断层的几何形态，一般在 ½ 至 ⅔ 之间；若是一条直立平推断层，则 $\varepsilon = ½$。又断层错动的最大位移 $u_{\max}$，一般取平均位错 $\bar{u}$ 的 ¾ 倍是合理的数字。将这些关系代入上式，则在直立平推断层的一次地震中，其应力降为：

$$\sigma = \frac{4}{6} \times \frac{M_0}{bd^2} \tag{12-10}$$

（四）断层长度和破裂速度的估计：A.本梅纳汉最早拟定的断层位错模式是：一个长度为 b，宽度为 d 的矩形断层，破裂从一点发源，以一定速度 v 向一面发展。在传播过程中，从这样一个模式出发，对辐射能量作出理论计算，以拟合表面波位移的远场观测结果，借以反推断层长度和破裂速度。其做法是求得所谓"方向性函数"，即利用同一观测点观测到的，来自相反方向的瑞利波波谱振幅比。显然，这需较大的地震（如 $M \geqslant 7$）才能使用。但方向性函数亦能推广，包括使用任何两条波射线，其夹角不限于 $180°$，可以是各种角度 α。这样，在各个方位的观测点，凡面波记录好的都可以使用。

对于直立平推断层或倾向滑动断层，方向性函数比较简单，而走向－倾向滑动断层的函数形式一般则很复杂。由于方向性函数包含有断层长度 b 或 c 和破裂传播速度 v 等因数，在已知瑞利波相速度波散的条件下，给出一组 b，v 定值，所得出的频率函数的频谱曲线会出现一系列最大和最小峰值。因此可利用出现的极大或极小的相应频率来测定断层长度和破裂速度。其第一极大或极小所示的频率受断层长度的影响很大，因而容易得出好的结果，但求破裂速度比较困难。

综上所述，用波谱分析的方法，又可得到一组震源物理参数：

地震	地震能量 E（尔格）	地震矩 M_0（达因 – 厘米）	断层长度 l（公里）	断层宽度 d（公里）	平均位错 $\bar{u}$（厘米）	应力降 σ（达因/厘米^2）	破裂传播速度 $\vec{v}$（公里/秒）

上表所列震源物理参数，与前用 P 波初动求得的断层面几何参数合在一起成为地震机制问题的解答。必须指出，现在，后一部分震源物理参数的测定方法还不成熟，尚在研究改进中。

小　结

以上概述了自本世纪三十年代以来研究震源机制的做法。首先，是肯定了地震成因为断层突然错动。开始是将震源当作固定点源来处理，即所谓传统的方法，但问题没有完全解决，于是有了移动震源的设想，概括起来，其情况如下：

（1）用 P 波初动方向解答节面问题，获得初步成功，但答案不单一，无从肯定断层面。

（2）结合 S 波初动分析方法，企图解决断层面鉴别问题，但不甚成功。

（3）六十年代以来，从另一方面开展研究，从有限移动源模式和位错模式出发，通过波谱分析和一些其他的数理分析方法，求出理论结果去拟合实际观测，以求解震源的物理参数。这个方法已获得一些成绩，但问题也不少，正在发展之中。

第十三章　地震动力来源
（地震与板块构造学说）

1. 引　言

以地震断层活动为基础研究地震成因，讨论的是地震发生的直接原因，上文已经详述。至于地震断层又是怎样产生的，人们还须进一步研究。这里将涉及的，大都是大地构造学科的基本问题，因为地震断层是在大地构造运动过程中产生的。自从地球科学研究开展后，百余年来，对于一些最基本的问题，如海陆分布、地球结构及其运动等问题，依然争论不休。最初因为看到各个地质时代海侵频繁，以为海陆是经常转变的。随后发现历次海侵的边缘地带绝少深海沉积，几乎都是浅海的产物，又好像海陆分布的基本轮廓是不变的。把海陆分布看成固定的还是变动的，对于解释地球构造及其运动，立论是不同的。历来学者在这方面提过不少设想和理论，各有主张，未能获得一致，现在认为最新最有希望的是六十年代末期出现的"板块构造学说"，下面分作几个方面来谈。

2. 历史的回顾

在论述板块构造学说之前，回顾一下以往的，特别是本世纪初期在地壳构造运动研究方面的一些重要发展，是需要的。这方面的学说不少，其目的都是试图解释地球上地质和地理现象的生灭变迁。早期，最主要的是收缩说，维持了百年之久。进入二十世纪后，则以魏格纳（A. L. Wegener）的大陆漂移说和豪格

（E.Haug）的地槽理论影响最大，凡是谈论构造运动问题的，几乎都要涉及。事实上，现在地学界许多重大科学成果，都是近数十年发展起来的。

2-1 魏格纳大陆漂移说的兴衰

在 1912 年，魏格纳提出崭新的大陆漂移学说，引起了很大的争论。当时，一般以为大陆与海洋的关系是固定的，是地球收缩的结果。这一概念由来已久，在地学界影响极大。它以拉普拉斯的宇宙演化论为基础，说地球是由赤热的物质慢慢冷却凝固而成的。我国古代所谓"浑沌初开，乾坤始奠，轻清者上升为天，重浊者下沉为地"，其道理也是雷同的，所不同的是古人未曾提到热的作用。这种理论认为：炽热的地球在寒冷的太空中不断失热，致使温度下降，由于物质本性的热胀冷缩，整个地球便在冷却过程中，逐渐收缩，好像干瘪的苹果，产生了许多凹凸。同一表面积物体体积以球体为最大，若自行收缩，变成四面体则体积最小。现在的地球，也可以说是一个近似球形的四面体。按四面体的体形，每一面都有与之相对的顶角凸出。地球面上坚硬的地块就近似于这些顶角，如加拿大地盾、波罗的地盾、西伯利亚地盾和南极洲等等。这是早期地学家想象的一种理论。他们认为地球的收缩引起了地壳构造运动，使得一些地区发生上升与下降，另一些地区发生褶皱、断裂等运动。收缩学说在地学界盛行多年，后来发现它与地球物理学上的许多新结论是矛盾的。地球的收缩，事实上不能用冷却来解释。一个简单的数字就能说明这一点。地球主要物质的膨胀系数是在 $12—13 \times 10^{-6}$ 之间，以此计算，仅仅第三纪褶皱就需要降温 2400℃ 之多，推到早期的大规模造山运动，还需要更大的降温数值。这和地球物理学上的观测结果是不相容的。放射性物质发现后，关于热态地球的概念，便完全改变了：地球的热量不但没有逐渐减少而变冷，还可能由于热量逐渐增多而变热。于是收缩说便失去了立论的基础。

地球收缩说不成立了，但一般地质学家还认为大陆是固定的，不会移动的，虽然大陆上面，有大规模的造山运动和大面积上升的造陆运动。随着地球科学的发展，人们对地球的认识，也日益增长。在地面上常可见到，一些地方在地壳运动中显得很稳定，变化极微，接受沉积很少；而另一些地方则不然。最触目的是世界主要山脉，看上去巍峨高大，结构非常复杂，追仔细分析其组成岩石的来源，尽是在海水底下形成的，而后才上升褶皱为山。这说明这些褶皱山系所在地，早期是不断拗陷接受沉积的沉降地带，在地球上是最为活动的。这些具有活动特征的地带由于一般形态是长、窄且下沉的，因此被称为地槽，在沉降期间，不断地充填沉积。与此相对，那些较为稳定的地区，被称为地台或地块。于是人们认识到地面之上，有着坚实稳定和软弱活动的两种不同性质的地壳互相间杂。这可以说是地球科学的一大发展。

地槽的概念，是早在十九世纪中叶，由美国地质学家霍尔（J. Hall）和达纳（J. D. Dana）在调查研究北美的阿巴拉契亚山脉时提出的。阿巴拉契亚山脉很长，褶皱很强烈，其古生代岩层的厚度超过一万米，因此，人们认为这些褶皱山系是早期强烈下降接受大量沉积的地带。但地槽研究成为一套理论，还是出于郝格。他编制了许多古地理图，发现在地质时代的狭长海洼变成了现在地球上的重要山系。根据他的分析，地槽边缘的沉积特征是浅海的产物，与现代大陆架的结构相似。结合其他地槽特征，他给予地槽以确切的解说。地槽理论，自提出后一百多年来，随着地质知识的丰富积累，经历过复杂的演进，内容越来越完善，对于整个地质界影响很大，至今未衰。

另一方面，亦有迹象表明，海陆之间并非完全固定的。最重要的发现是海陆两方内部的物质组成有所不同，前者是硅镁质，后者是硅铝质。这两种物质成份不同，比重亦不同。根据重力测量的结果，证实大陆质轻而高出，海底质重而低沉，这是合乎自然的分配状态的。但在地球面上，海陆分布的表象是稳定的，从而使人想到大陆的山根与海洋的底座必然处于同一均衡面上，如同木质块体半浮半沉于水中才可能保持平衡一样。这就是著名的大地均衡说的由来。大陆均衡概念是十九世纪中叶，由英人普拉特（J. H. Pratt）和艾里（G. Airy）提出的。到了二十世纪初，已成为一种学说，开展了研究，并多方计算测定了均衡面的深度。魏格纳关于大陆漂移的设想，无疑是受其影响，因为他已经认识到海洋与大陆是根本不同的，大陆块厚约 100 公里，浮托在岩浆里。而这一厚度概念，显然是根据当时计算均衡面的深度平均为 100 公里而推测出来的。

地球面上奇形怪状，如北半球多大陆，南半球多海洋，大西洋似是扯开的，太平洋东岸边缘大都卷褶成高大山脉，西边则多岛弧，诸如此类，早已为人们所注意。有些好奇的科学家，念念不忘，力求找到答案，魏格纳就是其中的一个。据他说，关于大陆漂移的最初想法是在 1910 年阅读世界地图时得到的。当时他被大西洋两岸的相似性所吸引，但尚未认识其重大意义，只是惊叹南美东海岸与非洲西海岸，一凹一凸，互相对应，似乎可以拼合到一起。继而 1911 年，他偶然在一些文献中看到一种把古生物分布情况作比较，认为巴西与非洲之间曾经是有过陆地相连接的论述。这促使他认真地在大地测量和古生物方面寻求证据，进而得到了重要而肯定的结论。1912 年 1 月 6 日，在德国法兰克福城举行的一次地质学会上发表了他的想法，题为"在地球物理学的基础上，论大陆与海洋的生成"。随后，经过补充修订，成书出版。由于受第一次世界大战的影响，实际上是到 1922 年的第三版才最后完成其理论。他以地层、古生物、古气候和其他地球物理资料以及格陵兰岛与欧洲大陆间的距离日益增长等事实，证明了大陆是在漂移。

按魏格纳的理论，距今二亿多年前，约在石炭二迭纪时，地球上的陆地是连成一块的,谓之泛古陆（Pangaea）[*],周围都是海洋,

---

[*] 原出 E.Suess.

尚未有北冰洋、大西洋、地中海、印度洋等存在。随后，就像水上的木筏群，逐渐漂移，分裂演变，而成今天的海陆分布。首先是大洋洲与亚洲分裂，以非洲为中心，向南偏西漂去，然后，又渐渐连着南极洲，脱离亚非大陆向南漂移。再后是南北美洲与欧非大陆分裂，向西漂移，出现大西洋，同时，印度次大陆则与非洲脱离，向东漂移，产生印度洋。最后，在泛大陆的顶部亦被扯裂漂移，成为北冰洋。如此演变，到了第三纪，已基本上发展到现在的海陆分布轮廓。须指出的是：漂移是相对非洲而言的，但不等于说，非洲是绝对不动的。

魏格纳的大陆漂移说问世后，曾使地学界轰动一时。他的理论，使地质学上一些难解的现象特别是对于南半球石炭二迭纪时的冰川分布问题可以得到解答。从现在还能查考的冰川遗迹推测这次冰期是很大的，影响范围很广，包括南美之阿根廷，非洲南部、澳洲南部以及印度许多地方。同一地质时代的冰川分布，在地理上如此分散广阔，按大陆固定的说法，是无法解释的，若用大陆漂移说来分析，则迎刃而解。此外，最重要的是，太平洋两岸的边缘山脉，已不需要用地球收缩的原因来解释了。按魏格纳的设想，美洲大陆是向西漂移的，欧亚大陆是向东漂移的，在其漂移的过程中，地块的前缘，必然要受到很大的阻力，因被挤压而褶皱卷曲，自然形成巨大的山脉。

对大陆漂移说持反对意见的人亦不少。一方面，那些比较保守的学者一般是不容易接受新概念。另一方面，限于当时的具体条件，学说本身也还有问题，最主要的是导致大陆漂移的动力问题得不到合理的解决。魏格纳曾对于离极力[*]寄予希望，认为以南极洲为中心团成一块的冈瓦纳古陆，后来分裂，离开南极而漂移，是地球表层离极力起的作用。所谓离极力是由于地球不是浑圆球，它的极半径比赤道半径小些，成为稍带扁平的球形，而地壳表层

---

* Polflucht.

的质点同时受到两种力的作用，一种是向内的重力，另一种是由于地球的自转产生的向外的离心力，在球面扁度的干扰下，两种力不在一条直线上，从而产生了一个水平分力，指向赤道，将质点往赤道方面推送。从理论上说，离极力是存在的，但实际上是很小的，通过计算，只等于重力的数百万分之一，不可能有效地起到推动大陆的作用，更不能用以说明向西的漂移运动。若大陆因漂移使其前缘卷缩成为山脉，则至少需有使水平地层提起数千米高的大力，才可能推动大陆。魏格纳也曾想到由东而西滚过地球表面的潮汐，因受阻力的影响而产生的所谓"西推力（West-drift force）"，想用此来说明美洲大陆向西漂移的原因。但这样的西推力也是微不足道的，实际上是不存在的。

1930年冬，魏格纳在格陵兰岛探险途中不幸遇难，以致《大陆漂移说》一书至第三版之后未能继续下去，乃是地学界的一大损失。由于持不同意见者的继续反对，其中包括世界著名的地球物理学家杰弗里斯等人，他在其所著《地球》一书中写道："大陆漂移，从理论上说是根本不可能的。"因此，在三十年代至四十年代之间，殊少有人继承魏格纳的工作，只有南非一些地质学家，仍然相信大陆是漂移的。可是过了三十多年，地球物理学的发展，使人们对于地球内部的情况日益了解，大陆漂移的理论又复活了，并进一步发展成为"板块构造学说"。

2-2　地震学的发展

随着仪器地震学的发展，地震波便成为探索地球内部秘密的信使，因为只有它才能穿透地球带来信息。进入二十世纪之后，随着各种科学技术的发展，地震仪器亦日益精良，灵敏度有很大提高。观测结果使人们对于地球内部的结构和各种物理状态有了较多而且较为确切的知识，从而丰富了地球科学各个领域的见解和理论。下面举其中最重要的来谈。

2-2-1　莫霍洛维奇的发现

当牛顿研究万有引力时，就发现地球的平均比重（密度）在

5 至 6 之间，比任何主要地面岩石都重，于是，人们知道地球在沿直径方向的物质分布是不均匀的。其后从地质方面的调查研究，又知道大陆与海底的物质组成也是不一样的，用大地均衡理论来推测，海陆地块的厚度还很悬殊。这一系列粗略的基本概念，上文已经说过，但还有待更多更确切的测量数据来证明，才有实际意义。仪器地震观测结果，大大地丰富了这方面的知识，人们从地震波的走时观测，认识到地震发出的体波(即纵波 P 和横波 S 等)，传播速度是随着深度增加而增加的，震波射线的走道是作弯弓形回转到达地面的。地震科学工作者综合地震波通过地球时的观测结果，制成体波速度变化的剖面图。根据图上表现的地震波传播速度随深度变化的特征，便可以分析研究地球内部构造的许多情况，最重要的是两大不连续面的发现，其中一个是莫霍洛维奇不连续面，即地壳与地幔的分界面。它的发现，对于地球科学研究起了很大的作用，详情如下。

　　1909 年 10 月 8 日，南斯拉夫的克罗提亚（Croatia）发生地震，震中离著名的萨格勒布（Zagreb）地震台不远，当时在台上工作的莫霍洛维奇第一次注意到近距离地震台的体波震相记录具有特殊的情况。他综合各观测台记录震相分析的结果，发现约在震中距 Δ 为 100—150 公里间成一界限，在其前和在其后，地震台记录图上的震相表现有所不同。距离较小的 P 和 S 的震相波列，都是以尖锐的波形开始的，随后跟着来了一系列的较小波动。震中距较大的观测台记录震相，则都较为复杂，P 和 S 的开始都是小型的长周期振动，为了不相混淆，分别记以 P_n 和 S_n，其继续而来的波列，其中至少有一个较大，较尖锐及周期较短的脉冲波，记作 $\bar{P}$。莫霍洛维奇综合这些震相，把不同距离地震台上记录到的到时，一一做成时 – 距曲线，发现 P_n 的走时，与较远距离地震台记录到的第一 P 波震相走时，是相连的；$\bar{P}$ 的走时，则与界限内较小距离地震台记录到的第一 P 波震相走时，是相连的。从震相走时曲线，可估计到地震波传播速度，$\bar{P}$ 为 5.5 公里 / 秒，P_n 为 8.2 公里 / 秒。

总结其结果，莫霍洛维奇提出如下的解释意见。他认为，地震区的地下结构，可分为上下两层，地震波传过，其速度很不相同，并有明显的分界面，在界面之上，纵波速度小，只有 5.5 公里 / 秒，界面之下，突变为 8.2 公里 / 秒。他再进一步分析，认为 $\overline{P}$ 是发自震源，直射到观测点的直达纵波，而 P_n 则是纵波波前往下扩散，折射到下层后，因折射角接近 90° 而贴着界底下面传播，然后再往上折射，到达观测点的 P 波。由于 P_n 的速度大，虽绕行了较长的路程，但短时间内便补偿了，且追过直达波 $\overline{P}$，先期到达观测点。进而，他认为存在一个分界的距离，在此之前，观测台开始记录到的都是直达波 $\overline{P}$。其后，则 P_n 赶到，出现于其前。莫霍洛维奇的这一结论后来为大量观测数据所证实，并进一步了解到这一明确的速度分界面是遍及全球的。后来鉴定，界面以上就是地壳，与其下面的内部结构，很不相同。这是一项很重要的发现，为纪念发现者的功绩，命名为莫霍洛维奇不连续面，或简称为莫霍一级不连续面。

莫霍面发现后，人们才了解地球表层是硬壳。继续用地震波探测方法进行分析，结果表明地壳构造也是复杂的。各地厚度很不齐一，且非单一结构，层次多少还有差别。总的来说，地壳由两种岩层组成，上层主要是花岗岩，称为花岗层（相当于硅铝层），其下主要是玄武岩，称玄武层（或硅镁层）。各地区的地壳厚度变化很大。在大陆上，正常厚度一般在 30—40 公里左右，但在地质时代较新的高山地区，则在 50—60 公里，喜马拉雅山区约为 80 公里。在海洋地区，地壳厚度一般只有 10—15 公里。现在知道，太平洋中有些地方很薄，不过 5 公里左右。大陆上部是花岗岩层构成，在海洋地区则花岗岩层很薄，甚至缺失，如太平洋盆地完全没有花岗岩层。

2-2-2　古登堡的发现

大地震的波及范围很广，需要联合世界各地的观测者共同研究。本世纪一开始，即陆续出现世界性组织，共同进行讨论，并制定了统一的地震观测报告格式和交换资料制度等。由此，较大地震便可以有比较全面的观测记录，供研究各项问题之用。首先要研究的是地震波传播速度随深度增加的变化规律。人们总结 P 波、S 波等到达观测台的时间与震中距离的关系，作成震波走时曲线（即以时间为纵坐标，距离为横坐标作图）。一般认为曲线斜率的变化可以反映地震波速度在垂直方向的分布。人们早已见到，当震中距 $\varDelta$ 在 80° 至 100° 左右之间时，震相记录极其复杂，走时曲线很乱，有人怀疑这是地震波通过其相应深度时，速度发生剧烈变化，形成一级不连续面。这种看法引起学者的重视。

若将地球分作无数薄层，假定每层内的速度是一样的，但一层比一层增加一点，当地震波由上层通到下一层时，波射线是背法线向外折射的。设速度 V 是随地球半径 r 变化的连续函数，在波射线穿行各速度层时，其关系一般可写成

$$\frac{r \sin i}{V} = \cdots \frac{r_h \sin i_h}{V_h} = \cdots \frac{r_0 \sin i_0}{V_{0(至地面)}} \tag{13-1}$$

式中 i 是波射线穿过每一速度层时的折射角，是逐步增大的，至最深处 h 公里时，$r = r_h$，$i_h = 90°$，波射线作水平走向，$\sin i_h = 1$，上式可写成

$$\frac{r_h}{V_h} = \frac{r_0 \sin i_0}{V_0}$$

此后，波射线转向上，再如前一步步到达地面，但按本多尔夫（Benndorf）法则，$r_0 \sin i_0 / V_0 = 1/\delta \varDelta° / \delta_T = $ 常数。有此关系，人们就能了解地震波速度在垂直剖面上的变化。

深度相当于 $\varDelta = 100°$ 左右的体波走时，出现很不正常，从其斜率 $\delta \varDelta° / \delta T$ 推测，可能有一级不连续面存在，最初是维歇特和奥尔德姆（R. D. Oldham）发现的。在 1913 年，古登堡就测定了其深度为 2900 公里。这一界面的特点是当 P 波通过时，速度从每秒 13.5 公里减为 8 公里，S 波速度从每秒 8 公里减作零。它被称为古登堡不连续面。在莫霍与古登堡两不连续面之间的一层称为地幔，

其下为地核。地震波进入地核，S 波速度即等于零，说明介质没有刚性（$\mu=0$），因此人们以为地核内部是流质物。以后研究表明，地核之内还有内核，性质与外核不同。

　　古登堡在这方面的另一重要发现是上地幔低速层。仪器地震观测发达后，人们逐渐注意到，P 和 S 震相在震中距离为 12° 时几乎完全消失，然后，P 在近 13°，S 在近 18°，以相当大的振幅和周期，重新出现。从 26° 开始，来自地核界面的反射波就陆续到达，于是震波图更复杂了。最初杰弗里斯等英国地震学家单从震相记录时间上分析，认为是由于上地幔（即地壳以下几公里的地带）存在着情况不甚严重的不连续界面所致，取名为"20° 不连续"。后来，古登堡等结合震相记录上振幅的变化，作了研究，认为在一百至二百公里深度，地震波速度变慢，并确定上述现象系上地幔低速层构成的槽道干扰的结果。这一槽道结构，在上地幔普遍存在，古登堡名之为软流层（Asthenosphere）。观测结果证明，纵波在槽道内传播速度只有 7.9—8.0 公里 / 秒，横波速度只有 4.4 公里 / 秒[*]。软流层的存在，对于地幔对流理论的提出是很有帮助的。

　　2-2-3　深震及海域震中带的发现

　　在地震分布方面，人们最先认识到的是，震中集中分布在阿尔卑斯褶皱地带，从而形成著名的环太平洋和地中海 - 南亚两大地震带。这些主要是根据大陆地面上及其边缘岛屿的观测结果作出的总结，大都是在地壳内部发生的浅源地震。随后观测技术逐渐发展，有了灵敏度很高的精密地震仪，侦察范围可及很远，同时观测台的布置亦日益稠密，震源位置参数测定的精度大为提高，发生在世界各地的较大地震，遗漏的已不很多了。于是，人们对于地球上地震活动的时空分布的总情况，逐渐有了比较全面的认识，或者说对于震源深度和震中分布有了进一步的了解。

---

　　[*]　这槽道波，P. Caloi 定名为 P_a 和 S_a，1953。

首先是震源深度问题。早期虽然都知道震源是有深度的，但究竟深到什么程度，则无明确概念。人们亦早就怀疑，地震震动的面积有大小，且是受震源深度的影响的。拉绍尔克斯（A. V. Lasaulx）于 1882 年就指出地震震源愈深，震动范围的半径就愈大，并据此推测地中海一些地震，震动面积很大的，其发源定在很大的深度。嗣后，地震科学工作者再三改进测定的方法，震源深度的数据已逐渐接近真实。现在用近震仪器记录测定的震源深度，特别是当震中距在 100 公里以内，且记录又较多时，误差不过数公里。综合结果表明，绝大多数地震都发生在地壳上层（即花岗岩层）的底部，震源深度约 5 至 25 公里。上层厚度大的，震源深度亦相应大些。对于深度较大的地震，特别是震源深度大于 300 公里的深震，尚需另找方法，以测定其深度。

1928 年，日本地震学家和达清夫首先报道，在日本有些地震图的表现很特殊：一是横波到达时间比纵波迟很多，即使在震中附近地区亦是如此；二是第一震相在相当大的范围内几乎同时到达；三是震摇范围很大，有时波及到日本中部各岛，但没有破坏情况报告。他怀疑这样的地震发源很深，震源深度至少达数百公里。这一报道启发地震科学工作者联想到一些已经熟知的现象。很早以前，已有人指出，综合地震图像时有两种不同情况：一是面波很大，很发育，二是从地球内部过来的体波很尖锐，很显著，而面波则很小。1904 年英国人拉姆（H. Lamb）曾阐明，瑞利波的振幅是随深度按指数规律衰减的。因此，震源深度大时，面波小是可以理解的。后来杰弗里斯将拉姆的理论推广到各种型式的面波，证明了没有面波或面波很小，确实是由于震源深度大引起的，从而肯定了上述和达报道中谈到的几点特殊表现，正是深源地震的特征。

约在二十年代，古登堡等指出，还有一组从震中附近地面反射的反射波，它与震中到观测台之间地面的反射波一样，也很强大，可以形成明显震相。这种震相后来被确定，特别是纵波，在地震图上出现很明显，称为 pP。斯克拉斯（F.Scrase，1931）首先利用这一震相的到时差（即 $pP–P$），成功地测定了深震的震源深度。从而形成一套方法，兼用其他震相（因为它们的走时，都是受震源深度影响的），测定了大量深震震源深度的数据，令人惊讶的是，最大深度有达 700 公里左右的。于是人们对于地震活动的纵深分布，有了比较明确的概念。综合各地区情况，约可分作三个大段：最多是浅源地震，深度在 100 公里以内；其次是中（深）源地震，深度在 100—300 公里之间；再次是 300 公里以下至 700 公里的为深源地震。值得注意的是深源地震为数不多，基本上都发生在环太平洋地震带内，且离近岸边的海沟不远，若从海岸作一横截面，可以看到震源深度的变化是向大陆方面倾斜，即愈往大陆一侧，深度愈大。

其次是海震震中分布问题。据过去经验，地震多发生在山区陆地上，因而海域地震活动长久没有引起人们足够的注意。实际上，既然地震与断层的关系是肯定的，则在广大的海域里，也一定存在活动断层，并有地震发生。早年，因为仪器地震观测尚未发达，观测点又偏于大陆地区，远海海震，除了震级大的遗漏很多，关于海震活动，没有一点系统概念。直至二十年代以后，观测资料丰富起来，才逐渐认识到海域里的地震活动图式有它自己的特征，与大陆边缘世界两大地震带相对照，显然是独立的另一系统。通过南、北美洲和欧、非大陆上的仪器地震观测，很容易侦察大西洋水域的地震活动。最先发现的是大西洋中央地震带，基本上是与东西海岸线平行，纵贯南北延伸。这一地震带，虽然以中小地震为主，但带状分布是非常明确的。值得注意的是地震活动是沿海底的特殊构造发生的。在大西洋海底的中央，有一条南北走向的隆起带，早在十九世纪中叶，发展电讯敷设电缆时，已有所发现，当时称为电讯高原，今则通称为海岭。大西洋中央的海岭，研究得最早亦最详细，由于其形状特别陡峻，最初取名为大西洋中洋脊。探测结果表明，在脊梁的中央，还有一系列平行裂谷，有的凹陷很深，两壁削立，中有火山灰一类的现代沉积。据最近深潜探测，在谷底深处，还发现有类似岩浆的物质，似是方从下面渗透上来的。这无疑是构造上的破裂现仍在活动的地带，地震多在谷底发生。

地震观测数据逐渐增加，海域震中分布的图像便日益明显。大西洋中央地震带还可延伸很远：向北经冰岛进入北冰洋；向南则沿南大西洋海岭发育，直至最南的布维岛（Bouvet I.）附近，之后分作两支，其一向东延伸，入于印度洋；另一向西入于太平洋，震中珠连成带，全长总计大约六万公里，如图 13-1 所示。需要指出的是，这两支继续向其他海洋延伸的地震带，与大西洋一样，也是沿海岭发育的。

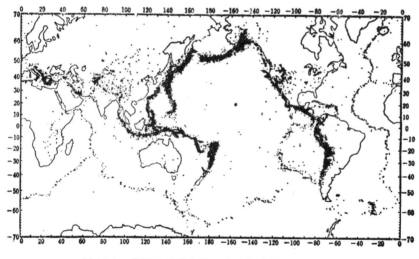

图 13-1　世界地震震中带、大陆与海域的分布略图

2-3　海底科学探测结果

地球上，海洋所占面积比陆地大得多。由于海面辽阔，水深浪急，须有精良科学技术，才能探测海底，因此，海洋科学发展较迟。本世纪三十年代初期，荷兰人万宁－曼尼兹（F.A.Vening

Meinesz），为避开海水上层的波扰，首先使用潜水艇装载仪器，潜入深处的稳定水域，进行重力测量，取得了系统的重力变化数据，引起了地球物理学家极大的兴趣。随后，松山基范在日本的周围海域，也做了同样的测量。他们的主要成就，是发现了海沟及其附近地区的重力场急剧变化，负异常特别大。这为发展地幔物质对流理论提供了重要的科学依据，但对于海底地形各方面的知识，没有增益，在这方面，仍须研究新的探测方法，提高技术，累积资料。

海底科学研究，必须具备海底地理和地质的基本资料才能进行。人类开始在水上航行，就知道要了解水底下的情况。古人的测量方法很简单，用系有重锤的量绳，抛入水中至底，进行测量。这类原始做法，效率很低，也达不到多大深度，但在科学未发达之前，是长期广泛所使用的。后来，发明了回声测量仪器，探测技术有了进步，海上交通亦日益发展，海底测量乃得大规模进行。到了五十年代，精密的回声测深器问世后，深度可测到一万米以上，精度达可测深度的五千分之一左右。现在，作业效率又有增高，特别是使用连续发射法，即当船在海中航行时，用气枪不断向海底发射冲击波，然后陆续收回其反射波，效果很好。此外，还可在水中施行爆炸，通过观测海底的地震波的传播情况，以研究海底的地壳结构。近年来，有不少携带专门技术装备的科学考察船在海上巡回作业，海底资料日渐丰富。综合最近二十年海洋科学迅速发展的成果，人们已大致了解了海底地理和地质的基本情况。

2-3-1　海底地貌

海底地势也是高低不平的，这早为人们所共知。最初以为海底如釜，逐渐加深，至中部为最深。事实并非如此。海洋中部多隆起成山，水位较浅，最深处往往是在大陆或岛屿近边，有许多发展中的海沟形成的狭长地带。沟底最深处，一般在海面下7—10公里。海底地形复杂，亦有高山，最早为人们所认识的是谷约特

图 13-2 大西洋海岭形势略图

(Guyot)，本是最先发现人的名字，实际上是指被海水侵蚀成平顶的老火山锥。后来，又陆续发现有盆地，有丘陵，也有峰峦相续的山脉。重要的在于后者，因它与海底地震有密切的联系。

海底山岭不同于陆上诸山，最重要的一点是它们不是由沉积地层形成的褶皱山系。除上述谷约特这些彼此不相联属的平顶山丘外，也有重重叠叠连续不断的山脉，其中有两种类型。一种是普通海底山脉，多由起伏峰峦连结而成，如西太平洋的帝国山（Imperial Mt.）。这类山脉所在之处，一般很少地震活动。另一种类型是各大海洋盆地中央的宽大隆起地带形成的海岭，亦称洋脊。海岭的构造特征，是两翼坡度平缓，中央突起，脊顶上有开裂，并有横向断错，此外，沿海岭地震很活跃。上文曾说到，海岭与海洋地震带，在地理分布上是一致的，二者之间的关系是很显然的。由于它和地震有关，因而引起了人们的高度重视。

在各大海洋的内部，海岭是普遍存在的，并环绕如带，绵延数万公里，但各区段的具体情况还有所不同。兹就现有的海底地图所载，概括地谈一谈各海洋的海岭情况。

第一是大西洋海岭。上文谈到，大西洋中央海岭，是发现最早研究最详的。它纵贯大西洋中部海域，北经冰岛进入北冰洋与罗蒙诺索夫（Lomonosov）海岭相接；南至南纬55°，在布维岛附近分作两支，分别入于太平洋和印度洋。它是一条宽约2000公里、高达3000米的大型隆起构造带，参阅图13-2。从图上可以看到，这一隆起带占了大西洋大部分的海底，其规模之大超过陆上的阿尔卑斯和喜马拉雅山脉，但在构造上是迥然不同的。阿尔卑斯主要是沉积岩系构成褶皱带，而大西洋海岭则是火山性质的。

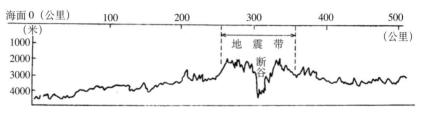

图13-3　大西洋海岭脊部附近剖面

海岭的总宽度虽大，但中间高起的脊梁，宽不过 100 公里左右，故有大西洋中洋脊之称。脊顶多破裂，最中央是一大断谷，宽 13—50 公里，深约 1.8 公里，谷底巉嶙不平。图 13-3 是其脊部一段的横剖面，断谷及其附近是地震活动带。

需要注意的是海岭的脊部被许多横向断错所截过，威尔逊称之为转换断层。海岭的脊梁是节节断错的，不是一条连接完好的整体。图 13-4 为南美与非洲间的一段海岭脊梁断裂错移的情况。

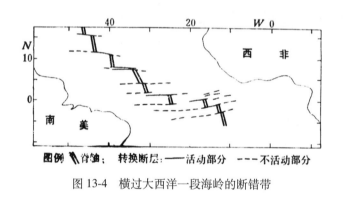

图 13-4　横过大西洋一段海岭的断错带

大西洋海岭是最典型的，它的主要特征是中央裂谷不断扩张。下面还要和其他海洋的海岭相比较。

第二是太平洋海岭。其情况与大西洋不完全相同。太平洋是世界上最广阔的海域，其东、西、北三面海边，都有凹陷很深的海沟围着，较浅的如利马海沟，水深为 6215 米，最深的马里亚纳海沟，深达 11000 米。这是其他海洋所没有的。在太平洋海底地图上（见图 13-5）最引人注目的是，其东西两半部的地理风格是很不相同的。在西边，自堪察加东侧开始，有帝国山向南延伸，至中途岛，再折向东，过夏威夷而至土阿莫土群岛，成连续的一系列山脉。山脉以西的广大地区，是一片起伏繁杂的广大山区。在山区中间，群山拉杂，山大峰高，其露出海面的，成为列岛，有的尚有火山活动，并有地震，如夏威夷群岛。山区以东的海底，

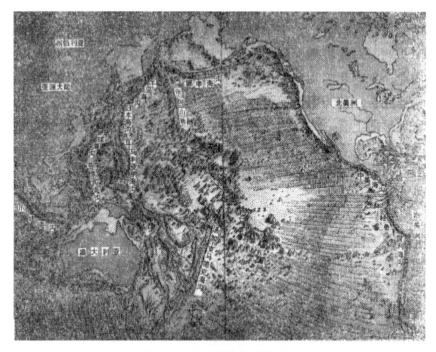

图 13-5　太平洋海底地形略图

则地势平缓，情况很不相同。这里是规模很大的海底隆起带所构成的东太平洋海岭。

　　东太平洋海岭与大西洋的情况相似，岭型很宽，一般在 2000 公里以上，最宽达 4000 公里，高出两边海底 4.8 公里，两翼则不甚对称。海岭的背脊也是开裂的，有平行的脊梁和裂沟，但没有明显的中央断谷。图 13-6 表示海岭地形在垂直剖面上的基本情况。

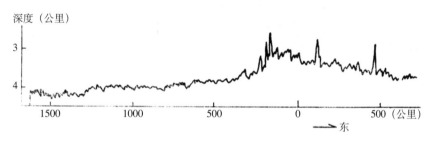

图 13-6　东太平洋海岭（智利之西）一个横剖面

与大西洋海岭一样，许多横向断错截过岭脊，使脊轴断成一节节的错移形象。东太平洋海岭是从印度洋延伸过来的，穿行于澳大利亚与南极洲之间的海域，至西经120°、南纬55°附近，转向北，直达北美加利福尼亚湾。沿岭脊地震活动频繁，震中断续相连成带，甚为明显。再往北与圣安德烈斯断裂系统衔接。从海底地形图上看，海岭的西侧情况仍连续未变，东边则是北美大陆，与西侧完全不同，过了圣安德烈斯，最后与胡安德富卡（Fuan de Fuca）岭脊相连。威尔逊谓圣安德烈斯是转换断层，下文还要谈到。

　　第三是印度洋海岭。上文说到，大西洋中央海岭在布维岛附近分一支向东，经过非洲与南极洲之间的海域进入印度洋，称为印度洋中央海岭。如图13-7所示，中央海岭向东北延伸，约至东经60°折向北是卡尔斯堡（Carlsberg）海岭，它发现得最早，1932年施密特（J.Schmidt）就作了比较清楚的描述。其他部分则是在六十年代国际上地幔研究计划实施后，才陆续发现的。现在

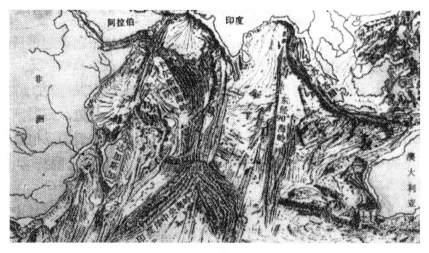

图 13-7　印度洋海底地形略图

知道印度洋的海底地貌很不平坦，山岭很复杂。类似大西洋海岭的中央海岭，发育是良好的，从非洲的南面海洋进入后，向东北

发展，至马斯克林群岛附近，出现分支，其一与卡尔斯堡连接，向北直至亚丁湾，入于红海。另一支向东南延伸，与东太平洋海岭相连。图17-8为印度洋中央海岭分叉处的一个剖面。与东太平洋海岭的情况类似，岭脊亦有破裂带，但无明显的中央断谷，沿岭脊也是地震频繁，震中连结成带，在脊轴也有多处被横向断裂截过，发生断错。

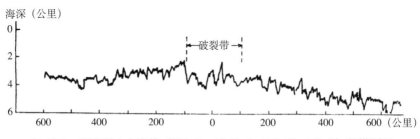

图 13-8　印度洋中央海岭（58° E，19.5° S—74° E，14° S）的横剖面

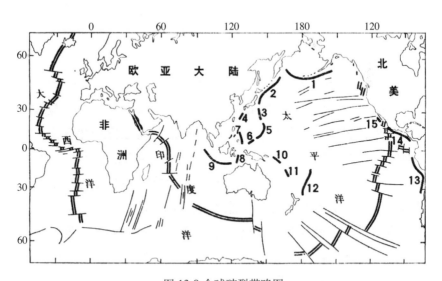

图 13-9 全球破裂带略图

//海岭，/断裂，/海沟：1.阿留申海沟；2.千岛海沟；3.日本海沟；5.马里亚纳海沟；6.帕劳海沟；7.菲律宾海沟；8.韦勃海沟；9.爪哇海沟；10.新不列颠海沟；11.新赫布里底海沟；12.汤加－克马德克海沟；13.秘鲁－智利海沟；14.阿卡普尔科－危地马拉海沟；15.塞德罗斯海沟

在海底地图上，人们还可看到，在印度洋里，沿东经 90°线自安达曼群岛往南，直至南纬 30°，是一条断块海岭，称为东经90°海岭。规模很大，与西太平洋的帝国山脉差不多，性质不同于中央海岭，沿脊轴没有地震活动。

以上概述了世界三大海洋内的海岭和北冰洋的罗蒙诺索夫海岭，其性质是张裂的，并伴随地震活动。值得注意的是，它们连成一系，形成世界范围的大破裂带，如图 13-9，实际上，与世界海域地震带的分布是合一的。

2-3-2　海底地质

人们对于地球的认识日益增进，特别是采用新技术探测海底之后，渐渐了解到海底地质的年代是比较新的。这是很重要的发现。关于海底地质的基本情况，可概述如次。

从海面起算，海水的深度平均约 4[*] 公里。海底地壳，现在公认的数据，最厚不超过 10 公里，最薄处只有 5 公里左右。海底地壳的组成与大陆不相同，没有花岗岩层，主要成分是玄武岩，大致可分为上、中、下三层：上层是未凝结的海洋沉积，厚度变化很大，约在 0 至 2 公里之间；中层是已固结的海洋沉积，下为玄武岩层，中多有辉长岩侵入。下层的上部密度平均为每立方厘米 2.4 克，纵波速度为每秒 4.6 公里，厚度约 0.5 至 2 公里；下部是玄武岩以及辉长岩和蛇纹石化的橄榄岩，密度为每立方厘米 3 克，纵波速度为每秒 6.7 公里，厚度比较均匀，约为 4.7 公里。

过了地壳，经莫霍面，便是上地幔。莫霍面是地壳与地幔的界面，它的主要特点是地震波通过该面时，发生突变，已如上述。人们最初以为这种地震波速度上下不连续是由于界面上发生化学变化，现在则多认为是由于岩石相变所致。地壳下面地幔的岩石成分，主要是橄榄岩、榴辉岩之类，在某种条件下，可发生相变，如榴辉岩相变成辉长岩，或橄榄岩吸水相变成蛇纹岩等，但尚无

---

[*]　太平洋，4282 米；大西洋，3926 米；印度洋，3963 米。

定论。

地幔厚度很大，深达 2900 公里。其最上部，约至 100—200 公里深度的一层，主要组成是石质物，强度很大，密度平均为每立方厘米 3.3 克，纵波速度大于每秒 8 公里，称为岩石圈。岩石圈以下，至最多约 400 公里深处，是非结晶物质，称为软流圈，因地震波在此通过时速度变化反常，不是随深度增加而是减小至每秒 8 公里以下，故又称低速层。软流圈再往下，是质地均匀的地幔主体部分。

软流层的存在是地球内部产生各种构造运动的原因，为地幔对流形成的基地。软流层上承着岩石圈，就如木筏浮于水上，当负荷失均，需要平衡调整时，岩石圈将被载着移动，这是容易理解的。从地幔到地核，又经过一个著名的古登堡不连续面。观测结果，S 波不能透过地核的外部，表明它是无刚度的介质，但用其他观测数据所得的结果相比较，这也是有争论的。至于地幔内部，自软流层以下是具有很大刚度的非结晶体，则是可以肯定的。这里长期处在高温高压环境下，其压力和温度的分布，都不是均衡稳定的，因此，不可避免地要发生变化，如局部变形，分异运动，各式对流等等，综合起来，汇成地幔对流，这也是可以理解的。

地球内部还是很热，地热分布的不均匀是地幔对流产生的主要原因。下面扼要地谈一谈地热的基本情况。

人们从矿井的经验知道，地下深处的温度比浅处为高。测量结果，虽然各地差异相当大，但平均可得出地温梯度为每入地 30 米增高 1℃，这说明地球内部热量不断地向外流失。如果知道一个地点的岩石热导率和地温梯度，便可计算该地区每单位时间失去的热量，即热流量。需要指出的是，不断流出的热量也包括从地球外层所含放射性物质因衰变产生的热量。海底科学测量技术普遍提高后，测量结果表明，从海底流失的热流量与在陆上基本相同。据 1969 年统计全球各地热流量测量的测点共 2924 个，有 2822 个是可靠的。其中陆上 474 个测点的热流量的平均值为 1.65±0.89，海底 2348 个测点的热流量平均值为 1.64±1.1。这里使用的热流量单位为每平方厘米每秒流出 10^{-6} 卡。上述这些数据说明，海洋及陆地的热流量基本上没有分别。但局部差异是不可避免的，有些显然是与大地构造有密切的联系。

人们分析海底测量的数据，发现位于海岭上的测点，热流量较大，一般可有 2.5 至 3 个单位，而在两翼则较低，至海沟为最低。在海盆内部的广大地区，热流量比较稳定，平均为 1.3 个单位。大陆上的测点，热流量的变化比较复杂，但也有一些明显的趋势，例如早已有人发现，地质时代较新的地区比老的地区热流量要大。现在有了大量的海底测量数据，情况就更明显了。例如在晚第三纪地层区内，热流量平均为 2.28，在白垩纪和稍老一些地层则为 1.15。这说明热流量的大小与本地区地质时代是有一定联系的。

人们对海底年龄的认识还很不够。过去人们以为海陆的形成主要是由于地球表面高低不同，应当是在同一时期发生的。然而在海底却见不到类似陆地上的古老岩石。从大西洋海岭打捞上来的许多岩石，大都是玄武岩，考其年龄，基本上是晚第三纪的产物。深海钻探也没有发现比中生代更老的岩石，最老是侏罗纪的（约一亿五千万年）。于是人们的认识发生了变化，认为构成现在海底的物质，其产生时代可能与大陆基底年龄相差很远。

自从深海钻探的技术问题得到解决后，地球物理科学工作者，便设法使用新型钻探技术船，进行大规模的海底考察研究，现在已有比较丰富的海底钻探资料。最著称的是格朗玛挑战者（Glomar Challeuger，10500 吨），从 1968 年始，在大西洋、太平洋和印度洋连续进行工作，截至 1970 年 1 月，航程 80000 余英里，打了 49 个深海海底钻孔，穿透沉积层取得基底岩心，将其连接起来，可达数公里之长。经过绝对年龄的鉴定，可以肯定海底地壳的地质时代，比大陆为新。值得注意的是，在大西洋，其沉积岩的最老者，大致与基岩的年龄相同。在太平洋，还可约略查出海底岩石年龄

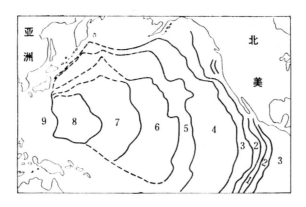

图 13-10 太平洋底地质时代分布略图
1.上新世－更新世；2.中新世；3.渐新世；4.古新世－始新世；5.晚白垩世；
6.中白垩世；7.早白垩世；8.侏罗纪以前；9.古新世－渐新世

的分布是由东而西逐渐变老的，并且以海岭一带为最新，至海沟附近为最老，如图 13-10 所示。

2-4 古地磁学的重要发现

古地磁学的形成也是本世纪地球科学的重大发展之一，它与板块学说的兴起有密切的关系。下面简要地谈些有关方面的问题。

说到地磁及地磁仪器的应用，我国人民认识最早。历史上传说，黄帝（名轩辕,亦称轩辕黄帝,约在公元前二十五世纪,代神农为帝）与蚩尤大战于涿鹿之野，大雾三月，军民迷途，黄帝使其臣风后，作指南车，以示四方，遂诛蚩尤，统一天下。这是一次著名的古战役，历史上一直传诵。是否确有指南车，则没有更多的证据，但我国很早就知道使用指南针航海，是举世公认的。朱彧著《萍州可谈》，说到舟师驾船，"……识地理，夜观量，昼观日，阴晦则观指南针……"。他的书是宋末宣和元年（公元 1119 年）刊行的，可见我国宋以前，指南定向的仪器已甚盛行，其中心部件"指南针"的制作，亦必已相当完善。毫无疑问，地磁科学研究的发展与指南针的发明制造是分不开的。

历史上有关指南器的记载，最早是汉代占天盘中的司南。形似现在的罗盘，盘边以干支分作十二个方位，子为北方，午为南方，南北线称子午线，盘的中央安置着司南。司南位于子午线上，指向南，一如现在通用的指南针。司南已失传，不知其形状和结构如何。据王振铎考证，是用天然磁石*琢制的，形如北斗，斗底突起，作为顶点，可以旋转，使斗柄长指南。沈括亦说过："方家以磁石磨针锋，则能指南"。磁石磨成磁针，若不经过再度磁化，一般不易保有足够的磁性，历史上亦未见有关制作磁石针的记载，实际上我们所知道的古代使用的磁针都是铁制的。这说明，我国人民很早就掌握了制造磁铁的技术。这是地磁科学研究发展的关键。

现代地磁科学研究的成就，是多方面的，下面只说与板块构造学说有关的一些重要方面。

2-4-1 热剩磁的发现

有灵敏的磁针，才能观测地磁磁性的变化，而灵巧的磁针，必须用磁铁来制造。如何使铁制品保有磁性，成为磁铁，不是一桩轻而易举之事，令人惊奇的是我国人民早就掌握这套技术了。

《武经总要》（成书约在公元 1044 年左右）载有鱼形指南针的制法说明，其文如下："以薄铁叶剪作小片，长二寸阔五分，首尾尖锐如鱼形，置火中烧热，候至通红，钳鱼首出火，以尾正对子位（按即向北）蘸水盆中，没尾数分即止，然后，以密器收藏。用时，置水碗于无风处，平放鱼于水面，令浮，其首则常向午（按即指南）。"鱼形指南针的磁性很稳定，因为它是从退热过程中获得的磁性，用现在的术语来说，就是保有"热剩磁"。凡是磁质物体，置于固定磁场中，都可以被感应而磁化，获得磁性，但不能持久。若将赤热的磁质物体，置于磁场中冷却，则当温度下降至居里点时（各种物质有不同的居里点，火成岩石约在 400—500℃，含铁

---

*《管子·地数》：……"山上有磁石，下有铜金"。按此，说的是铁帽。

矿物约在 760—790℃），磁化率最高，磁质物体在这时被磁化的程度亦到达最高峰；再往下冷却，磁性虽不免有部分丢失，但仍有部分剩余，故称热剩磁。经验证明，物体从冷却过程中获得的磁性，可以很稳固，且可在弱的感应磁场中，得到强磁性。很显然，上述鱼形指南针的制法，是以地磁场为感应磁场，按照热剩磁的原理，磁化铁片而成的。

鱼形指南针的制成，不知始于何时，可能宋之前已经发明，宋初已在民间广泛使用，所以在《武经总要》中有它的制法记载。这说明我国人民早在十一世纪之初，甚至更早些，就知道地球上存在着约与子午线平行的偶极地磁场，并可在高温下磁化铁制品，使之获得永久磁性，即今所谓热剩磁。这是地磁学的重大发现。人们有了热剩磁的知识，就可以知道岩石磁性的由来了。

磁质物体所以可碳化，是由于其内部有磁畴，存在于铁类金属中，矿物中只要有 1% 的含量，便能显出磁性，含量愈多磁性表现亦愈强。磁铁矿含铁质比赤铁矿多，磁性也显得大得多。岩石中带有磁性的，主要为火成岩类。火成岩的生成，是由于地壳运动使蕴藏在地下深处的岩浆逐渐侵入到近地面，或冲破地面流出，随后便慢慢冷凝而成岩石。岩浆很热，当其侵入到近地面时，温度仍很高，还在 1000℃ 以上，然后慢慢冷凝。当通过居里点时，接受地磁场磁化作用，获得强磁性，再继续冷却，到了常温后，保有热剩磁，而得到永久磁性。很明显，这种岩石所带的磁性，其磁化方向就是其生成时代的地磁场方向，若未曾受后来的构造运动影响，则可保持至现在不变。因此，研究岩石磁性，可以发现古今地磁场的变化情况。

2-4-2　地磁极的发现及其变迁

人们发现磁针的磁性集中于针的两端，结成磁极，南为南极，北为北极。做成大块磁铁亦有两极，极处的磁性最强，并影响周围空间，形成偶极磁场。磁针是受地磁场的控制而定向南北的，地磁场是否也为一种偶极磁场，存在着南、北两极呢？宋沈括在其名著《梦溪笔谈》上说到："方家以磁石磨针锋,则能指南,然常偏东,非真南也。"这说明磁针指向汇集到极点,但与从天文确定的地极不是同一地方,保有一定的偏角;再将磁针从中间悬挂,磁针与地平线之间常保有一定倾角。这些特征早已为人们所熟知。十六世纪末叶,英人吉尔伯特[*](W. Gilbert)总结英国各地磁倾角的变化情况,发现纬度愈高,倾角角度越大,以此推论,他认为北半球当有一处,磁倾角等于90°的地磁北极,同样也有一个地磁南极,从而得出结论:地球是一个大磁石,地磁极就在地极的附近。后来,果然在加拿大北部找到地磁北极,证明吉氏的说法是有理由的。于是,人们相信地磁场也是偶极磁场,可以用静磁原理来分析研究。实际观测结果,也说明地球面上的磁场分布是近似于偶极磁场的。但需注意,地磁北极是 S 极,地磁南极是 N 极。

　　理论证明一个磁化方向均一的球体所产生的偶极磁场,与一个等强度的磁铁棒所产生的偶极磁场是一样的;若将地球看作是均匀磁化体,就等于地球内部沿地轴有巨大磁铁棒存在一样,产生地球磁场情况有如图 13-11 所示。照此设想,用实际观测数据,按静磁理论计算,便可得到地磁场的基本参数。图左示地球附近空间的磁力线分布,图右示在地面任何一点 P 的地磁三要素:即磁场强度 F,磁倾角 I,和磁偏角 D(一般不直接观测 F,而用水平向强度 H,必要时,用 $H=F\cos I$ 的关系式求得)。综合各地观测结果,可求得地磁场的基本参数如下:

　　地球磁矩为 8.5×10^{25} 地磁单位,

　　地球磁轴与地轴斜交约成 11°,

　　地球磁极:78½° N,69° W(北),78½° S,111° E(南)。必须指出,上述数据,是计算数值,与实际情况还有差别,例如计算的磁极位置并不是 $I = 90°$ 的地方。这说明,地磁场不完全是

---

[*] 著有 De Magnete,1600 年。

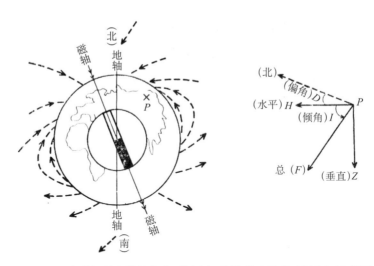

图 13-11　地磁场磁力线的分布（图左）及地磁三要素（图右）示意图

静态的偶极磁场，其中有一部分是非偶极磁场。所谓非偶极磁场是由地球内部和外部的因素影响而产生的附加磁场，由于它的干扰，使地磁三要素（H，I，D）和磁极位置都发生变化，形成不同形式的磁异常。

　　如上所述，地磁场虽然主要部分为偶极静磁场，但显然包括一部分非偶极磁场，这就不是地球作为一巨大磁石的简单设想所能解释的了。地磁场的由来，仍然是一大问题。本世纪四十年代，英国著名物理学家布莱克特（P.M.S.Blackett），根据当时空间物理的观测结果，知道太阳及各个大天体都附带着磁场，便怀疑磁性可能是由于天体的自转产生的。他认为这是一条尚待发现的物理学基本原则，可以用实验方法来证明，换言之，可以设法验证，地磁场是由于地球自转引起的。就当时的观测，认为太阳上的磁场强度很大，约有 50—60 高斯[*]（后来知道太阳磁场是变化的，强度不过几个高斯),而地球上的磁场很弱,实际数据,不到 1 高斯（磁极处约有 0.7 高斯，磁赤道上不过 0.3 高斯）。这样小的数量，不

---

　　[*] 1 高斯（Γ）$=10^5$ 伽马（γ）

是当时的地磁仪器所能测验的。布勒克特为了验证他的臆想，费了数年的工夫，创制了一套可以测准至 10^{-7} 高斯的精密地磁仪器。经过严密测计，没有得到预期的结果，后来不得不承认失败，写成一篇著名的《否定报告》，便结束工作。这就肯定了地磁场不是由于地球自转产生的。

另一些地球物理学者则认为：地球已非大磁石，也可能是电磁石。地球核心部分已被证明为铁镍金属物质，那么便有构成发电机的基础条件，进而想到，在地球内部可能有特殊的发电装置，供应电流绕两极环流，产生偶极磁场，在一定条件下，也能产生非偶极磁场。至于发电的过程，无疑是很复杂的，现在尚未清楚，但从理论上说，这样的发电机，是有可能存在的。

总之，地磁成因仍然是一个大问题，一时还不能解决，但地磁场的存在及其变化则早已引起人们的注意。各地区的磁场强度、磁倾角和磁偏角都不是稳定的，以至两磁极的位置也是变动的。我国在七世纪，唐代天文学家张遂（683—727 年）已测得京师长安的磁偏角为 2.95°（即偏西 2°54′）。西欧约从十七世纪始才逐渐发现伦敦、巴黎等地的磁偏角和磁倾角是随时间变化的，随后又发现磁场强度也是如此。人们总结地磁场三要素的观测结果，消去了短暂的局部干扰，便可看出，它们对时间的变化，具有一定的趋势，最明显的是磁偏角，例如在英国，其向西偏的角度，每年都有减小，表明磁北极逐渐向地球的北极靠拢。事实证明，1831年最初发现磁北极时，其位置是 70°5′17″ N，96°45′48″ W；1910年第一次找到磁南极时，其位置是 72°25′ S，155°16′ E；而 1945年测定的位置是北极为 76° N，102° W，南极为 68° S，146° E，这显然是发生变动了。另一参量，地球磁矩也在变化，高斯（C. F. Gauss）第一次作理论计算时得到的数据是 8.5×10^{25} EMU，而 1960 年实测的结果为 8×10^{25} EMU。

地磁也是一种地质现象，与各地大地构造运动联系着，因此，地磁变化，以至磁极迁移，亦可从一些地质标志来推测。人们进行地磁观测约有三百年的历史，从最近三百年的资料看来，地磁极的位置迁移已是很可观的，推至远古地质时代，其变化是非常惊人的。本世纪之初，一些考古学家发现古陶瓷以及古人使用过的火塘遗迹常带有微弱磁性，渐渐知道火成岩一类岩石也带有一点磁性，这是在其冷却过程中获得的热剩磁。一般岩石的磁性是很弱的，只有真磁石的几千分之一，但可保持永久，若用高度精密的测磁仪器，仍能测得其磁化方向，也就是当年被磁化时的地磁场方向。人们设法测得不同时代的玄武岩一类的岩石标本的磁化方向，经过必要的处理，消去时间和区域的影响因素，便能推测各个地质时期的地磁极位置。

本世纪五十年代，古地磁的研究已很盛行，英国剑桥大学的兰康（S. K. Runcorn）等组成研究小组，做了大量的岩石磁性测定工作。他们根据英国及欧洲的标本测定的磁化方向和北美的标本测定的磁化方向，分别作出地磁极的迁移轨迹，如图 13-12。从图

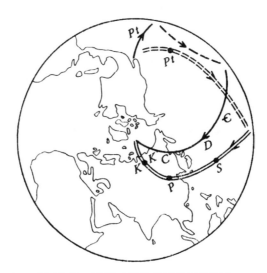

图 13-12 地质时期北磁极的迁移轨迹

说明：单线是根据欧洲岩石标本作出的，双线是根据北美岩石标本
作出的；虚线是南半球的图像。

符号：Pt 前震旦纪；Є 寒武纪；S 志留纪；D 泥盆纪；C 石炭纪；
P 二迭纪；K 白垩纪

上我们看到，地质历史时代的地磁极变迁是很大的。同时亦看到，有两条迁移轨迹，虽然式样近似，但位置偏离是很大的，似乎欧洲和北美各有自己的磁极，这是不合理的。因为地磁场的主要部分为偶极磁场是无疑的，不可能同时存在两个地磁北极。为此，进行了如下的调整：若将现在的北美相对欧洲向东旋动30°，发现两条迁移曲线便可以一致起来。这等于说，中生代之前，大西洋还不存在，欧洲与北美原是连作一块的，而现在的欧洲与北美之间为大西洋隔开，当是始于中生代，两边大陆逐渐漂离才形成的。于是人们又重新捡起魏格纳的大陆漂移学说，予以新的评价，其实早在1910年，魏格纳和柯本（W. Köppen）也曾讨论过地极的迁移，但他们主要以生物化石的分布为立论基础，他们所说的极移与现在所说的磁极迁移是不同的。

2-4-3 地磁场的倒转现象

古地磁学研究的一项重要发现是地磁场的倒转。约在三十年代，日本科学家松山基范发现，日本第三纪以后的岩石磁性，其磁化方向约半数与现在地磁方向是一致的，其余半数则是相反的。这一发现引起人们极大的兴趣。随后在陆续测定欧美各地的岩石磁性时，也发现有许多是磁化方向相反的，于是得知磁场倒转的现象是相当普遍的。其原因何在，殊值得研究。初因看到实验室试验中，有少数标本所含钛铁矿与赤铁矿的成分相等时，出现热剩磁的方向相反，以为是与岩石组织成分有关。后又查得一处的火成岩入侵岩墙，其磁化方向也是倒转的，值得注意的是紧靠岩墙的围岩，曾被焙烧的部分，则是正常的。这说明岩石磁性的倒转与岩石成分没有关系。随后，又将日本中部的一整套第三系磁性岩石，作了系统的测定，测得其磁化方向自上而下逐渐改变，直至完全倒转过来。这一事实表明，在地质历史时代，地磁场曾经有过倒转。同样在其他地区的测定还发现，在漫长的地质年代里，地磁场的倒转现象不止一次。其原因则显得更加复杂了。

地磁场的倒转还可从深海沉积层中找到证据。深海海底沉积主要是细微的岩粒积成的，其中当然也有磁性岩粒，由于下沉速度特别慢，磁性岩粒中的磁畴被迫逐渐转向成与地磁场一致的排列，遂成为当时沉积物的磁化方向，到海底沉积后被保存起来。为此获得的磁性是很弱的，但若用高度灵敏的测磁仪器仍能分辨其磁化方向。一般深海的海底沉积很薄，人们设法取出 1 至 10 米长的柱状标本进行分析，便可测定最近数百万年地磁场的变化情况。

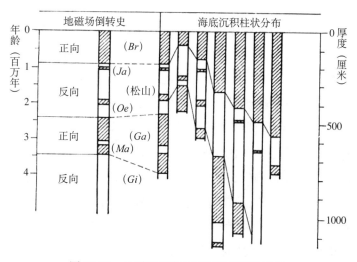

图 13-13　最近四百余万年地磁场倒转情况
说明：排线表示正向磁化，白的是反向。
符号：持续时间很长的倒转期：Br（Brunhes），松山（松山基范），Ga（Gauss），Gi（Gilbert）；持续时间很短的转变事件：Ja（Jamamillo），Ol（Olduvai），Ma（Mammoth），此外还有，图未全录

　　图 13-13 是综合各方面测得的数据所作的最近四百余万年地磁场倒转现象的程序图，图的左侧是根据大陆上的磁性岩石测定的结果作成的，右侧是根据海底沉积层的磁性分析结果作成的。在图上，人们清楚地看到两方所表现的情况基本上是一致的，其中有持续时间相当长的正反交替磁化期，也有为时很短的暂时转变事件。不论其为倒转期（持续时间百万年以上的）或为短暂的转变事件（为时很短，甚至只持续一、二千年）都有固定名称，以

发现人的名字命名，如图所示。

总上所述，当年魏格纳提出的大陆漂移学说曾轰动一时，但由于缺少科学证据，遭到反对，终于被搁置起来。嗣后，地球科学研究得到了发展，数十年间提出了许多新的论据，支持了魏格纳的观点，于是大陆漂移学说又复活了，从而导致了更新的大地构造学说，即板块构造学说的创立。

3. 板块构造学说的兴起

虽然吕德的理论阐明了地震发生是由于断层滑动激起弹性反跳的结果，但这只是地震最后爆发的过程，即所谓地震近因，人们更希望了解地震发生的远因：地震动力的由来及其产生的条件。早期有许多地学家认为地震是地质现象。例如巴罗尔（Montessus de Ballore）曾经大量搜罗世界各地的历史地震记载,计十七万多次,结果表明，地震活动与山地构造有一定联系。多数学者总想从大地构造学说中得到启发，上文已概述了十九世纪以来，有关大地构造运动理论的发展，及其对地震的解释。自地震断层关系确定后，人们更有信心，结合大地构造理论解决地震成因问题，因此，板块学说提出后，地学家抱有很大的希望。

六十年代末期，板块构造学说以崭新的理论出现，受到地学界极大重视。有很赞成的，如威尔逊等，认为它是地学界有史以来的一次大变革，使传统的许多地球科学概念都要改变，甚至地学教科书都须重写。也有反对的，如别洛乌索夫等，他们认为板块理论缺乏严格的科学依据，是对自然现象的任意夸张、歪曲，认为这只是一堆不成熟的臆念和极其粗糙的归纳。我认为这些都不是正确的评论。实际上，新兴的板块构造学说有它的独到之处，不是旧的大地构造理论所能包括的。这是无可否认的。

本世纪六十年代初期，世界各地部分地球科学工作者，共同制定一套计划，开展上地幔各项问题的研究。经过十年努力，取得许多宝贵的探测资料，并作了初步研究，且获得成果，已如上述。其中最突出的是发现海底地质年龄都是很年青的，不似大陆上出露的许多古老地层。再就是近海岸和岛弧边有很深的海沟，以及海洋中部海底有大规模隆起构造所成的海岭。海岭顶部开裂，多有中央裂隙，连结形成破裂带，伴随海岭绵延数万公里，穿过各个海域，将地球表面分成若干块体。因沿海岭地震频繁，说明海岭断层是活动的，随后，又从一系列断层平面答案，发现海岭中央的地震，是由于张力的作用，遂疑中央裂隙正在扩张。于是，有了海底扩张说的设想，并成为板块构造学说的先导。

3-1　海底扩张说

海底扩张是赫斯（H. H. Hess）和迪茨（D. S. Dietz）在六十年代早期，综合许多海洋研究的新成果提出来的，他们相信地幔内部有对流运动存在。早在三十年代，霍姆斯（A. Holmes）就提出，由于地球内部积热且分布不均，在地幔之内，因温差不调而产生了物质对流，并说到对流是地面各种构造型态（包括大陆漂移等）的一切构造运动的根源。他当时设想，岩石普遍含有放射性物质，从其原子核衰变释放的能量几乎全部化作热能。若假设放射性物质自地表直至深 2900 公里处都平均分布的话，则在 50 公里以下的地幔任何部分，都不会是凝固的 [*]。实际上，放射性物质的分布是不均匀的，各种岩石的含量亦多寡不同，而且主要集中在地球表层。单从放射物质产生的热量来说，只须有 14 公里厚的一层花岗岩或 52 公里厚的一层玄武岩，就足以抵偿全部由地球表面失去的热量（每年约为 2×10^{20} 卡）。在地幔内部，放射性物质的含量是很小的，但据霍姆斯的估计，玄武岩中只须含有不到七百分之一放射性物质，便能使地幔保持其为塑性，而有发生对流的可能。由于地幔存在对流循环，地球表层的部分岩石圈块体将附着而行，由此会带来各种地壳构造运动，这是很显然的。

温差是对流产生的必要条件。总的说来，地球内部的温度比

---

[*] H.Jeffreys 的计算。

外部为高，因此，地温随深度增加而增加，平均梯度约每 100 米 3℃ 左右，但实际上地区性差异是很大的。霍姆斯根据地温梯度变化情况，曾设想两种简单的地幔对流形式。其一是由于地球的扁度随深度而变小，遂使赤道附近地球表层的厚度比两极附近为大，而放射性物质的含量并不随纬度而变化，因此赤道地区的地温梯度可能比两极地区为大。于是，不难推想，从赤道下面升起的热流，到达顶部，转为平流，向两极推进，至两极地温梯度最小处，转向下流，渐渐回到地幔深处，构成双双对称的两个地幔对流循环。其二是由于大陆厚度大，下面地温较高，海底层薄，下面地温较低，也可以产生地幔对流，从大陆流向海洋构成循环系统。以上设想，显然是过于简单。我们知道，地球表层的结构很复杂，必然影响地幔对流产生的形式。实际上，对流的形式是多样的，范围可以大小不同，循环体型的深浅和阔狭也可以随地区而异。不少学者先后提出各种对流方式，这里不拟详谈。重要的是关于地幔对流现象虽然尚有争论，但从理论上说是可以存在的。

　　赫斯和迪茨都相信地幔对流的存在，并相信它的作用。根据新的海底科学研究的结果，他们认为海岭顶部破裂带往下发育，可以穿透岩石圈而至软流层。曾已说到，海岭顶上的热流量较大，这说明：由于地幔对流造成的不稳定状态，迫使软流层中热岩流，沿着海岭破裂带上升。图 13-14 示主要成分为玄武岩的岩浆侵入裂隙，经过重力分异，慢慢上升而至出露。然后冷却，逐渐凝固成了薄薄一条岩墙，镶在海岭中央，成为新的海底。继第一道岩墙建成之后，又有第二道，第三道……不断往两边增加，于是，新生海底便逐渐扩张，这就是海底扩张的简单过程。

　　由于海洋所占的面积不随海底扩张而增大，因此，有了新生的海底，就必须有一部分老的海底相应地消掉，以保持面积不变。老海底的消减发生在海沟地带。上文曾说到，近太平洋岸边及岛弧附近有各种形式凹陷很深的海沟。海沟的形成，一般认为是海

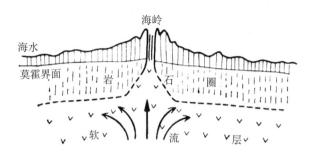

图 13-14　热岩流上升及新海底形成示意图，箭头示软流层岩浆动向

洋地壳发生断裂，由于内在原因，引起海底下沉。据调查，所有深海海沟的横断面，几乎普遍作 V 字形，底部很少沉积，虽然有时在最底部稍稍变平，沟里容纳一些沉积物，其厚度，也不过一、二百米。说明海沟尚未停止活动，其边缘海底，仍在下沉。这里具有两种显著特征：（1）是地热流出量很小；（2）是重力负异常很大；这也证明地球表层在此有沉降运动。

　　上述内容可概括如下：驮载于地幔软流层上的地球表层（即岩石圈），约从中生代开始，在海岭的中央发生开裂，规模渐次扩大，将整个岩石圈分裂成若干大块，裂隙很深，使软流层物质顺裂缝上侵，到了海底面上凝结成新海底。由于地幔对流的循环，裂隙两方的岩石圈，带着其上附有的大陆和海洋，受新生海底的压推，逐步向外漂移，同时，此岩石圈块体的另一边，与海沟衔接处，则沿沟边拗折，渐次沉没消失。这样就构成了海底的新陈代谢活动。

　　海底扩张的理论提出后，得到各方面的支持，主要因为有下列论据。

　　上面已说到，海岭顶部的热流量特别大，形成地热排泄口，说明软流层的热岩流是从海岭下向上入侵。人们常见沿海岭有火山活动，证明熔岩已上达地面。据调查，在大西洋海岭附近，有不少火山活动遗迹。值得重视的是这些火山，虽然已经熄灭，其残留的一系列火山锥，依然成线状分布，但已偏离海岭脊轴，说明其两侧的海底，已经有了相对移动。这一情况不是偶然的，与上面谈到寰球海岭破裂带时提到的许多横向断错截过海岭的情况相同，都是海底扩张的特殊表征，证明这一点的最重要的论据，是地磁的变化史。

3-2　古地磁学的论据

上文已阐明，古地磁学最重要的发现是：地球磁场在地质年代里，曾有过多次反转，其情况可在各个时代生成的火成岩石剩余磁性中显示出来。若将一个地区的地磁场分布，详细地测绘出来，可以了解不同地质时代磁场的情况。本世纪五十年代后期，开始把自动记录仪器装置在考察轮船上，开展大规模的海上地磁测量，取得了大面积均匀分布的地磁测量数据。最先获得有意义

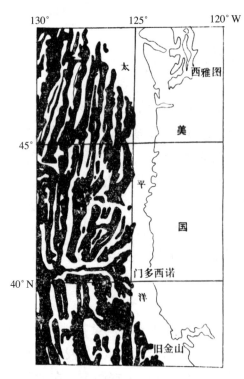

图 13-15　美国西岸太平洋门多西诺断错附近的磁异常
条带分布图（黑色示正异常，白底示负异常）

的结果的是在北太平洋东部海域。在这一广大海面，测得大量数据，经过仔细考核，并通化齐整后，发现其最大正负磁异常，可以连成大致南北向的条带分布，如果区内存在横向断错构造，则条带分布行列，也被截断成为不连续的图像。图 13-15 是美国西部海岸西边，北太平洋海域的部分磁异常测量图。从图上人们可以分辨磁异常的条带分布情况，以及被海底东西向构造门多西诺（Mendocino）断错带干扰的情况。类似的磁异常条带分布，在各大海洋的测量结果中均有发现。最引人注意的是海岭两边分布图像所显示的对称性。条状磁异常带，宽约二、三十公里不等，长可达数百公里或更长，磁场强度变化，常在数十伽马左右，一般表现都很清楚。例如大西洋海岭两边，正反磁场倒转的对称性就很明显。图 13-16 是海岭经过冰岛雷克雅未克西南的部分及附近海域的地磁测量图。图上显出海岭 *A-A* 两边的磁异常条带分布图像是对称的。

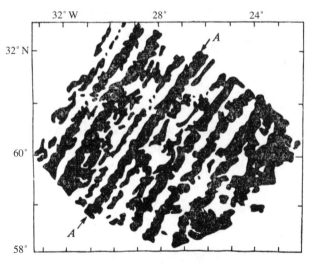

图 13-16　大西洋北部海域冰岛西南地磁异常条带分布图像，
A–A 是海岭中轴

各大海洋地磁异常的测量结果，都是呈条带状的分布，并且沿海岭两边的图像是对称的。为便于比较，拉蒙特地质研究所的皮特曼和海茨勒（W. C. Pitman and J. R. Heirtzler）曾采用顺序编号方法，效果很好。例如在南太平洋海域的海岭及其附近测量时，以海岭中央的测点起算，编作第1号，然后向两边展开，将显著的异常带顺序编为第2，3，4……直至32，如图13-17所示。从图上可以看到，海岭两旁编号的磁异常条带，互相对应，尽管有许多横向切过的构造将地磁场图像扰乱，但仍可以识别。

地磁异常的条带分布图像是如何产生的，曾经有过不同的意见。瓦因和马修斯（F. J. Vine and D. H. Mathews，1963）首先提出：这样的分布图像是由于海底地壳的磁化不均一造成的，并且认为

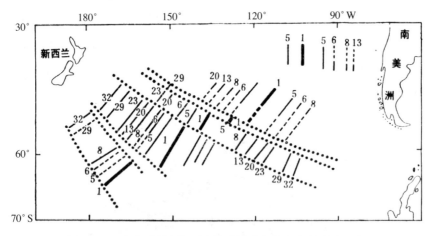

图 13-17　南太平洋海岭两边地磁异常条带分布的对称图像，
第1条粗线条示海岭中轴，点线示横过断错

还不是因为磁化强度不同，而是磁场方向倒转，是正、反磁场相间的结果。这种认识，无疑是符合海底扩张理论的。

为了证实瓦因和马修斯的说法，柯克斯（A.Cox）仔细调查了地磁场的反转情况，并制定了最近300余万年间的反转时间表如下（参阅图13-13）：

Ⅰ．从现在至70万年前，地磁场方向基本上与现在一样，称为布伦赫斯（Brunhes）或 Br 正向期；

Ⅱ．从 70 万年前至 240 万年前，地磁场方向倒转与现在相反，称为松山基范或松山反向期；

Ⅲ．从 240 万年前至 330 万年前，地磁场又转为与现在相同的方向，称为高斯（Gauss）或 Ga 正向期。

Ⅳ．330 万年以前，地磁场方向与现在相反，称为吉尔伯特（Gilbert）或 Gi 反向期。

此外，还有许多插在中间的，为时较短的，甚至很短的反转期。

把柯克斯的研究结果，用于分析海岭两边磁异常的条带序列分布，便可以确定海底扩张的速度，且可以计算并描绘以往地质时代的地磁场变化情况。图 13-18 为南太平洋一段海岭周围的地磁异常与最近 300 余万年间地磁场方向反转的对照图。在图上我们看到，实际观测结果与理论计算是一致的，不仅大反转期两相对应，那些短期反转亦是对应的。

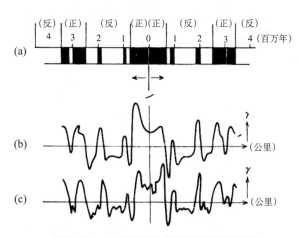

图 13-18　南太平洋海岭附近区域地磁图
（a）300 余万年间主要地磁场反转年表；（b）理论计算地磁异常分布图；
（c）实际观测地磁异常分布图（据瓦因等）

总结大量海上地磁测量数据，人们得到的最重要的结果，是各大海洋内部的海岭两方的磁异常分布图式都可以相应对比。理论计算与实际观测结果基本上是一致的。虽然各大海洋的具体情况不可避免地还有区域性差别，但可以看出各地海底扩张的速度大致是相同的。若将太平洋、大西洋、印度洋等测量数据综合起来，还可以得到八千万年（白垩纪）以来，地磁场反转的变化情况，如图 13-19 所示。这是一个统一的地磁场反转变化年表，人们在上面可以看到白垩纪以来，7600 万年间地磁场反转情况，为期长短不一，凡 171 次。对如此复杂的磁异常变化，已经求得一些海底扩张方面的数据，在最近 350 万年内，各海洋海底的年扩张率大致如下：

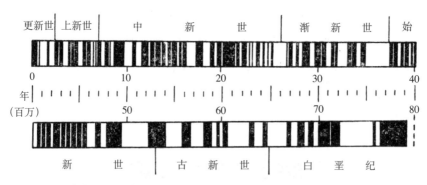

图 13-19　以往 7600 万年间地磁场反转 171 次的统一年表（拉蒙特地质研究所）

太平洋：2—6 厘米 / 年（根据 12 个测点）

大西洋：1—1.7 厘米 / 年（根据 10 个测点）

印度洋：1—2.2 厘米 / 年（根据 7 个测点）

如上所述，地质历史上地磁场的连续变化历程所表现的图像，证明了海底确实是在扩张。还有一些年龄可以估计的岛屿，其分布情况亦符合于海底扩张的理论。现在一般认为大西洋是从侏罗纪开始分裂，逐渐扩张而成的海洋。实际上，大西洋上的许多岛屿，主要是火山岛，其年龄是离大西洋海岭愈远愈老。在冰岛，离海岭很近，岛上岩石年龄不到 1000 万年，亚速尔群岛较远，岩石年龄约 2000 万年，再远些如百慕大群岛，岩石年龄为 3600 万年，佛得角群岛的岩石年龄为 5000 万年，至靠近非洲西海岸一些岛屿的岩石年龄则为 12000 万年。在太平洋也有同样的情况，例如许多排列成行的火山岛屿，其离东太平洋海岭愈远则年龄愈大，夏威夷群岛显然比日本北部诸岛要年轻很多。

总上所述，现在海底是在扩张，并可能是自侏罗－白垩纪开始的。其发生是由于海岭中央裂开，熔岩从深层冒了上来，形成新海底，挤迫两边老海底往外退却，由于它们都是浮托在软流层上的，所以随着地幔对流漂移。这一概念与数十年前魏格纳提出的大陆块在硅镁质中的漂移有所不同。海底从海岭向两边扩张，逐渐漂移，到了海沟的边缘，便顺沟倾插，没入于软流层中，然后被消蚀掉。在这一点上，与魏格纳的设想更不相同。由于海岭中央破裂带绵延数万公里，将整个地球表层分裂为几个大块体，谓之板块。所以就有了板块之说，实际上，也就是地球表层构造的自然单元。海底漂移使板块发生相对运动，不但整个系统随着地幔对流而动，各个板块本身也被迫作互相牵制的运动，从而在地球表面各地产生了各种形式的地壳构造运动。在此基础上发展起来的板块构造理论，遂成为解释大地构造问题的最新理论。

3-3　板块构造体系的结合

海底扩张的理论直接导致板块构造的设想，已如上述。板块的结构如何及其运动特征是什么，还需要另作说明。

板块的体形，与地面上所显示的各种地质区域地块不同，它是地球表层沿着全球大破裂带分裂的断块，其厚度（包括地壳及上地幔）约为 100 公里，为质地坚强的刚体。其边缘，则因相对运动，彼此挤压，而有不同程度的变形和碎裂。现在已经可以确定的是，全世界有六大板块和一些小板块，如图 13-20 所示，即亚欧板块、美洲板块、非洲板块、印度洋板块、太平洋板块和南极洲板块，以及两小板块：纳兹卡板块和可可斯板块。需要注意的是板块与板块之间的接合，各有不同的形式。由于形式不同，板块边缘承受的构造应力也不相同，从而使板块运动的方式各不一

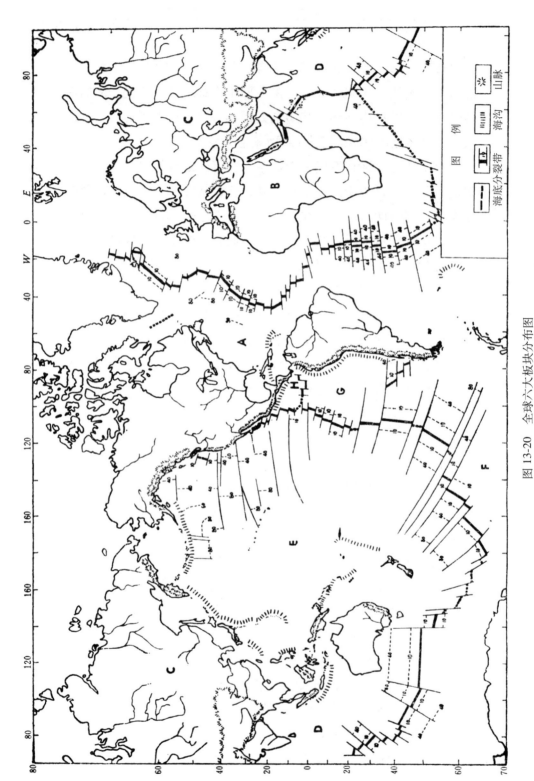

图 13-20　全球六大板块分布图

A=美洲板块；B=非洲板块；C=亚欧板块；D=印度洋板块；E=太平洋板块；F=南极洲板块两小板块：

G= 纳兹卡板块；H= 可可斯板块（据 Le Pichon，1968，Morgan，1968）

图　例

海底分裂带

海沟

山脉

样，运动结果亦有所不同。板块边界的结构是原生的，总的说，都属于寰球大破裂带，但各板块的边缘部分，具体情况还有不同。有以海岭中央裂隙为边，也就是以新海底生成处为边的，也有以海沟、岛弧、山脉等为标志，老海底拗折、沉消地带为边的，还有一些以深断层为界的，组合起来，成为各板块的全部边缘。这些不同形式的接界，以不同特征控制着板块运动。上文曾说到，海岭是板块分界的主要形式，其边缘运动是受张力支配的，转换断层的边缘运动则又受水平剪力控制。至于在海底沉消边界上的运动，乃是地球表层强力往下俯冲，情况至为复杂，下面分别来谈。

3-3-1　转换断层

海岭活动使两翼扩张，延伸很长，另一方面，由于海底扩张裂隙并不恰在一条线上，产生许多横向平错断裂。需要指出的是，这些横向断错不是一般的平移断层，而是受到海岭两边海底

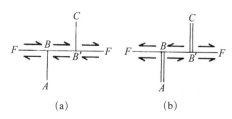

图 13-21　一般平移断层（a）与转换断层（b）的比较示意图

扩张的影响，是具有特殊性质的所谓转换断层。其情况可作简单比较，如上图。

如图 13-21，*FF* 为一条水平断层，两边有破裂带 *AB* 和 *B′C*。若 *AB* 和 *B′C* 为不再运动的已死裂痕，则此断层的运动是一般的平移方式，即断层的一方全向左，另一方全向右，*AB* 和 *B′C* 的错开是平移断层活动的结果，如图（a）；若 *AB* 和 *B′C* 是活动的海岭中央裂隙，则由于裂隙两边的海底扩张，断层错动的情况就复杂了，有如图（b）所示，威尔逊称之为转换断层，具有下述特点：这里海岭不是因转换断层的活动而被错开，参阅图（b）箭头所示，在 *BB′* 段上受着剪应力控制，而 *BF* 和 *B′F* 则无此情况，因此，在 *BB′* 段上常有剪破裂而发生地震。由震源机制可以证明，其与发生

在海岭中央 *AB* 或 *B'C* 一带的张性地震是不同的。事实上，凡属横截板块缝合线的断层，不论是海岭、海沟或海岭接海沟，都具有转换断层的性质。

转换断层发现后，回答了一些疑难问题，最著称的是对圣安德烈斯的解释。东太平洋海岭向北延伸，入于加利福尼亚海湾后，与圣安德烈斯断层系统相接。在这里，构造应力系统突然改变，前段是张性的，后段是平剪的。长期以来，人们对此很不理解。众所周知，圣安德烈斯是著名的平移大断层，如果其运动是属于转换断层性质，则问题很明显，必须在其再度入海的北面，还有被其隔断的海岭存在。后来果然在加拿大海外温哥华岛附近，找到了胡安德富卡一段海岭，其两边地磁异常的分布图像显得很对称，从磁场反转年表合算，可以求得这一带海底扩张的速度约每年 2.9 厘米，与太平洋其他地方情况相似。因此，威尔逊认为，圣安德烈斯断层是转换断层，但与一般转换断层相比较，有些复杂情况仍是不易理解的。

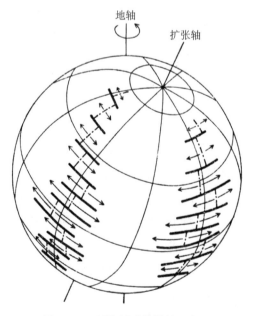

图 13-22　板块运动旋转轴示意图

在全球板块分布图上，转换断层甚为普遍，这不是偶然的。从理论上讲，每个板块都是独立的刚体，其本身的运动原是自然地夹带旋转，且有其固定的旋转轴。在图上，人们可看到美洲板块的情况比较清楚。其东界是大西洋海岭，西界为太平洋海岭；两海岭的走向基本上与子午线（经线）平行，由于各段的扩张裂隙，参差不一，互相牵制的结果，产生了许多横向断层，与扩张轴的纬线平行，如图 13-22。实际测量数据证明，海底扩张速度确实是在赤道附近最大，并且是随纬度增高而减小。综合测量的结果便可约略计算，由于海底扩张形成的扩张轴，其轴极在北半球的位置，大致在北纬 50°和西经 85°。它与地球的自转轴成一不大的夹角。其他板块也可同样计算其旋转极的所在，但实际情况尚有待研究，上述计算数据只供参考。

3-3-2　板块俯冲

海沟也是板块的重要缝合线。在这里，海底回到地球内部被消蚀掉，从而完成海底生灭的全过程，使地球表层面积不致因此而扩大。上面曾说到海沟附近，在地形上差异很大，并且重力低，热流量小，一般认为是地幔对流折向下行之处。就地理说，这里是海陆毗连之地，地幔对流的一方运载着海底板块与其另一方运载着大陆板块，在此相遇，并发生碰撞。其结果是：海底一边，

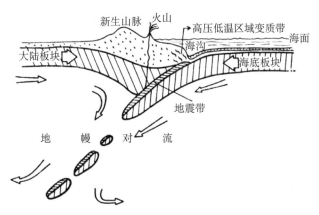

图 13-23　海底板块与大陆板块在海沟附近碰撞示意图

因其质地较密，位置居下，乘势俯冲，插入于大陆一边之下，渐渐进入深处，被熔掉，回到软流层，如图 13-23。在一部分海底板块俯冲到地幔被熔化消亡的过程中，遭到的阻力很大，因而产生剧烈的构造变动，于是伴随有频繁而强烈的地震发生。综合震源深度分布的情况进行推测，海底板块的俯冲部分，约达 300 公里左右的深度便被熔化掉了，少数可到 720 公里。至于俯冲的角度，一般在 45° 左右，初时小些，约 30° 左右，到深部大些，约 50° 至 60° 左右；个别地区，最小的只有 7°，最大可到直立。由于海陆分界地带的地震活动特征，是贝尼奥夫（H.Benioff）首先提出来的，因此，也有称上述俯冲带为贝尼奥夫带的。

在俯冲带的附近地面，常可看到一些特殊的地质现象。当两个板块重叠在一起作相对运动时，在俯冲板块上的海底沉积物，被仰冲的大陆板块刮削下来，堆积在俯冲口的附近一带，它与大陆上那些性质不同、时代不同的岩石碎块混杂在一起，成为特殊的混杂岩，称为米兰芝（Melange）。这些混杂岩堆积成为新生山脉，参阅上面示意图。现在美国西部的一套弗朗西斯杂岩（Franciscan Complex）就可能是属于这一类。另一方面，在板块俯冲过程中，影响海底地壳大力向前挤压，并往下拖引，形成深且长的海沟。海沟的深度一般超过 6 公里，有的到 10 公里左右，长度不等，约与板块接触的边缘平行延伸。又当俯冲带进入地幔约至 150—200 公里左右，由于摩擦产生大量热，部分下沉板块已经融化成岩浆，又逐渐回升到地面，在距海沟约 150—200 公里左右的地带，爆发为火山，有的集结成弧状分布，渐渐连成为火山岛弧，如上图所示。

此外，在板块的缝合地带，还可以看到一些特殊的地质标志，主要有以下三类。（1）蓝片岩，原称蓝闪石片岩（Glancophane-Schist），是一种高压低温变质岩。本是板块俯冲时，在入口处近海沟一侧的岩石，因遭受剧烈运动，处于高压低温的环境下发生变质而成的，如上图所示。（2）蛇绿岩套（Ophiolite Suit）是一套复杂岩类的集合体，包括超基性岩类以及辉长岩、岩墙群、枕状岩流和燧石等，原是在深海沟海底下的岩层，由于板块运动逆推到地面上来的。（3）缝合线上的大山岭，是两大陆板块相抵，使其边缘部分发生剧烈变形，渐渐卷曲褶皱形成的，最突出的是喜马拉雅和阿尔卑斯等大山脉。

以上概述了板块学说的兴起及其主要论据。自提出以来，深得学者的赞许。但总的说来，学说本身尚需要充实和更精确地论述，还不能就如威尔逊所说的：有了板块构造的新概念，地球科学中的一切难题都可望迎刃而解。下面还要着重谈到其与地震的关系。

4. 板块运动与地震

如上所述，板块本身是一个刚体构造，在复杂的运动过程中，其边缘部分受到应力，发生剧烈形变，继之以爆裂引起地震。但在板块的内部则仍保持稳定，只有比较软弱的一些地区，有时发生局部事件。因此，世界地震活动集中分布在板块分界的边缘是很容易理解的。人们早已明确地震与大地构造的关系，板块学说提出后，虽然对于大地构造的基本概念有了比较新的看法，但没有改变解释地震成因的弹性反跳理论。实际上，地震科学研究成果还为板块构造学说提供了重要论据。

用近代观测技术测定的震中位置，多处在分割地球表层的破裂带上。据此将震中连串起来，便可认识寰球大破裂带的延伸路线，以为划分世界板块的主要科学依据。这是一个方面。另一方面，寰球大破裂带虽然是地球表层分裂成若干板块的标志，但裂开方式，不都是一样的，上面曾说到有三种主要形式：（1）海岭，也就是海底破裂带；（2）转换断层，横截海岭的走滑断层；（3）板块俯冲，形似海底断陷。这三种形式所接受的构造应力各不相同，但与板块运动紧密相联，其关系可从其所伴随的地震活动来说明。

4-1 板块缝合与震源产生

海岭是主要合缝形式之一，情况简单。顶部的张性开裂，多成中央裂谷，在此发生的地震，经过大量研究其震源机制答案，证明其是符合张性破裂的。但截过海岭的转换断层上，也有地震发生，有时且很强烈，其震源机制答案则表明是剪切破裂的。情况较为复杂的是板块俯冲地带，下面着重谈一谈。

前面谈到，海底一面生长，一面消失，以保持平衡。生长的一面是海岭，消失的一面，则是原生的两个独立板块，由于运动方向相反，在此互相顶撞，使海底板块俯冲到另一板块之下，被熔化消掉。这是老海底减少的主要形式。俯冲运动一般发生在岛弧和海沟下面。从地面表现看，这里重力低、热流量小，说地幔对流在此转向下行，同时带着海底板块潜入，这是有道理的。贝尼奥夫早在六十年代就发现在太平洋海底与大陆交接地带有轮廓分明的地震活动带，且以约30°至60°的斜度，从海洋向大陆倾入，沿此带地震频度随深度而锐减，震源最深的约达700公里。很明显，贝尼奥夫的发现，原则上是符合板块俯冲设想的。

值得注意的倒是在深达720公里的地方，怎么能发生地震？按板块运动来理解，设海底扩张速度每年8厘米，用热平衡条件计算，则板块俯冲约至650公里的深度，可以达到平衡。如此说来，深源地震是存在的，惟其发生机制尚有争论。深浅源地震发生情况，还可讨论如下。

当板块往下俯冲时，其运动方向，从原来的水平状态，屈弯向下斜行，在板块的上层形成局部张力区。由于前有大陆板块阻遏，海底发生强烈拗折，发展成为深沟，沟下则产生许多重力断层，即正断层。再继续往下俯冲，约至30至40公里的深度，板块进入正常斜度，作稳步前进，断裂性质便从正断层渐渐转变为逆断层。实际观测结果也是如此。例如根据海沟附近浅源地震所作的震源机制答案，明确表示张力轴与海沟成正交，证明海沟附近，确有局部张力区存在。关于中深源和深源地震，据赛克斯（L.

R. Sykes）等的研究，有如下的情况。他们选用了发生在日本本州岛弧，伊豆－小笠原岛弧及汤加岛弧一带的有较好的震源机制答案的 24 个中深源和深源地震进行综合研究。结果表明，这些地震主要是由于挤压作用引起的，其 P 轴（即主压应力轴）大致与俯冲倾斜方向平行，只是 T 轴是否垂直于俯冲带，不甚明显。

在汤加－斐济之间，多有震源深度超过 500 公里的地震发生，赛克斯等还在这里作了特殊的验证观测。图 13-24 右侧示汤加与斐济的相互位置，左图是斐济至汤加的板块俯冲剖面。根据板块运动理论，这里有海洋板块，从汤加向斐济方面俯冲，地震发生在俯冲板块的表层。在汤加和斐济各设有观测台进行地震观测。当深源地震发生于俯冲板块时，地震波一方面沿俯冲板块到达汤加观测台，另一方面通过软流层传到斐济观测台。由于所走的路径不同，地震波的传播情况也不同。到达汤加的路线是经过坚硬的岩石，地震波的速度大，衰减慢；而到达斐济的路程主要通过软流层（即低速层），地震波速度小，衰减快，这些情况都在地震记

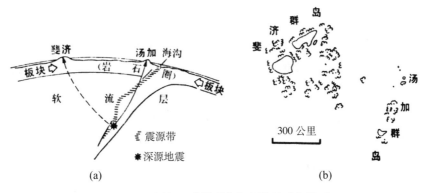

图 13-24　汤加－斐济群岛间板块俯冲与地震

录图上反映出来。将大量观测结果，进行综合分析，并通过必要的理论计算，得到如下的结论：俯冲板块，厚度约 100 公里，以 45° 的倾斜，向斐济方面插入；地震震源集中分布在俯冲带上层，约 20 公里厚的范围内，震源最深约 700 公里。这与上述讨论的结

果是一致的。

4-2　大陆上的板块缝合线

从全球板块分布图上看，板块合缝线主要在各大海洋上出现，在大陆上的只有一小部分，从南亚至地中海一带，是非洲板块及印度板块与欧亚板块的交界。交界的标志是震中的特殊分布和山脉的剧烈褶皱。需要指出的是，特殊的震中分布，原是板块裂缝最重要的标志，在海上震中密集成细长的地震带，而到了大陆上，地中海－南亚一带的情况则不同，震中很分散，总的来说，虽也是带状分布，但宽度很大，其接合方式当是不寻常的。从地震现象分析，这里是世界第二大地震带的一部分，可能是由于大陆块体构造复杂以致地震带很宽，它与太平洋地区的地震情况是迥然不同的。这里深源地震绝少，基本上是浅源地震，也有一些中深源地震，但只集中在地质构造比较特殊的三个范围很小的地区，其余地区则很少。如上所述，根据地震活动的情况追究，殊难了解南北板块的接触关系，人们只有对地质构造特征进行分析，以求了解。这一带是属于中新生代阿尔卑斯期的构造体系，尽是崇山峻岭。过去认为是由于特提斯地槽褶皱上升造成的；现在板块构造学说认为西段阿尔卑斯山系是欧亚板块与非洲板块的缝合线，东段喜马拉雅山系是欧亚板块与印度洋板块的缝合线。下面分别作一介绍。

第一种说法是：横亘欧洲南部的阿尔卑斯是世界上最大的推覆构造，自南向北多至四次大推掩，造成高大的阿尔卑斯山系，其南是地中海，与非洲大陆相接。现在的地中海，已不是两大陆接合特提斯海的残余，而是后来发生的。原来的特提斯海的海相沉积，大部分被覆压掩没到下面去了，而曾经是非洲北边海底的陆栅则被推送到上面，即今阿尔卑斯高山上的结晶岩系。这一现象与上述板块俯冲的接合情况类似。现在阿尔卑斯的南坡有所谓茵苏布力线（Insubric line），也有超基性岩出露，象是俯冲带所在，但与震中分布图式不一致。于是，又有人认为可能是从爱奥尼亚海向第勒尼安海俯冲，但亦无充分的论据。另外，从超基性岩的分布来看，也有一些情况，值得考虑。在阿尔卑斯的西段，只有一点小的蛇纹岩体出露，往东至土耳其才渐渐成为分布宽广的超基性岩带，因此，有人怀疑，可能不止有一个板块，而是若干个小板块俯冲，以致震中很分散。实际情况不明，尚待进一步论证。

东段欧亚板块与印度洋板块交界地是喜马拉雅山脉。它是大陆上的一个典型的弧形构造，其前面有很深的山前凹陷和强烈的地震活动。这一大弧形构造，西起阿富汗的兴都库什，东迄缅甸北境，长约2500公里，其两端都有反弧向的剧烈转弯构造，并成为中深源地震活动中心。值得注意的是在罗马尼亚喀尔巴阡山脉急转弯处，也是一个中深源地震活动中心。按旧的说法，喜马拉雅是新生代造山运动结束特提斯地槽历史时升起的高大山脉。寒武纪之前，亚洲大陆与南方冈瓦纳古陆之间，隔着广阔的特提斯海。北自昆仑升起向南逐渐萎缩，迨至中生代，则到了藏北地块之南的冈底斯，南岸是印度半岛，岸边海水很浅，已连成广大的陆棚，只有中间水深，沉积很厚，达一万多米。距今约七千余万年的喜马拉雅造山运动，使特提斯海水退步，上升为高山，而成现在的地貌。

按照板块构造理论，则认为喜马拉雅山区是在大陆上的板块缝合线。由于印度洋板块的海底扩张，使印度次大陆向北推进，以致特提斯海收缩，海底发生破裂，一侧陷落，向北俯冲于亚洲大陆之下，压迫南边的陆棚及一部分陆地，往上堆积成为高大的喜马拉雅山，地槽沉积则褶皱上升为藏南的拉达克山脉。现在沿雅鲁藏布江可以看到狭长形蛇绿岩套超基性岩带，和米兰芝混杂堆积，断续相连长达1000余公里，疑是古特提斯海底，在俯冲运动过程中被挤压到上面来的。在冈底斯山南，还有厚达6000余米的白垩纪日喀则群，似是米兰芝混杂堆积，山中还出露有云母花岗岩，这些都可能是板块俯冲的证据，后者疑是俯冲海底被熔化后上升的岩浆形成的。所有这些情况都符合于俯冲合缝线的设想，惟有地震活动情况则不相合。

这里没有深震，有中深震，但很集中，西段集中在罗马尼亚喀尔巴阡构造的急转弯处（即东喀尔巴阡山脉转为南喀尔巴阡山脉处），东段集中于喜马拉雅弧形构造的两头，反弧向急转弯处。此外，则很少有中深源地震发生。前面已说到，这一带的地震活动，虽然是地中海南亚大地震带的一段，但基本上是浅源地震，震中分布的离散度很大，没有任何迹象表明在喜马拉雅弧边，有贝尼奥夫式的震源带。可以明确，北边大陆与南边次大陆有深大的接触面，以解释这一带的板块俯冲运动。值得注意的是，震中多沿喜马拉雅弧的南缘分布，形成一条清晰的界线，显出山前大逆掩断层的所在，因此，喜马拉雅弧与印度次大陆之间为断层接触是无疑的。它虽然是由南向北逆掩的大断层，但与上面所设想的特提斯海底因收缩发生破裂向北俯冲是两回事，未可同日而语。地质学者认为，这一大逆掩断层是后来发生的。由于印度洋板块海底扩张不断进行，使印度次大陆继续向北推进，从而产生了大规模逆掩断层，甚至发生各种折裂都是可能的。地震活动显然与断裂联系着，逆掩断层一般是断裂不深，故以浅源地震为主。另一方面，复杂的推掩和折裂运动，使喜马拉雅及西藏高原愈壅愈高，成为世界屋脊，许多地震在隆起过程中发生，因各区地质条件不相连属震中分散，是可以预期的。

据上所述，喜马拉雅弧形构造是不是印度洋板块与欧亚板块碰撞的结果，还值得进一步研究。虽然两边都是大陆板块，但这里的情况与太平洋海、陆板块相撞时发生俯冲的情况还不一样。它的发生可能是由于印度洋海底扩张，使印度次大陆向北压迫，破坏了特提斯海的存在，海底陷落，南海滨陆棚和次大陆北缘地壳从南向北逆掩过来，堆积而成今天的貌相。现在，喜马拉雅仍在上升，地壳厚度虽已超过重力均衡，而仍在加厚，可见印度洋海底尚在继续扩张。

地质学家一向认为有一股力量来自印度洋，影响我国青藏一带，甚至整个西部地区的构造运动。以往不解这股力量的由来，板块构造学说兴起后，才认为这是卡尔斯堡海岭运动使得印度洋海底发生扩张所致。这条海岭的南段与从南太平洋延伸过来的海岭相接，北段的活动力很强，有向前扩展，经亚丁湾进入红海之势。查考这一带地震的震源机制答案，表明亚丁湾和红海与北美的加利福尼亚湾一样，都是由于海底扩张造成的。红海与亚丁湾的地质年代都很新，可能正处在扩张的初期，亦有人怀疑它们是与东非大裂谷相连的。

关于东非大裂谷系统的成因，尚无定论。通过近期对东非各地的资料进行分析，包括地震地质、火山、重力异常以及宏观考察和微观观测等方面的资料，有的认为大裂谷的发生是东非大陆开始张裂的表征，将来会有岩浆侵入，产生新地壳，迎入海水，逐渐扩大为海洋，大裂谷成为海岭，与红海、卡尔斯堡连成一系。但多数认为没有任何迹象说明东非大裂谷确有扩张运动存在，裂谷将仍为裂谷，不可能有太多的改变。

4-3　古板块与我国境内板块遗迹

以上所谈的板块及其运动，是指现代板块，开始于侏罗纪，现仍在继续发展。侏罗纪之前，是否还有老的板块构造运动，是值得研究的问题。大陆之上保存着许多古老的构造体系和岩类，最老的是属于太古代的，距今已有四十至五十亿年。在漫长地质年代里，经过千变万化的地壳构造运动，纵有遗迹，亦是不易保留的，况且老板块早已停止运动，亦不会与现在的地震有什么关系，唯有在板块缝合处，那里的超基性岩带，米兰芝混杂堆积等有可能不致完全湮灭，尚留着一些残迹，可资探究。

在这方面最早提到的是美国海岸山脉。魏格纳说它是美洲大陆向西漂移的结果，板块构造学说兴起后，又疑是板块俯冲造成的。海岸山脉两边，地层很悬殊，西边类似米兰芝混杂堆积，是分不清层次和岩性的佛兰西斯杂岩，东边是同时代的、沉积层次分明的大谷群*。在弗朗西斯杂岩与大谷群之间并无任何过渡现象，因此，疑在晚中生代时，这里是活动的贝尼奥夫震源带，有海沟也有深震，经过板块俯冲运动后，海沟消灭了，地震活动也只余浅源地震了。

另一个例子是欧亚界上的乌拉尔山脉。根据古地磁的磁极变迁，疑是两个大陆板块在古生代时期的缝合线。按旧说，乌拉尔山脉是介乎俄罗斯地台与西伯利亚地台之间的华力西期的地槽褶皱带。板块构造学说兴起后，用俄罗斯地台上各地的地磁测量资料综合分析，发现寒武纪时的地磁北极的位置是在 10°N，175°W 附近，而根据西伯利亚地台上各处地磁测量资料综合分析，当时地磁极是在 40°S，175°W 附近。如果上述测计结果是可信的，则说明寒武纪时，这两个地台是远隔重洋，相距数千公里之遥。分析结果还表明，到泥盆、石炭纪时，两磁极相隔较近了，说明两地块已逐渐靠拢，到了二迭、三迭纪时，两磁极合而为一，表明地块已碰在一起，并挤压上壅形成乌拉尔山脉。在沿纵贯乌拉尔的大断裂，还见到超基性岩带，包括高压变质岩，如蓝闪石，榴辉岩及蓝晶片岩等，疑是两板块碰撞时，俄罗斯地台一方俯冲到西伯利亚地台一方之下去了。

此外，有些地质学家谈到，美国东部的阿巴拉契亚山及英国苏格兰山地的加里东地区等，都有可能是古板块运动的遗迹，但包括前面两例，都不能作为定论，尚需进一步研究。我国幅员广大，情况如何，究竟有无古板块运动遗迹，更是人们想要了解的问题。

我国地震很多，但与寰球大破裂带伴随的地震活动不属同一系统，只有喜马拉雅和台湾，与现代板块运动有些牵连，已如上述。因此，在我国境内，尽管有各种图式的震中分布，也不可能作为古代板块运动遗迹的标志，这是很显然的。就地理关系而言，东

---

* 大谷在海岸山脉与 Sierra Nevada 之间。

面太平洋和西南方印度洋的海底扩张，对于我国的大地构造运动，都有很大影响。东部是稳定的地台区，其影响比较复杂。西部是活动的地槽区，夹在西伯利亚地台与印度地台之间，又有东部地台阻遏。中新生代构造运动的迹象表明，喜马拉雅、西藏、川西等地，受到了来自西南方向的挤压即受到印度洋扩张势力的影响，这说明了其与现代板块的关系。需要指出的是，在古生代的海西期，地槽区的北部，即昆仑及其北，已基本上完成了地槽褶皱回返，成为陆地，到中生代，即现代板块运动发生后，再继续发展，直至特提斯地槽全部结束，上升为陆。地质学家早就发现，我国西部地壳构造运动的发展，有较为明显的地质时代顺序：自北而南，先是古生代，渐至中、新生代的排列。同时，探测结果也表明地壳厚度是南边比北边厚得多。这些现象使人怀疑，印度洋的海底扩张运动，很可能在中生代以前，早已进行着了。因此，谓古代也有板块运动影响我国大地构造体系，不是不可能的。以下一些情况，可资参考。

我国著名大山脉秦岭，横亘东西，分我国为南北两部，山边有断裂，西起青海，东至南阳，还可能更向东南延伸，沿大别山麓，直至九江附近，长 1700 余公里。断裂带的两边，地层性质大不相同，南面是地槽沉积，北边是地台型地层。两方的化石也不一样。旧的说法是：古老的秦岭地轴，将南北两方隔开，由于发育条件不同，以致两边地层产状和岩性都不相同。但也有人认为南北两方地质情况之所以不同，是因为不属同一板块，疑秦岭断裂带是古代两个板块的合缝遗迹。在断裂带之南有几条基性和超基性岩带断断续续地出露，自内乡至武山都可以看到，在商南一带还发现蓝闪石。又西秦岭，自青海湖南的橡皮山，经同仁、夏河而至岷县之间，在许多地方可以看到类似米兰芝的混杂堆积分布，长约 500 公里，宽达 20 公里左右。这些迹象，使人怀疑其可能是古老板块碰撞的遗迹，但仍需有大量资料，方能核实。

此外，也还有人怀疑另一些断层。例如上文所谈到的，从川滇西部向西作弧形大转弯入于青藏高原的大断裂带，以及东部的庐江大断裂等。需要注意的是，单凭断裂的两边有些段落地质情况悬殊和存在一些超基性岩带等，只可能说受现代板块运动，即印度洋和太平洋的海底扩张影响，若说是古时的板块碰合遗迹，则缺少科学依据。总之，古板块问题虽然提了出来，但可靠的材料还很少，尚无法论证，还需作更多的调查研究。

4-4 台湾的地质构造问题

最后谈谈台湾的地质构造问题。台湾与喜马拉雅同是在新生代后期上升的，位于亚欧板块与太平洋板块之间，包括澎湖列岛和附近火山岛屿等，都是地质年龄很年青的地带，为我国东南的屏障。按旧说，台湾地层是地槽型沉积，约在三千多万年前的渐新世中叶，开始褶皱回返，曾一度上升出海面，中新世又下沉，及至上新世末，剧烈的造山运动使其第三纪及以前的地层，都发生褶皱，上升为台湾岛，同时海底火山大量爆发，如台北的大屯火山，澎湖火山列等。琉球火山群亦在此时大爆发。随后，地壳继续上升，澎湖、大屯、琉球等处火山陆续从海下上升到海面喷发，待火山熄灭后，便成为一系列的岛屿。

台湾岛是一个南北长、东西窄的复背斜构造，轴向北北东，中部崛起中央山脉，为全岛的主干。西部是丘陵，多海蚀台地，滨海成一片平原；东部多山，地势高峻，沿海是台东山脉，海岸很陡峭。上文已说过，这里中央山脉与台东海岸山脉之间，有一条引人注意的纵谷，长约 150 公里，其东侧台东大断裂，出露在地面的约 250 公里，入海后还不知延伸多远。1951 年这里发生了较大地震。据调查，沿断层见到一些滑动是以水平向为主的，因此，有的地质学者认为台东大断裂当是属于环太平洋平推断裂的系统，但不是右旋而是左旋的。

板块构造学说兴起后，台湾被认为是亚欧板块与太平洋板块的接触地带。人们对于它的构造体系，有如下看法：台湾自上新世末上升，约在中央山脉形成后不久，与东来的太平洋板块相碰撞，结果是一部分海底潜入到中央山脉之下，使台湾东部陆地上壅为海岸山脉，并发生平行的台东大断裂，渐渐发育成为现在左旋平移断层，也可能是转换断层。实际上，只是在台湾东北部有些结晶岩升起较高，分布较广。另外，在台东山脉中有所谓利吉粘土层，质地复杂，似为地壳碎屑，疑是米兰芝混杂堆积，除此之外，再没有超基性岩带之类或其他的地质标志。台湾地震很频繁，为环太平洋世界大地震带中活动性较高的一段，但都是浅源地震，没有深震，中深源地震亦极少。这里海岸很陡，但岸边没有深陷的海沟，所以，显然不是一般的板块俯冲，究竟情况如何，还有待进一步研究。

查看世界板块分布图，亚欧板块与太平洋板块的接界是清楚的，基本上是沿海沟发育的。图13-25示太平洋近亚洲一侧的海沟分布，可以清楚地看到各海沟都是在岛弧前发育的。不难想象，

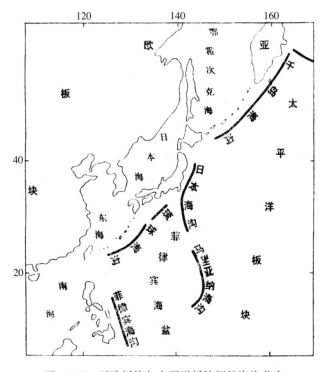

图13-25　亚欧板块与太平洋板块间的海沟分布

太平洋西部的海底扩张至岛弧前遇到障碍，海底板块被迫弯曲，往下俯冲，强大的运动力量影响亚洲东部的地壳构造运动，这是很明显的。值得注意的是，岛弧或海沟延续系统的发展，到了日本岛弧中部发生分支。主干仍顺日本海沟南下，经小笠原和硫黄列岛入于马里亚纳海沟，转向西南，向菲律滨海沟的南端汇合。其分支是发自日本的伊豆半岛之南，向西南延伸，到达琉球海沟至台湾，急转东南方，入于菲律宾海沟。这两列海沟构成不规则的环形，把菲律宾海盆围在中间，参阅图 13-25。

台湾东边滨海的太平洋中没有海沟，地震很频繁，但无深震，中深源地震亦很少，只有浅震，多且强烈，已如上述。根据刘一鸣等对这一带地震震源机制分析的结果，主压力轴基本上是水平的，台东大断裂的运动性质为左向平推，也是与震源机制一致的。这使人怀疑与菲律宾海盆运动，不无关系。从东来的北太平洋海底扩张，其势甚猛，向亚洲大陆压来，及至千岛、日本和马里亚纳一系列前哨岛弧之前被阻遏，不得前进，迫使其拗下，发生俯冲，此时消除了多余的海底并损耗了大部分动能，是可想而知的，但很显然，仍有余势使海底前进，继续向菲律宾海西缘的第二道岛屿俯冲。在这里，我们看到，菲律宾海盆自成一小板块，其西北边有琉球海沟，西南边有菲律宾海沟，显然是菲律宾海盆板块在此发生俯冲，以完成消蚀掉老海底的使命。惟台湾一带既无海沟又无深震，中深源地震也很少，丝毫没有板块俯冲的迹象。这一情况，颇引起学者的注意。参阅图 13-25，从地理上看，台湾是菲律宾海盆向西最突出的部分，也是菲律宾岛弧和琉球岛弧成曲尺形的交接处，其特点是背靠亚洲大陆，成为亚欧巨大板块伸入太平洋的边唇。从东来的扩张势力，至此已大为减弱，遂被阻遏，只得分向两边倾泻，作最后解脱。台湾东部因之受到巨大压迫，发生断裂，又因旋转运动，逐渐可以成为转换断层，台东大断裂可能是其中一部分。

以上是结合板块构造学说来谈地震动力来源的，很显然，间题仍未解决，依然存在着多方面的争论。总的来说地震动力来源与大地构造运动是分不开的。关于大地构造运动如何产生的理论也有很多，板块构造学说是其最新的。无论那种学说，尽管所持论点不同，其目的都是为解释构造运动的产生以及地壳稳定与不稳定之间的相互关系。各种学说由于立论的基础不同，对于地震发生时、空分布可以有不同的解释，但对于地震发生的直接成因，则没有不同，都认为是以弹性反跳理论为基础的断层错动引起的。

第五篇 地震预报

绪 论

地震危及人民的生命财产，古往今来，凡是遭遇过地震的人，都希望能够预告地震发生的时间、地点和强度，使处于危险区的人们事先有所防范，减少地震造成的灾害。但长久以来，地震预报问题没有得到解决，一直是地震科学研究中的一大问题。虽然有许多科学家做了工作，但人们始终怀疑地震发生是否可知。及至本世纪六十年代，少数地震学者才确信地震预报是可能的。本篇开始，先回顾一下前人的设想及现代地震预报研究的发展，不为无益。

我国是研究地震的古国，自有文字以来，最早描述震害，也最先企图预报地震。《史记·天官书》（约公元前91年成书）中有"辰星出心、房间，地动"之说。这是试图从地震与天象的关系中求其发生的规律，以预告地震，这样的设想，在当时社会已为群众相信，所以才被司马迁撰入于《史记》。我国古代人民亦知道地震是自然现象，相信伯阳父的阳伏阴迫（即阴阳矛盾）之说。但由于缺乏科学，又迷信地震是天诫，被神秘的天、地、人三才神话所束缚，结果地震预报为预言家和星象家所用，长期被看作是"近乎卜祝之间"*的道术，数千年来没有进展。

直至十九世纪末叶，有了仪器观测和模拟实验，人们对于地震的认识才逐渐加深，不再迷信地震是天之所使，而确认其是一

---

* 司马迁牢骚说："文史星厉，近乎卜祝之间。"

种自然现象了。另一方面，人类对自然现象也累积了很多经验，认识到许多现象是重复发生的，并发现了其间的相互关系和一定的韵律。比如天气变化，有所谓十天韵律："头伏雨，伏伏雨"，又有百五十天韵律："云掩中秋月，雨（雪）打元宵节"，等等。地震也是重复发生的自然现象，应当也有韵律。人们最先是将地震现象与天体运动对地球影响所产生的周期性变化相联系，以寻找韵律，藉韵律推测未来地震的发生。更普遍的是将月绕地球形成的朔望与地震联系起来。法人裴莱（A.Perrey）是最早在这方面做了详细研究的。他按各种不同的周期，将月球的循环运动与地震发生的关系进行了多方面的分析和统计，总结出了以下三条：

（1）月在朔、望时发生的地震比起上、下弦时要频繁一些；

（2）月在近地点时发生的地震比在远地点时要频繁一些；

（3）月在天顶时发生的地震比在其他高度时要频繁一些。

这三条结论都很笼统，但当时他所使用的资料，只有 6596 个地震，有人认为，可能是由于基础资料太少，若有充分的资料，结果还可以好些。

这是一个很有吸引力的问题，不少人继续做了研究。在我国，如昆明的陈一德先生在朔望问题上做过很多工作，至今亦还有人在做，但都没有得到肯定的结果，没有找到明确的规律性。地震科学工作者渐渐认识到，类似朔望现象一类来自空间的外因，如岁差、潮汐、固体潮以及太阳上的变化，太阳系的运动等等，都不是育成地震的主要因素，充其量也只能是一些已成地震的触发因素。因此，要研究地震发生的规律以预报地震，须从地震育成过程的内因中去找，即从地球本身，深入其内部去探索，才有希望。

人们早已熟知，自然界中有很多暴发式现象，事前会出现某种形式的征兆，这常常是未来事变到来的信号。经过实践，认识事前征兆，以推测严重事变的发生，这种预报概念，是建立于事物发展规律基础上的科学预测，与古代"近乎卜祝之间"的道术显然不同。我国民间流传的这类预测是从天气开始的。如《诗经》上的"朝隮（虹）于西，崇朝其雨"（即早上西边天上现虹，是即将下雨的征兆）。以及谚语"月晕（光环）而风，础润而雨"等等，都是属于这类的预测。随后又发展到利用动物的感觉器官比人敏锐来预报天气，很早的古书上就有："风欲起而石燕（一种野蝙蝠）飞，天将雨而商羊（一种独足鸟）舞"之说。我国农村人民对天气变化很重视，有经验的人常常用蝼蚁、蚯蚓、泥鳅、田鸡以及家畜等的异常活动估计晴雨，各村各镇的老农民都能说出一项或两项如"蚯蚓路上爬，雨水乱如麻"一类的预报谚语。地震也是累发的自然现象，我国人民亦发现地震之前是常有动物异常出现的，人们谓之地震前兆。

地震是有前兆的（下文要详谈），虽然不如气象那么明显，容易发现，但亦早有流传。中外图书，有关地震之前出现异常的记载很多，其中最多的也是震前的动物异常，如"宿鸟飞鸣，狼群逃窜"（日本记载很多），"家畜骚扰"，"鱼虫异动"等等。在我国历史地震记载中，这类描述很多，例如：

1857年，浙江宁波地震前，夜间天明如昼，山雉皆鸣。

1917年，云南大关地震前，河水大涨，群鱼千百自跃上岸。

1920年，甘肃海原地震前，牛惊跳，鸡犬乱叫，狼群逃走，野鸟飞鸣。

一般说，大地震之前常有非人所能感觉的微弱震动或其他现象发生，刺激了器官敏锐的动物，于是出现了惊扰。动物为了生存的需要，其身上长有特殊神经结构的感受器官，敏感度很高，一有极微弱的刺激（振动或声、光、电、臭等），即起反应。譬如鸟类（包括鸡、鸭、鸽子等），在腿部胫腓骨之间有几十以至上百个 $0.1 \times 0.4mm$ 左右的小椭球机体组织，对于频率200—1000或2000的振动非常敏感。但动物与仪器不同，它们对地震有不同的适应性，对刺激也有不同的反应，且同一种动物对先一次地震与后一次地震的反应也常常是不同的。这是因为动物心理在起作用，情况很复杂，因此，动物异常只可作一般参考，还不是一种预报地震的手段。

虽然如此，人们了解到动物的异常惊扰是由于震前的弱小振动之后，还是得到了启发，人们发展了微震仪器观测，以掌握震前微震活动的规律。现在，微震活动的异常变化已成为地震预报可靠的前兆参数。下文另有详论。

古代人民还从另一方面推测地震发生的征兆。在大地震的现场，人们常为极震区的地形剧烈变化而惊心动魄。这类记载很早就见于古书，如《诗经》中写到，地震可使"高岸为谷，深谷为陵"。人们也知道，事物的演变是由小而大的，如此巨大的地面形变，当有较小的为之先行，是理所当然的。我国历史上灾异记载很多，凡是关于地开裂、地陷落和地隆起等现象，不管同时有无地震伴生，从来都是与地震记在一起的，可见古人已知地形变与地震是有联系的。日本人民很早就认识到大地震之前有缓慢的地壳形变为其前兆。早期的日本地震学家，如今村明恒，就注意到发生在日本东南沿海的大地震与那里的海岸升降有密切关系。他曾以地形变的异常变化为基础，推论过 1923 年关东地震和 1946 年南海地震的发生。后来，在这方面累积了许多事实和经验，便进一步肯定了地壳形变异常是很重要的地震前兆。

自弹性反跳学说成立后，人们认为，地震发生前必先有一场弹性形变的累积过程。在这过程中，震源地区的岩石受到应力后，逐步紧张起来，最后不仅影响到地形发生变化，其他岩石物理性质也随之发生变化。实验证明，当岩石受到压力时，其性质是要随着发生变化的，最容易显示的是磁性、电阻率以及含水量等，当压力到了岩石快要崩坏的临界阶段，变量特别大。这表明在地震的育成过程中产生形变异常，同时也带来其他异常现象，因此可以设想，在未来地震的发生地区可以出现各种各样地震前兆。这设想启发了地震科学工作者，使他们有理由认为：地震是有前兆的，可以预测的。从而开辟了现代地震预报研究的新途径。

我们不会忘记 1556 年关中和 1920 年海原等大地震给我国人民带来的巨大灾难，我们也熟知 1906 年旧金山大地震和 1923 年关东大地震毁灭现代城市的惨状。现在，地震已有条件可以预测，地震预报问题自然就提到日程上来了。

所谓预报，当然不是一个简单问题，需要在已知领域中对大量资料进行多方面的分析总结，找得事物的演变规律，方能推测未来。很明显，累积资料是做好预报的重要步骤。地震预报问题，所以迟迟不能解决，也就是因为资料还累积不够，对于地震本质的认识还很浅。譬如将一条弹簧拉得很紧，总有一天会断掉，这是完全可以预期的，但要确切知道断掉的时间和位置以及断时运动的强弱则是很不容易的。人们只知道弹簧的形态（长短、粗细）、弹性模量和所给予的拉力等，还有许多内在的和外来的因素不清楚，无法在计算中考虑进去，其结果当然是不够准确的。现阶段，我们对地震预报尚未找得有效途径，须坚持理论与实践相结合，从根本做起。为此，地震科学工作者必须首先有计划地大量累积有关资料，研究地震发生的规律，寻求有效的预报方法，然后建立预报系统，以实现地震预报。

第十四章 历史的回顾（现代地震预报计划研究）

1. 引 言

地震预报问题，涉及多种学科，不是少数人短期间可望解决的。须在广泛的科学基础上，制定长期计划，系统地进行各种观测和研究，才有成效，在这方面，日本开始较早。一些曾经历1923年关东大地震灾难的老年科学家想到，今日的东京、横滨等城市的扩大，已非二十年代可比，同样的地震若重演一次则震害损伤之大，将是十分惊人的。而这种可能性又是严重地存在着。于是在1960年的一次地震学会上，他们讨论了预报问题，并决定成立专门研究小组。1962年这个小组提出初步方案，以十年的时间，集中力量，累积必要的基础资料，主要包括大地测量、地壳形变观测、地震仪器观测、地震波速度分析、活动断层的调查和测量以及地磁、地电观测等方面的资料。每项工作都规定了指标和进程，例如大地测量，是在全国范围内，每五年进行一次水准测量，每十年进行一次三角测量。由于在计划执行的初期，研制仪器，培养人员花费了部分时间，所以真正用于累积基础资料的时间，实际上不过五年左右，只能供初步使用。适逢1964年，在新潟日本海岸边发生大地震（$M=7.5$），现场现象使人们注意到：（1）有些建筑物完整无损地卧倒下来，说明单靠预防还不够，须有预报，才可使人摆脱危险；（2）事后查明新潟市区的水准点早已发生高程变化，这证明地震是有前兆的。1965年又在松代出现举世少有的地震群，使日本全国震惊，惶惶然，以为灾难性大地震即将到来。民众殷切要求地震科学工作者作出预报，于是根据上述方案，正式提出了预报研究计划。继日本之后，一些国家也相继开展有计划的地震预报研究，兹简述如下。

2. 日本的地震预报研究计划

第一个五年计划（1965—1969）是根据十年研究方案加以拓大订制的，经政府批准，正式列入国家预算。基本精神仍以广泛地累积资料为主，其内容则进一步明确规定如下：

1）大地测量及验潮（海底升降）观测；

2）地壳变动的连续观测；

3）地震活动（包括极微震）的观测和分析；

4）地震波速变化的观测；

5）活动断层及褶皱构造等调查；

6）地热测量及岩石破坏实验；

7）地磁、地电等观测。

同时亦建立新机构包括观测数据处理中心、人员培养等。

计划一开始，便集中力量研究松代地震群的问题。当 1966 年震群活动达到高潮时，曾根据各种观测结果估计了较大地震发生的大致时间、地区和震级，第一次由官方发布了警报。这在日本地震历史上是创举，后来果然发生了 5 级左右的较大地震。松代地震群的活动延续至 1967 年才停止，研究工作尚未完全结束，不期于 1968 年，在太平洋日本海沟的内侧，十胜冲*发生大地震（M=7.9），引起很大津浪（海啸），日本本州和北海道南部广大滨海地区遭受严重破坏，而事前一无所知。于是将第一个五年计划提前修订，是谓新五年计划。

新的五年计划，也就是第二个五年计划（1969—1973），其特点是进一步拓充仪器设备，加强各项观测工作，并指定东京及其

---

* "冲"为日语，近海海面之意。

周围为特定地区，集中更多力量进行各项观测研究工作，以期首先实现地震预报。计划由多部门分工负责贯彻，有政府机关，学术机构和大学等部门参加。为了将各部门的成果能够迅速集中和及时交流会商，还设有"地震预报联络会"。从 1969 年至 1973 年，按计划进行了很多工作，特别是在相模湾周围南关东一带，用多种方法进行了试探，其中包括海底地震观测，但总结各方面的结果，却不见有所突破。于是提出第三个五年计划。

第三个五年计划（1974—1978）是在完成第二个五年计划的基础上经过多方讨论制成的，其目的是要最终（1978 年底）实现地震预报。根据第二个五年计划的工作经验，观测仪器的精度尚不足于应付最微小的异常活动，因此，仍将提高仪器的灵敏度，建立更好更完善的观测系统列为本计划的重要项目。工作重点地区还是在与东京相连的南部关东一带，即第二个五年计划规定的特定区。

计划方开始，1974 年 5 月 9 日就在特定地区的西缘，伊豆半岛尖端的海外，发生了强烈地震（$M=6.9$），静冈一带，家屋破坏，人口伤亡，崖崩石落，道路损坏，而事先没有做出预报。这说明松代的经验在此地不一定有用。

3. 美国的地震预报研究

从 1958 年开始，美国为了侦察核爆破试验，大力开展了地震观测监视工作。在所谓"维拉计划"（Vela Project）内，建立大小台阵观测和全球性地震观测系统，大大地丰富了世界各地地震活动性的资料，并促进了观测技术的大发展，推动了地震预报的研究。早在 1958 年，美曾在一次专家小组会议上提出过一个包括二十个专题的地震研究计划。日本提出预报研究方案之后，美国地震科学工作者乃与日本协作，于 1964 年初在东京召开地震预报问题的联合讨论会。当年 3 月，阿拉斯加发生了大地震（$M=8.5$），首府安科雷季是一个新建都市，主要建筑物都考虑了抗震问题，但仍未免于破坏（主要由于地基失效），震中地区及其附近出现大规模的地面升降，并引起津浪，冲刷了北美西海岸城市。这次地震造成的灾害引起了白宫的注意，遂在总统府科技办公厅属下成立了一个专家小组进行专门研究。一年之后，1965 年 9 月，这个以普雷斯（F.Press）为首的小组提出一个地震预报与地震工程研究的十年规划。内容很广泛，包括地震的物理基础研究、地震工程研究、地震现场调查及研制新技术装备，即发展微震仪、倾斜仪、应变仪、测地仪、地磁仪及自动控制和集中数据处理等。初期拟在加利福尼亚－内华达和阿留申 - 阿拉斯加两个强烈地震区进行试验性的观测和研究，特别是在沿圣安德烈斯断层带设置多种性能的仪器观测点，组成监视系统，集中试探，如图 14-1 所示。俟取得经验，然后逐步开展工作，预期十年实现地震预报，经费预计为 13700 万美元。

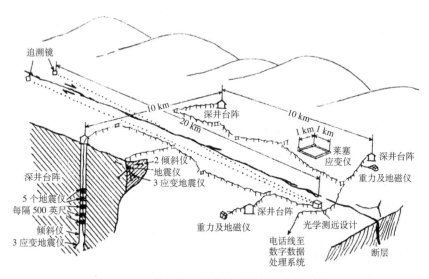

图 14-1　普雷斯设计的地震预报试验规划图

　　美国规划与日本的不同，其特点是地震预报与地震工程（即抗震）并在一起研究。但美国政府没批准把这个规划列入国家预算之内。

普雷斯等的建议虽未批准成为国家统一规划，但地震预报问题的研究，还是在美国一些地震科学机构择要地进行了。1965 年，美国地质调查所即在加利福尼亚地震区，设立了"国家地震研究中心（NCER）"专门研究地震预报问题，并特别着重研究断层活动、人工注水等引起的地震及有关问题。几年间由于地震侦察工作的需要，仪器观测技术，包括遥测、数据处理各方面，发展得特别快。七十年代以来，许多研究机构和实验室（主要在加利福尼亚和纽约等地）对于地震预报理论的研究，有了较大的进展，并试图预报一些小地震，亦获得成功。美国人民一直担心 1906 年旧金山大地震还会重演，遂于 1973 年，将全国固体地球科学研究机构作了调整，制定了一个统一的"震害降低研究计划（EHRP）"，1974 年开始执行，年度预算为 2000 万美元。其中地震预报和控制为此计划的主要研究项目之一，约占全部预算的四分之一，由 NCER 统一承担，然后将具体研究课题分配到各大学各专业机构或试验室并给予必要的经费，分头进行研究，实际上，已实现了普雷斯的建议。

4. 苏联的地震预报研究

1948 年 10 月 5 日阿什哈巴德（土库曼加盟共和国首都）遭受了前所未有的地震（$M=7\frac{1}{4}$）破坏，之后，于 1949 年，苏联乃正式拨款，在科学院设立地震工作委员会，拓大地震研究，提出地震预报的课题。随后于 1953 年制定了研究计划，内容包括震前现象的模拟探索、水准测量、地倾斜及相关的地球物理现象观测等工作。此计划没有全面执行，只在测震、地震区域划分和抗震工程方面做了一些研究。比较突出的是 1954 年成立塔吉克综合地震考察队，以塔吉克加盟共和国的加尔姆强烈地震活动区为试验基地，设置观测台网，进行综合研究。1960 年又提出较为全面的研究计划，共分以下八大项：

1）全国一般性地震活动的研究；

2）有关地震活动的地质、地貌特征的研究；

3）强震的地壳物理条件的研究；

4）地球深部构造的研究；

5）各地震区发生地震的详细调查研究；

6）地震对建筑物破坏的研究；

7）地震区域划分的研究及编制地震活动图；

8）地震前兆现象的综合分析和地震预报研究。

该计划包括的研究项目也只进行了其中一部分。在1967年的一次座谈会上，一些科学家仍认为目前还没有条件作出关于地震时间的预报，还有待广泛搜集、累积有关资料，并需要特别注重地震波的传播及震源物理等方面的基础研究。

虽然如此，苏联的地震预报研究工作，在有些地方还是连续进行着，主要有以下三个地区：

1）加尔姆：这是一个地震活动较为频繁的地区，位于塔吉克加盟共和国的西天山与帕米尔之间。自1954年开始，作为地震预报研究的一个试点，开展了综合研究。在震情研究的基础上，进一步分析地震活动的全部过程，结合本地区地质构造特征，研究地震发生在时间和空间上的标志，寻求地震前兆，作为预报依据，十多年来做了大量工作。所谓谢苗诺夫（A. N. Semenov）预报方法（即波速异常法，下详），就是从这里首先总结出来的。

2）堪察加：这里地质背景是岛弧构造，包括千岛群岛，属于太平洋地震带上的强烈地震活动地区。自1965年开始地震预报研究，并期之五年获得成果。它的主要项目是研究大地震发生的周期性、填空性并开展微震观测、地电异常观测、波速异常观测等工作，在此基础上，还要将结果综合分析研究，以求得预报的依据。十年来，在地电异常的研究方面有了些成果，并发现了本区大震（$M \geqslant 8$）发生前的一些现象，（即在未来震中区的周围一般地震活动显著减少，形成空白区域）。

3）塔什干：塔什干附近区域地震活动并不很强烈。1965年发生一次较强地震，经过调查，发现震中区矿泉水的氡含量变化与地震有密切关系。1967 年再次发生地震，氡含量又发生类似变化。于是引起人们的注意，认为氡是从地震断层缝里出来溶入于地下水的，它在水中含量增加当是地震前兆，可以作为预报的依据，从而观测水氡变化发展成为地震预报手段之一。现在已有很多地方长期进行水氡观测，但尚未发现更多类似于 1965 年地震时出现的那种情况。

5. 我国的地震预报研究

实际上，我国是在河北省邢台专区遭受重大地震灾害之后，才大事开展地震研究工作，将地震预报课题提到日程上来的。

上面已谈到，现代科学研究在我国开始很晚，地震科学尤晚。本世纪之初，外国传教士在上海徐家汇设立观象台，开始装设新式仪器进行地震观测，兼搜集我国历史地震资料。1917 年安徽霍山一带发生地震（$M=6\frac{1}{4}$），地裂坏屋，伤亡人口，北京农商部地质调查所第一次派出地质科学人员进行现场考察，开始了地震调查研究。紧接着，海原地震发生，突出地表明了我国地震问题的严重性。随后，四川发生了炉霍地震（1923 年，$M=7\frac{1}{4}$），云南发生了大理地震（1925 年，$M=7$），甘肃发生了古浪地震（1927 年，$M=8$）等等，均使人民生命财产遭受很大损失。尽管这时地质科学工作者还很少，但地质调查所已注意到地震是地质现象，须列入专门问题来研究。在这方面，我国是有优越条件的，因为我们有悠久丰富的历史地震记载，遂着手将我国有史以来的地震活动所在地归纳起来，进行了分析研究。于是，对于我国地震活动受地质构造运动影响的情况，开始有了初步认识[*]。三十年代一开始，地质调查的业务扩大，增设了地震研究室，并在北京西山鹫峰脚下建立了地震观测台，用现代地震仪观测地震。差不多同

---

[*] 中国地质学会志（BGSC），11（3/4），5，1923。

时，气象研究所（属当时中央研究院）亦于南京北极阁装设现代地震仪进行观测。仪器都是从欧洲进口的，有熏烟记录的维歇特（Wiechert）式和照相记录的伽利津－卫立蒲（Galitzin-Willip）式。我们只是按成法规定做好观测，累积地震资料，工作是无目的的。由于所采用的仪器适合于收录远震，因此，数年来总计全部地震记录，国外远震占绝大多数，国内地震则很少。到了 1937年，日本军国主义者大举入侵我国，不久，北京和南京均告沦陷，地震台亦随之而亡，其时地震仪所记录的山东菏泽地震，而今已片纸无存了。

抗日战争爆发后，地质调查所辗转迁移，最后到达四川，在重庆北碚暂时安置下来。一部分原地震研究室人员亦随着迁来，但是赤手空拳，一筹莫展，地震工作已陷于绝境了。我国西部固多地震，地震工作不容停顿，至 1940 年，地质调查所临时驻处安置就绪，地震工作人员自力更生，自行设计制造了观测仪器。当时条件很差，就在旧货摊上找材料，手摇车床上加工，历尽了艰难，终于制成了一套水平向烟纸记录静态放大百倍以上的地震仪。这是一种简单粗糙的仪器 *，但在试记中，收录到了成都地震，也收录到了土耳其地震（1944 年 1 月 7 日，M=7.4），这给工作人员以极大的鼓舞，说明地震观测仪器并没有什么神秘，完全可以自己解决。

抗战胜利结束后，地质调查所迁回南京珠江路原址，1947 年基本上恢复工作。地震研究室先将炼油池旧址，改为临时地震台，先行观测，然后又找得前在南京和北京地震台的一些残存设备进行修理。这时南京已极度混乱，公务人员生活很艰苦，科学研究实际上已无法进行了。幸而不久南京解放，继之全国解放，1949年人民政府成立，地震工作才获得新生。

解放后的新中国，党和政府对科学研究非常重视，明确指出

---

* 即后来的 51 式地震仪。

科学是为人民利益服务的，并大力支持科学事业的发展。地震工作的目的也因之明确，首先就是为了减轻地震给人们带来的灾害，为社会主义建设服务。在实施第一个五年计划之先，建设部门要求地震科学工作者提供关于工矿企业、桥涵堤坝、电力枢纽等工程所在地的地震危险意见。中国科学院成立后，责成地球物理研究所承担这项任务。1953年在院内设地震工作委员会负责领导。工作开始，首先是集中力量搜集和整理我国有史以来散见于各种文献的地震记载，并将结果结合区域地质条件按轻重划出全国地震危险区，供制定社会主义建设重点规划时参考。同时亦为已定的建设基地提供基本地震烈度，给抗震安全设计作参考，也就是根据已知的地震和地质情况，估计今后可能遭遇的最大危险烈度。

从旧社会遗留下来的地震科学研究的基础是很薄弱的，我们必须向世界水平急起直追。解放后，在西藏、云南、台湾、山西、甘肃等地连续发生破坏性地震，使人民生命财产遭受不同程度的损失，这些客观现实也促使我们要进一步行动了。遂从1953年始，连续开办短期的地震训练班，同时设计制造地震仪器，陆续在地震活动地区设置地震台观测累积资料，并拟逐步推广及于全国，同时请来一些苏联专家帮助开展专题研究。

1958年大跃进期间，一部分青年地震科学工作者，积极要求开展地震预报研究，组织调查队到若干历史上有名的大地震现场，对于地震前兆及有关现象进行了调查和研究。从这时起，我们也加快步伐，逐步作好地震预报研究的准备。第一是培养技术人员，在兰州开办专门训练班（实为两年的专科学校），其次是发展仪器装备，建立现代化观测系统并进一步分析历史地震的时、空分布情况，研究各地震区的地震重复性，结合地震能量释放的密度分布，编制带有时间参数的地震区域划分图。1962年新丰江水库地震发生后，在现场敷设了微震观测台网，进行了连续观测，并作了详细的地质背景调查，成立专门考察队研究水库地震的成因。这里小震特别多，间有较大地震，数年中结合地质条件与水库水位高低，总结出一些对地震活动特征的认识，这成为后来开展大规模地震预报研究的先驱。

1966 年 3 月河北省邢台专区发生强烈地震（M=6.8，7.2），这里人烟稠密，人民生命财产遭受了严重损失。公元 777 年，这里曾发生过大地震，亦遭过震害，但千余年来一直未震，遂以为地震危险已经解除，在全国地震区域划分图上被列为低烈度区。这次大震完全出乎预料之外，使人措手不及，这一教训表明了地震预报工作是很不简单的。

邢台地震发生后，地震工作者立即组织专门工作队趋赴现场进行调查研究，并设置临时地震台网监视大余震的发生，党中央对这次地震十分重视，周总理亲临灾区并代表中央对地震工作作了重要指示，从此，地震预报研究工作提到日程上来。建立了数以百计的地震台构成的监视台网，建立了一支遍及全国的专群结合的工作队伍，于 1975 年首次预报了海城地震，大大减少了灾区人民的伤亡。

第十五章　地震预报的物理基础

1. 引　言

上文曾指出，预报的命题是以过去推未来，就是说：根据事物发展的规律，预期必然会发生的事变。因此，只有对事物的本质有足够的认识，才可能作出正确的推断。目前地震预报问题，困难在于我们对地震的本质及其与外界的联系都还认识不够，其原因是人不能在震源直接观察地震发生的过程。现有的知识都是间接的，是对地面上表现的宏观现象和仪器测到的微观现象用科学方法推演而来的。这样得来的知识，受到多方面的限制，显然是不完全的。

地震科学的发展，本是从调查研究地震灾害开始的。由于追究其发生的前因后果，有必要进一步了解地震活动的力学过程及其与地质构造运动等各种地球物理因素的关系。自从微观地震学发展后，人们通过观测地震波穿过地球时产生的效应，对于地壳及地球内部构造以及地震活动过程的后半部，即地震发生后，能量大释放至恢复常态的过程，有了比较清楚的认识，但对其前半部，即地震发生以前，如何累积能量仍不甚明了。地震预报要求对每个预报参数（即地震发生的时间、地点和强度）都能作出比较正确的估计，这就必须对地震活动的全过程有充分的理解。在这方面还有很多工作需要去做。

前面指出，地震是有前兆的，尽管表现很复杂，有长期存在的（如地质条件），有出现短暂的；有显而易见的，也有潜伏难辨的，不一而足，但总起来说，前兆的存在是有科学根据的。实际上，地震预报之所以成为可能，也就是因为地震有前兆。地震前兆是由于震源周围岩石的物理状态改变而产生的。当地震区一些构造弱点累积弹性应变形成震源时，其周围相连着的所谓震源体积内的岩石因受形变的影响，其物理状态也必然随着发生变化，这种变化反映到地面，便构成各种各样的异常现象，不时地出现在未来的震中及其附近。

很明显，震源物理状态的改变引起震中区出现异常现象是求出各个预报参数的基础，我们必须对它有充分的认识，才能进行预报。

2. 震源物理状态

震源是地震发动的地方，是地壳组织破坏的重点。按照岩石力学原则，震源岩石在构造应力作用下产生应变，慢慢地累积着弹性形变，在最初的很长一段时间里，变化是缓慢微小的。待岩石的弹性作用逐渐疲弱，塑性表现出来后，变化的速度和幅度才渐渐增加，并以各种异常现象表露于地面，为人所察觉，是为前兆，预示大地震即将发生。这一切都是由于震源物理状态发生变化所产生的，下面分作几方面来谈。

2-1　地震断层

自吕德的弹性反跳理论普遍得到承认后，断层运动被认为是地震发生的根源，至少对大多数破坏性地震可以那么看。这就是说，震源地方必有地震断层通过。事实上，有些断层是在地面上可以追索的，如美国的圣安德烈斯，土耳其的阿纳托利亚断层等，而有些则隐伏地下，如我国许多大地震所在地，不见有相应规模的断层迹象，但从理论上说还是可能存在的。因此，人们怀疑，凡在构造上看来是活动的断层，就不能保证其将来不发生地震。于是地震与断层有了不可分的关系，震源物理状态便成为断层运动的关键。我们知道断层运动是多样的，其结果不都导致地震。一条大断层可以延伸很长，由于受其两侧岩石性质及断面中间充填物的结构、胶结等因素的影响，往往各地的活动情况很不相同。

在同一时间，有些地段在运动，有些地段则不动，形同锁住。运动的形式也不一致，上文已谈到断层蠕动，即有部分断层长期平稳地缓缓滑动，实际上是不连续的运动，当错动规模较大较急时，则伴随地震。亦有断层已长期不活动，冥然若死，忽然又复活的。人们研究断层运动与地震发生的关系时，有人认为蠕动发源很浅，能源很分散，可能是浅层的地温、地下水等条件发生变化所引起的，也可能是由于地震断层的某一地段岩层含有特殊矿物，其润滑性很大，或断层泥很厚，断层面上组织柔软、阻力很小等因素所致，至于能否储积起大量能量发生大地震，其可能性如何，还有待进一步研究。

2-2 断层运动

破坏性地震是在已发育的断层带上发生的，往往是重复的。这说明断层是发展的，在发展过程中发生地震。需要指出的是其发展不是一个均匀的连续过程。断层运动，有时极慢，似乎未动，不见地震，形同锁住。实际上可能正处于酝酿过程中，待其成熟，先在一些最弱点开始破裂，引起小震，继续发展到最后大破坏，发生大震，随后渐次平静，恢复如前，又酝酿一次新的大震。这些都是震源断层的物理状态所决定的，其特点是运动不连续，慢时如锁住，急时发生地震。断层锁住，主要由于断层泥的胶结。断层在长期活动中，两壁岩石磨成粉糜，渗以地下水，日久成为很厚的断层泥，阻碍断层运动，若胶结牢固，可使断层完全不动。当断层活动力强时，断层泥起润滑作用，在特殊条件下，可使断层不停地滑动，成为蠕动。一般断层的运动则受断层泥控制，当构造应力弱时，断层不动如锁住，这是暂时的，待构造应力成长，克服了断层泥的阻抗时，便以弹性反跳方式，突然滑动。

现已认识到凡是以弹性反跳形式发生的断层滑动都可以导致地震，这是可用实验证明的。按固体力学观点，物体在持续应力作用下，由于内部的不均匀性，在破坏之前，常常是先出现不稳定的物理状态：最典型的是在应力比较集中的地方发生弯曲、张

裂或剪错等变形现象；及至形变累积到了极限，则发生突变，释
放前所累积的弹性形变，解除紧张局势，应力因而急剧下降。上
文已说到，这是一种在摩擦阻抗控制下产生的粘滑，与夹有断层
泥的断层滑动很类似。人们在实验室用岩石标本做试验，其结果
如图 15-1 所示。

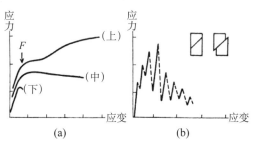

图 15-1　固体在压力下的应力－应变关系示意图
(a) 无围压试验；(b) 有围压试验

　　图上曲线表示岩石在破坏前的形状。图 15-1(a) 示岩石标本在
无围压的条件下施加压力所表现的应力与应变关系。开始时，应
变是按虎克定律，循比例随应力增加而增加的，及至一定点 F，岩
石的阻抗已为压力所制服，出现非弹性应变（塑流），情况乃变，
应变的增加不再按虎克定律进行，而逐渐偏离，不与应力增加成
正比，如曲线图的后段。这时岩石已在不稳定的物理状态，出现
各种形式的异常，不久岩石就破坏了。需要注意的是不稳定状态
的持续时间有长有短，决定于岩石的固有性质。(a) 所示关系曲线，
（上）是可展性大的柔性物，（中）是普通软性物，（下）是一般脆
性物。图 15-1(b) 是岩石标本置于数千巴围压的环境下，施加压力
所表现的应力与应变关系曲线。这样做比较接近于地震实际，因
为震源都有一定的深度，深处的岩石是处在高温高压的物理状态
下。图 (b) 右上方小图示试验用岩石标本，先将它劈成两半，胶合
如旧，进行试验，最后破坏也就顺着原有裂痕发生，这就相当于
地震发生在已发育的断层上。

需要注意的是，有围压与无围压试验的情况迥然不同。如图示，岩石沿原有裂痕破坏，立即发生滑动以弹跳形式释放应变能量，应力跟着下降，因受制于滑面上的摩擦阻力，运动及时停止，整个运动系统又恢复到平静状态。将应力再行增高，运动程序又周而复始，如此继续下去，每滑动一次，释放一部分弹性应变能量，同时跟着一次应力降，直至所存的弹性应变能量到了最低限才平息，恢复原来状态，因此，应力与应变关系的变化图遂成了锯齿状，如图所示。这是粘滑运动。

粘滑运动的始末与一次地震活动的全过程很相似。地震过程一般可分为：孕育、临震、发震和余震四个活动阶段，各段的震源物理状态是不同的。在孕育阶段，震源（包括整个震源体积及附近）累积弹性能量，处于平稳状态，临震阶段震源是处于不稳定状态，发震是处于突变状态，余震是处于恢复状态。我们以粘滑运动方式解释地震活动过程，最重要的是对照临震阶段。这时震源物理状态已处于力学上不稳定的阶段，在地震区，特别是在未来震中区，将要出现的各色各样的异常现象与将要发生的地震有密切关系。这样对照，对于地震前兆出现时间，会有进一步的了解。现在的问题是需要研究粘滑怎样发生的。

2-3　粘滑的发生

震源岩石在构造应力作用下，先是以平稳过程累积弹性形变，发展到了一定阶段，渐渐带有非弹性形变，然后进入不稳定状态，再逐步过渡到大破坏的突变阶段。这一过程，受到岩石内外因素的控制，发展很不一样，当震源岩石濒于破坏时，地震断层的滑动，可以是粘滑，伴随地震，也可以是非粘滑，不发生地震。实验的结果，包括下述一些情况。

（1）软性矿物的影响：岩石如含有碳酸盐类的方解石、白云石等，或硅酸盐类的滑石、蛇纹石等软性矿物，即使含量很少，也可使粘滑不发生。

（2）疏孔度的影响：岩石都有疏孔，其占岩石体积的百分比，称为孔隙度。各种岩石的孔隙度差别很大，例如砂岩的孔隙度一般约 15%，而石英岩不过 1%，又流纹凝灰岩的孔隙度为 40%，而流纹霏细岩只有 1%。实验结果，凡是孔隙度大的岩石，在一般高压下，不容易发生破裂和不稳定的滑动，须在压力极高、应变很大的情况下粘滑才能发生。

（3）地下水的影响：断层面中间存在水分，则起润滑作用，减少运动阻力，使粘滑不易发生，这是不言而喻的。若岩石中存在硅酸盐类矿物时，水的作用更大。实验证明，水可使石英物质容易破坏，已破坏的则更甚。这种作用，格里格斯（D. F. Griggs）称之为"水的软化效应"，亦即所谓"静力疲劳"现象。但人们怀疑地下水不能渗透到很深，震源深处水的来源仍是问题。虽然有些矿物质，如蛇纹石之类，在相变时可脱出一点水来，但若无其他水源，也起不到有效的润滑作用，对于发生粘滑可能是无效的。

（4）压力和温度的影响：增加温度和压力意味着增加震源深度。我们知道增加温度和压力，其效果是相反的。一般说，压力增大有利于粘滑的发生。例如辉长岩在实验中的表现是：在高压环境下，施以压力，很容易发生粘滑，并且在围压增高时，与粘滑伴生的应力降，幅度亦随之增大。若温度增高，则有利于平滑而不利于粘滑，同前实验，当温度为 140℃时，辉长岩的粘滑运动已可发育很好，如果增加到 190℃则渐渐过渡为平滑，再增到 400℃，便成为正规的平滑了。虽然岩石性质不同时，具体表现还可以不同，但总的情况有如上述。

此外断层泥的厚度也起一定的作用，厚度愈大则愈不易发生粘滑。

总上所述，地震发生是断层粘滑运动的跳跃表现，但促成断层粘滑的因素是复杂的。人们不能直接了解到震源深处的断层运动情况以掌握地震发生的条件，只有用间接的方法从地面上加以推测。从震源物理来看，如果震源物理状态有所改变，必然会引起物质的和力学的变化，以各种征象反映到地面上来，构成异常现象，为人所察觉。人们设法观测和搜集各种震前的异常现象，宏观的和微观的进行分析研究，就可寻出其发展规律，以为地震预报之用，重要的问题是如何认识地震前兆现象。这是地震预报的关键，下文专论。

3. 前兆异常的产生

危险地震发生前，在其影响所及的范围内，特别是在未来的极震区，常常出现各种各样的异常现象。它们都是地震酝酿过程中的特殊表现，与将要发生的地震有密切关系。异常现象的种类不一，表现的形式也有多样，有的与未来地震的大小有关，有的与发生的地点有关，有的与发生的时间有关，各有特征，需人们去认识它，肯定其关系，才能利用之确定预报参数，为地震预报服务。

前兆现象有的明显，容易分辨，有的很微弱，隐没于各种干扰背景之中，不易认识。某种异常在某些地区常出现，在另一些地区则不然，也不是每次大震都有同样的前兆现象出现。在如此复杂的情况下，找到前兆异常，并搞清其与地震的真正关系，便成为地震预报研究的一大问题。各种前兆异常中最主要的是地震形变，因此先从形变谈起。

3-1 形变异常

地震是地壳形变发展到最后的自然结果，形变是贯穿地震活动的全部过程的。很明显，地壳运动所产生的，不论是水平位移还是垂直位移，都是直接与地震相关联的，但各阶段的形变表现是不一样的。上面已阐明，地震活动的全部过程可与断层的粘滑运动相对照，因此地震形变累积和释放也就有如下四个阶段。第一阶段是缓慢平稳的累积，速度小，时间长；第二阶段是不稳定累积，速度增加，方向亦改变；第三阶段是累积到头，介质败坏，弹性形变大举回放，速度很大，方向逆转；第四阶段是剩余形变释放，速度转慢，逐渐恢复正常。结合地震活动情况，便是：第一阶段（孕育时期）形变累积尚少，几乎没有或很少地震；第二阶段（临震时期）形变累积将满，情况逐步紧张，一些较弱地方须要释放一部分形变，借以缓和紧张，因而有小震甚至中强震发生；第三阶段（发展时期）主震发生；第四阶段（恢复时期），释放剩余能量，大量余震发生，频度以指数规律下降，恢复平静。如上所述，地震活动的全部过程与地壳形变的变化是紧紧联系着的。其中第二阶段接近地震爆发期，是地震预报研究最主要的部分。

（一）震前形变（前兆表现）

地震形变累积的第二阶段变化是在震源物理状态已趋于紧张，将临破坏的情况下进行的。其过程是不稳定的，这时在未来极震区及其附近，可以出现由于地震形变引起的各种异常现象。需要注意的是，第二阶段的最后是与形变变化最剧烈的第三阶段紧紧相接，是一个紧张的过渡阶段。在其变化过程中所表现的许多形变特征，都是与地震预报直接有关的，因此，我们须充分了解形变的发生、发展以及与未来地震的关系，才能利用它。下面举例来说。

日本的南部太平洋边缘，地壳运动仍很活跃。1896 至 1936 年间的水准测量结果表明，这一带长期以来是内陆慢慢地上升，海边则慢慢地下沉。1946 年在南海发生大地震（$M=8.1$，震中：$135°.6E$，$33°N$）时，形变运动规模很大，估计地震断层的错动，约达 5 米左右，但所表现的运动方向是相反的，即内陆下沉，海边上升。再复查四国东部室户岬观测台的倾斜仪的历年记录，也发现地震前后，地倾斜的方向是相反的。这表明发震前后，地壳运动的方向是相反的，这是符合吕德的弹性反跳理论的。再进一步追查这里的地震活动历史，得知 1854 年已发生过一次大震（$M=8.4$，震中：$137°.8E$，$34°.1N$），根据这两次大地震中间进行过的三次水准测量的复测记录，可推断出，室户岬一带长期以来，地面平稳地向南倾斜，也就是内陆上升，海边下降。值得注意的是 1854 年大地震时，地面形变方向也是相反的，变化幅度也很大，震后又迅速恢复，但直到 1946 年大地震再次发生时，形变尚未完全恢复到 1854 年大震前的水平。这说明一次大地震所累积的形变有部分是不能恢复的，这可能与岩石存在塑性有关。

上述事例说明地震形变变化在发震前后的基本情况。根据许多长期连续观测的地形变记录，可以知道，临震前的形变异常中最显著的是形变速度的增加和方向的转变。其各地形变累积时间长短不同，幅度变化亦大小不同。我们必须掌握其发展特征，才能为地震预报服务。我们知道第二阶段的临震前形变变化是第一阶段的地震平静期到第三阶段的地震危险期形变变化的过渡阶段，从平稳过程转为不稳定过程，是地震预报研究的关键阶段，须及时抓住它，认识它。

这一阶段的时间不很长，它是从第一阶段延续过来的。第一阶段发生的情况是否与地震有关，尚须看后来发展情况才能设法认识。人们从定期大地测量以及倾斜仪、形变仪等长期的观测记录中可以发现地壳形变，如大面积缓慢升降或推移，也可以直接见到许多宏观变化，如局部的隆起、凹陷、坼裂、崩滑等。这类现象在构造运动比较活跃的地方是经常出现的，但很难立即肯定其是酝酿地震的象征。地面形变出现剧烈变化之后，紧接着就发生地震的情况是存在的。例如美国 1966 年派克场（Park field）地震（M=5.5），震前 11 天，在其震中所在的圣安德烈斯断层带上出现裂缝；又 1970 年云南峨山地震（M_L=4），震前半小时，震中地方地裂长 6 米（宽 1 厘米），冒出黑烟数十团，徐徐上升。但亦有宏观异常出现后不发生地震的，如湖南某地一个农民家，忽然地面坟起，愈来愈高，后亦无异动，又渐次平伏。而更多的情况是，有明显的慢性地壳运动，可是未来是否会发展到发生破坏性地震却难以确定。

（二）蠕动与前兆

断层运动的形式有的是粘滑，也有的是平滑，粘滑发生地震，平滑则不发生，平滑的特殊表现便是蠕动。地震活动断层，在一个时期可以不动，形同锁住，也可以不断微动，如小虫爬行。断层蠕动一般是发生在断层中有限长的一段，运动速度极慢，不易被人察觉。最早发现并作了系统研究的断层蠕动，是美国加利福尼亚圣安德烈斯断层荷里斯特（Hollister）的一段，长约50公里。它于1956年被发现，经过许多测量和观测研究，确定了蠕动的性质及规模，此后，人们曾一直怀疑其是否为灾难地震的前兆。实际情况，约可概括如下。

（1）发现后，经过持久的连续仪器观测，从其结果推算，蠕动的平均速度约每年1—3厘米，与从地质、地貌宏观现象估计的断层运动速度，大致相同。

（2）蠕动方向与断层运动方向是一致的。

（3）仪器记录图像表明，蠕动不是均匀连续的平滑运动，而是一种跳跃（类似微小粘滑），每年只发生数次，每次持续时间不过数天，滑距约1—2毫米。

（4）1906年旧金山地震时，断层的破坏错动到荷里斯特蠕动区之北便止住；又1857年德样（Tejon）大地震时，延续到蠕动区的南边就停止，而蠕动区内的一段断层，没有发现错动。

（5）目前，沿断层的地震活动，在蠕动区很频繁，其南及其北都相对平静，形同锁住。

圣安德烈斯断层规模很大，其南北两头没入于太平洋底，不知其所止，仅沿加利福尼亚海岸穿过的部分，就有千余公里。沿断层地震活动频繁，是环太平洋世界地震带的一部分。由于上述两次 $M > 8$ 的大地震，断层破坏都没有穿入有蠕动的荷里斯特部分，人们对此有不同见解。有的认为在这一段断层底下的物质组织特殊，不能储积大量弹性形变，只能是很小量的，随积随放；若果如此，则断层蠕动，不致带来地震危险。还有另一意见，认为蠕动是表面现象，震源很浅，是由地表的特殊条件产生的，不影响下面的地震形变累积；若果如此，则蠕动与将来发生不发生大地震无关。后一种意见值得考虑，根据近年仪器观测结果，证实蠕动源是很浅的。其证据是长期设在荷里斯特酒厂*墙上的蠕动仪，当断层附近发生地震时并没有记录，表明深部的地震形变变化与地震的蠕动无关。反之，设在断层带上的精密地磁仪的记录上，则每逢有蠕动发生，就有表记，而地震发生时，却无表现。我们知道，岩石磁性只能在地壳浅层存在（地温在居里点之下），这就表明蠕动是浅层现象。因此，有些地震学家作这样设想：荷里斯特这段断层，1857年南来的德样大地震错动没有触动它，1906年北来的旧金山地震的大错动也没有触动它，这个情况不一定说明其是永久的稳定状态，从沿断层的地震活动情况来看，也可能是目前正在储备大规模地震形变，待条件成熟，即当地震力能克制断层阻抗时，将会突破障碍，发生破坏性地震，使断层南北贯通。我国有个情况可以对照，川西鲜水河断层也是平移断层，1973年的炉霍大地震（$M=7.9$），刘正荣认为就是起打通作用的地震。

以上阐明了这样一个观点：当发现断层蠕动时，不宜贸然肯定其为破坏性地震发生的前兆，需要看其将来的发展。对于断层有蠕动的地方，能否发生危险地震，须由断层的基础条件来决定，蠕动本身不是重要因素。换一句话说，还是与一般情况一样，须待断层运动所进行的地震形变累积到了不稳定的过程，即出现第二阶段的情况时，对形变异常，作进一步分析，才能予以肯定。

（三）形变与地震预报

人们希望掌握了地震前兆的形变特征，以预报地震。形变异常的特征，主要表现为：在空间上，异常逐渐集中于一定地带，成为未来危险地震的极震区；在时间上，形变速度加快（包括方向转变），愈近于临震，变化愈剧烈，常可分作三个变段（下文再详）与预报参数相联系。由于实际情况很不简单，且每个地震震前的形变异常，亦不相同；所以，尽管地震科学工作者在这方面

---

* 即发现断层蠕动的 Alamaden-Cienega 酒厂。

做了不少工作，但效果仍不大。一般说，形变异常发生时间愈早，未来地震的震级亦愈大。例如，1964 年日本新潟地震(M=7.5)之后，检查附近水准点的历年测量记录，发现这一带的高程变化，于十年前就开始了。由于这类数据不多，还找不出任何规律性的关系。同时还有些不一致的情况，目下不易解决。例如 1966 年河北省邢台专区地震（M=6.8，7.2），震后查得其震中区的水准点复测记录，发现比较显著的高程变化，约是在两年前开始的。这次地震与前面说的新潟地震震级差不多，而形变异常开始的时间却相差很多，这是需要注意的。有人认为，新潟地区，因为大量抽取天然气，地形变不单是由于地震产生的。这是一种解释。另一种说法是因为邢台地区缺少早期的测量资料，异常开始的时间不易确定，另外临震前一、二年常常是剧烈形变变化的开始时间，也可能是对这两次地震所认为的形变异常开始的时间不属于同一个变段。总之，对这类的不一致目前尚无合理的统一的看法。

以上所述是关于地震形变异常在地面上的直接表现，及其可能为地震预报服务的情况。此外还有一些由于地震形变引起的其他前兆观象，下文再继续讨论。

3-2　震情异常

震情是地震活动所表现的全面情况的总称。地震多的地方，人们统称为地震区。在一定时间内，一个地震区的活动，可以有正常震情，也可以有异常震情。所谓震情正常，就是在地震活动过程中，所出现的大地震与小地震的次数比与该区长期观测得来的平均值是一致的，否则就是震情异常。换一句话说，大小地震关系表现稳定的（即大小地震的次数比是一定的）谓之震情正常，大小地震关系不稳定是震情异常。人们知道，危险地震发生之前，在其未来震中的附近震情往往是不正常的，因此，震情异常被认为是地震前兆，且是很可信的前兆标志。

以大小地震关系作为地区地震活动的震情特征是古登堡首先

提出的。他与李克特合著的《全球地震活动性》*一书中总结了世界各个地震区的地震活动情况，提出：每一地区的地震若以震级分其大小，则每年各级地震发生的次数，是按下式分布的：

$$\log n(M) = a_0 + b(8-M) \tag{15-1}$$

式中 $n(M)$ 是震级为 M 的地震每年发生的次数。由于当时可用资料所限，不适用 $M > 8$ 的地震，a_0 与 b 是由本地区地震活动特征来确定的震情常数，其中 b 的变化是用来判定震情是否异常的。

（一）b 值（大小地震关系）及其区域性

从上式可知，每当大小差一级时，地震发生的次数比，可写作：

$$b = \log \frac{n(M)}{n(M+1)} \tag{15-2}$$

b 值是每年某一个地震区大小地震关系的地区特征，a_0 显然是每年可能发生的最大地震（$M=8$ 的）次数的对数值。古登堡按地震地质条件将全球分为 51 个区，把其中地震活动性较高的——计算了震情常数 a_0 和 b，如表 15-1。

古登堡的公式通称为地震震级－频率关系式，式中常数表示震情，是地震活动性的地区特征。从上表所见，震情常数在各区是不同的，表明各区的地震活动，有其本身具体条件所规定的特殊性。人们将古登堡公式改写成：

$$\log n(M) = a - bM \tag{15-3}$$

$$a = a_0 + 8b$$

此式是将原式常数项合并为一，b 仍为 M 的系数。上式中若不用震级的年频率，而是把全部时间（t）内所发生的各级地震次数，累加起来计算（即用等于和大于 M 的全部地震），将 $N=nt$ 代入，则有

$$\log N(M) = a - bM \tag{15-4}$$

$$a = a_0 + 8b + \log t$$

---

* B.Gutenberg and C.F.Richter:Seismisity of the Earth，1954.

表 15-1　世界各大地震区 a_0 和 b 值表

地　　震　　区	a_0	b
（浅源地震）		
阿拉斯加	-1.5 ± 0.1	1.1 ± 0.1
南加利福尼亚	？	0.88 ± 0.03
墨西哥，中美	-1.1 ± 0.1	0.9 ± 0.1
南美（$h<100$ 公里）	-1.1 ± 0.1	0.45 ± 0.1
新西兰	？	0.87 ± 0.04
克马德克群岛	-2.3 ± 0.1	1.3 ± 0.2
所罗门群岛	-1.23 ± 0.06	1.01 ± 0.07
日　　本	-0.90 ± 0.08	0.80 ± 0.08
巽他群岛	-1.5 ± 0.1	0.90 ± 0.1
帕米尔至东亚细亚	-1.7 ± 0.1	0.6 ± 0.14
土耳其	-2.1 ± 0.1	0.9 ± 0.1
大西洋	-2.4 ± 0.2	1.4 ± 0.2
印度洋	-2.4 ± 0.2	1.3 ± 0.1
（中深源地震）		
马里亚纳群岛－日本－堪察加	-1.6 ± 0.1	1.2 ± 0.1
罗耶尔迪群岛－新几内亚	-1.7 ± 0.1	1.4 ± 0.1
兴都库什	-1.6 ± 0.1	0.6 ± 0.1
南美（5°S—25°S）	-1.5 ± 0.1	1.0 ± 0.1
西亚细亚－地中海（除去兴都库什）	-2.1 ± 0.2	1.2 ± 0.2
（深源地震）		
马里亚纳群岛－日本－堪察加	-1.9 ± 0.1	1.3 ± 0.1
克马德克群岛及斐济群岛	-2.3 ± 0.4	1.5 ± 0.4

注：地震频率是以震级 $\frac{1}{4}M$ 为单位计算的。

改变后的公式其性质没有改变，b 仍是 M 的系数。人们现在普遍使用的是古登堡公式后来的写法，以研究大小地震关系。不论用什么时间单位计算震级频率构成 n–M 或 N–M 关系，式中的两个震情常数，虽然不是互为独立的，但 b 的物理意义是不变的，始终是代表一个地震活动区的震情特征，并可写成：

$$b = \frac{\log n(M)}{\log n(M+1)} = \frac{\log N(M)}{\log N(M+1)} \tag{15-5}$$

(15-4)式,若用率对数坐标,作震级－频率曲线,b乃是曲线的斜率,很容易求得, 并可用最小二乘法修正, 数据愈多, 结果就愈准确。

古登堡的震级－频率关系公式提出后,人们广泛地用其研究世界各地区的地震活动特征, 按b值的大小分地区作比较。总的来说,海洋区的b值最大 (意即小震比大震频繁得多), 缘太平洋和地中海一带次之, 大陆之上又次之。若以地质年代来分, 则古老的中、古生代地区,b值较小,约在0.5—0.7之间,新生代地区b值较大,为0.8—1.5之间。如果将全世界按b值划分区域,大致可分为如下五类:

一类区:$b \leqslant 0.69$,蒙古 (杭爱山区)。

二类区:$0.7 \leqslant b \leqslant 0.89$,喜马拉雅至中国中部,堪察加,中美西海岸。

三类区:$0.9 \leqslant b \leqslant 1.09$,阿富汗至巴基斯坦,印度尼西亚,台湾至菲律宾, 萨摩亚群岛, 阿拉斯加, 加勒比海, 南美西海岸。

四类区:$1.1 \leqslant b \leqslant 1.29$,小亚细亚,新西兰至克马德克群岛,托勒斯至所罗门群岛, 班达海, 日本, 阿留申群岛, 北美西海岸,波利维亚。

五类区:$b \geqslant 1.3$,海洋区,南美内陆一部分,马里亚纳一部分,日本海至中国一部分, 小亚细亚一部分。

(二)b值的时间性

一般说, 每个地震活动区都有其自身的正常b值, 标志该区长期平均的地震活动性。但地震活动性在时间上是不均匀的, 也就是说, 截取一段短时间的平均与长时间的平均是不完全一样的。这是因为在漫长的活动过程中,常有群发式地震 (震群) 参杂其间,特别是当较大地震发生之前,b值的改变很显著,因此, 人们认为b值异常所表示的震情异常, 也是危险地震的前兆, 值得认真研究。

日本首先在这方面做了观测和研究。1966年, 离日本松山观测台约 16 公里处，发生一次有感地震（$M=3.3$），其时，在台上正进行新的高灵敏度地震仪试记，因而记录到这次地震的前震 25 次及余震 173 次。分析研究的结果：前震的 b 值是 0.35，余震的 b 值为 0.75。第二年，几乎在原地又发生一次较大的地震（$M=5$），又观测到许多前震和余震，计算结果是前震 b 值为 0.59，余震为 0.89。可以看到 b 值比前大了，这是由于松代地震群已发生，松山地区受其影响，小震增多，以致 b 值大了些。最主要的是前震的 b 值仍然比余震小得多，并且两次余震的 b 值都基本上是日本中部地震活动的正常值，这里的 b 值一般是在 0.7—0.9 之间。

这两次地震的观测结果，明确了 b 值的前后变化，引起地震科学工作者的重视，进一步追查了以往的较大地震，也发现有同样情况。1960 年智利地震（$M=8.3$）经查前震共 53 次，可测定震中的 23 次，余震共 186 次，可测定震中的 60 次，根据这些资料计算，前震 b 值为 0.55，余震为 1.13。又 1975 年辽南海城地震（$M=7.3$），据震中附近地震台记录，有前震数百次，余震更多，计算结果：前震 b 值为 0.51，余震为 0.91。同样例子很多，大多数证明前震 b 值比余震的小，也有少数是例外。例如 1966 年新西兰吉斯博恩（Gisborne）地震（$M=6.2$），在震中区观测台记录到主震前一个月的前震 50 次和主震后数月的余震数百次，计算结果是 b 值基本上不变，前震为 0.85，余震为 0.83，也即为本地区正常的 b 值。

据现有的观测资料统计，可以说前震 b 值一般是比余震的小，前者约在 0.3—0.5 之间，后者在 0.7—1.5 之间；并且余震 b 值一般与本地区固有的正常值是一致的。

b 值有时下降，意味着大小地震关系改变，震情发生异常，有可能是危险地震发生的前兆。但群发地震是常有的，不一定都是前震震群，还须经过一番研究才能认识。

（三）b 值与地震群

上面指出，在一个长时间地震活动过程中，不是任何时间的 b

值都是完全一样的，因为有时有震群发生，使大小地震关系失调，俟震群活动过后，b 值又可复元。我们将短时间内连续发生的比其前和其后的各段时间内都较为密集的地震活动事件称为地震群。地震群可分为以下三类。

（1）紧密地连续发生的一系列大小不同的地震，从中找不到一个为主的最大地震，谓之普通震群。

（2）大地震之后，紧跟着在其震中区接连发生大量地震，其频度按指数规律随时间下降，震级亦逐渐变小，连结成地震序列，自成体系，谓之余震震群。

（3）大地震之前，一段时间发生的一系列地震，其频度与震级的关系很不明显，次数多寡亦无一定，自成独特体系，谓之前震震群。

这三类震群的 b 值各不相同。前已说明，余震的 b 值，基本上与本地区的正常值一致，但前震和普通震群的 b 值则不同于正常值。这个问题须要弄清楚。实验证明，震群活动的形式是由震源区的地质和物理条件决定的。茂木清夫曾经做过标本实验，他观测到物体在破坏之前的行为不是一律的。由于岩性不同，而产生不同的情况，概括起来，有以下三种形态：一是松脆之物，如泡沫石等物品，在破坏之前产生很多微裂；二是坚韧之物，如松香硬胶制品等，在破坏之前不产生微裂；三是一般岩石，如花岗岩等则介乎前二者之间。他还证明了微裂产生的强度与频度符合古登堡的关系公式。若将此结果与地震活动过程作比较，我们可知道，地壳岩石的组织结构是不均匀的，其中有含松脆物的也有含坚韧物的，我们还可知道震源区岩石在构造应力作用下累积弹性形变（地震形变），最后也是要破坏的。二者的原始条件，从背景说，是可以相比的。再就是地震累积形变，总的来说是在震源区，但由于组织结构的不均匀性，不集中于一点，而分散到各个结构的弱点上。组织结构愈是不均匀，弱点也越多。当地震形变累积到了临界阶段，局势到了很紧张时，一些较弱的应力集中点支持不住，首先发难，释放部分形变；这时破坏规模尚小，只能酿成小地震。待紧张局势往前发展，同样事变陆续发生，遂连为震群，及至最后，应力最集中，形变累积最多之点爆发了，引起大规模破坏，才发生主震。显然，主震前发生的小震便是前震震群，与实验室所见的岩石破坏前的微裂相当，这是恰当的对照。

但亦可以有另一种情况。如果当地岩石的组织结构是特别不均匀的，则必然存在很多弱点，使应力集中的状态成了散碎图式，在各弱点上构成许多震源，其中没有一个是最大的可作为活动主体的主震震源。在这样基础上发展起来的地震群，便成为没有主震的普通震群。若将各种情况综合起来分析，很明显，普通震群所包含的小震特别多，因之 b 值偏大。相反，前震震群，因很接近主震（最大地震），地震活动向高潮急进，较大地震相应增多，b 值乃下降，故前震的 b 值偏小。至于余震震群是在主震震后发展的，震源区遭到破坏，剩余形变，乘机急速释放，但情况已趋于缓和，地震活动的基础条件已渐复元，趋向稳定，b 值亦渐恢复正常，故余震的 b 值与正常值一致。

肖尔茨（C.H.Scholz）也认为 b 值的变化，受震源物理状态影响很大，并通过实验证明震源区的应力与岩石强度之间的百分比是决定 b 值的主要因素。他在 5000 巴的围压下进行岩石标本试验，对岩石在应力作用下，发生微裂的过程进行了仔细观测。他跟茂木一样，证明了微裂发生的强度与频率的关系是符合古登堡公式的。他所观测到的 b 值变化过程，可概括如下：在初期，当施加的压力还不大时，其结果只是将岩石原有的孔隙压瘪，或沿旧裂缝有些轻微的猝滑，而不发生微裂，这时测得 b 值约等于2—3，及施加的压力增高到相当于岩石强度（即破坏所需的压力）的三分之一至二分之一时，微裂陆续产生，产生的数量随压力的增加，而缓缓地增加，增加的速度尚慢，这时测得的 b 值下降到 1 左右；当施加的压力再增高到岩石强度的一半及超过时，微裂的产生率迅速增加，这时测得的 b 值亦从 1 再下降，迨至接近于破坏时，可下降到 0.3 左右。肖尔茨的实验结果清楚地表明了前震震群 b 值较小的这一特征。它也是符合弹性反跳的地震成因论的，同时也解释了主震将要发生时，小震活动忽然平静下来的现象。

从上所述，我们可以根据 b 值异常是偏大还是偏小，认识一个地震群是属于普通震群还是前震震群。这是一个重要问题。当震群出现时，因不知其发展如何，往往引起人们的恐慌，如 1965 年日本中部松代地震群出现时，全国人民为之震动，生怕有灾难性地震跟在后头。实际上这是一个典型的普通震群，持续两年之久，震中集中于一个直径 8 公里的地区内，震源深度 2—8 公里，频度最高时每天两千余次，而所释放的地震能量总计只相当于一个 $M=5\frac{1}{2}$ 的地震。在火山地区，一般较小规模的普通震群，是很多的，这是由于岩浆活动造成的，几乎每次火山爆发都有小震群伴着，b 值特别大，常在 2—3 之间（与肖尔茨的实验结果符合），这是容易认识的。在非火山区也会出现很多普通地震群，世界各地都有，其中那些地震次数不很多，持续时间不长的震群最容易与前震震群混淆，不过它的 b 值总是偏大的，如松代震群离活动的火山区已远，b 值虽比火山区的小，但仍比日本中部的正常 b 值大。这是值得注意的一种重要标志。

人们还研究普通地震群与前震震群的其他区别。由于实际上普通震群的震源深度都很小，便希望与朔望或固体潮联系，找得其特征，以资识别。最近有人把圣安德烈斯断层带附近发生的九千余个地震的发震时刻与固体潮的涨落进行比较，没有找得明确关系。另外，还想把震源机制的一致性作为区别的准则。由松代地震群、震源机制参数中可看出，大多数地震的错动方向是水平的，最大主应力轴的方向是东西的。这样的一致性是前震震群所没有的。

前震震群的主要特征是 b 值异常偏小，这是有理论和实验根据的。但前震一般是在危险的主震发生前很短的一段时间出现的，由于时间短促，且活动方式很不一定，不易掌握，加之有的频率起伏很大，使 b 值具有严重的区间变化，很难求得其真实数据。这些都给地震观测者带来了实际困难。在前震次数很少，甚至没有的情况下，尤为困难。

主震发生前，若没有前震，则给地震预报研究带来很大困难，而这类地震还很多。上文曾指出，前震的产生是由震源区岩石结构的具体条件决定的，无前震的地震是自然存在的。早年的统计，有前震的地震为数极少，即使现在观测技术大为提高了，也不是每个大地震都有前震记录。据茂木清夫最近的统计，日本 1400 个地震中，明显有前震的不过 60 个。帕帕查科斯（B. Papazachos）对希腊地震作了统计，其结果是 $M \geqslant 3\frac{1}{2}$ 的地震，有一次以上前震的约占总数的 40%。也有地区相邻而情况很不同的，如日本中部，松代地区的地震约半数有前震，而在新潟一带的地震则很少有前震。我国情况亦相当复杂。有前震记录的地震为数很少，比较明显的是：1925 年云南大理地震，主震之前两天，发生了一系列的前震，1976 年龙陵地震及西藏高原地震等少数几个地震也有一次或两次前震。华北地区亦有一些，情况尤为复杂：1966 年河北邢台专区，东旺地震有前震；在其东北约 150 公里，1967 年河间地震则无前震；1945 年滦县地震无前震，而 1880 年同为滦县地震则有前震。特别值得注意的是 1975 年海城地震，前震震群发育很正规，成功地作出预报，而 1976 年唐山地震，因无前震，没有及时做好预防，以致损失很大。

从上所述，我们认识到前震是否出现对于预报地震关系很大。若无前震，表明酝酿中的危险地震，在形变累积到后期时发生的微裂不发育，所引起的震源区体积膨胀很轻微，因而其他前兆现象不明显，这是可以理解的。

（四）b 值的空间变异

震情异常的另一表现，是在空间方面。一次危险地震的酝酿所影响的范围是很大的，包括震源体积周围的广大区域。地震未爆发前很久，这一广大区域的地震活动性就开始发生变化，使 b 值在地区分配上有所转变。其主要表现是地震活动性在区内逐渐减弱，在区外逐渐增强，最后形成无震（或少震）的空白区，将来主震就发生在空白的边旁。以后又为前震和余震所填充，空白区遂渐渐消失。这一现象发现已久，空白的图形不一，有大有小，或圆或椭圆或其他不规则的几何形状。其所占面积大小似与震级有关，人们试以下式找其规律：

$$\log A = q_0 + qM \tag{15-6}$$

式中 A 为空白面积，q 为常数。由于空白面积不容易计算正确，目前尚未获得最后结果。

以上讨论的是震情异常，下面谈地震形变引起的另一重要前兆——波速异常。

3-3 波速异常（发现及确定）

当震源物理状态有了改变时，震源区岩石的弹性必然受其影响，使地震波通过时，速度发生变化，而产生波速异常。从弹性模量的地震波表达式，便可以清楚地看出其变化。设 V_P 为纵波速度，V_S 为横波速度，一般可用下式来表达：

$$V_P = \left[\frac{E}{\rho} \left(1 + \frac{2\sigma^2}{1-\sigma-2\sigma^2} \right) \right]^{\frac{1}{2}}, \quad V_S = \left[\frac{E}{\rho} \frac{1}{2(1+\sigma)} \right]^{\frac{1}{2}} \tag{15-7}$$

式中 ρ 为介质的密度，E 为杨氏弹性模量，σ 为泊松比。纵波与横波的波速比，按上式可写成：

$$\frac{V_P}{V_S} = \left[\frac{2(1-\sigma)}{1-2\sigma} \right]^{\frac{1}{2}} \tag{15-8}$$

从上式可知，地震波速比值是泊松比的函数，若有异常，很容易识别。二者间的变化关系约可写成如下表。

表15-2　泊松比 σ 与波速比值表

σ	0	0.1	0.2	0.25	0.3	0.4	0.5
$V_P : V_S$	1.41	1.50	1.63	1.73	1.87	2.45	∞

一般岩石的泊松比在 $\sigma=0.25$ 左右，因此，在地壳上部的波速比一般以 1.73 为正常值，若偏离此数，称为波速异常。

自有地震仪器观测后，人们很快发现了波速异常，并从观测地震中，知道了 P 波、S 波等震相至观测点的时间与震中距离有固定的关系。根据长期观测的经验总结以及对模型的研究计算，人们制定了完整的地震波走时表，供地震观测者参考。走时表上的数字是经过通化平均的标准值，与每个具体的观测数据（包括观测误差），还有差别，但差别极小。因此，在一般情况下，走时是否正常，校对走时表上的规定数值，便可知道。若异乎寻常则必然在传播途中，通过了速度异常的地区。这里要讲的波速异常主要是 P 波速度的改变，P 波在观测记录上是第一震相，出现清晰，前无干扰，到时容易准确地测量，有经验的观测者很容易知道 P 波到时是否正常，从而推测波速有无发生变化。

本世纪五十年代的初期，日本一些地震科学工作者，如早川正巳，注意到了波速异常问题，并作了系统研究，初步认为：在一些未来要发生地震的震源区存在着波速异常现象，且持续时间的长短与未来地震的震级大小成比例。这使人注意到波速异常可能是地震的前兆。此后研究者颇多，到了六十年代，地震预报研究范围扩大后，波速异常问题，更引起人们重视。最先是试图用人工爆破方法（即人工地震）以确定波速异常的存在，其结果有如下述。

（一）用爆破方法检验

美国为了测验波速变化与地震的关系，曾于 1966 年 10 月在南加利福尼亚圣安德烈斯断层上的一个地震活动区，选定一个基点，进行爆破试验。每次使用 100 公斤的炸药量，分多孔同时起爆，在周围记录，最远测点约 42 公里，记录时间精度为 1 毫秒。7 个月之后，即 1967 年 5 月，以差不多同样的方式，又作了一次试验。在这期间，试验地区共发生地震（$M=2$—3.3）83 次。比较两次试验中各观测点记录图的形状，基本上没有变化，只是初至波的到时，后一次比前一次，平均推迟 5—6 毫秒。人们怀疑，这可能是由于技术上的误差（例如再次爆破时，炮眼需离开一点）引起，不足以说明是波速有了变化。

差不多同时，苏联在堪察加东部地震活动区，用爆破方法观测波速的异常变化。自离彼得罗巴甫洛夫斯克 50 公里的海面向东南海外延伸至 150 公里的直线上，安置了 9 个固定的爆炸点。每进行一次试验，各爆炸点都重复爆破约 10 次，由设在岸上、装有同等仪器的观测台网作记录。起爆时间的信号是用无线电从起爆点传送到记录图上，爆炸点的地理位置是用无线电导航技术测定的，如此措施，可使记录时间的精度达到 3 毫秒。自 1966 年开始，每年 10 至 11 月进行爆破试验。比较 1966 年，1967 年和 1968 年三次试验结果，地震波到达各个观测台的时间，均未有大于观测误差的变化。只是 1969 年试验的记录与 1968 年的相比，有些不同，内中个别走时的变化有达 16 毫秒的，振幅的变化有达 50% 的。值得注意的是，1968 年 12 月和 1969 年 2 月在克洛诺基海湾发生的6 级和 4.5 级两次地震，恰恰就发生在波速出现异常的地区。因此有人提出，1969 年试验记录上出现的特殊情况，可能与上述两次地震的发生有联系。

日本人配合地震预报的研究计划，也在相模湾口的伊豆大岛北部，固定了一个试验场所，定期进行爆破观测，以检查相模湾一带的波速有无异常。1968 年 3 月，开始做了第一次爆破试验观测，将 500 公斤炸药装入口径 10 厘米、深 50 米的炮眼中，作一次人工地震，使地震波通过海底到达相模湾沿岸各观测台，收取记录。过了一年，1969 年 3 月，又以相同方式进行第二次试验（为了增加记录，四个小时后，再照样爆炸一次，此后的试验便都采用双爆）。比较两次试验结果，地震波的记录波形基本上没有差别，走时差平均小于 5 毫秒，也在观测误差范围之内，因此认为，在这一年之中波速没有发生变化。以后继续试验，作了多次爆破，都未发现有显著的波速异常。人们怀疑技术有问题，不足以发现波速变化。

最明显的是新旧炮眼，就须隔开 10 米左右，加上其他观测因素，引起的误差相当大。即使有异常情况，也被掩没了。1974 年伊豆半岛南端海中，发生大地震（M=6.9），是否事前在相模湾有波速异常未被爆破试验所发现，不得而知。

我国地震科学工作者亦很注意波速异常问题，但未曾采用固定地点的定期爆炸来进行地区波速变化的研究。近年来，我们利用工业爆破作了多方面的地震波速度剖面的测定。迄今尚未见有好的结果，足以肯定一个地区的波速有无异常变化。因此，人们开始怀疑，用人工地震方法研究波速异常在时间上的变化特征是否适宜。至少，目前的观测技术还不够精确，难期获得良好的效果，这是可以肯定的。于是人们又从另一途径——天然地震观测方法，研究波速异常问题。

（二）用天然地震观测比较

早在 1954 年，苏联地震科学工作者就把塔吉克加尔姆地震活动区开辟为地震研究试验场，用各种方法进行深入细致的现场观测研究。在六十年代中期，他们开始注意到波速异常问题，并采用纵波与横波速度比值（简称波速比）的变化表示异常。他们将发生在加尔姆现场的可以测定震中的全部地震，根据环其震中 75 公里范围内各个观测台的 P 波和 S 波的到时记录，求出了每次地震的平均波速比值，并进行分析比较。从统计结果发现，较大地震发生前，震中附近的观测记录出现波速异常情况：波速比值下降，幅度可达 5% 左右，并且，出现异常的范围及异常持续的时间，与所发生的地震震级有一定的比例关系。其中一次较大的，1966 年 4 月 19 日地震（M=5.5），其变化过程约略如下：震前三个月，波速比值开始下降，待降至最低限后，过了一段时间，又回复上升，俟恢复到正常后，便发生地震。综合 1966 至 1968 三年的观测结果，可概括为：分析较大地震发生前的小震观测记录，可以计算其未来地震区的波速比值变化，约从正常值 1.77±0.01（根据当地地震活动性估计）逐渐下降到 1.72—1.68（最低可达 1.63—1.62），然后回升至 1.70 之后，发生地震。当时在试验区域内未发生 $M > 6$ 的地震，上述数据是用 $M < 6$ 的地震作出的。1969 年谢苗诺夫将加尔姆试验结果作了系统总结，发表后引起地震界极大注意。很显然，这样的结果对于地震预报研究很有用，因此，有人称之为谢苗诺夫预报方法。

上文曾说到美国自 1964 年阿拉斯加大地震发生以来，地震预报研究也在积极进行，对于谢苗诺夫的报告很注意。纽约拉蒙特地质研究所的一些地震科学工作者，在北部纽约州的阿蒂郎达克山区蓝山湖（BML）设立试验基地，借以进一步证实苏联人的结果。1971 年 5 月 23 日，在这地区发生了两次地震（M=3.6 和 3.4），随后，即在其震中周围布置观测网，用高放大倍率的地震仪连续观测数月之久。结果记录到数以千计的微小地震（余震），其中有两次较大的，其一发生于 7 月 10 日，震级 3.3，另一发生于同月 23 日，震级 2.5。之后，以此两次较大余震为问题的中心，用其前后发生的震级大于 1 的微震记录计算波速比值，并分析研究其在时间上的变化。根据震级小于 1 的地震活动计算，这里波速比的正常值为 1.75，由观测发现，上述两次较大余震发生前，波速比值下降最低达 1.52，即下降了 13%，与加尔姆的情况是相似的。这次试验观测概括起来，有下列一些结果。

（1）余震群的发生机制，大都为逆断层式的错动。震源分布所占空间很小，集结于一个北 12°西走向的薄层，向东平缓地倾入，至深度 2 公里，倾角变陡，再倾入至 3.5 公里而止。波速比值变化与震源的位置没有发现明显关系。

（2）波速比值下降，主要是由于纵波速度变小。在试验基地附近有采石场，利用其开山爆破，分别测得异常区与正常区的 P 波和 S 波的速度，两相比较，P 波速度相差可达 15%，而 S 波速度之差则很小。

（3）在较大地震发生前，先是波速比值下降至最低限，然后回升，恢复到正常后，发生地震。波速异常具有以下两个特征：

（一）异常持续时间（从下降至发震）与未来地震震级的大小成比例，异常的幅度则与震级无关；（二）地震不是在波速比恢复正常后立即发生，其迟延时间有长短，约为异常时间的 15%—25%。

　　蓝山湖的经验引起了人们的极大重视，因为地震虽比加尔姆的小但也出现了同样情况，若是 $M > 6$ 的地震也是如此，那就成为完全的理论了。加利福尼亚南部圣费尔南多（San Fernando）曾于 1971 年 2 月 9 日发生了强烈地震（$M=6.4$），有条件追查研究。加利福尼亚理工大学的一些地震科学工作者，遂不遗余力地设法完成了这项任务。在这次地震震中约 120 公里范围内，恰好有两个维持记录历史悠久的地震观测台 PAS（Pasadena）和 RVR(Riverside)，这两台相隔 76 公里，都可以记到直达波 $\overline{P}$ 和 $\overline{S}$ 的震相。圣费尔南多地震发生后，查这两个观测台的记录，发现 1961—1970 年间有 19 次地方性地震，其震中都在圣费尔南多地震附近，强度足以产生清晰的体波震相，而且震中距最远台（RVR）不到 120 公里，并与 RAS 台差不多在一条线上，误差较小。根据两台的 $\overline{P}$ 和 $\overline{S}$ 震相到时记录，便可求得每次地震所显示的波速（视速度），从而可以看出波速及比值随时间的变化，结果如图 15-2。

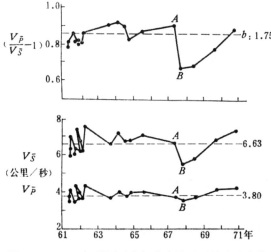

图 15-2　1971 年美国圣费尔南多地震震前波速变化

　　图示纵波、横波速度，及其比值的变化，A–B 表示变化幅度，其中以横波最小，几乎看不出来，纵波次之，而以它们的比值最为显著。值得注意的是，图上可以看到，在 1967 年以前，波速比值平均保持在 1.75 左右，到了 1967 年下半年，突然下降了 60%，随后回升，慢慢恢复到正常后，便发生地震。这一切都与蓝山湖和加尔姆的情况一致，说明这现象不是偶然的。

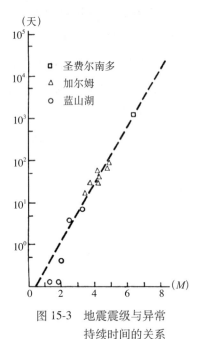

图 15-3　地震震级与异常持续时间的关系

　　蓝山湖、加尔姆和圣费尔南多三种情况，圣费尔南多是大震（M=6.4），波速异常的持续时间长达 1300 天（三年有半），蓝山湖地震最小，持续时间亦最短，加尔姆地震是中等，持续时间亦介乎二者之间，显得有一定的规律性。若将地震震级与异常持续时间用半对数坐标作图，结果如图 15-3。图上震级 M 与异常时间 t 的关系显然可写成，

$$\log t=C_0+CM \tag{15-9}$$

式中 C_0 和 C 是两个常数，用实际观测数据来确定。如果一个地震活动区，根据本地区的具体条件，可凭经验确定上式两常数，则当有波速异常时，便可用此式估计其危险地震的发生时间和强度，以为预报依据。

（三）波速异常发生的原因

　　波速异常是在一定条件下发生的，其原因很复杂。我们知道，在地壳比较软弱之处容易发生地震。地震酝酿期间，震源区范围内的物质受到影响，物理状态有所改变，弹性模量不同了，地震波通过时发生速度变化是必然的。人们在实验室里早就发现，岩

石在压力作用下，弹性波速发生变化，对一般干燥岩石来说，波速是随所施压力增加而增加的。通过分析，我们知道，岩石都有疏孔，由于外施压力，迫使孔隙闭合，使岩石变硬，弹性模量变大，遂使波速增加，特别是纵波速度，对于体积弹性模量的改变，最为敏感，变化亦最大。但这个结果与在震源区地震前波速下降现象是相反的。因此震前的现象就不单纯是用压力作用可以解释的了，还有其他因素须要研究。

近年来实验技术发达了，人们做了各种岩石标本的试验，结果证明：岩石在压力作用下，到了将要破坏时，先有细微裂隙发生，因裂隙张开，使岩石体积膨大。这说明，震前波速下降，是由于震源区岩石产生了微裂，带来体积膨胀，使岩石弹性模量减小而造成的。这是一个重要因素，还有另一重要因素是岩石的孔液压力亦随之改变了。

六十年代前期，在美国落基山，科罗拉多州丹佛的一家军工厂，因用深井（深达数公里）处理有害废水，引起了频繁地震，使人注意到，深部岩石所在处地下水的压力变化，会影响其破坏强度。上文已谈到，岩石都有疏孔，内有孔液，在正常情况下，孔液压力与围压相等，内外支持平衡以保护岩石完全，其关系一般可用前已提过的胡贝特 – 鲁比公式[*]表示为

$$\tau = \tau_0 + \mu\,(\sigma_n - P)$$

式中 μ 是摩擦系数，σ_n 是外压力（即摩擦面上的正压力），P 是孔液压力。τ_0 是岩石固有强度，τ 为有效破坏强度。从上式可以清楚地看到，丹佛军工厂将水压注到地下深部，实际上是增加那里的孔液压力，其结果是岩石的有效破坏强度被降低了，因而引起地震，这是很明显的。

鉴于丹佛注水发生地震，努尔[**]为了阐明天然地震在震前震源

---

[*] 第三篇，公式（10-2）。

[**] A. Nur, JGR, 76, 2022, 1971 (EPSL, 7, 183, 1069).

区的波速下降现象，用水饱和的岩石标本做了实验。他观测到，当岩石标本最初接受压力时，由于疏孔容量被压缩，波速便产生异常变化。重要的是，他所观测到的结果，与干燥岩石不同，波速不是上升而是下降，而且纵波的速度改变很大，横波速度则基本上不变。他认为这与地震前波速异常的情况是一致的，并提出了以下意见：

地震区酝酿地震时，应力集中于震源及其附近的介质，到了后期，虽受压已很大，但只引起波速下降，还不致发生地震，因这时岩石才开始发生微裂，由于裂隙张开，造成非弹性体积膨胀，结果使孔压力跟着下降，增强了岩石的有效破坏强度，地震发生不了。而未曾受到地震形变影响地区的岩石孔压力，仍保持常态，便迫使地下水向震源区流来，补充那里的岩石孔液，从而使孔压力渐渐增高，弹性模量亦逐步变大，于是波速又渐回升，及至恢复到正常后，震源岩石强度才被地震应力胜过，于是发生地震。

概括这一变化过程，恰为波速下降又回升，至恢复正常后发震，与实际发生的情况一致。震前波速异常现象，得到了合理的解释，努尔将这一模式称为膨胀模式（Dilatancy Model）。

Dilatancy 一词早已为人使用，1886 年，英国一位工程师雷诺斯（O.R.Reynolds）从实验中发现：物体在压力作用下，当压力增高到超过其破坏强度（即最大强度）的一半后，就要发生细小裂隙，沿着最大压力轴发育，并向最小压力轴的方向张开，其结果造成非弹性体积扩大。他当时就名之曰 Dilatancy。实际上是开裂膨胀，努尔借用该词来说明自己的概念，并将其理论名为膨胀饱水说（Dilatancy-Flow Theory）亦简称为膨胀说，确切一点是水肿说。

努尔的理论引起地震科学工作者的重视，认为地震预报已找到了物理基础[*]，波速异常成为最可信赖的前兆现象，研究者甚多，并将波速（实际使用波速比）变化分成三个阶段进行比较。

---

[*] C. H. Schotz, Science, 181, 803, 1973.

（1）正常阶段：在地震弹性形变累积的初期，震源区岩石的物理状态尚未发生微裂之前，也就是构造应力累加尚未及岩石最大强度的一半之前，波速保持其原有的正常值，基本上不发生变化。

（2）异常阶段：应力累加到了震源岩石最大强度的一半之后，微裂陆续发生。由于裂胀效应的作用，波速开始下降，到了最低点后延续一段时间，成为地震安全期。这是因为裂胀减少孔压力，实际上增加了岩石的有效破坏强度，使地震不能发动，待外来地下水渗入，水肿作用提高孔压力后，岩石弹性模量增大，波速才又回升，由于水的渗流很慢，需要一定时间才能恢复波速正常，未来地震震级愈大，需要的时间亦愈长。

（3）发震阶段：这时应力累加已差不多等于震源岩石的最大强度，波速回升亦已恢复到正常值，虽然情况已到紧急阶段，但不一定立即发生地震，常有一段迟延时间 Δt，并在此期间，波速尚有变化，甚至起落很不稳定。其产生原因很复杂，Δt 有长有短，与震级大小没有明显的关系，取决于发震的具体条件。

自努尔对波速异常作出解释之后，人们复查了很多早年地震试图验证。日本是最先发现波速异常的国家，在这方面也做了不少工作，其结果不是都一致的。其中有一致的，例如 1962 年 4 月 30 日的北宫城地震（M=6.5，震源很浅），约在一年前发现其波速比下降，但发震时不能确定是否已恢复到正常。又如 1968 年 9 月 21 日北长野地震（M=5.3，震源 10 公里），约在三至四个月以前发现其波速比下降，随后回升，至恢复正常后约半个月发震。也有不一致的，例如 1960 年 3 月 21 日三陆地震（M=7.5，震源 20 公里）和 1968 年 5 月 16 日十胜冲地震（M=7.9，震源很浅），震级都很大，震源靠近日本海沟，离岸上观测台也不很远，但震前都没有发现波速异常。原因不明，也可能是因为资料不够，没有发现。

近年来我国地震科学工作者也复查了一些地震，追究震中周围地区震前的波速异常情况，结果也是不一致的。特别值得一提的是 1962 年 3 月 29 日广东新丰江地震（M=6.2，震源小于 20 公里），人们发现其波速比值约在一年前开始下降，到恢复正常后一个月发震。这是一个典型的水库地震。1959 年蓄水满限后一个月，地震开始活动，一年后出现波速异常，再一年后发生大地震。查其波速异常持续时间，比我国一般构造地震为小，有可能是水库地区地下水的作用较快所致。但它与上述日本北宫城地震相比，震级与异常持续时间都差不多，值得注意的是震源都很浅。

从上所述，震前波速异常是存在的，但是否每一大地震发生前在其震源地区都有波速异常出现，还不能肯定。据现有资料所作的统计，在冲断层运动系统发生的地震，一般是伴随波速异常的，而在平移断层（包括正断层）运动系统发生的地震则很不明显。其原因何在还不清楚，有人怀疑这与震前微震产生的方式有关。总的说来，波速异常现象经努尔的膨胀理论解释后，人们相信其是地震发生的重要前兆，唯一搞不清的问题是震源深处的水的来源。一般有害地震虽都是浅源的，深度几公里至数十公里，而以十多公里的为最多。地下水的渗透都在浅处，在特殊条件下可达数公里，再深只有地球的原生水、从深部岩浆带上来的水分或由物质相变释放的水分了。人们在实验室发现，硅酸盐类矿物在高温高压（即相当地壳深部的温度和压力）作用下，可以由矿物本身的硅氧结构成分慢慢地发生变化，释放出一部分水分子。硅酸盐类矿物在地壳内部也是普遍存在的，但单从矿物相变出来的水分，是否能为恢复波速异常起到有效的作用，犹待证明。有关测验波速异常等问题，下文还要详谈。

3-4 地磁、地电异常

地球有磁有电，是地球的固有特性，都是随时间变化的。平时变化有其一定的规律，若在有地震发生的地区，是否也有地区性的异常变化，殊值得研究。下面就从地磁异常说起。

（一）压磁效应

岩石的压磁效应发现得比较早，因此对地震发生前的地磁异常现象，一般也以为是由于岩石有压磁效应而在剧烈的地震形变作用下产生的。它夹叠在正常地磁变化现象的记录之中，有待人们去分析。

常规的地磁变化是包括地磁场、偏角和倾角三个要素，内有按日记录的日变化，有按月或年综合的平均变化，还有季节变化、长期变化等，都是表示地磁随时间的变化，因用途不同，有不同的名称。人们认识地磁现象很早，用仪器观测地磁变化也有很久的历史，已熟知了日常地磁变化的规律性。在一张地磁记录图上，例如最普通的磁变仪 24 小时的日变记录上，一般表现为缓慢的上下游动。虽然每张图之间在幅度大小和时间长短上各有区别，但总的图形模式是差不多的。如果设在地震区的观测台，由于局部原因——震源岩石的压磁效应，产生了地磁异常，则将叠加在磁变仪的记录图上，有经验的观测者将其与设在地震区之外观测台的同时记录互相一比较，便可识别出来。

日本是最早发现震磁关系的，即地震时，地磁有扰动。在 1939 年加藤的报告中[*]，罗列了自 1891 年浓尾地震以来许多次震磁异常的数据。需要指出的是早期观测结果除少数情况外，多属于仪器的不正常扰动，有些是显而易见的，如说南美的一次地震干扰到日本京都的磁变记录，显然是不合理的。又例如 1946 年 12 月 21 日日本南海地震（M=8.1），离震中约 80 公里的胜浦地磁台的磁偏角记录，出现 4.5′ 的突然变化，经半年才恢复正常。这一记录曾引起人们的注意，但变化幅度如此之大，相当于磁场变化 35—40γ，难于置信，仍可能是仪器存在问题。近年来，高度精密的地磁观测技术发展之后，观测的结果引起人们的注意。例如 1964 年 6 月 16 日，日本新潟地震（M=7.5）发生后，查其附近地

---

[*] Tectonophysics 6（1），59–68，1968.

磁台的历年磁变记录，发现震前 10 年，磁偏角已开始逐渐变化，到发震时变化幅度达到 2′。震后即逆转，经一年才恢复原位。又 1973 年 2 月 6 日四川省西部炉霍地震（$M=7.9$），震前一年，在炉霍县城方做过地磁测量，震后一个月再在原地复测，发现水平强度下降了 24γ；一年之后，又在原地复测，则异常已经消失。1971 年冬，美国在阿留申群岛，进行了强大的（相当于震级 7 的地震）地下核爆破试验，测得当地地磁场在试验前后亦有约 9γ 的变化。这些事实要求我们进一步研究震磁关系。

最初因为火山地震与局部磁异常变化的联系比较密切，曾怀疑震磁关系可能是由于岩浆活动引起的。我们知道带磁性的物体，当温度到达居里点时，会失去磁性；于是人们想到，在火山地震区，高温岩浆自下而来，由于增高了震源岩石的温度，而失去其一部分磁性也是完全可能的，其结果就会使当地磁场发生变化。但后来发现，非火山区的地震也有类似情况，人们才认识到不是岩浆活动所能解释的，还须从地震应力方面来找答案。

上文已谈到，地壳岩石，其先都是从高热融岩冷凝而成的火成岩，当冷却经过居里点温度时被地磁场磁化而获得磁性，最后还保有一点剩余磁性。因此，各种岩石，包括沉积岩（也是火成岩风化碎后沉积而成的）都带有不同程度的磁性。人们用磁化率或磁化系数来区别岩石磁性的强弱。经过地质时代长期且复杂的构造运动，岩石磁性并未完全失掉，只是分布有的分散有的密集，综合表现于地区地磁场之中，不易为人所分辨认识。在平时，地方环境不变，岩石磁性亦保持不变，一切呈现正常，若环境有所改变，磁异常才会出现。在一个地区，如果酝酿地震，震源区在强大的构造应力作用下，改变了物理状态，则岩石磁性也必然受到影响。实验证明,压力可使岩石的固有磁性（磁化率）发生变化，即所谓压磁效应，一般可用下式表示：

$$\chi = \chi_0 \left(\frac{1}{1+\beta\sigma} \right) \tag{15-10}$$

式中 χ 表示磁化率，σ 为压力，β 是一个常数，取决于岩石的性质和压力的方向。岩石的磁性原是来自其所含磁性矿物的磁畴，磁性的强弱则决定于这些磁畴的排列状况。若对岩石施加压力，则磁晶体的排列方向发生变化，磁化率也就随之而变。一般是每百公斤压力，可使磁化率改变百分之一左右，例如加拉什尼科夫（A. G. Kalashinikov）对玄武岩进行试验的结果是：当顺原有磁化方向施加压力时，每百公斤可使岩石磁性减少 0.8% 至 1.3%，若垂直于原有磁化方向施加压力，则增加上数之半。

根据实验结果，我们可以估计由于地震产生的压磁效应对当地磁场的影响。上文曾说过，当地震将要发动时，震源岩石所受的最大应变为 10^{-4} 量级，若以岩石的弹性模量为 10^{12} cgs 计算，则其相应的最大压力为每平方厘米 10^8 达因，即一百公斤。这就是说震源岩石的弹性，由于压磁效应有可能发生 1% 的变化。我们现在知道，一般岩石所保有的剩余磁性，其平均值大致为 10^{-3}emu（玄武岩），10^{-4}emu（花岗岩）以及小于等于 10^{-5}emu（沉积岩）。今为说明简单起见，将震源全部岩石看作一个磁化球体，则其所产生的磁场，可用下式表示：

$$H = f\frac{4}{3}\pi\chi \qquad (15\text{-}11)$$

式中 H 以高斯（$10^8\gamma$）计，f 是常数，约在 1 与 2 之间。将压磁效应产生 1% 的实验数据，即 $\Delta\chi = 10^{-5}$—10^{-6}emu（震源岩石主要是花岗岩和玄武岩）代入上式，便可算得 ΔH（磁异常）约为 5γ 左右。

这个结果曾给了研究震磁关系者一大希望，认为地磁预报地震已找到了物理基础，而且现代地磁仪的精度已可分辨出 $10^{-2}\gamma$，测量已不成问题。但压磁效应是否能解释震磁关系，还须进一步研究。

（二）压电效应

地震时亦发现地电记录有扰动。磁与电是并存的，既有震磁关系也应当有震电关系。这早已为人们所注意，中外文献多有地震时出现闪电发光一类的记载。自有了长途电话后，人们发现有时电流缘电杆上来干扰电讯，于是开辟了地电的观测研究。初期是采用一对互为正交的1—10公里长的绝缘导线，将其极端埋于地中，并测量其电流（或电位），再将结果综合。观测结果表明，地电也是变化的，有正常的规律性变化，也有异常的不规则变化的，在震中附近的观测台记录上，有时也有震前的局部扰动叠加在正常变化之上。情况与地磁很类似，因此，人们推测震前的地电异常也可能是由于地震产生的，其原因也可能是压电效应。

实验证明，岩石在压力作用下，特别是水饱和的岩石，其固有电阻率随压力的大小发生变化，谓之压电效应。地下岩石，在其疏孔中都有孔液，因孔液的电离化作用，使岩石具有导电性。另一方面，在岩石内部分布着或密或稀的孔隙，以各种方式连结构成导电通路，或畅或涩各有程度不同，表现为电阻的大小，谓之岩石电阻率。当岩石受到压力时，一些孔隙被压闭合，电路被破坏，使电阻率发生变化，是很明显的。压力对于电阻率的影响，一般过程可概括为：初期压力增加，约到二千巴左右，原生疏孔被压瘪，孔液排泄，电阻率因而增加。待压力增高至约为岩石强度之半时，渐渐产生微裂，新裂隙使岩石体积膨胀，地下水渗入补充，孔液又渐恢复，电阻率便下降，至岩石接近大破坏时，裂隙扩展至最大，孔液饱和，电阻率乃迅速下降，下降的幅度大约在5%至30%左右。

标本试验的实际结果说明，压电效应与岩石的孔隙度关系很明显。各种岩石的压电效应一般是电阻率随压力增加，先是增高后来下降，唯大理岩是例外：开始时，随压力迅速上升，后来，虽亦观测到裂隙发生和体积膨胀，但电阻率不再下降。人们怀疑，这可能是由于大理岩的延展性大，新生裂隙一时不能互相沟通，显得电阻很大。还有值得注意的是：岩石在压力作用下，产生的微裂可使岩石的体积扩大达千分之一，约等于原生孔隙所占的容积。因此，电阻率初期的增加量与后期的下降是基本上可以相等。

以上事实说明岩石具有压电效应的特征，这是无可置疑的，震前地电记录图上的异常扰动，是因为地震形变引起的地电阻率的变化，也是可以理解的。但这究竟是震源区岩石的压电效应产生的直接结果，还是地震形变引起地下水情变化产生的结果，有待进一步研究。

有人认为地光也是压电效应形成的。地光就是地震时在当地天空出现的异光，如同闪电，有各种形状，各种颜色，中外书刊多有记述，为时很早。其原因传说不一。据现代观测结果表明，许多是人们的错觉，如自然闪电，特别是球状闪电，容易混淆，也有适逢其时的人火冒焰，高压线放电等，但亦确有无可怀疑的地光现象。1965 年日本松代地震，出现多次地光，有现场照相，色彩缤纷，景象分明；又 1975 年辽南海城地震时，当地居民普遍看到各种颜色的地光，照耀范围很广，这是可以肯定的。因此，人们相信地光是存在的。自从知道岩石具有压电效应，特别是进一步了解到石英晶体的压电作用非常显著之后，人们考虑到，地壳中存在大量石英，若在岩石中含有石英晶体 30% 的地方酝酿地震，则地震形变在地壳中引起的压电效应，是足以使地面产生电荷，并在空中造成特殊电场，发生地光的，而且还可以影响高空电离层，干扰无线电波的传播。这个理论还有待进一步证明。不管怎样，由于地光一般是与地震同时发生的，对于地震预报研究作用不大，这里就不多谈了。

概括起来，震磁和震电关系是存在的，震前出现的地磁和地电异常，也是可以肯定的，不管其发生的原因如何，若能抓住，是可以为预报服务的。

3-5　地下水的作用

总的说来，地震预报的基础是前兆，苟无前兆则无由谈预报。前兆的产生主要由于地震形变，地下水对此最为敏感。这是因为地震形变累积到了后期，使震源区地壳发生微裂，继之膨胀，以致遍地都是的地下水受其影响，水情便随之变化。上面论述的地形变、震情、波速、地磁、地电等各种前兆异常中，地下水无不在其中起了作用，特别是对波速异常起了决定性的作用。这里还要补充的是由于地下水引起的地表现象。

在地表，与震源地震断层有关联的断裂构造，沿其旁边的地下水情的变化，往往可达很远的距离。由于地下水位改变，可引起以下现象：第一，井、泉、河、池水面上涨或下降甚至干涸；第二，润湿地面，有时出现裂缝或冒沙水；第三，土壤墒情改变，影响地温，一些敏感植物可以不按时令，开花发芽；第四，井、泉、池、河水底发浑，或冒泡；第五，水变味，或甜或苦，甚或含有特殊物质，包括石油、沼气、炭酸气以至放射性气体，如水氡等；第六，由于水浸和出现异常气味，穴居动物不能安于新环境，纷纷离洞逃窜，甚至中毒如沉醉不能行走；第七，水汽上腾，影响天空。

由于地下水的作用产生如上所述的许多宏观现象，若此地下水的异常变化，确是受地震形变的影响，则研究这些异常现象的分布及其发展情况，再结合前震震动给予感觉灵敏的一些动物造成的惊扰现象，对于研究临震预报是很有用的。

人们利用宏观前兆现象，以预料地震，很早就有，且像天气预报一样，编成谚语传诵，如"霪雨炎热，宜防地震"，"牛马撞栏，地震要来"，"野鸡乱飞叫，地震就要到"，"井水是个宝，前兆来得早"，等等。日本地震频繁，其民间有关临震宏观前兆的传诵也很多，最近日本地震俱乐部会长龟井义次编了一篇，颇有意思，全文如下。

"沙丁成群入河口，狗不吃食到处吼，花开花落不逢时，辨虹知震是老手，炮声突然平地起，蛇云绕日晨曦丑，冬眠蛇蛙逃出洞，地动声闻强震有，海蟹蹒跚上陆来，井水河水烫似开，累累鱼骸岸边浮，深水海鱼水面呆，喷水污浊泉干涸，乌鸦吵闹不开怀，章鱼如醉水上漂，到处可闻远犬哀，老鼠逃遁结队过，夜感天低星星阔，月亮红似一团火，猫鼠结伴避灾祸，鲶鱼慌张跳出水，黄鳝鲤鱼随手捉，酷暑如蒸头眩晕，耕牛声奇似惊愕，井声轰鸣报大震，井水污浊不堪饮，温泉频喷有强震，潮水涨落时不准，山中传来山音响，震前夜夜闪电紧，山鸡尖叫报震来，井水增减不平稳，捕鱼特多从未见，莫明其妙有闪电，天昏地暗有大震，鲍鱼大虾聚浅滩，海水浑浊不见螺，金鱼鲤鱼浮水面，地面变温积色融，鳙鲨增多一大片，抬头见日红又大，深水海鱼网上挂，鸡不吃食打寒颤，留下干滩潮退下，乱云悄悄平地起，蝉伏地面震可怕，熊熊火柱海面起，异常百出震情大。"

　　我们说，前兆异常现象是存在的，即使是没有前震的地震到了临震前极短的一段时间内，也可望其发生较大的塑性形变，影响地下水，出现前兆现象；问题是如何排除干扰，找到真正前兆，下文再详谈。

第十六章 地震预报的实现

1. 引 言

人们为了防御地震灾害，切望实现地震预报，由来已久。在古代，不论中外，都是一些预言家以一些似是而非的现象为依据，预言地震。前文说过，《史记·天官书》有"辰星出心房间，地动"之说，在春秋时代盛行一时。实际上是：王朝所设的主管卜筮*之官（称太仆）夜观天象，若见辰星行于心宿、房宿之间，便预言有地震。用现在的说法就是：水星（古代叫辰星或昏星，一早一晚才能见到）入犯天蝎座时，就有地震。这种预言，时间和地点都极笼统，但也有偶然命中的时候，蛊惑了群众，所以才被司马迁收到他的大著《史记》里面。数千年来，我国天文学家并没能够证明天上的水星绕着太阳运转与地震发生有任何关系，于是，所谓"辰星出心房间，地动"之说，也就失传了。

科学逐渐发达，到了十九世纪，人们又从多方面用现象联系的方法寻求相关因素，以实现地震预报。研究最多的是朔望与地震的关系，但一百年来，没有得到肯定的结果，已如上述。人们慢慢认识到，外因不是造成地震的主因，充其量不过起点触发作用，地震发生的根本原因，须从地球内部去找。

二十世纪之初，吕德提出弹性反跳理论，确立了地震是地层岩石破坏突然发生错动的结果，本身是一种地质力学过程。人们通过分析研究地震发生的力学条件及其变化，以期实现地震预报，这才找到了正确的途径。地震科学工作者从两个方面进行工作：

---

* 卜用龟壳，筮用蓍草，以觇吉凶。

一是研究地震发生的空间条件，具体说就是地震区域划分；二是研究地震发生的时间条件，主要是地震发生前，震源地区的岩石物理状态随时间的变化，具体说就是进行临震预报研究。

实现地震预报，问题很复杂，有赖于各门学科的发展，特别是有赖于观测和实验技术的发展。直到六十年代，少数地震科学家才认为有条件实现地震预报，开始拟定长期计划，有步骤地进行研究。首先，他们进行了地震危害区的划分工作，然后，从理论上阐明前兆现象在什么条件下存在及其异常表现的科学基础，已如上述。再进一步是发展取得前兆现象的手段，最重要的是要能够分辨出真正与地震发生有关的那些异常现象。例如造成地磁异常，原因很复杂，有导源于天空的，也有地下的，其中只有压磁效应产生的部分才与地震发生有关，其他来自空间的部分，常常是又多又强，但都是与地震无关的干扰，必须设法去掉。由上述可知，现在进行地震预报的研究，是立足于地震有前震及其他前兆，但上文也曾说到，由于地震具体发动点的震源物质条件和结构的不同，地震也可能没有前震。无前震的地震，其他前兆亦常不明显，且不易肯定其与地震的关系，给预报增加了困难。因此，我们先谈有前震的地震预报。

地震预报的目的是减少震害，特别是要将对人民生命的伤害减少到最低的限度。为达到此目的，预报参数（即地震发生的时间、地点和强度）须力求准确，任何一个参数，若所指的范围过大，便失去预报的意义。临震预报的研究就是为了进一步确定预报参数的，其作法是在近期可能发生危险地震的地区（一般是用地震区域划分或其他方法作出估计），以未来的可能震中为中心，布置各种观测手段，连结成网，搜索地震前兆，分辨其真伪，追踪其发展，逐步分析总结，以求获得准确的预报参数。前兆异常是在震源区及其周围出现的，是局部的，其范围大小约与未来地震的震源体积相适应，相差不致太远，但须注意，沿地震断层的活动情况可能不同。

实际上，临震预报研究是在地震危险区域划分的基础上进行的，但预报能否达到预期的效果，则不是单纯的科学技术问题。现阶段，地震预报，在科学技术上是全世界尚未解决的问题，但人们不能等到科学上完全解决之后才从事地震预报。地震为害人民生命财产，其实质是严峻的社会问题。很明显，即使在科学技术上已有了突破，若无群众的支持和政府的号令，多好的地震预报意见，也是无用的。旧社会将地震预报问题委诸少数专业人员去研究，群众不关心其成败，工作人员不敢大胆工作，当然难期有成效。我们现在的做法是专群结合以实现地震预报。一方面是组织专业队伍，利用一切技术条件，尽其所能深入到各个专题中去，研究地震发生和发展的规律，另一方面是组织群众，宣传群众，使群众了解地震为害不过是风雹之类的自然现象，可以预测亦可以预防的，完全不足畏惧。并且，在地震区有步骤地推广群测群防工作，普及前兆异常的监视观测。这样，在专群队伍的密切合作下，是可以提供有意义的预报意见的。下面分作几个专题来谈。

2. 地震危险区的确定

上面曾说到，地震预报是通过临震预报研究来实现的，而临震预报研究又是在最近期可能有危险地震发生的地区上进行的，因此，首先一个问题是确定危险地震区，这就需要先做好地震危险区的划分工作。现在，一般地震较多的国家，差不多都编有本国的《地震区域划分图》，即将全国的地震区，按活动的强弱程度，以一定的标准（烈度或用其他标准），划做若干个有不同危险性的地震区。早在二十年代初期，我国地质科学工作者，就根据历史地震分布，结合地质构造的特点，第一次作了这种类型的区划图[*]。四十年代，苏联地震工作者，为苏维埃社会主义建设的需要，首

---

[*] 翁文灏，中国地质会志（BGSC）卷 2、3/4 期，1923。

先做了现代式的地震区划分图，列入抗震规范。嗣后，其他国家也以同样或经过改良的格式做成各自需要的地震区划分图。于是，地震区域划分遂成为实用地震学研究的一个课题，其内容约如下述。

2-1　确定危险区的原则

确定一个地震区有无危险，是以当地地震活动性为基础的。地区地震活动性的大小是以时间和空间两个因素来衡量的，前者是地震活动的频度（即每年或每单位时间各级地震发生的次数），后者是地震活动的密度（即每单位面积每年释放的地震能量）。这两个因素是相辅相成，结合起来共同规定地震危险性的。实际上，地区地震危险性是决定于短时期内有无危险地震发生。但危险地震并不是任何地点都可以发生的，只有在地壳结构上和地质构造运动上具有累积大量弹性应变能量的条件才有可能。因此，地震区域划分的原则，必须包括地区地震活动性和地区地震地质条件。

对大面积划分来说，自地壳至上地幔，凡基础机构属于同一体系，并受同一构造应力系统控制的，都可以划为同一个地震危险带。在一个地震危险带上的地震活动性具有共同的特征，那就是：在带内地震发生的机制，其主应力方向是一定的，或者说是固定的，此其一；其次是地震发生的频度与震级的关系是稳定的，即合乎古登堡公式（$\log N = a - bM$）的。上文曾说到，a，b 两常数是取决于地震地质条件的，因此，可以作为地震区域划分的基本参考因素。但地震地质的关系是很复杂的，需从多方面来考虑。

一个地震区的地震地质条件，应从哪些方面去认识，即有哪些标志可以作为依据，这是一个很重要的问题，最基本的是了解有无现代构造运动的活动迹象。那些构造上比较软弱，地震容易发生的地带，往往就是新构造运动剧烈之地，一般的地质单元接触带，山前凹陷，地台折裂等构造皆属之。这类构造的重要标志是断裂、地堑或破裂带，它们在地面上或隐或现，是可以设法侦察到的。自吕德的弹性反跳学说被采纳后，断层与地震的关系明确了。一般以为凡是构造地震都可以说是断层成因，实际上，绝大多数的危险地震是属于这一类型。自本世纪二十年代始，拜尔利、霍迪逊等，从地震波观测数据反求地震发生的机制，解出了断层面的方位及其错动方向，有力地证明了地震断层的存在。于是，地震断层便成了地震危险区域划分的主要标志。虽然如此，但地球上大小断层不知凡几，并非每条断层都是有地震的，更不是都将发生危险地震的。所以关键在于如何判定其危险地震断层。

地壳不是一块整体，断裂痕迹很多，有些断层延伸很长，断距很大，但往往是亿万年前古、中生代的老物，现已僵死不动，虽具有惊人规模，已非地震断层了。有些看来是小型的，露头或隐或现，藏于地下，莫测其深长，但却可能是危险的地震断层。另一方面，死断层也能复活，因此，有些人一发现断层就骇怕发生地震。在地震现场，人们可以看到一些地震断层特征。大震之后，极震区地面常出现不同形式的坼裂，随土质和地形条件而变，形成纵横交错的复杂图像，正如1556年陕西关中大地震时，秦可大所描述的，咸阳"地裂横竖如画"。在这错综复杂的地裂画面中，常可理出一道道不受地形影响，自成体系的裂缝系统，这就是地震断层活动的表征。人们搜索这类裂缝，系统地综合起来，常可发现，有的是与地震构造体系平行的，有的与之成交角的，说明地震断层可以是由两组相交的构造断裂构成的。再有，也可看到，地震断层的活动，一般是在已发育的断层上再继续发展。

地震断层的活动特征，在地震尚未发生之前是很难认识的。在我国，地震与断层的关系，表现得很明确的不多。我们根据现场经验可知，凡两组构造断裂相交处，或是构造断裂发育前进的一端，在构造上都是相对不稳定的部位，一般可做为危险地震区域划分的标志。

（一）地震危险的地质标志

地震危险从地质上说，就是一个活动断裂系统有多大的地震危险，这是地震区域划分最基本的问题。地震危险度的规定有两种：一是无时间限度的，另一是有时间限度的，即在规定时间内，预期遭遇最大地震的可能性。不管使用那种规定，首先要研究的是地震危险的标志。

我们以断层活动为地震成因，则地震断层的活动性理应是地震危险的标志。实际上，地震地质科学工作者，早已认识到，若断层运动的方向和速度有不同，所导致的地震危险情况也不一样。他们还企图阐明地震基本参数与断层运动参数之间的数量关系。根据实际经验，可以定性地说，断层的活动性愈大，地震亦愈剧烈（频度大了，震级大了，或兼而有之），断层愈深，地震亦愈大，等等。因此，五十年代，苏联一些地震地质科学工作者，根据某些地震区的野外实测结果，提出了以最新构造运动的速度梯度作为衡量地震危险的标准。其立论如下：

苏联中亚细亚、天山、费尔干纳和帕米尔一带的地质构造，是不同时代硬化了的地台，从第三纪开始又复活，至新第三纪以后，新构造运动表现很强烈。根据最近30年的测量结果，这一带最新垂直向差异运动每百万年平均速度，大都超过百米，有的达到百五十米；水平运动方面，在水平挤压作用下，有错距达数十公里的逆掩断层和逆断层，也有在剪应力作用下，错距达一至二公里的平移断层〔主要走向是北西，最大为费尔干纳断层，其延伸处，即为1902年新疆喀什地震（$M=8\frac{1}{4}$）发生的所在〕。综合计算的结果，在构造运动复活地区，新构造运动的速度梯度大都超过10^{-9}公里／年（即相当于每长一公里的断层每年变幅为一个微米），而在没有复活的地区，则小于此数。这里的地震与断层关系比较明显，凡产状陡削的深断裂经过的地方都是发生危险地震的地带。于是就本地区的实际情况，按速度梯度的大小，将地震活动性分作A、

B、C 三级。

A 是一级地震活动区：最新构造运动的速度梯度为 3×10^{-9} 公里/年至 1×10^{-8} 公里/年,其中多为长达数百公里的现代活动断层, 地震最大可达 7½ 至 8 级（已发生过）。

B 是二级地震活动区：最新构造运动的速度梯度为 1×10^{-9} 公里/年至 3×10^{-9} 公里/年, 其中多为两个一级活动带的中间地区, 也有断裂, 但规模较小, 深度亦较浅, 最大地震仍可达 7½ 级。

C 是三级地震活动区：最新构造运动的速度梯度为 3×10^{-10} 公里/年至 1×10^{-9} 公里/年, 常常是在构造运动复活的边缘地区, 也有断裂, 但规模很小, 长不及 100 公里, 最大地震可达 5½ 级。

这是一个以地质构造运动特征为地震危险标志进行地震区域划分的方法, 但应用起来是很困难的。这是因为, 断层运动的基本参数：错距、长度和运动时间等都是很难测量准确的, 加上断层经过地区的各种不均匀性, 实际上, 关于构造运动的速度梯度, 无法得到一个定量数据, 上述苏联人的作法, 即使是合乎原则的, 目前也缺乏技术条件, 待臻于至善才可用于实际。

地震地质的危险标志无疑是存在的。由于地震断层的活动是在地下深处, 所以从地面来检查其差异运动, 往往不大明显, 甚至看不出来。例如 1923 年日本关东大地震（M=7.9）前, 在相模湾的东面海滨有些地方出现了明显的异乎寻常的上升运动, 有些地方则不明显；而 1974 年伊豆半岛南端的大地震（M=6.9）, 震前在相模湾的西面海滨以及其他地方, 则一无所见, 事后才发现海滨有地震断层的露头。这说明地震地质条件很复杂, 作为地震危险的标志, 目前只能定性地考虑。因此, 现阶段地震危险区域划分主要是把地区地震活动性作为鉴定地震危险度的依据。

（二）果尔什戈夫划分原则

苏联果尔什戈夫早在四十年代就提出地震区域划分原则。他假定地震震情是恒定的，采用历史地震统计方法，综合分析已遭遇地震的烈度，确定其中一个最大数为其危险度。然后，他以地震地质条件作参考，概括了两条编图原则：第一，地质条件相同的地区，地震活动性基本相等；第二，一个地震区，可发生与历史上最大地震同样强度的地震。他利用苏联的历史地震资料，按此原则编成《全苏地震区域划分图》。嗣后，我国及其他国家亦用果尔什戈夫的方法编制了自己的地震区域划分图。

这一类型的地震区域划分图是以历史上所遭遇的最大烈度为危险度的，没有时间限制。这种图，若为大规模长远建设规划作参考，是没有问题的，但为具体建筑物的抗震设计使用，则不能满足工程师们的要求。他们关心的是在建筑物的有效使用期间有无遭遇地震危险的可能，以便在设计时考虑抗震安全措施。各种建筑物都有其一定的使用时间，有的不过一、二十年，便完成其历史使命，如工矿现场有些特殊设施，使用时间不长，但也有使用时间长的，数十年以至数百年，或永远使用下去的，各铁路桥梁等类。如果建筑物使用时间不长，在短时间内不致遭遇危险地震，则无需考虑抗震措施，借以节省资金。如果建筑物有效使用年限较长，基地是在有地震危险地区的，则需采取抗震措施，并且在确定安全系数时还需考虑可能遭遇的危险地震频度。很明显，工程师们所要求的地震区域划分图是要附有明确的时间概念的，例如标明 10 年，20 年，50 年内可能遭遇的最大地震烈度。

（三）地震危险的时间因素

包含时间因素的地震区域划分，目前尚未很好解决。时间是预报参数中最难的，人们可从以下几方面考虑，得到地震发生时间的基本概念。

先从震级与频率关系考虑。一个危险地震区的地震活动背景可用古登堡的震级－频率关系式表示出来，已如上述。人们可以用它来推算某地区各震级危险地震每发生一次的平均年数。但这个估计对各个震级的地震是不同的，且有地区性的差别，由本地区的地震地质条件来决定。

再从地震能量累积过程来考虑。在一个地震活动区，地震不断地发生，这是由于地壳构造运动没有停止，在构造应力作用下，一些较弱地点，累积弹性应变能量，到了满盈时，便以地震方式释放掉，然后在另一地方，再行累积，等满了又释放，构成连续的事变过程。每一事变发生的地点和释放的能量都可以是不同的，但概括起来，将全时间的活动作为统一过程来看，则可看到活动是高潮和低潮相间的，而且是由低潮发展至高潮，又由高潮下降为低潮，再周而复始，成为多旋回的活动过程。很明显，危险地震是发生在高潮期中，两高潮的旋回时间，就是危险地震重复发生的时间。每次旋回的时间是不一样的，这也是由地区具体条件决定的。

根据以上考虑，我们得到的危险地震发生的时间概念是很粗略的，作为预报数据还相差很远。为求得准确一些，又可按地震应变的累积过程，将一次旋回分作四个阶段，作如下考虑。

第一阶段为缓累积过程，时间长，地震少，是低潮平静区；第二阶段为高速累积过程，有些经不起的弱点须放掉部分能量，于是陆续有地震发生，时间不长，但已接近高潮，是地震危险前期；第三阶段为大释放活动高潮，主震发生；随后，即转入最后阶段，为恢复过程，以大量余震放掉剩余能量，按指数规律下降，回到低潮期。如上文所述，若在第二阶段能认识它，确定它，便可估计危险地震的发生时间。设一个地震带（或区），有较长期的地震记录，累积起来，可以有一个或两个活动旋回，便可确定旋回期的时间，及危险地震发生的高潮期。我国不少地震区有悠久的历史地震记载，人们将发生于此区内的大小地震按年序作成蠕变曲线，便可一目了然地看出其活动高潮与低潮的过程，从而可以推测将来危险地震发生的时间。

我国地震科学工作者（时振梁等[*]）在这方面做了很多工作,他们使用的是古登堡的震级能量公式

$$\log E = 11.8 + 1.5M \tag{16-1}$$

式中 M 为震级, E 是地震波能量。他们将每个地震按上式计算其能量, 以发生时间的先后为序, 做成能量释放的蠕变曲线。为了作图方便, 也有使用形变的, 可利用下式

$$\log S \simeq \log \sqrt{E} = 5.9 + 0.75M \tag{16-2}$$

作成形变释放的蠕变曲线图。式中 S 表示地震形变。这里要附带说明, 按弹性力学, 弹性应变能量是以应力与应变的乘积来衡量的, 而应力是与弹性应变成比例的（胡克定律）, 很显然, 震源的每单位体积所储有的能量又可以用应变的平方来衡量。地震形变是震源体积与其应变（发震时,震源最大应变达 10^{-4} 量级）的乘积, 因此, 储有能量又可用形变的平方来衡量, 写成上述的后一算式。须要指出的是他们只可用以比照, 而不是等同的。

用上式计算一个地震区在历史上（指有地震记录的时间）发生的地震, 作成蠕变曲线图, 便可得知其高潮活动的旋回期, 如目前所处的阶段, 并可估计将来危险地震发生的时间。下面举例来说。

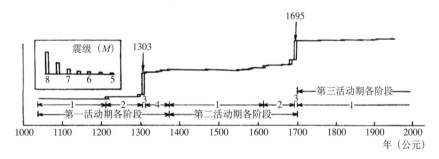

图 16-1　山西汾河地震带, 十一世纪以来的应变释放
第一期 1039—1368, 第二期 1396—1695, 第三期 1696—现在（未完）（据时振梁、环文林等）

* 地球物理学报, Vol.17, No.1, 1974。

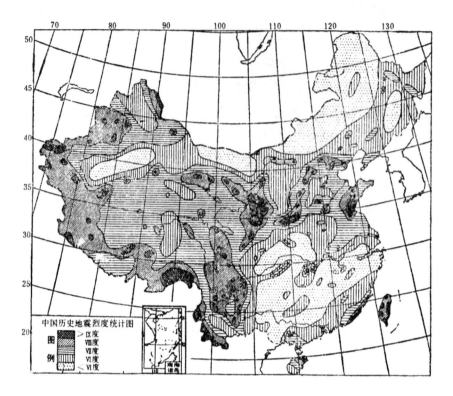

图 16-2 我国地震烈度统计图（1956 年）

图 16-1 是山西汾河地震带自十一世纪以来的应变释放蠕变曲线。从图上可以看到，1303 年和 1695 年两次活动高潮（都发生了 $M=8$ 的地震）的时间间隔为 392 年，目前所处阶段，尚无明显的异象。至于是否进入地震应变累积的第二阶段，则需参考其他方面的表现。

此外，还可按规定时间（5 年，10 年，……），用概率统计方法，计算各个震级危险地震发生的最大可能性。其效果如何取决于使用的资料是否合乎要求。

2-2 划分危险区的方法及图式

现代地震区域划分图创始于苏联的果尔什戈夫。其原始图是用历史地震统计方法，以综合烈度（即基本烈度）为划分单位，可见地球物理学报一九五五年第四卷第一期。

这种用历史地震统计法编的地震区域划分图所规定的地震危险度，是历史上的综合烈度，是没有时间限制的。地震区的历史地震记录愈长，划分的结果亦愈好。我国有悠久的历史地震记载，因建国初期建筑部门迫切需要，亦于五十年代中编制了果尔什戈夫类型的地震区域划分图，所用的划分标准是基本烈度，如图16-2所示。

用历史地震统计方法编制地震区域划分图，比较简单易作，只要有足够的历史地震资料，就有条件编图。图上能表示所划地区的地震危险性或活动性的一般概念，因之，有不少国家都做有这类的地震区域划分图。但果尔什戈夫的划分原则过于笼统，且存在着问题，特别是关于地震重复性不合实际，事实上，地震愈大在原地重复的机会愈少。更重要的是，实际工作中迫切需要地震区域划分图带有时间性，于是又有其他类型的地震区域划分图陆续出现，各以不同的方法编图，现列举如下：

（一）河角广加速度法

日本约从五世纪始就有历史地震记载，河角广用日本的历史地震，结合现代地震仪器的观测资料，研究了本国的地震活动性。经过选择，他得到可用的资料。对不同地区，可用资料的时间长短不一，在日本中部有 1350 年，西部 1120 年而北部只有 160 年。他根据这些资料，在五十年代初期编制了分年限的日本地震区域划分图，其所规定的危险度是以地动加速度来表示的。他首先取经纬度各半度为一格，将日本全国分为 350 个小块，然后计算每一小块在历史上所遭到的平均烈度。烈度是以日本常用的七阶烈度*为标准，用自定的烈度与震级关系经验式（即 $I\text{--}M$ 经验方程）和自定的烈度与距离关系经验式（即 $I\text{--}\varDelta$ 经验方程）将历史上每

---

* 日本烈度 5、6、7 阶相当于一般烈度表的Ⅷ至Ⅻ度。

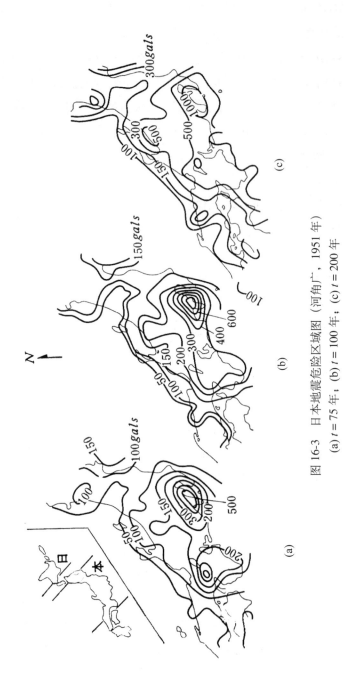

图 16-3 日本地震危险区域图（河角广，1951 年）
(a) $t = 75$ 年; (b) $t = 100$ 年; (c) $t = 200$ 年

次地震给予每小块的影响综合计算得来的。他又统计各阶烈度在各小块出现的频率，并认为一个地方的地震危险度应该用地方可能遭遇的烈度平均频率，即 $\Sigma n(I)/T$ 来衡量，其中 T 是有历史地震记录的时间，实际上，他是选用 342 个地震为基础计算 350 个小块的地震危险度的，以 $\Sigma n(I)\cdot t/T \rightarrow 1$ 为条件，用概率统计方法求在规定年限 t 内发生一次最大地震的烈度期望值。将其结果按日本的烈度（I）与加速度（a）的经验式

$$\log a = \frac{4}{3}I - 0.3 \qquad (16\text{-}3)$$

换算为加速度后作图。他作了 $t = 75$ 年，100 年和 200 年的日本地震区域划分图，如图 16-3。

这是一种有时限的地震区域划分图，但 1964 年新潟地震并不在河角广图所规定的危险范围内。

（二）龙尼兹（C. Lomnitz）危险度法

如果一个地震危险区内发生的地震是泊松过程，即当震级 $M \geqslant x$ 时，合乎（$1-e^{-bx}$）的指数分布，则在一定时间内可能遭遇的危险地震（意即地震危险度），便可用下式来表示，

$$K = -\log_e(1-R) \qquad (16\text{-}4)$$

式中 R 为地震危险度（一般以发生 VI 度以上的破坏烈度来表示）。假定一个危险区的地震的分布是均匀的，则在单位时间内的期望值可用下式计算：

$$K = N/D$$

式中 N 为在 D 时间内遭遇的危险地震次数。于是，上述危险度公式（16-4），可写成

$$R = 1 - \frac{1}{e^{N/D}} \qquad (16\text{-}5)$$

以智利情况为例。智利主要地震记载（按其目录）自公元 1535 年始至 1967 年，共有地震 15000 次。由于很多震中是在离海

岸 40—150 公里的海中，因此，只有震级 7½ 以上的地震才会对智利国内的设施有危险较大的影响。智利国土是狭而长，自北而南，结合地质构造单元，按地震频度可划作四个主要活动区。在这基础上，龙尼兹用上述公式计算及评定了各区重要城市的地震危险度。需要注意的是发生在任何一区的较大地震都将影响其临近各区的城乡，因此在计算时还需考虑到这点。例如拉 塞雷纳（La Serena）根据历史地震记载，在以往 432 年中各区发生的地震，对它有破坏影响的共 6 次，若以 30 年为期，其地震危险度，可按（16-5）式求得：

$$R=1-e^{(-6 \times 30/432)}$$
$$=0.34=34\% \tag{16-6}$$

结果说明，拉塞雷纳城，在 30 年内遭受地震破坏的可能性为百分之三十四。

将所有有地震危险的城乡，按上述计算方法评定其在一定时间内的最大危险度，便可做出有时间概念的全国地震区域划分图。如遇到一些地区，无记录数据，则需要根据具体情况，按烈度分布规律，从外来影响作些辅助推算，求得数据。

（三）阿尔杰米森（T.Algermisen）活动度法

他用地震形变释放密度衡量各地地震活动性的强弱，并以此作为地震危险区域划分的基础。首先以一万平方公里（100 公里 × 100 公里）为一格将美国大陆划分成许多小块，作为计算单位，然后按地震形变释放公式（16-2）

$$\log E^{\frac{1}{2}}=5.9+0.75M \tag{16-2}$$

计算每小块在一定的时间内所释放的地震形变总量，折合为 4 级（用 5 级或其他亦可）地震的个数，以衡量每单位面积的地震活动度。美国的历史地震资料时间很短，比较完全而可用的是在本世纪之后。他使用了 1900—1965 年间的记录（其中早期地震也只有简单的破坏记载），用古登堡－李克特公式：

$$M = \frac{2}{3} I_0 + 1 \qquad (16\text{-}7)$$

估计其震级。式中 I_0 是最大烈度（即震中烈度）。用 66 年的地震资料，按上述方法计算每一单位面积（100 公里 ×100 公里）的形变释放当量，便可做出全国地震活动图。若以每单位形变释放的速度作比较，则美国全国可划分为以下四大区，如表（16-1）：

表 16-1 美国四大区形变比率表

地　　　震　　　区		形 变 比 率
太平洋西岸	（114° W 以西）	12
落基山区	（106° W—114° W）	2.0
中部平原	（92° W—104° W）	0.14
东部地区	（92° W 以东）	0.74

表中形变比率中的数字是指区内每个单元（一万平方公里面积）每年释放形变折合为 $M=4$ 的地震次数。

将形变释放密度与地质构造运动情况相结合，还可进一步将上述大区再划分为若干较小的地震危险区。首先统计各区每年遭遇的不同烈度的地震次数，然后假定其次数多寡与烈度大小有一定的关系，并可写成，

$$\log N = P - qI \qquad (16\text{-}8)$$

式中 N 即任何一个危险区每年可能遭遇的烈度为 I 的地震次数，P 和 q 是由危险区具体条件决定的常数。烈度计算包括了区内外地震所给予的影响。从各区历史地震烈度（直接记录或推算）可作出每区的烈度与频度的关系式，例如加利福尼亚区为：

$$\log N = 3.92 - 0.54I \qquad (16\text{-}9)$$

于是，可以按公式估计每个危险区在一定年限内可能遭遇的不同烈度的地震次数。下表（16-2）示美国大陆主要地震危险区每百年危险烈度遭遇的各种可能的情况。

表16-2　美国各地震区百年遭遇的危险地震表

地震危险区	$\log N$（年）$=P-qI$		每　百　年　的　遭　遇			
	P	q	V	VI	VII	VIII
加利福尼亚	3.92	0.54	1660	479	130	39.8
内华达	3.98	0.56	1510	417	115	31.6
蒙塔那，爱达荷，犹他，亚利桑那	3.41	0.56	407	112	30.9	8.9
密西西比，圣劳伦斯谷	2.71	0.50	162	51.3	16.2	5.1
普吉特海峡，华盛顿	3.45	0.62	224	53.7	12.9	3.1
东海岸地区	3.02	0.58	132	34.7	9.1	2.4
怀俄明，科罗拉多，新墨西哥	3.66	0.68	132	38	7.9	1.7
内布拉斯加，堪萨斯，俄克拉何马，	1.99	0.49	34.7	11.2	3.6	1.2
俄克拉何马，北得克萨斯	2.10	0.55	22.4	6.3	1.8	(0.5)

　　上表所列各区烈度数据，主要是公式计算的结果，根据实际调查的很少。由于烈度受地质、地理和土质条件影响很大，计算结果与实际多不相符，因此，阿尔杰米森未能进一步做出完整的地震区域划分图，现在美国仍然用不带时间性的区域划分图，原因是美国历史太短。哥伦布于1492年到了美洲，美国移民是从十六世纪开始，地旷人稀。据1910年的统计，在西部地震多的地区，每平方公里平均不过一人，无怪历史地震记载很少，密苏里于1534年才开始有地震报道，加利福尼亚则迟到1769年之后。因此，美国的地震活动性的判断主要是依据近年的观测资料。

　　1948年乌尔里克（F.P.Ulrich）编制成美国地震区域划分图供抗震设计作参考。图上分0（无破坏），1（轻破坏），2（破坏），3（重破坏）四个地震危险区。曾广泛地使用于全国，后因有缺点，一度停止使用。主要是因为区与区之间的分界不当，许多地区被划成2区与0区，或3区与1区直接相连，没有合理的过渡带。后来参考下列条款，作了修正，

　　Ⅰ）美国地震烈度分布；

　　Ⅱ）1900年以来，美国各地区地震形变释放密度的分布；

　　Ⅲ）各地区地震烈度的重复遭遇规律。

修正后的新图，称为地震危险性图，如图 16-4，实际与旧图没有多大差别，除区与区之间改为合理的衔接外，也是分作 0、1、2、3，四个地震危险区，同样也是没有时间限度。

以上讲述了地震区域划分的基本原则，意义和现状。概括起来，进行地震区域划分，一方面是为抗震设计应用，另一方面也是为进一步作临震预报研究打下基础。

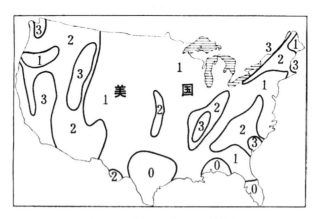

图 16-4　美国地震危险区域图
（乌尔里克，1948 年）

3. 临震预报研究

临震预报是地震预报的主要阶段，也是最后阶段。我们在地震危险区域划分的基础上开展临震预报研究，是为了进一步确定地震危险区及危险地震发生的时间和强度。首先是在可能的危险区及其周围布置各种手段的前兆观测，同时也要依靠群众，宣传群众，将群众组织起来，建立监视性的观测点，联结成广大的群众侦察网，以搜寻前兆。只有在专业工作者与群众互相结合，进行综合分析的基础上，才能提出预报参数，及时报告地方领导，以备发布警报，采取预防措施。下面分几个方面来谈。

3-1　危险趋势的估计（统计预报）

我国幅员广大，在地震区域划分图上可约略看到有可能发生危险地震的地区，确实不少。但是，并不需要同时对这些地区进行临震预报研究，须分轻重缓急，作必要的选择。选择的条件，不是完全决定于地震区的危险度，还需考虑到政治和经济方面的因素。一般优先考虑的是大城市、大水坝、能源枢纽、大企业地区等，因为，震害对这些地区造成的政治和经济影响，往往是很大的。任何这类地区，如果近期有可能发生危险地震，都须要进行临震预报研究，进一步估计其发展趋势，以便采取防患措施。临震预报研究的目的也就是更好地确定预报参数，即未来地震发生的时间、地点和强度。

按先决条件确定了研究地区之后，第一步是估计该地区最近将来（几年、十年或稍长一点时间）的地震危险趋势。估计的方法不一，最简单的方法是将过去发生的地震的间隔作平均，并结合本区固有的地震特征，推测其最危险地震的发生时间。但大地震的发生频率很低，特别是在我国东部一些地区，最危险的地震往往数百年以至千年才发生一次，若没有时间很长的历史地震记载，无法知其重复时间，因此，只能假定地震发生的频率合乎某种数理模式，用理论计算加以推测。

（一）概率统计的应用

地震可以看作是一种随机事件，可以用概率统计方法来分析其发展过程。实际上，任何一个地震活动区，在规定的一个单位时间内，地震发生的次数都是变化的。譬如在一天的时间内，可以不发生地震，也可以发生一次，二次以至 n 次。这说明地震在单位时间内出现的次数是随机的，其出现的概率，可以假定为近乎泊松分布的。也就是说，地震发生次数的概率分布，具有以下特性：

（1）独立性：相临两地震事件的发生是互为独立的，先发生的事件不影响后一事件的发生；

（2）序列性：地震事件是顺序发生的，两个或多个同时发生的机会是绝少的；

（3）平稳性：地震事件发生的过程是平稳的，意即每单位时间内发生的次数是相对均匀的，可以得到一个不随时间而变化的平均数，以表示事变发展过程的速度。

如用数学函数来表达，则可写成：

$$f(n) = \frac{\lambda^n}{n!} e^{-\lambda} \tag{16-10}$$

$$n = 0, 1, 2, \cdots, n,$$

$$f(T) = \lambda e^{-\lambda T} \tag{16-11}$$

式中 $f(n)$ 是在单位时间内事件发生次数的概率分布函数，λ 为其平均数，$f(T)$ 即一定事件发生次数的时间间隔的分布函数，$1/\lambda$ 为其平均值（例如说每日两次，则其时间间隔的平均为半天）。

这一理论能否使用于地震事件，关键在于地震发生过程是否符合泊松分布。

早在 1937 年，瑞士地震学家温纳（E. Wenner）利用 1925 年至 1930 年间《国际地震汇报》[*]（I.S.S.）中已测定震中的 5552 次地震进行了理论计算，并将结果与实际观测比较，证明在世界范围内，每天发生地震的平均次数是合乎泊松分布的。他首先假定：地震事件是随机的，并且合乎泊松过程的，则在此 6 年即 2191 天中，每天发生地震的平均值应该是 5552/2191，即每天 2.53 次，然后纳入泊松分布公式，计算每天发生不同次数地震所占有的可能天数。将日平均值 $\lambda = h = 2.53$ 代入（16-10）式，可写成：

$$f(n = r) = \frac{h^r}{r!} e^{-h} \tag{16-12}$$

假定：$r = 0, 1, 2, \cdots$（每日震次）

其计算格式如下：

$m = r$	$r = 0$	$r = 1$	$r = 2$	$r = 3$	$r = \cdots$
$f(r)$	e^{-h}	$\dfrac{h e^{-h}}{1}$	$\dfrac{h^2 e^{-h}}{1、2}$	$\dfrac{h^3 e^{-h}}{1、2、3}$	$\cdots$

[*] International Seismological Summary（1911—）

将计算结果作图，其分布如图 16-5 所示。

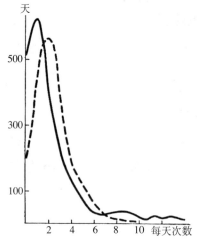

图 16-5　世界地震每日发生率的
　　　　泊松分布
（温纳据 1925—1930 ISS 资料作）
——实际观测 ……计算结果

图示虚线是计算结果，实线是实际观测结果，二者比较，分布形式是相似的，但显然还存在着较大的偏离。温纳认为，这是由于受到了过程中特别密集的小震，如余震的干扰。于是，他将大震发生后一个月内的地方性小震去掉，这时，日平均值下降为 $h=1.18$，再如前法计算，并与实际观测数据相比较，列成表 16-3，则表上所示两方相差很少了。

表 16-3　观测与计算数据比较表

每 日 震 次 r	天 数（观测）	数（计算）	差
0	685	674.6	+10.4
1	792	794.7	− 2.7
2	467	467.4	− 0.4
3	160	183.7	−23.7
4	68	55.1	+13.7
5	18	12.7	+ 5.3
6	5	2.5	+ 2.5
7	1	0.4	+ 0.6

温纳的计算结果表明，地震事件的发生过程，基本上是符合泊松分布原则的，用概率统计方法来推测地震危险趋势，从理论上说是有效的。以下计算都是以地震发生符合泊松过程为基础的。

（二）最大危险的估计

在任何形式的地震活动过程中，震级越大的地震，发生的次数越少，古登堡、李克特最早发现其关系是循指数下降的，并求得经验式为：

$$n(M) = 10^{a-bM} \tag{16-13}$$

式中 $n(M)$ 是震级等于 M 或 M 以上的地震发生次数，b 是由活动地区特征决定的常数，若 b 值定了，便可以知道各级危险地震每隔多长时间可能发生一次。

每个地震都有它的震级，既然地震是随机事件，其发生过程又是基本上符合泊松分布的，则震级 M 也是一个随机变量，其出现概率的分布也是基本上合乎泊松分布原则的。很明显，在全时间的整个活动过程中，每一震级 M 以上的地震事件各有一定的累积数 $N(M)$，其多寡是按震级大小，以负指数分布的。根据泊松分布原则，震级 M 的累积概率分布函数，可写成：

$$N(M) = 1 - e^{-\beta M} \qquad (M \geqslant 0) \tag{16-14}$$

式中 $\beta = 1/\overline{M}$，$\overline{M}$ 是全时间的震级平均值。累积概率分布函数的时间微分为

$$\frac{d(N)}{dM} = n(M) = \beta e^{-\beta M} \qquad (M \geqslant 0) \tag{16-15}$$

这是频率分布函数，与上述古登堡、李克特的经验式一致，其中

$$\beta = b\log_{10}e = 1/\overline{M}$$

若是最低震级不等于零而是 M_0，则平均震级为：

$$\overline{M} = M_0 + \beta^{-1}$$

上式可写成

$$b = \frac{\log_{10}e}{\overline{M} - M_0} \tag{16-16}$$

这亦是用最大或然律估计的 b 值。

以上说明一个地区的地震危险趋势，可用 b 值估计其危险的平均期，其危险程度（即未来地震的最大震级），则须用其他方法估计。

冈贝尔（E. J. Gumbel）为了预期洪水的发生，曾使用统计方法估计河水最大可能流量，称为"极值法"。人们将它用到地震问题上来。假如一个地区每年可能发生的地震有很多次，其中必有一次 $M = y$ 是最大的。这个最大地震的震级 y，不会是每年一样的，而是变化的随机量。若将每年最大地震，按其震级做成序列；y_0，y_1，y_2，…，其变化过程也是服从泊松分布的。但须指出，这个序列所含有的统计关系都隐在总的震级累积分布函数之中，爱泼斯坦和龙尼兹乃仿冈贝尔的分布式做成每年最大地震的概率分布函数如次下

$$G(y) = e^{(-\alpha e^{-\beta y})} \qquad y \geqslant 0 \qquad (16\text{-}17)$$

其指数项：$\alpha e^{-\beta y}$，原是从总的震级累积分布函数导出来的频率分布函数，也就是每年可能发生的 $M \geqslant y$ 地震的次数的概率，即

$$N(y) = \alpha e^{-\beta y} \qquad (16\text{-}18)$$

式中 α 和 β 两个参数，可以通过代表本地区地震活动特征的震级、频率关系，用最小二乘法求得。α 是震级大于零的地震年平均率，$\beta = b\log_{10}e$，是震级频率曲线的斜率。α 和 β 确定之后，我们便可用上述关系，估计这一地区的近期危险地震的趋势。例如，我们想知道 D 年内，$M \geqslant y$ 的危险地震可能发生的次数，即可用下式计算，

$$DN(y) = D\alpha e^{-\beta y} \qquad (16\text{-}19)$$

其平均重复年限则可由下式估计

$$T_y = \frac{1}{N(y)} = \frac{e^{-\beta y}}{\alpha} \qquad (16\text{-}20)$$

以上说明了用概率统计方法估计一个地震活动区近期地震危险趋势的基本概念。其效果如何，主要取决于对本区地震震级与

频率关系所累积的资料，及其导致的地震重复概率。上面曾谈到地震活动过程是服从泊松分布的，两个地震事件之间间隔 T，也是一个随机变量，其概率分布函数，可写成

$$f(T) = \lambda e^{-\lambda T}$$

但地震重复究竟有没有周期性仍未能肯定。例如，在山西汾河地震活动带，1303 年发生过一次 8 级地震，1695 年又重复了一次，是否从现在始再过一百年左右又将发生一次 8 级地震，现在还无法肯定。不久前，日本河角广用近代方法估计关东一带危险地震的重复周期为 69 年，亦有待将来验证。地震的发生到底有没有周期，是地震科学工作者极关心的问题，因为，假如真能求得周期，对估计地震危险是十分有利的。有人曾广泛地进行了各种统计，发现各种周期都可以有，如果同时出现，就如同用各种颜色混成的白色噪声。这说明地震活动情况很复杂，受地区地质和力学等条件的控制，理论计算结果只符合一些基本情况，在具体问题上，理论与实际则还有相当的距离。虽然如此，我们开展临震预报研究，在大规模布置前兆观测工作之前，进行周密的危险地震估计，还是必要的。

　　最危险的是 $M \geqslant 8$ 的特大地震，它造成的震害在政治上和经济上的影响最大，是地震预报研究的主要对象。在我国历史上有很多大地震记载：最早是周幽王二年（公元前 780 年）陕西关中大地震；其次是公元前 70 年，山东一带郡国四十九地大震，北海琅琊尤甚；还有，公元前 47 年，甘肃陇西郡地大震；公元前 7 年，京师（长安）至北边郡国三十余地大震；公元 46 年，郡国四十二地大震，南阳尤甚；119 年，京师（洛阳）及郡国四十二地大震；138 年，甘肃金城陇西大地震；180 年甘肃河西走廊表氏大地震；734 年甘肃秦州大地震，徙治成纪；以及 1117，1124，1125 年甘肃熙和路等地有大震，等等。这些早期记载都很简略，很难确定其震级和震中位置。到元代以后，历史地震资料丰富了，才有条件测定地震的基本参数。下面就是我国自元代以来，8 级以上的特

大地震发生的次数及其所在地方，是以百年为期统计的。

14 世纪 1 次：1303 年，(8)，山西汾河中游。

15 世纪无

16 世纪 1 次：1556，(8)，陕西关中（渭河中、下游）。

17 世纪 5 次：1604，(8)，福建泉州海外；1654，(8)，甘肃天水；1668，(8.5)，山东郯城；1679，(8)，河北三河、平谷；1695，(8)，山西临汾。

18 世纪 2 次：1739，(8)，宁夏平罗；1786，(8?)，四川泸定；1709，(8?)，宁夏中卫。

19 世纪 1 次：1833，(8)，云南嵩明。

20 世纪? 次：1902，(8.3)，新疆喀什；1906，(8)，新疆玛纳斯；1920，(8.5)，宁夏海原；1927，(8)，甘肃古浪；1931，(8)，新疆富蕴；1950，(8.5)，西藏察隅；1973，(8)，四川炉霍；1976，(8) [*]，河北唐山。……

此外，在台湾东海面，还有 1920 (8.3) 和 1972 (8) 两次地震。

图 16-6 示我国自元代（第 14 世纪）以来，特大地震的发生年代和地理分布。从时间上，我们可以看到，我国在十七世纪是一次地震活动高潮，活动面积包括整个中国东部，主要在地台区。到了本世纪又来一次高潮期，先不说属于环太平洋活动带的台湾省，在大陆上已发生过 8 次，主要在西部地槽区，自北而南，从老的海西褶皱带开始，向南渐及于燕山和喜马拉雅褶皱带。现在又转到东部地台区，今后的趋势还不清楚。另一方面，特大地震的发生，须累积大量能量，要有一定的地质条件为基础才能形成。从上图所示的地理分布情况来看，特大地震，在西部地槽区，主要发生在地块与地槽褶皱接触，凹陷较深之地，以及巨大的山间断裂带上；在东部地台区，则主要发生在喜马拉雅构造运动期间所形成或复活的断陷破裂带上。这些也是一般地震活动所在的地

---

[*] 国家地震局编《中国地震简目》上震级为 7.8。

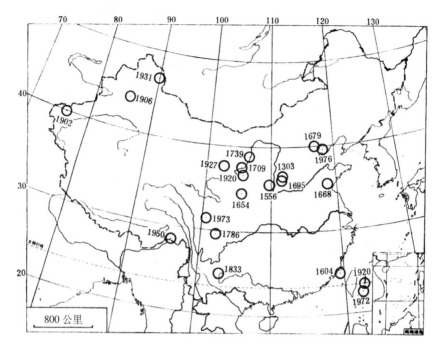

图 16-6　我国元代以来，特大地震震中分布
（震级近于和大于 8 的地震）

带，单从表面现象分析，很难辨认哪些是酝酿大地震的标志。因此，仅有对地震危险趋势的估计还不够，还需作临震预报研究，要根据大量前兆现象的分析，进一步确定各预报参数。

3-2　前兆侦察

开展前兆侦察是临震预报研究的主要方面，即在已肯定近期可能发生危险地震的地区，布置各种前兆侦察网，进行监视，目的是为更好地确定预报参数——未来地震发生的时间、地点和强度。前兆的表现是多种多样的，为了弄清异常现象是否与地震有关，我们首先布置周密的微小地震观测台网，监视近期地震活动有无变化，然后，配合其他异常现象进行分析研究，以期找到真正的前兆异常。我们还假定要研究的地震是有前震的，从分析震前震情变化，开展工作。

我们针对问题所在的地区，敷设微震观测台网或台阵，进行有计划的持久观测。为了取得尽可能多的地震资料，台上的装配，一般以短周期、万倍以上的高灵敏度地震仪为主，也用其他倍级的地震仪作辅助观测。台网所包括的范围，需参考地区具体条件来制定，一般取决于当地地震地质条件，特别是最新地质构造运动特征。必要时，还可以划分若干小区，进行周密观测，相互比较其活动特征，以期进一步缩小危险地震区的范围，加强侦察。

微震台网的记录很多，一个地震，凡是在三个以上地震台有记录的，都需测定其参数，少于三个台者也须保留其记录，备必要时参考。微震观测的任务是分析研究危险区的地震活动在时间上和空间上的变化，寻求前兆特征。其中最重要的是分析区内波速异常情况和区内大小地震关系（b 值）的变化。

（一）波速变化

关于波速异常问题，上文已有详细论述。日本地震学家虽然早已发现，当地震波通过未来震源区时，常发生震相迟到的现象，但没有认识到其所代表的真实意义。直到六十年代末年，谢苗诺夫根据苏联加尔姆地区区域地震观测经验，才总结出其与地震发生有关，又经过美国地震科学工作者系统地证明其关系，才确定其对于预报地震的时间参数有现实意义，从而得到人们的重视。再经努尔等人在理论上阐明波速异常发生的物理基础，更令人相信，其对于解决地震预报问题具有实际意义。于是研究的人很多，并概括为以下三条：

（1）地震波通过将要发生地震的震源地区时，速度减小，特别是以 P 波为甚。P 波与 S 波的速度比值，先是下降，到达一定幅度后，经过一段时间又回升，恢复到正常时，跟着就要发生地震。

（2）波速或波速比开始下降，又恢复正常以至发震所包括的波速异常时间，其长短与未来主震震级成正比；而波速下降的最大幅度则与未来地震大小无关。

（3）综合加尔姆中强震，蓝山湖弱震和圣费尔南多强震三处经验，可以得到波速或波速比的异常时间 t 与未来主震震级 M 的关系，可写成

$$\log(t) = 0.68M - 1.31 \quad (t \text{ 以日计}) \tag{16-21}$$

为开展临震预报研究，我们在指定地区敷设了很多临时观测台，一般是较密集的微震台网，虽然主要任务是为了监视本地区的今后波速变化，但必须首先完成以下两项基础工作：第一，是测定本区波速比的正常值；第二，是确定波速比值下降（即发生异常）的开始时间。这项工作是繁重的，需要追查所在地震活动区（或带）以往全部地震记录，进行仔细的分析，才能获得成果。上文曾说到，地壳岩石的泊松比一般可假定为 0.25，波速比的正常值计算结果为 1.73。但这只是全面平均的基本参考数据，与各区的代表数据还有差别，在实际工作中，这是不容忽视的。例如北京地区的实测结果，八达岭以东，长年平均为 1.73，而八达岭以西则为 1.75。因此，各区还得以实测的长年平均值为比较标准，实际上，还得求出以往的波速比数据。由于各地区地震观测工作的发展情况有所不同，所以不一定都能得到这些数据。区内外的观测台数、位置分布和观测时间长短不同，测定波速比值的方法也不能一样。下面先说明如何测定波速比值的方法。

A．和达清夫作图法：图 16-7 表示的是最基本的方法。这种方法只有在台数多、观测台网分布适宜时才能使用。在可能发生危险地震的地区及其附近，敷设微震观测台：1，2，3，…，n，以监视近距离发生的地震。将每个地震的 $\overline{P}$ 和 $\overline{S}$ 震相至各观测台的到时，都一一准确地读记下来，精度须在十分之一秒以上，同时算出 $\overline{P}$ 和 $\overline{S}$ 震相的到时差。然后选取有多台（三个台以上）记录的地震，作波速比值图，如图 16-8。波速比值便可以图线的斜率来表示，其原理如下：

设 D 为观测台与震源间的距离，T 是震波走时，其关系可写成

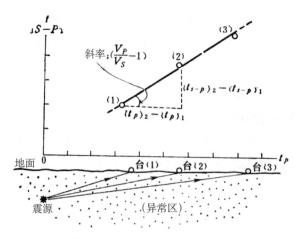

图 16-7 和达作图法测定波速比值示意图

$$D=VT=V_P T_P=V_s T_s$$

从而有

$$\frac{V_P}{V_s}=\frac{V_s}{V_P}, \ \frac{V_P}{V_s}-1=\frac{T_{s-P}}{V_P} \tag{16-22}$$

再以 t 为震相到时的读数，我们将每个观测台记录到的一个地震的到时，排成 $(t_P)_1$, $(t_P)_2$, $\cdots$, $(t_P)_i$, $\cdots$, 和 $(t_{S-P})_1$, $(t_{S-P})_2$, $\cdots$, $(t_{S-P})_i \cdots$；然后用正交坐标作图，如图 16-8 上半部所示，则可写成：

$$\frac{V_P}{V_s}-1=\frac{(t_{s-P})_{i+1}-(t_{s-P})_i}{(t_P)_{i+1}-(t_P)_i} \tag{16-23}$$

上式表示图线的平均斜率，也就是这个地震震波通过台网周围地区所显示波速比值的尾数，加上 1 便是波速比的全值。若将每个地震，以其发生的时间为序，不断地按照上述方法做下去，就能看出所在地区的波速比值随时间的变化，从而可以发现异常，为地震预报服务。和达作图法简单易用，但要注意：所作图线的斜率，一般变化不大，其与正常值（约 60°）的偏离最大不过 2° 至 3°，因此，工作要求十分细致。须用多台数据计算其斜率，才能看出其变化。

B. 视速度法：也称为双台法，主要用于追溯地震区以往的波速比值变化。未开展临震预报研究以前，那些可能发生危险地震的地区，难得有足够的地震记录可用于和达方法。如果在可能出现波速异常的范围内，只有一个长期工作的地震台，而在异常区外的适当距离上（约百公里），还可找一个有同等记录的地震台，则通过测定其两台间的视速度，也可以求得波速比

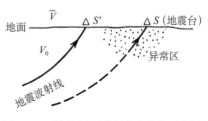

图 16-8　视速度法测定波速比值示意图

值及其变化。如图 16-8，S 为设在异常区内的地震观测台，S' 是在区外约一百公里的同等观测台，设 v 为地震波到达观测台的视速度，按定义为，

$$v = \frac{v - v'}{t - t'}$$

式中 Δ 表示震中距，t 为震相到时，其比值同样可以写成

$$\frac{v_P}{v_s} - 1 = \frac{t_{s-P} - t'_{s-P}}{t_P - t'_P} \tag{16-24}$$

需要注意的是：这里所使用的是单台记录，观测台的时间服务必须是高标准的（精度超过 0.1 秒），因其不象和达法有多台记录可以互相抵消差误。

计算的结果是视速度（v）。它与观测点附近地壳表层（一般危险地震震源所在）的地震波速度（$\overline{V}$）有如下关系，

$$\frac{\overline{V}}{v} = \sin i$$

式中 i 是地震波离震源的辐射角。用视速度比值也可以检验异常区的波速度化，但要注意 i 是随震中距变的，因此，在选用地震时须考虑两台的震中距及震中方位角，不宜相差太大。更重要的是，必须将地震波路线通过与不通过异常区的两种情况作比较，才能认识异常区的波速比值是否已发生变化。

C.残差法：也是主要为追溯地震区波速异常在以往的变化情况，方法很简单，只是检验 P 波速度的变化。一个大地震发生后，很多观测台的记录可在《国际综合地震汇报》（B·I·S·C）上查得，一般包括地震基本参数和以震中距远近为序的各观测台 P 波走时，并将其参差列于 O–C（即观测走时与标准走时的数据差）项下。我们在疑有异常的地区范围内选一个观测台作为研究中心，并将在此以前发生在世界各地的有多台记录的大地震全部选出来。先总结异常未发生前的 P 波的残差，求得其总平均值 $\overline{R}$，然后以此平均值为标准，与异常发生后的地震，一一比较其残差 R。很明显，当异常发生之后，P 波速度下降以致 P 波到时推迟，残差遂随之而变，与前面的平均值作比较，便有一个差数 ε，可写成

$$\overline{R} - R_i = \varepsilon_i$$

$$i = 1,\ 2,\ 3,\ \cdots,\ n$$

式中 i 是异常发生后，选用大地震记录的序数，n 愈大愈好。我们可用误差公式，求选在异常地区观测台所记到的几次地震的 P 波残差平均值

$$\overline{\varepsilon} = \sqrt{\dfrac{\displaystyle\sum_{1}^{n} \varepsilon_i^2}{n(n-1)}} \qquad (16\text{-}25)$$

然后应用滑步计算法一步一步地连续滑算，将结果汇集起来，检验 $\overline{\varepsilon}$ 在时间上的变化。由于 ε 是由 P 波走时决定的，因此 $\overline{\varepsilon}$ 出现变化，便表明 P 波速度有了变化。滑算方法一般是在时间轴上滑步（也有用地震个数的）。由于波速变化小且慢，需要较长时间才能分辨其变化情况，因此，常用半年为计算单元，五天为滑步单位，连续演算。例如从某年的 2 月 1 日起至 7 月底计算第一次，再从 2 月 6 日起至 7 月 5 日计算第二次，如此往下滑算，至滑到最后一个地震为止。然后将结果：$\overline{\varepsilon}_1$, $\overline{\varepsilon}_2$, $\overline{\varepsilon}_3\cdots$，放到时间轴上作比较，分析其变化情况。实际经验证明，$\overline{\varepsilon}$ 的变化幅度很小，一

般在十分之几秒左右，因此，每演算一次，所使用的地震个数需超过一百，即在演算式中，$n \geqslant 100$ 时才能达到 0.1 秒的有效精度。为此，在选用资料上亦要比较严格，每个地震需满足以下几点要求：

（1）地震记录的时间服务须保持 0.1 秒左右的精度。

（2）少于 25 个台的地震记录时，不用来测定震中位置参数。

（3）P 波到时残差（O–C）大于 5 秒的记录不用。

（4）震中距离不适宜，即 $15° > \varDelta > 100°$ 的记录不用。

此外还须考虑必要的校正，如台站（异常区观测台）基地校正，地球扁度校正（主要是地理纬度与地心纬度之差），时间服务系统校正（原子时与太阳时之差）等等，以期得到最佳值。

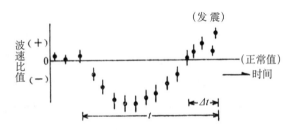

图 16-9　波速比值发生异常变化的全过程示意图

用上述三种方法可以侦察疑有危险地震发生地区的波速或波速比值是否有了异常，可以确定异常开始的时间，还可确定异常已发展到什么阶段，其中最重要的是，可以告诉人们是否到了回升恢复的阶段。前文说到，波速异常结束后，即将发生预期的地震，因此，要求观测者从一开始就要逐步总结，将波速异常的变化数据，作成正坐标图，如图 16-9 所示。

这是理想的示意图，从图上可以得知波速下降开始的时间、波速回升到正常的时间和发震的时间。从波速下降至发震，总称为异常持续时间 t，从已恢复正常至发震，称为异常迟延时间 $\varDelta t$。波速异常持续时间 t 是很重要的预报因素，它所指的时间是未来地震发生的时刻，它的长短是与未来地震的震级大小成比例的。如果人们能够准确地掌握该时间，则实现地震预报就不难了。但现阶段，尚有实际困难，还作不精确。

关于异常持续时间的长短与震级大小的关系尚存在着问题。首先是异常时间的起点不容易确定。一般是因为前期的资料不足，不能看出变化，后期虽累积资料够了，又由于波速下降与回升的进行轨迹，两不对称，不能比照着往回推测下降的起点。较大危险地震的异常持续时间 t 与震级 M 的关系，虽然已有指数函数式

$$\log t = C_0 + CM \tag{16-26}$$

但 C_0 和 C 两个系数很难确定，且变化很大。例如上文说到，从蓝山湖、加尔姆和圣费尔南多三个典型事件得到的经验式为

$$\log t = 0.68M - 1.31 \tag{16-27}$$
$$(t \text{ 以日计})$$

实际情况是，较大地震只有 1971 年圣费尔南多地震（M=6.2），t=1300 天，符合上述公式，而 1970 年日本秋田地震（M=6.2），t=970 天，又 1969 年岐阜地震（M=6.6），t=1000 天，都不符合上式，少了数百天。1962 年我国广东新丰江水库地震（M=6.2），t 约为 500 天，天数就更少了。这是由于震区地下水丰盛，渗流速度大，补充因裂胀产生的空虚较快，因而波速异常的持续时间便大为缩短了。

其次是异常结束后至发震时间的关系也还存在着问题。地震不是波速恢复到正常后立即发生，而是要迟延一段时间 Δt 才发生。Δt 的长短很不一致，据初步统计结果，$\Delta t/t$ 可从 0 至 60% 之间变动。它与震级关系不明显，但也不象是完全无关。有些例证说明：M=6½ 的地震，Δt 约在 1 个月至 1 年间；M=7½ 的地震则在 1 年至 3 年间。迟延时间的产生原因，现在还不清楚，从表面看是由地方的具体条件所控制的。

下面看看北京地区的实际情况。

在北京地区，周围数百公里之内，设有微震观测台网，用远

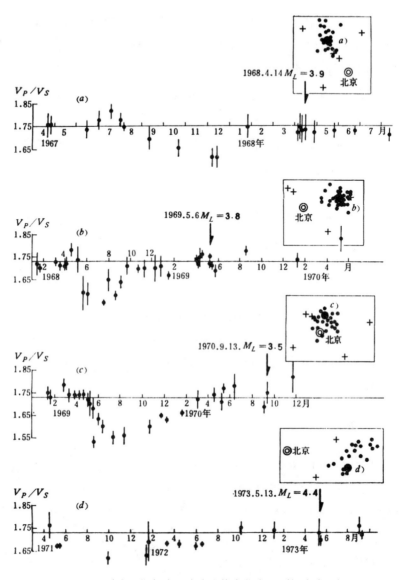

图 16-10（a）　北京地区波速比值变化实例（据金安蜀）

距离有线传输技术，集中记录于一处，时间服务一般在 0.1 秒以上。为了监视地区地震活动性，不断用和达作图法测计本区的波速比值，以观其在时间上的变化。首先我们根据 1967 年以来 1300 余次地震的实测结果，求得本区波速比的长年平均为 1.73，（西部稍高，为 1.75），将其作为本区的波速比正常值，即异常变化的衡量标准。然后列出 a，b，c，d 各活动区自 1967 年以来每次较大地震发生前后的波速比值的变化情况。为了比较，对发生在观测台网中间的 11 次 $M \geqslant 3.3$ 的地震，作了详细研究。图 16-10 表示其中 4 个地震（每个活动区一个）的研究结果。

图上右侧小框内的附图，大黑点表示较大地震发生的位置，小黑点是其震源附近的小震，用来测定波速比值变化的。从图上我们看到：

第一，波速比值变化是按典型的方式发展的，先是下降，到了最低后又回升，及恢复到正常后，迟延一段时间，才发生地震。但异常持续时间与震级的关系，以及异常结束后至发震的时间长短都没有明显的规律性。

第二，异常幅度随时间的变化，在下降时与回升时是不对称的，其回升段拖延至最后，成为一长尾巴，如图 16-10b。值得注意的是，异常最低点至异常结束的时间 τ 与发震迟延时间 Δt 之间似有一定关系为：

$$\frac{\Delta t}{\tau} = \kappa \quad （常数）$$

第三，如右侧小图所示，未来较大地震都是发生在小震集中活动形成的小异常区之中，根据初步统计，这个小异常区的面积 A，与未来发生的较大地震震级 M 的关系，可写成

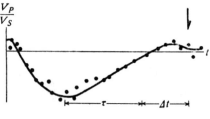

图 16-10（b）　北京区波速比值异常变化综合示意图

$$\log A = j_0 + jM \tag{16-28}$$

式中 j_0 和 j 是待定常数。

总的说来，震前波速异常，如能掌握其变化规律，实是地震预报的好方法，关键在于如何确定异常持续时间（包括发震迟延

时间）。现阶段，我们在这方面的知识不够，对于如何精确地测定 t 和 Δt 尚有困难，因此在实现地震预报问题上还有相当距离。

波速异常持续时间的长短，除了岩石孔隙度、孔压力、孔液流速等因素外，更重要的可能还是震源微裂的产状。震源深处压力大，非弹性膨胀只有在向上的一面克服重力后可以伸张，其他各面全被坚实的围岩阻遏，无由开展。由于震源岩石向上膨胀会产生微裂，但必然又会受到破坏应力原来方向的干涉，使微裂的产状复杂化。在适当条件下，亦可以有个优势方向为其总方向。其实际优势如何，则由具体条件决定。只有微裂发育的总方向，阻碍了地震波传播，才会产生波速变化，否则将没有变化。所以平移断层地震，震前很少（至少很不明显）出现波速异常。至于微裂多少，可以影响异常幅度，与持续时间无关。

此外，关于非弹性膨胀所影响的区域与产生波速异常区域以及地下水作用的范围三者之间，是不是一致也还没有定论。当初苏联人在塔吉克地区发现的地震波走时异常的范围，大约是在震源附近 5 至 10 公里，后来根据理论推测约可与余震活动区域相等，实际上，也有可靠的观测数据作了证明。地下水影响面积也未确定。据 1971 年美国圣费尔南多地震的实际调查结果，波速异常区域的半径长约 80 公里，而有地下水渗流作用的范围，半径只有 10 公里左右。

如上所述，有关波速异常的发生和发展，还有许多因素不能掌握，目前用于临震预报尚不成熟，仍需要与其他前兆现象配合起来继续进行观测和研究。

（二）b 值变化

在临震预报研究中，微震观测的另一监测项目是 b 值的变化。每个地震活动区各有自己的正常 b 值（即其长期平均值），每逢大震出现前，b 值有异常变化，可以作为地震前兆来研究。一般写成：

$$\log N(M) = a - bM \tag{15-4}$$

$$b = \log \frac{N(M)}{N(M+1)}$$

从上式可见，b 是在一个地震活动序列中，每一震级的震次与其大一级的震次比的对数。若用半对数坐标纸作图，b 就是震级频率图线的斜度，所以，b 值如有变化，可从其斜度来认识。

微震台网在监视危险区的震情变化时，要不断分析所在地震区及其附近 b 值随时间的变化。最重要的是发现前震活动。前文已指出，前震是地震的重要前兆，其比值常比正常值为小，所以要从开始就注意其序列的发展。正常 b 值，一般可利用危险区所在地震带（或区）自有记录以来长期累积的地震资料作震级－频率曲线图，求其平均斜率而得到。其计算方式有两种，简述如次：

A. 最小二乘法：亦称回归直线法。用 y 代 $\log N$，bx 代 $-bM$，则震级－频率公式可写成：

$$y = a + bx \tag{16-29}$$

$N(M)$ 一般以 $M+\Delta M$ 及 $\Delta M = 1/4$ 为标准，计算其震级等于和大于 M 的地震次数。设有可用的数据 n 个，则用最小二乘法可写成，

$$b = \frac{\sum_{1}^{n}(x_i - \bar{x})(y_i - \bar{y})}{\sum_{1}^{n}(x_i - \bar{x})^2} \tag{16-30}$$

式中

$$\bar{x} = \frac{1}{n}\sum_{1}^{n} x_i, \bar{y} = \frac{1}{n}\sum_{1}^{n} y_i$$

B. 最大似然法：地震可认为是合乎泊松分布的随机事件，其震级累积概率的分布函数可写成

$$N\ (M)\ = 1 - l^{-\beta M} \tag{16-31}$$

$$(M \geqslant 0)$$

若 M_0 不等于零，则有

$$\overline{M} = M_0 + \beta^{-1}$$

用普通对数写，则为

$$b = \frac{\log_{10} l}{\overline{M} - M_0} = \frac{0.4343}{\overline{M} - M_0} \qquad (16\text{-}32)$$

式中 $\overline{M}$ 是每一计算单元所用地震的震级平均值，M_0 是最低限的震级，不一定为其最小的。

以上两种方法都可以用来计算 b 值。需要注意的是，用最大似然法计算结果，一般基准较高，因此，不宜同时混合使用两法。

对于应用 b 值变化以期预报地震发生的时间，现仍在研究和累积经验，下面举例来说。

比较突出的是美国旧金山海湾一个例子。1970 年 5 月中旬至 6 月末出现小震群，连续发生地震 2400 余次，总计其释放的能量约相当于一个 $M = 5.8$ 的地震。每个地震的震级全由 EML 台网测定。在分析 b 值随时间的变化时，是按时间的顺序，50 次地震为一计算单元，以最大似然法计算，并用

$$\overline{M} = \frac{1}{n} \sum_1^n M_i, \quad M_0 = 0.8$$

其中 $n = 50$，每次计算，使用 50 个 $M > 0.8$ 的地震，然后将结果做成 b 值随时间变化图。再用下式

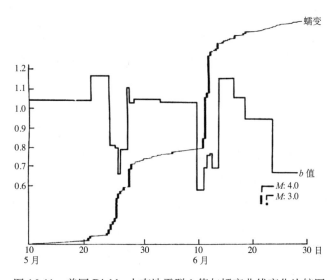

图 16-11　美国 Diablo 山南地震群 b 值与蠕变曲线变化比较图

$$\log E^{\frac{1}{2}} = 5.9 + 0.75M$$

计算形变释放，从震群开始至末了，每隔 8 小时统计一次，将结果亦做成形变释放的蠕变图。

图 16-11 就是这一地震群一个半月活动期间的 b 值变化及其形变释放过程的比较图。从图上可以明显地看到，当地震活动迅速增强时，b 值便先下降，待活动高潮过后，才恢复正常。值得注意的是，b 值下降时很陡峭，容易发现，并且距活动高潮到来至少还有一天的时间，可资预报使用。

关于前震 b 值的变化分析，还可以海城地震为例来说明。1975 年 2 月 4 日，辽南海城地区发生了 7.3 级地震。在震前 90 小时内，设于震中近处的微震观测台记录到 $M \geqslant 0.1$ 的地震约 334 次，震中很集中，组成一个很好的前震序列。

根据以往地震记录资料，辽南一带正常地震活动的 b 值为 1.0 ± 0.2。对于这次地震的前震 b 值，首先用最小二乘法作一般估计，求得其震级－频率累积函数为：

$$\log N(M) = 2.74 \pm 0.06 - (0.56 \pm 0.03)M \qquad (16\text{-}33)$$

式中 $N(M)$ 是地震累积频度数。上式所示的平均 b 值为 0.56，比当地正常值小得很多，是典型的前震特征。再用滑步法计算，以分析其 b 值在时间上的微小变化。这次地震的前震活动全程为 90 小时，以 n 个小时为一分段，作为计算单元，再以一个小时为一步，逐步滑算到最后一个单元，则每算一次，都可以得到震级与频率关系的两个常数：a_i 和 b_i，但各有不同，表现为局部变化。前文已指出，M_0 的选择不同会影响到 b 值的计算结果。今用分段计算，每段地震的震级最低值不一样，从而影响到 b 值局部变化的情况。应当保持这样的原则：即在前震活动全程中平均 b 值须不变或变化很小，不致发生实际影响。试看下列算例：

设取 $n = 20$，仍用最小二乘法作滑步连续计算，将所得结果 a_i 和 b_i 分别加起来，求得其累积平均值。下面是四种不同选择的计算结果：

(1) $M_0 = 0.1$，使用 $M \geqslant 0.1$ 的地震共 332 个，

$\log N(M) = 2.58 \pm 0.06 - (0.58 \pm 0.03) M$

(2) $M_0 = 0.5$，使用 $M \geqslant 0.5$ 的地震共 225 个，

$\log N(M) = 2.63 \pm 0.06 - (0.58 \pm 0.03) M$

(3) $M_0 = 1.0$，使用 $M \geqslant 1.0$ 的地震共 116 个，

$\log N(M) = 2.60 \pm 0.06 - (0.57 \pm 0.02) M$

(4) $M_0 = 1.5$，使用 $M \geqslant 1.5$ 的地震共 44 个，

$\log N(M) = 2.56 \pm 0.08 - (0.56 \pm 0.03) M$

以上算例结果表明，在综合计算前震活动全程的平均 b 值时，去掉一些最小地震，虽然计算结果有些不同，但实际影响很小。

以上结果也说明，若用最大似然法进行分段滑步计算，每次计算可以通用一个统一的震级最低限，即通用一个 M_0，这样更容易反映相对变化。实际经验证明，在前震活动发展过程中，分析其 b 值异常的变化，如采用 $n = 20$ 小时为期的计算单元，其结果，因为时间间隔太长，看不出异常情况。太短也不宜。实际试验结果表明，以 $n = 5$ 和 $n = 3$ 小时为计算单元，结果最好。下面就是

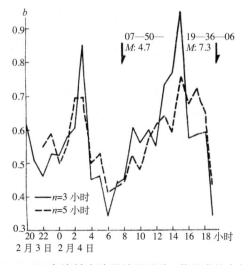

图 16-12 1975 年海城大地震前震震群 b 值异常的变化情况

以 5 和 3 小时为期作为计算单元，并以一小时为一步，用最大似然法及统一用 $M_0 = 0.1$ 为震级最低限，逐步滑算，最后将结果作图，其情况如图 16-12 所示。

从图上可以看到 b 值随时间的局部变化和大震前的异常情况。在较大前震（$M = 4.7$）和主震（$M = 7.3$）发生前，都表现为 b 值急剧增加后突然下降，随即发生地震。我们从 1966 年邢台地震和其他地震的实际经验中已知道一般临震的进程，当小震活动忽然入于平静时，大震则即将到来。这次海城灾难性地震，就是据此作出的预报。

以上只叙述了微震观测工作中两个主要侦察项目，也还有其他一些项目可作，如蠕变曲线，频率曲线，能量释放密度的累进情况等。

（三）形变测量

形变异常与地震的发生有多方面的关系，在临震预报研究中也是重要的工作。关于地震形变的累积过程及其变化，上文已谈了很多，这里要讲的是震前形变异常的侦察工作，是为临震预报研究服务的。

日本地震学家，早已从实地经验中认识到，地壳形变与地震发生有密切的关系。特别是滨海地震，常可从海岸线的变化，发现震前的地壳形变异常，并可借海平面进行定量的测定。例如 1923 年关东大地震，东京与横滨两大城市遭受了极大破坏，震中是在相模湾，震前沿相模湾海岸早已出现了地壳异常变动：房总一带隆起，三浦一带下沉，并向东南推移。当时，日本的著名地震学家，大森房吉结合本地地震活动特征，曾预言了这次地震。到三十年代初期，日本地震学家石本己四雄，创制了灵敏的倾斜仪（一种全部用水晶制成的佐尔尼式水平摆），测量精度可达 10^{-3} 秒。当时有些人认为，这样的精密仪器足以侦察至为微小的地形变，实现地震预报已不难了。事实证明，问题并不是那么简单。

上文指出，地震形变从开始累积至释放终止共有四个阶段，

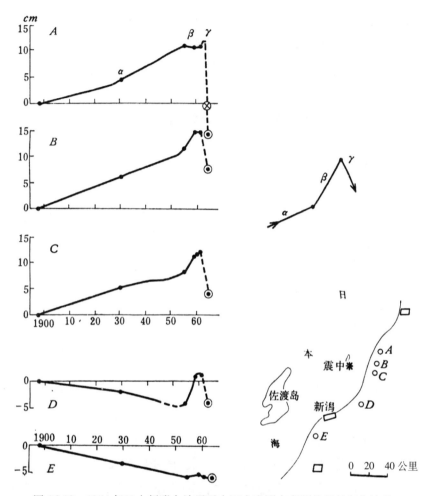

图 16-13 1964 年日本新潟大地震震中区水准测点高程的震前变化情况

重要在于第二阶段，即弹性形变的累积从稳定过程变为不稳定过程的阶段。在这期间表现为累积形变的情况变化，也就是形变速度和方向发生变化。临震预报研究者为便于侦察形变异常，概括这一变化为三联步：第一步是 α，即地震危险区所在地区的地壳在长期缓慢运动的基础上开始发生异常变化；第二步是 β，即地震危险区的形变速度剧增（包括方向转变）；第三步是 γ，最后的决裂，以弹性反跳的运动方式，大量释放形变，速度很快，幅度最大，但方向则常相反。实际经验证实三联步是存在的，下面以日本新潟地震为例，说明 α、β、γ 三步联系的情况。

1964 年日本海边新潟发生强烈地震（M=7.5），沿海岸原有一系列水准测量点，其高程早在地震之前就有了变化。图 16-13 中，A、B、C、D、E 5 个水准点，自 1900 年以来反复测量，保持着相当完整的记录。地震之后，分别追查了各点，以往的高程测量记录，将数据联贯起来，便可以看到各点的高程在时间上的连续变化，如图 16-14 所示。综合起来，自 1900 年至 1950 年，震中北部地区基本上是缓慢地稳步上升，而在南部则平稳地下降，速度平均每年是 0.1—0.2 厘米。到了 1950 年以后就不同了，速度大增，方向亦有改变，而且进程很不稳定，最大速度约可比寻常大 10 倍。接着就大震，发生弹性反跳，引起剧烈的地面运动。从这 5 个点自 1900 年以来的高程（形变）变化曲线，都可清楚地看出 α、β、γ 三联步的情况，并突出地表现了 β 型形变异常在临震预报上的重要性。

地形变的测计，一般使用定期的大地测量（包括水准测量和三角测量）等方法，精度要求高的，用激光测地法，但都只能发现 α 型的形变变化，不宜于监视关键性的 β 型变化，因它变化急，时间短，在紧要关头，必须用连续记录形变的仪器，才能及时侦察到，起监视的作用。在这方面，目前还缺少精密仪器，一般都是使用倾斜仪，但干扰很大，不容易分辨 β 形变。

倾斜仪的观测记录主要是受到地温和地下水的干扰。由于地温的变化，地表地层随着胀缩，反映到倾斜记录中，造成很大干扰。而地温又受气温影响，情况复杂，有日变化，季节性变化等等，干扰大小是很不规则的。因此，倾斜仪必须置于地下室记录，这样才能避免温度变化的干扰。另外，在地下深处，它还受地下水的影响，地下水的升降也会使近地面地层有些胀缩，反映到倾斜记录上，也会出现异常变化。这类变化有时幅度很大，往往被认为是 β 形变的最后一段。实际上，地下水面变化的原因很多，观测者必须特别注意并掌握本地区地下水活动的习性，方不致有误。

另一方面，仪器本身亦存在一些问题。现在一般使用的倾斜仪有两种：水平摆式和连通管式。摆式倾斜仪测的是仪器底座的倾斜反应，只代表很局部的倾斜变化，其来源很复杂，有时相邻很近的两测点记录，可以迥异。若将记录数据按时累积起来，结果使人难于置信。这种仪器，多在对倾斜情况比较了解的地区，作短期参考使用。管式倾斜仪所测量的是管的两个头座间高差所产生的倾斜，其记录（大都用目测）是可与实际测量数据相对比的。但精度受管子长度的限制，例如用 100 米长的管子，在测头上读到 0.1 毫米，所代表的倾斜度不过 2×10^{-2} 秒，比上述水平摆的观测精度大约要差一个数量级。所以，仪器还需要改善。

目前由于测量技术方面存在问题，作为地震前兆异常的 β 型形变的变化，还不能完全掌握。异常持续时间，异常影响面积以及异常幅度和速度等观测数据与未来危险地震的基本参数之间，都未能建立有效的定量关系。根据经验，比较明显的是，未来地震震级 M 愈大，异常持续时间 t 也愈长，似有如下的关系，

$$\log t = \kappa M + \kappa_0 \tag{16-34}$$

式中 κ_0，κ 两常数，还没有确定的准则。举例来说，1964 年新潟地震（$M = 7.5$），β 形变异常约在 13 年前开始；同年阿拉斯加地震（$M = 8.5$），据不完全的测量数据推测，至少是在 40 年前已经开始。若以此两次地震为依据，测定上式常数，则可得，

$$\log t = 0.5M - 2.6 \tag{16-35}$$

但 1966 年塔什干地震（$M = 6$），据苏联观测的数据，β 则是在 25 年前开始的，这说明上式显然是没有实际意义的。其他形变异常参数与震级的关系尤为复杂，不易掌握，与地震时间的关系更不清楚。日本在这方面工作比较多，总结出一些经验公式，但都缺乏普遍性，实际上难于使用。

综上所述，现阶段，因为情况复杂，我们还不能有效地利用

形变异常。例如 1966 年邢台地震（$M=7.2$）后，查得在震中附近地区的两个水准点，相距约 40 公里，在 1920—1965 年间，高程有了剧烈变化，对照其 25 年间的四次复测结果，估计两个点相对高差已达半米有奇。然而，一般以为地震形变异常现象较为普遍的日本，在 1974 年伊豆半岛南端滨海地震（$M = 6.9$）时，却没有任何表现。

地震形变是各种前兆现象的来源，临震预报研究者，为了配合形变异常的观测，还需广泛地注意由于地震形变所引起的其他异常现象。虽然出现的现象是间接的，但可以肯定其是从震源地区产生的，是与地震形变有关的。

（四）地磁和地电测量

震磁与震电关系，上文已多论述，这里还要说的是如何肯定其关系，取得地震前兆的特征，消除干扰，为地震预报服务。地磁、地电干扰背景都特别大而且复杂，主要来自空中，影响范围很广，而我们所要寻找的却是存在于地下的极其微弱的局部现象。微小的现象夹杂在强大的干扰背景中，要分辨出来是不容易的。

地震时，位于震中区的地磁仪器记录出现特殊扰动，虽然有些早年的学术报告已经提到，但没有人作过系统研究。自人们了解到岩石保有热剩磁和具有压磁效应之后，才肯定了震磁关系的存在，将地磁异常亦作为地震前兆来研究。随后，通过一些计算，人们了解到，震源区岩石由于压磁效应所产生的磁性，对当地磁场的影响，最后可达 5γ 左右。再加上现代地磁观测仪器的灵敏度已大大提高，分辨能力可达 10^{-1}—$10^{-3}\gamma$，测量技术也不成问题了。于是，有不少地球物理学家，寄予了很大的希望，认为地磁预报地震，既有了可靠的科学基础（压磁效应），又有了精密测量技术。一时，研究者颇多，但都没有获得预期的结果，其中最重要的是美国布兰纳的工作。

他在圣安德烈斯断层自荷里斯特向北至旧金山之南择取了 120 公里长的一段，作为实验基地。这一段是断层蠕动现象比较显著的地区，乃认为该段中由于构造应力所引起的压磁效应，可能要大一些，容易反映到地面上来。就在这段断层上，布置了5个观测点，用铷汽地磁仪（精度：$3 \times 10^{-3} \gamma$）进行连续观测，前后达3年（1965—1967）之久。为了消除非局部磁场的干扰，观测点的纬距（即南北向距离间隔）布置为30公里，这是因为主要来自空中的干扰磁场，虽不与经度的位置相关，但若纬度不同，亦产生差别，必须南北距离维持在30公里的范围内，才能基本上保持不变。他用耦合抵消法排除干扰，即以中间观测点的记录为主，与南北两侧的测点记录相比互消，以获得干净信号。综合几年观测结果，殊出人意料之外，在这期间，试验区及附近发生了很多地震，较大的有 $M = 4$ 的，但没发现有局部地磁场变化可与之联系。这一结果使人怀疑压磁效应的理论是否可以解释震磁关系，当然也有可能是压磁效应产生的磁场为强大的空中干扰磁场所掩没。因此，要求人们进一步分析干扰磁场，下面用较大篇幅来讨论。

　　"干扰磁场"是由各种非局部的暂时磁场组合的，其中主要是由于高空电离层的变化。在数十公里上空，由于太阳紫外线辐射和微粒子的辐射，使大气层部分空气电离化，于是逐渐演变，离子密集，浓度最大的气层变成了电离层。它跟着地球旋转，与地球固有的基本磁场相感应，生成电磁磁场，从而干扰地磁的各项要素（强度、倾角和偏角）。电离层并不是一种稳定的组织，它的

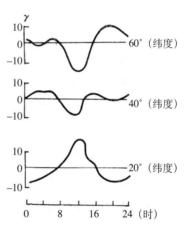

图16-14　磁静日，水平磁强度平均日变化的综合情况

层位高度、厚度和离子的浓度都是变化的，因之其所感应的电磁场也是变化的。现在，人们已熟知，电离层本身既有经常性规律性变化，也有临时发生的不规则的变化，其来源都在太阳上。太

阳对地球的光照，在白日与黑夜是不同的，对地球上空的电离层组织的影响也是不同的。夜间情况很简单，只在离地平均高度约 300 公里处有一层叫做 F 层，它的电离浓度是每毫升含有自由电子 10^8—10^6 个。到了白天就不同了，在太阳的照射下，F 层之下约 100 公里的高度又出现一个电离浓度为每毫升 10^6 电子的 E 层。也有复杂的时候，夜间有时亦可出现 E 层，白天有时 F 层还可扩大为 F_1 和 F_2 上下两层。此外也还有临时出现的新层。这些复杂变化无不反映到地磁记录上来，成为不同情况的干扰。地磁记录实际上是基本磁场和各种干扰的大杂烩，由于地球有自转和公转，遂使地磁记录表现出日变化和年变化，其他临时性的异常变化都叠加在经常变化的记录图上。

地磁观测主要是观测日变化，包括磁场水平强度（H），磁偏角（D）和磁倾角（I）三要素，在全天 24 小时作连续记录。上面已指出，这个记录图，包含各种磁因素，有地球的基本磁，有局部的和非局部的干扰磁，不一而足，混合在一起。但在没有特殊磁干扰发生的日子里，记录图的形状是大致固定的。除纬度*的影响外，记录一般是表现为随时间有规律性的起伏，如图 16-14，显然是与观测点所在地太阳的出没相联系的日变化的基本图像。从图上，人们可以容易地得到地磁变化的日均值。

一个月当中，有不发生特殊干扰的磁静日，也有发生特殊干扰的磁扰日。在磁静日，磁场强度变化不过 10γ 左右，在磁扰日则比磁静日平均日均值要大，且可以大得多。磁扰日的磁变记录是很复杂的，远不是如磁静日的记录那么有规则。磁扰的持续时间虽然不长，但其变化常可使记录混乱，难于分析。如果震磁异常出现在磁扰日，则消除干扰是很困难的。

磁扰的发生是由于有时太阳活动突然增强，这时辐射量增加，结果干扰磁场亦随之增大。凡是日变化强度大于磁静日平均日均

---

* 指磁纬，现在磁极：78.5° S，111° E；78.5° N，69° W。

值的，都称为磁扰日。但太阳活动的加强及其强度大小都是不定的，因此磁扰日也是没有一定的。磁扰的强度有大有小，小的磁扰叠加在正常日变化之上，记录尚可分辨，大的磁扰则改变记录图的常态，难于辨认。干扰强度亦受纬度的影响，一般情况是随纬度增高而增加，直至67°之后，才向磁极逐步减弱。在高纬度（60°以上），还受极光的影响，情况更为复杂。磁扰很强的称为磁爆，在记录图上很突出，大者可至上千 γ，甚至更强。它的发生与太阳上面的黑子活动，紧密相联。实际上，黑子是太阳的强活动口，射出微粒流（大量质子和电子组成）到地球上空，产生磁爆，成为地磁的莫大干扰。黑子的活动区域，一般在太阳纬度的南和北10°—30°之间，跟着太阳自转，约27天为一周。由于太阳上面还是高温液体，自转速度因纬度不同而快慢不同，其结果，使位于不同纬度（太阳）的黑子，对地球辐射持续的时间很不一致，这就更增加了地磁干扰的复杂性。其中寿命长的大黑子产生的磁爆可有二十来天的周期性。有时太阳还有特大活动，在太阳上出现大耀斑，射出强大的粒子流，向地球射来的粒子流在一、两天中可造成极大的磁爆。此外，在太阳上面，还可以有很多其他种类的微粒辐射，可使电离层发生变化，从而使地磁场受到不同程度的干扰。

干扰磁场是如此之复杂，所以采取不同观测台的同时记录，用相互抵消的办法（有的只用两个同纬度的记录）发现局部异常是有问题的。上述布兰纳的工作没有结果，也可能是真正的震磁异常还在干扰的大海中，未被发现。但还有一些情况很令人怀疑。

他在圣安德烈斯断层上进行地磁观测的同时，也进行了蠕动观测。上文已提到，这里平均每年约有1厘米的滑动量，但不是以均匀速度完成的，而是每年只有很少的几次，每次持续时间不过几分钟至几天，其他时间则不动。将蠕动发生的过程与地磁记录相对比，他发现每看到地磁记录图上出现异常扰动，则在几十小时后，必然有0.5至4毫米幅度的蠕动发生。奇怪的是同在一个地区，即使有 $M=4$ 的地震发生，在地磁图上，也不见震前有任何异常磁扰。这一结果，殊发人深思。上面曾说过，蠕动的发生，其机制亦类似地震，但发源很浅，地震岩石受其影响，产生压磁效应，被地磁仪记录下来，这是可以理解的。然而同样的仪器，地震前则没有磁扰记录，所以，也可能震前根本不存在压磁效应。我们知道震源是有深度的，震源深处地温很高，岩石已失去磁性，至少已很少磁性，即使有压磁效应，亦会很微小，可能根本无法反应到地面为人所察觉。若果如此，则震磁关系就不是压磁效应的理论所能解释的了。更可能是由于地电的影响。关于地电问题，下面专门讨论。

震电异常的记录，概括起来可分以下一些类型。

i）突起突落，大幅度的急促变化。

ii）缓缓地升起到一定幅度，再慢慢地下降，形成大跨度的拱形变化，其上面附有短周期的急剧起伏。

iii）大幅度急剧下降，然后慢慢恢复正常。

iv）瞬时跳跃如脉冲，或短周期颤动。

最初，对于这类特殊地电扰动与地震之间的关系，在认识上是含糊的。例如，1951 年我国台湾省花莲地震（$M=7.3$）发生前，苏联阿拉木图观测台的地电记录出现了强烈扰动。有人怀疑它是震电关系，实际上是适逢其会，千里之遥是不可能有何联系的。但在苏联加尔姆地震区，确曾观测到两次较大地震发生前，在震中附近观测台上，地电记录出现了异常扰动。且发现：不少与逆冲断层有关的地震，常常是在震前数小时在其附近观测台的地电记录上出现异常，待异常消逝后便发生地震。这说明地电异常，与地磁一样，也是由于酝酿地震产生的，可以在未来震中区作为地震前兆进行观测。

从理论上说，震源及其附近受地震形变的影响，地的电阻率是要发生变化的。地电观测者可以观测两电极间的电流或电位的变量，加以推算。一般是采用物理探测常用的视电阻率测定法，其原理如下。参阅图 16-15，*A*、*B* 和 *G*、*D* 是内、外两对电极，以等距离埋入地中，外极为输入电流用的电路，上面装有安培表；内极为测量相应电位用的电路，上面装有伏特表。工作时，由外极线路按时输入地中定量的电流（*i*），随时在内极线路上读得相应的电位（*v*），便可按下式：

$$\rho_a = 2\pi a \frac{v}{i} \tag{16-36}$$

计算测量地区内的平均电阻率（ρ_a）。式中 *a* 是电极间的距离，相当于测量可达的深度，ρ_a 是在这一深度以上地壳的平均电阻率。很显然，*a* 愈大，测量可达的深度也愈深。若连续不断地测量，只要将 *v* 的读数排列在时间轴上，观其变化，便可侦知地震区的电阻率有无异常情况。

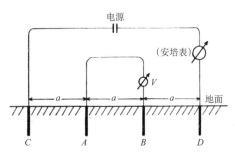

图 16-15　地面视电阻率测定法示意图
（一般称 Wenner 法）

上文曾说到，根据标本实验结果，岩石在压力作用下，当要发生破坏时（相当于地震前夕），电阻率迅速下降，幅度很大。例如：辉绿岩，在一千巴压力下，电阻率可由 1.3×10^{-7} 欧姆／厘米下降为 1.0×10^{-7} 欧姆／厘米，若压力为三千巴到三千八百巴时，电阻率则下降 80%。异常变化如此之大，测量技术上没有困难，但它也象地磁一样，干扰背景很复杂，如何去伪存真是工作中的一大问题。

成为前兆异常的电场是局部的，在地电观测记录图上，往往是由于存在强大的非局部地电场的干扰而不易分辨。地电记录的干扰与地磁的干扰来源一处，都是受到太阳的辐射产生的，有年变化，有日变化，也有短期的电扰。当太阳的辐射进入大气圈后，因电离化产生电场，从而又产生电磁场，由此产生了各种干扰，

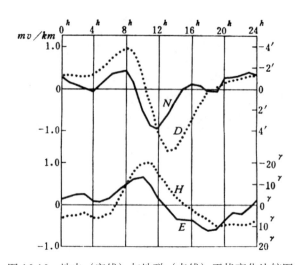

图 16-16 地电（实线）与地磁（点线）干扰变化比较图
（上）地电（南北向 N）与地磁偏角（D）变化比较；
（下）地电（东西向 E）与地磁水平强度（H）变化比较

所以地电与地磁的变化基本上是同时的。图 16-16 示地电记录的日变化，与同时间地磁的变化相对照，可以看到，它们的表现是很一致的。

地电与地磁一样，短期的干扰也是复叠于正常的日变化记录之上，干扰幅度一般是比较大的，但干扰来源则比地磁复杂。此外还有测量技术上和环境改变而产生的一些局部干扰。地电观测要把电极埋于地下与地连接构成测量线路，常可因电极和导线本身的一些技术问题，使记录上出现各种奇怪的现象。观测者在工作中，须注意线路漏电，接触不良，电极极化等一般技术问题，还要注意环境情况有无改变，特别是由于湿度和温度变化所产生的影响。例如导线被践踏，电极被水湿等情况都能使记录出现大幅度电扰。即使一般的温度不均，潮湿失调等现象，也可以影响记录，出现不稳定情况。实际上，地电记录的干扰，远比地磁复杂。

地电干扰与地磁干扰都是非局部性的，且为同一来源，消除干扰的方法，也可以相同。地电异常扰动，一般幅度较大，容易认出其特征，但引起异常的原因很多，重要问题是如何肯定其与地震的关系。用压电效应显然不易解释这种扰动。因为来源在深部，如何通过导电的地下水层反应上来，并得以观察，很难想象。另一种可能的设想是，地震形变到了临震前的剧烈变化时，影响了地下水情，以致地的电阻率大变，因而产生大幅度电扰，并由地电变化，影响地磁亦出现异常。这是完全可能的。

（五）地下水反应

上面说到，地下水普遍存在，且反应很快。地震形变，必然引起地下水发生变化，特别是临震之前，形变已紧张到了极点。在地下水旺盛的地区，可以有各种各样的异常现象出现，沿着地震断层发展可达很远，成为临震预报研究的一大工作。由于地下水变动的原因很多，地震形变只不过是其中的一个，因此，有的侦察项目，须要发动群众，广泛地收集有关现象，通过综合分析，查明真正与地震有关的问题；有的则需用专门仪器进行长期观测。

仔细分析各地区的地下水，无论是层位深浅，所含杂质成分以及流动速度都不是一样的，因之水质是不稳定的。其来源浅的，含有许多有机物质和气体。若通过矿区则多矿物质，通过油田则多油类气质。这样合成的地下水，平时所含杂质量较少，流速也小，一朝发生变化时，杂质含量增加，流动加速，地面上便可出现各种异常现象，比如井泉水位上涨，水性变味、冒泡、发浑；河池中的鱼类因缺氧或水味不能忍受而浮上水面呼吸或蹦跳上岸；蛙类成群迁走；穴居动物慑于多水或气味，纷纷出洞逃避，甚至中毒等等。由于这些异常现象往往在多处同时出现，分布情况也很复杂，且是变化的，因此，一时很不容易看清各种内在的关系，需用很多观测点组成的侦察网，进行联合工作才有效。

在苏联塔什干，有些地方的地下水中含有氡（Rn），因为氡是从镭分离出来的放射性惰气（衰变半期只有 3.82 天，很快变为惰

气氡），含氡的水对病人有益，所以久被当地人民所利用。1966 年
4 月 26 日，塔什干地方发生了一次强震（震中烈度约Ⅷ度）。震中
附近，有一口含氡的砂水井，井水从 1300—2400 米深的白垩纪晚
期地层中流出，水温达 60℃。这口井的矿泉水，长期被当地疗养
院取用，保有长时间的氡含量变化记录。震后发现，自 1957 年始，
氡含量逐渐增加，至 1965 年 6 月，几乎增加了一倍，嗣后快速增多，
之后，又一度保持平稳约半年，至 1966 年 4 月，又继续急增，不
到一个月便发生地震。震后迅速下降，至当年年终，恢复到 1956
年的水平，如图 16-17 所示。

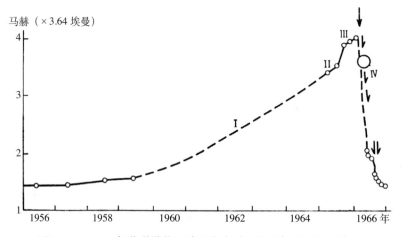

图 16-17 1966 年苏联塔什干地震发生前后的水氡含量变化情况
1 马赫 =3.64 埃曼
1 埃曼 = 每公升水含有 10^{-10} 居里的氡
1 居里：每秒 3.7×10^{10} 次核衰变（氡的蜕变率）

1967 年 3 月 14—15 日，这口井的矿水氡含量又突然从 6.2 埃
曼迅速上升至 11.65 埃曼，维持了一个星期后，至 3 月 14 日，塔
什干地区再次发生比前一年稍小的地震（震中烈度Ⅵ—Ⅶ度），震
后也是很快下降到 4.4 埃曼。

这两次事件说明，深井泉水氡含量的变化与地震发生有密切
关系，因此，被认为是一种前兆现象，可以利用来预报地震。此后，

研究者日多，在我国亦有不少地方，设立专门观测点，进行观测。

据邢台地区的经验，1966 年强烈主震之后，较大余震发生前，常有河池上涨，井水翻腾、起泡、发浑或变味等现象，人们据此预告地震往往是正确的。

地下水作用所引起的异常现象是十分广泛的，如果知道地下水变动是由地震形变引起的，则研究其伴随的异常现象，结合前震活动特征以预报地震，显然是有效的。需要指出的是地下水发生变化的原因太多，首先要确定其与未来危险地震的关系，才能期之有成。经验告诉我们，重要在于综合各种异常因素，分析它们之间的有机联系，特别是与微震活动的关系。

3-3 综合预报

自六十年代有计划有步骤地开展地震预报研究以来，广大群众和科学工作者提出了各种地震预报理论和地震预报方法，但都在尝试，还不能说是成熟的。这主要是因为地震发生的过程及其基础条件很复杂，或者说是震源地区的地质力学条件和物理特性不一致，从而使地震类型也很不一致。上文曾分析过，有的地震，在主震发生前，有前震为前驱，并伴随着一系列明显的前兆现象，可资研究；还有一类地震，没有前震，前兆现象不清楚，很难预测。根据现在的统计，后一类型的地震，为数还很不少，且情况是变化的。由上述情况可以看出，地震预报是复杂的、困难的，同时也可看出，任何一种单一的理论和办法，都不可能解决预报问题，唯一的途径就是进行综合预报。

（一）三结合做法

首先是技术方面的综合研究。地震前兆是存在的，不过有的明显有的不明显，有的出现早有的出现晚，表现有的急有的缓。在弹性应变累积过程中，定有地震形变发生，其结果必然影响震源区的岩石而发生体积和性质的变化，从而产生各种异常现象成为地震前兆。前兆现象很多，有的是直接的地形变运动形式表现的，有的是间接以其他形式表现的，根据上文分析，可概括如下表。

表16-4　前兆异常综合表

类　　别	异　常　表　现	干　扰　因　素
地 形 变	地壳形变（包括局部隆起、沉降、推移、倾斜、开裂等）幅度变化；形变速度增加，方向变异。	温度或潮湿引起的伸缩和地下水引起的膨胀等。
震　　情	地震区微震活动情况改变，未来震中区出现前震；波速比值下降和回升；b 值骤变；震中分布特殊密集或特殊空旷。	无定的小震群。
地 下 水	应力场、磁场、电场改变；地面反潮、出水开裂；穴居动物不安，草木异花；井泉水面涨落，水起泡、发浑、变味、出气、出声等。	非地震形变的降雨、涨水、人工引水等。
水　　氡	深井水氡含量增加。	外围地下水。
地磁、电	局部磁场（磁强、偏角）和电场（电阻率）短期变化。	来自空间的非局部磁，电场；地下水。
动　　物	家畜惊扰不进圈，鸟兽成群飞窜，穴居动物出洞逃避，水生动物翻腾。	动物的适应性，和选择性。

　　总观上表所列，前兆现象的式样很多，性质亦很复杂，综合预报的第一步工作，就是汇集各种异常现象，作综合分析，以寻求它们之间的有机联系。首先将现象进行归纳，只有在震源地区累积弹性应变的过程中产生的现象，才是真正的地震前兆，否则是与地震无关的干扰。我认为震情异常是主要标志，实验结果说明，一般在大破坏之前，先有微裂发生，其规模较大的微裂，用高灵敏度区域地震仪可以收录到它的震动，也即微震。因此，人们认为，一切前兆现象都应当与微震震情相配合。需要注意的是：微震是地震区地壳先期破坏的表现，它的发生和发展受到地区条件的控制，各地有所不同。若将陆续发生的微震事件联系在一起，人们会发现，震中分布图像种类繁多，有的是渐渐散开，旷为一个空白区，而该区常常就是未来地震发生的危险区；也有的是渐渐密

集成为未来的危险区，还有的是集结成条带状并逐渐延伸，直至未来危险区等等。这些图像，有的是显而易见的，有的是隐晦不明的，需要人们根据具体情况作具体分析，求其答案。

当小震活动慢慢集中到一处形成前震震群时，则表明地震区的地震形变累积，已将地壳微裂发展慢慢集中到未来主震的震源区来了。在其渐渐扩张到地表的过程中，必然影响地下水的活动，使水情发生变化，从而引起各种各样的异常现象。因此在注视前震发展趋势的同时，也要分析各种异常现象，力求节节比较，互相参证，综合起来，为作出预报参数提供依据。

有许多震例在主震发生之前，由于地震区地壳岩石的特殊性，在未来主震震源区无微震集中增加的现象，因而不出现前震震群。在这种情况下，人们除根据基本因素估计未来地震的危险趋势之外，在临震预报研究中，无法利用微震震情的发展特征。一般来说，在破坏之前没有微裂，是由于形变（包括体积和性质的变化）太小，因此，如果不出现前震，则其他与地震发生有关的异常现象也是不明显的，这使人在地震区，即使见到一些宏、微观异常现象，也不好判断与地震的关系。对于这种类型的地震，求出预报参数还是有困难的。实验证明，岩石在破坏之前，若是由于质地很坚实未发生微裂的话，那么当应力增加到了弹性屈服点时，还是会有一个短短的剧烈变形阶段的。因此，可以设想，临近主震发生时，在未来震中区及其附近，可能会出现突出的异常现象。我们知道地下水是最为敏感的，且分布很广泛，剧烈地震形变会使之立即有所反应，由于它的变化，还可引出多种异常，临震预报的现场侦察者，若能即时掌握这些情况，也可做出地震预报。

以上说的是地震预报的技术方面，须用综合的办法，才有成效。地震预报不是单纯的科学技术问题，实为严峻的社会问题，重要在政治领导。下面谈综合预报的另一方面。

临震预报研究中的一项艰巨工作是组织群众，动员群众。第一步是在地震区，将必要的地震知识及地震预报的意义宣传到群众中去。要破除迷信。使得人人相信科学，知道地震是一种自然现象，是可以预测和预防的。还要介绍各种震前现象，以及辨别和测量地震前兆的简易方法，开展群测群防工作。

侦察地震前兆时，特别是侦察由于地下水的变动，在未来震中区及其周围所引起的各色各样异常现象时，要求多人多点，严密监视。监视观测点，大都使用目测和简易仪器。发现异常特征后，要综合研究，及时进行专群联合的讨论会商。根据会商结果，提出综合意见，随时向上级汇报，以便政府掌握最新情况，得以从容准备。一俟有严重情况到来，政府就发布警报，人们可及时采取安全措施，避免伤害。

（二）海城经验

1975 年 2 月 4 日下午 7 时半，辽宁省南部海城—营口一带发生强烈地震（震中：40°40′ N, 122°50′ E，M=7.3，h=16 公里）。这里是人烟稠密，工业繁盛的地区，又正值晚饭的时候，人都在屋里，若在旧社会，这样大的地震，必然死伤惨重，由于事先有了预报，虽然房屋倒塌数以万计，但生命损失极少。这是史无前例的。海城地震的预报成功，使国内外地震科学工作者的精神为之一振，增强了他们解决地震预报问题的信心。

先从地质地震背景来说，这次地震发生于渤海海岸，辽东半岛西缘的地震带上。在历史上，这里曾有过中等强度的地震活动。如果它向西南延伸，过了渤海与鲁东郯城地震活动带连接起来，情况就不同了。1668 年，在郯城曾发生过一次我国历史上最强烈的地震，震级 8.5。因此，人们早就认为，辽东地震活动，超过历史上的强度，也不是不可能的。按地质构造情况来看，华北平原与渤海延接至辽河下游（下辽河平原），乃是自白垩纪晚期以来，中、新生代的一个大型凹陷，一直在强烈下沉，至今未息。渤海北部的辽东湾，本是下辽河平原的一部分，沉入了渤海，水深还不到 50 米。下辽河平原，是现代沉降区。其东侧，沿辽东半岛至吉林南部山地是辽东隆起带，历史上地震活动就是在这隆起与沉降之

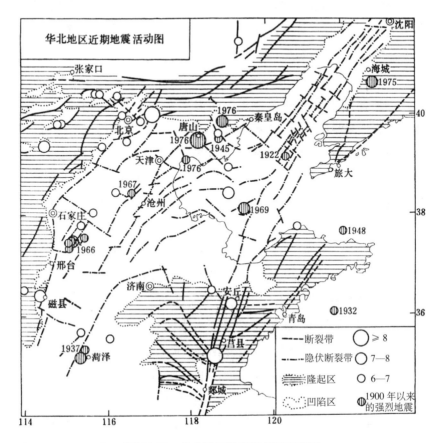

图 16-18 华北地区地震近年活动略图

间的地带上发生的。人们虽然怀疑，北面辽东一带的地震地质形势与隔海相望的鲁东构造运动可能有联系，但从地面调查，没有发现任何明显的迹象。目前，南北两段在构造运动上到底是怎样一种关系，还是不甚清楚。

近年来华北地区的地震活动性有所增长，这是事实。自 1966 年邢台地震（M=7.2）以来，至今余震尚未完全停息，而且强烈地震还不断发生，1967 年有河间地震（M=6.3），1969 年有渤海地震（M=7.4）。值得注意的是渤海地震正发生在鲁东至辽南地震活动带的中间，参阅图 16-18。

鉴于辽南存在地震危险，1970 年 3 月，设立了省地震办公室，在国家地震局的帮助下，开展了地震预报研究。随即，有计划地进行了地面测量并建立了微震观测台网。

根据 1970 年两次水准测量结果，发现辽东半岛向北西西方向倾斜，并在近期有所增长，而在西边盘锦一带则有局部隆起。地震观测的结果是 1972 年以来，小震较多，且都环绕着海城一带分布，活动还逐渐增加，至 1974 年，比前增加了三倍。渤海沿岸验潮计记录的总结亦表明辽东半岛向西北倾斜，而营口一带，则有断续上升的迹象。综合以上一系列不寻常的现象，使人怀疑，在下辽河现代凹陷地区的东侧，可能正在酝酿着危险地震，很值得注意。为了加强观测，更加周密地监视其发展，辽南各区进一步部署了群测群防工作。在组织群众，广泛宣传防震和抗震常识后，立即在城乡各地区建立了专群结合的地震监视网。

1974 年 12 月 12 日，本溪葰窝水库附近发生地震（M_L=4.8），人民虽感到强烈震动，但没有遭受损害。据群测群防监视网的报告，震前地下水发生变动，在丹东一带的井水有变化，动物（包括穴居动物）有异常反应。地震台网亦观测到前震和相当数量的余震。葰窝地震震中就在下辽河凹陷的东缘，但是否为所预期的地震还不能肯定，但震级过小，也可能不是主震。值得注意的是，丹东一带的异常现象，震后并未消失，且有所增加，联系到西边盘锦一带的局部隆起，使人怀疑可能还有北东向构造正在活动，酝酿着更大、更危险的地震。又根据微震观测台网的资料，营口—海城一带的震情也在变化中，这里正是两种构造体系的交汇处，因此也是一个值得注意的危险地区。

鉴于上述情况，辽宁省地震办公室在国家地震局的协助下，进一步加强了临震监视工作，增设了流动观测台，扩大了群众侦察网，并准备了防震措施。1975 年 1 月以后，地下水的变化和穴居动物的异常反应愈来愈多，出现异常的范围亦逐渐扩大，分布比较集中的地区是丹东、营口、海城、盘山、锦县一线，以及鞍山、辽阳一带，并向东北方向延伸。同时，小震活动亦渐增多，情况愈趋紧急。

1975 年 2 月 1 日开始出现前震。根据营口石硼峪地震台记录，最先发生的是一个震级小于 1 的极微震，频率增加很缓，2 日只有 7 次，震级均小于 1。3 日白天仍只有两次，至傍晚（18 时后）才急剧增加至 61 次，震级最大为 3.2。接着继续猛增，震中集结在海城附近，至 4 日午前，达到最高潮，最大震级为 4.7；过午不久，突然迅速下降。经验告诉我们，这是大震即将发生的信号。

主震于 2 月 4 日晚 7 时半发生，地震区震摇很剧烈，为本区有记录以来最强的一次。房屋被震倒一百余万间，因事前作好了准备，人已离开住宅，牲畜已赶出棚厩，所以伤亡减少到了最低限度。

总结海城的经验，有以下几点值得注意：

第一，政治领导贯穿着全部预报过程，从布置前兆侦察，发动群众，以至发布紧急警报，采取预防措施，每一关键环节，都有党的领导。

第二，使人民群众认识到地震是自然现象，可以预测亦能预防，这样，就可以很快地发动群众，开展群测群防工作。要做好专群结合，认真研究核实前兆真象，并勤向上级汇报，使领导上得以随时掌握最新情况。

第三，综合各区异常现象时，始终注意到它们之间的有机联系，不因细微而忽略。严格区分干扰与前兆。

另一方面值得注意的是这次地震本身具有的特殊性。最主要的前震震群发育很正规，且很集中。自 2 月 1 日至 4 日 19 时半主震发生前，在石硼峪地震台共记录到前震 527 次，其中最大的一次为 M_L=4.7。初期分析，发现 b 值特别小，在 0.5—0.6 左右，这一带的正常 b 值为 0.9—1.0，因此知其是前震，注意其发展，发现都集中分布在 40°38′—42′ N，122°44′—51′ E 之间。这就表明了这块地区附近很可能就是未来危险的震中区。同时，前震序列的发育过程又很合乎常规，频率逐渐增高，达到最高潮后，突然下降至平静，这又给出了危险地震发生的可能时间。

大震的前年，辽南一带秋雨特别多，到冬季则雨雪稀少，但地下水仍很旺盛。上文曾指出，地下水对于地震形变最为敏感。在临震之前，震源的物理状态已到了弹性应变极度紧张的阶段，介质渐渐产生塑性形变，遂使地下水发生变化。这次地震震前出现的各种宏观异常现象，基本上是由于地下水浸入引起的。就地下水本身的变化来说，主要现象是水位有升降，其次是发浑、冒泡、翻花、变色、变味、少数地方出现喷水或喷气。在空间分布上，约可划分为宽60公里的两个地带：一条是锦州—盘山—海城—岫岩至丹东一带，共178个点；另一条是本溪—鞍山—海城—营口而至旅大一带，共144个点。这两条异常带交汇在营口、海城地区并不是偶然的，它与地震地质条件不矛盾，也符合微观异常现象的发展情况。这说明地下水的反应与地震发生有密切关系。

受地下水的影响也产生了其他异常现象，主要是穴居动物不安于穴，冬眠着的蛇、蛙之类，有在一个半月之前就爬出洞外。一般地面禽兽，在临震前几个小时或一、二天出现的一些异常，则是受前震震动惊扰，与地下水关系很少。值得注意的是，这一带与渤海产油区相连，土壤中含有油气，由于地震形变，油气含量有了增加，是完全可能的。若地下水带有油气，也能刺激动物异常，若大量累积于地表，则还可以产生其他异象。这次地震时，若干地区气温有所改变（升高），还出现了地光等现象，也可能是由于上述原因。

这次地震在主震发生前，震中区地电记录出现大幅度异常，也起了预报作用。

海城地震的预报是成功的，但这并不表明地震预报问题已得到解决。实际上，如同海城地震这样容易掌握的前兆现象是很少有的。

3-4 预报与预防

地震预报的成功只能减少生命伤亡和可移动财产的损失，不能改变地震的破坏力。破坏性地震的发生是按自然规律进行的，不为人们的意志所转移，因此，不论地震预报做得多么好，地震预防还是必要的。下面略谈一点这方面的问题。

（一）地震灾害与抗震

破坏性地震发生后，现场满目疮痍。在旧社会人民遭受震害，如堕深渊，得免于难者很少。1920 年我国西北地区海原大地震，死了二十万人，大半是震后得不到救护，当时亦未偿没有救济团体，但不以救灾为目的，以致大量饿死、病死，情极可悲；与今日相比，震灾造成，就有党和政府的关怀，四方支援，救死扶伤，人民生活得到照顾，社会秩序和生产很快恢复，自不可同日而语。但最后还需重建家园，这就有了抗震问题。人们在地震现场很容易发现，各种建筑物的破坏情况有很大不同，在同地点的房屋或其他设施，往往因结构形式不同，材料、施工不同，破坏程度也可以很不一样。痛定思痛，人们很自然想到，为了减少震害，新的建筑须考虑抗震，使得再遇到地震时不至震倒。很明显，有预报兼有预防，才是最大的成功。

预防的内容主要是抗震,现已成一专门学科。它包括地震振动、建筑工程、土壤力学等许多方面的问题，这里要谈的只是其中关系到地震安全系数的一些概念。

人们在地震危险区建设时，是根据基地地区地质和土质条件以及历史地震活动情况，估计建筑物在其使用期间可能遭遇的地震危险，确定地震的安全系数。工程师们把这个安全系数用于设计上，使由此计算的建筑物所具有的耐振性，足以抵抗住地震振动作用于建筑物的侧压力，而不致倒塌。建筑物的结构、施工、材料以及地基，都需按照规定的安全系数加以考虑，才能达到抗震的目的。安全的要求主要是保证建筑物不倒，有限的损坏是不可避免的。

　　一次强烈地震，对于政治和经济上的影响都是很大的。海城地震预报的成功，使举世之人刮目相看，政治影响极好，但由于实际强度之大为这一地区有史以来所未有，新旧建筑都未采取抗御强大地震的安全措施，以至房屋倒塌很多，经济上损失是很大的。

图 16-19　1975 年辽南海城大地震等震线分布图（据吴开统等）

　　上图 16-19 示海城地震烈度的等震线，其中心是震害最大的极震区，东自孤山，西至高坎边缘，长 50 公里；南自营口北至海城之东，全长约 37 公里，共有面积约 760 平方公里。在极震区的地面建筑，不论平房或楼房，一切砖瓦结构，十分之九都被震倒或遭到严重破坏，其损害不大的，不过十分之一左右。其中施工粗糙的建筑物更是倒塌无遗，铁路桥梁亦遭破坏。很显然，若曾考虑抗震，则许多建筑物的倒塌和破坏，是可以避免的。从海城经验中，我们对建筑物遭受地震破坏的基本要素有了一些认识。

在海城地震灾区的现场，可以看到地质和地貌特征对烈度的影响。极震区的中部，营口（县）、海城一带是丘陵地，不少山间和河谷盆地上面覆盖土层的厚度，从数米至数十米不等。东部是千山山脉形成的山区，覆盖土层很薄，且多冲沟；西部是下辽河冲积平原，上面是第四系覆盖层，厚达数百米，最上一层是1至5米厚的粘土。在这三种地质地貌环境不同的地面上，震害情况很不一样。概括地说，在丘陵地带和山区，因地基较为坚实，建筑物的破坏，主要是由于地面振动造成的，一般设计和施工好的房屋受害很小。在西部冲积平原地面上的情况则大不相同。因为地基土质松软，在地震震摇下，建筑物的破坏，除了由于剧烈的地面振动，更重要的是地基失效。地基被破坏有多样的形态：崩塌、滑移、开裂或沉降等，常常造成极为严重的震害。盘锦地区，辽河大桥就是由于地基下沉不均，使桥严重歪斜，以致桥梁下坠而毁坏的。不少房屋由于地基失效，即使是坚固耐震的，也都倾倒。且冲积平原地区的地下水位，一般比较高，在剧烈地震振动下，土壤容易液化，造成地基失效，因此震害特别大。

从海城经验我们认识到，有效的抗震必须注意的问题，除地震力的作用外，地基失效的影响也是很严重的。

地基失效对建筑物的破坏的影响是多方面的。历史上，1303年山西汾河地震（$M=8$）就有赵城村堡徙移的记载。地震科学工作者早已发现，在土质条件不同的地面上，对地震烈度的反应，可以有很大的差别。例如在同样的地震力作用下，软土层上比花岗岩层上烈度可高出2至3度。近年一些大地震现场调查的结果，更可以证明，地基土质条件的好坏，对建筑物破坏的影响大有区别。1964年美国阿拉斯加地震（$M=8.5$），首府安科雷季离震中有百多公里，市区的重大破坏主要是由于地滑移、坼裂、下沉等造成的，其建筑在较好地基上的，市中最大的饭店，则岿立如故。又1964年日本新潟地震（$M=7.5$），市区新建筑都是慎重考虑了抗震的，地震的振动虽没有破坏这些建筑物的整体性，但由于下面沙壤土层液化，地基失效，使建筑物完整地倾倒下来。与此相对照，一些储油池，基底加固达数十米深的，则没有歪斜。这使工程师们在抗震设计上，对保证建筑物的安全，有了新的认识。

在震害较多的国家，一般都有政府颁布的《抗震规范》供工程师们在设计上作参考。由于许多按规范加固的抗震建筑，经受了近年大地震的实际考验，人们发现地基问题不容忽视。若干占有广大地面的，如日本东京、美国旧金山等大城市，都根据土质条件的实际情况，分区研究地基特征，并列入市区抗震规范，综合考虑。一个大城市，它的土质常有局部的差别，例如北京西部与东部的地基，就很不一样。分析地区地基特征，一般是根据地貌、工程地质、水文地质、土壤力学等因素进行小区域地震烈度划分。具体说，就是测定当地土层厚度，土壤性质（除分别土类外，还包括密度、承压力、凝聚力、弹性等性质），以及地下水位的平均变化，表层卓越周期等项，以规定地震安全系数，作出确定处理工程场地基础和建筑物抗震标准。一个大市区常可划分为若干小区，工程师们便可按《抗震规范》所规定的各区的工程建筑标准，分别进行处理。一方面是加固地基，另一方面是加固建筑物的抗震力。下面着重谈一谈后一问题。

（二）地震振动破坏力

在抗震设计问题上，地震科学工作者只为工程师们提供了建筑场地的基本烈度，即根据长期预报所估计的最大可能的地震危险度是以烈度来表示的。实际上，也就是地震区域划分图上所规定的地区的烈度。建筑工程师们不直接使用烈度，须把烈度换算为地震力的当量，才可用到设计计算中去。烈度的换算一直存在问题，因为不是单一的物理量可以完全表示的。当初制定烈度的目的是为了便于比较各地方受到地震振动的强度（表现在地面物质破坏，或人的感觉），实际上是一种定性的等级概念。人们从现场观察认识到，地震对建筑物的破坏，显然是由于力的作用。力是由加速度来衡量的一个物理量，因此，在本世纪之初，意大利人肯肯尼就建议用地震振动加速度来规定地震烈度。他根据现场观测推算得来的一些数据，并认定地震振动的最大加速度可达一个重力加速度，制定了一个表，自称为"绝对烈度表"，其烈度度数与加速度大小的关系，大致可写成

$$I = 3 \log \frac{2}{3} a \qquad (16\text{-}37)$$

式中 a 表示地震振动加速度，以厘米·克·秒制计；I 即相应的地震烈度度数。这是最早的烈度换算公式，工程计算上将 a 与 g（重力加速度）的比值（a/g）称为地震系数。

数十年来，在抗震工程设计上，一直是根据地震科学工作者提供的场地基本烈度，由工程师们结合工程的性质及政治、经济等条件，规定抗震设计烈度，然后用上式换算加速度，以确定地震安全系数 K（$K=a/g$）。举例来说，若采用 $K = 0.1$ 的安全系数设计一座建筑物，就是保证其可以承受 100 达因 / 厘米 ^{2} 的侧压力，意味着可以抵抗 IX 度烈度的地震。实践证明，这个换算公式，是不完善的，换算结果，对低烈度是偏大而对高烈度又偏小。后来有了不少修正公式。首先是古登堡和李克特由经验证明，地震动产生的加速度等于 1 伽（1 厘米 / 秒 ^{2}）时，人就可以感觉，按烈度的定义是在 I 与 II 度之间，而按坎坎尼的换算式则相当 III 度，至于地震动的最大加速度则尚无可信数据，但他们认为会大于 g（980 厘米 / 秒 ^{2}），他们另作了一个经验式为：

$$I = 3 \log a + 1.5 \qquad (16\text{-}38)$$

按此公式换算，安全系数须提高很多，增加了工程建筑的投资，采用者不多，但其所示烈度与加速度的关系，则比较接近于加速仪的观测数据。类似的公式还有，都不解决问题，主要原因是：建筑物遭受地震振动的破坏并不单纯由于震动加速度一个因素引起。

根据现场经验，人们得知地震时，建筑物总是来回震摇，然后倒塌。这表明建筑物的破坏是震动周期（T）和震动振幅（A）

相配合作用的结果。周期与振幅的配合若不一样时，所产生的作用也不同，当周期很大时，位移（A）起主要作用；周期适中时，速度（A/T）起主要作用；周期较小时，加速度（A/T_2）显得很大，但对破坏不一定起主要作用。将一次地震的振动谱加以分析，可以看出位移、速度及加速度的变化，如图16-20。很明显，建筑物被破坏，是振动的各种动力参数的综合反响，不是单纯一项加速度造成，换言之，地震烈度的换算不是单一的加速度可以完全代表的。

　　另一方面建筑物本身的动力学特征、自振周期和阻尼对建筑物破坏的影响亦很

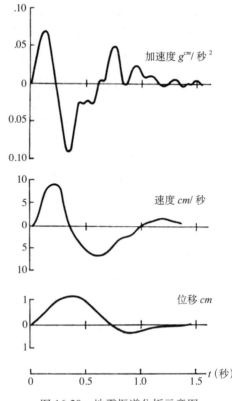

图 16-20　地震振谱分析示意图

图示单一地震动，震源浅，距离近，在坚实土地上的反响，若地震的情况复杂，则振谱表现是复合多重的

大。一般房屋的自振周期约是在 0.1—0.25 秒之间，阻尼约在 0.15—0.4 之间。地震是由多种周期的振动合成的，地基的反响不是对各种周期都一样，而是有所选择，即有所谓卓越周期。若建筑物的自振周期与地基的卓越周期很接近，地震时就将发生共鸣，若阻尼又小，则建筑物容易被破坏，甚至震倒。

　　如上所述，地震安全系数不是一个加速度值所能表达的，因此也有提出用震动反响谱来规定抗震设计烈度的，其基本概念如次。

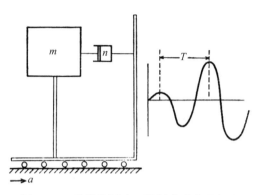

图 16-21 建筑物振动，单摆型反响示意图

以最简单的情况来谈，例如一个自由度的弹性结构，在地基振动加速度 a 的作用下，所起的反响，其情况与单摆振动很相似。如图 16-21，将一座建筑结构的全部质量集中到重心 m，成为一个单摆，其摆动方程，一般可写成：

$$Y = \frac{T}{2\pi} \int_0^t a(\tau) e^{-n\frac{2\pi}{T}(t-\tau)} \cdot \sin\frac{2\pi}{T}(t-\tau) \mathrm{d}t \qquad (16\text{-}39)$$

式中 T 代表建筑物的自振周期，n 为阻尼（一般最大为 0.2）。这就是振动反应谱，亦称震谱，积分的值叫做震谱值（S）。苏联麦德维捷夫据此做成的位移震谱烈度计，就是一种简易的单摆：$T = 0.25$ 秒，$n = 0.08$。

前面已指明建筑物对地震的反响是各种动力参数的综合，若将上式微分可得速度谱，再微分可得加速度谱，于是有

位移震谱值 $\qquad Y = \dfrac{T}{2\pi} S \qquad\qquad (16\text{-}39\text{a})$

速度震谱值 $\qquad \dot{Y} = S \qquad\qquad\qquad (16\text{-}39\text{b})$

加速度震谱值 $\qquad \ddot{Y} = \dfrac{2\pi}{T} S \qquad\qquad (16\text{-}39\text{c})$

从上列各式可以看到，S 即速度震谱值，是破坏建筑物的基本参数，它是 T 和 n 的函数，可写成 $S(T, n)$。T 是建筑物的自振周期，

一般为 0.1—2.5 秒，用震谱来规定烈度，便可写成

$$I = \int_{0.1}^{2.5} S(T,n)\,\mathrm{d}T \tag{16-40}$$

从 S 函数里的阻尼项可以看到，阻尼对于降低谱值的作用是很明显的。图 16-22 示阻尼对于不同自振周期的反响，是计算得来的速度谱值的变化。所谓震谱烈度，实际上等于建筑物阻尼所规定的震动速度谱曲线在其自振周期范围内所包有面积。

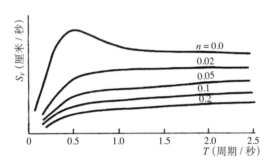

图 16-22　阻尼对不同自振周期震动的反响
（阻尼：$0 < n < 0.2$ 的 S 平均值）

以上是震谱烈度的基本概念。用震动反响谱以规定抗震设计烈度，从物理意义来说，是适当的，但在实际使用上比较复杂。烈度定量问题，目前还在研究，尚未最后解决。根据一般经验，建筑物对地震引起的振动反应，在一般建筑物的自振周期范围内，其加速度、速度和位移与烈度的对比约如表 16-5，可供设计上确定地震安全系数时参考。

（三）地震安全检查

以上所言主要是新兴建筑的抗震问题，更严重的是，现阶段处于地震危险威胁下的大量民用建筑的安全问题。这些旧日建造都没有考虑抗震，地震给予的损害将会是最大的。对于这类房屋如何采取安全措施，在我国新社会制度下，是不容忽视的问题。

我国幅员广大，地势悬殊，东南临海，西北连大陆，东西、

表 16-5　烈度与位移、速度、加速度对应表

烈　　度	加速度 (a)	速　度　(v)	位　移　(x_0)
V	12—25	1.0—2.0	0.5—5.0
VI	25—50	2.1—4.0	1.1—2.0
VII	50—100	4.1—8.0	2.1—4.0
VIII	100—200	8.1—16.0	4.1—8.0
IX	200—400	16.1—32.0	8.1—16.0
X	400—800	32.1—64.0	16.1—32.0

注：a：厘米 / 秒^2。周期范围：0.1—0.5 秒，

　　v：厘米 / 秒。周期范围：0.5—5 秒，

　　x：厘米。苏联 SBM 烈度计（$T=0.25$ 秒，$n=0.08$，对数衰减：0.5）的记录振幅

　　　（与建筑物的实际震动不相等）

南北广袤数千里，气候条件和风俗习惯各地均不一样，遂使房屋建筑的方式方法也多种多样。南方多使用砖木结构，有整体性，不易倾倒，北方则因风大天寒，多为顶盖厚重的土墙房屋，头重脚轻，容易倒塌。就在同一地方，也因建筑物的用途不同，坚固性亦有显著差别，一般是庙堂衙署一类的建筑取材较好，施工认真，比较耐震，而一般民用房屋则工料较差，抗震性能也差。此外建筑年代的远近，关系亦大，老旧房屋，因韧性已失，便容易被震坏。凡此都说明我国房屋建筑情况很复杂，须经过全面调查，按地震安全标准，分别对待。

　　在全国地震区域划分图上可以看到，危险地震区的分布相当广泛，位于其区内的建筑，无论是在城市或乡村，一般是代代相传的旧物，大多数是工农群众的居室和作坊。由于旧社会经济条件的限制，这些房屋的结构和施工多是简陋的，有些比较好的，也是未曾考虑到抗震的，因此遇到地震灾害，遭到破坏最严重的便是这类房屋。很显然，这是做好地震预防的首要问题。根据长期预报的结果，将来会有地震危险的城市和乡村，都需普遍进行地震安全检查，及时采取预防措施，以减少震害。地震安全检查的具体标准，则要按具体地方的具体条件而定，总的说来，须包括建筑物的设计、施工和地基三个方面。

首先是地基。上文已指出，土质条件对地震烈度的影响很大。以海城地震为例，便可看到以下一些事实：此次地震震中烈度至少为Ⅸ度，其东面地土结实，且多岩石出露，烈度衰减很快，从等震线图上看，至花红峪已下降到Ⅶ度，而向西，全是冲积软土，烈度衰减甚慢，整个滨海平原，直至盘锦东侧，仍是Ⅶ度地区，其中且有不少建筑物遭受严重破坏，地裂、喷沙水、塌陷亦多。海城经验充分说明了土质条件对烈度的影响。一般大城市的市区面积广大，各部分土质条件不一样，例如北京城郊，曾经做过小区域地震烈度划分，其结果是西部比东部安全些，烈度约差一度。1976年唐山地震给予北京的影响，也证明了东西城区的震害显然不一样。值得注意的是，通县某个地方房屋倒塌很多，而此地附近的民房却破坏很轻。后经调查发现，破坏大的地方原是古河床基底，土质条件很坏。近年来许多大地震的现场调查，都证明地基不好对建筑物的震害影响很大，尤其是底下有流沙时，在水饱和的状态下，一经震摇，容易液化，地基承压力会突然下降，更为危险。这类事例在地震灾区是常见的，但从量的概念来说，这样的研究报告还不多，下面列举墨西哥的情况，以资参考。

墨西哥的首都墨西哥城，对地震特别敏感。一般情况下，发生在数百公里以外的大地震，对普通城市是无害的，而在墨西哥城，则常可发生异乎寻常的震害。其原因是这个城市建筑在由四面小山坡围着的古湖底沉积层的土地上，土质条件极坏。经过调查，全市可分为三种土质区：

Ⅰ区：古湖床沉积区土层松软，厚度超过一千米。

Ⅱ区：过渡区，从古湖床边至小山坡边。

Ⅲ区：小山坡区，主要是火山凝灰岩、砾岩和细密砂岩。

各区土质是不相同的，对地震震动的反响也不一样，表现在建筑物破坏程度上的差别很大。两次发生在南太平洋边震中位置差不多的地震（1957，$M=7\frac{1}{2}$；1962，$M=7$），离墨西哥城约有230公里远，但仍对该城造成了相当大的震害，根据这两次震害的调查结果，各区的破坏程度不一，按比例说是，Ⅰ区∶Ⅱ区∶Ⅲ区=100∶18∶1.4。

地震安全检查的另一个主要项目是建筑物本身的耐震性，包括结构、材料和施工等情况。我国城乡多旧式房屋，其结构规格和使用材料都具有地方色彩，且式样很多，一般很简陋，坚固的较少。在旧社会，由于受经济条件的限制，其建筑结构和材料上差别很大，因此，须根据本地方的具体情况加以分析，制定一套安全标准，进行检查。总的来说，对结构和用料方面的要求是应使建筑物与预期地震产生的侧压力能达到平衡，不致破坏其整体性。这就需要检查各部构件是否按规定连接牢固，特别是在转弯交角处。现代建筑使用很多大块构件，尤其需要注意接合处是否有足够的抗剪力，要能保证构件在允许的房墙摆动振幅限度内不致脱离掉落。额外安设的建筑物装饰品以及女儿墙、栏杆等结构，需尽量拆除。在施工方面，主要是看灰浆的质量——粘性强弱。我国无论城乡、普通房屋以砖砌石结的建造最为普遍，其坚固性决定于灰浆的质量。在地震灾区常可看到，仅仅由于灰浆的好坏，建筑物的破坏情况可以完全不同，一个不见损伤，另一个却严重毁坏。1923年日本关东大地震时，东京许多砖砌房屋被破坏，统计结果证明，灰浆的质量对于抗震所起的作用很大。我们亦调查过1679年和1730年两次地震对北京地区建筑物的破坏情况。最突出的是：故宫损害很轻，原因是灰浆特别好（据说渗有糯米浆）；而北海白塔则两次都遭受严重破坏，是由于地基失效而倾裂，琼岛原是从北海挖的泥土垫成的。

总之，我们的目的是预防建筑物不致摇倒，要求地基实在，结构的整体性好。此外，还需要注意的问题就是建筑物的年代，老旧建筑不管是什么结构，什么地基，都是不耐震的。这类房屋，在我国城乡，都还相当多，需按建筑物的性质，分别予以处理，有的可以拆除，以拓大安全通道；需保留的，则按规定的安全标准，加以整修。

　　我们的方针是以预防为主。现在全国各地震区的县级行政单位，差不多都设了专职机构负责地震预测预防工作。这样，我们可望在任何发生地震的地方，使震害减少到最低限度。

（1976.11.23）